Taktik, Volume 5...

William Balck

Nabu Public Domain Reprints:

You are holding a reproduction of an original work published before 1923 that is in the public domain in the United States of America, and possibly other countries. You may freely copy and distribute this work as no entity (individual or corporate) has a copyright on the body of the work. This book may contain prior copyright references, and library stamps (as most of these works were scanned from library copies). These have been scanned and retained as part of the historical artifact.

This book may have occasional imperfections such as missing or blurred pages, poor pictures, errant marks, etc. that were either part of the original artifact, or were introduced by the scanning process. We believe this work is culturally important, and despite the imperfections, have elected to bring it back into print as part of our continuing commitment to the preservation of printed works worldwide. We appreciate your understanding of the imperfections in the preservation process, and hope you enjoy this valuable book.

Taktik

von

Balck,

Major und Bataillonskommandeur im Infanterie-Regiment von Courbière.

Fünfter Band.
Die Gefechtslehre.

Allgemeine Gefechtslehre. Die Schlacht. Rückzug und Verfolgung.

Mit 6 Plänen, sowie 16 Kartenskizzen und 19 Zeichnungen im Text.

Dritte, vermehrte und verbesserte Auflage.

Berlin 1907.
Verlag von R. Eisenschmidt.
Verlagsbuchhandlung für Militärwissenschaft.
Im Offizier-Verein.

Alle Rechte aus dem Gesetze vom 19. Juni 1901 sowie das
Übersetzungsrecht vorbehalten.

Vorwort zur 1. und 2. Auflage.

Nach längerer Unterbrechung ist es mir möglich geworden, die „Gefechtslehre" zu veröffentlichen. Der Stoff ist mir unter den Händen angewachsen, wollte ich wichtige Fragen nicht unberührt lassen, so durfte ich mich nicht kürzer fassen. Ich habe mich daher veranlaßt gesehen, die Gefechtslehre in zwei Bände zu teilen. Der vorliegende Band behandelt die Gefechtslehre im allgemeinen, die Schlacht, Rückzug und Verfolgung. Dem Bande ist zur schnelleren Orientierung ein alphabetisches Sachregister und Verzeichnis der kriegsgeschichtlichen Beispiele beigegeben worden. Ein Schlußband, der in kurzer Zeit erscheinen soll, wird das Gefecht unter besonderen Verhältnissen (Orts- und Defileegefechte, nächtliche Kämpfe), Gebirgskrieg, Kämpfe um Flußlinien, den sogenannten kleinen Krieg, Grenzschutz und Etappendienst behandeln [1]).

Um das Buch nicht zu verteuern, habe ich mich nur auf die Beigabe weniger Karten und Skizzen beschränkt. Es sei zur Ergänzung auf die Veröffentlichungen der beiden Kriegsgeschichtlichen Abteilungen des Großen Generalstabes und auf das vortreffliche Werk des k. und k. Feldmarschall-Leutnants A. v. Horsetzky: „Die Feldzüge der letzten 100 Jahre" (Fünfte Auflage. Wien, k. und k. Hofbuchhandlung von L. W. Seidel & Sohn) verwiesen.

Charlottenburg, im August 1902.

Der Verfasser.

---

1) Band VI ist 1904 erschienen.

Vorwort zur 3. Auflage.

Soweit als es zurzeit möglich war, sind die Erfahrungen des russisch-japanischen Krieges verwertet. Die Erscheinungen dieses Krieges haben die Erfahrungen früherer Kriege nur bestätigt, in erhöhterem Maße die Notwendigkeit energischer zielbewußter Führung dargetan. Möge auch der dritten Auflage die gleiche wohlwollende Aufnahme im In- und Auslande wie ihren beiden Vorgängerinnen beschieden sein.

Lauban, im August 1906.

Der Verfasser.

Inhaltsverzeichnis.

A. Allgemeine Gefechtslehre.

Seite

I. Einleitung 3
  1. Die Bedeutung der Schlacht 3
     Ansichten über den Wert der Schlacht (Moltke, Clausewitz,
     Prinz Heinrich, Friedrich der Große, Moritz von Sachsen,
     Turenne, Montecuculi) 5
  2. Schlachtentaktik und Detachementstaktik 7
  3. Erklärungen 9
     Schlacht, Treffen, Gefecht 10
     Kampf und Gefecht 10
     Entscheidungsschlacht, hinhaltendes Gefecht 11
  4. Diversionen, Demonstrationen, hinhaltendes
     Gefecht 11

II. Die Verwendung der Hilfswaffen auf dem Schlachtfelde . . . 14
  1. Die Verwendung der Kavallerie 14
     Die Divisions-Kavallerie 14
     Kavallerie-Divisionen und Kavallerie-Korps 15
     Das Drohen mit einer Attacke 16
     Attacke auf Artillerie 16
     Attacke auf Infanterie 17
     Ursachen der Nichtverwendung deutscher Kavallerie im Kriege
     von 1870/71 18
     Aufstellung der Kavallerie auf dem Schlachtfelde . . 20
     Über Attacken von Kavallerie gegen Kavallerie auf dem
     Schlachtfelde 22
     Kavallerie mit reitender Artillerie 24
     Verfolgung 25
     Englische Kavallerie in Südafrika 26
     Englische und französische Anschauungen 26
     Kavallerie in Ostasien 28
  2. Die Verwendung der Pioniere auf dem Gefechtsfelde 30
     Taktische Verwendung der Pioniere 32
     a) Verwendung der Pioniere 1866 35
     b) Die Verwendung der preußischen Pionier-Kompagnien
        auf dem Gefechtsfelde von Wörth 36
     c) Die Pioniere im russisch-japanischen Krieg . . . 38

III. Gefechtsausdehnungen 39
     Einfluß von Gefechtswert und Aufgabe 40
     Einfluß des Gefechtsverhältnisses 42
     Gefechtsausdehnung einer Infanterie-Brigade 44

	Seite
Gefechtsausdehnungen größerer Verbände	45
Infanterie-Division	46
Armeekorps	46
Selbständige Heeresteile	47
Zusammenfassung der Grundsätze	48
Kriegsgeschichtliche Erfahrungen	49

IV. Gefechtsleitung und Gefechtsbefehle 53

	Seite
Nachrichten als Grundlagen für den Entschluß	54
Charakter des feindlichen Führers	55
Bedeutung der Kühnheit und der Charaktereigenschaften	55
Feldherr und Stabschef	56
Entsendungen	57
Soll immer auf den Kanonendonner losmarschiert werden?	57
Grundsätze der Gefechtsleitung	58
Befehl zur Schlacht	60
Angabe der Rückzugsrichtung	62
Eingreifen höherer Führer	64
Beispiele für Gefechtsbefehle	65
Napoleons Befehl zur Schlacht von Jena	65
Befehl des Feldzeugmeisters Benedek zur Schlacht von Königgrätz	66
Preußische Anordnungen für die Schlacht von Königgrätz	67
Befehl des Generals v. Göben zur Schlacht von St. Quentin	68
Chef des Stabes	69
Nachrichtenoffiziere	70
Wahl des Standortes der Führung	70
Kommandoflaggen	72
Wechsel des Standortes	73
Standort des Divisionskommandeurs	74
Standort des Kavallerieführers	75

V. Über Schlachtenverluste 76

	Seite
Verluste des Angreifers und des Verteidigers	76
Ursachen der Verminderung der Gefechtsverluste in der Neuzeit	77
Hohe Verluste einzelner Truppenteile	78
Über Landwehr	79
Gefangene	80
Offiziersverluste	81
Verluste einzelner Verbände	84
Vergleichende Übersicht	86
Die Dauer der Schlacht	87

VI. Sanitätsdienst auf dem Gefechtsfelde 89

	Seite
1. Der Divisionsarzt	90
2. Personal und Material bei den Truppen	92
3. Besondere Sanitätsformationen	92
Verhältnis zwischen Toten und Verwundeten	93
4. Der Dienst auf dem Gefechtsfelde	94
a) Die Truppe	94
Hilfskrankenträger	94
Truppenverbandplatz	95
b) Sanitätskompagnien	96
Hauptverbandplatz	98

	Seite
Schematische Darstellung des Sanitätsdienstes in Deutschland	97
Wagenhalteplatz	98
Krankenträger	99
Sammelstelle für Leichtverwundete	101
c) Feldlazarette	103
Ablösung durch Kriegslazarette	105
Freiwillige Krankenpflege	106
d) Sanitätszüge	107
Tabelle über Sanitätszüge in verschiedenen Staaten	108
5. Bestimmungen außerdeutscher Armeen	111
a) Österreich	111
b) Frankreich	113
c) Rußland	114
6. Kriegsgeschichtliche Beispiele	114
Sanitätsdienst auf dem Gefechtsfelde von Vionville	114
Sanitätsdienst beim Gardekorps bei der Schlacht von Gravelotte-St. Privat	118

B. Die Schlacht.

I. Angriff und Verteidigung 121

Der Angriffskrieg	121
Verluste im Angriffskrieg	123
Verteidigungskrieg	124
Angriffsschlacht	125
Verteidigungsschlacht	125
Notwendigkeit des offensiven Elements in der Verteidigung	127
Einfluß der Truppenstärken auf Angriff oder Verteidigung	128
Gefahr der einseitigen Erziehung zur Offensive	129
Bedeutung des moralischen Elements	130
Strategische Offensive und taktische Defensive	133
Operationen des Herzogs von Wellington im Jahre 1809	134

II. Die Wahl des Angriffspunktes 138

Operative und taktische Forderungen	138
Bedrohen der Rückzugslinie	139
Innere Linie	139
Schlüsselpunkte	140

III. Die Form des Angriffs 142

Die Angriffsform als Ergebnis der Anmarschlinien	142
1. Der reine Frontalangriff	143
2. Der reine Flankenangriff	145
Die schräge Schlachtordnung Friedrichs des Großen	146
Weiterer Ausbau dieses Gedankens durch den Kaiser Napoleon	147
Custoza 1866	151
3. Überflügelung, Umfassung und Umgehung	154
Vermischen der Verbände	157
"Umfassungssucht"	157
Räumliche Trennung des Front- und Flankenangriffs	159
Die festhaltende Gruppe	161
Befehlserteilung	163
Anordnungen für den deutschen rechten Flügel in der Schlacht von Gravelotte	164

	Seite
Das Ansetzen der Umfassung	165
Vereinigung vor der Schlacht oder auf dem Schlachtfelde	167
Der konzentrische Vormarsch	169
Angriff der umfassenden Abteilung nach dem Begegnungsverfahren oder nach vorherigem Aufmarsch	172
Maßnahmen des Verteidigers	176
Umfassungen im russisch-japanischen Kriege	177
4. Ist ein Durchbruch in der Schlacht noch möglich?	179
Festungs- und Feldkrieg	180
Kriegsgeschichtliche Beispiele	181
Bedingungen für den Durchbruch	184
Möglichkeit der Anwendung auf dem Schlachtfelde von Gravelotte	186

IV. Der Angriff 188

Aufmarsch oder Entwickelung aus der Marschkolonne	188
Die Überraschung als Schlachteneinleitung	190

V. Das Begegnungsgefecht 193

1. Die Führung	195
Der Entschluß	196
Vorherrschen einer Zwangslage	196
Einzelbefehle für den Eintritt in das Gefecht	197
Anzustrebender Verlauf	199
2. Verhalten der Avantgarde	200
Erste Infanterieentwickelung	201
3. Verhalten des Gros	204
4. Begegnungsgefecht im Armeeverbande	205
5. Kriegsgeschichtliche Beispiele	206
Einleitung des Gefechts von Trautenau	206
Die 5. Infanterie-Division am Morgen des 16. August 1870	210

VI. Der geplante Angriff 213

1. Einleitung des Angriffs. Der Aufmarsch	213
Besitznahme des Vorfeldes und Erkundung	214
Entwickelung der Artillerie	215
2. Der Artilleriekampf	216
Zusammenwirken von Infanterie und Artillerie	218
3. Durchführung des Angriffs	220
Begleiten des Infanterieangriffs durch Artillerie	222
Der Sturm	224
Angriffe auf Höhenstellungen	225
Verfolgung	226
Verhalten bei mißlungenem Angriffe	226
4. Der geplante Angriff nach außerdeutschen Vorschriften	227
Rußland	227
Großbritannien	228
Italien	230
Frankreich	232

VII. Der Kampf um befestigte Feldstellungen 237

Notwendigkeit gründlicher Vorbereitungen	238
Der Nachtangriff	239
Das Herausmanövrieren	240
Ursachen des Positionskrieges in Ostasien	241

		Seite
VIII.	**Der Angriff auf befestigte Feldstellungen**	243
1.	Das Eintreffen vor der feindlichen Stellung, erste Erkundungen	243
	Die Erkundung	243
	Feldluftschifferabteilungen	244
2.	Einleitungskampf, Zurückwerfen des Feindes auf seine Hauptstellung	245
	Der Aufmarsch	246
	Vortruppenkämpfe	247
3.	Die artilleristische Niederkämpfung des Gegners	248
	Entwickelung der Anschauungen über Bekämpfung verschanzter Stellungen	248
	Der Artilleriekampf	251
4.	Durchführung des Angriffs	253
	Fortsetzung der Erkundungen	253
	Notwendigkeit des Infanterieeinsatzes	255
5.	Der Sturm	255
6.	Angriff der Japaner auf befestigte Stellungen nach den Erfahrungen von Liaujang	257
IX.	**Die Verteidigung**	260
	Geplante Verteidigung und Verteidigung beim Begegnungsverfahren	260
	Zweck der Verteidigung	261
	Die Abwehr und die Rückzugsdefensive	262
	Notwendigkeit, die Verteidigung mit dem Angriff zu verbinden	263
1.	Die Verteidigungsstellung	264
	Das Schußfeld	265
	Hindernisse vor der Front	266
	Ausdehnung der Stellung	267
	Stützpunkte	268
	Anlehnung der Flügel	268
	Rückzugsstraße	269
	Gelände hinter der Stellung	270
2.	Vorgeschobene Stellungen	270
	Was verspricht sich die Führung von der Verteidigung vorgeschobener Stellungen?	271
	Gefahren für den Angreifer	273
	Anschauungen verschiedener Dienstvorschriften	276
	Französische Anschauungen über Außendetachements	277
	Kriegsgeschichtliche Beispiele für Verwendung von Außendetachements	277
	Artillerie-Vorlinie	279
	Stützpunkt seitwärts der Stellung	280
3.	Über Flankenstellungen	280
	Bedingungen für eine Flankenstellung	283
	Nachteile der defensiven Ausnutzung	285
	Beispiele für Flankenstellungen	287
4.	Die Befestigung der Stellung	289
	Einfluß der Befestigungen auf die Entschlüsse der Führung	289
	Scheinanlagen und Masken	291
	Wann ist mit den Befestigungen zu beginnen?	292
	Anschauungen außerdeutscher Dienstvorschriften	292
	Einrichten von „Gerippunkten"	294
	Bataillonsgruppen	294

	Seite
Hindernisse	295
Sturmfreiheit	296
Stützpunkte	297
Verwendung der Waffengattungen	299
Zivilarbeiter	300
Schanzzeug	300
Schanzzeug einer Infanterie-Division	301
Einfluß der Befestigung auf die Stärke der Besetzung, Einschließung von Metz	301
Ansichten des Generals v. Schlichting über Befestigungen	302
Ansichten Moltkes über Verteidigungsschlachten	303
Befestigung im russisch-japanischen Krieg	304
Russische und japanische Befestigungsanlagen bei Mukden	304

X. Der Verteidigungskampf . . . 306

1. **Bereitstellung** . . . 306
   - Gefahr zentraler Lagen . . . 307
   - Verwendung der Waffengattungen . . . 308
   - Der Führer . . . 310
2. **Befehlserteilung** . . . 311
3. **Die Besetzung der Stellung** . . . 312
   - Infanterie- und Artilleriestellung . . . 313
   - Abschnittsgliederung . . . 313
   - Reserven . . . 314
   - Seitlicher Abstand der Reserven . . . 315
   - Beispiel für Verwendung der Reserven . . . 315
4. **Zusammenstellung der reglementarischen Vorschriften für den Gegenangriff** . . . 316
   - Wann soll der Verteidiger offensiv werden? . . . 316
   - Ansicht des Generals v. d. Goltz . . . 319
   - Ansicht des Generals Meckel . . . 319
   - Beispiele für eine Offensive aus der Stellung . . . 320
5. **Die Durchführung der Verteidigung** . . . 321
   - Feuereröffnung in der Verteidigung . . . 322
   - Der Artilleriekampf . . . 323
   - Zurückziehen der Artillerie . . . 324
   - Abwehr des Sturmes . . . 325
   - Frontaler Gegenstoß . . . 326
   - Verhalten nach Gelingen des Angriffs . . . 326
   - Ausnutzung der Verteidigungsstellungen . . . 327
   - Verteidigung befestigter Feldstellungen . . . 328

XI. Die Krisis der Schlacht . . . 329

- Gefühl der Krisis auf beiden Seiten . . . 329
- Bedeutung von Vorstößen nach Erlöschen des Kampfes . . . 329
- Bedeutung der Zähigkeit in der Gefechtsführung . . . 331
- Die Führung bei Custoza 1866 . . . 332
- Die Führung bei Jaice 1878 . . . 333

1. **Stärke und Platz der Reserven** . . . 334
   - Anschauungen über ihren Zweck . . . 335
   - Erzherzog Karl . . . 335
   - Napoleon . . . 336
2. **Die Verwendung der Reserven** . . . 337
   - Napoleon . . . 338
   - Clausewitz . . . 339
   - Verwendung der französischen Reserven bei Waterloo . . . 339

		Seite
	Zeitpunkt der Verwendung	341
	Art des taktischen Einsetzens	341
	Notwendigkeit einheitlichen Einsatzes	343
3.	Das Abbrechen eines Gefechtes	344
	Zeitpunkt	344
	Aufnahmestellung	347
	Verhalten des Führers	349
	Anordnungen der Führung	351
	Abbrechen des Treffens von Coulmiers	353

XII. Die Anordnungen nach der Schlacht . . . 355

1. Der Sicherungsdienst . . . 355
    - Kavallerieverwendung . . . 357
2. Die Infanterie . . . 358
    - Offizierverluste . . . 360
    - Ersatztruppen . . . 362
    - Angaben über Zahl der im Gefecht abgekommenen Mannschaften . . . 362
    - Gefangene . . . 363
    - Aufräumen des Schlachtfeldes . . . 363
3. Die Kavallerie . . . 364
4. Die Artillerie . . . 364
    - Pferdeverluste . . . 365
5. Die Pioniere . . . 366
6. Sanitätsformationen . . . 366
7. Die Stäbe . . . 367
    - Meldung nach einer Schlacht . . . 368
    - Gefechtsberichte . . . 369
    - Kriegstagebücher . . . 369

C. Rückzug und Verfolgung.

I. Der Rückzug . . . 373

- Moralische Eindrücke . . . 374
1. Das Loslösen vom Feinde . . . 376
    - Welche Marschleistungen kann eine geschlagene Truppe leisten? . . . 378
    - Rückzugsrichtung . . . 379
2. Exzentrische Rückzüge . . . 382
3. Das Bilden der Marschkolonnen . . . 384
4. Arrieregarden . . . 387
    - Abstand . . . 388
    - Verwendung der Waffengattungen . . . 389
    - Gefechte . . . 391
    - Arrieregardenstellungen . . . 392
    - Ablösung einer Arrieregarde . . . 393
5. Heeres-Arrieregarden . . . 393
6. Das Gewinnen der Operationsfreiheit . . . 394
    - Eisenbahnen . . . 396
7. Der Rückzug der Nordarmee von Königgrätz bis Olmütz . . . 396
    - Streifkorps . . . 401

II. Verfolgung . . . 402

1. Die Verfolgung in der Kriegsgeschichte . . . 402
    - Ansichten Friedrichs des Großen . . . 402
    - Verfolgung nach Leuthen . . . 404

	Seite
Napoleon	405
Die französische Verfolgung nach Jena	406
Verfolgung nach der Schlacht an der Katzbach	412
Verfolgung nach der Schlacht von Waterloo	414
Verfolgung nach der Schlacht von Königgrätz	418
Deutsch-französischer Krieg	421
Verfolgung nach der Schlacht von Wörth	421
Verfolgung nach der Schlacht von Orleans	427
Verfolgung nach der Schlacht von St. Quentin	427
Bedeutung nächtlicher Verfolgungen	431
Gründe für unterlassene Verfolgungen	433
Direkte und indirekte Verfolgung	435
2. Die unmittelbare Verfolgung auf dem Schlachtfelde durch die kämpfenden Truppen	436
3. Die Einleitung der Verfolgung durch die Führung	439
Verfolgungsbefehl	442
4. Die ersten Verfolgungsmärsche	443
5. Die indirekte Verfolgung	448
Maßnahmen des Geschlagenen	452
Bedingungen, an welche die indirekte Verfolgung geknüpft ist	455
Ziele	455

D. Rückblick.

Grundzüge der deutschen, französischen, russischen und japanischen Taktik	459
Vorbilder und Kriegserfahrungen	464

E. Sachregister und Verzeichnis kriegsgeschichtlicher Beispiele 467

Kartenskizzen und Pläne.

a) Im Text:
	Seite
Sanitätsdienst auf dem Schlachtfelde von Bionville-Mars la Tour	115
Operationen um Talavera 1809	135
Operationen um Dresden 1813	148
Lage am 1. Juni 1859 (vor der Schlacht von Magenta)	150
Lage am 17. März 1849 (Pavia, Mortara, Novara)	152
Skizze zur Schlacht von Custoza 1866	153
Gegend um Orleans	170
Skizze zur Angriffsentwickelung der französischen Armee in der Schlacht von Austerlitz	181
Skizze zum Durchbruch in der Schlacht von Wachau	183
Gefechtsfeld von Trautenau	207
Beabsichtigte Flankenstellung Göbens zum Schutze der Belagerung von Peronne	288
Befestigungen der Russen und Japaner in der Schlacht bei Mukden	305
Rückzug der österreichischen Armee von Königgrätz nach Olmütz	397
Die Verfolgung nach der Schlacht von Waterloo	416
Lage in der Nacht zum 7. August 1870	423
Die Verfolgung nach der Schlacht von St. Quentin	429

b) Karten am Schluß des Buches:
I. Die Gefechtsfelder von Mars la Tour-Bionville und Gravelotte.
II. Vormarsch Napoleons auf Ulm 1805.
III. Lage am Abend des 5. August 1870.
IVa und b. Skizzen zur Schlacht bei Mukden.
V. Anmarsch der preußischen Heere zur Schlacht von Königgrätz. Erste Rückzugsbewegungen der Österreicher.
VI. Einleitung der Verfolgung Napoleons nach der Schlacht von Jena, Lage am 16. Oktober 1806.

Abkürzungen.

Dienstvorschriften:
    J. E. R. = Exerzierreglement für die Infanterie.
    K. E. R. = Exerzierreglement für die Kavallerie.
    A. E. R. = Exerzierreglement für die Feldartillerie.
    F. O. = Felddienstordnung.
    F. V. = Feldbefestigungs-Vorschrift.

Die Arbeiten von Hoffbauer und Leo über die Tätigkeit der deutschen Artillerie sind ohne Rücksicht auf den Verfasser angezogen als
    Hoffbauer   I: Treffen von Weißenburg.
    "   II: Schlacht von Wörth.
    "   III: Schlacht von Colombey.
    "   IV: Schlacht von Vionville-Mars la Tour.
    "   V: Schlacht von Gravelotte.
    "   VI: Schlacht von Noisseville.
    "   VII: Schlacht von Beaumont usw.
    "   VIII: Schlacht von Sedan.

Gen.-St.-W. 1864 (1866) = Generalstabswerk für den Feldzug 1864 (1866). Ohne weiteren Zusatz ist stets die Geschichte des deutsch-französischen Krieges gemeint.

Hinweis auf die früher erschienenen Bände der Taktik mit Taktik I. II. III. IV. VI.

Das Buch des Generals der Infanterie v. Schlichting „Taktische und strategische Grundsätze der Gegenwart" wird als „v. Schlichting, Grundsätze" angezogen.

Vierteljahrshefte für Truppenführung und Heereskunde werden angezogen als „Vierteljahrshefte".

Die Schriften Friedrichs des Großen und des Generals v. Clausewitz werden, soweit sie in den „Militärischen Klassikern" enthalten sind, nach diesen angeführt.

A.

Allgemeine Gefechtslehre.

I. Einleitung.

1. Die Bedeutung der Schlacht.

Das Ziel des Krieges ist die Vernichtung der feindlichen Widerstandskraft, verkörpert durch die lebenden Streitmittel des Gegners. Am schnellsten und wirksamsten werden sie durch die Schlacht mit daranschließender rücksichtsloser Verfolgung vernichtet. Wer die Entscheidung will, sucht die Schlacht, wer eine Entscheidung vermeiden muß, wird einer Schlacht ausweichen. Der energische Wille zweier gleichwertiger Gegner, schnell bei Beginn des Feldzuges die Waffenentscheidung zu suchen, führt zur Begegnungsschlacht. Ist das Gefühl der Gleichwertigkeit bei einem der beiden Gegner weniger scharf entwickelt, steht er unter dem Eindrucke voraufgegangener ungünstiger Teilgefechte (Österreicher 1866, Franzosen in der ersten Augusthälfte 1870), so wird er in vorbereiteter Stellung den Angriff des Feindes erwarten (Königgrätz 1866, Gravelotte 1870). Die Schlacht ist der natürliche Abschluß, die Krönung aller Operationen. Der taktische Angriff bildet dann die Probe auf das Exempel der Operationen, die zweckentsprechend waren, wenn es ihnen gelang, eine Überzahl an entscheidender Stelle zu vereinen und für den Angriffsstoß die günstigste Richtung zu gewinnen.

„Die Hauptschlacht", sagt Clausewitz, „ist als der konzentrierte Krieg, als der Schwerpunkt des ganzen Krieges oder Feldzuges anzusehen, in ihr werden nicht nur die inneren Kräfte der beiden kämpfenden Heere auf die Probe gestellt, sondern auch die Grundeigenschaften der feindlichen Staaten und Völker aneinander gemessen."

„Der Sieg in der Waffenentscheidung ist der wichtigste Moment im Kriege. Der Sieg allein bricht den Willen des Feindes und zwingt ihn, sich dem unsrigen zu unterwerfen. Nicht die Besetzung einer Strecke Landes oder die Eroberung eines festen Platzes, sondern allein die Zerstörung der feindlichen Streitmacht wird in der Regel entscheiden. Diese ist daher das vornehmste Operationsobjekt.

Der Charakter der heutigen Kriegführung ist bezeichnet durch das Streben nach großer und schneller Entscheidung. Die Stärke der Armeen, die Schwierigkeit, sie zu ernähren, die Kostspieligkeit des bewaffneten Zustandes, die Unterbrechung von Handel und Verkehr, Gewerbe und Ackerbau, dazu die schlagfertige Organisation der Heere und die Leichtigkeit, mit welcher sie versammelt werden — alles drängt auf rasche Beendigung des Krieges." (Moltke.)

Wie der Krieg um eines bestimmten Zweckes willen geführt wird, so sollen auch die Schlachten nicht nur geschlagen werden, um zu kämpfen, sondern um die ins Auge gefaßte operative Absicht auf kürzestem Wege zu erreichen. Die Schlacht ist somit das einfachste und sicherste Mittel zur Erreichung des Kriegszweckes [1]. Eine bis zur völligen Entscheidung durchgefochtene Hauptschlacht ändert die Kriegslage derart, daß andere Entschlüsse, meist auch andere Gruppierungen der Streitkräfte nötig werden, wenn nicht das unmittelbare Ergebnis des Sieges der Friedensschluß selbst ist. Augenfällig erscheint die Einwirkung der Hauptschlacht auf den Gang der Operationen nach den Siegen von Roßbach und Leuthen 1757, nach Jena und Auerstädt, nach der Schlacht von Dresden 1813, nach Königgrätz, Gravelotte und Sedan, nach den Kämpfen um Orleans.

Bei gleichwertigen Gegnern kann die Drohung, das Manöver, niemals die gleiche Wirkung wie eine entscheidende Schlacht erreichen, nur das Gefecht allein wird einen energischen Gegner festhalten können. „Auch der schwächlichste Gegner streckt vor strategischen Kombinationen allein die Waffen nicht. Erkennt er selbst in diesen ein überlegenes Genie, so wird er dennoch versuchen, dessen Gewebe durch rohe Gewalt zu zerreißen und das verlorene Gleichgewicht wiederherzustellen [2]."

---

[1] „Die Hauptschlacht ist um ihrer selbst willen da, um des Sieges willen, den sie geben soll und der in ihr mit der höchsten Anstrengung gesucht wird. Hier an dieser Stelle, in dieser Stunde den Gegner zu überwinden, ist die Absicht, in welche der ganze Kriegsplan mit allen seinen Fäden zusammenläuft, alle entfernten Hoffnungen und dunklen Vorstellungen von der Zukunft sich zusammenfinden; es tritt das Schicksal vor uns hin, um die Antwort auf die breiste Frage zu geben." v. Clausewitz, Vom Kriege, IV, 10. S. 195.

[2] v. d. Goltz. In Überschätzung des Ortsbesitzes, Verkennung des Wertes der Vernichtung der feindlichen Streitkräfte schrieb 1744 der Prinz Conti: „Un combat même heureux ne nous donnera qu'un champ de bataille, un siège nous donnera une place forte, une manœuvre sur les communications de l'ennemi peut nous donner une province."

Die Schlachtenentscheidung ist der letzte Trumpf, eine ungünstige Lage zu wenden.

„Mon plan de campagne c'est une bataille et toute ma politique c'est le succès", sagte Kaiser Napoleon in Witebsk zu seinen Generalen [1]). Unsere Kriegführung steht durchaus auf dem Boden dieser Napoleonischen Anschauung, so schnell als möglich eine Entscheidungsschlacht zu suchen. Nicht mehr allzufern liegt aber die Zeit hinter uns, in der man Schlachten nach dem Ausspruche des Prinzen Heinrich von Preußen, des geistreichen Bruders Friedrichs des Großen, als ein Mittel ungeschickter Generale ansah, welche nicht zu manövrieren verstanden. Auch Friedrich der Große mußte sich erst in einer Zwangslage wie bei Soor befinden, um die herkömmliche Scheu seiner Zeit vor dem Angriffe fester Stellungen zu verlieren.

Über den Wert der Schlacht.

In Friedrichs Feldherrntum bezeichnet die Schlacht von Soor am 30. September 1745 den entscheidenden Wendepunkt, den Übergang von veralteten Anschauungen zu einer ganz modernen Auffassung des Krieges [2]). Diese erwuchs aus der Erkenntnis von den Bedürfnissen seiner und seines Staates Lage sowie aus den Eigentümlichkeiten seines Heeres. „Allen diesen Maximen füge ich noch hinzu, daß unsere Kriege kurz und vives sein müssen; diejenigen also, die Preußische Armeen commandieren, müssen obwohl klüglich und vorsichtig die Sache zu decidieren suchen. ... Die ganze Force unserer Truppen besteht im Attaquieren und wir würden töricht handeln, wenn wir ohne Ursache darauf renoncieren wollten." Nach der Koliner Schlacht muß der König von dem heldenhaften Entschluß, an den Angriff auf einen doppelt überlegenen Feind in starker Stellung westlich von Dittelsdorf „den letzten Mann daran zu wagen", Abstand nehmen, da die Erwägung, daß ganz Europa gegen ihn in Waffen stand, ihm gebieterisch die Pflicht der Schonung seiner Truppen aufgedrängt hatte. Aber nach der blutigen Niederlage von Kolin folgen im gleichen Jahre die Siege von Roßbach und Leuthen [3])!

Moritz von Sachsen [4]): „Je ne suis point pour les batailles, surtout au commencement d'une guerre et je suis persuadé qu'un général habile pourrait la faire toute sa vie, sans s'y voir obligé ... l'on peut faire la guerre sans rien donner au hasard et c'est le plus haut point de perfection et d'habilité d'un général."

Turenne sagt über den Zweck der Schlacht: „Weil nur der wesentlichste

---

1) Fain, Manuscrit de 1812, I, S. 324.
2) Die Kriege Friedrichs des Großen, 2. Schlesischer Krieg, III, S. 69 u. 254. Kriegsgeschichtliche Einzelschriften, V, S. 293 u. f.
3) Die Kriege Friedrichs des Großen, Der Siebenjährige Krieg, Kolin, III, S. 188 u. f.
4) Rêveries II, S. 201. 202.

Nutzen der Siege ist, ein Land zu gewinnen, wo man gute Quartiere hat und seine Armee vermehrt, indem man die feindliche mindert und diese nach kleiner Geduld unvermerkt schmelzen sieht ¹).“

Sein Gegner Montecuculi hatte für den Feldzug am Oberrhein 1675 seinem Operationsplan die Absichten zugrunde gelegt:

1. auf Unkosten des Feindes zu leben,
2. in einer weniger ausgesogenen Gegend,
3. im neutralen Straßburg eine Art von Basis zu gewinnen,
4. sich in der Nähe der offenen Eingänge der Franche Comté und Lothringens zu befinden ²).

„Eine Bataille ist die wichtigste und gefährlichste Kriegsoperation. In einem offenen Lande ohne Festung kann der Verlust derselben so decisiv sein, daß sie selten zu wagen und niemals zu raten ist. Die größten Generals stehen billig an, sie ohne dringende Ursachen zu geben. Alle nur ersinnliche gute Anstalten können den Gewinnst nicht sichern. Ein kleiner Fehler, ein unvermeidlicher Zufall kann sie verlieren machen. Es ist demnach aus dem Gewinnst und Verlust einer Bataille von den Verdiensten des Generals kein sicheres Urteil zu fällen. ... Es ist bewiesen, daß mehr Kräfte des Verstandes, mehr Standhaftigkeit, Erfahrung und Geschicklichkeit erfordert werden, eine decisive Action ohne Verlust zu vermeiden, als zu suchen. Das Meisterstück eines großen Generals ist, den Endzweck einer Kampagne durch scharfsinnige und sichere Manoeuvres ohne Gefahr zu erhalten. In dem Augenblicke, da die Armeen sich choquieren, kann er nichts mehr als ein ihm untergebener General tun ³).“

Zu den großen Schlachten, in denen ganze Armeen um die Entscheidung eines Feldzuges oder Krieges ringen, führt der unmittelbare Zweck: den Gegner zu vernichten. Ehe es zu diesen Entscheidungskämpfen kommt, sind aber Zugänge zu gewinnen, feindliche Abteilungen zu verjagen, Truppenansammlungen zu stören oder zu decken. Dabei liegt der unmittelbare Zweck im Erkunden, Verdrängen, Festhalten oder Fernhalten feindlicher Abteilungen, im Gewinn von Zeit, Raum, Ruhe u. dgl., und das Gefecht der dazu aufgebotenen Truppen — ist nur ein Mittel für diese besonderen Zwecke. Häufig wird es sich gar nicht einmal um den Sieg handeln. Der Angriff des Generals Fließ bei Langensalza hatte den Zweck, die Hannoveraner an einem Abmarsch zur Vereinigung mit den Bayern zu hindern. Den gleichen Zweck verfolgte der Angriff des Generals v. Alvensleben auf die französische Rheinarmee bei Vionville.

An sich wären auch diese Zwecke immer am besten erfüllt, wenn

---

1) v. Clausewitz, Ges. Werke, IX, S. 159.
2) v. Clausewitz, Ges. Werke, IX, S. 218 u. f.
3) Kursächsisches Dienstreglement vom Jahre 1752 (Kriege Friedrichs des Großen, 1. Schlesischer Krieg, I, S. 186).

der Feind aus dem Felde geschlagen und vernichtet würde. Aber nicht immer steht der Einsatz dazu im rechten Verhältnis; der Verlust an Gefechtskraft durch einen teuer bezahlten Sieg, noch mehr eine mögliche Niederlage können gewichtigere Nachteile für die Folgezeit haben, so daß die Kraft am Schlachttage mit den Hauptkräften des Feindes fehlen würde. Rücksicht auf die Hauptentscheidung wird den Führer bestimmen, ob er schlagen darf. Diese Gefechte sind berechtigt, wenn sie günstige Bedingungen für die Hauptschlacht schaffen, wenn es z. B. gelingt, vereinzelt angetroffene Teile des Feindes vernichtend zu schlagen[1]), mit eigenen schwächeren Teilen überlegene Streitkräfte von der Entscheidung fern zu halten. (Festhalten des Marschalls Ney am Tage von Preußisch-Eylau.)

Der Führer wird nach seinem Auftrage und nach dem Eindruck von der vorgefundenen Lage entscheiden müssen, ob er schlagen darf oder nicht. Je früher die Entscheidung fällt, um so besser. Langes Erwägen ist schädlicher als frisches Zufassen. Unterlassen und Versäumnis belasten den Führer im Urteil der Mit- und Nachwelt mehr, als ein Fehlgreifen in der Wahl der Mittel (F. O. 38). Ganz naturgemäß wird man selbst einen kühnen Entschluß, der zum Mißerfolge wurde, minder hart beurteilen, als ein Zögern, welches eine günstige Gelegenheit nicht benutzte und sich die Möglichkeit eines Erfolges entgehen ließ. Wie ganz anders beurteilt die Geschichte das Verhalten des Generals v. Alvensleben am 16. August 1870 als die Untätigkeit des Marschalls Bazaine am Schlachttage von Spichern. Mit Recht sagt General v. Moltke in seinem Aufsatz über Strategie: „Vor dem taktischen Siege schweigt die Forderung der Strategie, sie fügt sich der neu geschaffenen Sachlage an."

2. Schlachtentaktik und Detachementstaktik.

In der Schlachtentaktik ist die Zertrümmerung der feindlichen Streitkräfte unter Berücksichtigung der Gesamtaufgabe des Heeres Selbstzweck, im Detachementskriege ist das Gefecht meist ohne Rücksicht auf die große Operationsaufgabe des Heeres nur Mittel zum Zweck, wenn die Lösung der Sonderaufgabe auf anderem Wege nicht zu erreichen ist, wenn der voraussichtliche Erfolg im Einklang mit den vermutlichen Verlusten stehen wird. Der Führer einer selbständig

---

1) Beaumont 1870, Dürrenstein 1805, Einmarschkämpfe in Böhmen 1866.

auftretenden Abteilung hat somit die Wahl, ob er kämpfen oder ob er sein Ziel durch ein Manöver erreichen will. Große Armeen können sich meist einer ihnen aufgezwungenen Entscheidung nicht mehr entziehen, wenn die beiderseitigen Spitzen sich nahe genug gekommen sind (französische Nordarmee bei St. Quentin). Es war **Schlachtentaktik**, als General v. Alvensleben sich am 16. August 1870 zum Angriff auf die französische Rheinarmee entschloß, als General v. Moltke sich gegen das Einsetzen der 5. Infanterie-Division bei Königgrätz aussprach[1]); es war **Detachementstaktik**, als General Douay ohne zwingenden Grund den Kampf bei Weißenburg annahm.

Auf der einen Seite sehen wir, wie Schulter an Schulter mehrere Armeen mit dem ganzen Apparat von Kolonnen und Trains einheitlich einem gemeinsamen Ziele zugeführt werden; auf der anderen Seite schwächere, leichtbewegliche Truppenverbände sich auf dem Kriegstheater bewegen. Ersteres ist im Kriege die Regel, letzteres die seltene Ausnahme. Wenn unsere Friedensübungen sich vielfach mit Aufgaben des Detachementskrieges beschäftigen, so ist dieses aus Sparsamkeitsrücksichten und zur Ausbildung der Führer aller Grade wohl erklärlich.

Würden wir bei unseren Truppenübungen Armeen in der Größe mehrerer Armeekorps, Reserve-Divisionen und Kavallerie-Divisionen aufstellen, so würde der Gewinn für die Führer, vom Divisionskommandeur abwärts, nur gering sein. Da wir aus Sparsamkeitsgründen auf die kriegsgemäße Bildung von Kolonnen und Trains doch verzichten müßten, so läßt sich annähernd die gleiche Vorbildung höherer Führer und ihrer Stäbe für die Forderungen des großen Krieges mit taktischen Aufgaben, operativen Kriegsspielen und Generalstabsreisen erreichen. Große Armeemanöver würden für Schulung der Intendantur im Nachschubdienst und in der Verpflegung sehr lehrreich sein, wenn wir das eigene Land in der gleichen, rücksichtslosen Art wie im Kriege ausnutzen könnten.

Der Aufgabesteller und der Führer müssen sich daher im Frieden vergegenwärtigen, daß unsere „Felddienstübungen" ein Bild vorführen, wie es im Ernstfalle sich uns nur selten bieten wird. Es ist beispielsweise für den Kampf einer Brigade nicht gleichgültig, ob sie über einen unbeschränkten Gefechtsraum wie im Detachementskrieg verfügt, oder ob sie eingeengt in einem festen Rahmen, ohne Ellbogenfreiheit,

---

1) v. Lettow-Vorbeck, Krieg von 1866, II, S. 468.

in der großen Schlacht kämpfen muß. **Worin besteht nun das Wesen des Detachementskrieges?**

Unbekümmert um rückwärtige Verbindungen, Trains und Kolonnen, ohne Rücksicht auf etwaige Schwierigkeiten der Verpflegung kann die Truppe bei ihrer geringen Stärke sich nach allen Seiten schnell bewegen, ohne Rücksichtnahme auf ihre Verbindungen, ihren Angriff in der taktisch günstigsten Richtung, unter Aufsuchen des vorteilhaftesten Geländes führen, selbständig die Zeit des Angriffes wählen. Rechts und links der Truppe ist das Gelände nach jeder Richtung hin völlig frei, so daß eine unbeschränkte Ausdehnung möglich ist. Die vielfach in unverhältnismäßiger Stärke vorhandene Kavallerie schafft für die Führung außergewöhnlich günstige Verhältnisse, die Aufklärung findet keine Schwierigkeit, da das Herumfassen um beide Flügel des Gegners möglich ist. Das Ergebnis dieser Detachementskämpfe ist fast niemals von Einfluß auf die Hauptentscheidung.

Gegenüber der Freiheit in Wahl des Angriffspunktes, der Angriffszeit, Auswahl des Geländes und der Möglichkeit der unbegrenzten Ausdehnung ist in der großen Schlacht die Truppe durch ihre Nachbarabteilungen rechts und links eingeengt, sie kann das Gelände nur ausnutzen auf dem engen, ihr in der Schlachtlinie zufallenden Raume, eine Ausdehnung der Truppe ist nur nach der Tiefe und nicht nach der Breite möglich. Nur die auf dem Flügel kämpfende Truppe kann sich die Vorteile einer Umfassung verschaffen, für alle anderen Teile ist der Kampf rein frontal, der trotz aller Schwierigkeiten durchgeführt werden muß, gleichviel ob das Gelände günstig oder ungünstig ist. Auch die Aufklärung kann nur geringe Ergebnisse liefern, da sie abgesehen von den Flügelabteilungen rein frontal erfolgen wird. Die Annäherungsschwierigkeiten, die Gefahren, daß durch mangelndes Zusammenwirken den einzelnen Heeresteilen Teilniederlagen erwachsen können, steigern sich mit der Größe der Heere.

Den Gefahren, die in bevorzugter Übung des Detachementskrieges liegen, läßt sich nur durch den Hinweis auf die Kriegsgeschichte und durch theoretische Erörterung begegnen.

3. Erklärungen.

Obgleich die Bezeichnung „Gefecht" als Sammelname für alle kriegerischen Zusammenstöße und Kämpfe betrachtet werden kann, so wird diese Bezeichnung im engeren Sinne nur für die Zusammenstöße kleinerer Heeresabteilungen gebraucht. Die Kämpfe großer Heeresmassen heißen „Schlachten" oder „Treffen" und zwar mit der im deutschen Heere gebräuchlichen Unterscheidung, daß unter „Schlacht" der Zusammenstoß ganzer Armeen, mehrerer Armeekorps, unter „Treffen" der Kampf größerer Armeeteile, z. B. eines Armeekorps oder mehrerer Divisionen verstanden wird.

Die Bezeichnungen „Scharmützel", „Kanonade", welche sich durchweg mit dem Begriffe eines Gefechtes decken, sowie „Bataille rangée" für eine Schlacht, in der große Teile um die Waffenentscheidung in zusammenhängenden und entwickelten Fronten ringen, finden kaum noch Anwendung.

Eine mehr philosophische Richtung in unserer Militärliteratur hat einen gekünstelten Unterschied zwischen „Gefecht" und „Kampf" aufstellen wollen, ohne daß dieses jedoch von praktischer Bedeutung ist [1]). Als „Gefecht" wird von den Vertretern dieser Anschauung die durch den „Gefechtsoberführer" (Gefechtsleitung) geleitete Gesamthandlung bezeichnet. Das „Gefecht" beruhe auf dem Zusammenwirken mehrerer nach Waffengattung und Kampfart verschiedener Kampffronten. Beim „Gefecht" handele es sich unter freier Ausnutzung von Zahl, Zeit und Raum vornehmlich um die Verhältnisse der Flanken zum Zwecke der Ausführung einer Umfassung oder der Abwehr einer solchen. Als „Kampf" seien dagegen die durch die Gefechtsunterführer (Kampfleitungen) geleiteten Teilhandlungen der einzelnen Waffengattungen zu bezeichnen; sie beruhen auf der einheitlichen Waffenwirkung in befohlener Kampfart zu befohlener Zeit und

---

1) Grapow, Hauptmann und Kompagniechef, „Kampf und Gefecht". Ein Beitrag zur Frage der Schlachtentaktik, Berlin 1898. Das 3. Kapitel dieses Buches sucht die Notwendigkeit dieser Trennung darzutun. Vgl. Militär-Wochenblatt 1899, Nr. 27. General von Scherff (Kriegslehren I, S. 103) unterscheidet wie folgt:

„Die Bestimmung des strategischen Zweckes in dem zu seiner Erreichung nötigen Gefecht nennen wir Schlachtlenkung;

Die Bestimmung des Ortes und der Zeit, von welchem und zu welcher der Gegner durch eine bestimmte eigene Kraft vertrieben werden, oder an welchem und während welcher sich diese eigene Kraft behaupten soll, um das taktische Ziel zu erreichen, nennen wir Gefechtsführung;

Die Bestimmung der Art und Weise, wie diese eine bestimmte Streitkraft, je nach ihrer Stärke und Zusammensetzung aus einzelnen Truppeneinheiten, zur Lösung ihrer einen bestimmten taktischen Aufgabe in Offensive oder Defensive zur Waffentätigkeit zu bringen ist, nennen wir Kampfordnung."

in gegebenem Raume, und zwar vornehmlich nach der Front hin. Die Überlegenheit hinsichtlich des Gefechts liege vorwiegend auf geistigem Gebiet. Hier komme es darauf an, die Truppe (die einzelnen Kampffronten) zu überlegenem Zusammenwirken anzusetzen. Die Überlegenheit im „Kampfe" habe sich dagegen als tatsächlich überlegene Kraftäußerung zu erweisen; im „Kampf" handele es sich darum, an gegebener Stelle eine überlegene Waffenwirkung zu erzielen. Es ist für die taktische Verwendung der Truppe gleichgültig, ob wir von einem „Infanterie-Gefecht" oder von einem „Infanterie-Kampf" sprechen. Jeder Kundige weiß, was gemeint ist, und verbindet sofort mit den Worten entsprechende Begriffe. Eine Unterscheidung zwischen Kampf und Gefecht vereinfacht das Wesen nicht, sondern verwirrt nur die Anschauungen.

Sehen wir von der Entscheidungsschlacht und den hinhaltenden Gefechten, den Kämpfen um Zeitgewinn ab, so dürfte die durch die deutschen Dienstvorschriften begründete Gliederung in Begegnungskämpfe und geplante, d. h. von vornherein vorbereitete Kämpfe wohl am einfachsten und zweckmäßigsten sein. Von einem geplanten Angriff läßt sich aber nur in sehr bedingter Weise sprechen. Kein Gefecht verläuft so, wie es vom Führer geplant war. Der selbständige Wille des Gegners tritt dem eigenen entgegen und lenkt leicht die Gefechtshandlung in andere Bahnen, als sie zuerst beabsichtigt waren. Trifft der Ausdruck „geplanter Angriff" für die Durchführung auch nicht vollständig zu, so doch unbedingt für die Anlage des Gefechts, für die Bereitstellung der Truppe zum Kampfe.

4. Diversionen. Demonstrationen. Hinhaltendes Gefecht.

Diversionen und Demonstrationen sind Nebenhandlungen im Kriege, um den Feind irre zu führen, die beabsichtigte Ausführung der Entscheidung zu erleichtern. Diese Bewegungen sollen vom Feinde zwar frühzeitig bemerkt, aber spät oder gar nicht nach ihrem wahren Werte erkannt werden. Sie sollen somit durch den Schein wirken, den Gegner zum Einsatz stärkerer Streitkräfte veranlassen, die dann von der Stelle der Hauptentscheidung fern gehalten werden. Der Erfolg einer solchen Scheinhandlung kann nur wahrscheinlich, niemals sicher sein, dieses bedingt auch die Verwendung geringerer Kräfte.

Diversionen sind Scheinbewegungen außerhalb des unmittelbaren Operationsbereiches, die gegen ein für den Gegner wertvolles Objekt gerichtet werden, somit den Anschein einer ernsteren Unternehmung für sich haben. Die Wirkung ist aber verfehlt, wenn die für die eigentliche Waffenentscheidung bestimmten Kräfte dadurch geschwächt werden. Ob die Aufgabe durch Kampf zu lösen ist, hängt von der Lage ab [1]).

Verfehlt waren die Demonstrationen der Verbündeten 1805 in Neapel und Hannover, der Engländer 1809 auf Walcheren, welche bei der großen Entfernung vom eigentlichen Kriegsschauplatze keinen Einfluß auf die Ereignisse an der Donau haben konnten. Die vom Kaiser Napoleon am 17. und 18. April 1809 angeordnete „diversion" des Korps Léfèvre gegen die linke Flanke des Erzherzogs Karl, um diesen im Vorgehen gegen den Marschall Davoust aufzuhalten, wurde von der österreichischen Heeresleitung bereits am 19. April in ihrer Bedeutung als Diversion erkannt.

Um den Angriff gegen die Danewerk-Stellung und den Übergang über die Schlei zu erleichtern, hatte General v. Moltke in seinem Operationsentwurf vom Dezember 1862 einen um zwei Tage vorausgehenden Vorstoß gegen Friedrichstadt in Vorschlag gebracht [2]), um so den Dänen die Zeit zu geben, nach Eingang der Meldungen von diesem Vorstoße die erforderlichen Verschiebungen auch tatsächlich auszuführen. Den gleichen Zweck verfolgte der Donauübergang Zimmermanns bei Galatz am 22. Juni 1877, während der Übergang der russischen Hauptarmee erst 5 Tage später bei Simnitza ausgeführt wurde. Das Vorgehen des VII. und VIII. Bundeskorps über den Main 1866, anstatt zur Entscheidung nach Böhmen zu eilen, war eine völlig verfehlte Demonstration; anderseits übten Bewegungen schwacher preußischer Truppenteile in der Rheinprovinz einen lähmenden Einfluß auf die Operationen des VIII. Bundeskorps aus. Die Möglichkeit einer französischen Landung an der deutschen Nordsee- oder Ostseeküste 1870 wurde vom General v. Moltke nur als Diversion gewürdigt, während Rußland 1877 in Befürchtung etwaiger Unternehmungen der türkischen Flotte das III. Armeekorps an den Küsten des Schwarzen Meeres zurückhielt.

Demonstrationen stehen im engeren Zusammenhange mit den eigentlichen Heeresbewegungen [3]). Sie bezwecken, den Gegner über die eigentliche Angriffsrichtung zu täuschen, zum Einsetzen seiner Reserven in falscher Richtung zu verleiten. Meist werden sie gleichzeitig mit dem entscheidenden Angriff ausgeführt. Ausstreuen falscher Nachrichten [4]), An-

---

1) v. Clausewitz, Vom Kriege, VII. Buch, Kap. 20.
2) Moltkes militärische Korrespondenz 1864, Nr. 2, S. 13. Bemerkungen des Prinzen Friedrich Karl hierzu S. 17 u. f., der gleichzeitiges Vorgehen fordert.
3) S. Taktik VI. S. 236.
4) Die Erkundigungen Oudinots bei den Einwohnern nach einer Übergangsstelle oberhalb Borrissows über die Beresina 1812 wurden an Tschitschagow sofort hinterbracht und veranlaßten diesen, wie die Franzosen es gewollt, seine Truppen nach dieser Richtung zusammenzuziehen.

treten des Rückzuges, während die Biwaksfeuer noch weiter brennen [1]), gehören, wie das Zeigen von Brückenmaterial und alarmierendes Artilleriefeuer, ebenfalls zu den Demonstrationen.

Demonstrationen spielen bei kleineren Heeren eine größere Rolle als bei stärkeren Armeen. Hier drängt alles zur schnellen Entscheidung, es ist kein Raum für Scheinunternehmungen.

Das hinhaltende Gefecht kann geführt werden, um den Gegner zu täuschen oder um für einen bestimmten Zweck Zeit zu gewinnen. Die Truppe will nicht die Entscheidung, es muß daher alles vermieden werden, was die Führung bestimmen könnte, den Entscheidungskampf aufzunehmen. Trains und Kolonnen müssen bereits im Abmarsch sein, das Gros in einzelnen Gruppen längs der Marschstraße derart bereitgestellt werden, daß keine Schwierigkeiten und kein Zeitaufenthalt beim Bilden der Marschkolonne entstehen. Abgesessene Kavallerie, Radfahrer, schwache Schützenlinien mit viel Munition, Maschinengewehre, starke Artillerie, breite Fronten mit geringer Tiefengliederung werden dem Zweck am besten entsprechen. Genaue Rollenverteilung ist notwendig, um ein Festbeißen der Truppen zu verhindern.

Bei der Brigade v. Wrangel sollten am 3. Juli 1866, Gefecht von Roßdorf, nur die ersten Entwickelungen stattfinden, die Truppe ließ sich indessen verleiten, nach vorn durchzugehen [2]).

Starke Stellungen mit weitem Schußfeld oder nur mit Schußfeld auf den mittleren und weiteren Entfernungen entsprechen der Aufgabe am besten. Tote Winkel vor der Front sind vielfach von Vorteil, Waldgelände im Rücken der Stellung erleichtert das unbemerkte Verschwinden.

Fast immer handelt es sich bei diesen Gefechten um nebensächliche Zwecke, der Führer hat stets zu erwägen, ob der Einsatz auch dem etwaigen Verlust entspricht, namentlich da die Beendigung des Kampfes auch von den Maßnahmen des Gegners abhängig ist.

---

[1] Radetzkys eingeleiteter Rückzug von Mailand auf Lodi, um demnächst, wenn der Feind im Übergang über den Ticino begriffen sei, über Pavia gegen seine Flanke vorzubrechen (19. März 1849).

[2] v. Göben, Dermbach, S. 29.

II. Die Verwendung der Hilfswaffen auf dem Schlachtfelde.

1. Die Verwendung der Kavallerie.

Die Infanterie in enger Verbindung mit der Artillerie ist am Schlachttage berufen, die Entscheidung zu erringen, und soll von dieser Hauptaufgabe so wenig wie möglich durch Rücksicht auf Nebendinge abgezogen werden. Alle Nebenaufgaben, soweit sie sich mit dem Wesen der Kavallerie vereinigen lassen, sind dieser zuzuweisen; ihr bleibt dafür in den meisten Fällen das Ausbeuten des von den anderen Waffen vorbereiteten Erfolges übrig. Die Kavallerie ist auf dem Schlachtfelde die Hilfswaffe der Infanterie und Artillerie.

Als Divisions-Kavallerie, in den verschiedenen Armeen 1—3 Eskadrons stark, übernimmt die Kavallerie den Aufklärungsdienst vor und während des Gefechts, besonders in der Flanke der eigenen Truppe und gegen die Flanke des Feindes (F. O. 121), hält Verbindung mit Nachbarabteilungen, versieht die Infanterie mit Meldereitern (F. O. 81) und vermag, selbst mit kleineren Abteilungen, durch überraschendes Eingreifen in den Infanteriekampf beachtenswerte Erfolge zu erringen [1]).

---

[1]) Es sei nur erinnert an die glückliche Attacke der 1. Eskadron Husaren-Regiments Nr. 10 bei Königgrätz auf ein Bataillon Infanterie-Regiments Erzherzog Karl Ferdinand, wobei die Eskadron 16 Offiziere, 665 Mann zu Gefangenen machte.

Attacke von 6 Zügen Sizilien-Ulanen auf die noch in Marschkolonne befindliche Brigade Forli, nachdem sie die entwickelte Brigade Pisa durchschritten hatten (Schlacht von Custoza 1866). Österreichs Kämpfe, II, S. 74. Stärke: 3 Offiziere, 101 Mann. Verlust: 2 Offiziere, 84 Mann, 79 Pferde.

Attacke der 3. und 4. Eskadron Ulanen-Regiments Nr. 1 auf österreichische Artillerie bei Nachod. Kühne, Kritische Wanderungen, I, S. 101.

Attacke der 8. Dragoner auf österreichische Infanterie bei Nachod. Ebendas. S. 68.

Attacke der Württembergischen Kavallerie bei Montmesly am 30. November 1870. Kunz, Reiterei, S. 216.

Die in Kavallerie-Divisionen und Kavallerie-Korps vereinigte Hauptmasse der Kavallerie bildet die eigentliche Schlachtenreiterei.

„Der Kavallerie stehen zwei Waffen zur Vernichtung des Gegners zur Verfügung: die blanke Waffe zu Pferde und die Schußwaffe zu Fuß. Das Gefecht zu Pferde ist die hauptsächlichste Kampfweise der Kavallerie; sie bedarf jedoch der Ergänzung und Erweiterung durch den Gebrauch der Feuerwaffe im Fußgefecht in solchen Fällen, wo das Gefecht zu Pferde keinen Erfolg verspricht. Durch die zweckmäßige Verwendung beider Kampfesweisen unter Mitwirkung reitender Artillerie wird die Kavallerie zu selbständigem Auftreten in fast allen Verhältnissen befähigt" (K. E. R. 308, 309).

Die Kavallerie wirkt durch den moralischen Eindruck, den das überraschende Erscheinen einer schnell anstürmenden Reitermasse hervorbringt, durch die Wucht ihres Anpralles. Gerade je mehr die Kriegslehre von der Unmöglichkeit glücklicher Angriffe auf Infanterie und Artillerie spricht, um so größer sind die Aussichten einer energisch geführten Kavallerie, die vor Opfern, wie sie jedes Infanteriegefecht fordert, nicht zurückschreckt. Das ungünstige Stärkeverhältnis der Kavallerie zu den übrigen Waffen, die Vervollkommnung von Gewehr und Geschütz, die selbständigere Schulung der Infanterie und die überall zunehmende Bebauung von Grund und Boden schränken ihre Verwendung in empfindlicher Weise ein, jedoch niemals bis zu dem Maße, daß ihr Kampf gegen die anderen Waffen aussichtslos wäre. Der Mensch ist sich gleich geblieben und nach wie vor empfindlich für den Eindruck einer unerwartet ihn bedrohenden Gefahr und zwar in um so höherem Maße, je länger er den Eindrücken eines andauernden, vielleicht unglücklichen Gefechtes ausgesetzt gewesen ist, in dem die Truppe gerade diejenigen Eigenschaften einbüßt, welche für Abwehr eines Kavallerieangriffes von ausschlaggebender Bedeutung sind.

Nur vor einem Fehler hat die Kavallerie auf dem Gefechtsfelde sich zu hüten, vor Untätigkeit. Sie ist der Übel größtes im Kriege und muß unfehlbar zur Niederlage führen. Kann die Kavallerie

---

Attacke der Eskadron 11. Ulanen auf französische auffahrende Artillerie bei Loigny. Kunz, Reiterei, S. 288.

Attacke eines Zuges 7. Husaren zur Deckung von Artillerie bei Sapignies am 2. Januar 1871. Kunz, Reiterei, S. 241.

in der Krisis des Kampfes nicht anreiten, mit der Attacke drohen, so muß sie ihre Beweglichkeit und Feuerkraft ausnutzen. Die auf dem Schlachtfelde anwesenden Kavallerieführer haben die Pflicht, bei der oberen Führung eine entsprechende Verwendung für die Kavallerie sowie auch das Heranziehen der Divisions=Kavallerie zur Entscheidung anzuregen. Hat die Kavallerie den ersten Forderungen der Aufklärung genügt, die Entwickelung der eigenen Artillerie gesichert, sind die beiderseitigen Infanterie= und Artilleriekräfte in den Kampf getreten, so fordert die Führung, unter andauernder Aufklärung gegen Flanke und Rücken des Feindes, die feindliche Kavallerie zu vertreiben, Flanke und Rücken des Feindes zu bedrohen, anmarschierende Kräfte des Gegners vom Gefechtsfelde fernzuhalten [1]), den Feuererfolg der anderen Waffen auszubeuten, den geschlagenen Gegner bis zur völligen Vernichtung zu verfolgen, in ungünstigen Gefechtslagen sich für die eigene Infanterie einzusetzen und endlich, wenn ein Rückzug nötig wird, sich dem Sieger entgegenzuwerfen, seine Verfolgung zu hemmen.

Mehr als je bieten die langen, nur unzureichend zu schützenden Marschkolonnen der Artillerie [2]) ein günstiges Attackenziel für die Reiterei, wenn z. B. die Batterien in schneller Gangart zum Einnehmen einer Stellung vorgeholt werden und die Führer zur Erkundung dieser Stellung sich von ihren Verbänden getrennt haben. Die Neigung der Artillerie, hinter dem Kamme von Anhöhen aufzufahren, und die Schwierigkeit der Frontveränderung feuernder Artillerie, namentlich wenn die Geschütze unter Benutzung des Spornes schießen, erleichtern eine Attacke gegen aufgefahrene Artillerie. Je heftiger der Kampf, um so eher ist eine Überraschung möglich. Erfahrungsgemäß wird die Aufmerk=

---

1) Die deutsche Kavallerie auf dem Schlachtfeld von Mars la Tour erkannte wohl rechtzeitig den Anmarsch des französischen III. und IV. Armeekorps, versäumte aber dauernd die Bewegungen des Feindes zu überwachen und seinen Anmarsch zu verzögern. So erfuhr die deutsche Führung nichts von dem Eintreffen der Division Cissey. Anstatt nur 16 Eskadrons mit einer reitenden Batterie, hätte man hier unschwer 28 Eskadrons und 5 reitende Batterien vereinigen können, mit denen sich wirksam der Marsch des Feindes aufhalten ließ. Französischerseits mußte aber auch die anwesende Kavallerie energisch verwandt werden, um die preußischen Reiter aus dem Felde zu schlagen und gegen die linke preußische Flanke vorzugehen. Kriegsgeschichtliche Einzelschriften, Heft 25, S. 11 u. f.

2) Siehe die allerdings unter anderen Verhältnissen erfolgte Wegnahme der in der Marschkolonne haltenden preußischen Reserve=Artillerie auf der Straße Culm—Nollendorf am zweiten Gefechtstage von Culm (1813).

samkeit einer Truppe meist so ausschließlich durch den Teil des Gegners gefesselt, mit dem sie im Kampfe steht, daß andere Ereignisse auf dem Gefechtsfelde kaum bemerkt werden. Nach dem österreichischen Generalstabswerk ist diesem Umstande die Eroberung der großen Batterie bei Tobitschau am 15. Juli 1866 zuzuschreiben, die unter schwacher Bedeckung im Geschützkampf mit den reitenden Batterien der Division Hartmann stand und das Anreiten des Leibkürassier-Regiments zu spät bemerkte. Auch ein nur vorübergehender Erfolg, selbst wenn es nur gelingt, die Feuertätigkeit eines Teils der Artillerielinie zu stören, kann von Bedeutung werden, um der eigenen Artillerie die Überlegenheit zu verschaffen. Schwieriger, jedoch unter günstigen Verhältnissen keineswegs aussichtslos, ist der Angriff auf Infanterie.

Wohl schwerlich hat das 18. und 19. Jahrhundert derartig moralisch verbrauchte Infanterie gesehen, wie solche aus jedem ernsten Feuerkampfe heutzutage unausbleiblich hervorgehen muß. Intakte Infanterie wurde von der Kavallerie Friedrichs des Großen nur attackiert, wenn sie überrascht oder in der Flanke gefaßt werden konnte (Hohenfriedberg, Roßbach), erschöpfte und erschütterte Infanterie aber bei jeder Gelegenheit, niemals blieb ein solcher Reiterangriff unbelohnt. „Eine taktisch geschulte Reiterei unter einem Taktiker wird aber Erfolg finden, und mag die Zeit nahe oder ferne liegen, es wird ein Tag kommen, da die Reiterei begreift, welches Feld ihr die heutigen langen, dünnen, sogar zusammenhangslosen Linien der Infanterie bieten müssen, die in einem heißen, mark- und nervenerschütternden Feuerkampf bis zur Schlacke erkalten; je länger die Infanterie im Feuer verharren muß, um so besser für die Reiterei, um so leichter ihr Werk."

„Schon allein der Umstand, daß zumeist die Dauer des Kampfes an sich eine große physische Anstrengung nach sich zieht, muß im Vergleich zu früher zugunsten der Reiterei in die Wagschale fallen. Wer 8—10 Stunden unter dem Gewehr in sengender Hitze marschiert, hat meist seine besten Kräfte verbraucht; wer 6—8 Stunden in einem hin und her wogenden Kampfe gestanden hat, wessen Nerven so lange das Rollen des Feuers empfunden, wer in dieser Zeit dauernd von den mächtigen Aufregungen bewegt worden ist, die die Bilder und Vorfälle jeder Schlacht mit sich bringen, wer keine Gelegenheit fand, sich in dieser Zeit zu kräftigen, zu erholen, einmal ruhig aufzuatmen, ist physisch und psychisch erschöpft, sogar verbraucht. Das geht mit größeren Verbänden nicht besser. Einzelne Truppenteile erübrigen ein

Plus an physischen und psychischen Kräften, doch sie bilden die Minderheit; wieder andere Truppen bleiben mehr oder weniger intakt bis zum Augenblick, da alles eingesetzt werden muß; ganz intakt bleibt nur ein verhältnismäßig kleiner Teil der Infanterie. Zwar ist die materielle und moralische Einbuße des Fußvolkes nicht auf der ganzen Schlachtlinie die gleiche; aber immer wird es Abschnitte geben, in denen die Infanterie vollständig verbraucht wird, und diese sind der günstigste Boden für die Reiterei¹)."

Unzweifelhaft würde die zurückflutende 38. Infanterie-Brigade bei Mars la Tour oder die preußische Garde bei St. Privat ein günstiges Objekt für den Massenangriff französischer Kavallerie geboten haben. „In diesem Augenblick ist es ganz gleichgültig, ob diese ‚Schlacken‘ ein Repetier- oder ein Steinschloß-Gewehr oder eine Mistgabel führen" (F. Hönig). Weil in den letzten Kriegen günstige Situationen nicht erkannt und ausgenutzt wurden, darf man nicht ohne weiteres folgern, daß die Tage der Schlachtentätigkeit für die Kavallerie vorbei sind²).

Günstige Aussichten für eine Kavallerieattacke liegen in dem Umstande, daß die Geschosse der kleinkalibrigen Gewehre ihre niederwerfende Kraft verloren haben, daß ein auf nahe Entfernung getroffenes Pferd

---

1) Die Kavallerie-Division als Schlachtenkörper, S. 10.

2) Generalleutnant v. Pelet-Narbonne (Armee und Marine 1901 Nr. 38) führt folgende Gründe an, weshalb im deutsch-französischen Kriege die Kavallerie nicht in der erwähnten Weise gebraucht wurde:

1. „Die Tatsache, daß unsere Kämpfe meist von Anfang an eine glückliche Wendung nahmen und den Führern sich nicht die Notwendigkeit aufdrängte, die Kavallerie einzusetzen.

2. Daß es den höheren Führern unserer Kavallerie fast ausnahmslos an dem Geschick und der Erfahrung im Gebrauch der Waffe und daher an Selbstvertrauen fehlte. — Diesem Umstande sind viele Unterlassungen zuzuschreiben. — Ich nenne nur die Tage von Beaune la Rolande, Villepion, Coulmiers und Orleans am 4. Dezember, Gelegenheiten, wo die Kavallerie unzweifelhaft schlachtentscheidend wirken, ja bei Coulmiers bei der zeitweiligen Panik auf dem linken französischen Flügel den vollen Sieg erfechten konnte.

3. Der Umstand, daß man in der Friedenszeit vor dem Kriege bei den Übungen das Vertrauen der Kavallerie in ihre Wirksamkeit mit der blanken Waffe durch abweisende Entscheidungen erschüttert hatte, die Waffe in dieser Hinsicht falsch erzogen war.

Die vereinzelten Angriffe französischer Kavallerie bei Wörth, Beaumont und Sedan geben keinen Maßstab für die Beurteilung ab, da sie als Verzweiflungscoups anzusehen sind und in ungünstiger Lage und ohne Geschick ausgeführt wurden."

vielfach noch die Kraft besitzt, seinen Reiter in die feindlichen Reihen zu tragen.

Für den Erfolg gegen unerschütterte Infanterie ist der Einsatz einer hinreichenden Stärke Bedingung des Erfolges. Die ungünstigen Ansichten über die geringen Aussichten einer Kavallerieattacke sind begründet auf Beispiele, wo schwache Abteilungen gegen unerschütterte Infanterie anritten, erhebliche Verluste erlitten und doch nichts erreichen konnten. Es hätte in solchen Lagen der systematischen Vorbereitung der Attacke und des Einsatzes großer Massen bedurft. Ist jedoch eine Überraschung möglich, verliert die Infanterie den Kopf, dann sind Formation und Zahl gleichgültig[1]). In der Schlacht erscheint Überraschung der Infanterie nicht aussichtslos. Im heftigsten Feuerkampf mit der gegnerischen Infanterie begriffen, läßt die Aufmerksamkeit in den Flanken nach. Während alle Augen und Waffen sich der anreitenden, von ferne schon erkennbaren Kavallerie zuwenden, versäumt man in den Reihen der Infanterie nur zu oft, die Aufmerksamkeit auf ein zweites Treffen zu richten, welches unter der Maske eines Scheinangriffes den Stoß vielleicht aus einer ganz anderen Richtung führt. Manövererfahrungen und die Kriegsgeschichte beweisen dieses zur Genüge. Kommt die Kavallerie vielleicht auch nicht unbeschossen in den Feind, so ist die Infanterie doch gezwungen, ihr Feuer zu teilen. Ist eine Überraschung aber nicht ausführbar, dann muß versucht werden, so rasch als möglich durch Ausnutzung der Schnelligkeit der Pferde den Wirkungsbereich des Gewehres zu durcheilen. Da an den Einbruch kein Handgemenge mit langer Verfolgung sich anschließt, so kann schon beim Anreiten das Äußerste von den Pferden verlangt werden: frühzeitige Entwickelung

---

1) Treffend kommt dieser Unterschied in der Attacke des Ulanen-Regiments Nr. 9 bei Monnaie am 20. Dezember 1870 zum Ausdruck. S. Taktik II, S. 139. Die Brigade Bredow durchritt bei Mars la Tour die Artillerie und die sich sammelnde Infanterie des VI. Armeekorps, doch das Eingreifen von 25 frischen Schwadronen zwingt die preußischen Reiter zur Umkehr. Selbst ein schwaches zweites Treffen hätte wenigstens einige der genommenen Batterien zurückführen können. Aber auch trotzdem war der Erfolg groß. Der französische Bericht sagt, „daß infolge dieses Reiterangriffs 10 französische Batterien genötigt waren, das Schlachtfeld zu verlassen und daß diese Batterien den ganzen Tag über nicht mehr auf dem Kampfplatze erschienen". Es wird wohl in der Kriegsgeschichte einzig dastehen, daß 6 Schwadronen 60 Geschütze zum Abfahren und zur Einstellung des Kampfes gezwungen haben.

und Galopp bereits auf größere Entfernungen. Trotz aller Erfolge der japanischen Infanterie vermochten sich die Russen doch jedesmal einer Vernichtung zu entziehen, weil es ihren Gegnern an Kavallerie fehlte, um den Erfolg auszubeuten.

Erschwert wird die Attacke auf Infanterie:

1. durch die Verbesserung der Feuerwaffen, welche es selbst einer schlecht ausgebildeten Infanterie (Neuformationen) ermöglicht, den Angriff einer tüchtigen Kavallerie abzuweisen (Attacke von 7 Zügen Kürassier-Regiments Nr. 8 auf ein französisches Jägerkarree bei Sapignies am 4. Januar 1871, 30 v. H. der Reiter und 80 v. H. der Pferde), und auch geschlagener Infanterie eine erhöhte Widerstandskraft verleiht. Die Verwendung des rauchschwachen Pulvers erschwert der Kavallerie die Überraschung, die gesteigerte Tragweite der Geschosse zwingt sie von den entscheidenden Stellen entfernt zu bleiben, wenn das Gelände gedeckte Aufstellung in größerer Nähe nicht begünstigt. Zur Zeit der glatten Gewehre konnte die Kavallerie hingegen in unmittelbarer Nähe der entscheidenden Punkte das Eintreten des günstigen Zeitpunktes abwarten;

2. durch eine veränderte Fechtweise der Infanterie, welche erhöhte Widerstandskraft im Gelände findet und den einzelnen Abteilungen größere Selbständigkeit verleiht, und schließlich

3. durch eine an allen Orten gesteigerte Bebauung des Geländes.

Auf dem Gefechtsfeld hält die Reiterei an denjenigen Punkten, welche ihre wirksamste Verwendung begünstigen. Zur Zeit der Untätigkeit sucht sie durch getrennte Aufstellung die Bedeckungen des Geländes auszunutzen und sich vor Verlusten zu schützen, durch abteilungsweises Tränken und Futtern für ihre Gefechtstätigkeit sich frisch zu erhalten. Der Platz muß aber so gewählt sein, daß die Truppe nicht unerwartet angegriffen werden kann und andererseits ihr Eingreifen in den Kampf nicht verzögert wird. Dieses wird aber nur gewährleistet, wenn der Führer einen Punkt zur Umschau wählt, welcher ihm ermöglicht, Gelände, Feind und eigene Truppe zu übersehen. Er wird zu spät kommen, wenn er sich zur Attacke rufen läßt oder an seiner Truppe klebt. Am zweckmäßigsten wird die Kavallerie eine Aufstellung auf einem der Flügel wählen, welche ihr Bewegungsfähigkeit, ohne die anderen Waffen zu behindern, nach mehreren Seiten gestattet.

Hinter der Mitte einer Schlachtfront ist die Kavallerie entweder Kugelfang, oder sie wird, um den Verlusten zu entgehen, so weit zurückgehalten werden müssen, daß ihr rechtzeitiges Erscheinen in der Gefechtslinie fraglich ist; entschließt sie sich zur Attacke, so muß sie die Feuerfronten der eigenen Infanterie und Artillerie durchreiten, diese somit am Feuer hindern (französische Kavallerie bei Wörth, preußische Kavallerie bei Königgrätz), oder sie muß auf einem längeren Umwege erst den Flügel gewinnen, um den Stoß gegen die Flanke des Gegners zu führen. Die Gefechtsverhältnisse werden aber häufig eine derartig ungünstige Aufstellung der Kavallerie hinter der Mitte fordern, sei es, daß es an Raum fehlt (französische Kavallerie bei Sedan), sei es, daß die Kavallerie bei dem Mangel an Unterstützungen der Gefechtslinie einen Halt verleihen soll (preußische 6. Kavallerie-Division bei Mars la Tour zur Unterstützung des ohne Infanterie-Reserve fechtenden III. Armeekorps). Nicht gerechtfertigt war die Verteilung der französischen Kavallerie-Divisionen hinter der Schlachtstellung von Gravelotte-St. Privat; hier fehlte ihnen vielfach die Möglichkeit, zur Attacke zu kommen. Ihr Verwendungsgebiet lag in der Gegend von Ste. Marie aux Chênes mit der Aufgabe, die anmarschierenden Kolonnen der deutschen II. Armee aufzuhalten. Ebenso muß die brigadeweise Verteilung der 2. Kavallerie-Division bei Coulmiers verworfen werden; unter einheitlicher Führung hätte sich die Verzögerung der französischen Entwickelung gegen Coulmiers als dankbare Aufgabe ergeben.

Am günstigsten steht die Kavallerie auf demjenigen Flügel, wo man die Entscheidung sucht, dort, wo sie den kürzesten Weg zur Rückzugsstraße des Gegners hat, um den feindlichen Massen zuvorzukommen, ihnen den Rückweg zu verlegen. Zum allermindesten muß verlangt werden, daß sie dauernd in Flanke und Rücken des Feindes aufklärt, die Bewegungen der feindlichen Reserven überwacht, den Marsch feindlicher Verstärkungen aufhält[1]). Die Erfüllung dieser Aufgaben ist um so leichter, je mehr es der Kavallerie möglich ist, sich vorwärts seitwärts der Schlachtlinie zu halten; seitwärts rückwärts wird ihr Platz nur bei ausgesprochener Unterlegenheit und bei rein

---

1) Aufhalten des Marsches von 3 französischen Bataillonen mit 40—50 Reitern und 2 Geschützen von Cambray auf das Gefechtsfeld von Bapaume durch 1¾ Eskadrons Gardehusaren — Fußgefecht. Kunz, Nordarmee, II. S. 39. S. unten S. 28 Anm. 3.

defensiver Aufgabe sein. Je mehr sie zurückgehalten wird, um so schwieriger ihr Eingreifen, um so geringer die Aussicht, rechtzeitig auf dem Gefechtsfelde zur Ausnutzung der Entscheidung einzutreffen.

In vielen Fällen wird es vom Zufall abhängen, ob die Kavallerie den strategischen Flügel erreicht. Wenn sie nach einem vielleicht unglücklichen Zusammenstoße mit feindlicher Kavallerie die Front der Armee frei macht, läßt sich nicht immer die Richtung wählen, in der sie am zweckmäßigsten ausweicht. Dann wird auch häufig erst im Laufe des Kampfes klar werden, welcher Flügel von entscheidender Wichtigkeit ist. Auch die von der Seite sich zur Schlacht heranziehende Kavallerie-Division hat keine Freiheit in der Wahl des Flügels. Befindet sie sich auf dem Flügel, wo eine Entscheidung zunächst nicht gesucht wird, so fordert das Herüberziehen auf den operativen Flügel einen derartigen Aufwand von Zeit und Kraft, daß die Reiterei aller Wahrscheinlichkeit nach zur Entscheidung zu spät kommen wird. Sie sucht dann besser auch auf dem weniger wichtigen Flügel nach Art einer Offensivflanke in den Kampf einzugreifen.

Die Kavallerie kann sich aber nur in dieser vorgeschobenen Aufstellung halten, wenn es ihr vorher möglich gewesen ist, mit der gegnerischen Kavallerie abzurechnen, diese vom Schlachtfelde zu vertreiben oder durch schwächere Kräfte in Schach zu halten.[1]) So entstehen Kavallerie-Duelle, deren Nützlichkeit vielfach unter Berufung auf den Reiterkampf von Ville-sur-Yron am 16. August 1870 bestritten wird. Diese Reiterkämpfe sind aber erforderlich, um die Aufklärung zu erzwingen. Denkt man sich auf dem linken deutschen Flügel bei Mars la Tour die deutsche Kavallerie fort, so hätte eine Massenattacke der französischen Kavallerie die ernstesten Folgen für den Verlauf der Schlacht haben müssen. Infanterie und Artillerie waren nicht verfügbar, um sich diesem Ansturm entgegenzustellen, konnten auch zweifelsohne besser verwandt werden. Da war es nur zweckentsprechend, wenn die deutsche Kavallerie den Kampf mit den französischen Reitern aufnahm. Wäre auf der Hochfläche von Ville-sur-Yron dieser Kampf bis zur vollständigen Entscheidung durchgefochten, so hätte sich das Vorgehen der siegreichen Kavallerie gegen die feindliche Infanterie und Artillerie unmittelbar daran anschließen

---

1) Bei Mukden hält sich auf dem Westflügel die russische und japanische Kavallerie die Wage, beide Teile scheuen sich zu attackieren, beide Teile finden auch kein Mittel, die Freiheit des Handelns zu gewinnen.

müssen. Wenn man aber unterläßt, zunächst die feindliche Kavallerie aus dem Felde zu schlagen, so wird diese sich in empfindlichster Weise lästig machen, die eigenen Kräfte fesseln, sobald es sich darum handelt, in den Kampf der anderen Waffen einzugreifen. Der Sieg über die feindliche Kavallerie bleibt aber, wie es General v. Schlichting[1]) nennt, eine „reine Familienangelegenheit" und ohne Einfluß auf den Schlachtenverlauf, wenn die Kavallerie sich mit dem ersten kleineren Erfolge, mit dem Sieg über die gegnerische Kavallerie begnügt, nicht dem wichtigeren, größeren Ziele zustrebt, unterstützt durch ihre reitende Artillerie, gegen Flanke und Rücken des Feindes vorzugehen. Die Kriegsgeschichte zeigt, daß die Kavallerie mehr als eine Attacke am Tage reiten kann.

Auf die Dauer wird sich die gegnerische Kavallerie, auch wenn sie es wollte, dem Reiterkampfe nicht entziehen können; fortgesetzte Beunruhigung der Flanke der gegnerischen Infanterie wird schließlich die feindliche Kavallerie doch zum Handeln bringen.

Eine Attacke gegen die feindliche Infanterie und Artillerie darf aber nicht „Familienangelegenheit" der Kavallerie bleiben; die anderen Waffen müssen nach der Gefechtslage versuchen, den Erfolg auszunutzen. Der Anblick einer plötzlich hervorbrechenden Kavallerielinie wirkt so mächtig auf die Sinne der selbst nicht unmittelbar bedrohten Truppen, daß diese entweder ruhig der Attacke zuschauen, oder daß übermäßig viele Truppen sich an der Abwehr beteiligen. Ein Ausnutzen dieses Augenblicks, in welchem durch die Kavallerie die Aufmerksamkeit so vollständig gefesselt wird, um nach vorwärts Gelände zu gewinnen, oder um den Rückzug anzutreten, findet fast nie statt[2]).

In der Schlacht von Vionville richtete sich das Feuer unserer Infanterie unter den unglaublichsten Winkeln gegen die attackierende französische Gardekavallerie; beim Anreiten der Brigade v. Bredow

---

[1]) Taktische und Strategische Grundsätze der Gegenwart, S. 183.

[2]) „Jeder Führer soll den Verlauf einer Kavallerie-Attacke aufmerksam verfolgen, und sobald er bemerkt, daß es der eigenen Kavallerie gelingt, in die feindliche Stellung einzudringen, daß der Gegner erschüttert ist und seine ganze Feuerkraft gegen die attackierende Kavallerie einsetzt, muß er unverzüglich zum unaufhaltsamen Angriff vorgehen und dem Gegner mit dem Bajonett auf den Leib rücken, bevor dieser auch nur zur Besinnung kommt, selbst wenn die Kavallerie abgeschlagen ist." Manöverkritik des Generals Gurko, 1893. Auch in den „Winken für die Offiziere der unter Meinen Befehlen ins Feld rückenden Truppen" (1870) fordert Prinz Friedrich Karl, daß die Infanterie den Kavallerie-Attacken rasch nachfolgen solle.

in derselben Schlacht stellte ein Teil der Infanterie der 6. Infanterie=
Division das Feuer auf die französischen Schützen ein, um mit Span=
nung den Reiterkampf zu verfolgen. Ebenso versäumte die französische
Infanterie während der Angriffe Neys gegen die Höhen von la Haye
Sainte (Schlacht von Waterloo) Gelände zu gewinnen. Diese
ebenso erklärliche wie aber auch falsche Vorstellung legt es nahe,
solche Augenblicke der Unaufmerksamkeit des Gegners zur Ausführung
einer Bewegung zu benutzen oder ihn im eigenen Feuer festzuhalten.

Wenn es auch nicht zu einer Attacke kommt, so vermag schon
allein das Erscheinen einer starken, von reitender Artillerie mit Rad=
fahrer= und Maschinengewehr=Abteilungen unterstützten Kavalleriemasse
in Flanke und Rücken des Feindes, das fortgesetzte Drohen mit
einer Attacke lähmend auf dessen Handeln einzuwirken.

Der 4. Kavallerie=Division war es bei Loigny nicht vergönnt, eine große
Attacke zu reiten, dennoch hatte sie nennenswerte Erfolge zu verzeichnen; die feind=
liche Kavallerie=Division Michel räumte vor ihr das Schlachtfeld, der linke französische
Flügel wurde dauernd in Atem gehalten, es gelang, die im Anmarsch befindliche
3. Division des XVII. Korps von ihrem Marschziel Villepion abzulenken, ihr Eingreifen
an entscheidender Stelle zu verzögern. Während um Loigny noch hartnäckig gekämpft
wurde, standen die Batterien der 4. Kavallerie=Division bei Gommiers und feuerten
in den Rücken der um Loigny, Favrolles und Villepion stehenden Massen. Mehrfach
wurde die feindliche Artillerie gezwungen, sich gegen diese Batterien zu wenden [1]).
Weniger erfolgreich war das Vorgehen der 2. und 4. Kavallerie=Division gegen den
rechten und linken französischen Flügel bei Artenay am 10. Oktober 1870. Ihre
Anwesenheit veranlaßte aber die Franzosen, das besetzte Artenay zu räumen [2]).
In negativer Beziehung ist lehrreich das Verhalten der Kavallerie=Brigade Graf
Dohna bei Bapaume [3]) und die Untätigkeit der 3. Kavallerie=Division bei
St. Quentin [4]).

Um aber die Kavallerie zu einem energischen Vorgehen gegen
Flanke und Rücken des Feindes zu befähigen, bedarf sie der Mit=
wirkung der reitenden Artillerie. Der Divisionsführer hat zu
erwägen, ob er unter besonders bringenden Umständen seine Batterien

---

1) Kunz, Loigny, S. 116. Ähnlich das 4. Chevauleger=Regiment bei Loigny.
Kunz, Reiterei, S. 290. Vergleiche auch den Eindruck, den das Erscheinen einiger
Eskadrons der Kavallerie=Division du Barail auf die Schützen der vor St. Privat
liegenden Garde ausübt. Kunz, Kriegsgesch. Beispiele, X, S. 55.
Dann die Einwirkung einer verirrten sächsischen Eskadron bei Königgrätz.
Hönig, Taktik der Zukunft, S. 56.
2) Lehautcourt, Campagne de la Loire, I, S. 38.
3) Kunz, Nordarmee, II, S. 38.
4) Kunz, Nordarmee, II, S. 200, außerdem S. 20. 21. 39. 124. 201. 214.

im Anschluß an die Artillerie der Armeekorps verwenden will (K. E. R. 375). Die Entscheidung dieser Frage ist von den deutschen Vorschriften abweichend von den in Österreich, Frankreich und Rußland bestehenden Anschauungen mit Recht in die Hände des Kommandeurs der Kavallerie-Division gelegt. War dem Hauptkampf ein Vorspiel der beiderseitigen Kavallerie vorausgegangen, wie z. B. am Morgen des 16. August 1870, so werden ganz naturgemäß die Batterien im Feuer bleiben und im Rahmen der Artillerie der Armeekorps weiter kämpfen. Steht die Kavallerie hinter der Gefechtslinie, so kann sie meist die Unterstützung ihrer Artillerie entbehren, auf den Flügeln wird sie die Mitwirkung ihrer reitenden Batterien jedoch nicht vermissen wollen.

Eine zur Verfolgung bestimmte oder gegen Flanke und Rücken des Feindes angesetzte Kavallerie-Division wird häufig nicht rechtzeitig ihre im Rahmen der Armeekorps kämpfenden Batterien heranziehen können; selbst wenn ihr dieses auch gelingen sollte, wird sie finden, daß ihre Batterien durch den anhaltenden Geschützkampf in ihrer Bewegungsfreiheit schwer geschädigt sind.

Am 16. August 1870 wurde der 5. Kavallerie-Division die Rückgabe ihrer reitenden Batterien durch den Kommandeur des Feldartillerie-Regiments Nr. 10 verweigert. Zweifelsohne waren diese Batterien an der Stelle, wo sie fochten, kaum zu entbehren, aber anderseits hätten auch diese reitenden Batterien die 5. Kavallerie-Division auf dem linken Flügel sehr wirksam unterstützen können.

Befehle zur Verfolgung darf die Kavallerie nicht erst abwarten wollen. Durch Anfragen geht Zeit verloren, vielfach kann auch der an anderer Stelle haltende Führer nicht so gut übersehen, ob der Zeitpunkt zum Einsetzen der Kavallerie bereits gekommen ist, als der dem Laufe des Gefechts an entscheidender Stelle folgende Kavallerieführer.

Vergeblich erbat bei Wörth der Führer der 4. Kavallerie-Division, bei le Mans der Führer der 14. Kavallerie-Brigade die Erlaubnis zum Vorgehen. Nur durch rechtzeitiges Vorgehen hätte in beiden Fällen die Kavallerie reiche Lorbeeren sammeln können. Der Führer der 14. Kavallerie-Brigade hatte bereits am 12. Januar um Mittag anreiten wollen, als er deutliche Anzeichen des beginnenden Rückzuges bemerkte. Als dann um 4 Uhr der Straßenkampf in le Mans noch nicht beendet war, erbat er vom General von Voigts-Rhetz die Erlaubnis zum Vorgehen, die aber nicht erteilt wurde. Ein Versuch, mit der Kavallerie so frühzeitig zur Verfolgung anzusetzen, hätte große Ergebnisse haben können. Das Gegenstück zu einer derartigen beabsichtigten frühzeitigen Kavallerieverwendung bildet der Versuch, mit der Kavallerie-Division von Hartmann am 18. August 1870 die Straßenenge zwischen **Gravelotte** und St. Hubert zu überschreiten, in der Voraussetzung, daß der Gegner bereits im Rückzuge begriffen sei. „Die 1. Kavallerie-Division geht sofort über das Defilee von Gravelotte; das Avantgarden-Regiment derselben hat sich, von dem Führer der mit der Division mitgehenden Batterie des VII. Armeekorps unterstützt, hinter St. Hubert links in der Richtung auf Moscou Ferme auf den im Weichen begriffenen Feind zu werfen. Es wird seine Attacken auf dem Glacis von Metz endigen, alles hat diesem Regiment zu folgen¹)."

An Stelle eines erschöpften Feindes fand man einen ungebrochenen Gegner vor, der nicht an den Rückzug dachte.

In einseitiger Bewertung der in Südafrika gesammelten Erfahrungen glaubte man in England den Schluß ziehen zu sollen, daß die Tage der Attackentätigkeit für die Kavallerie unwiederbringlich dahin seien, daß einzig und allein noch die Verwendung mit der Schußwaffe als berittene Infanterie möglich sei²). Die Gefahr, die Erscheinungen des eigenartigen Feldzuges in Natal und in Transvaal zu verallgemeinern, ist naheliegend; aber auch dort hätte eine gut berittene leistungsfähige Kavallerie noch immer sehr große Erfolge erringen können. Jedenfalls zeigt die Attacke der Kavallerie-Division French am 15. Februar 1900, was energisch geführte Kavallerie leisten kann³). Wenn die Kavallerie auf dem falschen Flügel, der nach Gelände und Lage jede Verwendung ausschloß (z. B. bei Colenso), gehalten wurde, wenn sie eine günstige Aufstellung, wo sie gegen Flanke und Rücken wirken konnte (Spionskop), nicht ausnutzte oder wenn sie, wie bei der Kolonne von Lord Methuen im Dezember 1899, überhaupt nicht verwendet wurde, dann darf man nicht den Schluß ziehen, daß eine Attackentätigkeit in Zukunft ausgeschlossen ist. Die jetzige englische Kavallerie soll vor allem die Feuerwaffe ausnutzen und in Verbindung mit berittener Infanterie, reitender Artillerie und Maschinengewehren gegen Flanke und Rücken des Feindes vorgehen. Eine solche Kavallerie kann wohl verschleiern, niemals indessen die Aufklärung erzwingen. „Niemand kann mehr als ich", schreibt Lord Roberts, „durchdrungen sein von der Bedeutung einer schnell und überraschend unter günstigen Bedingungen gerittenen Attacke. Ein Führer, der die Gelegenheit zu einer solchen nicht auszunutzen versteht, ist seiner

---

1) Geschichte des Ulanenregiments Nr. 4, S. 95
2) Balck, Die Lehren des Burenkrieges für die Gefechtstätigkeit der drei Waffen. Beiheft 7 zum Militär-Wochenblatt 1904. Vierteljahrshefte III, S. 466.
3) Kriegsgeschichtl. Einzelschr., Heft 33, S. 18.

Stellung nicht gewachsen. Aber ich kann mich denjenigen nicht anschließen, welche noch immer glauben, daß Attacken eine hervorragende Erscheinung im Zukunftskriege spielen werden. **Die Verbesserung der Feuerwaffen wird den Sieg derjenigen Truppe geben, welche zuerst abgesessen sein wird.** Ich gebe indessen gern zu, daß unter Umständen der Ansturm eines Reiterschwarmes (cloud of horsemen) — aber nicht in geschlossener Ordnung — von unberechenbarem Werte sein mag, um einen Erfolg zum glänzenden Siege, einen Rückzug in haltlose Flucht zu verwandeln. Der Reitergeist — der Geist des opfermutigen Wagens — muß auf alle Fälle in den berittenen Waffen erhalten bleiben, es ist daher notwendig, daß der Mann mit einem Säbel bewaffnet ist, der am Sattel befestigt, zum Gebrauch zu Pferde bestimmt ist, daß er eine Schußwaffe am Körper trägt, welche im Gegensatz zur blanken Waffe hauptsächlich zu gebrauchen ist."

So sehr die französischen Vorschriften die Notwendigkeit der Schlachtenreiterei hervorheben, so unverkennbar sind auch dort Strömungen zu erkennen, welche eine Umwandlung der Kavallerie in berittene Schützen erstreben, in den Vordergrund die Verwendung der Feuerwaffe stellen, die Attacke nur gegen demoralisierte oder minderwertige Kavallerie zulassen. Vertreter dieser Ansichten sind die Generale Keßler und Négrier [1]).

Berittene Infanterie ist nur ein Notbehelf; die kriegsgeschichtliche Erfahrung zeigt, daß sie nur eine Vorstufe der Kavallerie, daß sie ganz von selbst zur blanken Waffe greift, sobald sie in ihrer reiterlichen Ausbildung fortschreitet. Im Burenkriege attackierten schließlich ebensowohl die Buren als auch die berittene Infanterie der Engländer [2]). Nach dem Tode Stuarts ging die konföderierte Kavallerie

---

1) Vierteljahrshefte I, S. 8 u. f.

2) So attackierten etwa 2000 Buren, stellenweise zu zwei Gliedern Bügel an Bügel, im Galopp von 1500 m an, am 11. April 1902 ein Detachement des Generals Sir Jan Hamilton bei Roival. Die englischen Aufklärer und weit vorgeschobenen Schützen, welche schon auf großer Entfernung das Feuer eröffnet hatten, wurden überritten; dann hatten die Buren auf 600 m die Hauptkräfte gegenüber. Erst auf etwa 80 m scheiterte der Angriff. Die Buren ließen in den Händen der Engländer 51 Tote, 40 verwundete und 36 unverwundete Gefangene. Gewiß hätte hier eine Attacke entschlossener Lanzenreiter, in mehreren Linien hintereinander, Erfolg gehabt. Am 31. März 1902 attackierten etwa 1500 Buren unter Delarey in weitgeöffneter

als Schlachtenkavallerie immer mehr zurück, während die nordstaatlichen Reiter, von einem Sheridan geschult, immer häufiger zur blanken Waffe griffen, die Entscheidung im Ansturm zu Pferde suchten [1]).

In Ostasien [2]) stand die schwache, im engen Zusammenhang mit ihrer Infanterie fechtende japanische Kavallerie in der Hauptsache russischen Kasaken gegenüber, die wenig oder gar nicht für die Attacke geschult waren; nur 12 Dragoner-Eskadrons und 12 kaukasische Sotnien können als Schlachtenreiterei betrachtet werden. Trotz ihrer etwa sechsfachen Überlegenheit fehlte es der russischen Reiterei, ebenso wie im russisch-türkischen Kriege, an Unternehmungslust, eine schwache japanische Kavallerie-Brigade vermochte z. B. bei Liaujang eine ganze russische Kavallerie-Division zu fesseln. Gerade amerikanische und englische Beobachter haben hervorgehoben, daß einer unternehmenden Kavallerie sich glänzende Gelegenheiten für eine Attacke geboten haben würden. (Fehlen aller japanischen Reserven auf dem linken Flügel bei Liaujang.)

Beispiele: Bei Wafanglu (Telissu) 15. Juni 1904: Drei sibirische Sotnien attackieren und werfen zwei Eskadrons japanischer Dragoner. — Das Flankenfeuer zweier abgesessener japanischer Eskadrons bringt den zum Stehen gekommenen japanischen Infanterieangriff erneut in Fluß. Die abgesessene 1. Kavallerie-Brigade, verstärkt durch ein Bataillon, eine reitende Batterie und eine Maschinengewehrabteilung hält den Anmarsch der 2. Brigade der 35. Infanterie-Division so lange auf, bis die Entscheidung gefallen ist.

Am 31. August, 1. und 2. September ermöglichen 27 Sotnien unter Rennen

---

Linie eine Kolonne unter Colonel Cookson, bestehend aus den berittenen Schützen der reitenden Artillerie, den Kanadiern und dem 28. Bataillon berittener Infanterie.

Am 30. Oktober 1901 wurde die Arrieregarde der Kolonnen des Obersten Benson ebenfalls in dieser Weise bei Bralenlaagte attackiert. Zwei Geschütze, unter dem Schutze einer Kompagnie der Buffs und etwa 50 Mann berittener Infanterie (25. Bataillon), standen auf einem Höhenrücken, während zahlreiche Aufklärer vor der Front waren. Diese wurden überritten; es gelang den Buren, in die Stellung einzudringen, die Geschütze zu nehmen und zurückzuführen, obwohl einige Schützen der berittenen Infanterie sich auf dem Höhenrücken behaupteten und zwei Kompagnien der Buffs herangeführt wurden, die jedoch keine geeignete Feuerstellung erreichen konnten. Der Verlust betrug 64 Tote und 30 Verwundete.

[1]) Beispiele bieten die Operationen Sheridans im Shenandoah-Tale 1864. Erfolgreiche Attacke von Kavallerie auf den rechten Flügel (Longstreet) der konföderierten Infanterie am dritten Tage der Schlacht von Gettysburg 1863.

[2]) Niessel, Enseignements decoulant de la guerre Russo-Japonaise, Paris 1905, enthält eine große Anzahl von Beispielen für die Verwendung im Gefecht.

kampf bei Jentai durch Fußgefecht das Abbrechen des Gefechts und Festhalten der Höhen von Jentai. Am 3. März auf dem linken Flügel der japanischen Armee (Mukden) vermag die zu Fuß angreifende 2. japanische Kavallerie-Brigade, unterstützt durch 2 Bataillone der 1. Division, die von Sinmintun mit der Ural-Transbaikal-Kasaken-Division (24 Sotnien, 12 Geschütze) anmarschierende Brigade Bürger (8 Bataillone, 8 Maschinengewehre, 24 Geschütze) nach Nordosten abzudrängen.

Nicht uninteressant sind gerade jetzt die Ausführungen Kuropatkins in den kritischen Rückblicken auf den russisch-türkischen Krieg. Als Ursache des geringen Nutzens der Kavallerie bei Plewna bezeichnet Kuropatkin u. a.: „Furcht der Kommandeure, Aufgaben zu übernehmen, die, wenn sie auch in ihren Kräften standen, sie zu einem Zusammenstoß mit der türkischen Infanterie und Verlusten führen konnten." (Also Blutscheu.) Ferner spricht Kuropatkin von dem „grundsätzlichen Irrtum", in dem die Russen bei der Verwendung der Kavallerie befangen waren: „Viele der Kommandeure waren der Ansicht, daß bei der Vervollkommnung der Feuerwaffen die Rolle der Kavallerie auf dem Schlachtfelde (solange der Sieg oder die Niederlage noch nicht entschieden sei) ihr Ende erreicht habe. Sie waren überzeugt, daß die Kavallerieattacken während des Gefechts keinen Nutzen brächten, da sie keine Chancen für den Erfolg hatten." Kuropatkin sagt dann weiter: „Wie früher, so kann auch jetzt eine verhältnismäßig unbedeutende neue Kraftanstrengung von unserer Seite oder von der des Gegners, ins Gefecht geführte Reserve (Infanterie, Artillerie oder Kavallerie) den Sieg entscheiden. In diesem entscheidenden Moment sich der Kavallerieattacke enthalten wollen, ist ein Unding, mögen sie auch noch so große Opfer kosten. Gingen sogar ganze Kavalleriedivisionen verloren, entrissen aber durch ihren Untergang den Sieg den Händen des Gegners oder retteten unsere Armee vor der Niederlage, so ist es eine Notwendigkeit, diese Divisionen zu opfern. **Für diesen, hohe Opfer verlangenden hehren Augenblick muß die Kavallerie auch im Frieden erzogen werden.**" Im ostasiatischen Kriege fehlte der russischen Kavallerie neben der Ausbildung der feste Wille, sich aufzuopfern. Der Gedanke, gegen die japanischen Verbindungen während der Schlacht vorzugehen, wird zwar gefaßt, aber aufgegeben, sobald die Japaner selbst offensiv werden [1]).

Glänzende Gelegenheit hätte sich einer auf leistungsfähigen Pferden berittenen japanischen Kavallerie geboten. „Wer die russische II. und III. Armee auf dem Rückzuge vom 10. bis 14. März gesehen hat, der muß sich eingestehen, daß eine intakte moderne Kavalleriedivision genügt hätte, den Russen bedingungslosen Frieden zu diktieren. **Gerade hier hat das Nichtvorhandensein einer kräftigen**

---

[1]) Geplante russische Offensive im Februar 1905. General Rennenkampf wurde vom linken Flügel nach dem rechten beordert, um hier den Befehl über das Kavalleriekorps zu übernehmen. Spaits, Mit Kosaken durch die Mandschurei, S. 190. 219. Über das Vorgehen Mischtschenkos gegen den Rücken der bei Sandepu noch fechtenden Japaner fehlen genügende Einzelheiten. Spaits a. a. O., S. 91. 97.

Schlachtenkavallerie die unbestreitbare Existenzberechtigung derselben bewiesen[1].“

2. Die Verwendung der Pioniere auf dem Gefechtsfelde[2].

Die einer Infanterie=Division zugeteilte Pionier=Kompagnie ist in ausgesprochenster Weise die Hilfswaffe der Infanterie und Artillerie. Die Kriegserfahrung unserer letzten Feldzüge kann kaum noch ein zutreffendes Bild geben von dem, was heutzutage von der Pioniertruppe auf dem Gefechtsfelde zu fordern ist. Im deutsch=französischen Kriege war die Ausrüstung der Infanterie mit Schanzzeug derart dürftig, daß die Arbeitsleistung der Pioniere fast ausschließlich aushelfen mußte, um der Infanterie die erforderlichen Deckungen zu schaffen; Pioniere wurden sogar nach der Schlacht zum Bestatten der Toten verwendet. Die Ausrüstung einer Infanterie=Division mit Schanzzeug ist jetzt aber derart bemessen, daß die Hälfte ihres Infanterie=Mannschaftsstandes mit Werkzeug versehen werden kann; die Zahl der Pionierkompagnien ist außerdem jetzt so gering, daß sie nicht imstande sind, neben ihren eigentlichen Aufgaben auch noch die Spatenarbeit für die Infanterie und Artillerie zu leisten.

Grundsätzlich muß in vorderer Linie die Herstellung von Verteidigungseinrichtungen (Geschützdeckungen, Schützengräben mit leichteren Eindeckungen) derjenigen Truppe zufallen, die sie benutzen soll. Von dieser sind auch alle nötig werdenden Arbeiten auszuführen, um die Wegbarkeit zu erhöhen, z. B. Herstellen leichter Stege für die Infanterie, Abstechen von Grabenrändern durch Reservemannschaften der Artillerie. Für reine Erdarbeiten bildet die Pionier=Kompagnie eine Reserve in der Hand des Truppenführers, die an solchen Punkten Verwendung finden kann, wo Infanterie nicht zur Stelle ist, z. B. um für möglich eintretende Gefechtslagen Deckungen (z. B. in Aufnahmestellungen) herzurichten. Nach Ersatz und Ausbildung lassen sich vom Pionier keineswegs größere Arbeitsleistungen im Bewegen von Erde erwarten, als von einem mit dem großen Spaten ausgerüsteten Infanteristen.

Die Verteilung einzelner Pioniere als Vorarbeiter auf die Infanterie ist nur in Ausnahmefällen (Einrichtungen von Örtlichkeiten)

---

[1] Spaits a. a. O., S. 351.
[2] Mil.=Wochenblatt 1904 Nr. 43—45.

empfehlenswert, meist kommt sie einer Zersplitterung der Truppe gleich, durch welche die technische Ausbildung der Pioniere nur ganz unzureichend ausgenützt wird. Einheitliches Einsetzen unter den eigenen Führern, wenn auch nur halbzug- oder zugweise, zur Ausführung schwieriger Arbeiten entspricht am besten dem Wesen der Waffe. Sind somit infolge veränderter Ausbildung und Ausrüstung die Hauptwaffen pionier-technisch selbständiger geworden, so sind die Aufgaben der Pioniere damit keineswegs verringert. Im Gegenteil, ihrer warten auf dem Gefechtsfelde große Aufgaben. **Gleichwie im Festungskriege sind sie auch im Feldkriege vor allem berufen, den Angriff zu unterstützen.**

Bei den technischen Aufgaben, die während der Schlacht an die Pionier-Kompagnie herantreten werden, sind zwei verschiedene Arten scharf zu unterscheiden.

1. Arbeiten, die eine Tätigkeit ohne Berührung mit dem Feinde verlangen, denen mit stärkerem Kräfteeinsatz auch ohne Genehmigung des Truppenführers von der Kompagnie auf Ersuchen der Hauptwaffen entsprochen werden muß. Nach ihrer Ausführung ist schnelles Sammeln der Pionier-Kompagnie geboten, um zu anderer Verwendung bereit zu sein. Hierhin gehört auch die Verwendung einzelner Offiziere mit Patrouillen, um eine Stellung in ihren Grundzügen festzulegen. 2. Aufgaben, die die Kompagnie näher der vorderen Gefechtslinie und somit in eine, wenn auch zunächst nur mittelbare Berührung mit dem Feinde bringen. Bewegungen auf der Grundlinie, Hin- und Herschiebungen von einem Flügel zum anderen sind dann ebensogut wie bei den Hauptwaffen ausgeschlossen. Teile der Pionier-Kompagnie, die einem Truppenteil angegliedert und mit diesem zum Angriff angesetzt sind, werden meist der Hand des Truppenführers entzogen sein und ihm für die Dauer der Schlacht nicht mehr zur Verfügung stehen; selbst dann, wenn sie zunächst der Reserve des Truppenteils, unter dessen Befehl sie treten, folgen. Sie werden durch ihn und mit ihm, mag man das zu verhindern suchen, soviel man will, in den eigentlichen Kampf mit hineingerissen werden.

Ganz unerläßlich ist die Verwendung der Pioniere beim Angriff auf Örtlichkeiten und auf befestigte Stellungen. Die Pioniere werden in diesem Fall truppweise verteilt und gleich gegen diejenigen Punkte angesetzt, wo ihre Tätigkeit wahrscheinlich ist. Bis zu diesem Zeitpunkt bleibt die Truppe zur einheitlichen Verwendung noch zurück und darf in keiner Weise von der ihr bevorstehenden Aufgabe abgezogen werden. Diese Zeit der Untätigkeit ist von den Offizieren zur Erkundung auszunützen.

Beim Sturm auf Le Bourget am 30. Oktober 1870 war nur der mittleren Kolonne eine Pionier-Kompagnie zugeteilt. Die Kompagnie fand eine hervorragende Tätigkeit beim Öffnen der Dorfumfassung, beim Durcharbeiten der Truppe durch die Gärten und bei der Unterstützung der Infanterie im Häuserkampf[1]). Die zähen Ortskämpfe in Villersexel und Bazeilles[2]) finden zum Teil ihre Erklärung in der Nichtverwendung von Pionieren.

Im Kampfe um befestigte Feldstellungen[3]) müssen Pioniere die feindlichen Anlagen zunächst erkunden, dann Bahnen durch die Hindernisse für die Sturmtruppen herstellen. Die Pioniere — Gewehre umgehängt, Äxte und Kreuzhacken in der Hand, in jeder Gruppe Sprengladungen mit Zündung und mehrere Drahtscheren — gehen mit der stürmenden Infanterie vor, um die letzten Hindernisse für Durchführung des Sturmes zu beseitigen.

Auch in der Verteidigung wird sich zunächst ein Zurückhalten der Pionier-Kompagnien empfehlen, soweit es sich nicht um Ausführung besonders schwieriger Arbeiten handelt. Ihre Tätigkeit wird meist in einem Verbessern der Wegbarkeit hinter der Front, Herstellen von Übergängen, Ausführung von Zerstörungen bestehen. Im Laufe des Kampfes können Pioniere zum Vorbereiten von Aufnahmestellungen zurückgeschickt werden.

Die Frage der taktischen Verwendung auf dem Gefechtsfelde[4]) bedarf noch besonderer Erörterung.

---

1) Ähnlich unterstützte die 3. Kompagnie Pionier-Bataillons Nr. 11 die Infanterie im Häuserkampfe in Chateaudun.

2) In Bazeilles legten Pioniere die Mauern des Parkes von Monvillers nieder und stellten einen das Dorf umgebenden Kolonnenweg her. Beim Sturm auf Danjoutin am 7./8. Januar 1871 richtete eine halbe Pionier-Kompagnie eine Verteidigungsstellung gegen Belfort ein, die andere Halbkompagnie nahm am Häuserkampfe teil. Gegenwärtig würde man die ganze Kompagnie im Ortsgefecht verwenden. Wolff, Geschichte der Belagerung von Belfort, S. 213.

3) Verwendung der Pioniere beim Sturm auf die Düppeler Schanzen 1864.

4) Bei Colombey (14. August 1870) stellten sich die 2. und 3. Feldpionier-Kompagnie des VII. Armeekorps dem Kommandeur des Infanterie-Regiments Nr. 13 zur Verfügung, sie wurden bei La Planchette in die vordere Linie gezogen und übernahmen in der Nacht zum 15. August den Sicherungsdienst.

Die 2. und 3. Pionier-Kompagnie des X. Armeekorps erleichterten durch ihr Flankenfeuer von der Nordwestecke des Tronviller Busches in sehr wirksamer Weise das Zurückgehen der 38. Infanterie-Brigade am Nachmittage des 16. August 1870.

„Es unterliegt keinem Zweifel, daß die Pioniere in allererster Linie gemäß ihrer eigentlichen Bestimmung für die Ausführung technischer Arbeiten zu verwenden sind. Jeder Verstoß dagegen im Kriege, vor allem eine frühzeitige Verwendung als Infanterie, wäre ein Fehler. Zur Entscheidung ist aber jedes Gewehr heranzuziehen, also auch das des letzten Pioniers, der dazu den Spaten beiseite legt. Gegen die nächste Forderung, daß der Sieg erfochten wird, treten alle anderen Rücksichten, also auch die eines etwaigen späteren Bedürfnisses nach technischer Unterstützung, in den Hintergrund. Sollen die Pioniere nach Niederlage und Vernichtung der Infanterie und Artillerie etwa allein kämpfen und das leisten, was vorher den beiden Hauptwaffen nicht gelang? Schließt sich die Verfolgung dem Sturmlauf unmittelbar an, so werden Truppen und Kompagnieführer darauf bedacht sein, die Kompagnie rasch geschlossen wieder zu sammeln. An der Verfolgung auf dem Schlachtfelde kann und braucht sie nicht teil zu nehmen; diese ist Sache der Hauptwaffen." Der vielfach geltend gemachte Grund, daß das technisch vorgebildete Material zu einer derartigen Verwendung zu kostbar sei, ist nicht stichhaltig, da nach Gefechtsverlusten eine jede Pionier-Kompagnie durch Einstellung von Professionisten, selbst wenn ihre militärische Ausbildung minderwertig sein sollte, im wesentlichen auf der Höhe ihrer technischen Kriegsleistung erhalten werden kann. Für die Pionier-Kompagnie mit ihrem im Friedensdienst geschulten Rahmen ist die Einstellung von Unteroffizieren und Offizieren des Beurlaubtenstandes, welche in ihrem Zivilberuf als Techniker, Bauhandwerker, Bauunternehmer tätig waren, von ganz besonderer Bedeutung [1]).

„Höher als der taktische Grund, alles zum Erreichen des Sieges einzusetzen, steht aber ein psychologischer. In der ganzen außermilitärischen Welt hat der Name ‚Pionier' einen ehrenvollen Klang; er bricht allem, was der Mensch für gut und wahr hält, unter eigener Aufopferung die Bahn zum Siege; gleiches sollen die Pioniere auf der blutigen Walstatt für die Infanterie leisten. Im Sturm auf ein im flüchtigen Verfahren niedergekämpftes Sperrfort oder auf eine

---

1) Die 2. Festungs-Pionierkompagnie X. Armeekorps 1870 bestand aus 24 Leuten der Linie, 38 Reservisten und 138 Landwehrleuten, nach Berufen: 1 Baumeister, 1 Feldmesser, 4 Maschinisten, 4 Maurer-, 7 Zimmermeister, 51 Zimmerleute, 12 Maurer, 42 Bergleute, 24 Tischler, d. h. 146 Bauhandwerker und Bergleute bei einer Kopfstärke der Kompagnie von 200 Mann.

befestigte Feldstellung marschieren sie an der Spitze, Brücken und Leitern auf den Schultern, statt des Gewehres Spaten und Kreuzhacke in der Hand, das erste und dankbarste Objekt für das Massenfeuer des Verteidigers. Die Forderung ist schwer; sie verlangt einen ungewöhnlichen Grad von Disziplin. Es will scheinen, als ob das Maß inneren Offensivvermögens, das den Pionieren hierfür beiwohnen muß, von der Armee nicht genug gekannt und nicht hinreichend gewürdigt würde. Wohin soll es da führen, wenn man den Pionieren verwehrt, an das letzte Siegel, den Sturm in jedem Kampfe überhaupt, mit Hand anzulegen? Wenn man sie nicht grundsätzlich überall dort, wo der Spaten nötig ist, zur letzten Entscheidung mit der Waffe heranzieht, zum allermindesten dort! Jedenfalls verrät das geringe Menschenkenntnis. Auch ist es klar: so wird den Pionieren der militärische Lebensnerv, der Drang, an den Feind zu kommen, durchschnitten; Tagelöhner werden erzogen, die in Not und Gefahr den Kameraden im Stich lassen, aber keine Truppe, die, gehoben von Selbstgefühl und getragen von der Achtung der Armee, ihr Bestes einsetzt. Es muß lähmend auf alles, was an militärischen Tugenden im Herzen schlummert, wirken, wenn die Pioniere dort, wo Sieg und Ehre winken — und das geschieht nur im Kampfe mit der Waffe — als zu kostbar in das letzte Hintertreffen zurückgeschoben werden und wenn damit auf ihre Mitwirkung verzichtet wird.

Das Element der Vorsicht und Besonnenheit, das durch die Beschäftigung mit der schwerfälligen Technik leicht bis zum verderblichen Übergewicht gekräftigt und gefördert wird, muß sein Gegengewicht bereits im Frieden durch Teilnahme an jedem frischen und belebenden Kampfe finden, der die Verwendung von Spaten und Kreuzhacke ausschließt, und darum ist F. O. 638², der möglichst vielseitige Verwendung der Pioniere als Infanterie bei den größeren Truppenübungen befiehlt, dankbar und vielleicht als der Anfang einer besseren Zeit zu begrüßen. Es werden dann auch wohl Vorgänge ausgeschlossen sein, wie der vom 31. August 1870 bei den Kämpfen von Servigny, Flavigny und Noisseville vor Metz; kein Befehl, vor allem aber auch nicht der Kanonendonner rief die zwei in Reserve hinter dem Schlachtfelde befindlichen untätigen Pionier-Kompagnien nach vorne, wo ihnen in den Ortsgefechten ein reiches Feld der Tätigkeit mit Gewehr und Spaten offen stand"[1]).

---

1) Militär-Zeitung 1901, Nr. 43.

a) Die Verwendung der Pioniere 1866.

Dem vom General v. Moltke verfaßten „Memoire über die bei der Bearbeitung des Feldzuges 1866 hervorgetretenen Erfahrungen" sind folgende wichtige Stellen für die Verwendung der Pioniere zu entnehmen:

„Ihre Verwendung wird zwar im allgemeinen durch den Kommandeur der Truppe, welcher sie zugeteilt sind, angeordnet werden, jedoch gibt es vielfach Gelegenheiten, in welchen sich die Pioniere auch ohne weiteres nützlich machen können.

Aber weder sind diese Anordnungen von den höheren Truppenführern in ausreichender Weise getroffen worden, noch hat seitens der Ingenieur-Offiziere, selbst bei ganz markierten Gefechtslagen, ein selbständiges Eingreifen immer stattgefunden.

Am eklatantesten tritt dies bei der I. und Elbarmee in der Schlacht von Königgrätz[1]) hervor, welche unter Verhältnissen geschlagen wurde, die eine umfassende Tätigkeit der gesamten Pioniere beider Armeen erfordert hätte. Aber von den noch vorhandenen Brückenequipagen gelangten nur $1\frac{1}{4}$ zur Verwendung, und von 10 Pionier-Kompagnien fanden nur $4\frac{1}{2}$ eine Beschäftigung."

Hierzu bemerkt der Bearbeiter:

„Die Elbarmee besaß am Tage von Königgrätz 3 Pionier-Kompagnien und 2 leichte Brückentrains. Die Pionier-Kompagnie der 16. Infanterie-Division marschierte am Schluß derselben hinter einem Feldlazarett, verlor die Verbindung mit den fechtenden Truppen und erreichte erst am Tage nach der Schlacht die Division wieder. Die beiden anderen Kompagnien haben mehrere Brücken über den Mühlgraben und eine über die Bistritz hergestellt, die aber aus unaufgeklärten Gründen nicht benutzt worden sind. Bei der I. Armee blieben die beiden Kompagnien des II. Armeekorps infolge eines Mißverständnisses auf dem Sammelplatze der 3. Infanterie-Division. Die Kompagnie der 5. Infanterie-Division, welche an das Ende der Marschkolonne verwiesen war, erreichte die Bistritz erst 2 Uhr 30 nachmittags. Als ein Halett stehen blieb, geriet sie hinter die Reserve-Artillerie und kam dadurch erst 11 Uhr 30 mittags nach Klenitz, wo die Pferde gefüttert wurden; dann erhielt sie Befehl, ohne Brückentrain vorzurücken, und erreichte 2 Uhr 30 nachmittags Sabowa. Dort wurde sie zum Wegräumen von Barrikaden, später zum Transport von Verwundeten benutzt.

Die Kompagnie der 6. Infanterie-Division stand zunächst von einem beabsichtigten Brückenbau über die Bistritz wegen „anscheinend rückgängiger Bewegungen" der preußischen Truppen ab; später stellte sie neben der Chausseebrücke von Sabowa einen zweiten Übergang her und besserte mehrere Brücken südlich davon aus.

Die 4. Kompagnie des 3. Bataillons war in Reichenberg zum Etappenschutz zurückgelassen. Der Brückentrain der 7. Infanterie-Division kam nicht zur Tätigkeit, sondern blieb nebst einer halben Pionier-Kompagnie bei Benatek in Reserve. Die der Division sonst noch zugeteilten anderthalb Kompagnien wurden als Infanterie verwendet. Die Kompagnie der 8. Infanterie-Division war mit der Avantgarde zur Stelle und baute mehrere Übergänge über die Bistritz und über verschiedene Gräben. Gegen 2 Uhr ging die Kompagnie von Sabowa auf die Höhen von Dub zurück.

Die ganze II. Armee verfügte am Schlachttage nur über 4 Pionier-Kompagnien, 3 des Gardekorps und 1 des I. Korps.

---

1) Vierteljahrshefte 1906, III, S. 275.

Das V. und VI. Korps hatten überhaupt keine Pioniere mehr verfügbar, ersteres hatte je 1 Kompagnie an den Brücken von Schurz und Burg zurückgelassen, die beiden anderen hatten die Bedeckung der Munitionskolonnen und der großen Bagage übernehmen müssen.

Von den Kompagnien des VI. Korps war eine nach Schweidnitz abkommandiert, eine befand sich bei der Brücke von Kukus, eine als Bedeckung bei den Kolonnen, eine endlich wurde bei Salnei zurückgelassen, um dort einen Pfarrhof in Verteidigungszustand zu setzen. Die Kompagnien wurden beim Übergang über den Trotinkabach sehr vermißt. Das I. Korps hatte drei seiner Kompagnien (wie bei Trautenau) der Reserve zugeteilt.

Zur infanteristischen Verwendung gelangten auf den Schlachtfeldern von Königgrätz: die 1. und eine halbe 2. Kompagnie Pionier-Bataillons Nr. 4, die 2. und 4. Kompagnie Garde-Pionier-Bataillons, sowie ein Detachement der 1. Kompagnie Pionier-Bataillons Nr. 1.

„Andererseits, fährt General v. Moltke fort, wird auch ohne besonderen Befehl jeder Kommandeur einer Pionier-Kompagnie selbständig Arbeiten anzuordnen haben, die aus der unmittelbaren Situation entspringen. Hierzu gehören namentlich Terrain-Rekognoszierungen, Herstellung von Brücken aus vorgefundenem Material, Wegebesserung, Wegräumen von Hindernissen, sowie unter Umständen auch verteidigungsfähige Einrichtungen von Gehöften, Dorflisieren rc.

Speziell in den Gefechten von 1866 vermißt man aber gerade diese Tätigkeit der Pioniere fast gänzlich.

Es spricht für den Geist unserer Pioniere, wenn sie wie im Walde von Blumenau im Tirailleurgefecht sind (Bataillon Nr. 4, Hauptmann Giese). Aber gerade durch die vorerwähnte Tätigkeit wird diese Spezialwaffe den Truppen nützlicher als durch alles andere, und auch dabei haben sie Gelegenheit, ihre militärische Tüchtigkeit zu zeigen; denn um jene Arbeiten auszuführen, müssen sie der Infanterie unmittelbar in das Gefecht folgen, wie dies unter anderem bei Skalitz geschah."

Bei Skalitz war von dem, dem V. Armeekorps zur Verfügung stehenden Pionier-Bataillon Nr. 5 die 3. Kompagnie der Avantgarde zugeteilt; sie zerstörte zunächst die Eisenbahn bei Wysokow und sperrte die dortige Eisenbahnbrücke; später zerstörte sie drei in einer Wiese stecken gebliebene österreichische Munitionswagen und warf die Munition ins Wasser. Dann folgte die Kompagnie der Avantgarden-Infanterie und durchsuchte in Skalitz die geschlossenen und verbarrikadierten Häuser. Eine ihrer Abteilungen zerstörte schließlich noch eine Eisenbahnbrücke in der Gegend von Rikow. Die zur Bagage kommandierte 1. Kompagnie sprengte die Eisenbahnbrücke bei Kostelec. Die beiden anderen Kompagnien kamen nicht zur Verwendung.

b) Die Verwendung der preußischen Pionier-Kompagnien auf dem Gefechtsfelde von Wörth (5. August 1870).[1]

V. Armeekorps. Die 1. Kompagnie, welche den leichten Feldbrückentrain bei Preuschdorf zurückgelassen hatte, stellte drei Brücken über die Sauer in und bei Wörth wieder her. Als um die Mittagsstunde bei den Versuchen, den Höhenrand zwischen Wörth und Fröschweiler zu erstürmen, die Lage kritisch war, ließ die Kom-

---

[1] Militär-Wochenblatt 1904, Nr. 43.

pagnie „infolge einer Mitteilung über die Gefechtslage auf den Weinbergen" nur eine kleine Abteilung bei den Brücken in Wörth zurück, ging zur Unterstützung der Infanterie mit dem Gewehr vor und nahm am Kampfe bis zu dessen Beendigung Anteil. Sie verlor 1 Offizier, 29 Mann. Etwa gleichzeitig ging der größte Teil des Füsilier-Bataillons vom Regiment Nr. 47 wieder auf das linke Sauerufer zurück, um dort mit 2 Kompagnien des Königs-Grenadier-Regiments Nr. 7 für alle Fälle Schützengräben als Aufnahmestellung anzulegen.

Die der 9. Infanterie-Division zugeteilte 2. Kompagnie baute unterhalb von Wörth ebenfalls zwei Brücken aus unvorbereitetem Material in drei Stunden. Beide Kompagnien erhielten während des Baues aus den nächstgelegenen Häusern Feuer von versprengten feindlichen Schützen, welche von den Pionieren vertrieben werden mußten.

Zu einer ausgedehnten Verwendung gelangte an diesem Tage die 3. Kompagnie. In der Nacht zum 6. August aus dem Biwak bei Preuschdorf zur Avantgarde vorgeholt, um frühmorgens Geschützdeckungen gegen Wörth auszuheben, nahm sie auf Befehl des Vorpostenkommandeurs, Generals Walter von Montbary, an der durch zwei Bataillone der Regimenter Nr. 37 und 50, eine Eskadron Dragoner und eine Batterie gegen Wörth unternommenen gewaltsamen Erkundung teil, um erforderlichenfalls die Sauer zu überbrücken. Im weiteren Verlauf der Schlacht wurde die Kompagnie den Truppen beigegeben, welche zur Verbindung mit dem XI. Armeekorps auf Spachbach gewiesen wurden. Neben diesem Dorfe baute sie im feindlichen Gewehr- und Granatfeuer zwei Laufbrücken über die Sauer, besetzte das nördliche Gehöft und schlug, gleichfalls im feindlichen Feuer, eine dritte Brücke für die Infanterie-Regimenter Nr. 83 und 88. Als die deutschen Truppen zeitweilig zurückgedrängt wurden, hob die Kompagnie Schützengräben auf dem rückwärtigen Höhenrande aus. Ihre Benutzung unterblieb, da der Vormarsch alsbald wieder aufgenommen wurde. Diesem schloß sich die Kompagnie an und baute noch eine vierte Laufbrücke, sowie eine Kolonnenbrücke, welche vom Königs-Grenadier-Regiment, Teilen des XI. Korps, der württembergischen Division und deren Trains benutzt wurde. — Die Laufbrücken und die 4,5 m breite Brücke wurde aus Hopfenstangen, Bohlen und Brettern hergestellt, mit Strauch bedeckt und 15 cm hoch mit Boden beschüttet; sie erhielt hierdurch eine solche Tragfähigkeit, daß selbst die Fahrzeuge der Sanitätskompagnien hinüberfahren konnten.

XI. Armeekorps. Die am Schluß der Korps-Artillerie marschierende 1. Kompagnie traf verspätet ein, baute unterhalb Gunstett drei Brücken, die aber nur von zurückmarschierenden Gefangenen benutzt wurden. Weiter abwärts baute sie in 15 Minuten dann noch eine Pontonbrücke für den Übergang der württembergischen Division und nach Abbrechen der ersten Brücke bei Spachbach noch vier Übergänge, die von der großen Bagage benutzt wurden.

Die 2. Kompagnie, zunächst am Anfang, dann am Schluß der 44. Infanterie-Brigade marschierend, baute unterhalb Gunstett aus Pappeln und Hopfenstangen eine Brücke über die Sauer. Nach Eintreffen der leichten Brückentrains bei Spachbach folgte die Kompagnie den fechtenden Truppen nach Elsaßhausen.

Die 3. Kompagnie ging mit der 43. Infanterie-Brigade über die Sauer-Wiesen, über welche die Fahrzeuge nicht folgen konnten, auf Morsbronn vor, wurde beim

Heraustreten aus dem Dorfe von französischer Kavallerie attackiert, setzte dann auf dem linken Flügel der Brigade das weitere Vorgehen fort und erhielt, als diese in ihrer linken Flanke durch französische Schützen bedroht wurde, Befehl, eine Aufnahmestellung vorzubereiten. An dem Ausheben des Schützengrabens beteiligten sich auch Versprengte und Nachzügler anderer Truppenteile. Die Kompagnie verlor 2 Tote und 4 Verwundete.

Am nächsten Tage ruhten die Truppen. Den Pionieren fiel die Aufgabe zu, Brücken und Wege bei Wörth auszubessern, dann Gräber für die Gefallenen herzustellen. (2. 3. Kp.).

c) Russisch=Japanischer Krieg.

Jede japanische Division zählte auf 12 Bataillone 3 Pionier=Kompagnien (756 Mann), beim Angriff auf befestigte Stellungen fanden sie sowohl am Tage, wie in der Dunkelheit Verwendung zum Aufräumen und Beseitigen von Hindernissen, indem meist ein Zug jedem Bataillon zugeteilt wurde. In der Verteidigung wurden sie zum Werfen von Handgranaten gebraucht. Fand sich keine Tätigkeit für die technischen Truppen in der ersten Linie, so wurden die Pioniere zu Wegausbesserungen der Divisionsartillerie überwiesen.

III. Gefechtsausdehnungen.

Gefechtsausdehnung und Tiefengliederung stehen in engster Wechselwirkung miteinander, je tiefer sich eine Truppe gliedert, um so geringer ist die Entwickelung der ersten Linie und umgekehrt. Bei allen Gefechtsentwickelungen erheischt die Frage, wie tief man sich gliedern muß und wie breit man die Front halten darf, zunächst die Beantwortung des Truppenführers. Von glücklicher Beantwortung dieser Frage hängt in vielen Fällen der Ausgang des Kampfes ab. Breite Gefechtsfronten haben eine starke Anfangskraft, erleichtern Überflügelung und Flankierung des Gegners. Mit Ausdehnung der Front wächst aber die Schwäche der Flanken und die Schwierigkeit, die Feuerlinie dauernd in gleicher Stärke zu erhalten. Die Schwierigkeit der Leitung wird gesteigert. Die Gliederung nach der Tiefe ermöglicht, mit einem Teil der Truppen das Gefecht einzuleiten, sich Kenntnis von der Lage zu verschaffen, mit einem anderen Teile dieser Erkenntnis gemäß das Gefecht durchzuführen, mit einem dritten Teil endlich die Entscheidung abzuwehren oder herbeizuführen. Die Tiefengliederung sichert dem Führer einen möglichst langen Einfluß auf den Gang des Gefechtes, sie gibt ihm die Mittel an die Hand, Umfassungen vorzunehmen oder ihnen zu begegnen. Da bei großer Tiefengliederung in erster Linie nur wenig Gewehre zur Tätigkeit kommen können, so ist es klar, daß dieses ein vorübergehendes Moment der Schwäche ist, welches ein breiter entwickelter Gegner auszunützen in der Lage ist. Ist die Gefahr, in Schichtung der Truppen nach der Tiefe zu weit zu gehen, auch nicht unbedenklich, so ist dieses jedenfalls ein geringerer Fehler als das Gegenteil, die Truppe von vornherein in einer zu breiten Linie zu entwickeln. Die ganz außergewöhnlich großen Ausdehnungen der Engländer im zweiten Teile des Südafrikanischen Krieges wären ohne empfindliche Rückschläge einem europäischen Gegner gegenüber nicht möglich gewesen. Den breiten Fronten fehlte die nachhaltige Kraft, um einen glücklich eingeleiteten Angriff siegreich zu beenden. Unverkennbar hängt die Neigung zu großer Frontausdehnung mit dem Streben zusammen, den verlustreichen Frontalangriff zu vermeiden [1]).

Bei Beantwortung der Frage, wie stark eine Stellung zu besetzen, mit wie starken Kräften sie anzugreifen sei, ist in erster Linie die **Waffenwirkung** von Einfluß. Das schnellfeuernde Gewehr mit seiner wesentlich erweiterten Schußweite macht es im Vergleich zu älteren weniger entwickelten Waffen wohl möglich, die Verteidigung mit einer geringeren Zahl zu führen, aber der Kampf ist andauernder geworden, die Schlagwirkung der friderizianischen Zeit tritt in den Hintergrund. Der Kampf wird auf weitere Entfernungen geführt, die gewaltigen, verlustreichen Entscheidungsmomente von ehedem sind seltener geworden. Die Folge ist, daß die Kämpfe an und für sich zwar weniger verlustreich geworden sind, wenn auch einzelne Truppenteile infolge ungünstiger Verhältnisse Verlustziffern aufzuweisen haben, die denen der friderizianischen und napoleonischen Kämpfe in keiner Weise nachstehen.

An Stelle der blutigen Nahkämpfe mit blanker Waffe ist ein lang andauerndes, Nerven aufreibendes Schützengefecht getreten, welches beständige Nahrung durch rückwärtige Kräfte verlangt, die bis zum Zeitpunkt des Einsatzes möglichst der Feuerwirkung des Gegners entzogen werden müssen. Da die abstoßende Kraft des Feuers in der Abwehr größer ist als die zehrende Kraft des Infanteriekampfes, so zeigt die Geschichte eine anhaltende Verringerung der Tiefe des Verteidigers [2]).

Von Einfluß auf die Größe der Frontausdehnung ist ferner der **Gefechtswert des Gegners**. Im Kampfe mit einem ebenbürtigen Feind ist natürlich das Bedürfnis nach Tiefengliederung größer als im Kampfe mit minderwertigeren Truppen. Ungestraft durfte daher Ge-

---

[1]) Bei Magersfontein (11. Dezember 1899) dehnt sich die englische Division Lord Methuen, 7300 Mann, auf 12 km aus, die Truppen Bullers (30 000 Mann) erreichen (am 27. Februar 1900) beim Angriff auf Pieters Hill eine Ausdehnung von 11 km.

[2]) Bronsart v. Schellendorf in seinem Buche: „Der Dienst des Generalstabes", S. 359, hält in der Verteidigung eine Besetzung mit 5—8 Mann auf den Meter im Rahmen eines Armeekorps oder einer Division für ausreichend, während er ausführt, daß man früher für den gleichen Zweck 10 Mann für den Schritt rechnete.

neral v. Werder daran denken, den Neuformationen der französischen Republik an der Lisaine mit 1—1½ Mann auf den Schritt der Front entgegenzutreten. Gerade durch diese außergewöhnliche Breitenausdehnung, welche dem kaiserlichen Heere gegenüber zur sicheren Niederlage geführt haben würde, wurde der Sieg errungen.

Bei unseren taktischen Erwägungen müssen wir gleichwertige Waffen und einen ebenbürtigen Gegner auf feindlicher Seite voraussetzen. Unter gleichwertigen Verhältnissen auf beiden Seiten ist von wesentlichem Einflusse auf die Bestimmung der Frontausdehnung die Frage, ob die Truppe gezwungen ist, für sich allein ein selbständiges Gefecht durchzuführen, oder ob sie berufen ist, im Verbande, wenigstens auf einem, vielleicht auf beiden Flügeln angelehnt, von der Einleitung bis zur Entscheidung des Gefechtes zu kämpfen, oder ob ihr die Aufgabe zufällt, gegen den durch andere Truppen bereits erschütterten Feind den letzten entscheidenden Stoß zu führen.

Im Verbande ist die Breitenausdehnung durch andere Truppen bestimmt. Die Truppe hat das Maß ihrer Ausdehnung in der Forderung zu erblicken, die Feuerlinie andauernd in ausreichender Stärke zu erhalten, um die Feuerüberlegenheit über den Gegner herbeizuführen. Die auf beiden Seiten angelehnte Truppe ist daher zur stärksten Frontentwickelung berechtigt; die auf einem Flügel angelehnte wird ihre Tiefengliederung und Frontentwickelung in der Mehrzahl der Fälle auf dem nicht angelehnten Flügel zu suchen haben.

Die allein kämpfende Truppe, welche ein Gefecht selbständig unter wechselnden Verhältnissen durch alle Entwickelungsstufen zu führen hat, kann nicht gleichzeitig sämtliche Kräfte in erster Linie zur Verwendung bringen. Es ist eine Gliederung zur Einleitung (so schwach als angängig), zur Durchführung und zur Entscheidung (Reserve, so stark als möglich) erforderlich. Diese Dreiteilung wird aber im Verlaufe des Gefechtes nicht beibehalten werden können. Zunächst wird der zur Durchführung bestimmte Teil auf einmal oder nach und nach mit dem zur Einleitung verwendeten zusammenwirken, endlich wird auch die Reserve nach Bedarf zur letzten Entscheidung oder zur Deckung eines Rückzuges einzusetzen sein. Fast immer wird diese Verschiebung eine Verbreiterung der Gefechtsfront veranlassen.

Diese Verbreiterung führt nun nicht zu einer gleichmäßigen Verdichtung der ganzen Angriffsfront, nur dort, wo man die Entscheidung sucht, wird man größere Tiefengliederung anstreben (Stoßflügel), dort, wo man den Gegner nur festhalten will, ist der Aufgabe durch reichliches Einsetzen von Munition zu genügen. Der Forderung, mit schwachen Kräften einen breiten Geländestreifen zu halten, wird am besten durch eine gruppenweise Besetzung entsprochen. Das gleiche gilt vom Angriff, wie von der Verteidigung, die geschickte Vereinigung eines Defensiv- und eines Offensivfeldes ist ein Kennzeichen guter Führung (Austerlitz)[1], häufig wird aber erst nach dem Kampfe der Stoß, der durchdringt, als Hauptangriff, der Angriff, der mißlingt, als Demonstration erklärt. Die allein fechtende Truppe wird das Gefecht nur mit schmaler Entwickelung beginnen, die Flanken zunächst durch Tiefengliederung decken und schließlich an entscheidender Stelle die Truppe zum Einsatz massieren.

Es kommt ferner für die Bestimmung der Frontausdehnung die **Gefechtsaufgabe** in Betracht, ob eine Truppe anzugreifen oder sich zu verteidigen hat; ob sie ein hinhaltendes Gefecht zu führen, ob sie sich zurückzuziehen hat. Es ist Aufgabe der Tiefengliederung, die Feuerlinie dauernd in gleicher Stärke zu halten, dieses erfordert infolge der höheren Verluste im Angriff einen stärkeren Nachschub an Kräften als in der Verteidigung.

Die Zahl der Truppen, welche zum Festhalten eines Gelände-

---

[1] Das gerade Gegenteil von Austerlitz zeigt die russische Schlachtanlage von Sandepu (24.—28. Januar). Die russische Armee war in 3 Armeen in Ausdehnung von 120 km formiert: rechts die II. Armee (Grippenberg): I. Sibirisches, VIII. und Schützenkorps, in der Mitte die III. Armee (Kaulbars): V. und VI. Sibirisches und XVII. Armeekorps, links die I. Armee (Linewitsch): II., III., IV. Sibirisches Armeekorps. Der Angriff, etwa dem französischen Angriff bei Friedland nachgebildet, sollte mit dem rechten Flügel der II. Armee erfolgen, die übrigen Korps leisteten nur Feuerunterstützung, sie sollten erst offensiv werden, nachdem es der II. Armee gelungen war, eine Art Offensivflanke zu gewinnen. Wie im großen, so geschieht auch bei der II. Armee der Angriff zunächst nur mit dem rechten Flügelkorps (I. Sibirisches), welches den Widerstand des Feindes bei Samapu und Sandepu nicht überwältigen kann. Entgegen den Weisungen, aber in richtiger Selbsttätigkeit bricht das X. Korps am 28. Januar durch die Stellung des Feindes hindurch und steht im Rücken der gegen die Sibirier kämpfenden Japaner, die von allen Seiten Unterstützungen heranführen und schließlich durch fortgesetzte Offensivstöße sich Luft machen. Auf russischer Seite haben von 13 Armeekorps nur 2½ Armeekorps gefochten, 1½ gegen den Willen der Führung demonstriert, 6 Korps der Mitte und des linken Flügels haben nicht einmal verstanden, die Japaner festzuhalten.

streifens als ausreichend angesehen wird, kann nur von Fall zu Fall bestimmt werden. Die Forderung, die Gefechtslinie andauernd in gleicher Stärke zu erhalten, hängt von dem Grade ab, in welchem der Gegner seine Waffenwirkung zur Geltung bringen kann. Kriegsgeschichtliche Beispiele zeigen nur, wieviel Truppen seitens der Führung eingesetzt wurden, um den Sieg zu erringen, nur ausnahmsweise gewähren sie einen Anhalt, wieviel Truppen in dem gegebenen Falle ausgereicht haben würden.

Das hinhaltende Gefecht, welches nur auf den mittleren und weiteren Gefechtsentfernungen geführt werden soll und auf einen Ersatz der Verluste nicht rechnet, kann mit den geringsten Besetzungsstärken auskommen. Eine Besetzung der Feuerlinie mit einem Gewehr auf 3 m ist ausreichend, als Tiefengliederung genügen schwache Abteilungen zum Schutz der Flanke und eine schwache Abteilung zum Erleichtern des Ablösens vom Feinde.

Für eine gleichförmig besetzte Raumstrecke von 1000 m werden wir somit erhalten:

Feuerlinie	300 Gewehre
Hinter jedem Flügel ein Zug	120 "
Reserve, zwei Kompagnien	400 "
	820 Gewehre.

Somit würde der Aufgabe eine Besetzung von 0,8 Mann auf den Meter entsprechen.

Die entscheidungsuchende Verteidigung muß mit dem Nahkampf rechnen, sie muß die Feuerlinie in andauernd gleicher Stärke erhalten und mit einem Verlust von etwa einem Fünftel (Tote, Verwundete, Abgekommene) rechnen, schließlich ist eine Reserve von etwa einem Drittel der Gefechtsstärke zur Führung des Gegenangriffes erforderlich. Die Feuerlinie wird von Anfang an so dicht als möglich besetzt, Flügelstaffeln müssen einer Flankenbedrohung begegnen.

Für eine Strecke von 1000 m werden somit ausreichend sein:

Feuerlinie	1000 Mann
Ersatz von Verlusten	200 "
Flankenschutz (2 Komp.)	400 "
Reserve	800 "
	2400 Mann.

Es kommen somit auf jeden Meter 2,4 Gewehre. Mit noch geringeren Kräften kann der Verteidiger auskommen, wenn er nur einen Geländestreifen festhalten will, auf eine offensive Verwendung der Reserve verzichtet.

In der Verteidigung ist mit dem glücklichen Gegenstoß der Reserve der Kampf entschieden; im Angriff ist hingegen nach dem ausgeführten Sturme noch eine Truppe erforderlich, um das Wiedersammeln und Ordnen der Truppen zu sichern. Im Angriff ist das Bedürfnis, Verluste zu ersetzen, größer als in der Verteidigung, nicht allein, daß die Verluste durch Geschosse größer sind, sondern auch beim Fortschreiten des Gefechtes finden einzelne Leute Gelegenheit, sich der Aufsicht ihrer Vorgesetzten zu entziehen. Verluste und Reserven sind dementsprechend höher als in der Verteidigung zu bemessen.

Wir erhalten somit für einen Raum von 1000 m:

Feuerlinie	1200	Gewehre
Ersatz der Verluste	600	"
Flankenschutz (2 Komp.)	400	"
Reserve	2000	"
	4200	Gewehre.

Somit für jeden Meter der Front 4,2 Gewehre.

Selbstverständlich können diese Zahlen nur einen ganz allgemeinen Anhalt gewähren, sie sind als Mindestmaße anzusehen.

Nach deutschen Dienstvorschriften sind für eine Infanterie-Brigade 1500 m, d. h. auf den Meter 4 Gewehre zu rechnen. In der Verteidigung wird sich eine Brigade bis auf etwa 2000 m ausdehnen können, d. h. auf den Meter 3 Gewehre.

Im deutsch-französischen Kriege hat die im großen Verbande auftretende Brigade im Durchschnitt einen Raum von 800—1000 Metern (auf den Meter 6—7,5 Gewehre) eingenommen; ein Überschreiten dieser Gefechtsräume im ernsten Gefecht führte schwere Krisen herbei, denen nur durch das Eingreifen von frischen Abteilungen abgeholfen werden konnte.

In der Schlacht von Amiens geht die 3. preußische Brigade in drei Kolonnen gegen die Höhen nördlich der Luce vor: links 6 Kompagnien des Regiments Nr. 4 von Domart, in der Mitte 4 Kompagnien von Hangard, rechts 2 Kompagnien von Demnin aus; bei jeder Kolonne befand sich eine Batterie und eine Eskadron, der rechten Flügelkolonne folgte das Regiment Nr. 44. Ohne besondere Mühe werden die französischen Vortruppen zurückgedrängt, am Nordrande der Gehölze sieht sich die Brigade aber nun der französischen Hauptstellung Cachy—Villers-Bretonneux gegen-

Gefechtsausdehnung der Brigade und Division.

über. Der Kampf gegen sie wird sofort aufgenommen, und nach kurzer Zeit steht das Regiment Nr. 4 mit 2 Batterien im Feuer auf der 5 Kilometer langen Linie von der Ostecke des Bois de Hangard bis Gentelles, während das Regiment Nr. 44 sich rechts davon mit einer Batterie auf etwa 2000 Meter Breite entwickelt, sodann mit vorgenommenem rechten Flügel zum Angriff auf die Verschanzungen südöstlich Villers-Bretonneux vorgeht und sich in ihren Besitz setzt. Der umfaßte französische linke Flügel weicht auf das genannte Dorf zurück und wird dort von starken Reserven aufgenommen. In dieser Lage kommt das Gefecht gegen 1 Uhr zum Stehen; die Brigade ficht in einer dünnen, über eine Meile langen Linie, in Reserve befinden sich nur 3 Kompagnien des Regiments Nr. 4 bei Gentelles, 4 Kompagnien des Regiments Nr. 44 hinter dem rechten Flügel. Nur durch Eingreifen anderer Truppenteile, namentlich einer starken Artillerie (76 preußische gegen 24 französische Geschütze) wurde eine Niederlage verhütet[1]).

In der Schlacht an der Hallue entwickelte sich, angesichts einer starken französischen Stellung, die 30. Infanterie-Brigade in einer Front von 3000 Metern, büßte damit völlig ihre Angriffskraft ein. Die 29. Infanterie-Brigade erreichte gar eine Frontausdehnung von 4530 Metern! Die 15. Division focht auf dem Raum einer deutschen Meile!

Aus vorstehendem ergibt sich, daß eine Truppe zur größten Frontausdehnung berechtigt ist in vorbereiteter Verteidigungsstellung, wenn sie auf beiden Flügeln angelehnt kämpft, oder wenn sie als Reserve die von anderen Truppen vorbereitete Entscheidung herbeiführen soll; anderseits ist die größte Tiefengliederung erforderlich im Angriffsgefecht der allein fechtenden, nicht angelehnten Truppe. Mannigfache Abstufungen liegen zwischen diesen beiden Grenzen. Es ist nicht möglich, ein für allemal schematisch genau die Ausdehnung einer Truppe festzulegen.

Das Verhältnis der Gefechtsfront zur Truppenstärke ist keineswegs ein für allemal feststehend. Während eine angreifende Kompagnie etwa 1,3 Gewehre auf den Kilometer ihrer Gefechtsfront einsetzt, rechnet die Brigade nur mit 4 Gewehren auf den Meter. Gleiches gilt von den höheren Verbänden. Mit der größeren Stärke und Zahl der Einheiten nimmt auch das Bedürfnis nach Tiefengliederung zu.

Denn während beispielsweise im Kompagnieverbande ein Zug ausreicht, um allen Aufgaben der Reserve bis zu einem gewissen Grade zu genügen, sind diese Aufgaben in einem höheren Verbande so vielseitig, daß jede: Flankenschutz, Verdichtung der Feuerlinie, Antrieb zum Stoß, Schutz nach erfolgtem Angriffe, einer besonderen

---

[1] Kunz, Nordarmee, I, S. 47 u. f.

Abteilung zugewiesen werden muß. Mit der Stärke der Truppe wächst die Dauer des Kampfes, damit entsteht ein gesteigertes Bedürfnis, der Feuerlinie Ersatz zuzuführen, die Flanken zu schützen. Man ist in langer Friedenszeit nur zu leicht geneigt, das Zehrende des Kampfes, das Nährungsbedürfnis der Gefechtslinie zu unterschätzen, man begreift nicht, daß für einen Raum, wo nur ein Mann seine Waffe gebrauchen kann, 5—6 im Laufe des Kampfes nicht zu viel sind. Hieraus ergibt sich, daß die Ausdehnung der Front nicht in gleichem Verhältnis mit dem Wachsen der Streiterzahl zunimmt. Ein Armeekorps kann somit nicht den vierfachen Raum einer Brigade oder die doppelte Frontbreite einer Division einnehmen. Man vergegenwärtigt sich dieses am besten durch die Verdoppelung oder Verdreifachung einer Fläche, wobei Tiefe und Länge gleichmäßig zu erweitern sind.

Einer im Verbande kämpfenden Infanterie=Division wird bei der vermehrten Zuweisung an Artillerie ein Gefechtsraum von etwa 2500 Metern im Angriff (4,8 Gewehre auf den Meter) und bis zu 3500 Metern in der Verteidigung (3,4 Gewehre auf den Meter) zugebilligt werden können. Ein Heruntergehen unter 2000 Meter hat Bedenken, da es im durchschnittenen Gelände vielfach schwer halten wird, die 12 Batterien der Division, die doch einen Frontraum von wenigstens 1200 Metern beanspruchen, unterzubringen.

In den ersten Schlachten des deutsch=französischen Krieges betrug die durchschnittliche Frontausdehnung eines Armeekorps bei einer Stärke von 25 Bataillonen und 14—15 Batterien 2,5—3 Kilometer. Bei Gravelotte dehnte sich das IX. Armeekorps anfänglich allerdings bis auf 4,5 Kilometer aus, die Folge war, daß auf dem Gefechtsfelde des IX. Armeekorps noch eine Garde=Infanterie=Brigade und 11 Batterien eingesetzt werden mußten. Das Armeekorps hat bei gleicher Infanteriestärke statt 14 jetzt 24 Batterien, die unter den günstigsten Verhältnissen einen Raum von wenigstens 2400 Metern erfordern. Nur ausnahmsweise gestattet das Gelände aber eine derartige Entwickelung der Artillerie, bei der die Geschütze Rad an Rad stehen würden.

Ein Versuch, auf den Gefechtsplan von Gravelotte=St. Privat für die fünf eingesetzten deutschen Armeekorps 120 Batterien in Stellung zu bringen, wird diese Schwierigkeiten am besten erkennen lassen.

In der Schlacht von Gravelotte am 18. August 1870 konnten die Batterien des II. Armeekorps zum Teil wegen Raummangels nicht mehr zur Wirkung kommen, zum Teil fuhren sie in die engen Geschützzwischenräume der Artillerie des VII. Armeekorps ein. Auch von diesem Armeekorps wurden 3 Batterien (3. und

4. leichte und 3. reitende Batterie) wegen Platzmangel hinter Gravelotte zurück=
gehalten [1]). Sehr viel schwieriger gestaltete sich die Platzfrage in der Schlacht bei
Sedan auf der deutschen Ostfront. Von der Artillerie der vier dort fechtenden
Armeekorps (Garde, IV., XII., I. bayrisches) fanden 19 Batterien keinen Raum [2]).
Wären die Korps bereits damals so mit Artillerie ausgestattet gewesen wie jetzt,
so würden 51 Batterien, d. h. mehr als die Hälfte der ganzen Artillerie, keinen
Platz gefunden haben.

Setzt der Führer drei Infanterie=Brigaden in vorderer Linie
ein, so erhält das Armeekorps eine Ausdehnung von 4000—5500
Metern, der Mittelwert von 4500 Metern entspricht den gegen=
wärtigen Verhältnissen am besten, es kommen dann auf jeden Meter
der Gefechtslinie 5,3 Gewehre. In der Verteidigung würde sich
die Front bis auf 6000 Meter (4,8 Gewehre auf den Meter) er=
weitern lassen.

Während der einzelne im Verbande auftretende Truppenteil
in der Verteidigung zur größten Frontentwickelung berechtigt ist, über=
schreitet der angreifende selbständige Heeresteil (Infanterie=Division,
Armeekorps) die für den Angriff im Verbande gegebenen Aus=
dehnungen.

Eine Infanterie-Division im Verbande und selbständig angreifend.

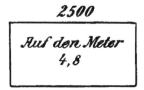

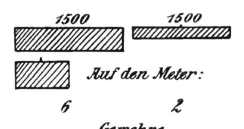

Eine Betrachtung der Gefechtsführung löst diesen anscheinenden
Widerspruch. Im Verbande wird der Heeresteil einheitlich zum An=

---

1) Geschichte des Feldartillerieregiments Nr. 7, S. 248.
2) Kunz, Kriegsgeschichtl. Beispiele, 6. Heft, S. 7.

griff oder zur Verteidigung eingesetzt werden, der selbständig auftretende Heeresteil wird, um einen Teil des Feindes mit überlegener Kraft anfallen zu können, eine Gruppe bestimmen, um den Gegner in breiter Front anzufassen und festzuhalten. Mit dieser Aufgabe wird die Infanterie-Division beispielsweise ein Regiment beauftragen, welches sich so weit ausdehnt (1500 Meter), daß auf den Meter nur 2 Gewehre kommen, während der entscheidende Angriff von einer Brigade mit 4 Gewehren auf den Meter (1500 Meter), vom 4. Regiment als Reserve gefolgt, durchgeführt wird. Es ergibt sich dann für eine Infanterie-Division eine Front von 3000 Metern. Übertragen auf ein Armeekorps erhalten wir unter gleichen Voraussetzungen eine Front von 3000 + 2500 Metern = 5500 Meter.

Die Frage, ob ein Heeresteil sich zu weit ausgedehnt hat, läßt sich nicht mit dem Zirkel lösen, die jedesmalige Kriegslage, ob noch hinreichende Kraft verfügbar war, den Willen des Führers zur Geltung zu bringen, muß entscheiden. Die große Ausdehnung des Generals v. Werder in der Stellung an der Lisaine wurde durch den Erfolg gerechtfertigt.

Fassen wir nun zum Schluß das Wichtigste über Frontausdehnung zusammen:

1. Feste Maße für Frontausdehnungen der einzelnen Truppenteile lassen sich nicht geben, Lage und Gefechtszweck sind von bestimmendem Einfluß.

2. Günstige Geländeverhältnisse, vorhandene Deckungen, ausgeführte Befestigungen gestatten hartnäckige Verteidigung großer Räume mit schwachen Kräften[1]).

3. Die Frontausdehnung wächst nicht in gleichem Maße, wie die Truppenzahl zunimmt.

4. Der im Verbande kämpfende Truppenteil (Kompagnie, Bataillon, Regiment) ist zu stärkerer Frontentwickelung berechtigt als der allein auftretende.

5. Der allein auftretende Heeresteil (Infanterie-Division, Armeekorps) weist im Angriff größere Frontbreiten auf als der gleiche im Verbande kämpfende Heeresteil.

---

1) S. u. im Abschnitt „Befestigung einer Stellung".

Kriegsgeschichtliche Beispiele.

	Stärke	Geschütze	Aus- dehnung m		Somit auf 1 Meter	
					Angreifer	Verteidiger
Prag	33000		3000	Preußen	11	
Austerlitz	61000 M. Inf. 13800 Rtr.	195	12000	Franzosen . . . . auf dem Defensivflügel . . auf dem Offensivflügel . . ohne die nicht eingesetzten Reserven	5 7,1 6,2	2,5
	69000 M. Inf. 17000 Rtr.	300	12000	Verbündete . . . . . . auf dem Defensivflügel . auf dem Offensivflügel .	5,7 6,1	4,4
Friedland	72703	1)	5000	Franzosen . . . . ohne die 25313 M. starken Reserven	9,5 14,5	
Wagram	156754	395	20000	Franzosen	7,7	
Bautzen	95000	2)	18000	Verbündete		5,5
	166000	450	18000	Franzosen	9	
Leipzig 16. X. 1813	30500	104	13000	Defensivfeld . . . . . (III., IV. 3. KK.)		2
	138000	488	6000	Offensivfeld . . . . . (Garde. II., V., VIII., IV. XI., Div. Lefol. 1. 2. 5. KK.)	23	
	18600	82		Bewegliche Reserven (VI.) .		
Waterloo	40000		5600	Franzosen	7	

Nachnapoleonische Zeit.

	Stärke	Geschütze	Aus- dehnung m		Angreifer	Verteidiger
S. Lucia, 6. V. 1848, etw. um 2 Uhr nachm.	19000	69	7500	Österreicher, erfolgreiche sechs- stündige Verteidigung . .		2,6
	41000	80	5500	Piemontesen, abgewiesen . .	7	

1) Nicht zu ermitteln.
2) Linker Flügel
       der Verbündeten 55000 Mann auf 6 km = 9,1 Mann auf 1 m
       diesen gegenüber Franzosen 40000 „ „ 6 „ = 6,6 „ „ 1 „
   Mitte
       Verbündete 32000 „ „ 6 „ = 5,3 „ „ 1 „
       Franzosen 55000 „ „ 6 „ = 9,1 „ „ 1 „
   Entscheidungsflügel, d. h. rechter der
       Verbündeten 13000 Mann „ 6 „ = 2,2 „ „ 1 „
       Franzosen 60000 „ „ 6 „ = 10 „ „ 1 „

A. III. Gefechtsausdehnungen

Somit auf 1 Meter

	Stärke	Geschütze	Ausdehnung m		Angreifer	Verteidiger
Alma 20. IX. 1854	63000	122	7600	Verbündete, erfolgreicher Angriff	8,2	
	35000	96	5700	Russen		6,1
Magenta	57400	152		Bei Beginn der Schlacht. Österreicher hinter dem Naviglio und Ticino . . .		4
				Front gegen Norden (gegen Mac Mahon)		1,93
	68300	105		Verbündete, in der Front gegen den Ticino u. Naviglio	1,48	
				Entscheidender Angriff Mac Mahons	2,33	
				Am Schluß der Schlacht. Österreicher, hinter dem Naviglio		8,33
				gegen Norden		4,8
				Verbündete am Naviglio .	6,67	
				entscheidender Angriff Mac Mahons	9,56	
Solferino	134000 M. Inf. 10000 Rtr.	620	20000	Österreicher ganze Ausdehnung 20 km besetzt waren nur 13 km.		6,7 10
	138000 M. Inf. 12700 Rtr.	450	15300	Verbündete	9	
Königgrätz	193804 Gew. 27178 Rtr.	780		Preußen		
	37139 Gew. 4286 Rtr.	144		Elbarmee, Defensivflügel . .	4,9	
	69543 Gew. 10932 Rtr.	300		I. Armee, hinhaltend . .	6,1	
	87122 Gew. 11960 Rtr.	336		II. Armee, entscheidender Angriff	5,8	
	174902 Gew. 23798 Rtr.	770		Österreicher		
	32152 Gew. 7600 Rtr.	140		Linker Flügel gegen Elbarmee [1])		8,2
	43276 Gew. 642 Rtr.	134		Mitte: Vorstoß beabsichtigt [1])		10,8
	61361 Gew. 4121 Rtr.	176		Rechter Flügel, gegen II. Armee [1])		12,8
	47313 Gew. 11435 Rtr.	320		Reserven		

---

[1]) Ohne eingesetzte Reserven, diese würden ein Mehr von 2,9 Gewehren ergeben.

Deutsch-französischer Krieg [1]).

	Stärke	Geschütze	Aus-dehnung m		Somit auf 1 Meter Angreifer	Verteidiger
Wörth	75500 Gew. 5740 Säbel	300	7000	Deutsche	10,7	
	46150 Gew. 5175 Säbel	149	6700	1 bayerische Division 1, V. Armeekorps nicht ganz 3, XI. AK. 3 km		7
Spichern	24400 Gew. 3200 Säbel	108	6000	Franzosen		4
Gravelotte	109200 Gew. 21200 Säbel (mit Reserve)	628	15000	Deutsche . . . . . . VII. AK. ohne 26. J. B. u. J. R. 39: 2, VIII. AK. mit J. R. 39: 2½, IX. AK. mit 3. G. J. B. 4½, Garde K. ohne 3. G. J. B. 3, XII. AK. 2 km (6 Mann auf den m)	7	
	99500 Gew. 13300 Säbel (mit Reserve)	520	8000	Franzosen . . . . . . II. AK. 12220 Gew. 72 Gesch. 1880 m, III. AK. 30290 Gew. 120 Gesch. 3750 m, IV. AK. 22300 Gew. 90 Gesch. 2600 m, VI. AK. 20600 M. 74 Gesch. 3000 m (10 Mann auf den m)		11
Coulmiers	13859 Gew. Säbel	90	8000 und 9000	Bayern (Verlust 5,4 Prozent, drei räumlich getrennte Gruppen)		1,75
	68000 M.			Franzosen	7	
Hallue	34100 Gew. 625 Säbel	48	18000	Franzosen . . . . . . Schlacht nicht bis zur Ent- scheidung durchgefochten.		1,95
St. Quentin	37000 40000	100 162	15500 14500	Franzosen . . . . . Deutsche	2,8	2
Lisaine	38800 Gew. 3600 Säbel	140	35000	Deutsche		1,1

Neueste Kriege.

Der südafrikanische Krieg zeigt eine ganz außergewöhnliche Zunahme der Gefechtsbreiten und damit auch ein entsprechendes Nachlassen der Angriffskraft. Im Treffen von Diamond Hill, 11. Juni

---

[1]) Es ist nur die Stärke der Infanterie berücksichtigt. Stärkeangaben nach den Werken des Majors Kunz.

1900, nimmt die englische, 40 000 Mann zählende Streitkraft eine Frontbreite von 40 km ein. Die Nachrichten aus Ostasien sind noch zu wenig geklärt, um einwandfreie Zahlen zu geben. Die russische Armee neigt in der Verteidigung zu sehr großen Frontbreiten mit schwachen Reserven. Bei Liaujang war am 30. August 1904 die 150 000 Mann starke russische Armee in einer befestigten Stellung von 25 km Ausdehnung entwickelt (auf den m 6 Mann). In der Stellung von Mukden (Stärke 310 000 Mann) standen 7 Armeekorps in einer Ausdehnung von 75 km, unterstützt wurde die Verteidigung durch 1200 Feldgeschütze und 200—300 schwere Geschütze. 3 Armeekorps bildeten die Reserve (vgl. mit Gravelotte), auf jeden Kilometer in der Front kamen 4100 Gewehre. Die japanische Armee mit 300 000 Mann, 900 Feld- und 120 schweren Geschützen dehnte sich am 6. März bis auf 80 km aus, auf je 1000 m 3750 Mann.

IV. Gefechtsleitung und Gefechtsbefehle.

Die Nachrichten vom Feinde[1]) sind die Grundlagen der Handlung im Kriege. Nur bis zu einem gewissen Grade werden sie ein völlig genaues Bild der Lage geben können, selten werden sie die Lage so zeichnen, daß man daraus klar des Feindes Absicht erkennen könnte. Die persönlichen Eindrücke, welche der schnell in die vordere Linie geeilte Führer empfängt, werden meist ein klareres Bild als die besten Meldungen schaffen und wesentlich die Entschließung erleichtern. Wollte der Führer, um sicher zu gehen, warten, bis sich alle Zweifel geklärt haben, so würde er dem Feinde die Freiheit zu handeln lassen, anstatt dem Feinde das Gesetz des Handelns vorzuschreiben[2]). Eine verfrühte Vereinigung des Heeres kann hierdurch zwar herbeigeführt werden (Jonkendorf, 3. Februar 1807[3]), Elb- und I. Armee bei Münchengrätz, 27. Juni 1866, I. und II. Armee am 11. August 1870), aber die Vorteile eines solchen Handelns sind doch so groß, daß die Führung nicht darauf verzichten wird. Nur die Schlacht gibt Klarheit. Die Absicht, wie sie Bazaine am Morgen des 16. August 1870 ausgesprochen hat, vor Beginn weiterer Bewegungen erst noch Meldungen abwarten zu wollen, ist meist nur ein Bekenntnis der eigenen Schwäche und der eigenen Ratlosigkeit. In welcher Unkenntnis hat sich Moltke noch am 2. Juli 1866 befunden, am Tage vor der Entscheidungsschlacht! Als Moltke am 17. August 2 Uhr nachmittags seinen Befehl gab, der zur Schlacht von Gravelotte führte, wußte er noch nicht, ob die feindliche Armee vor Metz stehen bleiben oder auf Briey und Conflans abmarschieren würde. Der Führer muß also etwas wagen.

---

1) S. hierzu Taktik III, S. 85, Frh. v. Freytag-Loringhoven, Die Macht der Persönlichkeit im Kriege, S. 58.

2) Napoleon am 17. April 1809 in Donauwörth. Bonnal, La Manœuvre de Landshut, S. 111 u. f.

3) Corresp. XIV, Nr. 11 778. Allenstein, 3. Februar 1807.

Ein Abwarten ist nur berechtigt, wenn aller Wahrscheinlichkeit nach in nächster Zeit noch weitere Nachrichten eingehen, vor allem wenn die Führung nichts versäumt, namentlich wenn sie nicht dadurch dem Feinde die verlorene Freiheit des Handelns wiedergibt [1]).

Keine Schlacht ist auf weniger geklärter Grundlage geschlagen worden als die von Jena, aber jedes Abwarten Napoleons würde der preußischen Armee die Möglichkeit gegeben haben, sich der gefährlichen Lage durch den schon eingeleiteten Abmarsch zu entziehen [2]). Ebenso dürftig waren die Nachrichten des Erzherzogs Albrecht am Vorabend von Custoza.

Die Mahnung, vom Gegner stets die zweckmäßigsten Maßnahmen anzunehmen, welche man selbst nach Kenntnis der Lage anordnen würde, soll die Führung vor Unterschätzung des Gegners bewahren und wird zweifelsohne dazu beitragen, richtige Entschlüsse zu fassen. Unsere Kenntnis der Lage beim Gegner ist naturgemäß stets mangelhaft. Was wir auf feindlicher Seite anordnen würden, muß dem Gegner, bei dem eine Menge von Beweggründen mitspielen, die wir zu erkennen nicht in der Lage sind, oft geradezu unzweckmäßig erscheinen. Jedenfalls wird man richtig verfahren, wenn man vom Gegner, wenn nicht bestimmte Anzeichen für das Gegenteil vorliegen, diejenige Handlungsweise annimmt, welche uns am empfindlichsten trifft. Der Charakter des feindlichen Führers, insoweit er uns bekannt ist, spricht ebenfalls ein entscheidendes Wort mit.

General v. Moltke war der Ansicht, daß die österreichische Armee nach den unglücklichen Einleitungskämpfen im Juni 1866 eine Stellung hinter der Elbe zwischen Josephstadt und Königgrätz eingenommen hätte. Für den 3. Juli [3]) war Vorgehen gegen die Elbe, Zurückwerfen feindlicher Abteilungen auf dem rechten Ufer, Besitznahme von Pardubitz angeordnet. „Sollte sich ergeben, daß ein konzentrischer Angriff beider Armeen auf die zwischen Josephstadt und Königgrätz vorausgesetzte Hauptmacht des Feindes auf allzu große Schwierigkeiten stößt, oder daß die österreichische Armee jene Gegend überhaupt schon verlassen hat; so wird dann der allgemeine Abmarsch in der Richtung auf Pardubitz fortgesetzt werden." Die am 2. Juli ausgeführten Erkundungen stellten die Anwesenheit von 4 feindlichen Korps noch auf dem rechten Elbufer fest. Eine Verteidigungsschlacht mit der Elbe im Rücken zu schlagen, mußte in den Augen der preußischen Führung bedenklich erscheinen, hingegen war ein Angriff gegen die Armee des Prinzen Friedrich Karl bei dem bekannten Charakter

---

1) War das Innehalten in den Operationen nach den Siegen von Wörth und Spichern berechtigt?

2) v. Lettow-Vorbeck 1806/07, I, S. 310 u. f.

3) Militär. Korresp. 1866, Nr. 151, S. 242.

des Feldzeugmeisters Benedek und bei der Trennung der I. und II. Armee durch die Elbe in hohem Maße wahrscheinlich. Nichts wies darauf hin, daß der Führer der kaiserlichen Armee auf die bislang befolgte Offensivtaktik verzichten würde. Das Schreiben des Generals v. Moltke vom 2. Juli 11 Uhr abends, welches die II. Armee auf das Schlachtfeld rief, rechnete mit diesem Angriff und lenkte sie gegen die „rechte Flanke des voraussichtlichen Anmarsches des Feindes". Im Gegensatz hierzu hatte Benedek wohl auch eine Offensive geplant, aber erst, nachdem es ihm gelungen sein würde, den Angriff des Feindes in der Front abzuweisen.

Höher noch als die Kühnheit steht zielbewußtes Handeln. „Diese zielbewußte Entschlossenheit ist jene nachhaltige Führereigenschaft, welche auch unter großen und schwierigen Verhältnissen, ja nach Mißerfolgen standhält, während das blinde Wagen den Boden verliert und oft geradezu in Zaghaftigkeit umschlägt, wenn die Größe der Verhältnisse den Blick trübt oder zufällige Mißerfolge das Selbstvertrauen erschüttern. Daraus erklärt sich, daß kühne, aber geistig nicht hervorragend begabte Führer, welche in kleinen Verhältnissen Außerordentliches leisteten, in großen Verhältnissen rat- und entschlußlos dastanden; aber auch anderseits, daß geistig hochstehende Köpfe nichts leisteten, weil es ihnen an Kühnheit gebrach. Daß der Kühnheit in einem Gebiete, welches durch Unklarheit aller Dinge und durch die Gefahr gekennzeichnet wird, eine hervorragende Rolle zufällt, ist klar. Die Bedeutung dieser Eigenschaft wird jedoch noch dadurch gesteigert, daß sie nicht bloß zur Vollbringung des durch den Scharfblick als richtig Erkannten erforderlich ist, sondern auch, daß in der Atmosphäre der Gefahr ihr Mangel den Führer gar nicht zur richtigen Erkenntnis und damit auch nicht zum richtigen Entschluß gelangen läßt [1]."

---

[1] F. C. v. H., Zum Studium der Taktik, II, S. 695. Unwillkürlich denkt man hierbei an das Versagen der napoleonischen Korpsführer in der Armeeführung (Oudinot, Ney, Macdonald, Marmont), in neuerer Zeit an Gyulay 1859, Benedek 1866, Bazaine und Mac Mahon. Gerade Mac Mahon und Benedek hatten sich als Führer von Divisionen und Korps bewährt, während sie als selbständige Armeeführer völlig versagten. Puzyrewsky schildert in seiner Geschichte des Polnischen Krieges 1831 den Oberbefehlshaber der polnischen Armee Strzynecki als hervorragenden, persönlich tapferen Divisionskommandeur, aber an der Spitze der Armee als einen „strategischen Feigling". In den Einleitungskämpfen 1809 versagte Napoleons bewährter Stabschef Berthier, und neuerdings in Ostasien Kuropatkin, der Stabschef Skobelews. Beide Führer zeigen den Abstand, der zwischen dem Entschluß und seiner verantwortungsvollen Durchführung liegt. Über Gneisenau s. Janson, Feldzug von 1814, II, S. 193. 412.

General v. Göben schreibt am 5. Mai 1871¹) in einem Briefe:
„... Für einen höheren Befehlshaber im Kriege ist tatkräftige Energie, ist frischer, ich möchte sagen jugendlich frischer Entschluß, ist Elastizität des Geistes und des Körpers das vor allem Notwendige. Viele andere, anscheinend höher stehende Geistes-, Verstandeseigenschaften sind viel weniger wichtig: sie muß die Umgebung ergänzen und ersetzen, während jene Grundelemente nie ersetzt werden können, welche vom Kommandeur den alles belebenden und treibenden Einfluß ausgehen lassen."

Aber auch Männer wie Gneisenau, Heß an seiten Radetzkys, Moltke hätten — ebensowenig wie Radetzky als Generalstabschef Schwarzenbergs im Befreiungskriege — jemals ihre ausgezeichneten Eigenschaften zur Geltung bringen können, wenn man sie Führern an die Seite gestellt, die unentschlossen, unfähig und niedriger Intrige zugänglich gewesen wären. Die Kriegsgeschichte kennt kein Beispiel, daß ein tüchtiger Generalstabschef einen schwachen Feldherrn zum Siege geführt hätte! Die gut vorgebildeten türkischen Generalstabsoffiziere konnten ihre Befähigung bei einem Führer wie Ehdem Pascha nicht zur Geltung bringen²).

Erzherzog Albrecht sagt Ähnliches in seiner Schrift „Über die Verantwortlichkeit im Kriege" (1869) und fährt dann fort: „Es gibt Dinge, die niemand dem Feldherrn ersetzen kann, wenn sie ihm mangeln. Fehlt ihm z. B. die geistige Selbständigkeit so weit, daß er aus der Fülle aller möglichen Entschlüsse nicht den richtigen zu erkennen vermag; fehlt ihm ferner die Festigkeit, sie auszuführen und unter allen Umständen Gehorsam und Pflichterfüllung im Heere aufrechtzuerhalten, so wird diesem schweren Übelstand niemand abhelfen können." Der Generalstabschef trägt nur einen geringen Teil der Verantwortung. „Diese macht sein Urteil in vielen Fällen freier, seine Pläne kühner und rücksichtsloser. Der beste und kühnste Plan nützt jedoch nichts, wenn er nicht vom Kommandanten mit vollem Herzen zum Entschluß gemacht wird. Schlecht ist es daher, wenn der Generalstabschef es nicht versteht, einem im Entschluß schwachen Kommandanten die Verhältnisse so darzulegen, daß der Kommandant scheinbar selbst zu seinem Entschlusse kommt, sondern wenn er undiplomatisch in brüster Form seinen Einfluß als Generalstabschef geltend machen will (1859 Kuhn und Gyulai), oder wenn der Entschluß sichtlich dem Kopfe des Generalstabschefs entsprungen ist und der Kommandant ihn nur notgedrungen, in Ermangelung eines eigenen Entschlusses, und nicht mit ganzem Herzen, mit voller Überlegung annimmt, ihn zu dem seinen macht (Benedek und Krismanić). Schlecht ist

---

1) Zernin, Leben des Generals v. Göben, II, S. 547.
2) S. Kraus, Moltke, Benedek und Napoleon, S. 113. v. d. Goltz, Thessalischer Krieg, S. 61 u. f. 114. 135. 249.

es aber auch, wenn der Kommandant in der Befürchtung, sein Generalstabschef könnte einen Teil des Verdienstes beanspruchen, ihn zurückstellt und seine Vorschläge kurzerhand zurückweist."

Die Führung hat am Schlachttage das Höchste geleistet, wenn sie alle in erreichbarer Nähe befindlichen Truppenkörper auf das Schlachtfeld geführt, sie in der für den Gegner empfindlichsten Richtung angesetzt hat. Alle Entsendungen sind vom Übel.

„Ein defensiver Krieg verleitet natürlicherweise zum Detachieren. Kleine Geister wollen alles konservieren, vernünftige Leute aber sehen nur auf die Hauptsache. Sie suchen die großen Coups zu parieren, ertragen ein kleines Übel, um ein größeres zu evitieren. Wer alles konservieren will, konserviert nichts." Friedrich der Große. Mustergültig erscheint Erzherzog Albrecht in den Tagen vor Custoza; die Armee Cialdinis, welche allerdings von ihm durch den Po getrennt ist, läßt er nur durch ein Bataillon und ein Husaren=Regiment beobachten, zieht die Truppen, die vorher gegen diese Armee gestanden hatten, heran und bildet aus Besatzungstruppen eine Reserve=Division. In späteren Betrachtungen macht er sich aber den Vorwurf, nicht noch eine Brigade aus Tirol und nicht noch einige Küstenbeobachtungstruppen herangeholt zu haben.

Die Führung muß auf Grund der Friedensschulung damit rechnen können, daß Truppenteile, welche infolge einer nicht zutreffenden Beurteilung der Lage Marschziele erhalten haben, welche sie vom Schlachtfelde abführen, aus eigener Initiative zur Unterstützung herbeieilen werden. Von einem Gefechtsfelde herüberschallender Kanonendonner ist für jeden Führer die Aufforderung, zu prüfen, ob der erteilte Auftrag die Beteiligung am Kampfe gestattet. Grundsätzlich das „Marcher au canon" gutzuheißen, hat seine schweren Bedenken. Jede beliebige lärmvolle Demonstration würde sonst genügen, Truppen von den Punkten abzuziehen, wo der Feind sie nicht zu sehen wünscht, sie dahin zu führen, wo sie ihm unschädlich sind. Nur wenn man der Neigung seiner Unterführer zum Aufsuchen des Kampfes nicht gewiß ist, mag dieses handwerksmäßige Mittel zweckmäßig sein, um sie vor ungerechtfertigter Zurückhaltung zu bewahren. Der Führer prüfe seinen Auftrag, ob er vielleicht unter Umständen erlassen war, welche das entstandene Gefecht nicht vorhersehen ließen. Die Wichtigkeit der eigenen Aufgabe im Vergleich zur allgemeinen Kriegslage wird in solchen Fällen entscheidend für den Entschluß sein. So berechtigt die Zurückhaltung Göbens am Abend des 14. August 1870 erscheint, als er Befehl erhält, mit dem VIII. Armeekorps in das Treffen von Colombey einzugreifen, ebenso ungerechtfertigt war am gleichen Tage das Frontmachen und auf das Gefechtsfeld Eilen des schon im Mosel=

Übergang begriffenen französischen Korps Ladmirault. Nach Lage und Karte prüfe der Führer, von wo das Artilleriefeuer kommt, und führe dann seine Truppe in die Flanke des Feindes hinein.

Bei einem Vormarsch in mehreren Kolonnen ist die Frage zu erwägen, ob durch das Verbleiben in der Marschrichtung der Nachbarkolonne mehr genützt wird, als durch das Abbiegen nach dem Gefechtsfelde. Dieses ist namentlich bei der Verfolgung[1]) der Fall, da der Widerstand der Arrieregarden durch Bedrohung ihres Rückzuges sofort nachlassen wird (Weisungen des Prinzen Friedrich Karl für den Vormarsch auf Le Mans, Befehl vom 9. Januar 1871, Vormarsch der Österreicher auf Mortara, 20. März 1849, als von rechts Gefechtslärm herübertönte[2])).

Geschützfeuer mahnt jedenfalls zur Aufmerksamkeit. Auch wenn es nicht mehr zu hören ist, ist noch nicht gesagt, daß das Gefecht vorüber ist.

Der bewaldete Höhenrücken des Prywizin hinderte in dem Gefecht von Gitschin (29. Juni 1866), daß die beiden, durch einen Raum von etwa 2 km getrennten preußischen Divisionen etwas voneinander vernahmen. Bei Spichern wollten sowohl die 13. Division als auch die französische Division Castagny ein Aufhören des Geschützfeuers bemerkt haben, worauf sie ihren Vormarsch einstellten. General Castagny hörte das Geschützfeuer in Entfernung von seiner Truppe, befand er sich bei ihr, so schien es zu verstummen[3]) Die Erklärung hierfür liegt auf der Hand.

Am 25. Juli 1866 war von der Üttinger Höhe (westlich Würzburg) wohl

---

1) Schlesische Armee, als aus der Gegend nördlich Steubnitz am 18. August 1813 Geschützfeuer hörbar. Friedrich, Herbstfeldzug I. S. 245.

Daß die verstärkte 38. Infanterie-Brigade nicht sofort am 16. August auf das aus der Richtung von Metz herüberschallende Geschützfeuer abbog, war durchaus berechtigt. Ernstere Berührungen mit französischen Postierungen, Arrieregarden westlich Metz, waren vorauszusehen, da man wußte, daß die 5. Kavallerie-Division gegen Metz vorgegangen sei. Es kam für das X. Armeekorps vor allem darauf an, die — wie man annahm — über Conflans abziehenden Franzosen zu erreichen. Entsendung von Nachrichten-Offizieren in Richtung auf Metz war jedoch geboten. S. Cardinal v. Widdern, Kritische Tage, Bionville, S. 108. 110. v. Scherff, Kriegslehren, II, S. 176. Abweichend hiervon Hönig, Taktik der Zukunft, IIa.

Verhalten der deutschen Truppen und der Divisionen des III. französischen Korps am Gefechtstage von Spichern. Woide, I, S. 40 u. f., 64 u. f. Deutscherseits fehlte die 15. Infanterie-Division auf dem Schlachtfelde. Cardinal v. Widdern, Kritische Tage. Spichern S. 358.

2) Strobl, Mortara-Novara, S. 27.

3) Bonnal, Le Haut Commandement français. Paris 1905. S. 123.

an den aufsteigenden Rauchwolken deutlich zu erkennen, daß ein großer Artillerie=
kampf in südlicher Richtung im Gange sei; trotzdem die Entfernung nur 8 km betrug,
war das Artilleriefeuer jedoch nicht hörbar ¹).

Mit dem Anbieten der Unterstützung ist es nicht genug,
es ist besser, wenn die Truppe ohne Anfragen auf dem Schlachtfelde
erscheint. Das Ablehnen der Unterstützung (z. B. der des Gardekorps
bei Trautenau) ist namentlich bei Beginn eines Kampfes wohl er=
klärlich ²).

Auf dem entscheidenden Punkt kann man nicht stark genug sein,
siegt man hier, so lösen sich alle Nebenfragen von selbst. Die
Schwierigkeit liegt nur für den Führer darin, diesen Punkt zu er=
kennen. Ist die Führung sich erst über das zu erreichende Ziel
klar, so ergibt sich der nächste Schritt durch die Erwägung: „Was
ist die Hauptsache, worauf kommt es an?" Niemals verfolge
man zwei Ziele, wie Bazaine am 16. August 1870: operativ wollte
er nach Verdun abmarschieren, taktisch fürchtete er von Metz ab=
gedrängt zu werden. Das Schwanken zwischen diesen beiden ver=
schiedenen Zielen hatte zur Folge, daß Bazaine am Schlachttage nur
daran dachte, sich des deutschen Angriffes zu erwehren, nicht seinen
Gegner zu schlagen. Man habe nur ein einziges Ziel vor Augen,
strebe diesem mit allen Kräften, mit voller Energie zu, lasse sich nicht
durch Zweifel und Bedenken irre machen. Je geistig höher der
Führer steht, um so leichter drängen sich ihm taktische Bedenken auf,
ob er den Einsatz so vieler Menschenleben auch verantworten könne,
ob es nicht besser sei, die anvertraute Truppe dem Staate zu er=
halten. Nur ein Charakter vermag den Ausweg zwischen dem Entschluß
und diesen Scheingründen zu finden. Ist einmal der Entschluß

---

1) Ähnlich auch am 1. Dezember 1870 bei Villepion. Grund: dichte Luft.
Kunz, Loigny, S. 48, und am 4. Dezember im Waldgelände von Orleans. Kunz,
Orleans, S. 224.

2) S. die Betrachtungen Cardinal v. Widderns in den Kritischen Tagen,
Spichern S. 434 u. f. über diesen Fall (1. Garde=Division), und Vergleich mit dem An=
erbieten der Hilfe Göbens an das VII. Armeekorps bei Spichern (ebend. auch S. 172.
174). Auch die 2. Garde=Division bog am 27. Juni 1866 nicht auf den von Nachod
herüberschallenden Kanonendonner ab, erst als die Nachricht einging, daß es bei Nachod
schlecht stehe, gab sie ihre Vormarschrichtung auf und marschierte auf Skalitz (v. Lettow,
1866, II. S. 220, interessante Bemerkungen hierzu, in v. Schlichting, Moltkes
Vermächtnis, S. 41). Wie leicht wäre das Gardekorps und die Gardedragoner=
Brigade nach zwei Richtungen auseinandergerissen!

gefaßt, so gibt es kein Wenn und kein Aber mehr [1]). Die Aufgabe und der eigene Wille sind die Richtlinien eines jeden Planes, wenn der eigene Wille Gesetz werden soll für den Feind, dann darf man nicht nach seinem Willen fragen. In unzweideutiger Absicht muß der Befehl den Willen, die Absicht zum Ausdruck bringen. Die Gefechtsleitung muß von dem festen, unbeugsamen Willen, zu siegen, durchdrungen sein. Verluste sind unvermeidlich, sie erreichen aber erst bei halben Maßregeln, beim Angriff mit unzureichenden Kräften, eine erschreckende Höhe. Jedes Gefecht bringt Krisen mit sich, aber man vergegenwärtige sich immer, daß man nur die Verluste der eigenen Truppen sieht, daß der Zustand beim Gegner verborgen ist, daß es bei ihm ebenso schlimm, vielleicht noch schlimmer aussehen kann. „Der Befehlshaber schwanke selbst in den Augenblicken höchster Gefahr nicht in der Durchführung des einmal gefaßten Entschlusses und ändere in seinem Plane nur das, was er selbst im Laufe des Kampfes als geradezu zweckwidrig und unausführbar erkannt hat."

Gerade bei einem Befehl zur Schlacht ist häufig in schärferer Weise in den Befehlsbereich einer unteren Stelle einzugreifen, um unbedingt die Verwendung der Truppe im gewollten Sinne sicherzustellen. Niemals darf der Vorgesetzte aus der Entfernung Einzelheiten vorschreiben, die der Befehlsempfänger an Ort und Stelle besser übersehen kann. Anderseits darf aber die Führung auch nicht zurückschrecken, Einzelheiten zu befehlen, wenn es die Einheit in der Handlung erfordert. Bis zu welchem Grade dieses zu geschehen hat, hängt von der Persönlichkeit des Befehlsempfängers, von seiner Neigung zu selbständigem Handeln ab. Bei dem einen genügt Klarlegung der Aufgabe in großen Zügen, bei dem anderen ist eine eng gebundene Form nötig, die sich bis zur Angabe der Mittel zur Ausführung steigern kann, um die gewollte Tätigkeit zu erzielen. Nur sage man sich immer wieder, daß, je mehr ein Befehl mit Einzelheiten

---

[1] „Après la resolution une fois prise, ne plus écouter ni doutes, ni scrupules, et supposer que tout le mal qui peut arriver, n'arrive pas toujours." Montecuculi. S. Führung des russischen XIV. Armeekorps beim Donauübergang 1877. Beim General v. Zimmermann stand seine hohe militärische Bildung nicht mit seiner Tatkraft und seinem Wagemut im Einklang. Krauß, Lehren aus dem russisch-türkischen Kriege I, S. 105.

belastet wird, die vielfach nur Nebendinge berühren, um so leichter der klare Grundgedanke des Führers verschwindet.

Der Befehl wird verschieden sein, ob er für den Anmarsch gegen eine ebenfalls noch in der Bewegung begriffene Armee bestimmt ist, oder ob er die Truppen zum Angriff gegen einen bereits entwickelten Gegner, etwa gegen eine vorbereitete Stellung führt.

Die in völliger Unselbständigkeit vom Kaiser Napoleon I. erzogenen Marschälle verlangten mit wenigen Ausnahmen, wie z. B. Lannes, Soult und Davoust, die eingehendsten Einzelanordnungen, sie versagen, wie z. B St. Cyr und Marmont am 30. August 1813, als diese Weisungen ausblieben.

Die Voraussetzung des Generals v. Moltke am Vorabend der Schlacht von Königgrätz durch unmittelbaren Befehl an das I Armeekorps, welches vom Oberkommando der II. Armee am weitesten entfernt war, dieses zum selbständigen Vorgehen zu veranlassen, hatte nicht den erwünschten Erfolg. Der kommandierende General war nicht einmal der Aufforderung nachgekommen, „das Korps sofort zu versammeln, um völlig bereit zu stehen, wenn die Befehle Sr. Kgl. Hoheit des Kronprinzen anlangen, eventuell aber nach Umständen selbständig einzugreifen" [1]. Der Armeebefehl, welcher den Vormarsch des Armeekorps auf 5 Uhr früh festsetzte, traf aber erst um 7¼ Uhr beim Generalkommando ein, um 9¼ Uhr brach die Avantgarde von Aujezow, um 9 Uhr das Gros von Oberpraußnitz auf [2]. Wie anders das Verhalten des Generals v. Steinmetz an der Saar in den ersten Augusttagen, dessen Tatendurst gezügelt werden mußte, um den anderen Armeen die Zeit zu geben, heranzukommen. Das Große Hauptquartier mußte alles tun, um die I. Armee vor einer Teilniederlage zu bewahren [3].

Ist der Gegner noch im Anmarsche, so wird es sich meist nur um Bezeichnung der Gefechtsräume handeln; beim Angriff auf einen bereits aufmarschierten Feind werden in nicht mißzuverstehender Weise die Aufgaben und das einheitliche Zusammenwirken der einzelnen Heeresteile festgesetzt werden müssen. Bei einer Verteidigungsstellung muß durch eingehende Befehlsgebung der Wille des Führers in allen Abschnitten zum klaren Ausdruck kommen.

Aber nur selten wird die Führung über eine derartige sichere Auffassung verfügen können. Es sei erinnert an die Unkenntnis über die Absichten des Feindes, die vor den Schlachten von Vionville und Gravelotte herrschte.

---

1) v. Moltke, Mil. Korresp. 1866, S. 144 Nr. 153.

2) v. Lettow-Vorbeck, Feldzug von 1866, II, S. 453.

3) Gen.-St.-W. 1870/71, I, S. 148. 154. v. Moltke, Mil. Korresp. 1870/71, S. 102—109.

Der Gefechtsbefehl regelt das Ansetzen der Truppen und spricht in unzweifelhafter Weise den Willen des Führers als Richtschnur für die Anordnungen der Unterführer aus. Dann ist es erforderlich, die besondere Verfügung über einen Teil der Truppen als Reserve sich zu wahren, ferner ist allen Teilen der Standort des Führers mitzuteilen.

In den Befehlen wird eine Rückzugsrichtung nicht angegeben, da dieses geeignet ist, bei der Truppe die Anschauung zu erwecken, daß die Führung nur wenig Vertrauen zu ihren Maßnahmen habe! Eine geschlagene Truppe geht senkrecht zu ihrer Front zurück. Änderungen in der Rückzugsrichtung sind erst möglich, wenn der Druck des Feindes nachläßt. Niemals kann man übersehen, ob die bei Beginn des Gefechts wünschenswerte Rückzugsrichtung auch noch möglich ist, wenn der Feind uns schließlich zum Rückzuge zwingt.

Hätte man beim II. französischen Armeekorps am 6. August 1870 eine Rückzugsrichtung bei Beginn des Kampfes angeben wollen, so hätte sie unzweifelhaft auf Forbach und St. Avold gelautet; die Meldung von einer Umgehung auf Forbach — und nicht die Absicht, die Front des III. französischen Armeekorps frei zu machen — wurde nach der Schlacht Veranlassung, auf Saargemünd auszuweichen.

Drängt der Feind nicht nach, so geht zunächst jeder Truppenteil von selbst dorthin zurück, wo er hergekommen ist; die den Unterführern bekannten Standorte des Trains ꝛc. weisen bestimmt auf die natürlichen, im Rückzuge beizubehaltenden oder zu erreichenden Verbindungen hin. Ist ausnahmsweise Angabe der Rückzugsrichtung notwendig, so soll es nur „vertraulich" an die nächsten Dienststellen geschehen. Wenn demnach aus moralischen und praktischen Gründen die Aufnahme der Rückzugsrichtung in den Befehl nicht stattfindet, so sind anderseits die Erwägungen für Ausführung eines Rückzuges seitens der Führung bringend erforderlich, wenn auch nur die Möglichkeit eines ungünstigen Ausganges des Kampfes zu erwarten ist.

Ist der Kampf im Gange, so kann er nicht mehr durch Verhaltungsbefehle geregelt werden. Die höhere Führung wird versuchen müssen, die Einheitlichkeit der Handlung aufrechtzuhalten, Mißgriffen vorzubeugen, die Ausführung der Befehle zu überwachen. Im Höhepunkt der Schlacht sind die Befehle für die Verwendung der Reserven zu geben.

Je weniger der Führer eingreift, um so besser. Für ihn haben die Einzelheiten der Truppenverwendung nur insofern Interesse, als sie den Ausgang im großen beeinflussen, je mehr er sich um Einzelheiten kümmert, um so mehr geht ihm der Blick für das Ganze verloren. „Man vergegenwärtige sich vor allem, wie das Interesse unwillkürlich von denjenigen Ereignissen angezogen wird, die der Wahrnehmung am nächsten liegen, da führen die vor den Augen sich abspielenden Tatsachen die lauteste Sprache. Dazu kommt das Gefühl, daß der oberste Führer dem im Kampf und der Gefahr befindlichen Teile seiner Truppen mit Rat und Tat zur Seite stehen möchte, daß er auch die kleinste Abteilung der untergebenen Truppen in dem Sinne handeln sehen möchte, wie er sie selbst leiten würde¹)." Nichts wäre jedoch falscher, als dieser Versuchung nachzugeben. Der Führer wäre nicht mehr Feldherr, er würde zum Mitstreiter herabsinken. Es ist nichts verhängnisvoller als eine derartige geschäftige Untätigkeit, die glaubt, sich mit allen Kleinigkeiten befassen zu müssen. Mustergültig bleibt die Gefechtsleitung des Generals v. Göben²).

Der Marschall Bazaine ist am 14. und 16. August in durchaus fehlerhafter Weise tätig gewesen, was vielleicht seine völlige Apathie am 18. August, sein Verbleiben in seinem Quartier am Fuße des Mont St. Quentin erklärt, während seine Truppen den Entscheidungskampf durchführten³). In seinen Erinnerungen sagt Bazaine mit einem gewissen Behagen, daß es öfters seine Aufgabe gewesen sei, die Biwaksplätze und Vorpostenaufstellungen zu berichtigen. Mehrere Male habe er in eigener Person den einzelnen Batterien ihre Plätze angewiesen, so z. B. in der Schlacht von Mars la Tour, deren strategische Bedeutung er gar nicht erkannte und wo er sich einen sicheren Sieg entgehen ließ. Auch bei Gravelotte richtete Bazaine auf dem Mont St Quentin einzelne Geschütze, bei Noisseville stellte er eine Batterie auf, aber daß die Schlacht verloren sei, erfuhr er erst aus der Meldung Leboeufs am anderen Tage.

Mit einer solchen Tätigkeit ist es nicht zu verwechseln, wenn ein Führer im Höhepunkt des Kampfes seine Person an entscheidender Stelle einsetzt. So sprengte Skobelew am 11. September 1877 beim Angriff auf die türkische Stellung in den Kampf, als er

---

1) v. Verdy, Studien über Truppenführung II, S. 31.

2) S. Taktik III, S. 328 Gefecht von Laufach 13. Juli 1866.

3) Über die nicht nachahmenswerte Tätigkeit Chanzys auf dem Schlachtfelde von Loigny s. Hönig, Volkskrieg IV, 116. Psychologisch ist das Verhalten Lamarmoras am Schlachttage von Custoza besonders lehrreich. S. Reisner v. Lichtenstein, Macht der Vorstellung, S. 11. Friedjung, Kampf um die Vorherrschaft, I, S. 414.

seine letzte Reserve verbraucht hatte, um die Truppen zum letzten Sturme fortzureißen, der sie bis in die türkischen Schanzen hineinführte ¹).

Der Nutzen, den die Anwesenheit des Führers bei den Kämpfenden hervorbringt, steht in der Regel aber nicht im Verhältnis zu dem Schaden, der durch die fehlende Leitung entstehen kann.

Bei den Massenheeren der Gegenwart kann es sich aber niemals um den Heerführer, wohl immer nur um den Führer einer Brigade oder einer Division handeln. Ein erfolgreiches persönliches Eingreifen des obersten Führers, wie Bonapartes bei Arcole, des Erzherzogs Karl bei Aspern, Blüchers bei Ligny, ist heutzutage undenkbar.

Das persönliche Eingreifen höherer Führer kann nur in besonders dringenden und wichtigen Fällen gerechtfertigt sein. Dies ist hauptsächlich der Fall:

wenn während des Kampfes alles davon abhängt, daß ein bestimmter Punkt bis zum Eingreifen von Unterstützungen gehalten wird, der Führer durch seine persönliche Anwesenheit die dort befindlichen Truppen zur größtmöglichen Anstrengung zu bringen gedenkt;

wenn im Augenblick der Entscheidung die letzten Reserven eingesetzt werden, das Hauptmittel für eine weitere Leitung des Kampfes dadurch verloren geht und das persönliche Beispiel des Führers, der sich an die Spitze seiner letzten Truppen stellt, für diesen wichtigen Moment von größerer Bedeutung wird, als eine Leitung von rückwärts, die nur noch durch Übersendung von Befehlen wirken kann.

Neben den unmittelbaren Anordnungen im Gefecht sind aber schon während des Kampfes die vorbereitenden Anordnungen für Einleitung der Verfolgung und des Rückzuges zu erwägen. Wollte man erst am Schlusse der Gefechtshandlung damit beginnen, so dürfte dieses zu spät sein, leicht würde man auch Wichtiges vergessen. Gleiches gilt von den Maßnahmen, welche für die Verpflegung, für den Sanitätsdienst und Munitionsersatz nach dem Gefecht zu treffen sind.

---

1) Kuropatkin-Krahmer, Kritische Rückblicke auf den russisch-türkischen Krieg, S. 237.

Beispiele für Gefechtsbefehle ¹).
Befehl Napoleons zur Schlacht von Jena.

Corresp. XIII, Nr. 11004.

Ordre du jour.
Dispositions de l'ordre de bataille.

Au bivouac de Jéna, 14ième octobre 1806.

M. le maréchal Augereau commandera la gauche, il placera la première division en colonne sur la route de Weimar, jusqu'à une hauteur par où le général Gazan a fait monter son artillerie sur le plateau: il tiendra des forces nécessaires sur le plateau de gauche, à la hauteur de la tête de sa colonne. Il aura des tirailleurs sur toute la ligne de l'ennemi, aux différentes débouchées de montagnes. Quand le général Gazan aura marché en avant, il débouchera sur le plateau avec tout son corps d'armée, et marchera en suite, suivant les circonstances, pour prendre la gauche de l'armée.

M. le maréchal Lannes aura à la pointe du jour toute son artillerie dans ses intervalles et dans l'ordre de bataille où il a passé la nuit.

L'artillerie de la garde impériale sera placé sur la hauteur, et la Garde sera derrière le plateau, rangé sur cinq lignes, la première ligne composée des chasseurs, couronnant le plateau.

Le village qui est sur notre droite sera canonné avec toute l'artillerie du général Suchet, et immédiatement attaqué et enlevé.

L'empereur donnera le signal, on doit se tenir prêt à la pointe du jour.

M. le maréchal Ney sera placé, à la pointe du jour, à l'extrémité du plateau, pour pouvoir monter et se porter sur la droite du maréchal Lannes du moment que le village sera enlevé et que par là on aura la place de déploiement.

M. le maréchal Soult débouchera par le chemin qui a été reconnu sur la droite, et se tiendra toujours lié pour tenir la droite de l'armée.

L'ordre de bataille en général sera pour M. M. les maréchaux, de se former sur deux lignes, sans compter celle d'infanterie légère, la distance de deux lignes sera au plus de 100 toises.

La cavalerie légère de chaque corps d'armée sera placé pour être à la disposition de chaque général, pour s'en servir selon les circonstances.

La grosse cavalerie, aussitôt qu'elle arrivera, sera placé sur le plateau et sera en réserve derrière la Garde, pour se porter où les circonstances l'exigeraient.

Ce qui est important aujourd'hui, c'est de se déployer en plaine; on fera ensuite les dispositions que les manœuvres et les forces que montrera l'ennemi indiqueront, afin de le chasser des positions qu'il occupe et qui sont nécessaires pour le déploiement. Le maréchal Berthier, par ordre de l'Empereur.

---

1) Geschichtl. Beispiele für Befehle s. Jahrbücher für Armee und Marine 1899, Band III. Befehl des Generals v. Tümpling für den Angriff der 5. Infanterie-Division bei Gitschin (zu kurz) s. v. Lettow-Vorbeck a. a. O. II, S. 356.

Befehle des Feldzeugmeisters Benedek zur Schlacht von Königgrätz.

Befehl für den 3. Juli 1866:

„Heute eingelaufene Nachrichten besagen, daß stärkere feindliche Truppenmassen in der Gegend von Neu-Bibschow, Smidar und gegen Horitz stehen; zwischen unseren und den feindlichen Vortruppen haben bei Kobilitz und Sucha bereits Scharmützel stattgefunden. Nach der Stellung des Feindes dürfte morgen möglicherweise ein Angriff erfolgen, der zunächst gegen das königlich sächsische Korps gerichtet ist. Für diesen Fall befehle ich folgendes:

Das königlich sächsische Armeekorps besetzt die Höhen von Popowitz, den linken Flügel etwas zurückgebogen und durch die eigene Kavallerie gedeckt. Vor der Front dieser Stellung sind nur Vortruppen vorzuschieben. Links von dieser und etwas zurück auf dem äußersten linken Flügel bei Problus und Prim hat sich auf einem geeigneten Terrain die 1. leichte Kavallerie-Division aufzustellen. Das X. Korps faßt Stellung rechts vom sächsischen Korps und endlich rechts vom X. Korps das III. Korps, welches die Höhen von Lipa und Chlum besetzt. Das VIII. Korps hat zunächst dem sächsischen Korps als Unterstützung zu dienen und sich hinter demselben aufzustellen.

Die hier nicht genannten Truppen haben, solange der Angriff auf unseren linken Flügel beschränkt bleibt, sich nur in Bereitschaft zu halten. Sollte aber der feindliche Angriff größere Dimensionen annehmen und auch gegen unsere Mitte und den rechten Flügel gerichtet werden, dann tritt die ganze Armee in Schlachtordnung und es hat folgendes zu geschehen:

Das IV. Korps marschiert rechts vom III. Korps auf den Höhen von Chlum und Nebelist auf, und auf dem äußersten rechten Flügel neben dem IV. Korps das II. Korps. Die 2. leichte Kavallerie-Division rückt hinter Nebelist und bleibt dort in Bereitschaft. Das VI. Korps sammelt sich auf den Höhen von Wsestar, das I. Korps rückt nach Rosnitz, beide Korps in konzentrierter Aufstellung. Die 1. und 3. Reserve-Kavallerie-Division rücken nach Sweti, die 2. Reserve-Kavallerie-Division nach Briza.

Bei der zweiten Annahme eines allgemeinen Angriffs bilden das I. und VI. Korps, die fünf Kavallerie-Divisionen, endlich die Armee-Geschütz-Reserve, welche hinter dem I. und VI. Korps Aufstellung nimmt, die Reserve der Armee zu meiner ausschließlichen Verfügung.

Morgen früh muß die ganze Armee einer Schlacht gewärtig sein; das zuerst angegriffene Korps teilt dies unverzüglich den nach dieser Disposition zunächststehenden Korps mit, welche ihrerseits die erhaltene Meldung weiter senden. Das VIII. Armeekorps bricht unverzüglich aus seinem dermaligen Lager auf; es sendet in das Hauptquartier des sächsischen Korps einen Offizier voraus, welcher je nach der Sachlage, wenn der Kampf schon ausgebrochen oder bevorstehend wäre, dem VIII. Korps entgegeneilt und es in die bestimmte Aufstellung hinter das sächsische Korps führt. Sollte aber ein feindlicher Angriff nicht in Aussicht stehen (?), dann hat das VIII. Korps das für dasselbe bestimmte Lager bei Charbusitz zu beziehen.

Ich werde mich, wenn nur der linke Flügel der Armee angegriffen wird, bei diesem, im Falle einer allgemeinen Schlacht aber auf der Höhe von Chlum aufhalten.

Sollte die Armee zum Rückzuge gezwungen sein, so erfolgt dieser auf der Straße über Holitz gegen Hohenmauth, ohne die Festung zu berühren.

Beispiele für Gefechtsbefehle.

Das II. und IV. Korps haben gleich nach Erhalt dieses Befehls Pontonbrücken über die Elbe herstellen zu lassen und zwar das II. Korps zwei Brücken zwischen Lochenitz und Predmeritz, das IV. Korps gleichfalls zwei Brücken bei Platzka.

Das dazu noch fehlende Material ist von den Equipagen des 6. Bataillons beizustellen. Sollte eine Herrichtung von Kommunikationen an den Brückenstellen nötig sein, so hat dies gleichfalls zu geschehen.

Das I. Korps läßt durch seine Pioniere sogleich eine Brücke bei Swinar über die Adler schlagen. Der Befolg dieser Anordnung ist durch Offiziere mündlich oder schriftlich anzuzeigen und sind die gewählten Brückenstellen genau anzugeben.

Die Disposition für den eventuellen Rückzug wird morgen nachfolgen.

gez. Benedek."

Preußische Anordnungen für Königgrätz.

Für die Schlacht von Königgrätz wurde ein gemeinsamer Befehl vom Oberkommando nicht gegeben [1]). Auf die Meldung des Prinzen Friedrich Karl, daß er am 3. Juli früh angreifen wolle, beschloß der König, daß auch die II. Armee in das Gefecht eingreifen solle. General v. Moltke erließ daher im Auftrage des Königs folgende Weisung an diese:

„Den bei der I. Armee eingegangenen Weisungen zufolge ist der Feind in Stärke von etwa drei Korps, welche jedoch noch weiter verstärkt werden können, bis über den Abschnitt der Bistritz bei Sadowa vorgegangen und ist dort ein Renkontre mit der I. Armee morgen in aller Frühe zu erwarten.

Die I. Armee steht befohlenermaßen morgen den 3. Juli früh mit zwei Divisionen bei Horitz, mit einer bei Milowitz, einer bei Cerekwitz, mit zwei bei Pfanel und Britan, das Kavalleriekorps bei Gutwasser.

Eure Königliche Hoheit wollen sogleich die nötigen Anordnungen treffen, um mit allen Kräften zur Unterstützung der I. Armee gegen die rechte Flanke des voraussichtlichen feindlichen Anmarsches vorrücken zu können, und dabei sobald als möglich eingreifen. Die heute nachmittag unter anderen Verhältnissen gegebenen diesseitigen Anordnungen sind nun nicht mehr maßgebend. gez. v. Moltke."

Bezeichnend für diesen Befehl ist der große Spielraum, der hier der II. Armee gelassen wird. Ihre Aufgabe wird klar bezeichnet; das ist alles, nicht einmal eine vorläufige Marschrichtung wird befohlen.

Im Auftrage des Kronprinzen gab General v. Blumenthal am 3. Juli 1866 5 Uhr vormittags, nachdem um 4 Uhr die Weisung aus dem Großen Hauptquartier eingegangen war, Befehl, zur Unterstützung der II. und Elbarmee heranzumarschieren.

„Nach hier eingegangenen Nachrichten wird heute ein feindlicher Angriff auf die bei Horitz, Milowitz und Cerekwitz stehende I. Armee erwartet, und wird die II. Armee zu ihrer Unterstützung in folgender Weise vorrücken:

1. Das I. Armeekorps marschiert in zwei Kolonnen über Zabres und Gr. Trotin nach Gr. Bürglitz.
2. Die Kavallerie-Division folgt dem I. Korps bis ebendahin.
3. Das Gardekorps geht von Königinhof auf Jeritschek und Lhota,

---

[1]) S. o. S. 54 u. 61.

4. Das VI. Armeekorps nach Welchow, von wo ab es eine Abteilung zur Beobachtung der Festung Josephstadt aufstellt.

Die für heute befohlene Demonstration findet nicht statt.

5. Das V. Korps folgt zwei Stunden nach Aufbruch des VI. Korps und geht bis Choteborek.

Die Truppen brechen sobald als irgend möglich auf und lassen Trains und Bagagen zurück, die erst auf besonderen Befehl des Oberkommandos herangezogen werden dürfen.

Hauptquartier Königinhof, den 3. Juli, 5 Uhr früh.

Von seiten des Oberkommandos. Der Chef des Generalstabes.

gez. v. Blumenthal, Generalmajor."

Anordnungen zur Schlacht von Gravelotte.
S. u. S. 164.

Befehl des Generals v. Göben zur Schlacht von St.-Quentin.
Ham, am 18. Januar 1871, 9 Uhr abends.

„Die 15. Infanterie-Division und die Truppenabteilung des Generals Graf Groeben haben in einem glücklichen Gefechte die ihnen entgegengetretenen feindlichen Streitkräfte geworfen und ein Geschütz genommen, ohne indessen den Feind genügend verfolgen oder die ihnen vorgeschriebenen Stellungen erreichen zu können. Der Sieg muß morgen vollendet werden.

Generalleutnant v. Kummer geht mit sämtlichen ihm untergebenen Truppen [1]), mit Einschluß der gesamten Korpsartillerie, morgen früh 8 Uhr auf den Straßen von Vermand und von Etreillers kräftig gegen St.-Quentin vor; unsere dort vorhandenen Streitkräfte genügen, um die ganze Nordarmee mit Erfolg anzugreifen. Ihre Aufgabe ist, alles, was sich vor St.-Quentin entgegenstellt, über den Haufen zu werfen, St.-Quentin umfassend anzugreifen und zu nehmen. General Graf Groeben [2]) wird sich zu diesem Zwecke nach links hin bis auf die Straße nach Cambrai [3]) ausdehnen.

Generalleutnant v. Barnekow seinerseits geht gleichfalls um 8 Uhr mit der 16. Infanterie-Division und der Division Prinz Albrecht längs der Eisenbahn und der Straße über Essigny le Grand gegen St.-Quentin vor; die Division Graf Lippe [4]) mit der ihr zugeteilten 16. Infanterie-Brigade, soweit solche bis morgen früh in Tergnier eingetroffen sein wird, unterstützt diese Bewegung durch gleichzeitiges, kräftiges Vorgehen längs der Straße von La Fère nach St.-Quentin und durch möglichstes Umfassen nach rechts hin.

Bei den jetzt hier vereinigten Streitkräften und unserer überlegenen Artillerie handelt es sich nur darum, energisch vorzugehen, um alles, was der Feind uns entgegenstellen kann, über den Haufen zu werfen.

Die Reserve unter Oberst v. Böcking [5]) setzt sich um 9 Uhr von Ham auf

---

1) Linker Flügel: 10 Bataillone, 2¾ Eskadrons, 60 Geschütze.
2) Äußerster linker Flügel: 7¾ Batterien, 14 Eskadrons, 30 Geschütze.
3) Französische Rückzugslinie.
4) Sächsische Kavallerie-Division.
5) 3 Bataillone, 3 Eskadrons, 12 Geschütze.

St.-Quentin in Marsch; ihr werden eine Schwadron des 9. Husaren-Regiments aus Ham und zwei Schwadronen des 2. Garde-Ulanen-Regiments zugeteilt, welche zwei Schwadronen gegen 9 Uhr bei Ham eintreffen und sich bei Oberst Böcking melden.

Ich befinde mich anfangs bei der Reserve, wohin Meldungen zu senden, und werde mich später voraussichtlich zum Korps Kummer begeben.

Das hier stehende Bataillon des 81. Regiments wird direkt vom Oberkommando um 7 Uhr morgens nach Flavy in Marsch gesetzt werden.

Sollte aber der Feind unseren Angriff nicht abwarten, so ist mit Aufbietung der letzten Kräfte energisch zu verfolgen, da die Erfahrung lehrt, daß bei so schwach organisierten Streitkräften nicht sowohl der Kampf selbst, als die durchgreifende Ausbeutung desselben die größten Erfolge gibt. gez. v. Goeben."

Grundsätzlich bleibt in unmittelbarer Nähe des Führers der Chef des Stabes (der Generalstabsoffizier einer Division). Dieser ist in den Gedankenkreis seines Kommandeurs eingeweiht, er kann, wenn dem Führer ein Unfall zustößt, diesen ersetzen und seinen Nachfolger über die Lage und Absichten unterrichten. Nur in Ausnahmefällen, z. B. beim Anmarsch zum Eingreifen in eine Schlacht, wird er sich von ihm trennen dürfen.

Der Chef des Stabes des X. Armeekorps begleitete in Erwartung eines ernsteren Zusammenstoßes am Morgen des 16. August 1870 die gegen Metz zur Erkundung vorgehende 5. Kavallerie-Division; auf diese Weise war es möglich, einen Einfluß auf den Gang der Erkundung auszuüben und vom Gefechtsfelde nach Besprechung mit dem Generalkommando des III. Armeekorps die nötigen Befehle zum Marsch auf das Gefechtsfeld abzusenden [1]. Das im Anmarsch auf Weißenburg begriffene V. Armeekorps sandte einen Generalstabs-Offizier voraus, um anzufragen, in welcher Richtung ein Eingreifen erwünscht sei.

Wenn auch vom Erfolg gerechtfertigt, kann die Leitung der Verfolgung nach Waterloo durch den General v. Gneisenau nicht gebilligt werden. Welche Unzuträglichkeiten ergaben sich durch sein Vorreiten bei Beginn der Offensive der schlesischen Armee im August 1813, als er und der Ober-Quartiermeister v. Müffling die Aufklärungsabteilungen begleiteten, während General v. Blücher sich bei der Marschkolonne des Yorkschen Korps befand [2]! Kitcheners Begleiten der Kavalleriedivision French, welche die zurückgehenden Buren bei Paardeberg stellte, war zweckmäßig, da er weniger Stabschef, sondern eher Vertreter des Oberkommandierenden war.

Von den Offizieren des Stabes bleiben die Generalstabsoffiziere, die mit Empfang und Sichtung der Meldungen, Unterweisung der Nachrichten-Offiziere beauftragt sind, in nächster Nähe des Führers.

---

[1] v. Lessing, Generalmajor z. D., Die Tätigkeit des Generalkommandos des X. Armeekorps.

[2] v. Freytag-Loringhoven, Aufklärung und Armeeführung, S. 14. 16.

Die übrigen Offiziere halten sich, um nicht zu stören und um nicht das Ziel zu vergrößern, entsprechend zurück, für jeden Unterverband ein Ordonnanz-Offizier zum Abreiten fertig. Genaue Diensteinteilung im Stabe ist auf dem Gefechtsfelde von besonderer Bedeutung. Das Fernhalten von Unberufenen, welche sich an die Gefechtsleitung herandrängen, ihre Beobachtungen laut mitteilen, vielleicht auch raten wollen, ist von besonderer Wichtigkeit.

Erfahrungsgemäß gehen Meldungen aus vorderster Linie nur sehr selten ein, Benachrichtigungen von Nachbarabteilungen meist nur dann, wenn es sich um Aufforderung zur Unterstützung handelt. Diesem Übelstande ist nur durch Nachrichten-Offiziere[1]), welche über die Absichten der Führung unterrichtet sind und den betreffenden Stäben angeschlossen werden, abzuhelfen.

Die Wahl des Standortes der Führung.

Für einheitliche Leitung des Kampfes ist frühzeitiges Eintreffen des Führers auf dem Schlachtfelde erforderlich[2]).

Auf dem Marsch, so weit vorwärts in der Marschkolonne, als es die persönliche Sicherheit und der Charakter des Führers erlaubt[3]); beim Zusammenstoß mit dem Feinde wird der Führer sich auf einen günstig, möglichst weit vorwärts gelegenen Aussichtspunkt begeben, um durch eigenen Augenschein eine richtige Vorstellung vom Gelände und einen Eindruck von den Maßnahmen des Gegners zu gewinnen. Er wird hier seine eigenen Beobachtungen durch Gedankenaustausch mit denjenigen Führern, welche am Feinde waren, ergänzen, durch an Ort und Stelle gegebene Befehle den Gang der ersten Entwickelungen regeln[4]). Die besten Meldungen können die Vorteile des Selbstsehens

---

1) Bereits in der Instruktion für den höheren Truppenführer vom Jahre 1869 empfohlen. S. Taktik III, S. 86 u. f. Ferner Cardinal v. Widdern, Kritische Tage. Colombey, S. 68. Spichern, S. 104 u. f., 321. 345. 362. 363. Die erfolgreiche Tätigkeit des Hauptmanns v. Schell bei St. Quentin. S. Kunz, Nordarmee II, S. 235 u. f.

2) Der Feldzeugmeister Benedek traf erst um 8¼ Uhr auf den Höhen von Lipa (Schlachtfeld von Königgrätz) ein. Die Schlacht war bereits seit zwei Stunden im Gange und zwar entgegen seinen Anordnungen im Swiepwalde und an der Bistritz, das II. und IV. Armeekorps hatten außerdem eine vom Schlachtenbefehl völlig abweichende Aufstellung genommen. v. Lettow-Vorbeck a. a. O. II, S. 421.

3) S. Taktik III, S. 327.

4) Vergleiche den Einfluß, den das weite Zurückbleiben des Generalkommandos

nicht ersetzen. Schnell muß der Führer sich ein Bild machen, ob der Feind vorgeht, ob er standhalten oder sich einem Angriffe entziehen will. Hier muß das eigene Urteil entscheiden, jedem Versuche einer Gedankenübertragung von anderer Stelle ist entgegenzuwirken [1]).

Wesentlich andere Forderungen machen sich geltend bei der weiteren Entwickelung des Gefechts. Der höhere Führer muß den seelischen Eindrücken des Gefechts möglichst entzogen sein. Der Blick, der ein Ganzes umfassen soll, darf nicht durch die wechselnden Eindrücke von Einzelbegebenheiten gestört werden. Hier verbraucht der Führer seine beste Kraft, den Eindruck, den er in vorderer Linie von einer vielleicht schwer ringenden, große Verluste erleidenden Truppe erhält, überträgt er dann leicht auch auf die übrigen Teile seines Befehlsverbandes [2]). Jeder Mensch hat nur ein bestimmtes Maß von Körperkräften und Nervenstärke, zu früh und unnütz angestrengt versagen diese im entscheidenden Augenblick. Nicht Feigheit ist der Beweggrund dieses Versagens, sondern es treten allerhand taktische und strategische Bedenken an den Führer heran, welche die Energie des einmal gefaßten Entschlusses lähmen. Je mehr sich der Führer von den Körper und Nerven aufreibenden Eindrücken in der ersten Linie und bei der Truppe fern zu halten vermag, um so kraftvoller die Führung. Dieses Zurückhalten hat selbstverständlich seine Grenze. Je weiter zurück, um so schwieriger der Meldeverkehr, um so weniger kann der Führer den Verlauf des Kampfes verfolgen. In seinem Hauptquartier am St. Quentin vermochte der Marschall Bazaine mit den damaligen Nachrichtenmitteln auch nicht den geringsten Einfluß auf den Gang der Schlacht von Gravelotte auszuüben [3]). Heutzutage sind Selbstfahrer, Telegraph

---

IX. Armeekorps auf das Eingreifen der Truppen dieses Armeekorps am 16. August 1870 gehabt hat. Cardinal v. Widdern, Kritische Tage 1. II, 2 S. 129. Aufenthalt des Prinzen Friedrich Karl am Morgen des 18. August 1870 zunächst beim III. Armeekorps, anstatt weiter vorwärts beim IX., erklärt sich wohl aus der Anschauung des Prinzen, daß es an diesem Tage schwerlich zu einem Gefecht kommen würde. S. v. Scherff, Kriegslehren, III, S. 65.

1) Siehe die Meldungen der 5. Kavallerie-Division, welche die 14. Infanterie-Division in der Annahme bestärkte, daß auf den Spicherer Höhen am 6. August 1870 nur noch eine Arrieregarde stehe. Cardinal v. Widdern, Kritische Tage, Spichern, S. 15 u. f.

2) Mustergültig Generalkommando III. Armeekorps bei Bionville. Kriegsgeschichtliche Einzelschriften, Heft 18, S. 541—543. 548.

3) Der kommandierende General I. Armeekorps hielt sich während der Nach-

und Fernsprecher an Stelle des Pferdes getreten. Die Möglichkeit, durch den Fernsprecher in persönlichen Meinungsaustausch mit den Unterführern zu treten, ihnen Befehle zu übermitteln, ist voll und ganz auszunutzen. In Japan diente der Fernsprecher auch zur Verbindung zwischen Oberkommandos und Divisionen, versäumt wurde aber nebenher eine optische Verbindung einzurichten. In Rußland befürwortete man während des Krieges telegraphische Verbindung zwischen Oberkommando und Generalkommandos, Verwendung der Fernsprecher nur innerhalb der Divisionen.

Vielfach wird eine nach Möglichkeit gegen Feuer gedeckte Aufstellung in Höhe der Artillerie und in Nähe der vom Führer einzusetzenden Reserven [1]) vorteilhaft sein. Neben weiter Übersicht ist zu fordern leichte Zugänglichkeit von allen Seiten, dann zur Verkürzung der Meldewege ein Standort möglichst hinter der Mitte der Gefechtslinie oder in Nähe derjenigen Punkte, wo man eine Entscheidung erwartet [2]).

Die Kommandoflagge darf den Standpunkt des Stabes nicht verraten, so daß die Artillerie des Feindes veranlaßt wird, ihr Feuer auf den Stab zu lenken [3]). Für die eigene Truppe muß sie weit sichtbar sein und steht zweckmäßig in Nähe der Marschstraße, von dort werden dann Melder zurechtgewiesen.

---

mittagskämpfe südlich Trautenau auf der 3200 Meter in der Luftlinie von der vorderen Linie entfernten und von dieser noch dazu durch die Aupa getrennten sogenannten „Kommandeurhöhe" auf. Der Platz des kommandierenden Generals mußte auf dem Kapellenberg sein. Der schädliche Einfluß dieses Zurückhaltens machte sich mehrfach geltend. Kühne, Kritische Wanderungen, Trautenau, S. 82; v. Lettow-Vorbeck a. a. O. II, S. 236.

1) Eigenmächtiges in das Gefecht Treten der Reserve bei Wavre am 18. Juni 1815. v. Verdy du Vernois, Studien über Truppenführung II, S. 37.

2) Ungünstige Wahl des Aufstellungspunktes des kommandierenden Generals des österreichischen VIII. Armeekorps auf dem äußersten rechten Flügel der Stellung bei Skalitz. Die Übersicht war nach Norden durch die Stadt, der Meldeverkehr durch die Stadt, Eisenbahndamm und Bahnhofsanlagen beeinträchtigt. Kühne, Kritische Wanderungen, Skalitz, S. 58. Die Wahl des Standortes war um so bedenklicher, da der Führer des VIII. Armeekorps keinen Kampf wollte, zwei Brigaden ohne Befehl unbemerkt von der Führung zum Angriff vorgingen.

3) Der Tod des Generals Douay bei Weißenburg, die Verwundung des Marschalls Mac Mahon bei Sedan hat einen bestimmenden Einfluß auf den Gang der betreffenden Schlachten ausgeübt. Beschießung des Stabes des Marschalls Leboeuf am 1. September. Kunz, Noisseville, S. 98. Hoffbauer VI, S. 105.

Ein Wechsel des Standortes ist solange als möglich hinauszuschieben, die Unzuträglichkeit einer Vergrößerung des Meldeweges ist gering im Vergleich zu den Nachteilen, welche sich durch das Umherirren von Ordonnanzoffizieren auf dem Schlachtfelde ergeben können [1]). Verläßt der Führer seinen Standort, so ist durch Zurücklassen eines Offiziers für das Nachsenden von Meldungen Sorge zu tragen. Ein Stellungswechsel ist geboten bei siegreich fortschreitendem Gefecht, um durch persönlichen Augenschein einen Anhalt für die zu treffenden Verfolgungsanordnungen zu gewinnen.

Am 18. August 1870 befand sich das Große Hauptquartier zunächst auf der Höhe südöstlich Flavigny, 1600 Meter von diesem Weiler entfernt, um von dort die ersten Entwickelungen zu leiten. Der bis dahin erkannte Teil der französischen Stellung, welche als von Point du jour bis Amanweiler reichend gemeldet wurde, war zu übersehen. General v. Moltke sprach sich gegen den vom König geäußerten Wunsch aus, weiter vorzureiten, da alle Meldungen nach dieser Höhe bestellt seien, eine Unterbrechung in der Berichterstattung die Schlachtleitung erschweren würde. Da der Kampfeslärm zunahm, begab sich das Große Hauptquartier in der zweiten Nachmittagsstunde nach der Höhe südwestlich Rezonville, dann gegen 4 Uhr, als General v. Steinmetz den glücklichen Fortgang des Gefechts meldete, nach der Höhe nördlich Gravelotte, in Nähe von Mogador. Dieser Punkt gewährte nur einen beschränkten Überblick, namentlich entzog sich alles, was bei der II. Armee sich ereignete, den Blicken. Prinz Friedrich Karl hielt mit seinem Stabe unweit Habonville, etwa 8 Kilometer entfernt. Das Große Hauptquartier war somit auf die Meldungen der zur II. Armee entsandten Nachrichten-Offiziere angewiesen. Hiermit war aber ein Zeitverlust verbunden. Dieser wird um so größer sein, wenn Meldungen aus der vordersten Gefechtslinie noch verschiedene Dienststellen zu durchlaufen haben. Der Standort des Großen Hauptquartiers lag zu nahe der vorderen Kampflinie, infolgedessen wurde die Aufmerksamkeit zu sehr durch die Einzelheiten auf dem rechten Flügel in Anspruch genommen [2]). Günstiger wäre wohl ein Standort am Nordrande des Bois de Genivaux, südlich Vernéville, gewesen. Aber mit Recht verzichtete General v. Moltke auf einen nochmaligen Stellungswechsel mit allen seinen Nachteilen.

Auf dem rechten Flügel der deutschen Heere befanden sich am 18. August das Große Hauptquartier, das Oberkommando der I. Armee

---

[1]) Das Gefecht von Kissingen begann am 10. Juli 1866 gegen 9 Uhr früh. Der Führer der bayrischen Armee traf östlich Kissingen bei dem tief gelegenen Dorfe Winkels 10 Uhr früh ein. Die Sicht war beschränkt, die Aufmerksamkeit durch den Kampf um das vor der Front liegende Kissingen gefesselt. Prinz Carl ließ hier den Chef des Generalstabes zurück, begab sich persönlich in den rechten Flügelabschnitt, kehrte um 1¼ Uhr zurück, als Kissingen bereits genommen war. Der Generalstabschef war bei persönlicher Leitung eines Vorstoßes verwundet, so fehlte jede Gefechtsleitung. Bei Wahl des Standortes auf dem Stationsberge wären diese Nachteile vermieden.

[2]) Kriegsgeschichtliche Einzelschriften, Heft 19, S. 43. 44.

und die Generalkommandos des VII., VIII. und II. Armeekorps, welche sich in geringer Entfernung voneinander aufstellten. Diese räumliche Trennung der Stäbe ist von Vorteil, es ergibt sich damit von selbst ein Auseinanderhalten der Befehlsverhältnisse. Eine örtliche Vereinigung der Stäbe erleichtert zwar den gegenseitigen Verkehr, verleitet aber zu einem sehr nachteiligen Verwischen der Befehlsgrenzen, zu Übergriffen der höheren Befehlsstelle in den Bereich des untergebenen Führers. Es führt dann leicht dazu, daß er unterläßt oder zögert, Befehle zu geben. Aber selbst wenn die höhere Stelle sich auch völlig von derartigen Eingriffen fern hält, so ist doch nicht zu vermeiden, daß sie sich von den Anschauungen und Wünschen der niederen Stelle unbewußt beeinflussen läßt und darüber die übrigen Heeresteile in geringerem Maße berücksichtigt. Selbstverständlich ist eine persönliche Auseinandersetzung mit den Führern in entscheidenden Augenblicken stets zu erstreben.

In der Schlacht von Sedan war auf der Höhe von Frénois das Große Hauptquartier vom Oberkommando der III. Armee etwa 2000 Meter entfernt. Bei einer Erneuerung der Schlacht am 17. August 1870 wollte das Große Hauptquartier sich auf der Höhe südöstlich Flavigny, das Oberkommando der II. Armee auf der Höhe von Vionville aufhalten.

Tatsächlich blieben aber die beiden Stäbe am 17. vereint, da „die Stäbe sich dauernd mischten, so wurden alle diejenigen Männer, welche im Augenblicke zur Arbeit berufen gewesen wären, durch Fragen und Antworten in Anspruch genommen. Der Austausch von Erlebnissen und Mutmaßungen wirkte naturgemäß fesselnd. Die Zeit verstrich, ohne daß man es merkte. Unwillkürlich herrschte im Oberkommando der II. Armee die Empfindung, daß jetzt, wo das Große Hauptquartier zur Stelle sei, alles Weitere von diesem ausgehen würde, während man hier wohl wieder annahm, daß die notwendigen Anordnungen auf dem Schlachtfelde durch das erstere zu treffen seien. So rechnete eine Behörde auf die andere, und der Nachmittag kam, ehe entscheidende Befehle ergingen" [1]).

Der Divisionskommandeur wählt seinen Standort derart, daß er den Kampfesverlauf der vorderen Gefechtslinie genau beobachten kann, ein persönliches Eingreifen in das Gefecht wird vielfach geboten erscheinen, namentlich, wenn es sich darum handelt, das Festhalten an einer bestimmten Stelle unbedingt zu gewährleisten; damit beschränkt sich aber der Einfluß des Führers nur auf die nächstliegenden

---

1) v. d. Goltz, Heerführung, S. 221.

Kampfgruppen. Telephonverbindung mit den Infanterie- und Artillerie-Brigadekommandeuren ist erwünscht, nebenher sind aber Vorkehrungen für etwaige Störungen zu machen (Radfahrer, Signalverbindung).

Der Kavallerieführer wählt seinen Platz so, daß er Gelände, Feind und Gefechtslage übersehen, die meist weiter rückwärts zurückgehaltene, in Deckung abgesessene Truppe aber in der Hand behalten kann. Er beobachtet selbst, sowie durch seine nach Beobachtungspunkten entsandten Offiziere, die mit ihm — erforderlichenfalls durch Gefechtsrelais — unausgesetzt Verbindung halten. Je mehr die gesteigerte Feuerwirkung das Zurückhalten der größeren Reitermassen bedingt, um so mehr muß der Führer versuchen, durch persönliches, nahes Heranreiten an die Entscheidungsstellen ein rechtzeitiges Eingreifen der Kavallerie zu ermöglichen.

Während des Gefechts möglichst in dauerndem Nachrichtenverkehr mit dem Höchstkommandierenden und mit den ihm zunächst befindlichen Heeresteilen, hat er doch, wenn er nicht ausdrücklich zur Verfügung des Führers bestimmt ist, einen Befehl zum Eingreifen niemals abzuwarten, sondern die sich bietenden günstigen Gefechtsmomente durch selbständiges Handeln schnell und nachdrücklich auszunutzen.

V. Über Schlachtenverluste.

Sieg und Niederlage sind entschieden, wenn durch den Eindruck der Verluste der Wille des einen kämpfenden Teils gebrochen ist. Darüber hinaus kommt die volle Waffenwirkung des Siegers selten zur Geltung. Die Höhe der Einbuße ist weniger von der Güte der Waffen und den materiellen Mitteln, als von der Energie des Kampfes und den persönlichen Eigenschaften der Heerführer und ihrer Truppen abhängig. Die anscheinend durch Kriegserfahrungen bestätigte Behauptung, daß die Verluste des Angreifers stets größer sein werden als die des Verteidigers, bedarf der Einschränkung. Wohl fordert ein glücklicher Angriff bis zum Eindringen in die feindliche Stellung große Opfer, aber die Verluste des Verteidigers, welcher im Feuerkampf unterliegt und im Verfolgungsfeuer des siegreichen Angreifers zurückgehen muß, werden die Verluste des letzteren weit übersteigen. Dieses Verhältnis wird durch die große Zahl der Gefangenen noch zum Nachteil des unterliegenden Verteidigers verschoben. Erfolgt indessen der Angriff ohne genügende Vorbereitung, ohne Rücksicht auf die Deckungen des Geländes, in unzweckmäßigen Formen, womöglich noch mit unzureichender Kraft, dann erreichen allerdings die Verluste des Angreifers in kurzer Zeit eine solche Höhe, daß jede weitere taktische Verwendung der Truppe aufhört.

Auf dem Schlachtfelde von Wörth standen sich gegenüber:

Deutsche (Angreifer):	Franzosen (Verteidiger):	
76 400	42 800	Gewehre
5 700	5 700	Säbel
300	167	Geschütze.

Der Verlust betrug (einschließlich der Vermißten):

10 642	20 137
11,5 %	41,5 %

nach Waffengattungen in Prozenten:

Infanterie 12,97   50
Kavallerie 1,18   32
Artillerie   2,22   17.

In der Schlacht von Gravelotte verliert das in Schützengräben kämpfende II. und III. französische Armeekorps (die Vermißten nicht eingerechnet) 3,5 und 5,6 %, die auf diesem Flügel angreifenden Deutschen etwa 15 %. Auf dem rechten französischen Flügel büßt das St. Privat verteidigende VI. Armeekorps 8,3 (mit Gefangenen 20 %) ein. Der Verlust der preußischen Garde-Infanterie steigt bis auf etwa 30 %. Ein Ausgleich hätte stattgefunden, wenn der geschlagene Verteidiger unter dem Verfolgungsfeuer des Siegers hätte zurückgehen müssen.

Das Abnehmen der Verlustziffern in den neueren Kriegen ist eine Erscheinung, welche im engen Zusammenhange mit der Verbesserung der Waffen steht[1]), indem die Entfernungen, auf welche ein Mensch bereits kampfunfähig gemacht werden kann, immer mehr hinausgeschoben werden. Je geringer die Abstände zwischen den fechtenden Truppen sind, um so blutiger werden die Schlachten.

Die blutigsten Schlachten aller Zeiten sind die mit dem kurzen Schwert durchkämpften Römerschlachten gewesen. Der Nahkampf entschied in kürzester Zeit und der besiegte Teil wurde nahezu vernichtet. Von den 77 000 Römern, welche die Entscheidung bei Cannä durchkämpften, fielen 44 000, während 25 000 zu Gefangenen gemacht wurden. Die siegreichen Karthager verloren nur 6000 Mann. **Gegenwärtig sind nicht trotz, sondern gerade wegen der neuen Präzisionswaffen die Verluste geringer.**

Beide Teile werden durch die größere Waffenwirkung weiter auseinandergehalten, die Verwendung großer Kolonnen verbietet sich von selbst, die Feuerlinien bestehen aus eingliederigen Schützenlinien, welche sich den Bodenformen auf das engste anschmiegen, jede Deckung benutzen und dadurch die Ziele verkleinern. Dem heutigen Kampf fehlen die gewaltigen verlustreichen Entscheidungsmomente, aus denen sich ehedem die Schlachten zusammensetzten und welche sich auf größerer Ausdehnung geltend machten. Bei den Parallelschlachten der Lineartaktik wurden die einzelnen Teile gleichzeitig herangeführt und eingesetzt, gleichmäßig verteilen sich die Verluste auf der ganzen Linie, jetzt fällt die Entscheidung meist nur auf einen beschränkten Teil der

---

[1]) S. Aufsatz in den Preußischen Jahrbüchern April 1893 von Dr. Roloff: Der Menschenverbrauch in den Hauptschlachten der letzten Jahrhunderte. Entgegnung im Militär-Wochenblatt, 1893, Nr. 43 und 44. 46. 51.

Gefechtsfront, hier steigen dann allerdings für die beteiligten Truppen die Verluste zu bedeutender Höhe. Treten die Truppenteile noch dazu in ungünstigen Formationen in den Kampf, so erreichen die Verluste in kurzer Zeit eine Höhe, welche an Vernichtung grenzt.

Bei Trautenau verlieren infolge unzureichender Feuervorbereitung die beiden in Divisionsmassen vorgehenden österreichischen Brigaden Knebel und Wimpfen etwa ein Viertel ihrer Gefechtsstärke, während die diesen Angriff abweisenden I. und F. 43 am ganzen Gefechtstage nur 7 Offiziere, 315 Mann einbüßten. Die Brigade Grivicic verlor an zwei aufeinanderfolgenden Tagen, am 27. und 28. Juli 1866, von 5700 Mann: 118 Offiziere, 4160 Mann (74%)[1]. Am 27. betrug der Verlust 47 Offiziere, 1669 Mann (24%), die Zahl der unverwundeten Gefangenen, die auf den 28. entfällt, 64 Offiziere, 2130 Mann. Der blutige Verlust des 28. stellte sich demnach auf 10% der Stärke. Diese Zahlen stehen in keiner Weise hinter denen der friderizianischen Zeit zurück. Auch bei Nachod stellte sich aus den gleichen Gründen der Verlust der meist angreifenden Österreicher zu dem der Preußen wie 4,14 : 1 (unverwundete Gefangene abgerechnet).

In der Schlacht von Bionville erleiden $\frac{5.8}{35}$, zu einem Halbbataillon formiert und den als Vortreffen vorgeschobenen vorderen Kompagnien des Bataillons folgend, auf 1000—1200 Meter durch Infanteriefeuer in fünf Minuten einen Verlust von 8 Offizieren, 185 Mann (von etwa 400 Mann). „Der Eindruck war ein so überwältigender, daß die Kommandos zum Deployieren und Auseinanderziehen nicht mehr zur Ausführung kamen und das Halbbataillon hinter den Kirchhof zurückgenommen werden mußte, wo es von den drei noch übrig gebliebenen Offizieren wieder gesammelt wurde[2]."

Am 18. August 1870 verliert F./85, in Doppelkolonne vorgehend, im Kreuzfeuer feindlicher Geschütz- und Mitrailleusen-Batterien innerhalb 20 Minuten 12 Offiziere, 22 Unteroffiziere und 437 Mann an Toten und Verwundeten (52%)[3].

Bei Wörth verliert das in geschlossenen Kolonnen vorgehende 1. Turko-Regiment in wenig mehr als einer Viertelstunde 53,3%, der Verlust der 56 am Kampf beteiligten französischen Bataillone stellt sich auf 47,9%, das 2. Turko-Regiment verliert 93,1, 8 Truppenteile verlieren über 60% ihrer Stärke[4].

Am 11. September 1877 büßte die russische Infanterie bei Plewna 20—40% ein, einzelne Kompagnien, welche am Sturm auf die Skobelew-Redoute beteiligt waren, 60—75%.

Der langwierige Charakter unserer Kämpfe mit ihren nervenabspannenden Eindrücken raubt den Truppen schon einen großen Teil ihrer Kraft, ehe sie in die eigentliche Entscheidungssphäre eingetreten sind und ehe sie große materielle Verluste erlitten haben. Es ist für

---

1) Kühne, Kritische Wanderungen, 4. und 5. Heft, S. 114.
2) Geschichte des Regiments, S. 23.
3) Gen.-St.-W. II, S. 723.
4) Nach Kunz, Schlacht von Wörth.

die Truppe leichter, schnell verlaufende Augenblicke einer auf das höchste gesteigerten Gefahr zu überwinden, als stundenlang eine gleichmäßige, durch gelegentliche Verluste immer wieder in Erinnerung gebrachte Bedrohung auszuhalten. Unsere Fechtweise in Schützenschwärmen ist außerdem dazu angetan, die Mannschaften der Einwirkung ihrer Offiziere zu entziehen, und das um so schneller, je mehr die Zahl der Berufsoffiziere im mobilen Heere abnimmt[1]). Es ist auch kein Zweifel, daß eine langgediente, in straffer Zucht herangebildete Truppe der alten Schule höhere Verluste ertragen konnte, als eine mobile Truppe der jetzigen Zeit, welche bei einem kleinen Kern von Mannschaften des Friedensstandes mit kürzerer Dienstzeit eine recht große Zahl von Reservisten enthält[2]). Von einem Milizheer überhaupt nicht zu reden. Je energischer und zielbewußter die Führung ist, um so höhere Verluste kann eine Truppe erleiden, ohne in ihrem inneren Halt erschüttert zu sein[3]).

Die Größe unserer Heere ist ebenfalls geeignet, einen Einfluß in dieser Richtung auszuüben; es ist eine ganz andere Sache, ob ein Korps von 30000 Mann 15000 einbüßt, oder ob ein Heer von 300000 Mann 150000 Mann auf der Walstatt liegen läßt. Die Ausdehnung des Heeres auf weite Räume nach der Breite und nach der Tiefe trägt ferner dazu bei, die Höhe der Gesamtverluste zu mindern. Während so im großen die Verluste abnehmen, schwellen

---

1) Bei Wörth kamen auf je 1000 Gewehre 13 deutsche und 32,3 französische Offiziere des Dienststandes. Dieser Unterschied erklärt manche hervorragende Leistungen auf französischer Seite. II/26 zählte im Feldzuge von 1866 unter 21 Offizieren und Offizierdiensttuern des Dienststandes 6, im deutsch-französischen Kriege unter 22 schon 11 Offiziere und Offizierdiensttuer des Beurlaubtenstandes.

2) Über Leistungen der Landwehr im deutsch-französischen Kriege siehe Kunz, Entscheidungskämpfe des Korps Werber, I, S. 4, 207. Mit Recht wird darauf hingewiesen, daß umgekehrt wie bei Linientruppen im Laufe eines längeren Feldzuges durch die andauernde Übung und Gewöhnung an Anstrengungen innerer Wert und Gefechtskraft bei den Reservetruppen zunehmen. Zunächst fehlt ihnen aber der feste Rahmen der im Dienst befindlichen Offiziere und Unteroffiziere, in welche die Neueintretenden einrangiert werden können und deren sofortige Verwendung vor dem Feinde ermöglicht.

3) Am deutlichsten zeigt sich dieses beim I. Armeekorps bei Trautenau, welches, geschlagen, nur 4,2 % einbüßte und am 28. Juni in Liebau blieb, um sich zu retablieren, während das siegreiche österreichische X. Armeekorps 17,8 % verlor. S. Kraus, Moltke, Benedek, Napoleon, S. 106.

sie an einzelnen Punkten bis zu einer Höhe an, welche keineswegs den Vergleich mit den Verlusten früherer Zeiten zu scheuen braucht.

An der Schlacht von Gravelotte nahmen deutscherseits teil 166400 Gewehre, 21200 Säbel und 732 Geschütze, die sich auf einen Raum von 19 Kilometer Länge ausdehnten, den Entscheidungskampf führten aber nur durch 109200 Gewehre, 628 Geschütze. Der Verlust beträgt 9,51 %: 901 Offiziere, 19231 Mann. Nach den Waffengattungen: Infanterie 10,96, Kavallerie 0,66, Artillerie 5,74 %. Auf dem entscheidenden Flügel verliert die Garde=Infanterie fast 30 %. Von dieser die Garde= schützen 44, das I. Bataillon 2. Garde=Regiments 55,5 % der Mannschaften. Die 6. Kompagnie dieses Regiments gar 141 Mann.

Je tüchtiger eine Truppe ist, um so größere Verluste erträgt sie, eine gute Truppe, welche vorbereitet in schwierige Lagen kommt, welche in den Anschauungen erzogen ist, daß Verluste unvermeidlich sind, wird im Laufe einer Schlacht eine Einbuße bis zu 25 Prozent vertragen können, ohne aus den Fugen zu gehen und ohne im An= griff nachzulassen.

Aber die „blutigen" Verluste allein entscheiden nicht über das weitere Aushalten, vorangegangene Anstrengungen, seelische Eindrücke, das Beispiel der Führer haben einen ebenso großen Einfluß. Kolonial= kriege mit ihren geringen Verlusten namentlich, wenn die geringe Zahl der Opfer noch dazu als ein gutes Zeichen guter Führung angesehen wird, verwöhnen die Truppe, indem sie die Anschauungen trüben, welch hoher Einsatz heutigen Tages jeder ernste Angriff fordert. Je mehr philanthropische Ideen in einer Armee Raum gewinnen, um so eher neigt die Truppe dazu, in schwieriger Lage den Widerstand für aussichtslos zu halten und die Waffen zu strecken[1]).

Die Zahl der Gefangenen wird geradezu zu einem Wertmesser für die Truppe. Die fünf preußischen Bataillone der 38. Infanterie= Brigade verloren bei Mars la Tour von 4450 Mann 74 Offiziere, 2042 Mann und 382 Vermißte, die sechs Bataillone der 6. Land=

---

[1]) S. meinen Vortrag: Lehren des Burenkrieges. Beiheft 7, Militär= Wochenblatt. Vom 1. Oktober 1899 bis 1. Juni 1900 betrug die Zahl der blutigen englischen Verluste nur 168 Offiziere, 2124 Mann, die der Gefangenen 182 Offiziere, 4984 Mann. Bei Nicholsons Neck kapituliert ein Detachement von 31 Offizieren, 1109 Mann nach einem Verlust von 7 Offizieren, 136 Mann. Es ist eine seltsame Erscheinung, daß die englische Armee, welche sich früher durch die Fähigkeit aus= zeichnete, große Verluste zu ertragen, diese Eigenschaft in Südafrika nicht bewiesen hat. Dieses wird erklärt durch die klimatischen Verhältnisse, durch das rauchschwache Pulver, schließlich durch die Angriffsscheu der Führer; auch das Fehlen der Tiefengliederung war vielfach für das Stocken im Angriff entscheidend.

wehrbrigade im Gefecht von Bellevue 17 Offiziere, 792 Mann, darunter an Vermißten 2 Offiziere, 466 Mann¹).

Wir wollen ferner nicht vergessen, daß unser heutiges Soldatenmaterial erheblich empfindlicher gegen die Gefechtseindrücke geworden ist. Die zunehmende Verbesserung der Lebenslage mehrt den Selbsterhaltungstrieb, mindert die Opferfreudigkeit. Der Zeitgeist sieht im Kriege ein vermeidbares Übel, was geradezu der Todesverachtung entgegenwirkt. Die hastige Lebensweise der Jetztzeit untergräbt die Nerven; Fanatismus und die religiöse oder nationale Begeisterung früherer Zeiten fehlen, schließlich nimmt auch die körperliche Kraft teilweise ab.

Zum Vergleich möchten wir erwähnen, daß das preußische Grenadier-Bataillon von Wedel in der Schlacht von Soor (30. September 1745) in etwa einer Stunde von 12 Offizieren, 390 Mann verlor: 10 Offiziere, 301 Mann: 77 %; nicht viel geringer stellt sich der Verlust des Grenadier-Bataillons von Münchow bei Kesselsdorf. Die Gefechtsstärke ist nicht angegeben; es verlor 5 Offiziere, 371 Mann²).

Bei Kolin verloren das Grenadierbataillon Nymschöfsky 652 Mann; 6 Infanterie-Regimenter zwischen 900 und 1188 Mann, d. h. erheblich über 50 % ihrer Stärke. Zwei Tage nach der Schlacht zählt das Grenadierbataillon Nymschöfsky nur 24 Mann, die Mannschaftsstärke von 6 Infanterie-Regimentern betrug 233, 296, 477, 602, 651 und 711 Mann. Die Zahl der Versprengten wird sehr groß gewesen sein³). Der Gesamtverlust der Infanterie stellte sich bei Kolin auf 12307 von 19000 Mann, d. h. 65 %.

Besonders groß sind die Verluste an Offizieren; es ergibt sich dieses keineswegs daraus, daß die feindlichen Schützen beim Kampf auf nähere Entfernungen besonders auf die Führer schießen, sondern, daß die Offiziere, um zu führen und die Mannschaften mit fortzureißen, sich mehr als diese dem Feuer aussetzen müssen, und zwar um so mehr, je stärker die Eindrücke auf das Nervensystem des Mannes sich geltend machen, je weniger gut das Material der Truppe ist. Namentlich bei Beginn eines Kriegs ist die Einbuße an Offizieren recht groß.

Es kommt in abgerundeten Zahlen ein außer Gefecht gesetzter Offizier bei Weißenburg (V. Armeekorps) auf 14 Mann (7 %), bei Wörth (V. Armeekorps) auf 20 (5 %), beim XI. Armeekorps auf 15 Mann (6.6 %), bei Bionville (III. Armeekorps) auf 21 (4,8 %), beim X. Armeekorps auf 24 Mann (4,9 %), bei Gravelotte (Gardekorps) auf 22,5 Mann 4,6 %), XII. Armeekorps auf 20 Mann (5 %).

---

1) Gen.-St.-W. III, S. 286.
2) Kriege Friedrichs des Großen, II, 3, Anlagen, S. 11 und 47.
3) Kriege Friedrichs des Großen. Siebenjähriger Krieg, III, Anlagen, S. 11 und 20.

82   A. V. Schlachtenverluste.

Über die Verluste an Offizieren bei der 25. Division am 18. August 1870 schreibt Oberst Hessert[1]): „Im ganzen wurden 8 Stabsoffiziere der Regimenter und Bataillone von 16 anwesenden verwundet oder getötet, 6 Adjutanten von 14. Fast alle die Offiziere waren zu Pferde." „Von 40 Kompagniechefs — fast alle zu Fuß — wurden 17, von 151 Kompagnieoffizieren 43 außer Gefecht gesetzt. — Das ergibt 50% Stabsoffiziere, 42% Adjutanten, 37% Kompagniechefs und 29% Kompagnieoffiziere."

Das Gardeschützen-Bataillon verlor an diesem Tage 100% an Offizieren und 44% an Mannschaften, und zwar 19 Offiziere und 431 Mann in etwa dreiviertel Stunden. Ferner verloren ihre sämtlichen Offiziere II. 3. Garde-, F. 1. Garde- und I. 2 Garde-Regiments[2]).

Am 11. September 1877 bei Plewna verlor das Regiment Ulga 20 Offiziere, d. i. 40%, das Regiment Jaroslaw 25 Offiziere, d. i. 64%, der Gesamtverlust des ersteren Regiments betrug 42, jener des letzteren 49%. Von den 15 Kompagnieführern des Regiments Wladimir waren 14 kampfunfähig, und zählten die 15 Kompagnien des Regiments Rewal nur 7, die des Regiments Wladimir nur 5, die Regimenter Esthland und Kaluga nur je 11 Offiziere in der Front.

Im südafrikanischen Kriege wurde am 19. Dezember 1899 angeordnet, daß die Offiziere Säbel und Gradabzeichen abzulegen hätten, eine merkliche Verminderung der Verluste trat nicht ein, andernfalls machte sich der Fehler erkennbarer Abzeichen in schwieriger Lage fühlbar (Magersfontain). Bei Colenso und am Modderriver betrug der Offizierverlust 5, bei Spionskop (17.—24. Januar 1900) 5,7, Paardeberg (16. bis 27. Februar) 6, Bergendal (27. August) 6,9% des Mannschaftsverlustes.

Angaben über Gefechtsverluste[3]).

Schlacht bei	Nationalität	Stärke	Verluste Anzahl v. H.		Dauer des Kampfes etwa Stunden	Verluste proze te in der Stunde	Bemerkungen
Prag	Preußen	64000	14000	21,9	5	4,4	
6. Mai 1757	Österreicher	61000	9000	14,8		3,0	4300 Gefangene.
Kolin	Preußen	33000	13700*	41,5	6	6,9	* Hierunter Vermißte.
18. Juni 1757	Österreicher	54000	8100	15,0		2,5	
Zorndorf	Preußen	36000	11700	32,5	8	4,1	
25. August 1758	Russen	42000	15600	37,1		4,7	2400 Gefangene.
Torgau	Preußen	44000	16500*	37,5	7	5,4	* Wahrscheinlich einschließlich der Gefangenen.
3. Novbr. 1760	Österreicher	52000	16000*	30,8		4,4	
Austerlitz	Russen und Österreicher	86000	12000	14	5	2,8	15000 Gefangene.
	Franzosen	75000	7000	9,3		1,9	

1) Betrachtungen über die Leistungen der französischen Gewehre, M/74 und M/66, Darmstadt 1879, S. 115.

2) Gen.-St.-W. II, S. 871, 873; Kunz, Kriegsgesch. Beispiele X, S. 66, 67, 68.

3) Im Auszuge entnommen: Vierteljahrshesten 1905 (II), Oberleutnant Müller, Gefechtsverluste.

Schlacht bei	Nationalität	Stärke	Verluste Anzahl	v. H.	Dauer des Kampfes etwa Stunden	Verlustprozente in der Stunde	Bemerkungen
Eylau	Russen und Preußen	82500	26800	32,5	12	2,7	
	Franzosen	75000	28500	38,0		3,2	
Aspern	Österreicher	96000	21700	22,6	21*	1,1	* An zwei Tagen.
	Franzosen	60000	23000	38,3		1,8	
Wagram	Österreicher	118000	19000	16,1	14*	1,2	6700 Gefangene. *An zwei Tagen.
	Franzosen	170000	20000	11,8		0,8	7000 Gefangene.
Ligny	Preußen	83000	12000	14,5	6	2,4	8000 Versprengte.
	Franzosen	75000	10500	14,0		2,3	
Waterloo	Verbündete	140000	22000	15,7	8	1,9	
	Franzosen	72000	24000	33,3		4,2	7000 Gefangene.
Solferino	Österreicher	133000	13100	9,8	12	0,8	8600 Gefangene.
	Franzosen u. Italiener	151000	14400	9,5		0,8	1800 Vermißte.
Gettysburg	Föderierte	100000	23000	23,0	25*	0,9	* An zwei Tagen.
	Konföderierte	70000	22700	32,4		1,3	
Königgrätz	Preußen	220000	9100	4,1	8	0,5	
	Österreicher	215000	18800	8,7		1,1	
Mars-la-Tour	Deutsche	66300	15800*	23,8	10	2,4	* Einschl. Vermißte.
	Franzosen	121500	13800*	11,4		1,1	* Wahrscheinlich ohne Vermißte.
Sedan	Deutsche	165400	8900	5,4	12	0,5	
	Franzosen	108000	17000	15,7		1,3	
I. Plewna	Russen	10000	2800	28,0	7	4,0	
	Türken	14000	3000	21,4		3,1	
II. Plewna	Russen	32500	7300	22,5	10	2,3	
	Türken	23000	1200	5,2		0,5	
Magersfontain	Engländer	8000	950	11,9	13	0,9	
	Buren	6000	250	4,2		0,3	
Colenso	Engländer	15000	950	6,3	8	0,8	
	Buren	4000	30	0,8		0,1	
Wafantu	Russen	32000*	3775	1,2	12	0,8	* 84 Geschütze.
	Japaner	30000*	1160	3,3		0,3	* 198 Geschütze.
Liaujang	Russen	150000	16590	11,1	90*	0,1	* An acht Tagen. ° 522 Geschütze.
	Japaner	120000°	17540	14,6		0,1	° 530 Geschütze.
Schaho	Russen	205000°	43700	11,6	90*	0,2	* An neun Tagen.
	Japaner	175000	15900	9,1		0,1	
Sandepu	Russen	125000	10000	8,0	70*	0,1	* An sieben Tagen.
	Japaner	50000	7000	14,0		0,2	
Mukden	Russen	320000	90000*	28,1	100*	0,3	* Einschl. Gefangene.
	Japaner	290000	41000	14,1		0,1	* An zehn Tagen.

6*

84   A. V. Schlachtenverluste.

Verluste einzelner Verbände.

Truppe	Schlacht Gefecht bei	Stärke etwa	Gesamtverlust Mann v. H.	Dauer des Kampfes etwa Stunden	Verlust in einer Stunde v. H.	Offizierverlust	1 verwundeter usw. Offizier auf wieviel Tote und Verwundete	Offizierverlust v. H.	Bemerkungen
				1. Kriege Friedrichs des Großen.					1. In der Rubrik „Gesamtverlust" sind die verwundeten usw. Offiziere mitenthalten, unverwundete Gefangene dagegen nach Möglichkeit ausgeschaltet. 2. Auf unbedingte Genauigkeit können die Zahlen bei der Verschiedenartigkeit des Materials keinen Anspruch erheben. 3. Die über den Stärken angegebenen Zahlen bedeuten die Zahl der vorhandenen Offiziere und Offizierstellvertreter. * einschl. Gefangene. * Hierunter Gefangene.
Gren.-Batl. v. Wedel	Soor	402 [17]	311	77,4	2	38,7	10	31	83,3	
Gren.-Batl. Münchow	Kesselsdorf	500 [15]	378	75,6	2	37,8	5	76	33,3	
Regt. Winterfeld	Prag	1700 [35]	962	56,6	3½	16,2	22	44	62,8	
Gren.-Batl. Nimschöfsky	Kolin	700 [15]	667*	95,3	4	23,8	15	44	100	
I. Batl. Garde	"	800 [30]	499*	62,4	1	62,4	24	21	80,0	
Regt. Alt-Bevern	"	1450 [36]	1219*	84,1	3½	24,0	31	39	86,1	
				2. Napoleonische Kriege.						
Division Suchet	Jena	11000	2645	24,0	8½	2,8	75	35	?	
Infanterie des Korps Augereau	Pr. Eylau	12000	5200	43,3	1	43,3	?	?	?	
				Deutsch-französischer Krieg.						
Gren.-Regt. Nr. 7	Weißenburg	2800	353	12,6	2	6,3	23	15	—	
" " " 7	Wörth	2475	566	22,9	4	5,7	16	35	—	
Inf.-Regt. Nr. 46	"	2800 [59]	1017	36,3	4½	8,1	35	29	59,2	
" " " 50 I. F.	"	1970 [45]	735	37,3	7	5,3	30	24	66,7	
Inf.-Brig. Maire	"	3300	1927*	58,4	¼	233,6	56	34	—	
Inf.-Regt. Nr. 24	Vionville—Mars-la-Tour	2700 [67]	1060	39,3	7	5,6	47	23	70,1	
" " " 52	"	2630 [59]	1202	45,7	{ I ½ II. F. 8	—	50	24	84,8	
" " " 72 I. F.	"	1700 [44]	831	48,9	2½	19,6	34	24	77,3	

Schlachtenverluste. 85

Truppe	Schlacht — Gefecht bei	Stärke etwa	Gesamtverlust Mann v. H.		Dauer des Kampfes etwa Stunden	Verlust in einer Stunde v. H.	Offizier- verlust	1 verwundeter usw. Offizier auf wieviel Tote und Verwundete	Offizier- verlust v. H.	Bemerkungen
Inf.-Regt. Nr. 16	Vionville—Mars-la-Tour	2783 60	1361	48,9	1	48,9	48	28	80,0	1 Off., 356 M. gefangen.
" " " 57 I.F.	"	1856 81	679	36,5	1	36,5	25	27	80,7	
1. Garde-Regt. z. F.	St. Privat	2700 56	1092	40,4	2¼	16,2	36	30	64,3	
2. " " "	"	2700 55	1115	41,3	2¼	18,3	39	29	70,9	
3. " " "	"	2760 60	1096	39,7	2¼	15,8	36	30	72,0	
Garde-Schützen-Batl.	"	900 24	450	50,0	2¼	20,0	19	24	100,00	

4. Russisch-türkischer Krieg 1877/78.

Truppe	Schlacht — Gefecht bei	Stärke etwa	Gesamtverlust Mann v. H.		Dauer des Kampfes etwa Stunden	Verlust in einer Stunde v. H.	Offizier- verlust	1 verw. Offizier auf wieviel Tote und Verwundete	Offizier- verlust v. H.	Bemerkungen
61. russ. Inf.-Reg.	III. Plewna	2200	1220	55,5	20	2,8	36	34	56,1	
62. " " "	"	2100 41	1158	55,1	20	2,7	23	50	33,3	
63. " " "	"	2500 60	1200	48	2	29,0	20	60	46,0	
64. " " "	"	2100 50	680	32,4	4	8,1	23	29	67,6	
117. " " "	"	2100 37	1050	50,0	2	25,0	25	42	40,5	
124. " " "	"	2100 37	850	40,5	2¼	20,3	15	57		

5. Südafrikanischer Krieg.

Truppe	Schlacht — Gefecht bei	Stärke etwa	Gesamtverlust Mann v. H.		Dauer des Kampfes etwa Stunden	Verlust in einer Stunde v. H.	Offizier- verlust	1 verw. Offizier auf wieviel Tote und Verw.	Offizier- verlust v. H.	Bemerkungen
Lundungs-Detachement	Graspan	190	84	44,2	1	44,2	?	?	—	
II. Seaforth Hochländ.	Magersfontain	800	187	23,4	12	1,9	11	17	44,0	
II. K. Lancaster	Spionskop	600	195*	32,5	12	2,7	12	16	60,0	* Einschl. Vermißte.
II. Lancashire Fus.	"	800	317*	39,6	12	3,3	11	29	44,0	" "
II. Middlesex	"	800	102*	12,8	8	1,6	8	13	29,0	" "
III. Kings R. Rifle C.	"	750	94	12,5	4	3,1	9	10	36,0	
II. Scottish Rifles	"	750	91	12,1	4	3,0	6	15	24,0	

A. V. Schlachtenverluste.

Für den Durchschnittsverlust erhalten wir nach Berndt, „die Zahl im Kriege", folgende Werte:

	Durchschnittsverlust	Sieger: 17	Besiegte: 30 Prozent	Nur Tote und Verwundete gerechnet. Sieger: 14	Besiegte: 19 Prozent	Proz. b. Toten von Verlusten Toter und Verwundeter	auf je 100 Tote Offiziere
Friderizianische Zeit	23,5	17	17	17	17	25	4¼
Napoleonische Zeit	19	12	26	15	19	21	3
Russisch-Polnischer Krieg	18,5	13	23	16	18	—	—
Krieg in Italien 1848/49	5,5	3	8	3	3	—	4¼
Krimkrieg	15	12	18	14	17	29	4
Krieg in Italien 1859	13,5	10	17	8	8,5	19	6
Krieg 1866	12	8	16	8	9	24	5
Krieg 1870/71	12,5	8	17	{9,5¹⁾ / 3 ˣ⁾}	{9 / 3¼}	24	5¼

C. v. B. K. in seinem Buche zur Physiologie des großen Krieges (III. Teil) berechnet die Verluste auf eine Stunde und kommt zu folgenden Ergebnissen:

Für die friderizianische Epoche 8,5 (Kesselsdorf) bis 4,3 (Hochkirch); im Durchschnitt 5,6. Für napoleonische Schlachten 2, Schlachten des Feldzuges 1859 unter 1, Österreicher bei Königgrätz 1,2, Custoza 0,8, Preußen bei Königgrätz 0,5, Deutsche bei Wörth-Spichern 1,2, bei Vionville 1,9, Gravelotte 1, Franzosen bei Wörth 2,2, bei Gravelotte nur 0,6 Prozent.

---

1) Bis zum Zusammenbruche des Kaiserreiches.

2) Nach dem Zusammenbruche des Kaiserreiches.

Die Dauer der Schlacht[1].

Je energischer die Führung, um so schneller wird sich der Schlachtenverlauf gestalten. Unentschlossenheit des Führers, milizartiger Charakter eines Heeres begünstigen ein langsames Hinsiechen des Kampfes ohne Entscheidung. Die Lineartaktik mit dem schlagartigen Charakter ihrer Fechtweise erstrebte eine schnelle Entscheidung, Einführung des Schützengefechts, Ausnutzung des Geländes, sowie möglichst spätes Einsetzen der Reserve zog die Kämpfe in die Länge.

Im allgemeinen zeigen die friderizianischen Schlachten des Siebenjährigen Krieges eine Dauer von 5 Stunden (Prag auf jeder Seite 64 000 Mann, Verlust in der Stunde Preußen 4, Österreicher 3 %), die napoleonischen Schlachten eine Dauer von 5 (Austerlitz) bis 21 Stunden (Aspern), im Durchschnitt von etwa 12 Stunden mit einem stündlichen Verlust von 2—3 %. Je länger die Dauer der Schlacht, um so geringer der Verlust. Die Schlachten des Krieges 1870/71 nähern sich in ihrer Dauer mehr den friderizianischen Schlachten (unter Verringerung der stündlichen Verluste: Gravelotte 196 600 Deutsche und 120 600 Franzosen, 8 Stunden, stundenweiser Verlust auf beiden Seiten 1,2 %).

Die ungewöhnlich lange Dauer der Schlachten in Ostasien erklärt sich zum Teil dadurch, daß schon die ersten Berührungen der weit vorgeschobenen Vortruppen mit in die Schlacht einbezogen wurden, daß die Japaner ohne Rücksicht auf den Zeitaufwand ihre Vorbereitungen trafen, daß die Russen geduldig abwarteten, bis diese beendet waren, daß sie zögerten, selbst die Initiative an sich zu reißen, daß schließlich die ausgedehnten Stellungen nicht gleichmäßig und gleichzeitig, sondern in einzelnen Teilen nacheinander angefaßt wurden. Wollte man folgerichtig verfahren, so müßte man auch die Kämpfe vom 26. November bis zum 5. Dezember 1870 unter dem gemeinsamen Namen der Schlacht von Orleans zusammenfassen. Momente, welche auf die heutigen Kämpfe verlangsamend wirken, sind die lange Entwickelungsdauer großer Massen mit ihrer starken Artillerie, die größeren Strecken, welche im feindlichen Feuer zurückzulegen sind, die Unentschiedenheit des

---

[1] Wie sehr unsere Friedensausbildung eine falsche Bewertung von Zeit und Raum befördert, zeigt der Ausspruch Lord Kitcheners bei Paardeberg am 18. Februar 1900: „Meine Herren, es ist jetzt ½7 Uhr, um 10 Uhr sind wir im Besitz des feindlichen Lagers und um ½11 Uhr wird General French mit der Kavallerie zur Verfolgung aufbrechen." Statt am 18. Februar 10 Uhr waren die Engländer erst 10 Tage später im Besitz des nur von 6000 Mann verteidigten Lagers. Vierteljahrshefte 1905, S. 547. Oberstleutnant Frhr. v. Freytag-Loringhoven, Über die Dauer von Schlachten und Gefechten.

Artillerieduells nach Einführung der Schutzschilde, die auflösende Gewalt des zehrenden, langwierigen Schützengefechtes, der starke Verbrauch der Munition und die Schwierigkeit, sie rechtzeitig zu ersetzen. Aber auch der japanische Krieg zeigt Fälle von überraschend schneller Entscheidung (Kämpfe der II. Armee auf dem linken Flügel am Schiliho, entscheidender Angriff der Japaner am Jalu, Niederlage der Division Orlow bei Jentai). Für kleinere Verbände läßt sich etwa folgendes aufstellen: Das Gefecht in ungünstiger Form und der Kampf durch Feuer überraschter Truppen kommt in schnellster Zeit zum Abschluß, hingegen vermögen an das Gelände angeschmiegte Truppen lange Zeit auszuhalten, solange der Feind nicht die Kraft hat, selbst vorzugehen.

VI. Sanitätsdienst auf dem Gefechtsfelde [1].

Im Vergleich zu den Erfahrungen des deutsch-französischen Krieges werden die Zukunftskriege nach Anschauung des Professors Bruns [2] eine Steigerung der sofort oder bald tödlich wirkenden Verletzungen auf 30 Prozent aller Getroffenen herbeiführen, anderseits wird es eine vermehrte Anzahl von minder gefährlichen Weichteilschüssen geben (55 Prozent), die Zahl der verstümmelnden, die Tätigkeit wichtiger Organe bleibend störenden, schweren Verwundungen dürfte jedoch zurückgehen (15 Prozent).

Die Schwierigkeit für Handhabung des Sanitätsdienstes liegt nicht in dem Zahlenverhältnis der Getroffenen zu den ins Gefecht geführten Leuten, sondern in der großen absoluten Zahl der in einer Entscheidungsschlacht außer Gefecht gesetzten Mannschaften. Die Schwierigkeit wird gesteigert, wenn infolge des weiteren Beherrschens des Schlachtfeldes durch das feindliche Feuer alle Sanitätsanstalten weiter zurückbleiben müssen, sie ihre Tätigkeit vielfach erst mit Aufhören des Kampfes, nach Eintritt der Dunkelheit beginnen können. Der Gesamt-

---

[1] Timann, Generalarzt Dr., Der Sanitätsdienst auf dem Schlachtfelde, mit einer historischen Darstellung des Sanitätsdienstes beim Gardekorps in der Schlacht bei St. Privat. Berlin 1901, Verlag von R. Eisenschmidt. v. Oven, Oberstleutnant, Taktische Ausbildung der Sanitätsoffiziere. Berlin 1901. Dautwiz, Stabsarzt Dr., Über sanitätstaktische Ausbildung der Sanitätsoffiziere der Armee. Berlin 1901. Köhler, General-Oberarzt, Die modernen Kriegswaffen. II. Teil, Berlin 1900. Frh. v. Lütgendorf, Feldsanitätsdienst und Taktik in Wechselbeziehung. Wien 1902. Niebergall, Generaloberarzt, Geschichte des Feldsanitätswesens mit besonderer Berücksichtigung Preußens (6. Beiheft, Militär-Wochenblatt, 1902), sehr interessante Ausführungen, viele Literaturnachweise. Etzel, Die Befehlsgebung der Sanitätsoffiziere im Felde. Berlin 1904, Sanitätswesen im russisch-japanischen Kriege. S. Löbells Jahresberichte, 1905, S. 465.

[2] Bruns, Über die Wirkung und kriegschirurgische Bedeutung der neuen Handfeuerwaffen.

verlust in der Schlacht von Gravelotte betrug auf deutscher Seite 19 666 Mann, davon 14 429 Verwundete; es waren tätig 20 Sanitätsdetachements und 24 Feldlazarette mit 260 Ärzten, so daß auf jeden Arzt 56 Verwundete kamen. Nach Verlauf von 24 Stunden waren alle deutschen Verwundeten gelagert, verbunden und mit Nahrung versehen. In der Schlacht von Vionville betrug der Verlust 15 093 Mann, tätig waren nur 10 Sanitätsdetachements, 10½ Feldlazarette mit nur 122 Ärzten, so daß auf jeden Arzt 85 Verwundete kamen.

Der Sanitätsdienst auf dem Gefechtsfelde und im Rückengebiet des Heeres ist ein System fortwährender Aushilfen zwischen dem taktisch Möglichen und dem vom ärztlichen Standpunkte Erstrebenswerten. Die von ärztlicher Seite gemachten Vorschläge scheitern häufig an der mit den taktischen Forderungen unvereinbaren Vermehrung des Trosses. Arzt und Taktiker haben aber das gleiche Interesse am schnellen Aufsuchen und Zurückschaffen der Verwundeten, am schnellen Freimachen der Sanitätskompagnien und Feldlazarette von Verwundeten, am baldigen Abschub der nicht mehr kampffähigen Mannschaften in die Heimat. Kennzeichnend für den Sanitätsdienst ist die Ablösung und das nacheinander in Tätigkeit Treten von Sanitätsanstalten: Einrichten des Truppenverbandplatzes, Ablösung durch Sanitätskompagnien und Feldlazarette, die dann schließlich durch Sanitätsgebilde des Etappengebiets ersetzt werden.

Der Kriegssanitätsdienst sondert sich in drei große Bereiche, ein Bereich der Feldarmee (Kriegsschauplatz), ein Bereich des Etappengebietes und ein Bereich der Besatzungsarmee. Die Grenzen dieser Bereiche sind verschiebbar. Die Leitung auf dem Kriegsschauplatze liegt in den Händen des Chefs des Feldsanitätswesens. Bei der Armee wirken Armee-Generalärzte, bei den Korps Generalärzte, bei den Divisionen Divisionsärzte; bei der Truppe und den Sanitätsformationen Sanitätsoffiziere, Sanitätsmannschaften, Militärkrankenwärter und Krankenträger.

1. Der Divisionsarzt.

Die sanitätstaktische und organisatorische Leitung des gesamten Sanitätsdienstes auf dem Schlachtfelde ist Sache des Divisionsarztes, ausgleichend und die Verbindung mit dem Etappengebiet aufrechthaltend wirkt der Korps-Generalarzt.

In Erwartung eines Gefechtes hat der Divisionsarzt für eine Vermehrung der acht Krankenwagen der Sanitätskompagnie (die für den Transport von Verwundeten vom Wagenhalteplatz bis zum Hauptverbandplatz bestimmt sind) durch beigetriebene Landwagen zu sorgen. Rechtzeitig ist beim Divisionsstab anzuregen, daß ein entsprechender Tagesbefehl an alle Truppenteile und an die Intendantur zum Beitreiben von Wagen erlassen wird (Benutzung von Lebensmittelwagen, S. 95). Diese Fahrzeuge werden der Sanitätskompagnie angeschlossen. Während der Anmärsche sind geeignete Örtlichkeiten für Anlage von Lazaretten zu erkunden.

In steter Fühlung mit dem Divisionskommandeur erwirkt der Divisionsarzt den Befehl zur Bildung einer Sammelstelle für Leichtverwundete, zum Einrichten des Hauptverbandplatzes, prüft die hier getroffenen Anordnungen, bleibt dann aber dauernd im Divisionsstabe. Hier wird er frühzeitig erfahren können, ob ein Vor- oder Zurückverlegen des Verbandplatzes nötig sein wird, auch die beste Gelegenheit finden, das Sanitätspersonal von Feldlazaretten und von Kolonnen und Trains zur Verwendung auf dem Hauptverbandplatz heranzuziehen. Eine seiner Hauptaufgaben bleibt, den Abtransport der Verwundeten vom Gefechtsfelde zu überwachen. Zur Befehlsübermittelung bedient er sich der Meldereiter. Wollte der Divisionsarzt sich als Arzt auf dem Hauptverbandplatze nützlich machen[1]), so würde er den Überblick über das Ganze verlieren, im entscheidenden Augenblicke mit seinen Anordnungen jedenfalls zu spät kommen.

Nach dem Gefecht hat der Divisionsarzt das Schlachtfeld und seine Umgebung abzureiten, es nach Verwundeten absuchen zu lassen, die oft weit auseinanderliegenden Truppenverbandplätze darauf hin zu besichtigen, ob sie aufgelöst oder mit benachbarten oder mit dem Hauptverbandplatz vereinigt werden können. Er muß womöglich durch persönlichen Besuch der in der Nähe errichteten Feldlazarette sich von der Art der Unterkunft und Versorgung der Verwundeten überzeugen und auf Grund dieser Besichtigungen und der von den Truppenärzten eingegangenen Meldungen alle hiernach noch erforderlichen Maßregeln treffen. Nach dem Gefecht ist zunächst eine Meldung, dann ein kurzer, aber doch erschöpfender Bericht über den Verlauf des Sanitätsdienstes vor, während und nach der Schlacht einzureichen.

---

[1]) Nach Sanitätsordnung § 201, 10 soll hier der Divisionsarzt „den natürlichen Mittelpunkt seiner Tätigkeit während des Gefechts finden".

2. Personal und Material bei den Truppen.

Jeder Truppenteil besitzt Sanitätsoffiziere und Sanitätsmannschaften. Außerdem sind bei jeder Truppe (bei einer Kompagnie etwa 4 Mann) Hilfskrankenträger ausgebildet, welche dem Gefechtsstande der Truppe entnommen werden und durch eine rote Armbinde kenntlich sind. Da diese Leute auch zeitweilig mit dem Gewehr auftreten können, unterstehen sie in Deutschland seit 1872 nicht mehr dem Schutze der Genfer Konvention. Hoboisten und Hilfshoboisten der Infanterie, Hornisten der Pioniere, Jäger und Schützen können, wenn sie keine andere Verwendung finden, zur Verwendung als Hilfskrankenträger herangezogen werden.

Jeder Mann der Feldarmee ist behufs etwaiger Feststellung seiner Persönlichkeit mit einer Erkennungsmarke von Blech versehen, welche an einer Schnur um den Hals auf bloßem Leibe getragen wird, sie enthält die Nummer der Kriegsstammrolle des Mannes und die Bezeichnung des Truppenteils.

Zum vorläufigen Verbinden einer Wunde ist jeder Mann mit einem Verbandpäckchen ausgerüstet, welches in einer Tasche im linken Vorderrockschoß in Nähe der unteren Ecke angebracht und durch eine Naht mit weiten Stichen geschlossen wird. Jeder Sanitätssoldat führt Tasche und Labeflasche, jeder Arzt ein Besteck mit sich.

Das Bataillon und das Kavallerieregiment sind mit je einem Medizinwagen ausgerüstet (die Artillerie führt auf ihren Fahrzeugen Medizinkasten und in jeder Batterie eine Krankentrage). Außer den nötigen Arzenei- und Verbandmitteln enthält der Medizinwagen fünf Krankentragen und zwei Verbandzeugtornister.

3. Besondere Sanitätsformationen.

Jedes Armeekorps zu zwei Infanterie-Divisionen verfügt über zwölf Feldlazarette und drei, erst bei der Mobilmachung aufzustellende Sanitätskompagnien, davon eine zur besonderen Verfügung des kommandierenden Generals, um im Bedarfsfalle ausgleichend wirken zu können. Sanitätskompagnien und Feldlazarette sind in zwei Züge teilbar. Eine getrennte Verwendung der Züge ist zwar zulässig, jedoch nicht empfehlenswert. Eine Reservedivision besitzt eine Sanitätskompagnie und drei Reserve-Feldlazarette.

Stärke: Eine Sanitätskompagnie besteht aus 8 zweispännigen Krankenwagen, jeder für 2—4 Schwerverwundete und 2 Leichtverwundete bestimmt; 2 zweispännigen Sanitätswagen (zur Aufnahme der Arznei- und Verbandmittel, sowie der Instrumente); 2 zweispännigen Pack- und 1 einspännigen Lebensmittelwagen (nur dieser tritt zur großen Bagage). Zusammen 13 Fahrzeuge mit 72 Krankentragen, 5 Offiziere und Beamte, 8 Ärzte, 8 Sanitäts-Unteroffiziere, 8 Militär-Krankenwärter, 176 Krankenträger, 65 Mann, 46 Pferde. Die Krankenträger werden aus den im Frieden ausgebildeten Mannschaften und Reservisten der Infanterie, Jäger und Schützen genommen. Sie stehen unter dem Schutze der Genfer Konvention und tragen als Abzeichen die weiße Binde mit dem roten Kreuze um den linken Oberarm. Sie sind mit Seitengewehr und Revolver bewaffnet. Zu ihrer Ausrüstung gehört außerdem eine Labeflasche und Trinkbecher.

Feldlazarett: 3 vierspännige Gerätewagen (oder 6 zweispännige Gerätewagen und ein zweispänniger Krankenwagen); 2 zweispännige Sanitätswagen und je ein zweispänniger Baracken-, Pack- und Beamten-Transportwagen. Zusammen: 7 Fahrzeuge mit 200 Betten[1]), 3 Beamte (Feldapotheker, Lazarettinspektor, Rendant), 6 Ärzte, 48 Mann (23 Sanitätsunteroffiziere und Mannschaften, Militärkrankenwärter).

Die 12 Feldlazarette eines Armeekorps können sofort 2400 Verwundete aufnehmen. Rechnet man etwa die gleiche Zahl für Tote, transportfähige Verwundete und ganz leicht Verwundete, die zum Teil noch bei der Truppe verbleiben können, so dürfte dieses etwa dem Durchschnittsverlust eines Armeekorps in einer Schlacht entsprechen, d. h. etwa einem Drittel bis einem Viertel der Gefechtsstärke gleichkommen[2]). Die Feldlazarette marschieren gleichmäßig verteilt bei den ersten und zweiten Staffeln der Trains und sind dem Staffelführer unterstellt. In Erwartung eines Gefechts können sie mit den Munitionskolonnen bis an den Schluß der fechtenden Truppe als „Gefechtsstaffel" vorgezogen werden. Alle größeren Gefechte zeigen, daß

---

1) Nötigenfalls kann ein Feldlazarett auf kurze Zeit 3—400 Verwundete aufnehmen.

2) Eine bestimmte Verhältniszahl zwischen Toten und Verwundeten läßt sich nicht ermitteln; je mehr die Truppe in die Lage gekommen ist, einen Nahkampf durchzuführen, um so größer die Zahl der Toten.

Es kommen auf jeden Toten: bei Wörth: V. Armeekorps: 4,3; XI.: 4,6; bei Vionville: III. Armeekorps: 2,6; X.: 1,9; IX.: 2,2; bei Gravelotte: Garde: 2,3; II. Armeekorps: 5,9; VIII.: 2,9; VII.: 4,1; IX.: 2,6; X.: 3, 9; XII.: 3, 5; bei Beaune la Rolande: X. Armeekorps 2,6; bei Colenso: 19. XII. 1899: 5,7; bei Magersfontain: 12. XII. 1900: 4; bei Spionskop: 24. I. 1900: 3,8.

Im Durchschnitt wird man auf jeden Toten 3 Verwundete, davon 2 Leichtverwundete, rechnen können.

In den napoleonischen Kriegen rechnete man einen Toten auf 4,1, im deutsch-französischen Kriege auf 4,8, im südafrikanischen Kriege auf 4,2, im russisch-japanischen auf 3,6 Verwundete.

recht frühzeitig auf dem Schlachtfelde eine Nachfrage nach Feldlazaretten sich geltend macht. Eine Verteilung von Feldlazaretten auf die Division tritt nur ein, wenn das Armeekorps in mehreren Kolonnen marschiert.

4. Dienst auf dem Gefechtsfelde.
a) Die Truppe.

Sobald sich übersehen läßt, daß ein Gefecht einen größeren Umfang annimmt, errichtet der Truppenteil auf Befehl des Führers durch Aufstellung seines Medizinwagens (Sanitätskastens, 27 kg Gewicht) den Truppenverbandplatz, auf welchem die vorher zu bestimmenden Sanitätsoffiziere und Mannschaften verbleiben, während die übrigen der Truppe ins Gefecht folgen. Von ärztlicher Seite wird gegen diese Bestimmung mit vollem Recht geltend gemacht, daß die Wirksamkeit eines in der Gefechtslinie tätigen Arztes immer nur auf geringen Raum beschränkt sein kann, daß anderseits aber eine ärztliche Kraft mehr auf dem Verbandplatze von großem Nutzen sein würde. In der Gefechtslinie sind die Verwundeten nur auf die Selbsthilfe und auf die Hilfe angewiesen, die ihnen ihre Nebenleute leisten können [1].

Die Hilfskrankenträger — für Kavallerie, Artillerie und Pioniere bestimmen die Kommandeure, ob und wieviel Krankenträger in Verwendung treten sollen — legen Gewehr und Gepäck beim Verbandplatze nieder, legen eine rote Binde um den linken Oberarm an und folgen mit den Tragen und Verbandzeugtornistern der Truppe ins Gefecht. Da die Hilfskrankenträger nicht unter dem Schutze der Genfer Konvention stehen, so sind sie bei einem Rückschlage im Gefecht vor die Wahl gestellt, entweder ihre Verwundeten mit den Tragen zurückzulassen, oder sich selbst, da sie ganz wehrlos sind, in Sicherheit zu bringen. Solange sie nicht die weiße Armbinde mit dem roten Kreuz tragen, können sie auch nicht nachts zum Absuchen des Gefechtsfeldes verwandt werden.

---

[1] Nach v. Bergmann, Erste Hilfe auf dem Schlachtfelde (5. Vortrag des Zyklus „Ärztliche Kriegswissenschaft"), S. 117 ist nichts versäumt, wenn die Verwundeten 6 bis 8 Stunden, nachdem sie ihren Schuß erhielten, mit dem ersten Verbande versorgt werden, und ist durch Unterlassen gefährlicher Berührungen, Verklebungen und Beschmutzungen viel gewonnen. „Ich lege kein Gewicht darauf, daß die Wunden mit einem Verbande versehen werden. Ein Verband, der nicht in Ruhe und nach den Regeln der Anti- oder Aseptik angelegt werden kann, pflegt mehr zu schaden als zu nützen. ... Nur dort, wo gut verbunden werden kann, ist der erste Verband anzulegen."

Für die Auswahl des Truppenverbandplatzes — etwa einer für jedes Regiment — ist anzustreben, daß dieser dem Gewehrfeuer, womöglich auch dem Geschützfeuer entzogen, leicht zugänglich und in erreichbarer Nähe der Gefechtslinie liegen soll[1]), sowie daß Wasser in der Nähe ist, ferner, daß durch seine Anlage die Bewegungen der Truppe nicht gehindert werden. Stroh, Decken und sonstige Hilfsmittel, sowie Vorspänner für die Beförderung der Verwundeten zum Feldlazarett sind tunlichst beizutreiben, auch etwaige leere Lebensmittelwagen sind hierfür zu benutzen. Beitreibungen in Nähe des Gefechtsfeldes werden aber nur selten Erfolg haben[2]). Der Verwendung von Lebensmittelwagen steht entgegen, daß sie ohne Schädigung der Truppe nicht auf längere Zeit ihrem Dienste entzogen werden können, daß sie meist weit vom Gefechtsfelde bei der großen Bagage halten, schließlich dürfte ein Beschmutzen der Wagen mit Blut nicht zu vermeiden sein. Der Blutgeruch ist dann aber auf viele Tage nicht mehr zu entfernen. Die beste Lösung dieser Frage dürfte in der Erhöhung der Zahl der Krankenwagen liegen[3]). Zu warnen ist vor einer verfrühten Einrichtung des Verbandplatzes, wertvolle Zeit geht sonst mit dem Stellungswechsel verloren.

Gestatten es Zeit und Umstände, so kann es vorteilhaft sein, mehrere Truppenverbandplätze von vornherein zu einem zu vereinigen. Mit dem Fortschreiten des Gefechts müssen auch die Truppenverbandplätze weiter vorgelegt werden. Nächst der ersten Hilfe, welche den Verwundeten durch das Sanitätspersonal auf dem Schlachtfelde zuteil wird (Verbinden und Laben), kommt es auf deren baldige Überführung in die Sanitätsanstalten an. Sind Feldlazarette in Tätigkeit, so ist eine unmittelbare Überführung dorthin anzustreben. So natürlich das Bestreben ist, insbesondere wenn Sanitätspersonal sich nicht zur Stelle befindet, dem verwundeten Kameraden beizuspringen, so darf doch nicht übersehen werden, daß dies leicht zu einem gefährlichen Lichten der Reihen der Truppen führen kann. Mit Strenge muß

---

1) Die Entfernung schwankte im deutsch=französischen Kriege zwischen 200 und 3000 Metern.

2) Bei Trautenau konnte der Divisionsarzt der 2. Division überhaupt keine Wagen auftreiben. Die Division hatte etwa 1000 Verwundete. v. Verdy, Studien über Truppenführung, Heft 4, S. 78.

3) Französisches Armeekorps: 45 Krankenwagen und 99 Maultiere. Deutschland einschließlich Feldlazarett nur 36 Krankenwagen.

deshalb darauf gehalten werden, daß Leichtverwundete nach Abgabe ihrer Munition bis auf einige Patronen sich — unter Mitnahme ihrer Waffen — allein zum Verbandplatz zurückbegeben, und daß Mannschaften, welche nicht Krankenträger sind, sich nur auf ausdrücklichen Befehl eines Offiziers an dem Fortschaffen von Verwundeten beteiligen dürfen. Nach Abliefern der Verwundeten haben diese Mannschaften sich unverzüglich in das Gefecht zurückzubegeben und bei dem absendenden Vorgesetzten wieder zu melden.

Nach dem Gefechte, beim Übergang zur Ruhe, ist auch ohne besondere höhere Anordnung jeder Truppenteil verpflichtet, das Schlachtfeld in seiner Nähe nach Verwundeten absuchen zu lassen und zu ihrem Schutze gegen plünderndes Gesindel Patrouillen abzusenden (F. O. 471).

b) Die Sanitätskompagnien.

Die Verwendung der Sanitätskompagnie oder zunächst eines Zuges wird vom Truppenführer befohlen, sobald dieser erkennt, daß das Gefecht einen größeren Umfang annimmt und daß die Truppenverbandplätze voraussichtlich ihrer Aufgabe allein nicht mehr genügen können. Aus diesem Grunde ist ein Zurückhalten der vereinigten Sanitätskompagnien am Schluß der Marschkolonne auch berechtigt. Bei fortschreitendem Gefecht werden durch den verfrühten Einsatz alle Entfernungen vergrößert und damit die Aufräumung des Gefechtsfeldes verzögert. Ein anderer Fehler ist dann vielfach auch nicht zu vermeiden, daß die Hauptkraft an einer Stelle eingesetzt wird, wo nur geringe Verluste eintreten[1]). Der Führer und älteste Arzt begleiten zweckmäßig den Divisionsarzt, um dessen Befehle zu empfangen und ihre Ausführung vorzubereiten. Um einer Zersplitterung des Materials vorzubeugen, wird man gut tun, die Sanitätskompagnien geschlossen und nicht zugweise zu verwenden.

Die Sanitätskompagnie soll im weiteren Maße die erste Hilfe im Gefechte leisten und errichtet zu dem Zweck nach Anordnung des Divisionsarztes den Hauptverbandplatz. Dieser wird bei beabsichtigter Verteidigung bereits vor Beginn des Gefechtes eingerichtet. Mit dem Hauptverbandplatze können die Truppenverbandplätze vereinigt werden, um das Personal und Material der letzteren möglichst bald wieder ihren Truppenteilen anzuschließen.

---

[1]) Schjerning, Die Organisation des Sanitätsdienstes im Kriege. „Ärztliche Kriegswissenschaft". S. 248.

Schematische Darstellung des Sanitätsdienstes in Deutschland.

Truppe: Truppenverbandplätze ↓

Sanitätsformationen: Hauptverbandplatz (Sanitätskompagnie) — unaufschiebbare Operationen, Untersuchung, erster Verband für den Transport

↓ ↘

Trennung der Verwundeten in

Schwerverwundete ↓   **Leichtverwundete**, verbleiben bei der Truppe oder werden nach einer Sammelstelle gewiesen und marschieren in Kommandos nach dem nächsten Etappenort.

Feldlazarett, Teilung der Verwundeten in **nicht transportfähige**, die auf dem Hauptverbandplatz oder im Feldlazarett verbleiben, welches zum und in **transportfähige**,

↙   ↓

stehenden Kriegslazarett wird.   die nach dem Etappenhauptort transportiert werden. Überführung durch

↙   ↓   ↘

Lazarett-   **Hilfslazarett-**   **Krankenzüge** in

↙ ↓ ↘

Vereinslazarette der freiwilligen Krankenpflege   **Reservelazarette**[1])   **Privatpflege**

---

1) D. h. Garnisonlazarette des Heimatlandes.

Der Hauptverbandplatz, zweckmäßig in Nähe einer fahrbaren Straße angelegt, wird kenntlich gemacht durch die deutsche Flagge und durch die weiße Flagge mit dem Genfer Kreuz, bei Nacht durch rote Laternen.

Nach österreichischen Versuchen erschien auf 9250 Meter die Genfer Flagge als kleines verschwommenes Viereck, auf 4500 Meter war das Flattern der Fahne bemerkbar, auf 3750 Meter das Kreuz als dunkler Punkt zu erkennen, erst von 3000 Meter ab war Farbe und Gestalt des Kreuzes zu erkennen. Bei schlaff herabhängendem Flaggentuch ist ein Erkennen unmöglich. Eine Vorrichtung, um dieses straff zu spannen, ist geboten [1]).

Nur selten wird sich ein Gefecht in der reinen Ebene abspielen, daß man gezwungen wäre, so weit hinter der Feuerlinie zurückzubleiben, um nicht auch durch Zufallstreffer (d. h. etwa 4000 Meter vom Feinde) gefährdet zu sein. Dieses hätte jedenfalls den Nachteil, daß die Anstrengungen für das Sanitätspersonal erhöht, die Leitung des Dienstes erschwert werden würde. Fast jedes Gefechtsfeld weist Deckungen, tote Winkel auf, welche die Einrichtung eines Hauptverbandplatzes in größerer Nähe der Kampflinie begünstigen. Gerade die gestreckte Flugbahn unserer Geschosse kommt uns in dieser Beziehung entgegen. Im deutsch-französischen Kriege finden wir die Verbandplätze im Durchschnitt auf 1600 Meter von der vorderen Linie, jetzt dürften im ebenen Gelände etwa 2500 Meter genügen. Soll der Verbandplatz in erreichbarer Entfernung von der Truppe seinem Zwecke entsprechen, so muß man gelegentliche Zufallstreffer mit in den Kauf nehmen.

Vom Hauptverbandplatz werden die Wagen nach dem Gefechtsfelde zu nach dem „Wagenhalteplatz" vorgeschoben. Es wird schwierig sein, auch für die Fahrzeuge Deckung zu finden, fehlt diese, so wird man besser die Wagen zum Transport der Verwundeten vom Hauptverbandplatz nach den Feldlazaretten benutzen. Es ist für den Verwundeten meist angenehmer, auf der Trage gleich zum Hauptverbandplatz gebracht zu werden, als erst noch einmal die Beförderungsart zu wechseln. Versuche müssen feststellen, ob nicht der Transport auf niedrigen, fahrbaren Krankentragen möglich ist, um so die Verwundeten besser gegen feindliche Geschosse zu schützen.

Von großer Wichtigkeit ist die Lage des Verbandplatzes in der

---

1) Majewski, Die Genferfahne und die Artillerie, Wiener medizinische Presse 1901, Nr. 19.

Nähe von Trinkwasser. Kochanlagen sind erforderlich, um auf einfachste Weise die Instrumente durch Abkochen keimfrei machen zu können. Es ist vorteilhaft, wenn ein Verbandplatz sich unweit eines Gehöftes befindet, ein einzelnes Haus ist immer besser als ein Dorf. Die Operationen vollziehen sich zweckmäßiger in einem Zimmer als im Freien; aber die Möglichkeit, daß die Baulichkeiten in Brand geschossen werden können, ist nicht außer Auge zu lassen¹). In dem aufzuschlagenden Verbandzelt und in dem aus den Zeltbahnen der Mannschaften hergestellten Zelte kann man einen Ersatz für Baulichkeiten finden. Da man niemals die Schwankungen eines Gefechts von vornherein übersehen kann, so tut man gut, auf Benutzung von Gehöften und Dörfern zu verzichten, die Verbandplätze der besseren Deckung wegen aber an ihre Rückseite anzulehnen²). Verstärkung des Sanitätspersonals durch noch nicht etablierte Feldlazarette ist sofort ins Auge zu fassen.

Die Krankenträger werden in zwei Züge zu je 6 Patrouillen von 3 Tragen und eine Reservepatrouille von 4 Tragen eingeteilt.

Das Durchschnittsgewicht einer Krankentrage mit Verwundeten beträgt 93,5 Kilogramm, Marschgeschwindigkeit 300 Meter in 4—6 Minuten. Nach Friedenserfahrungen können zwei sehr starke Krankenträger mit einer Trage 1400 Meter, schwache Krankenträger nur 800 Meter ohne abzusetzen gehen.

Die Mannschaften der Reservepatrouille schlagen zunächst die Verbandzelte auf, in denen sich Ärzte und Krankenträger zur Aufnahme der Verwundeten einrichten. Die übrigen Krankenträger, sowie die Krankenwagen werden von dem Führer der Sanitätskompagnie bis zu dem in Aussicht genommenen Wagenhalteplatz weiter vorgeführt. Geländeverhältnisse werden entscheidend sein, ob schon während des Gefechtes mit dem Zurückführen der Verwundeten begonnen werden kann; vielfach, namentlich im offenen Gelände, wird man erst die Nacht oder das Erlöschen des Kampfes abwarten müssen.

„Das Schicksal einer Wunde bestimmt der erste Verband" (Volk-

---

1) Nach Gavoy, Le service de santé militaire en 1870 p. 33—38 sind auf dem Schlachtfelde von Gravelotte Verwundete durch Verbrennen umgekommen oder durch zusammenstürzende Trümmer erschlagen im Schlosse und in der Kirche von St. Privat, in Montigny la Grange, Amanweiler, Moscou und Mogabor (Kriegssanitätsbericht I, S. 116, 117). Ähnliches ereignete sich im Schlosse von Villersexel, in Querimont-Ferme (Bois de la Garenne), auf dem Schlachtfelde von Sedan.

2) Siehe die ungünstige Lage von Verbandplätzen am Ostrande von Bionville am 16. August 1870. Skizze S. 116.

7*

mann). Der Krankenträger hat nur in Ausnahmefällen, z. B. zur Stillung lebensgefährlicher Blutungen, zur vorläufigen Bedeckung einer Wunde und zur schonenden Entfernung von Fremdkörpern, sich mit der Wunde selbst zu beschäftigen. Der Krankenträger ist zum Tragen und Laben der Verwundeten, der Arzt zum Untersuchen und Verbinden da[1]). Um wiederholte, den Verwundeten belästigende Untersuchungen zu verhüten, wird jedem Manne, nachdem der Verband angelegt ist, ein Wundtäfelchen angeheftet (weiß: sofortige Lazarettbehandlung, rot: transportfähig). Krankenträger lassen Unterleibsverletzte vorläufig an Ort und Stelle liegen; nur Vermeidung eines jeden Transportes gibt die Möglichkeit, die Sterblichkeit (70% aller Bauchschüsse) herabzusetzen.

„Man mag die erste Fortschaffung vom Schlachtfelde noch so schonend vornehmen wollen, es gibt doch Verwundungen, für die jede Lageänderung mit hoher Wahrscheinlichkeit sicheren Tod bedeutet. Und das sind vornehmlich die Verletzungen der Bauchhöhle und ihrer Eingeweide. Unsere Friedenserfahrungen haben uns gelehrt, daß selbst schwere Verletzungen der Bauchfellhöhle mit vielfachen Darmverletzungen in den meisten Fällen zur Heilung gebracht werden können, wenn nur in den ersten fünf Stunden nach der Verletzung operiert wird, daß später die Aussicht auf Heilung schnell abnimmt; nach 20 Stunden ist sie bereits so gut wie aussichtslos. Aber die Feldzüge des letzten Jahrzehnts, besonders der Burenkrieg, haben gelehrt, daß nach Bauchschüssen die Operierten gewöhnlich starben, von den Nichtoperierten ver-

---

[1] Im Anschluß an eine große Gefechts= und Sanitätsübung 1902, die auf dem Exerzierplatz in Tübingen abgehalten wurde, hielt der bekannte Chirurg Prof. Dr. Küttner an die versammelten Sanitätsleute eine Ansprache. Er führte aus, wie er in der Türkei Gelegenheit gehabt habe zu sehen, welches Massenelend durch zu vieles Untersuchen, Berühren und womöglich Sondieren der Wunde auf dem Schlachtfelde herbeigeführt werde. Auch in Südafrika habe er namentlich nach der Schlacht bei Magersfontain gesehen, in welch erschreckender Weise die Sterblichkeit der Verwundeten durch eine solche unrationelle Behandlung in die Höhe gerückt werde. So habe ihm einer der mangelhaft ausgebildeten Krankenträger der Freistaatburen triumphierend erzählt, wie er den Finger in die Wunden eingeführt habe, um die Zersplitterungen der Knochen zu untersuchen, und wie er einem Manne, dem aus einer Granatsplitterwunde das Gehirn hervorgetreten sei, dasselbe mit dem Taschenmesser abgetragen habe. Die Folge sei gewesen, daß die Sterblichkeit nach der Schlacht bei Magersfontain eine ganz unverhältnismäßig große gewesen sei. Aufgabe und Pflicht des Sanitätspersonals sei es, auf dem Schlachtfelde dafür zu sorgen, daß die Wunden nicht verunreinigt werden, durch unnützes Berühren oder Untersuchen, noch durch Berührung mit dem Erdboden ꝛc. Eine fernere Aufgabe des Sanitätspersonals sei die, für möglichst schonenden Transport der Verwundeten zu sorgen; denn ein schonender Transport sei namentlich für Verwundete mit Knochen=, Gelenk=, Schädel= und Rumpfschüssen von allergrößter Bedeutung.

hältnismäßig viele am Leben blieben. Auf dem Schlachtfelde oder in den Notlazaretten läßt sich eben schwer kunstgerecht operieren." [1])

Besonderes Augenmerk ist darauf zu richten, daß die Verbandplätze nicht durch Leichtverwundete überflutet werden, für diese wird eine Sammelstelle [2]) bezeichnet, bei Verteidigungskämpfen schon vor Beginn des Gefechtes, beim Angriff aber erst dann, wenn sich übersehen läßt, wo sich der Hauptkampf abspielen wird. Dem Überfluten der Hauptverbandplätze und Feldlazarette durch zahllose Leichtverwundete, die zuerst Hilfe begehren, jede geordnete ärztliche Tätigkeit und Hilfe stören, muß durch geeignete Maßnahmen vorgebeugt werden. Marschfähige Leichtverwundete werden daher auf Wege gewiesen, wo sie die Hauptverbandplätze und Feldlazarette nicht berühren. Möglichst schon auf den Truppenverbandplätzen hat bei der Sammlung der Verwundeten eine Sichtung und Teilung stattzufinden in solche, die leichtverwundet und noch marschfähig sind, und in solche, die transportiert werden müssen. Letztere werden den Hauptverbandplätzen zugeführt. Erstere werden auf den Truppenverbandplätzen gelabt und möglichst endgültig verbunden, dann geschlossen nach einer Sammelstelle geführt; dort nehmen sie Ärzte von noch nicht eingesetzten Feldlazaretten oder von in Reserve befindlichen Truppen in Empfang und sichten noch einmal. Den Befehl übernimmt der älteste Offizier oder Unteroffizier. Überleitung in das Etappengebiet wird, wenn nötig, vom ältesten Sanitätsoffizier angebahnt. Leute, die voraussichtlich in kurzer Zeit wiederhergestellt sein werden, und damit wird man bei

---

1) Dr. Colmers „Deutsche Medizinische Wochenschrift", 1905. Die Mannschaften müssen darüber belehrt werden, bei einer Schußverletzung des Unterleibes möglichst ruhig auf dem Rücken liegen zu bleiben und jede Nahrungsaufnahme, besonders das Trinken, zu unterlassen, es müssen auch Mittel und Wege gesucht werden, um den ersten verderblichen Transport im Wagen und auf der Eisenbahn für die ersten fünf Tage auszuschalten.

2) Die Bezeichnungen der F. O. und der Kriegs-Sanitätsordnung decken sich nicht. F. O. 464 spricht von einem Sammelplatz, Kriegs-Sanitätsordnung § 27,3 von einem Sammelpunkt, der für Kranke während des Vormarsches zu bestimmen ist, letztere Vorschrift versteht unter Sammelplatz (§ 41, 2) die Stelle, an der die Leichtverwundeten nach der ersten Untersuchung auf den Verbandplätzen gesammelt werden. Erweist sich eine Trennung beider Stellen nötig, so sagt man zweckmäßig „Krankensammelplatz" und „Sammelstelle für Leichtverwundete" Sehr zweckmäßig ist die österreichische Kenntlichmachung durch eine dreieckige Flagge mit rotem Kreuz.

der Gutartigkeit der heutigen Schußverletzungen in größerer Zahl rechnen können, verbleiben in der Nähe der Truppe. „Der Hauptverbandplatz darf nicht ein Sammelbecken vorstellen, in welchem das Wasser immer höher und höher steigt, sondern nur ein erweitertes Rinnsal, bei dem alles, was auf der einen Seite hereinströmt, auf der anderen Seite wieder abfließt" (Dr. Port). Verlegen eines Verbandplatzes ist so lange als möglich zu vermeiden. Gerät das Leben der Verwundeten durch feindliches Feuer in Gefahr, drohen Feuersbrünste, so kann ein Stellungswechsel geboten sein (2. Sanitätskompagnie VIII. Armeekorps bei Spichern, 1. Sanitätskompagnie III. Armeekorps bei Vionville am Bois des Prêtres ꝛc.).

Bei räumlich vorschreitendem Gefecht hat die Sanitätskompagnie wenigstens mit einem Zuge der Truppe zu folgen.

Rückgängigen Bewegungen muß sich die Sanitätskompagnie soweit als möglich ebenfalls anschließen. Der leitende Arzt bestimmt alsdann, wer von den Ärzten und Hilfspersonal bei den nicht transportfähigen Verwundeten zurückbleiben soll. Ärzte, Hilfspersonal und Verwundete genießen den Schutz der Genfer Konvention. Der Feind kann Personal und Material zur Pflege der in seinen Besitz geratenen Verwundeten der gegnerischen Partei verwerten. Zeitpunkt und Art der Rücksendung unterliegt dem Ermessen der feindlichen Führer. Material und Personal fallen also zunächst für die eigene Verwendung aus. Selbst den besten Willen beim Sieger vorausgesetzt, ist es nur zu menschlich, daß er sich in erster Linie den Verwundeten der eigenen Armee zuwendet. Nach Möglichkeit muß man versuchen, die Verwundeten mitzuführen, bei der geringen Zahl des bei der Truppe vorhandenen ärztlichen Personals und Materials, nur so wenige als irgend angängig bei den Verwundeten zurückzulassen.

Bei Beaune la Rolande erhielten die deutschen Lazarette Befehl, französische Verwundete bei der Beschränktheit der vorhandenen Unterkunftsräume zunächst nicht mehr aufzunehmen, sondern sie den Maires in Pflege zu geben, die natürlich nur recht unzureichend sein konnte [1]). So fanden sich in Juranville noch vierzehn Tage nach der Schlacht etwa 100 Verwundete unter Obhut eines Geistlichen und zweier Frauen. In Loigny fand man am 2. Dezember 1870 2000 französische Verwundete, die drei Tage keine andere Hilfe gehabt hatten, als den Ortsgeistlichen [2]).

In Remilly lagen am 18. August 1870 seit dem 14. noch 800—900 Ver-

---

1) Burkhardt, Vier Monate bei einem preußischen Feldlazarett.
2) Gavoy, a. a. O. S. 19.

wundete, meist Franzosen, ohne ärztliche Hilfe, nur unter der Obhut einiger Kranken=
pflegerinnen ¹). Das sind Ausnahmefälle, sonst erkennen aber gerade französische
Militärärzte an, mit welcher Unparteilichkeit deutscherseits für Freund und Feind ge=
sorgt wurde.

Die neue Organisation ermöglicht schnelleres Bergen der Verwundeten als im
Jahre 1870 ²). Wir müssen taktisch die Forderung stellen, daß 12 Stunden nach Er=
löschen des Kampfes die Sanitätskompagnien und wenigstens ein Teil der Feldlazarette
wieder marschfähig sind. Bei einem Verlust eines Armeekorps von 20% (1000 Tote,
2000 Schwer= und 3000 Leichtverwundete), Krankentragen für 1% der Kopfstärke,
Entfernung des Verbandplatzes 2 km, 183 Ärzte (auf jeden 27 Verwundete), kann
das Schlachtfeld in 5—6 Stunden abgesucht und aufgeräumt sein ³).

Nach der Schlacht haben sich die Sanitätskompagnien wieder
marschfertig zu machen. Das Kampffeld ist nach Verwundeten ab=
zusuchen. Gut ausgebildete Kriegshunde können in schwierigem Ge=
lände und in der Dunkelheit Vortreffliches leisten. Vorrichtungen zur
Beleuchtung des Gefechtsfeldes (elektrische oder Azetylen=Scheinwerfer)
sind unentbehrlich.

c) Feldlazarette.

Die Befehle über die Verwendung der Feldlazarette, ihre Be=
wegung und Einrichtung erfolgen von dem kommandierenden General
(Divisionskommandeur) an die Chefärzte. Letztere haben auch alle für
das Innehalten der Marschbefehle erforderlichen Anordnungen zu
treffen und schon beim Anmarsch zur Schlacht die Örtlichkeiten auf
Anlage von Lazaretten prüfen zu lassen. Sind Feldlazarette einem
Verbande nicht zugeteilt, so muß der älteste Sanitätsoffizier der Truppe
mit den Hilfsmitteln der in der Nähe vorhandenen Orte entsprechende
Einrichtungen schaffen. In allen Fällen, wo dieses geschieht und wo
Örtlichkeiten zur Einrichtung von Feldlazaretten benutzt werden sollen,
hat man sich der Unterstützung des Ortsvorstandes zu versichern und
sich von ihm Arbeitskräfte und Material (hierzu rechnen: Lagerungs=
und Beleuchtungsvorrichtungen, Eßgeschirre, Verpflegung, Arzeneien,
Verband= und Lebensmittel) stellen zu lassen. Nach Möglichkeit sind
die eigenen Bestände zu schonen. Einzelne Feldlazarette werden
zweckmäßig, sobald es die Gefechtslage zuläßt, gleich an Brennpunkten

---

1) Burckhardt, S. 8.

2) Nach großen Kämpfen waren bis zu 24 Stunden erforderlich, Kriegssanitäts=
bericht I, S. 220.

3) Niebergall, Geschichte des Feldsanitätswesens, Beiheft zum Militär=
Wochenblatt, 1902, S. 338.

des Kampfes eingerichtet; hierdurch wird die Pflege der Schwerverwundeten wesentlich vereinfacht [1]).

Hat ein Armeekorps 2c. nach größeren Verlusten keine dem Bedarf entsprechende Zahl von Feldlazaretten mehr, so ist beim Armee-Oberkommando Aushilfe zu beantragen. Durch die Etappen-Inspektion wird der Nachschub der eingerichteten oder sonst zurückgebliebenen Feldlazarette zum Armeekorps beschleunigt, damit es im Bedarfsfalle an solchen nicht fehlt. Sofern Feldlazarette für ihren eigentlichen Zweck — die Lazarettbehandlung — nicht von vornherein zur Verwendung gelangen, kann ihr Personal und Material vorübergehend zur Unterstützung auf den Hauptverbandplätzen verwendet werden.

Der zur Einrichtung der Feldlazarette bestimmte Ort (Gebäude, Gehöft) muß sich möglichst in der Nähe des Hauptverbandplatzes, aber gegen feindliches Feuer gesichert befinden. Für die Wahl des Ortes ist von Wichtigkeit — abgesehen von der Einrichtung der Gebäude — die Bodenbeschaffenheit, die Umgebung und das Vorhandensein guten Trinkwassers. Erforderlichenfalls hat für die bessere Unterbringung der Kranken die Errichtung von Zelten und weiterhin von Baracken zu erfolgen. Erstere sind vom Lazarett-Reservedepot zu beziehen. Zum Barackenbau sind die Arbeitskräfte von der Ortsbehörde anzufordern oder Anträge an die betreffenden Befehlshaber zu richten. Können die Feldlazarette in einer Stadt eingerichtet werden, so ist vorzugsweise zu beachten, daß die Gebäude den wesentlichen Erfordernissen einer Heilanstalt entsprechen. Eine freie Lage, die den ungehinderten Zutritt frischer Luft in allen Teilen des Gebäudes gestattet, ist ins Auge zu fassen; es sind daher in enggebauten Stadtteilen gelegene, sowie aus anderen Gründen zu Lazarettzwecken nicht geeignete Gebäude auszuschließen. Die Anhäufung vieler Verwundeter unter einem Dache ist zu vermeiden, anderseits darf die Krankenpflege und Verwaltung unter der Benutzung zu vieler kleiner, getrennt liegender Häuser nicht leiden. In der Nähe des Gebäudes muß auch noch der zur Aufstellung von Zelten und Baracken erforderliche Raum sich darbieten.

Die Lazarettanlage wird mit der schwarz-weiß-roten Flagge und der weißen Fahne mit rotem Kreuz kenntlich gemacht.

Nachdem der Dienstbetrieb des eingerichteten Lazaretts hergestellt

---

[1] Kriegssanitätsbericht 1870/71 I, S. 71.

und die Pflege der Verwundeten gesichert ist, meldet der Chefarzt an das General= (Divisions=) Kommando die vollzogene Einrichtung, die Zahl der transportfähigen und nicht transportfähigen Kranken. Eine gleichlautende Meldung wird gleichzeitig an die Etappen=Inspektion gerichtet, um dieser den Bedarf an Personal und Material für die spätere Ablösung des Lazaretts bekannt zu geben. Ebenso ist der nächsten Etappen=Kommandantur die Einrichtung des Lazaretts anzuzeigen.

Der Chefarzt hat in allen Fällen darauf Bedacht zu nehmen, die Ablösung seines Feldlazaretts durch ein „stehendes Kriegs= lazarett" zu ermöglichen, damit ersteres seinem Truppenverband wieder folgen kann. Die Ablösung darf jedoch nicht übereilt werden, damit die weitere Behandlung der Verwundeten und Kranken nicht leidet. Auch gilt als Grundsatz, wenn nicht das ganze Feldlazarett auf einmal abgelöst werden kann, nacheinander die zwei Züge, niemals aber kleinere Teile frei zu machen.

Den Bedarf an Fahrzeugen zum Krankentransport für die der Etappen=Inspektion noch nicht unterstellten Lazarette haben die Korps= General= (Divisions=) oder die Chefärzte bei den betreffenden Befehls= habern, in dringenden Fällen auch bei der betreffenden Feld=Intendantur anzumelden. Auch wenn das eingerichtete Lazarett unter dem Befehl des General=Kommandos verbleibt, kann der Chefarzt wegen Beförde= rung der Kranken in die zurückgelegenen Lazarette 2c. mit der Etappen= Inspektion in Verbindung treten.

Hat das eingerichtete Feldlazarett infolge des Vorrückens der Truppen die Fühlung und Verbindung mit seinem Armeekorps so weit verloren, daß ihm der tägliche Befehl nicht mehr zugehen kann, so wird dieses der Etappen=Inspektion gemeldet und das Feldlazarett ihr unterstellt. Von der Etappen=Inspektion ist dem betreffenden General=Kommando entsprechende Meldung zu machen. Alsdann gehen von der Etappen=Inspektion die weiteren Bestimmungen und Maßnahmen aus. Nunmehr liegt es dieser Kommandobehörde ob, die Ablösung des Feldlazaretts herbeizuführen, dieses demnächst zu dem Armeekorps abgehen zu lassen und hiervon dem Armee=Ober= kommando, bei selbständiger Verwendung eines Armeekorps dem General=Kommando Mitteilung zu machen. Nach Ablösung tritt das Lazarett unter die Befehle des General=Kommandos zurück. Die Chefärzte sind dafür verantwortlich, daß sie einen baldigen Anschluß an ihr Armeekorps gewinnen.

Bei einer rückgängigen Bewegung der Truppen hat der Chefarzt sich so einzurichten, daß er auf etwaigen Befehl des kommandierenden Generals (Divisionskommandeurs) oder in bringenden Fällen des General- (Divisions-) Arztes mit den Fahrzeugen und der Bespannung des Feldlazaretts, sowie des zur Pflege der zurückbleibenden Kranken und Verwundeten nicht unbedingt erforderlichen Personals und Materials sich der Armee anzuschließen vermag.

Einerseits zur Entlastung der Feldlazarette, dann um für die Verwundeten günstigere Heilbedingungen zu schaffen, sie den auf dem Kriegsschauplatz herrschenden schädlichen Einwirkungen (Epidemien, Lazarettbrand) zu entziehen, werden die Verwundeten unter Benutzung von Eisenbahn und Dampfschiff, je nach dem Grade ihrer Transportfähigkeit, in das Etappengebiet oder bis in die Heimat überführt. Diesen Dienst übernimmt die

freiwillige Krankenpflege

(F. O. 473). Ihre Aufgabe ist ferner Pflege der Kranken in Etappen- und Reserve-Lazaretten, Aufnahme von Genesenden in Privatpflege, Sammlung und Zuführung von Liebesgaben. Die Mitwirkung der freiwilligen Krankenpflege auf dem Gefechtsfelde kann besonders verfügt werden [1]).

An der Spitze der freiwilligen Krankenpflege steht ein im Großen Hauptquartier anwesender „Kaiserlicher Kommissar und Militär-Inspekteur der freiwilligen Krankenpflege".

Zur Vermittelung des Verkehrs mit den Militär- und Staatsbehörden und zur Leitung der freiwilligen Krankenpflege bedient sich der Kaiserliche Kommissar seiner Delegierten. Diese vermitteln die Beziehungen des freiwilligen zum amtlichen Sanitätsdienste, ihnen fällt ferner die Leitung der dem letzteren zu leistenden Unterstützung zu.

Bei der Feldarmee befinden sich: 1 Armee-Delegierter bei der Etappen-Inspektion jeder Armee, 1 Korps-Delegierter bei jedem Feldlazarett-Direktor, 1 Etappen-Delegierter bei jeder Kranken-Transportkommission und 1 Unter-Delegierter auf jeder Sammelstation. Zur Besatzungsarmee gehören: 1 Korps-Delegierter bei jedem stellvertretenden General-Kommando, nach Bedarf 1 Festungs-Delegierter bei den Gouverneuren oder Kommandanten armierter Festungen sowie Reserve-Lazarett-Delegierte für den Bereich

---

[1]) Die bayrische freiwillige Johanniter-Sanitätskolonne übernahm nach der Schlacht von Loigny den gesamten Sanitätsdienst auf dem Gefechtsfelde; nur so war es möglich, die Sanitätsformationen für die in den nächsten Tagen um Orleans stattfindenden Kämpfe verfügbar zu haben.

eines Reserve-Lazarett-Direktors und endlich ein Linien-Delegierter bei jeder Linien-Kommandantur.

Die Tätigkeit der Delegierten erfolgt im innigsten Verein mit den leitenden Militärärzten, welchen in betreff der Bedürfnisfrage und in allen sachlichen Beziehungen die Entscheidung zusteht, denn es muß stets an dem Grundsatz festgehalten werden, daß die freiwillige Krankenpflege keinen selbständigen Faktor neben der staatlichen bilden darf, und daß ihr eine Mitwirkung nur insoweit eingeräumt werden kann, als sie den staatlichen Einrichtungen eingefügt und von der Staatsbehörde geleitet wird. Andernfalls würde sie nicht fördernd, sondern hemmend auf den Betrieb des Krankendienstes einwirken.

Nach der Vorschrift vom 30. August 1878 gliedert sich das auf dem Kriegsschauplatz zur Verwendung kommende männliche Personal der freiwilligen Krankenpflege in Lazarettpflege-, Begleit-, Transport- und Depot-Personal. Dieses Personal wird in Züge zu je 12 Rotten (24 Mann), der Zug in 2 Sektionen zu je 6 Rotten (12 Mann) eingeteilt. Jeder Zug ist einem Zugführer, dem ein Zugführer-Stellvertreter beigegeben ist, jede Sektion einem Sektionsführer unterstellt. Falls der Zug geteilt (halbzugsweise) Verwendung findet, übernimmt der Zugführer den Befehl über die erste, der Zugführer-Stellvertreter den Befehl über die zweite Hälfte. Sollte eine weitere Teilung des Lazarett- und Depot-Personals notwendig werden, so hat der Zugführer die Leitung solcher Unterabteilungen einem besonders tüchtigen Mitgliede zu übertragen. Bei Auswahl der Zugführer ist Bedacht zu nehmen, daß diese ausreichende allgemeine Bildung und Erfahrung haben; für die des Depot-Personals ist kaufmännische Ausbildung erforderlich. Jeder Etappen-Inspektion ist eine aus Ärzten bestehende Kranken-Transportkommission im Etappen-Hauptort unterstellt, welche die Verteilung der Kranken leitet, zu diesem Zwecke Kranken-Sammelstellen, Etappen-Lazarette errichtet und das Begleitpersonal für die Sanitätszüge stellt.

d) **Sanitätszüge**[1]).

An Sanitätszügen werden unterschieden:

1. Lazarettzüge (41 Wagen, davon 30 Krankenwagen mit je 10 Lagerstätten) sind geschlossene, schon im Frieden vorbereitete, For-

---

[1]) Hirschberg, Die bayrischen Spitalzüge im deutsch-französischen Kriege 1870/71. Ähnliche Einrichtungen auch für den Transport auf Wasserstraßen.

A. VI. Sanitätsdienst.

Bezeichnung	Deutschland	Österreich	Frankreich	Italien
	Lazarettzüge	Eisenbahn-Sanitätszüge	Trains Sanitaires	Treni ospedale
Wagenzahl, davon Krankenwagen	41 / 30	19 / 13	23 / 16	19–24 / 12–17
Gesamtkrankenzahl, per Achse (ohne Lokomotive und Tender)	300 / 3,66	144 / 2,74	128 / 2,78	200 / 5
Zahl der Kranken in einem Wagen	10	8	8 (Paris-Lyon-Méditerranée: 16)	12–18
Zahl der Ärzte (in % v. b. Gesamtkrankenzahl) Beamte Unterpersonal	4 (1,3) / 1 Zahlmeister / 16 Lazarettgehilfen / 16 Krankenwärter	2 (1,9) / 1 / 25 (2 Ärzte, 15 Krankenwärter)	2 (1,5) / 2 / 28	4 (2) / 5 / 43 (4 Ärzte, 4 Krankenwärter)
Bezeichnung	Hilfslazarettzüge	Krankenzüge	Trains sanitaires improvisés	Treni attrezzati e Treni provisori (T. attrezzati / T. provisori)
Wagenzahl, davon Krankenwagen	Bis zu 80 Achsen	—	40 Wagen / 32	T. attrezzati 38, davon 35 für Kranke / T. provisori unbestimmt
Gesamtkrankenzahl	nicht mehr als 400	—	Appareil à trois étages, Bry-Amoline 12 / 384	
Krankenzahl per Wagen	8–12	8–12		8–12
Personal	Hamburger System 8, Grundsches System 6	—	1 Arzt, 2 Unterbeamte, 45 Krankenwärter, gestellt vom Hôpital d'évacuation	Zarobowsky-System (Russland, England) 8
Gesamtkrankenzahl Personal	240–300	—	—	280–420 / T. attrezzato 4 Ärzte, 46 Mann

Außerdem Frankreich: Société française 300 liegende Kranke und 500 liegende Kranke. Österreich-Ungarn: Malteser Ritter 100 liegende Kranke.

Auf je 100 Kranke 1–2 Ärzte, 14–17 Unterbeamte, geteilt von der Krankentransport-Kommission.

mationen mit ständigem Personal, eingerichtet für den Transport von Schwerverwundeten, die nur liegend befördert werden können. Ihre Verwendung erfolgt auf Befehl des Chefs des Feld=Sanitäts= wesens im Einvernehmen mit dem Chef des Feld=Eisenbahn= wesens.

Fahrtordnung: 1 Gepäck=, 1 Magazin= und 1 Arztwagen, 1 Wagen für Krankenwärter ꝛc., 8 Krankenwagen, 1 Speisevorratswagen, 1 Küchen= und 7 Krankenwagen, 1 Verwaltungs= und Apothekenwagen, 7 Kranken=, 1 Küchen= und 1 Speisevorratswagen, 8 Krankenwagen, 1 Wagen für Krankenwärter ꝛc., 1 Feuerungsmaterialwagen. Es werden Wagen IV. Klasse benutzt und die Lagerstätten in zwei Reihen übereinander angebracht. Besondere Einrichtung verlangt der Küchenwagen. Die hohen Herstellungskosten eines solchen bedingen, daß eine möglichst große Anzahl Kranker in einem Lazarettzuge befördert wird, ander= seits beschränkt die Leistungsfähigkeit der Kocheinrichtung die Zahl der Kranken. Der Forderung starker Lazarettzüge wird am besten in Deutsch= land entsprochen. Auf die Schwierigkeit des Ein= und Ausladens der Verwundeten bei so langen Zügen muß aber hingewiesen werden. Der Vorteil der Lazarettzüge liegt in der Möglichkeit einer fortdauern= den Behandlung der Kranken auch während der Fahrt und in dem Vermeiden alles unnützen Aufenthaltes, welcher durch Ausgabe von Verpflegung sonst nötig werden würde. Abgesehen von den hohen Kosten ist ihr Nachteil, daß sie (als dauernd dem Schutze der Genfer Konvention unterstellt) bei der Fahrt zum Kriegsschauplatz nicht in anderer Weise benutzt werden können (Österreich: Transport trockener Güter). Die Benutzung des Leerzuges zum Transport gesunder Mann= schaften, Verpflegung und Kriegsmaterial würde den Bestimmungen der Genfer Konvention (deren Abzeichen dauernd an den Wagen an= gebracht sind) zuwiderlaufen.

2. Hilfslazarettzüge: Güterwagen und Wagen IV. Klasse, die mittels bereit gehaltener Vorrichtungen zum Aufnehmen von Krankentragen eingerichtet werden und zur Beförderung liegender Ver= wundeter bestimmt sind. Sie werden nach dem vom Chef des Feld=

---

1) Zur Nieden, Der Eisenbahntransport verwundeter und erkrankter Krieger 1883. Birchow, Der erste Sanitätszug des Berliner Hilfsvereins 1870. Cron, Der Dienst bei einem k. k. Eisenbahnsanitätszuge 1896. Myrbach, Tätigkeit der k. k. Schiffsambulanzen und Eisenbahn=Sanitäts=Züge im Jahre 1878/79. 1881. Redard, Transport des blessés par chemin de fer.

Sanitätswesens angemeldeten Bedarf auf Anordnung des General=
inspekteurs des Etappen= und Eisenbahnwesens von der Kranken=
transport=Kommission zusammengestellt. Nach Möglichkeit werden
Wagen mit durchgehender Verbindung gewählt, ein Küchenwagen
fehlt, es sind daher in der Fahrtliste Verpflegungsstationen zu be=
zeichnen. Nach dem Hamburger System (aufgehängte Tragen) nimmt
ein Wagen 8, nach dem Grundschen System (auf Blattfedern gestellte
Tragen) 6 Kranke auf. Hilfslazarettzüge sind mit geringeren Kosten
und Zeitaufwand als Lazarettzüge einzurichten und können auch später
für andere Zwecke benutzt werden, da sie nur vorübergehend mit den
Abzeichen der Genfer Konvention versehen werden.

3. Krankenzüge werden aus Personenwagen der drei ersten
Wagenklassen, im Notfalle auch aus Wagen der IV. Wagenklasse oder
Güterwagen zusammengestellt. Sie dienen zur Beförderung sitzender
Leichtverwundeter oder Leichtkranker. In Ermangelung von Sitz=
vorrichtungen finden gut gestopfte Strohsäcke oder eine ausreichende
Strohschüttung Verwendung. Jeder Wagen nimmt 24 sitzende Kranke
auf. In der Regel wird den Krankenzügen ein besonderes ärztliches
Personal nicht mitgegeben. Das erforderliche Pflegepersonal stellt die
freiwillige Begleitkolonne. Das Einladen leitet ein von der Kranken=
transport=Kommission dazu bestimmter Arzt, ebenso veranlaßt die
Bahnhofs=Kommandantur die Anwesenheit eines Arztes auf den Ver=
pflegungs= und Übernachtungsstellen. Der Arzt hat die Kranken in
bezug auf die Notwendigkeit ärztlichen Beistandes nachzusehen und
nötigenfalls die Abgabe der nicht transportfähigen an ein Lazarett
zu veranlassen. Das zu diesem Dienste nötige Personal wird von
der Bahnhofs=Kommandantur, welcher es die Etappen=Kommandantur
stellt, zugewiesen. Jedem geschlossenen Krankenzuge sind stets zwei
Feldgendarmen und ein militärisches Begleitkommando — in der
Regel ein Unteroffizier als Kommandoführer und für jeden Wagen
ein Mann — mitzugeben. Sowohl die ersteren, wie auch das letztere
haben die kranken Mannschaften zu beaufsichtigen und besonders darauf
zu achten, daß sich von ihnen keiner ohne Erlaubnis oder über die
Erlaubnis hinaus vom Zuge entfernt oder zum Zweck des Mitfahrens
dem Zuge ohne schriftlichen Ausweis anschließt.

Werden nur einzelne Krankenwagen anderen Zügen angehängt,
so fällt die Zuteilung von Feldgendarmen fort.

5. Bestimmungen außerdeutscher Armeen.
a) Österreich [1]).

Jeder Mann erhält bei der Mobilmachung Legitimationsblatt und Verbandpäckchen. Die Sanitätsformationen bestehen aus dem Material der Truppen, der Infanterie=Divisions=Sanitätsanstalt und den Feldspitälern.

a) Infanterie. Jede Kompagnie verfügt über eine Patrouille von 4 Blessiertenträgern, von denen jeder Mann mit Verbandtasche und 2 Feldflaschen, 2 Mann mit einer zerlegbaren Feldtrage ausgerüstet sind. Die Patrouillen werden bataillonsweise zu „Blessiertenträger=Abteilungen" unter Führung von mit Gewehren bewaffneten Unteroffizieren vereinigt, jedes Regiment stellt zur Führung einen Feldwebel; zum Verwundeten=Transport dient auch noch die Regimentsmusik. Sanitätstechnisch vorgebildet sind die „Sanitätsgehilfen". Jedes Bataillon besitzt außerdem noch zwei „Bandagenträger", von denen der eine den Bandagentornister, der andere einen Tornister mit Medikamenten trägt. Einem Regiment von 4 Bataillonen sind 7 Ärzte zugeteilt.

b) Kavallerie. Jede Division von 3 Eskadrons: 1 berittener „Sanitätsgehilfe" (Unteroffizier); 1 berittener Bandagenträger mit Medikamenten und Bandagentasche. Das Regiment 3 Ärzte.

c) Divisions= (oder Korps=) Artillerie=Regiment. 2 Ärzte, 2 Bandagenträger, 2 „Sanitätsgehilfen", jede der 4 Batterien 4 Blessiertenträger.

Eine Infanterie=Divisions=Sanitätsanstalt (5 Offiziere, 173 Mann, 117 Pferde, 37 Wagen) besteht aus:

1. Hilfs=Platzwagenstaffel, 9 Fuhrwerke mit reichlichem ärztlichem Material, dann Labemitteln und sonstigem Zubehör zur Aufstellung von Hilfsplätzen bei den Truppen.

2. Leichtverwundeten=Station, 2 Ärzte, Sanitäts=Mannschaft und 2 Feldspital=Packwagen.

3. Verbandplatz, 2 Ärzte, Sanitäts=Mannschaft, 2 Feldspital=Pack= und 4 Rüstwagen.

4. Ambulanz, 2 Ärzte, Sanitäts=Mannschaft, 2 Felspital=Packwagen.

5. Blessierten=Wagenstaffel, 11 Wagen.

6. Deutschordens=Feldsanitäts=Kolonne, 4 Blessierten=Wagen, 1 Fourgon, Sanitäts=Mannschaft.

7. Sanitätsmaterial=Reserve 2 Wagen.

Führer der Anstalt nicht nur im Falle ihrer fachtechnischen Verwendung, sondern auch als Trainkörper ist der älteste Arzt, welcher grundsätzlich beim Verbandplatz verbleibt. Leichtverwundeten=Station, Verbandplatz, Ambulanz und Sanitätsmaterial=Reserve sind in zwei Sektionen teilbar, Verbandplatz und Ambulanz müssen stets vereint etabliert werden, wobei letztere eigentlich nur jene Abteilung des Verbandplatzes darstellt, welche verbundene Verwundete bis zur anderweitigen Unterbringung in Pflege übernimmt.

Eine Kavallerie=Divisions=Sanitätsanstalt besteht aus 6 Wagen.

---

1) Reglement für den Sanitätsdienst des k. u. k. Heeres, Sanitätsdienst im Kriege, 1904.

Grundsätzlich verbleibt das Sanitäts=Personal der Truppen im Gefechte bei diesen, nur wenn die Hilfsplatztätigkeit der Hauptsache nach beendet ist, können Truppenärzte vorübergehend zum Verbandplatz kommandiert werden; ausnahmsweise dürfen Ärzte nicht ins Gefecht getretener Truppen zur Verstärkung des Personals der Divisions=Sanitätsanstalt verwendet werden, jedenfalls sind Ärzte vorläufig nicht etablierter Feldspitäler oder sonstiger Anstalten (z. B. Munitionsparks) zum Dienst am Verbandplatz, wenn es die Verhältnisse irgendwie zulassen, heranzuziehen.

Das Truppen=Sanitätspersonal stellt nach Gefechtsgruppen Hilfsplätze auf, deren Zahl möglichst beschränkt sein soll, also nur für größere, ausgedehnte Gefechtsgruppen mehr als einen Hilfsplatz. Zu diesem Zwecke sind bereits den einzelnen Kolonnen und den Sicherungstruppen beim Gefechtsmarsch Hilfs-Platzwagen zuzuteilen, oder während des Gefechtes aus der bei der Anstalt verbleibenden Reserve den sich neu bildenden Gruppen nachzusenden.

Feldspitäler in 3 Sektionen, zu je 200 Betten teilbar, sind dem Armee=Oberkommando unterstellt und werden von diesem nach Bedarf den Armeekorps, etwa auf jede Infanterietruppen=Division eins, zugeteilt.

Außerdem sind zu nennen „Feldmarodehäuser" (für jedes Korps drei zu 500 Betten) für Leichtkranke und Genesende, mobile Reservespitäler (zwei für jedes Korps), „Mobile Krankenhaltstationen", für jedes Korps zwei Einheiten zu je 200 Kranken, Verpflegungs= und Nachtruhestationen für „im Abschub" nach der Heimat befindliche Kranke.

Sanitätsdienst auf dem Gefechtsfelde.

Die Blessiertenträger suchen die Verwundeten auf, laben und verbinden sie, geleiten sie nach dem etwa 750 m hinter der Gefechtslinie befindlichen „Hilfsplatz". Hier werden die Verwundeten verbunden, mit dem Diagnosetäfelchen[1]) versehen, dann senden sie die Marschfähigen direkt in die Leichtverwundetenstation, die anderen auf Wagen zum Verbandplatz, wo die Übernahmsgruppe jene, die einer größeren Operation bedürfen, der chirurgischen Gruppe überweist, die anderen, eventuell nach kleinen Nachbesserungen am Verband, der Ambulanz übergibt, welche stets unmittelbar neben dem Verbandplatz etabliert werden muß. Hier finden die Verwundeten eine zeitweilige Unterkunft, Beköstigung und ärztliche Überwachung. Transportable werden nach Maßgabe der Mittel abgeschoben, Untransportable derart gebettet, daß sie von einem später eintreffenden Feldspital sofort übernommen werden können.

Der Aufstellungsort von Verbandplatz und Ambulanz ist dadurch gegeben, daß er vor Geschossen geschützt, den Schwankungen des Kampfes entzogen, leicht von allen Teilen der kämpfenden Linie erreichbar und dieser so nahe als möglich sein soll. 3—5000 Schritt Entfernung von den Hilfsplätzen wird für deckungsloses Gelände als entsprechend bezeichnet.

Nach dem Reglement soll die Leichtverwundetenstation zwar räumlich vom Verbandplatz getrennt, aber gleichfalls möglichst nahe der kämpfenden Linie, also etwa in der Höhe des Verbandplatzes, etabliert werden.

Transportfähige Kranke werden mittels der Sanitätszüge, Schiffsambulanzen in

---

1) Mit den Nummern I, II, III bezeichnet. I nicht transportfähig, II Lazarettpflege, III leichte Verletzung.

die Heimat befördert oder bei zu erwartender baldiger Genesung „Feldmaroden=
häusern" überwiesen.

b) Frankreich.

Die Bestimmungen über den Sanitätsdienst entsprechen fast genau den deutschen Vorschriften.

Jeder Mann ist ausgestattet mit dem „paquet individuel de pansement" und der „plaque d'identité".

Ausrüstung mit Sanitätsmaterial:

	Kranken-tragen	Verband-päckchen	Sanitäts-fahrzeug	davon zum Kranken-transport	Trag-tiere	Summe der zu transportierenden Kranken	
						sitzend	liegend
Bataillon [1])	8	580	1	—	—	—	—
Kavallerie-Regiment	4	200	2	2	—	—	—
Kavallerie-Brigade	16	700	4	4	—	—	4
fahrende Artillerie-Abteilung	8	500	1	—	—	—	8
reitende Artillerie-Abteilung	2	160	1	1	—	—	2
Divisions- Ambulanz	132	6980	21	8	33	40	24
Korps- Ambulanz	163	6630	29	14	33	60	40
Kavallerie-Brigade- Ambulanz	22	809	8	6	—	30	18
Feldlazarette [2])	5	1850	5	—	—	—	—
Hôpital d'évacuation	1250	11710	—	—	—	—	1200

Auf dem Marsche wird jedem Infanterie-Regiment ein Wagen der Ambulanz zugeteilt. Bei Berührung mit dem Feinde bleibt der Wagen des vordersten Regiments halten, die übrigen schließen auf und bilden ein dem deutschen Wagenhalteplatz entsprechendes „relais d'ambulance". Jedes Regiment — nur ausnahmsweise die Bataillone — richtet etwa 1000 m von der Gefechtslinie und 2500 m von der feindlichen Artillerie entfernt einen „poste de sécours" ein.

Baulichkeiten sollen möglichst nicht benutzt werden, Einrichtung auf steinigem Boden, in Nähe von Mauern ist zu vermeiden. Die Farben der Wundtäfelchen (Fiches de Diagnostic) bezeichnen: rot transportfähig, weiß nicht transportfähig.

Die „Ambulances" (Hauptverbandplatz) sollen etwa 3500 m von den feindlichen Batterien entfernt bleiben, sie können gegen Artilleriefeuer geschützte Baulichkeiten benutzen.

Eine „Ambulance" gliedert sich in „2 Sections", sie vermag zu befördern:

in Krankentragen	22
auf Krankenwagen	36
auf Reitstühlen für Kranke (cacolets)	20
und in Tragkörben	10
	80 Kranke.

Transportfähige Kranke marschieren oder fahren in geschlossenen Kommandos (convois) zum Feldlazarett. Feldlazarette sollen unter möglichster Anlehnung an Örtlichkeiten und unter Ausnutzung der in ihnen vorgefundenen Hilfsmittel eingerichtet

---

1) 17 Krankenträger (brancardiers) und 4 Sanitätssoldaten (infirmiers).
2) Für jedes Armeekorps 8 zu 100 Betten.

werden. Die Bestimmungen sind weniger eingehend als in Deutschland, und das meiste bleibt der Selbsttätigkeit der Ärzte überlassen.

c) Rußland.

Zur ersten Hilfeleistung auf dem Gefechtsfelde und zur Einrichtung der Truppenverbandplätze sind die sogenannten Truppenlazarette bestimmt, sie setzen sich aus dem Sanitätspersonal der Truppe zusammen.

Ein Infanterie-Regiment stellt: 5 Ärzte, 22 mit Verbandtaschen ausgerüstete Feldscherer, 128 Krankenträger mit 32 Tragbahren, 4 einspännige Medizinkarren, 1 zweispännigen Wagen mit Tragbahren, 4 vierspännige Lazarett-Lineiken (Krankenwagen) mit je 5 Plätzen. Das Material reicht aus, um 80 Verwundeten die erste Hilfe zu gewähren und 16 Verwundete in Lazarettpflege zu nehmen.

Divisionslazarette (eins für jede Division und in verkleinertem Maßstabe auch für eine Schützenbrigade, den deutschen Sanitätskompanien entsprechend) richten den Hauptverbandplatz ein und schaffen die Verwundeten nach den nächsten Lazaretten zurück. Stärke: 5 Ärzte, 5 Feldscherer, einige Beamte, 239 Mann einschließlich 2 Offiziere, 217 Mann der Krankenträger-Kompanie mit 27 Fahrzeugen, 50 Krankentragen und 4 Zelten. Ein Divisionslazarett kann 200 Mann versorgen, von denen 80 in den Zelten, 40 in den Fahrzeugen untergebracht werden. Kennzeichnung wie in Deutschland.

Bewegliche Feldspitäler, den deutschen Feldlazaretten entsprechend und zu je 2 den Infanterie-Divisionen zugewiesen; sie können aufnehmen 10 Offiziere, 200 Mann. Stärke: 4 Ärzte, 9 Feldscherer, 4 Beamte, 4 Krankenschwestern, 100 Mann, 25 Fahrzeuge, 40 Krankenwagen, 3 Zelte. Auf dem Marsche folgen sie im Divisionstrain.

Eine dritte Staffel bilden die ohne Fahrzeuge mobilisierten Reserve-Feldspitäler, zum Teil im Etappengebiet, zum Teil auf einzelnen Punkten des Kriegstheaters vereinigt.

Zum Transport der Verwundeten bestehen:

20 Militär-Sanitätstransporte, auf ihren Fahrzeugen (1 Apothekerwagen, 1 Küchenwagen, 27 Krankenwagen) können 200 Verwundete Platz finden.

Kriegs-Sanitätszüge, schon im Frieden bereit gehalten, 20—21 Wagen, davon 8—10 für Leichtverwundete, 1 Küchenwagen, 1—2 Wagen für das Personal, 2 Packwagen und 8—10 Wagen für Schwerverwundete.

Personal: 1 Stabsoffizier (als Transportführer), 1 Offizier (Verwaltung), 1 Arzt, 1 Apotheker, 2 Feldscherer, 6 Krankenschwestern, 28 Mann. Die Zahl der aufzunehmenden Kranken ist nicht angegeben, die Mischung von Leicht- und Schwerverwundeten erscheint nicht zweckmäßig.

6. Kriegsgeschichtliche Beispiele[1]).
1. Sanitätsdienst auf dem Schlachtfelde von Vionville.

„Vom III. Korps suchte Sanitätsdetachement Nr. 1 zunächst am Bois des Prêtres Verbandplätze zu errichten, mußte dieselben jedoch mehrmals wechseln und sich schließlich weiter rückwärts in St. Thiébault etablieren; hierbei wurden vier Mann des

---

1) Myrbacz, Handbuch für die kaiserl. u. königl. Militärärzte, II, S. 83.

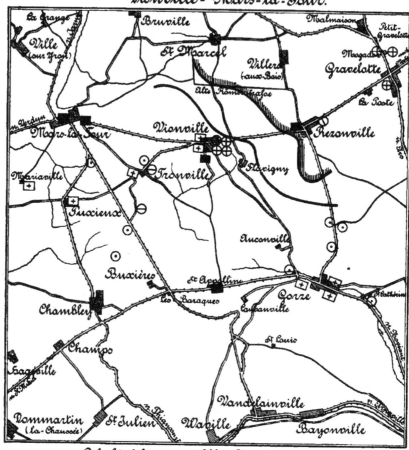

Sanitätsdienst auf den Schlachtfeldern Vionville–Mars-la-Tour.

Gefechtsfeld um 2 Uhr Nachmittags.

— Deutsche.
▬ Franzosen.
⊕ Französische Ambulanzen.
☉ Verbandplatz eines Sanitätsdetachements.
⊖ Verbandplatz eines nicht eingerichteten Feldlazareths.
✚ Feldlazareth.
■ Am Schlachttage bereits stehendes oder nach der Schlacht eingerichtetes Kriegslazareth.

Maßstab 1:125000.

Detachements verwundet und ein Lazarettgehilfe getötet. „Nach ungefähr vierstündiger rastloser Arbeit der Krankenträger war in St. Thiébault die Kapelle mit etwa 400 Verwundeten an- und überfüllt. Es mußte daher für Errichtung einer zweiten Verbandstelle gesorgt werden. Der Kommandeur des Detachements hielt das westlich von Gorze gelegene Gehöft St. Apolline hierzu für geeignet. Eine Sektion (die Hälfte des Detachements) wurde daher gegen 3 Uhr nachmittags dorthin detachiert, die Verbandstelle hergerichtet und die Verwundeten nunmehr direkt dorthin durch die Krankenträger geschafft. In etwa zwei Stunden war aber auch dieses allerdings nur kleine Gehöft von Verwundeten angefüllt.-

Von beiden Verbandstellen wurden die einigermaßen transportfähigen, verbundenen Verwundeten nach Gorze in die dortigen Lazarette überführt; leider fehlte es an der genügenden Zahl von Fahrzeugen, so daß die Evakuierung nur langsam vonstatten gehen konnte. Die Lazarette der freiwilligen Krankenpflege in Gorze waren aber auch schon stark angefüllt, so daß für die Nacht vom 16. zum 17. August beide Verbandstellen, St. Thiébault und St. Apolline, als provisorische Feldlazarette unter Obhut einiger Ärzte und eines Teils des ärztlichen Hilfspersonals des Detachements verbleiben mußten. In der frühen Morgenstunde des 17. August traf dann von der 2. Staffel der Sanitätstruppe ein **mobiles Feldlazarett** des III. Armeekorps in Gorze ein, welches die weitere Behandlung der Verwundeten beider Verbandstellen übernahm, so daß die Ärzte und das ärztliche Hilfspersonal des Detachements frei wurden und zu ihrer eigentlichen Bestimmung auf das Schlachtfeld zurückkehren konnten." [1)]

Am 18. August wurde ein Verbandplatz in die Nähe von Rezonville verlegt.

Das Sanitätsdetachement Nr. 3 errichtete hinter der Mitte des Korps bei Vionville, Nr. 2 hinter dem linken Flügel bei Tronville einen Verbandplatz. Im Laufe der Schlacht mußte ein Zug des letzteren zur Verstärkung nach Vionville abgehen. Auf beiden Verbandplätzen wurden Ärzte der noch nicht etablierten Feldlazarette des III. Korps zur Unterstützung verwendet. Mittags etablierte sich das Feldlazarett Nr. 2 in Tronville, die übrigen verfügbaren Feldlazarette des III. Korps hielten bei Tronville, konnten aber der schwankenden Gefechtslage wegen nicht aufbauen.

Beim X. Armeekorps hatte das Sanitätsdetachement Nr. 1 auf freiem Felde zwischen Mars la Tour und Tronville einen Verbandplatz eingerichtet, Nr. 2 stand im Walde zwischen Chambley und Tronville, nicht weit davon Nr. 3 bei Chambley. — Als die 16. Division des VIII. Korps am rechten Flügel eingriff, errichtete das Sanitätsdetachement Nr. 2 dieses Korps zwischen Gorze und dem Bois des Ognons einen Verbandplatz. Bei dem massenhaften Andrange von Verwundeten mußten die Sanitätsdetachements Nr. 1 und 3 dieses Korps in nächster Nähe im Bois des Prêtres Verbandplätze einrichten und die Feldlazarette Nr. 5 und Nr. 2 (einen Zug) in St. Thiébault und in Gorze in Tätigkeit treten lassen. Auch das Sanitätsdetachement der hessischen Division, die noch am Abend in das Gefecht eingegriffen hatte, kam zur Tätigkeit, indem es einen Verbandplatz bei St. Cathérine errichtete. Die große Zahl der Verwundeten machte es notwendig, daß die genannten

---

1) Militär-Wochenblatt 1896, Nr. 38.

Sanitätsdetachements vorläufig etabliert blieben und das daß am 17. August mit der 23. Division vorbeimarschierende Sanitätsdetachement Nr. 1 des XII. Korps unterstützend eingreifen mußte. In den Tagen vom 17. bis 19. August wurden die Sanitätsdetachements zumeist wieder verfügbar, um ihren Truppen folgen zu können. — Zwei in Bionville befindliche französische Ambulanzen besorgten die dort befindlichen zahlreichen verwundeten Franzosen, später wurden sie dann nach Metz entlassen.

Von den Feldlazaretten des III. Korps etablierte sich Nr. 5 während der Schlacht in Gorze und blieb dort, von barmherzigen Schwestern unterstützt, bis 7. September. Nr. 7 war gleichfalls in Gorze aufgestellt und blieb bis 5. November. Ebendaselbst wirkte noch eine Sektion des Feldlazarettes Nr. 2 des VIII. Korps und im nahen St. Thiébault das Feldlazarett Nr. 5 des VIII. Korps, erstere bis 4. September, letzteres bis 11. September. Das seit 16. August in Tronville etablierte Feldlazarett Nr. 2 des III. Korps mußte wegen Raum- und Wassermangel, sowie infolge Einflusses des nahen Schlachtfeldes am 16. August aufgegeben werden. Das Feldlazarett Nr. 4 des III. Korps besorgte in der Ferme de Saulcy, einem Gehöfte nahe bei Tronville, vom 16. bis 19. August 400 Verwundete, ohne sich etablieren zu können. Das Feldlazarett Nr. 2 des X. Korps hatte in Mariaville nahezu 600 Verwundete zu besorgen und litt sehr unter Verpflegungsschwierigkeiten und Wassermangel. Es wurde am 27. September durch Lazarett-Reservepersonal abgelöst. Das Feldlazarett Nr. 5 des X. Korps hatte auf dem Marsche nach Mars la Tour Befehl erhalten, sich in Thiaucourt zu etablieren, was noch am 16. August geschah. In der Zeit vom 17. bis 20. August wirkte dort auch das Feldlazarett Nr. 10 des X. Korps unterstützend mit, da der Zugang an Verwundeten die Zahl von 2259 erreichte. Das erstgenannte Feldlazarett blieb bis 27. September in Thiaucourt.

In Puxieux befand sich das Feldlazarett Nr. 12 des III. Korps vom 17. bis 18. August und evakuierte nach Tronville. In Mars la Tour arbeiteten seit 17. August die Feldlazarette Nr. 2 des IX. und Nr. 10 des III. Korps. Ersteres evakuierte nach Pont à Mousson und übergab am 21. August den Rest an das zweite, welches am 2. September seinen Bestand nach Mariaville abgab. In Mars la Tour herrschten in bezug auf Verpflegung und Wasserversorgung ungünstige Verhältnisse. In Bionville konnten sich die Feldlazarette erst am 17. August etablieren, und zwar Nr. 8 und 9 des III. und Nr. 3 des X. Korps. Evakuiert wurde nach Gorze und nach Novéant. Bis 20. August waren über 1400 Verwundete in Bionville zugegangen. An diesem Tage folgte das Feldlazarett Nr. 3 dem X. Korps, nachdem es seinen Bestand zu gleichen Teilen an die beiden anderen Feldlazarette übergeben hatte. Diese wurden am 10. Oktober und 13. September aufgelöst. Das Feldlazarett Nr. 1 des X. Korps war vom 17. August bis 27. September in der Ferme St. Apolline (bei Les Baraques) etabliert. Das ärztliche Personal der marschierenden Lazarette Nr. 3 und 4 des XII. Korps leistete am 17. August vorübergehend Unterstützung.

Pont à Mousson war seit 15. August Etappenhauptort der II. Armee. Entsprechend der Bedeutung dieses Ortes, auch als Knotenpunkt zweier nach Deutschland führenden Eisenbahnlinien, waren mehrere Feldlazarette dahin dirigiert worden. Außerdem befand sich dort die französische „Ambulance de la Presse", die indessen bald nach Saargemünd abrückte. In Pont à Mousson wirkten die Feldlazarette Nr. 4, 7 und 8 des X., Nr. 10 des Garde- und Nr. 6 des III. Korps. Während die drei erstgenannten bis in den Oktober hinein in angestrengter Tätigkeit hier verharrten, marschierte das Feldlazarett Nr. 6 des III. Korps schon am 31. August ab, das Feldlazarett Nr. 10 der Garde wurde am 6. September durch Lazarett-Reservepersonal abgelöst. — Nach der Besetzung von Rezonville etablierte sich dort das Feldlazarett Nr. 11 des III. Korps und verblieb bis zum 27. August.

Nach der Schlacht vom 16. August waren demnach Gorze, Mars la Tour und Bionville, in weiterer Entfernung Pont à Mousson die Hauptstätten der Verwundetenpflege. Die Arbeitslast war überwältigend, vor allem in Gorze, wo alle Gebäude mit Verwundeten überfüllt waren (am 17. August über 5000); außerdem brachen Brände aus, die man nur mit Mühe bewältigen konnte. Die Bewohner waren geflohen und hatten Lebensmittel und Hausgeräte mitgenommen. Es traten erschöpfende Krankheiten, Diarrhöen, Ruhr, Typhus, auch unter dem deutschen Sanitätspersonal auf. Trotz aller Schwierigkeiten waren am 17. August alle nicht sogleich abtransportierten Verwundeten unter Dach gebracht."

2. Sanitätsdienst beim Gardekorps bei der Schlacht von Gravelotte—St. Privat.

S. Generalarzt Dr. Timann, Der Sanitätsdienst auf dem Schlachtfelde, Berlin 1901.

B.

Die Schlacht.

I. Angriff und Verteidigung.

„Offensive oder Defensive" war stets ein Lieblingsthema der Kriegstheoretiker, denn die Beantwortung der Frage, welche Form der Kriegführung von beiden die stärkere sei, ist ebenso anziehend wie mannigfaltig, je nach den Umständen, die man voraussetzt. Clausewitz sagt: „Die verteidigende Form des Kriegführens ist an sich stärker als die angreifende." General v. Blume spricht aus: „Die strategische Offensive ist die wirksamere Form der Kriegführung." Ist auch die Verteidigung an sich stärker als der Angriff, da sie dem schwächeren Teil die Möglichkeit gibt, einer Überzahl Widerstand zu leisten, so ist der Angriff die wirksamere Form, da nur dieser die Möglichkeit gewährt, dem Gegner das Gesetz vorzuschreiben und ihn schließlich zu vernichten.

Man unterscheidet zwischen strategischer und taktischer Offensive [1]), zwischen strategischer und taktischer Defensive, zwischen dem Angriffs- und Verteidigungskrieg, zwischen der Angriffs- und Verteidigungsschlacht. In jedem Angriffskriege können Verhältnisse eintreten, welche größeren oder kleineren Teilen des Angreifers die Verteidigung aufdrängen (z. B. im Kriege von 1870/71: die Verteidigungsschlachten von Coulmiers, Beaune la Rolande und an der Lisaine), selbst wenn noch nicht der „Kulminationspunkt des Angriffs", wie es Clausewitz bezeichnet, erreicht ist [2]).

Die Forderung, einen Krieg schnell zu beenden, wodurch am wirksamsten das Eingreifen einer dritten Macht gehindert wird (Preußen im Sommer 1866), erreicht am sichersten der Angriffskrieg. Dem eigenen Lande erspart man die Schrecken und Lasten des Krieges, lebt auf Kosten des Feindes, vermag durch Besitznahme des feindlichen

---

1) Französisch: Offensive und attaque, Defensive und défence.
2) Prag 1757, Mantua 1796, 1797.

Landes einen Druck auf die Entschließungen des Gegners auszuüben. Durch das frische Vorwärtsgehen wird die moralische Stimmung der Truppe gehoben, der Führung die Vorhand gesichert, welche dem Gegner das Gesetz gibt, dem Angreifer die Wahl des Ortes und des Zeitpunktes für den entscheidenden Stoß überläßt. Was die Offensive auf geradem und kurzem Wege gewinnen kann, fällt der Defensive nur günstigstenfalls auf Umwegen zu, durch das Eintreten gelegentlicher Glücksfälle.

„Wer die Vorhand hat, wählt sich seine Ziele, sucht die Schwächen des Gegners auf, um überlegene Kraft gegen sie in Wirksamkeit treten zu lassen. Wer hingegen das Handeln des Gegners abwartet, um danach seine Entschlüsse zu fassen, wird mit ihrer Ausführung oft zu spät kommen und hierbei schon wieder anderen Maßnahmen des Feindes begegnen müssen, die die eigene Absicht durchkreuzen. Die Vorhand gibt einen Zuwachs an moralischer Kraft. Wer ein klares, bestimmtes Ziel wählt und seine ganze Kraft an dessen Erreichung setzt, ist moralisch demjenigen überlegen, welcher die leitenden Gesichtspunkte für sein Tun den Absichten und Maßregeln des Gegners entnimmt. Wenn es im Kriege schwierig ist, die letzteren rechtzeitig zu erkennen, so leidet hierunter derjenige am schwersten, welcher am meisten von dieser Erkenntnis abhängig bleibt: der Verteidiger. Dort Klarheit des Wollens und mit ihr gehobene Stimmung, gesteigerte Spannkraft des Geistes und Körpers, hier Zweifel, beständige Unruhe und innere Kämpfe, welche die besten Kräfte verzehren. Die Offensive vereinfacht die Arbeit der Truppe, erleichtert das Zusammenwirken getrennter Abteilungen, während in der Defensive diese Aufgaben erschwert, die Handlung der Hauptmacht durch die Ereignisse bei kleineren Abteilungen nicht selten beeinflußt wird. Aus den Fehlern des Gegners kann nur derjenige positiven Nutzen ziehen, welcher seine Streitkräfte aktiv verwendet; wer dies nicht tut, muß sich damit begnügen, daß er durch Fehler des andern hier und da vor Schaden bewahrt bleibt. Wer die Vorhand hat, kann den schädlichen Folgen vorgekommener Versäumnisse, Mißverständnisse oder anderer Reibungen oft vorbeugen, indem er die Durchführung eines Gedankens verschiebt oder den Zweck in veränderter Weise zu erreichen sucht: während der abwartende Gegner, von gleichen Zwischenfällen betroffen, das Verhängnis nicht abzuwenden vermöchte. Man vergegenwärtige sich die Folgen, welche dann bei naher Fühlung mit dem Gegner auf der einen oder anderen Seite eintreten können, wenn — wie es z. B. in den Tagen vor der Schlacht von Beaumont 1870 der Fall war — ein (französisches) Korps den ihm zugesandten Befehl zum Abmarsch nicht erhält [1])."

Diesen moralischen Vorzügen gegenüber, welche alle großen Feldherren dazu bestimmt haben, selbst politisch defensive Lagen (Napoleon im Feldzug von 1814), wenn es das Werkzeug nur irgend zuließ [2]), offensiv zu lösen, stehen die Nachteile gegenüber, daß das Angriffsheer zur Einschließung von Festungen und zum Schutze seiner rückwärtigen Verbindungen erhebliche Kräfte abzweigen muß, welche es für eine fern von der Heimat zu liefernde Entscheidungsschlacht schwächen.

Der Kaiser Napoleon, der im Oktober 1805 mit 225452 Mann den deutschen Kriegsschauplatz betreten hatte, konnte trotz seiner ausgezeichneten Ökonomie der Kräfte am 2. Dezember nur 81000 Mann zur Entscheidungsschlacht von Austerlitz beisammenbringen. Noch auffallender ist das Zusammenschmelzen seiner Streitkräfte auf dem siegreichen Vormarsche im russischen Feldzuge 1812. Mit 363000 Mann überschritt die Hauptkolonne im Juni den Niemen, mit nur noch 95000 Mann zog der Kaiser Mitte September in Moskau ein [3]). Von der 129000 Mann starken russischen Balkanarmee unter General Diebitsch (1829) erreichten nur 20000 Mann Adrianopel; General v. Moltke berechnet, daß nur 10000 Mann vor Konstantinopel eingetroffen wären, wenn Diebitsch die Offensive hätte fortsetzen müssen. Ein rechtzeitig abgeschlossener Friede rettete die russische Armee davor, daß ihre Schwäche offenbar wurde und ein Umschlag eintrat. Am Tage der Waffenstreckung von Metz 1870 standen von den deutschen Heeren nur noch etwa 100000 Mann im freien Felde, der Rest (330000 Mann) war durch Einschließung von Festungen, Schutz der rückwärtigen Verbindungen in Anspruch genommen.

Dem Angreifer wird es schwer werden, andauernd die ursprüngliche Anspannung aller Kräfte aufrecht zu erhalten. Der Zweck scheint nach den ersten Siegen erfüllt, der Vorteil errungen. Die Notwendigkeit, immer neue Kräfte und Mittel aufzubieten, um die Erfolge in Fluß zu halten und das Gewonnene zu behaupten, wird denen nur schwer klar zu machen sein, welche die Opfer bringen sollen. Der Verteidiger befindet sich hingegen in einer ganz anderen Lage. Dringt der Feind in das eigene Land vor, wird die Gefahr jedem einzelnen fühlbar, so öffnen sich dem Staate auch neue Quellen. Außergewöhn-

---

1) Blume, Strategie S. 145. Korps Failly, Gen.-St.-W. II. S. 1020.

2) Milizarmeen sind wenig zur Offensive geeignet: Bourbakis Zug zum Entsatze Belforts, Mißlingen der Burenoffensive in Südafrika 1899.

3) S. Taktik III, S. 194.

liche Maßnahmen, um Rekruten, Waffen und Geld zu schaffen, rechtfertigen sich selbst. Aus anfänglichem Mißgeschick kann — wenn ein stolzes und starkes Volk hinter dem Heer steht — der Verteidigung geradezu eine Stärkung erwachsen[1]. Da ein Angriffskrieg große Opfer fordert, schließlich „ein Kulminationspunkt des Sieges" eintritt, so kann sich die Verteidigung die Aufgabe stellen, die Entscheidung bis zu dem Eintreten günstiger Bedingungen hinzuhalten. Vor der 123000 Mann starken Armee Massenas weicht im Jahre 1810 Wellington — nur 30000 Mann stark — in die geschickt vorbereitete Stellung von Torres Vedras zurück, bis der Gegner, durch Entsendungen und Krankheiten geschwächt, den Rückzug antreten mußte. Der langsamere Kräfteverbrauch in der Verteidigung, während sich die Kräfte der Angreifer schneller aufreiben, gibt dann die Möglichkeit, ein anfänglich ungünstiges Stärkeverhältnis auszugleichen. Aber der russisch-japanische Krieg lehrt, wie schwer schließlich der Übergang aus einer Rückzugsdefensive, die sich das Gesetz vom Feinde vorschreiben läßt, zum frischen, fröhlichen Angriff ist. Das Äußerste, was die reine Verteidigung noch zu erreichen vermag, ist dann ein günstiger Frieden, den der Gegner aus Ermüdung gewährt.

Materielle Vorteile begünstigen die Führung des Verteidigungskrieges. Die genaue Kenntnis des Landes und der Besitz reichen Kartenmaterials, die Unterstützung der eigenen Bevölkerung, welche sich bis zum Volkskrieg steigern kann, die Ausnutzung von Hindernissen, das leichte Herbeischaffen des Nachschubes von Munition, Verpflegung und Ersatz auf den in eigenen Händen befindlichen Eisenbahnen mit willigen, eingearbeiteten Behörden gewähren Vorteile, die eine günstige Entscheidung vorbereiten oder eine ungünstige Entscheidung bis zum Eingreifen mächtiger Bundesgenossen hinausschieben können (Türken im Krimkriege). Zu diesen Vorteilen tritt dann noch die Ausnutzung der Festungen (Metz, Paris 1870) oder schon im Frieden vorbereiteter befestigter Stellungen (Dannewerke, Düppel 1849 und 1864). Einige kleinere Staaten hoffen bei einem größeren europäischen Kriege durch Befestigung der Hauptstadt (Rumänien: Bukarest, Dänemark: Kopenhagen) oder einer anderen großen Stadt (Antwerpen) die Zeit gewinnen zu können, das Eingreifen neutraler Mächte zu ihren Gunsten zu erreichen. Die Bedeutung der Festung als Kampffeld (Metz und

---

[1] Nordstaaten im Sezessionskriege, Volkskrieg in Frankreich.

Paris im deutsch-französischen Kriege), als Zufluchtsort einer geschlagenen Armee (französisches Festungsviereck im Norden nach den Schlachten von Amiens und bei St. Quentin), als Stapelplätze, als Sperrpunkte wichtiger Verbindungen kann hier nur flüchtig gestreift werden.

Aber freiwillig wird kein vollkräftiger Staat die Abwehr wählen. „Völker auf dem Höhepunkt ihrer nationalen Kraft waren stets zum Angriff geneigt. Vor dem Ansturm der Osmanen erzitterte das heilige römische Reich, jetzt glaubt man den Türken eine besondere Befähigung zur Verteidigung zuerkennen zu sollen. Die spanische Infanterie galt zu Zeiten Karls V. als die beste in Europa. Der selbstverschuldete Verfall der Kräfte ihres Heeres ließ Türken wie Spanier auf den Angriff, damit auf eine wirksame Verteidigung ihrer Interessen verzichten." Mit dem militärischen Niedergang eines Volkes ist fast immer eine Bevorzugung der Verteidigung verbunden. Die Geschichte verzeichnet dieses auf unzähligen Blättern, nur ein vollkräftiges Volk wagt den Einsatz, der mit jedem Angriff verbunden ist.

Auch auf dem Schlachtfelde sehen wir Angriff und Verteidigung sich in gleicher Weise gegenüberstehen. Während der Angreifer in ausgesprochenster Weise die schnelle Entscheidung sucht, tritt dieses in der Verteidigung nicht so scharf zutage, sie begnügt sich vielfach mit dem Zeitgewinn, oft genügt schon ein Behaupten des Schlachtfeldes bis zur Dunkelheit. „In der Defensive", sagt der Prinz Friedrich Karl, „muß man suchen Zeit zu gewinnen, in der Offensive keine Zeit zu verlieren." Erfahrungsgemäß kosten ungenügend vorbereitete Angriffe die meiste Zeit. (Plewna, englische Kämpfe an der Tugela vom 10. Dezember 1899 bis zum 27. Februar 1900.) Der Angriffskrieg aber bedingt noch nicht allerorten die Angriffsschlacht. Verhältnisse können eintreten, welche selbst beträchtliche Heeresteile für lange Zeit auf die Verteidigung verweisen (Russen im Schipkapaß 1877).

Die Verteidigung wird Stellungen wählen, aus denen sie, selbst gedeckt, ein freies Schußfeld hat, über welches der Gegner ohne Schutz vorgehen muß. Durch künstliche Verstärkungen, Bereitstellen der Munition können die Aussichten für eine erfolgreiche Führung der Verteidigung noch wesentlich gesteigert werden. Schwere Geschütze können mit Vorteil herangezogen werden, ihr etwaiger Verlust steht nicht im Einklang mit dem Einsatz, den man bei einer jeden Schlacht wagt[1]). Die Front einer solchen Stellung ist sehr stark und von dem Angreifer nur nach kräftiger Feuervorbereitung und meist nur unter großen Verlusten zu nehmen. Unter dem Einfluß von Schießplatzeindrücken pflegt man die großen materiellen Vorteile der Verteidigung zu überschätzen, die größere moralische Überlegenheit, die größere operative Freiheit des Angriffes außer acht zu lassen und so einseitig für die Verteidigung eine Überlegenheit über den Angriff zu konstruieren. Es ist aber nicht hoch genug anzuschlagen, daß der Angreifer seine Verluste hinter sich läßt, somit die Truppe kaum zur Erkenntnis kommt, was sie verloren hat; anders in der Verteidigung, diese erstickt sozusagen im eigenen Blute. An ein und dieselbe Stelle festgebannt, ist der Mann all' den zersetzenden, die Nervenkraft aufreibenden Eindrücken des Kampfes ausgesetzt. Was Auge und Ohr empfinden, überträgt sich im verstärkten Maße auf die Einbildungskraft und lähmt schließlich die Energie der Verteidigung.

Bei Beurteilung der Verteidigung kommt hinzu, daß ihre taktischen Vorzüge mit der Größe der Heere sich vermindern.

„Eine Verteidigungslinie von einer Meile Länge mag im allgemeinen trefflich gewählt sein, und doch kann sie einen schwachen Punkt haben. Wer dort seine Kraft einsetzt, dessen ist die Ehre des Tages. Durch diese Möglichkeit erhält das angreifende Heer stets den gewaltigeren Schwung. Mit der Zahl der wirkenden Kräfte steigert sich auch die Aussicht für den Erfolg. Eine in die Linien des Verteidigers vorgedrungene Spitze wird zum Magnet für alle noch nicht gebundenen Teile des angreifenden Heeres. Wie die Wasser dahin strömen, wo der Damm gebrochen ist, um die Öffnung zu erweitern, so drängen sich hier die Streiterwogen nach der Stelle, wo ein kühn geführter Stoß die erste Bresche gelegt hat. Der Erfolg im Angriff ist zudem von doppelter Bedeutung. Die erfolgreiche Verteidigung beweist immer nur, daß der Feind im Augenblicke nicht stärker war, der glückliche Angriff aber, daß man selbst der Stärkere ist"[2]).

Am 18. August 1870 wurde die ganze französische Stellung von Point du jour bis Amanweiler behauptet, die Niederlage eines einzigen Armeekorps auf dem rechten Flügel entschied jedoch den Ausgang der Schlacht.

---

[1]) Im Gegensatze hierzu steht das vorzeitige Zurückführen russischer schwerer Geschütze aus der Stellung von Mukden, ehe sie noch einmal recht gewirkt hatten.

[2]) v. d. Goltz, Volk in Waffen S. 233.

Die Schwäche der Verteidigung liegt in ihrer Abhängigkeit vom Gelände, in der Voraussetzung, daß dort, wo die Kriegslage die Aufnahme des Kampfes bedingt, sich auch zur Ausnutzung der Waffenwirkung günstige Vorbedingungen antreffen lassen, daß der Gegner auch tatsächlich dort angreift, wo ihn der Verteidiger erwartet. Trifft dieses zu, so hat die Führung schon viel gewonnen. Der Angreifer hingegen, an Zahl oder innerem Wert stärker, ist freier in seinen Entschlüssen, er kann Ort und Zeit zur Herbeiführung der Entscheidung, zur Vernichtung des Gegners wählen. Der Verteidiger ist an die Scholle gefesselt, er muß Tag und Nacht, wenn der Angreifer ruht, auf Abwehr des Stoßes vorbereitet sein. Dieses bedingt enge Vereinigung mit allen für Unterkunft und Verpflegung verbundenen Nachteilen. Für große Heere bleibt die reine Verteidigung stets ein Nachteil. Der Verteidiger muß mit mehreren Möglichkeiten rechnen; wenn auch eine zutreffende Beurteilung der Lage die Zahl der wahrscheinlichen Angriffspunkte verringern wird, so verführt doch das Bestreben, alles schützen zu wollen, zu Entsendungen, zum Zersplittern der Kräfte.

Psychologische Momente haben im Kriege ebensoviel Gewalt wie die materiellen. Man vergegenwärtige sich irgendeine Lage, in welcher man der Gefahr entgegensieht, ohne zu wissen, wann und aus welcher Richtung sie eintreten wird — und man wird auch die Lage eines Heeres kennen, das in der Verteidigung auf den Angriff des Gegners harrt. Der starren Verteidigung fehlt das treibende Element. Sie bindet die Kräfte, statt sie zu entwickeln; sie zwingt leicht dem Soldaten das Gefühl auf, daß die Armee und ihre Führer von den Verhältnissen beherrscht werden, anstatt sie selbst zu beherrschen.

Die reine Verteidigung kann wohl Zeitgewinn schaffen, die Entscheidung hinausschieben, aber nicht den Gegner vernichten, das vermag nur der Angriff. Eine starre Defensive muß ihrem Wesen nach schließlich mit dem Zusammenbruche enden. Das beste Beispiel ist Plewna. Osman Pascha wehrt drei Angriffe der Russen ab, jeder Mißerfolg erschüttert das feindliche Heer auf das gewaltigste, aber nach jeder Niederlage kehren die Russen von neuem mit verstärkten Kräften wieder, bis es ihnen gelingt, Plewna einzuschließen, der türkischen Armee die Offensivkraft zu nehmen und schließlich ihre Waffenstreckung zu erzwingen. Die Nachteile der Verteidigung lassen sich nur durch den Angriff ausgleichen. Die Schlachten von Waterloo und an der Lisaine wären ohne diesen offensiven Beisatz ebenso unentschieden geblieben wie die glücklichen Kämpfe der Buren an der Tugela, wie die zweite Schlacht von Plewna, nach welcher ein Vorstoß Osman Paschas die russische Armee vernichtet haben würde. Diese Schlachten zeigen aber, daß der Übergang zum Angriff ohne das Eingreifen frischer Truppen unmöglich ist, daß der Gedanke der angriffstätigen Verteidigung wohl leicht gefaßt, aber schwer durchzuführen ist. Die Vorschriften aller größeren Heere fordern daher für die entscheidungsuchende Verteidigung die Vereinigung der Feuerwirkung mit angriffsweisem Verfahren[1]). Die Nachteile der Verteidigung, namentlich ihre Abhängigkeit vom Feinde, sind aber so groß, daß ein zum Angriff sich stark genug fühlendes Heer niemals freiwillig die Verteidigung wählen wird, um die materiellen Vorteile dieser Kampfform auszunutzen. Freiwillig würde der Führer auf die Vernichtung des Gegners verzichten, er würde sich schließlich nur der eigenen Vergewaltigung durch den Gegner zu erwehren haben, ohne vielleicht den Zeitpunkt finden zu können, selbst offensiv zu werden. **Wer die Entscheidung will, muß angreifen.** Aber der Angriff stellt die höchsten Forderungen an die seelischen Kräfte der Menschen, verlangt die beste Ausbildung.

Reine Milizheere ohne festen Rahmen und ohne besonders starke Geschützzuteilung sind nur in seltenen Fällen den schweren Forderungen gewachsen, welche die Durchführung eines Angriffes verlangt.

Die taktische Offensive verlangt im allgemeinen, ohne indessen dadurch bedingt zu sein, die Überlegenheit der Zahl. Häufig kann die Masse ersetzen, was der Truppe an Wert und Führerkunst abgeht. Nichts wäre indessen falscher, als den Entschluß, anzugreifen oder sich zu verteidigen, von dem Stärkeverhältnis abhängig zu machen. Gefechtsaufgabe und Wert der Truppe entscheiden. Landsturm, Mobilgarden, Reservetruppen können in keiner Weise festgefügten Linientruppen gleichwertig zur Seite gestellt werden. Im Frieden, wo wir den Wert der Truppe nicht zum Ausdruck bringen können, ist die Truppenzahl für die Wahl des Angriffes oder der Verteidigung vielfach entscheidend. Initiative, Kühnheit und Wagen würden gelähmt, der Wert der Ausbildung und einer geschickten Führung unterschätzt, wenn wir die Entscheidung über Angriff oder Verteidigung einzig

---

1) Das französische Reglement geht in dieser Richtung zu weit, wenn es die passive (abwartende) Verteidigung — wie sie der Kampf um Zeitgewinn fordert — unbedingt verwirft.

von der Stärke oder Schwäche des Gegners abhängig machten. Von der übertriebenen Bewertung der Zahl ist dann kein großer Schritt mehr zu der Auffassung, daß das Vorhandensein stärkerer Kräfte an sich schon entscheidend wirke und somit zum Meiden der Entscheidung auffordere[1]). Nicht der Besitz, sondern erst der Gebrauch der Kraft entscheidet im Kriege über den Erfolg. Ausschlaggebend ist einzig und allein die Lage (Vionville, Spichern). Geschicktes Vereinigen stärkerer Kräfte an entscheidender Stelle, beschleunigte Entfaltung von Truppen und Feuerkraft in günstiger Stoßrichtung, Schnelligkeit in der Bewegung und Zähigkeit in der Führung können auch einer Minderzahl zum Siege verhelfen (Österreicher bei Custoza 24. Juni 1866. Schräge Schlachtordnung Friedrichs des Großen).

Im allgemeinen wird es in zweifelhaften Fällen und bei unklaren Verhältnissen, wie sie im Kriege so oft bestehen, geratener sein aktiv zu verfahren und sich selbst die Vorhand zu erhalten, als das Gesetz vom Gegner zu empfangen. Dieser wird meist unsere Lage ebensowenig übersehen können, wie wir die seine, und mitunter auch da nachgeben, wo die faktische Sachlage an sich es nicht notwendig gemacht hätte. Dieses gilt namentlich von verzweifelten Lagen, in denen der Führer anscheinend nur die Wahl zwischen Waffenstreckung und Durchschlagen hat. Der heldenmütige Entschluß Vandammes bei Kulm 1813, wenn ihm auch kein Erfolg beschieden war, wird jedem Soldaten Achtung abnötigen[2]). Clausewitz nennt vernünftiges Nachdenken über alle Lagen, in welche man im Kriege kommen kann, die eigentliche Lehre vom Kriege. „Die gefährlichsten dieser Lagen muß man sich am häufigsten denken und am besten darüber mit sich einig werden. Das führt zu heroischem Entschlusse aus Gründen der Vernunft."

Die unerläßliche Erziehung zur Offensive darf aber nicht zum Schema werden; dieser Gefahr ist nur durch Bildung der Charaktere und Studium der Kriegsgeschichte vorzubeugen. „Der Offizier, der heutzutage in der Akademie, bei den unzähligen Kriegsspielen immer und immer nur von der alleinseligmachenden Wirkung des

---

1) Den Nachfolgern Friedrichs des Großen war das Verständnis für die Bedeutung der Zahl verloren gegangen, die Napoleonische Periode brachte den Wert der numerischen Überlegenheit zur Geltung.

2) Suworow in den Alpen 1799, Ney bei Krasny 18.—21. November 1812. Detachement Boltenstein bei Montoire 26. Dezember 1870.

Angriffes hört, wird selbstverständlich am grünen Tische oder beim Manöver — vor einen Entschluß gestellt — sich fast jedesmal zum Angriffe entschließen, denn er weiß sehr gut, daß tausendmal der falsche Entschluß ‚Angriff‘ ihm leichter verziehen wird, als einmal ein solcher zur Verteidigung. Wird aber ein mit theoretischem Offensivgeist Vollgepfropfter im Kriege vor eine selbständige kompliziertere Aufgabe gestellt, so wird sofort das ihm künstlich Anerzogene spurlos, als in ihm nie dagewesen, verschwinden; er wird das tun, was ihm seine reinste innerste Individualität sagt. Ist er schwach, so wird er bestimmt defensiv handeln, denn nur der geistig, der individuell Starke kann offensiv sein. Selbst wenn das Schulgewissen des theoretisch gebildeten, individuell aber schwachen Offiziers am Scheidewege des Entschlusses zur Offensive ratet, so wird er es dennoch nicht tun und sagen: ‚Keiner der neunundneunzig Fälle, wo ich immer angreife, ist hier am Platz, es tritt leider der hundertste Fall ein, wo ich verteidigen muß.‘

Kuropatkin, ist er nicht das Prototyp eines theoretischen Offensivgeistes mit defensiver Individualität [1])!"

Beim Angriff wird durch das tatkräftige frische „Vorwärts" das moralische Element gehoben, ihm steht die Überraschung zur Seite, Ort und Zeit des Angriffes zu wählen. Es gewährt dieses die Möglichkeit, am entscheidenden Punkte mit überlegenen Kräften aufzutreten. Scheinangriffe können den Gegner über die Richtung des Angriffes getäuscht, eine Umfassung dem Angreifer die Gelegenheit gegeben haben, eine dem Verteidiger überlegene Feuerkraft zu entfalten. Dieses und der Umstand, daß es sich um Bekämpfung feststehender Ziele handelt, bedingt, daß die Verbesserung der Waffen vielleicht noch in erhöhterem Maße dem Angriffe als der Verteidigung zugute kommt. Bedingung bleibt, daß die Ausbildung des Angreifers den verbesserten Feuerwaffen entspricht. Das Bewußtsein — sei es begründet oder nicht — der Stärkere, der Überlegene zu sein, verfehlt niemals, seinen Eindruck auf die eigenen und feindlichen Truppen auszuüben. „Eine gut ausgebildete und gut geführte, willensstarke Infanterie hat selbst unter

---

[1]) Danzers Armeezeitung, 15. März 1906. S. den Entschluß Willisens bei Idstedt 1850. „Wo der große Krieg sich schlägt, da greift er an; wo er sich nicht schlagen will, stellt er sich unangreifbar auf oder entzieht sich dem Angriff durch Bewegung." Willisen war ein Vertreter des Angriffs um jeden Preis, verwarf grundsätzlich die Verteidigung.

schwierigen Verhältnissen und gegen einen an Zahl überlegenen Feind Aussicht auf Erfolg." (F.E.R. 265.) Die ungestümen Angriffe der preußischen Truppen bei Vionville erweckten bei den französischen Führern die Ansicht, sich einer Überzahl gegenüber zu befinden und hemmten die schon eingeleitete Offensive. Der französische Oberfeldherr verzichtete auf Fortführung des Weitermarsches nach Verdun. Seine Maßnahmen wurden von der Befürchtung beherrscht, nur nicht von der Festung Metz, die man doch verlassen wollte, abgedrängt zu werden.

Diesen gewaltigen Vorteilen des Angriffes stehen aber auch Nachteile entgegen. Der Anmarsch kann bereits die Kräfte erschöpfen (Halbdivision Schwartzkoppen bei Mars la Tour), die Truppe muß längere Zeit, ohne das feindliche Feuer erwidern zu dürfen, Verluste ertragen. Der Angreifer muß seine Arbeit in einer bestimmten Zeit leisten; frühzeitig eintretende Dunkelheit läßt es oft nicht zur Entscheidung kommen, und schon Zeitgewinn kann für den Verteidiger von entscheidender Bedeutung sein.

Große Verluste sind beim Angreifer, ehe er in die feindliche Stellung eingedrungen ist, unvermeidlich, aber noch größer ist die Einbuße des Verteidigers, der im Feuerkampf unterliegt, im Verfolgungsfeuer des Siegers zurückgehen muß und der Wirkung einer erbarmungslosen Verfolgung ausgesetzt ist. Hat die Führung in der Vorbereitung des Angriffs nichts versäumt, dann ist der Einsatz wohl im Einklang mit dem Gewinn. Falsch wäre es daher, aus Scheu vor Verlusten nicht angreifen zu wollen, falsch wäre es, solche Gedanken in der Infanterie überhaupt aufkommen zu lassen. Schon im Frieden muß in der Truppe die Erkenntnis erzogen werden, daß große Verluste unvermeidlich sind. Eine in strenger Friedensschulung erzogene Truppe wird sie auch ertragen können. Der Führer hat aber die Pflicht zu erwägen, wie er die Verluste verringern kann. Rücksichtsloses Zufassen mit vereinten Kräften ist immer weniger verlustreich gewesen, als halbe Maßregeln und sparsamer Einsatz von Kräften.

„Das moralische Element bedarf seiner hohen Bedeutung halber noch einer besonderen Erwähnung. Die Mannszucht, dieser Grundpfeiler der Armee, baut sich vorzugsweise auf ihm auf. Eine Truppe, deren Disziplin nur auf Furcht vor Strafe beruht, ist ernsten Ereignissen nicht gewachsen. Niederlagen bedrohen sie mit Auflösung.

Hat dagegen der Offizier durch Tüchtigkeit, persönlichen Mut, stete Fürsorge für das Wohl seiner Untergebenen sich das unbedingte Vertrauen derselben erworben, so werden die schwierigen Lagen des Krieges dieses Band gegenseitigen Vertrauens nur fester knüpfen. Sind Offiziere und Soldaten in gleicher Weise von der Liebe zu König und Vaterland beseelt, haben es die ersteren verstanden, das Gefühl für Waffenehre und Fahnentreue nach unten zu verbreiten, so ist selbst ein Sturm gegen die feuerspeienden Fronten des Feindes möglich. Physische Unmöglichkeiten waren es nicht, welche ein solches Vorgehen bisweilen scheitern ließen. Wenn ein Drittel der Mannschaft im feindlichen Feuer zusammenbrach, so war der moralische Eindruck auf die übrigen ein so übermächtiger, daß sie liegen blieben oder zurückgingen. Es war nicht die körperliche, sondern die moralische Kraft, welche den Fliehenden gebrach. Die Kriegsgeschichte zeigt, daß nur eine gut erzogene, vom richtigen Geist beseelte Truppe die schwersten Krisen überstehen und siegreich aus dem Kampfe hervorgehen kann, selbst wenn die Führung nicht fehlerfrei war."

„Man muß das Höchste im Kriege", sagt F. Hoenig in der Taktik der Zukunft (S. 207), „in der Psyche suchen, und die taktischen Formen müssen ihre Entfaltung ermöglichen. Auf ihr müssen die Gefechtsgrundsätze und die Gesichtspunkte für die Ausbildung und Führung aufgebaut werden; im Verein mit der Erfahrung wird man dann zu richtigen Anschauungen gelangen. Früh genug kommt der Angreifer an den Punkt, wo jede Regel zerschellt, Regellosigkeit an ihre Stelle tritt, und in dem Chaos, welches vor, in und nach der Entscheidung unabwendbar ist, soll der Mann stehen über Regellosigkeit und Verwirrung und noch fähig sein, seine vom Verstand geleitete Willenskraft zu betätigen, so und so viele entfesselte Kräfte wieder unter seine Macht zu beugen, die geführt vorzubringen die andere Seite der schweren Aufgabe ist. Befehlen im Kampfe diese Männer, dann werden nach wie vor unsere Fahnen auf eroberter Höhe flattern."

„Die besten Gewehrmodelle, die künstlichsten Evolutionen, die raffinierteste Ausrüstung, das vollendetste Eisenbahnsystem, all das sind nur Mittel zum Zweck. Dem Sieg auf dem Schlachtfelde muß jener in der Seele des Heeres und des Volkes vorausgehen, den rechten Sieg schafft nur der Geist [1]."

---

[1] Meinungen und Mahnungen, S. 8.

Strategische Offensive und taktische Defensive.

Da die Vorzüge der Offensive sich vor allem in der Bewegung, die der Verteidigung in der Ausnutzung der Waffenwirkung aus vorbereiteter Stellung zeigen, so würde rein theoretisch am günstigsten eine Vereinigung der operativen Offensive mit der taktischen Defensive sein. Auch der Feldmarschall Moltke [1]) hat diese Vereinigung beider Kampfesarten als wünschenswert hingestellt, ohne aber diesen Gedanken jemals in die Wirklichkeit zu übertragen. Die Verhältnisse des Krieges waren eben stärker als alle Forderungen der Theorie, sie trieben ihn zur taktischen Offensive und ließen diese in der gegebenen Lage stets notwendiger und vorteilhafter erscheinen als eine Verteidigung. Seine eigene theoretische Auffassung wurde aber davon nicht berührt.

Es ist derselbe Standpunkt, den Friedrich der Große, ebenfalls vom Bewußtsein der preußischen Feuerüberlegenheit ausgehend, beim Beginne seiner Feldherrnlaufbahn einnahm. Diese Auffassung hat gewiß ihre große innere Berechtigung. „Wo gleich starke Heere sich gegenüberstehen, da kommt es allerdings darauf an, sich für den Kampf selbst alle möglichen Vorteile zu wahren und nicht unter ungünstigen Chancen anzugreifen. Immerhin aber schließt die Absicht, bei ,positivem Zwecke' taktisch defensiv zu bleiben, einen gewissen Widerspruch in sich, indem sie den Entschluß zur Entscheidung dem Gegner zuschiebt, der mit dem ,negativen Zwecke' [2]) gewiß selten Grund haben wird, sie in ungünstiger Form zu wagen, und das eben nur dann tun wird, wenn er sich in absoluter Zwangslage befindet. Eine solche Zwangslage wirklich zu schaffen, ist jedoch außerordentlich schwer und wird nur in den seltensten Fällen gelingen. Der Versuch dazu schließt immer eine gewisse Künstlichkeit ein, und daher erscheint es als das grundsätzlich Richtige, daß der, der im Kriege positive Zwecke verfolgt, die Offensive auch taktisch durchführt, solange es die Verhältnisse irgend gestatten. Kommt doch auch der Zeitgewinn meist nur dem Verteidiger zugute. So hat sich denn auch Friedrich der Große zu dieser Anschauung durchgerungen. Bei dem Könige bildete die Schlacht von Soor mit ihrem überraschenden Angriffserfolge den entscheidenden Wendepunkt [3])."

1) Die gleichen Anschauungen des Prinzen Friedrich Karl. Siehe meine Schrift Pr. F. K. in Erzieher des preußischen Heeres, S. 14, 27, 61.
2) Clausewitz, „Vom Kriege". Zweck und Mittel im Kriege, S. 30.
3) Moltkes Strategisch-Taktische Aufsätze, Vorwort, S. XII.

Im April 1861 schreibt der General v. Moltke in seinen Bemerkungen über den Einfluß der verbesserten Feuerwaffen:

„Der Angriff einer Stellung ist wesentlich schwieriger geworden als deren Verteidigung, die Defensive während des ersten Stadiums eines Gefechts ein entschiedener Vorteil. Es wird die Aufgabe einer geschickten strategischen Offensive sein, den Gegner zum Angriff einer von uns ausgewählten Stellung zu nötigen, und erst wenn Verlust, Erschütterung und Ermattung ihn erschöpft haben, werden wir auch die taktische Offensive ergreifen"[1]), denn der Vorteil, sich angreifen zu lassen, überwiegt, trotz des moralischen Impulses, den der Angriff für sich hat. Schließlich im Jahre 1875 (Lösung der 50. taktischen Aufgabe), nachdem gerade die Stellungsstrategie der kaiserlichen Heere 1870 nicht vermocht hatte, den Übergang zum Angriff zu finden, sagt Moltke weiter: „Meiner Überzeugung nach hat durch die Verbesserung der Feuerwaffen die taktische Defensive einen großen Vorteil über die taktische Offensive gewonnen. Wir sind zwar im Feldzuge 1870 immer offensiv gewesen und haben die stärksten Stellungen des Feindes angegriffen und genommen, aber mit welchen Opfern? Wenn man erst, nachdem man mehrere Angriffe des Feindes abgeschlagen, zur Offensive übergeht, erscheint mir dies günstiger."

Eine Truppe, welche in dieser Weise zu verfahren, günstige Stellungen im feindlichen Gebiet zu gewinnen sucht, die der Gegner unbedingt angreifen muß, erliegt aber schließlich der größeren operativen Freiheit des nicht an solche Rücksichten gebundenen Gegners.

Am deutlichsten zeigt sich dies in den Operationen des englischen Generals Wellesley, des späteren Herzogs von Wellington, im Jahre 1809. Die englische Armee, etwa 60000 Mann stark, marschierte von Coimbra im Tajo-Tale auf Madrid. Eine spanische Kolonne von 20000 Mann unter Vanegas suchte, über Ciudad-Real und Toledo auf Madrid vorgehend, sich mit den Engländern zu vereinigen. Zum Schutze der Hauptstadt hatte der König Joseph 50000 Mann vereinigt, eine aus drei Armeekorps bestehende Armee unter dem Marschall Soult stand mit der Front gegen Westen in der Linie Astorga-Salamanca. Ziel der englischen Offensive mußte sein, so schnell als möglich einen Erfolg gegen die Madrid deckende Armee des Königs Joseph zu erringen, sich dann gegen die anmarschierende Armee Soults zu wenden. Ehe die Vereinigung mit dieser nicht ausgeführt war, mußte der König Joseph zunächst jeder Entscheidung ausweichen. Soult konnte entweder auf Placentia gegen den Rücken der Engländer vorgehen, oder von Salamanca auf Madrid abmarschieren und sich hier mit dem Könige vereinigen. Letzteres hat der Kaiser Napoleon später als das Richtigere bezeichnet.

---

1) Ebendort, S. 31.

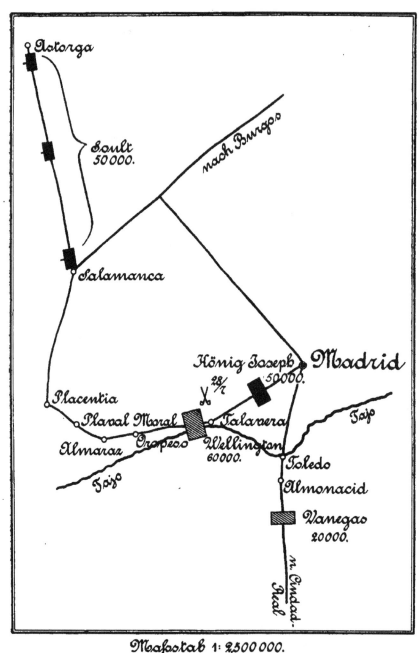

Am 22. Juli erreichte die englisch-spanische Armee, 47000 Mann Infanterie, 10000 Reiter, 100 Geschütze, Talavera, blieb hier in günstiger Stellung in Erwartung eines Angriffes untätig stehen. Dieser erfolgte tatsächlich am 28. von der französischen Armee, welche 40000 Mann Infanterie, 7000 Reiter und 80 Geschütze zählte. Mit einem Verlust von 12000 Mann und 18 Geschützen wurde der Angriff abgewiesen. Anstatt aber das geschlagene Heer zu verfolgen und in Gemeinschaft mit dem spanischen General Banegas anzugreifen, wodurch Soults Vormarsch gegenstandslos geworden wäre, blieb Wellington noch weitere fünf Tage untätig auf dem Gefechtsfelde stehen, gestattete den geschlagenen französischen Truppen, sich dicht vor seiner Front wieder zu setzen und sogar gegen Banegas zu entsenden. In einer derartigen Lage ist eine siegreiche, aber nicht ausgebeutete Schlacht in ihrer Wirkung gleichbedeutend mit einem Mißerfolge.

Schon am 3. August machte sich das Vorgehen Soults geltend. Wellington ging mit einem Teile seines Heeres nach Oropeso. Am 4. August war die Avantgarde Soults nur noch einen Tagesmarsch von Oropeso entfernt. Wellington will es auf eine Schlacht gegen Soult nicht ankommen lassen, überschreitet den Tajo und geht nach Portugal zurück. Am 10. August wurde Banegas bei Almonacid entscheidend vom König Joseph geschlagen, seine Truppen auseinandergesprengt. Trotz des Sieges von Talavera war der Feldzug verloren!

In welchem Maße das Innehalten in der Vorwärtsbewegung dem Gegner die operative Freiheit wiederzugeben vermag, zeigen die Operationen Gyulays in der Lomellina 1859[1]), der Bayern in der Hohen Rhön vom 4. bis 6. Juni 1866. Während die bayrische Armee einen Angriff bei Kalten-Nordheim erwartete, marschierte die preußische Armee auf Fulda ab, zwang dadurch die Bayern in schnellen Märschen das linke Ufer der Saale zu erreichen, um sich einem preußischen Vorgehen auf Schweinfurt vorzulegen[2]). Die Operationen der Buren würden im Beginn des südafrikanischen Krieges bei einem beweglicheren Gegner ebenfalls in kürzester Zeit gescheitert sein. Ihr Entschluß, die Vorwärtsbewegung einzustellen, sich an das Gelände anzuklammern, entsprang dem Bewußtsein, daß sie zur Führung eines Angriffes wenig geeignet seien, daß sie aber dank ihrer Beweglichkeit und bei dem planmäßigen Vorschieben von Abteilungen gegen die Flanke des Feindes sich rechtzeitig einer Umgehung frontal würden vorlegen können. Unterstützt wurde diese Taktik durch die Verhältnisse des Kriegsschauplatzes, welche die Bewegungen größerer Truppenkörper auf bestimmte, fest vorgezeichnete Linien verwiesen, die leicht zu sperren waren. Ähnliche Erscheinungen finden wir in den Tagen vor

---

1) v. Caemmerer, Magenta, S. 17 u. f.
2) v. Lettow-Vorbeck, Der Krieg von 1866 in Deutschland, III, S. 68 u. f.

Mukden, die geplante russische Offensive wird aufgegeben, als die Japaner sich anschicken, selbst offensiv zu werden (24. Februar 1905).

Gerade auf die Offensiv-Defensive passen die Worte von Clausewitz: „Die meisten Verteidigungen sind nur Notbehelfe, die Mehrzahl der Verteidiger befindet sich in einer sehr bedrängten Lage, in der sie, das Schlimmste erwartend, dem Angriff auf halbem Wege entgegenkommen." Der Hauptnachteil der Offensiv-Defensive, an dem ihre Ausführbarkeit meist scheitert, liegt in dem Umstande, daß die für ihre Zwecke brauchbaren Stellungen sich der Armee nicht zur Verfügung stellen, wenn sie am Entscheidungspunkte gebraucht werden. Jeder Schritt in der Vervollkommnung der Feuerwaffen führt leicht zu einer Bevorzugung der Defensive. Aber noch jedesmal hat die Armee, welche glaubte, auf den Geist der Offensive verzichten zu können, diesen Irrtum mit schweren Niederlagen bezahlt. Die Österreicher 1859, die Franzosen 1870, die Buren 1900, die Russen 1904/05.

Nur in rücksichtsloser, gründlich vorbereiteter operativer und taktischer Offensive liegt das Heil, aber um diese zu ermöglichen, muß auch der Defensive ein gebührender Platz an operativ richtiger Stelle zuerkannt werden.

II. Die Wahl des Angriffspunktes.

Der Angreifer muß versuchen, eine schwache Stelle des Feindes, gegen welche überraschende Entwickelung überlegener Kräfte möglich ist, anzufallen. Bei Auswahl des Angriffspunktes sind operative und taktische Forderungen zu berücksichtigen. Die operativen Forderungen — z. B. Druck auf die feindliche Rückzugslinie, Abdrängen des Feindes in bestimmter Richtung, etwa in ungünstiges Gelände oder diesseitigen anmarschierenden Truppen entgegen, Aufrechthalten des Zusammenhanges mit anderen Truppen — machen sich erst nach der Schlacht geltend, während die taktischen Forderungen: gedeckte Annäherung, überlegene Feuerwirkung, den unmittelbaren Erfolg in der Schlacht sichern. Niemals darf der Sieg in Frage gestellt werden dadurch, daß die Führung das operativ zu Erstrebende über die taktischen Forderungen stellt. Erst muß der Feind geschlagen werden. „Vor dem taktischen Siege schweigt die Forderung der Strategie, sie fügt sich der neugeschaffenen Sachlage an[1]." Die Kunst der Führung besteht darin, taktische und operative Forderungen in Einklang zu bringen. Je freier eine Truppenabteilung in ihren Bewegungen ist, je weniger Rücksicht sie auf ihre eigenen Verbindungen zu nehmen hat, je weniger sie auf das Zusammenwirken mit anderen Truppenteilen angewiesen ist, um so freier kann sie in der Wahl ihrer Angriffsrichtung verfahren. Hat die Kavallerie gute und sichere Nachrichten über den Feind gebracht, so kann der Führer einer leicht beweglichen Abteilung (z. B. einer Infanterie-Division) wagen, wenn wünschenswert, jede strategische Rücksicht beiseite zu lassen, z. B. sich weit von einem zu sichernden Objekt zu entfernen, vorübergehend die eigene Rückzugslinie aufzugeben, wenn er dafür eine größere Wahrscheinlichkeit des Sieges eintauscht. Ist

---

[1] v. Moltke, Über Strategie.

der Feind geschlagen, so wird eine bewegliche Truppenabteilung sich auch leicht wieder in das entsprechende operative Verhältnis setzen können.

Der Angriff Radetzkys auf die abgetrennte italienische Gruppe bei Vicenza 1848 wurde, da der am Mincio stehende Gegner durch die Festungen Mantua und Verona am Erscheinen auf dem Schlachtfelde gehindert war, in der taktisch und operativ günstigsten Richtung über die Monti Berici geführt, bei einem Mißerfolge wäre die österreichische Truppenabteilung allerdings von ihren Verbindungen getrennt worden.

Wesentlich anders gestaltet sich die Sache bei den langsamer sich bewegenden großen Heeren, die bei ihrer Größe auf den sicheren Besitz ihrer rückwärtigen Verbindungen angewiesen sind. Sie haben diese in erster Linie zu schützen und möglichst die des Feindes zu bedrohen, so daß an den Sieg auf dem Schlachtfelde sich die Vernichtung des feindlichen Heeres anschließt. Ein Bedrohen der Rückzugslinie mit einzelnen Teilen hält diese meist vom Gefechtsfelde fern und kommt meist einer Zersplitterung der Kräfte gleich[1]. Ist die entsendete Abteilung groß, so fehlt sie bei der Entscheidung und verringert die Wahrscheinlichkeit des Sieges, ist aber die bedrohende Gruppe schwach, so wird sie über den Haufen gerannt und verfehlt ihren Zweck[2]. Eine ausgesprochene operative und taktische Überlegenheit kann vorübergehend den Schutz der eigenen Verbindungen außer acht lassen, um dann um so erfolgreicher mit der ganzen Kraft die des Feindes zu bedrohen. Lehrreiche Beispiele für das Einsetzen der ganzen Streitkraft in dieser Richtung liefern Napoleons Angriffsbewegungen in seinen entscheidenden Feldzügen von Marengo 1800 bis Dresden 1813. Große Entscheidungsschlachten der Weltgeschichte sind vielfach Schlachten mit verwandter Front gewesen.

So erwünscht es auch für ein auf der inneren Linie befindliches Heer sein mag, zur Verkürzung der Bewegungslinien den inneren Flügel des zunächst befindlichen Gegners anzugreifen, sich dann gegen den Flügel des entfernteren Gegners zu wenden (z. B. erste Absicht des Kaisers Napoleon beim Angriff der englischen

---

[1] Gefecht der 14. Infanterie-Division bei Forbach am 6. August, ohne Einfluß auf den Gang des Treffens von Spichern.

[2] Ganz wirkungslose Entsendungen der Verbündeten in den Rücken Napoleons auf dem linken Elsterufer gegen Leipzig am 16. Oktober 1813. Friederich, Herbstfeldzug, III, S. 21, 109. Mustergültig bleibt der Entschluß von Lord Roberts, der, obwohl seine Verbindungslinie von de Wet unterbrochen wird, sich nicht in seinem Vormarsch von Bloemfontain auf Pretoria aufhalten läßt.

Stellung bei Waterloo), so kann doch die Befürchtung, die Rückzugslinie zu verlieren oder vom Gegner eingeschlossen zu werden, geradezu zu einem entgegengesetzten Verfahren führen, nämlich den Angriff gegen den äußeren Flügel des Feindes zu richten. Mustergültig finden wir dieses in der Schlachtenanlage des Erzherzogs Albrecht bei Custoza[1]) 1866 zum Ausdruck gebracht, indem er, in seiner linken Flanke durch die Po-Armee bedroht, durch Verona hindurchmarschierte, die linke Flanke der italienischen Mincio-Armee angriff, dadurch auch seine Verbindungen mit Tirol schützte.

Im großen Rahmen ergibt sich aus der Art des Aufmarsches und aus der Vormarschrichtung vielfach auch die Angriffsrichtung. So führte die operative Absicht, die Dänen von der Düppelstellung abzudrängen, im Jahre 1864 dazu, die Danewerkstellung auf ihrem linken, stärkeren Flügel entscheidend anzugreifen, gegen den taktisch schwächeren rechten Flügel hingegen nur zu demonstrieren[2]). Der Befehl des Großen Hauptquartiers vom 30. August 1870, 11 Uhr abends[3]), von rein operativer Grundlage ausgehend, ordnete gegen die vor Sedan versammelte feindliche Armee für den 1. September an:

„Die Vorwärtsbewegung ist daher morgen in aller Frühe fortzusetzen und der Feind überall, wo er sich diesseits der Maas stellt, energisch anzugreifen und auf den möglichst engen Raum zwischen diesem Flusse und der belgischen Grenze zusammenzudrängen Der Armeeabteilung Sr. Kgl. Hoheit des Kronprinzen von Sachsen fällt speziell die Aufgabe zu, den feindlichen linken Flügel am Ausweichen in östlicher Richtung zu hindern . . . . . . In gleicher Weise hat sich die III. Armee gegen Front und rechte Flanke des Feindes zu wenden."

In taktischer Beziehung wird die Frage zu beantworten sein: welcher Punkt der feindlichen Stellung ist für ihre weitere Behauptung von Wichtigkeit? Gegen solche „Schlüsselpunkte" (Rocca von Solferino, Fröschweiler, St. Privat, Höhen von Chlum) werden sich vorwiegend die Anstrengungen des Angreifers richten. Große Verluste werden damit eng verbunden sein. Glaubt man sich aber nicht stark genug, den Angriff gegen einen solchen Punkt durchführen zu können, so ist es sicherer und besser, ihn gegen denjenigen Teil der feindlichen Stellung zu richten, der dem Angreifer die Möglichkeit gewährt, eine überlegene Kraft zur Wirkung zu bringen.

---

1) S. u. S. 153.
2) Moltke, Militärische Korrespondenz 1864, S. 13, 18.
3) Moltke, Militärische Korrespondenz 1870, I, Nr. 238, S. 264.

Gedeckte Annäherung, gedeckte und überraschende Entwickelung, Möglichkeit einzelne Teile der Stellung durch umfassendes Angreifen unter Kreuzfeuer zu nehmen (also z. B. vorspringende Teile), der Vorteil, den Einbruchsraum einheitlich aus einer größeren Anzahl von Gewehren und Geschützen zu beschießen, das Vorhandensein überhöhender Feuerstellungen wird zugunsten einer bestimmten Angriffsrichtung sprechen. Das Ergebnis dieser, vor Eintritt in den Kampf angestellten Erwägungen wird sich im weiteren Verlauf der Schlacht häufig ändern. Frische, auf dem Gefechtsfelde eintreffende Verbände werden vielfach die Durchführung des entscheidenden Angriffs übernehmen, gleichviel, ob die eingeschlagene Richtung günstig ist oder nicht [1]).

---

1) Vorgehen der 17. Infanterie-Division bei Poupry zur Entlastung der um Loigny kämpfenden Bayern (Kunz, Loigny, S. 147), Angriff der 5. Infanterie-Division bei Beaune la Rolande auf dem rechten Flügel des X. Armeekorps (Hönig, Volkskrieg an der Loire, III, S. 212).

III. Die Form des Angriffs.

Die Form des Angriffs in der Schlacht ist das Ergebnis der Richtung der Anmarschlinien und der Ausdehnung der Armee, indem sich die operativen Marschlinien in die taktischen Angriffsrichtungen umsetzen.

Die Absicht der Heeresleitung, den entscheidenden Stoß in der operativ günstigen Richtung anzusetzen, überträgt sich auch auf die Führung des Angriffs auf dem Schlachtfelde. Die Absicht, die französische Rheinarmee am Abmarsch aus Metz nach Verdun zu hindern, mußte am 16. und 18. August 1870 zur Umfassung des französischen rechten Flügels führen. Der Gedanke des Kaisers Napoleon, die lockere Aufstellung der russischen Heere 1812, den ausgedehnten Unterkunftsraum der Verbündeten in den Niederlanden 1815 zu durchbrechen, mußte das Ansetzen einer taktischen Umfassung erschweren, die Ausführung eines taktischen Durchbruches hingegen begünstigen. Der konzentrische Einmarsch der preußischen Heere in Böhmen 1866 aus einer Frontbreite von etwa 300 Kilometern mußte naturgemäß zu einem umfassenden Angriffe auf dem Schlachtfelde führen, wenn das gegnerische Heer sich in Nähe des gemeinsamen Marschrichtungspunktes der preußischen Armeen, Gitschin, vereinigte.

Ist somit die Angriffsrichtung eine Fortsetzung der Anmarschlinien, so trifft dieses nur so lange zu, als das Gelände keinen einschränkenden Einfluß ausübt, indem es beispielsweise im Gebirge ein Vorgehen in breiter Front ausschließt. Der Anmarsch auf einer einzigen Straße oder in sehr schmaler Front kann zufällig oder beabsichtigt gegen Front, Flanke oder Rücken des Feindes führen, erschwert aber das Ansetzen der Umfassung.

Entwickelung der französischen Armee Macdonalds und der russischen Armee an der Trebbia 17. bis 19. Juni 1799. Entwickelung des V. Armeekorps nach Überschreiten der Maas bei Donchéry und der Enge von St. Menges gegen Fleigneux und Illy ¹).

Ein Vormarsch aus breiter Front in mehreren Kolonnen führt die Flügelkolonnen, welche einen Gegner nicht unmittelbar gegenüber haben, naturgemäß gegen Flanke und Rücken des Feindes.

1. Der reine Frontalangriff,

geradeaus gegen die feindliche Front und parallel zu dieser entwickelt, führt in der Regel auf dem kürzesten Wege an den Feind, aber auch über jenes Gelände hinweg, welches der Verteidiger am wirksamsten mit seinem Feuer beherrscht. Da der Verteidiger auf jeden Meter eines Schützengrabens seiner Stellung zwei Gewehre zu entwickeln vermag, denen der Angreifer aber nur ein einziges entgegenstellen kann, so ist schwer ersichtlich, wie der Angreifer die zur Durchführung des Angriffs nötige Feuerüberlegenheit erringen will. „Feuerüberlegenheit im einzelnen wie im großen zu erzielen, ist das erste taktische Prinzip der Gegenwart und Zukunft" (Liebert). Rein frontale Angriffe, wenn sie nicht durch das Gelände oder durch die Dunkelheit begünstigt werden, bieten wenig Aussicht auf Erfolg ²). Nur durch beständigen Nachschub aus der Tiefe und mit unverhältnismäßig großen Verlusten kann der Angreifer schließlich sein Ziel erreichen. Es bedarf also einer ausgesprochenen Überlegenheit. Kann der Verteidiger Abteilungen in die Flanke des Angreifers vorschieben, so ist der Erfolg des Angriffes völlig in Frage gestellt ³). Freiwillig wird ein Führer diese Form des Angriffes nicht wählen, wenn nicht überlegener Wert seiner Truppen eine Bürgschaft des Erfolges bietet. Aber rein theoretisch ist nicht jeder Frontalangriff zu verwerfen. Im großen Verbande kämpfen selbst Armeekorps und Divisionen rein frontal. **Der Frontalangriff bleibt im Felde das tägliche Brot der Infanterie.** Wer ihn bei heutiger Waffenwirkung für unmöglich hält, dem seien die Verlustziffern von St. Privat entgegengehalten.

---

1) Gen.-St.-W. II, S. 1210 u. f.
2) Es braucht nur auf die ersten Angriffe der Garde auf St. Privat, auf den Angriff der Regimenter Nr. 72, 40 und 11 auf die Höhen von Maison Blanche südlich Rezonville am 16. August 1870 hingewiesen zu werden. Kunz, Kriegsgeschichtliche Beispiele 8/10, S. 128.
3) Burenabteilungen auf dem Hlangwane Berg im Gefecht bei Colenso am 15. Dezember 1899.

Die unsicher hin und her tastende Kriegführung Bullers am Tugela im Burenkriege ist der Ausfluß der Scheu selbst vor einer nur schwach besetzten Front des Feindes. Glücklich eingeleitete Gefechte werden abgebrochen, Teilerfolge nicht ausgenutzt, nur weil der Angriff gegen die Front des Feindes geführt haben würde[1]). Wird die Unangreifbarkeit der Front erst einmal anerkannt, dann ist die logische Folge, daß jeder Angriff überhaupt für unmöglich erklärt werden muß.

Es gibt Fälle, wo ein Frontalangriff trotz aller Schwierigkeiten dennoch gewagt werden muß. Vorgeschrittene Tageszeit wird den Führer bestimmen, wenn nicht die Lage Aufschieben des Kampfes gestattet, auf eine Umfassung zu verzichten, den Gegner rein frontal anzugreifen, Arrieregarden, welche sich am Nachmittage eines kurzen Wintertages zum Kampfe stellen, wird man frontal angreifen müssen, um ihnen nicht die Zeit zu lassen, während der Ausführung einer Umgehung ungestört abzuziehen. Eine Umfassung würde den Zweck verfehlen. Ein auf beiden Flügeln angelehnter Verteidiger, z. B. in einer Einschließungslinie vor einer Festung oder in einer Enge, kann nur frontal angegriffen werden. Es bleibt dem Angreifer dann nichts anderes übrig, als unter dem Schutze der Dunkelheit dicht an den Feind heranzugehen. Nachtgefechte (Angriff auf die Linien von Tel el Kebir 1882) und Begegnungsschlachten (Solferino) spielen sich vielfach rein frontal ab.

Der rein frontale Angriff, bei dem man die eigene Rückzugslinie unmittelbar hinter sich behält, aber auch die des Feindes nicht bedroht, wenn diese nicht ausgesprochen ungünstig liegt, liefert die geringsten Ergebnisse. Ein entscheidender Sieg ist nicht zu erkämpfen, der Unterliegende wird ohne große Verluste an Gefangenen und Siegeszeichen sich der vollen Vernichtung entziehen können.

Ist man zum rein frontalen Angriff gezwungen, so wird man versuchen müssen, einen Punkt der feindlichen Stellung, wohl am günstigsten einen Flügel, mit überlegener Kraft anzufassen, der Versuch, in die Mitte der feindlichen Stellung einzudringen, führt zum Umfassen der siegreich eingedrungenen Angriffsabteilung[2]).

---

1) S. Gefecht von Colenso (15. Dezember 1899) Kriegsgesch. Einzelschr., Heft 32, S. 46, Gefecht am Taba-Myama (20. Januar 1900) Heft 34/35, S. 42, 44, Spionkop S. 75, Vaalkranz S. 94.
2) Angriff auf Noisseville am 1. September 1870. Kunz, Noisseville, S. 86. 91. Englischer Angriff auf den Spionkop am 24. Januar 1900.

2. Der reine Flankenangriff[1]

richtet sich gegen eine Flanke des Feindes, quer zu dessen Frontrichtung entwickelt. Je überraschender das Vorgehen erfolgt, je mehr durch die Anordnungen der Führung die schnelle Entwickelung gefördert wird, um so wirksamer ist der Stoß mit überlegener Kraft gegen die schwächste Stelle des Feindes, gegen seine Flanke. Ein solcher Angriff bringt die eigene Minderzahl zur vollen Entfaltung und erlaubt dem Angegriffenen seine Kraft erst nach und nach einzusetzen. Ein Ausweichen der zunächst bedrohten Flügelkolonne (Ausweichen vom Korps Sacken am 9. Oktober 1813[2])) ist unter größeren Verhältnissen, wo die Nebenstraßen von der Nachbarkolonne benutzt werden, ausgeschlossen. Die Vorteile der Front nützen dem Feinde nichts, er kann nur suchen, unter dem Feuer des Angreifers eine neue Front zu bilden, um wenigstens seinen Rückzug zu ordnen. Kann der Angreifer auch mit Teilen gegen die Front vorgehen und den Gegner längere Zeit über die wahre Absicht täuschen, kann er mit Teilen sogar die feindliche Rückzugslinie erreichen, so wird die Ausführung der Frontveränderung

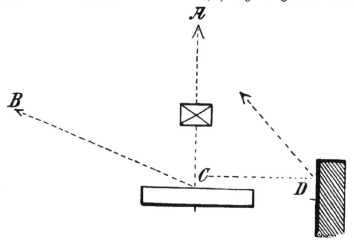

schwierig, oft unmöglich. Auch der Versuch, aus der Tiefe der Marschkolonne den Angreifer wiederum in den Flanken zu nehmen, ist unter größeren Verhältnissen ohne Bedeutung. Nach einem Erfolge kann

---

[1] Interessantes Beispiel: Schlacht von Chancellorsville 1./2. Mai 1863, Frhr. v. Freytag-Loringhoven, Studien über Kriegführung, II, S. 67 u. f. S. auch Lage vor der Schlacht von Hohenfriedberg 1745.

[2] Friederich, Herbstfeldzug 1813, II, S. 327.

der Angreifer in denkbar günstigster Richtung seine Verfolgung einleiten (Jena, Dresden 1813), der Geschlagene wird meist nur im großen Bogen seine Verbindungen wiedergewinnen können.

Der Flügelangriff ist das eigentliche Kampfmittel eines kühnen Angreifers, der vielleicht an Zahl unterlegen, sich aber, anstatt in einer Verteidigungsstellung den Angriff des Gegners zu erwarten, den Vorteil der Initiative nicht entgehen lassen will. Der Angriff bedingt große Bewegungsfreiheit und verschleiernde Maßnahmen durch Hindernisse oder andere Truppen. Die eigenen Verbindungen werden zum Teil preisgegeben, aber wer die Entscheidung sucht, darf nur vorwärts schauen, Rückzugslinien gibt es nur für den Besiegten. „Der strategische Flügelangriff wird vielleicht die in den kommenden Kriegen üblichste Form sein, er ist einfach und entwickelt sich in einer den Massen sympathischen Breite. Es gelten dabei die Bedingungen, daß der entscheidende Flügel stark genug sein muß, nach der Zertrümmerung des entgegenstehenden feindlichen, sogleich zum Aufrollen überzugehen, daß er dabei seine rückwärtigen Verbindungen nicht verliert und endlich, daß der versagte Flügel entweder den Gegner in Schach zu halten vermag oder die allgemeine Lage ein Zurückweichen desselben gestattet, ohne daß hierdurch allzu große Nachteile entstehen [1])."

Friedrichs des Großen „schräge Schlachtordnung" [2]) bezweckte nichts anderes als die starke Feuerkraft seiner langen Infanteriefronten gegen die schwache, nicht durch Reserven geschützte Flanke der starren, schwer beweglichen Linienaufstellungen seiner Gegner einzusetzen: „on refuse une aile à l'ennemi et on fortifie celle qui doit attaquer" [3]).

Auf dem „Attackenflügel" befand sich, wenn das Gelände ihre Verwendung gestattete, die Hauptmasse der Kavallerie. Bei Soor links 20, rechts 26 Eskadrons, bei Kolin rechts 16, links 100 Eskadrons, bei Leuthen auf dem Angriffsflügel 43, auf dem entgegengesetzten 40, hinter der Mitte 25 Eskadrons.

Bei Kolin sollte die Armee treffenweise links abmarschieren, an der feindlichen Frontlinie entlang, in eine schräg vorwärts vor dieser gelegene Aufmarschlinie (Wirtshaus von Brabitz an der Koliner Kaiserstraße—Eichbusch südlich Krzeczhorz) hinein-

---

1) v. d. Goltz, Kriegführung, S. 100.
2) S. Kriegsgeschichtliche Einzelschriften, Heft 27 S. 277 u. f., Heft 28, 29, 30 S. 564 u. f. Nachdem der Angriff in schräger Schlachtordnung bei Kunersdorf mißglückt war, hat ihn Friedrich der Große vor dem Feinde nicht mehr angewendet. Siehe Koser, Friedrich der Große I, S. 643.
3) General-Prinzipien vom Kriege 1748. Ordre oblique.

rücken, dann einschwenken und zum Angriff vorgehen. Infolge des frühzeitigen Einschwenkens des Gros und des geschickten Verhaltens der Österreicher wurde aus dem Flügelangriff ein rein frontales Vorgehen, welches bei dem Mißverhältnis in der Stärke der preußischen Infanterie mit einer Niederlage enden mußte¹).

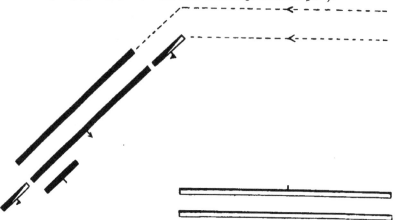

Der Erfolg Friedrichs bei Leuthen war dem Umstande zu danken, daß die Österreicher einen Angriff auf ihren rechten Flügel, entsprechend der preußischen Vormarschrichtung, erwartet hatten und daß das Gelände längere Zeit den Rechtsabmarsch den Blicken der Österreicher entzog.

Wenn der Kaiser Napoleon mit besonderer Vorliebe seine ganze Armee gegen die Flanke des Feindes vorführt, dadurch in empfindlichster Weise dessen Verbindungen bedroht, so rechnet der Kaiser mit der operativen Schwierigkeit der Entwickelung einer in größerer Ausdehnung befindlichen Armee nach der Flanke, mit dem Eindruck einer Umfassung eines in besonderem Maße auf seine rückwärtigen Verbindungen angewiesenen Gegners²).

Großartige Beispiele zeigt das Vorgehen des Kaisers zur Schlacht von Marengo, seine Operation auf Ulm, Operationen vor der Schlacht von Jena unter der tatsächlichen Voraussetzung des Kaisers, daß der Rückzug der Preußen auf Dresden gehen müsse, Landshut 1809, Smolensk 1812, Dresden 25. August 1813 (Aufstellung der Armee bei Stolpen³)), Vormarsch auf Düben am 9. Oktober 1813.

Bei Beginn des Krieges gegen Österreich 1805 marschiert der Kaiser in zwei Gruppen von Schlettstadt bis Mannheim und zwischen Mainz und Würzburg auf.

---

1) Kriege Friedrichs des Großen, Siebenjähriger Krieg, III, S. 70 u. f.
2) S. meinen Vortrag, Napoleonische Schlachtenanlage und Schlachtenleitung. Beiheft zum Militär-Wochenblatt 1901.
3) Freiherr v. Freytag-Loringhoven, Heerführung Napoleons und Moltkes, S. 45.

148 B III. Formen des Angriffs.

Die Ausdehnung der rechten Gruppe der Armee beträgt 160 Kilometer. Unter dem Schutze der in breiter Front über den Schwarzwald vorgehenden Kavallerie Murats überschreitet sie den Rhein, umgeht die Nordspitze des Schwarzwaldes, vereinigt sich mit den aus Holland und Hannover anmarschierenden Korps, schwenkt dann gegen

▨ Franzosen.
▬ Verbündete.

Maßstab 1 : 750000.

Armee Hauptquartier: Stolpen.

Linke franz. Colonne.
42. Div. I. Korps Detachement Corbineau
II. Korps = 41000 Mann
zurück VI. Korps = 26000 Mann

Rechte franz. Kolonne.
Garde Kav Div Lefevre-Desnouettes.
2. Garde Div. Rognet. Brig. Teste.
1. Kav. Korps. Latour Straßbourg.
Alte Garde. 3. Div. Junge Garde
= 94000 Mann.

die Donau ein, indem die Front der ganzen Armee am 2. Oktober bis auf 150 Kilometer verringert wird. Am 5. beträgt ihre Ausdehnung nur noch 70, am 9. nur noch 50 Kilometer. Die Anordnungen des Kaisers sind derart getroffen, daß einem Vorgehen des Feindes durch zwei Korps im Laufe eines Tages begegnet werden kann.

Für eine etwaige Schlacht bei Heidesheim oder Nördlingen wird keine Vereinigung vor der Schlacht, sondern erst auf dem Schlachtfelde angestrebt. „Meine Absicht ist", schreibt der Kaiser an Soult, „wenn wir mit dem Feinde zusammenstoßen, ihn von allen Seiten einzuschließen [1]); nicht ein Mann soll von dieser Armee nach Wien entkommen [2])." Die vereinigte französische Armee stand nach Überschreiten der Donau auf der Verbindungslinie des bei Ulm befindlichen Generals Mack, welcher versäumt hatte, sich rechtzeitig dieser Umfassung zu entziehen. Da die anmarschierenden Verstärkungen noch zu weit entfernt waren, blieb ihm nichts anderes übrig, als die Waffen zu strecken. S. Karte am Schluß des Buches.

Auch der Marsch Napoleons I. aus Schlesien im August 1813 zur Unterstützung des in Dresden von der Hauptarmee der Verbündeten angegriffenen St. Cyr ist vom Kaiser im gleichen Sinne gedacht. Südlich der großen, von Bautzen nach Dresden führenden Straße wird eine Armee von 190 000 Mann vereinigt, um beim Königstein und bei Pirna die Elbe zu überschreiten, sich gegen die Flanke der Verbündeten zu wenden. Aber der Wunsch, diesen großartigen Flankenangriff zu verwirklichen, ging nicht in Erfüllung. Rücksichten auf das schwach besetzte Dresden zwangen den Kaiser, nur Vandamme mit 40 000 Mann über die Elbe gehen zu lassen, mit 100 000 Mann zur Verstärkung nach Dresden abzumarschieren. Die Versammlung der Armee bei Stolpen ist kein „allgemeines Stelldichein", wie man es bezeichnet hat, aus dem Gefühl heraus angeordnet, daß man nur aus vorheriger Versammlung zur Schlacht schreiten dürfe, sie ist vielmehr eine großartige Bereitstellung, um sowohl sich nach Dresden wie nach Pirna-Königstein wenden zu können. Nichts würde es genützt haben, sich in dem bergigen Gelände seitwärts der großen Straße Görlitz—Bautzen—Dresden zu versammeln, wenn die Absicht vorgelegen hätte, so wie so nach Dresden zu marschieren [3]). (S. Skizze auf S. 148).

Die Erfolge, welche mit einem solchen Vorgehen gegen eine Flanke des Feindes verbunden waren, mußten zur Nachahmung anregen. In den Kriegen des zweiten Kaiserreichs finden wir mehrfach eine ähnliche Operation eingeleitet. Während aber für Napoleon I. diese Flankenbedrohung nur ein Mittel ist zu dem Zweck, den Gegner unter ungünstigen Bedingungen zur Schlacht zu zwingen, möchte Napoleon III. die Schlacht vermeiden, für ihn wird die Flankenbewegung Selbstzweck. Ende Mai 1859 hatte sich der Kaiser Napoleon III. entschlossen, seinen ursprünglichen Plan, den Po bei Piacenza (s. auch Skizze auf S. 150) zu überschreiten, aufzugeben, vielmehr den entgegengesetzten rechten Flügel der in der Lomellina stehenden Österreicher zu umgehen, sein Heer von 150 000 Mann bei Vercelli und Palestro über den Sesia zu führen und in einem Raume von zwei Meilen Breite und drei Meilen Tiefe in der Flanke der Österreicher zu versammeln. Am 1. Juni ist diese Bewegung ausgeführt, und obwohl der Kaiser weiß, daß er es nur mit etwa 2½ Armeekorps zu tun haben wird, verzichtet er auf eine Schlacht. Er mag eine Abneigung dagegen gespürt haben, sich den

---

[1]) Korresp. XI. 9323. An Soult. Ludwigsburg, 3. Oktober.

[2]) „Que si je n'avais voulu que battre l'ennemi, je n'aurai pas eu besoin de tant de marches et de fatigues ... mais que je veux le prendre et qu'il faut que de cette armée il ne reste pas un seul homme pour en porter la nouvelle à Vienne." An Soult 12. Oktober 1805.

[3]) Friederich, Der Herbstfeldzug 1813, I, S. 175 u. f.

B. III. Formen des Angriffs.

Lage am 1. Juni 1859.

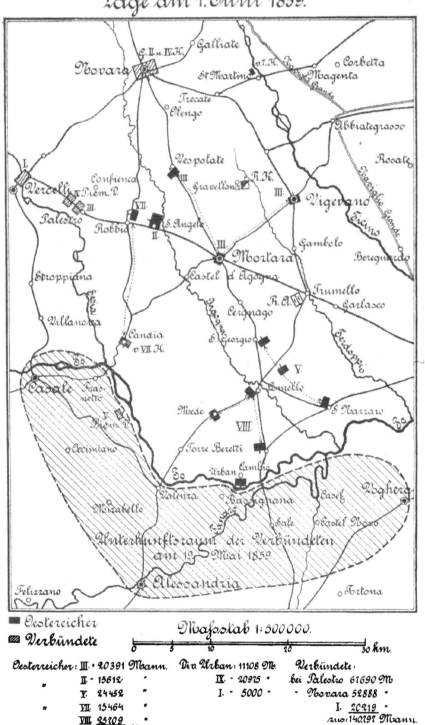

■ Oesterreicher
▨ Verbündete

Maßstab 1:500000.

Oesterreicher: III. 20391 Mann.   Div Urban: 11108 M.   Verbündete:
　　　　　 II. 15612　"　　　 IX. 20975　"　　 bei Palestro 61690 M
　　　　　 V. 24452　"　　　 I. 5000　"　　　 - Novara 52888　"
　　　　　 VII. 15464　"　　　　　　　　　　　　 I. 20219　"
　　　　　 VIII. 25709　"　　　　　　　　　　　zus: 140797 Mann.
　　　　zus: 81237 Mann.

Wechselfällen einer Hauptschlacht auszusetzen, weil vielleicht seine persönliche Stellung in Frankreich dem Verlust einer solchen nicht gewachsen war. Im Besitze von Novara war er näher an Mailand als die südlich in der Lomellina vereinigte österreichische Armee, er rechnete mit einem Aufstand der Lombarden und hoffte, daß dann die Kaiserliche Armee den Rückzug antreten werde. Dann war die Lombardei ohne Schwertstreich in seine Hände gefallen. Als dann am 3. Juni die Spitzen der französischen Armee festen Fuß auf dem linken Ufer des Ticino faßten, die österreichische Armee über den Fluß zurückgeht, beabsichtigt der Kaiser, seine Korps in einer starken Flankenstellung zwischen Magenta und Olengo zu vereinigen, um dann, je nach dem Verhalten der Österreicher, auf dem rechten oder linken Ticino-Ufer weiter operieren zu können[1].

Fast sieht es aus, als wenn Bourbaki beim Abmarsch von Vesoul auf Villersexel den glücklichen Ausgang der Operation der französischen Armee 1859 von Alessandria über Vercelli und Magenta auf Mailand vor Augen gehabt hätte.

Während des Waffenstillstandes zwischen der österreichischen und piemontesischen Armee vom August 1848 bis zum 19. März 1849 stand letztere mit 76000 Mann auf dem rechten Ticino-Ufer bereit zum Vormarsch auf Mailand, in sicherer Erwartung, daß hier wie im Jahre 1848 ein Aufstand gegen die österreichische Zwingherrschaft losbrechen würde; zwei Divisionen standen südlich des Po. Die nur 73000 Mann zählenden österreichischen Truppen standen mit drei schwachen Korps in Mailand, mit Vorposten am Ticino, mit je einem Korps in Lodi und Piacenza. Der Feldmarschall Radetzky versammelte seine sämtlichen Truppen mit Ausnahme der am Ticino stehenden Vorposten bis zum Morgen des 20. in Pavia, überschritt an diesem Tage den Fluß, während die Vortruppen am 20. vor den Piemontesen zurückwichen und sich nach dem linken Flügel zusammenzogen.

Am 21. beabsichtigte die piemontesische Armee Mailand in Besitz zu nehmen, die österreichische Armee mit allen Streitkräften auf Mortara gegen die Flanke des Feindes vorzugehen. Die Rückzugslinie der Piemontesen ging von S. Martino über Novara und Vercelli nach Turin. Das Gefecht von Mortara am 21. ließ die piemontesische Armee die Absicht ihres Gegners durchschauen, sie machte kehrt, wurde am 22. im Treffen von Novara entscheidend geschlagen und völlig von ihren Verbindungen abgedrängt[2].

Im gleichen Geiste gedacht ist die schöne Offensive der 73000 Mann und 168 Geschütze starken österreichischen Südarmee unter dem Erzherzog Albrecht im Juni 1866 gegen die linke Flanke der 100000 Mann starken italienischen Mincio-Armee, während nur ein Husaren-Regiment und ein Jäger-Bataillon zur Beobachtung der noch auf dem rechten Po-Ufer befindlichen Armee Cialdinis (70000 Mann) zurückblieben. Die österreichische Armee war im Besitz der festen Plätze Peschiera, Mantua am Mincio, Verona und Legnano an der Etsch, die rückwärtigen Verbindungen führten von Verona im Etschtal aufwärts und von Verona in östlicher Richtung. Der Erzherzog beabsichtigte, seine Armee, die durch eine aus Besatzungstruppen ge-

---

1) Campagne de l'Empéreur Napoléon III. en Italie. S. 159. v. Caemmerer, Magenta, S. 144.

2) Strobl, Mortara-Novara.

bilbete Reserve-Division verstärkt war, aus ihren Aufstellungen am linken Etsch-Ufer zwischen Montagnana, Lonigo, S. Martino durch Verona hindurch derart gegen die linke Flanke des Feindes zu führen, daß er, durch Peschiera in der rechten Flanke gedeckt, im Falle eines Mißerfolges seine Rückzugslinie senkrecht hinter der Front haben

Lage am 17/3. 1849.

Vormarsch der Oesterreichischen Armee bis zum Treffen bei Mortara am 21/3. 1849.

würde. Während das II. italienische Korps vor Mantua stehen blieb, überschritten die beiden anderen am 23. Juni den Mincio. Erzherzog Albrecht führte seine Truppen am Vormittag bis in den Bereich der Festungswerke von Verona auf dem rechten Etsch-Ufer, schob am Nachmittag noch seinen rechten Flügel (Reserve-Division und V. Korps) bis nach Castelnuovo und Sona vor. Am 24. beabsichtigte die italienische

Armee, in Erwartung, daß der Gegner sich defensiv verhalten würde, die Linie Villa=franca=Somma Campagna=Sona zu erreichen.

Am 24. wollte die österreichische Armee mit der Reserve=Division mit dem V. und IX. Armeekorps die Linie Castelnuovo=Somma Campagna erreichen, das VII. Korps

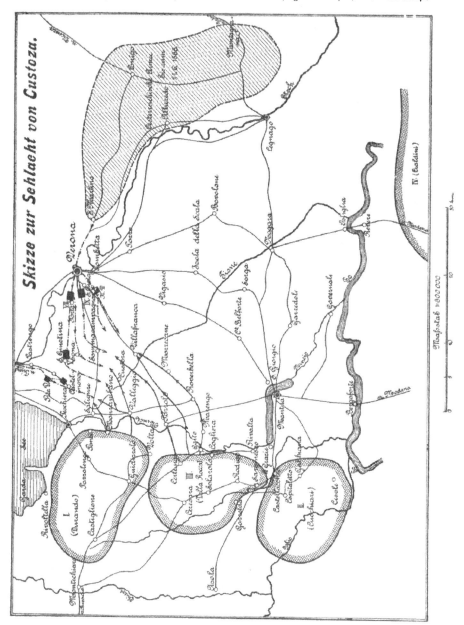

sollte hinter dem linken Flügel aufmarschieren, die Kavallerie-Division zur Sicherung der linken Flanke gegen Villafranca vorgehen. War die angegebene Linie erreicht, so sollte der Vormarsch in Staffeln vom rechten Flügel erfolgen. Diese Anordnung war in der Absicht getroffen, die feindliche Armee weiter nach Osten Raum gewinnen zu lassen, um dann um so wirksamer gegen Flanke und Rücken des Feindes vorgehen zu können. Die einzelnen Marschkolonnen der Italiener stießen im Marsch auf die österreichischen Korps. Während auf dem westlichen Flügel das Gefecht sich in kurzer Zeit zugunsten der Österreicher entschied, vor Villafranca das Vorgehen der österreichischen Kavallerie zwei italienische Divisionen fesselte, machte die Mitte der Mincio-Armee Fortschritte, und erst am Nachmittag konnten die Höhen von Custoza genommen werden [1]).

Das beste Gegenmittel des Verteidigers bleibt ein Angriffsstoß in die im Flankenmarsch begriffenen feindlichen Kolonnen (Gr. Görschen) oder gegen die zum Schutz der Verbindungen des Angreifers stehen gelassenen Abteilungen (Austerlitz). Das Neubilden einer Front führt schließlich zur Schlacht mit verwandter Front (Marengo, Novara 1849, Gravelotte) mit allen bei einem Mißerfolge damit verbundenen Nachteilen. Ein Ausweichen, um den Angriffsstoß des Gegners selbst wiederum in der Flanke zu nehmen, ist von recht zweifelhaftem Wert, aber immer besser als Untätigkeit. In den meisten Fällen fühlt sich aber der Gegner derart in seinen Verbindungen bedroht, handelt so sehr unter dem Drucke einer vermuteten feindlichen Überlegenheit, daß er entweder an einen solchen Offensivstoß nicht denkt — Bazaine am 16. August 1870 — oder, wenn er ihn eingeleitet hat, ihn frühzeitig abbricht (piemontesische Armee am 20. März 1849).

3. Überflügelung, Umfassung und Umgehung.

Das Streben des Angreifers, zum schnelleren Erreichen der Feuerüberlegenheit eine große Anzahl von Gewehren einzusetzen, führt naturgemäß dazu, längere Feuerfronten zu bilden als der Verteidiger und diesen zu überflügeln. Der Vorteil der Überflügelung besteht

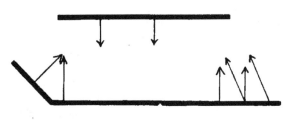

darin, daß der in dieser Weise angefaßte Teil des Feindes durch

---

1) Scudier, Betrachtungen über den Feldzug von 1866 in Italien. Operativ befand sich gleichzeitig die österreichische Nordarmee bei Olmütz in derselben Lage, ohne sie indessen auszunutzen.

frontales und Schrägfeuer stärkere Verluste erleidet. Das Schrägfeuer ist von um so größerer Wirkung, da die überflügelnden Schützen nicht durch feindliches Gegenfeuer belästigt werden. Je mehr es gelingt, den Flügel der Gefechtslinie in Richtung nach dem Gegner umzubiegen, um so weitreichender gestaltet sich die Wirkung. Gelingt es dem überflügelnden Teil der Angriffslinie schließlich das Feuer so weit vorzutragen, daß es nicht nur den Flügel, sondern auch noch die Flanke des Feindes trifft, so entsteht die Umfassung [1]), die bei noch weiterer Ausführung zum Angriff gegen Flanke und Rücken des Feindes gelangt und damit zur Umgehung wird [2]).

„Durch Umgehung soll der Gegner aus seiner Stellung herausmarschiert, durch Umfassung, durch gleichzeitigen Angriff auf Front und Flanke, aus seiner Stellung gewaltsam herausgeworfen werden." (v. Jagwitz.)

Große Überlegenheit führt zur Umfassung beider Flügel (Leipzig, Königgrätz, Wörth), die sich schließlich bis zur vollständigen Einschließung steigern kann (Sedan). Nur ausgesprochene Minderwertigkeit des Gegners kann eine Umfassung auch mit geringen Kräften gegen eine Überzahl gerechtfertigt erscheinen lassen.

Prinz Friedrich Karl griff die an Zahl stark überlegene französische Loire-Armee in ihrer Aufstellung um Le Mans in räumlich weit getrennten Kolonnen, die sich in den ersten Tagen sogar nicht unmittelbar unterstützen konnten, auf beiden Flügeln an. Der Erfolg rechtfertigte das Wagnis. „Das Ergebnis war die Auflösung der

---

1) Der Anmarsch des XI. Armeekorps zur Schlacht von Wörth führte über Gunstedt gegen den rechten Flügel der französischen Stellung Mac Mahons. Bei Dürrenbach überschritten die Musketier-Bataillone des Regiments Nr. 32, dann das II. und Füsilier-Bataillon Regiments Nr. 94 die Sauer (1000 Meter von der Brücke von Gunstedt entfernt), setzten sich in Besitz des nur schwach besetzten Dorfes Morsbronn und nahmen nach Ausführung einer Achtelrechtsschwenkung die Front gegen den Niederwald. Gen.-St.-W. I, S. 256, die Skizze S. 262 zeigt die aus der Überflügelung sich ergebende Umfassung.

2) Gebirgspässe werden am einfachsten durch Umgehung mit anschließendem Rückenangriff, falls der Feind standhält, genommen. Die Schwierigkeit der Aufklärung im Gebirge und ein nur beschränktes Verbindungsnetz lassen die Gefahren, welche durch die räumliche Trennung entstehen und welche den Verteidiger geradezu zum Gegenangriff herausfordern müßten, gering erscheinen. Entsendung der Brigade v. Bose zum Öffnen der von der österreichischen Brigade Mondel am 18. Juli 1866 gesperrten Enge von Blumenau (v. Lettow-Vorbeck, Feldzug von 1866, II, S. 666). Öffnen des von den Türken besetzten Schipkapasses im Juli 1877 durch Umgehen über Hainkioi, der Etropolstellung im Balkan Ende Dezember 1877 durch Umgehen über Tschuriak und Angriff auf die türkische Seitenbedeckung unter Baker Pascha bei Taschkessen. S. Taktik VI, S. 291.

feindlichen Armee, welche eine Anzahl Geschütze und zahlreiche Gefangene in den Händen der Sieger ließ. Aber die Gefahr, in welcher er geschwebt, läßt sich auch hier nicht verkennen. Wäre General Chanzy, statt am 11. Januar den Kampf in einem weiten Umkreise vorwärts Le Mans aufzunehmen, rechtzeitig über die Sarthe, die in seinem Rücken lag, ausgewichen, um sich jenseits des Flusses aufzustellen, so würden die preußischen Truppen sich hinter ihm her in die ausgedehnte Stadt hinein ergossen haben und vor die Mitte seines Heeres geraten sein. Sie dort weiter zum frontalen Angriff vorzuführen, wäre aber um so schwieriger gewesen, als der große und reiche Ort, der einst schon dem Heere Laroches verhängnisvoll geworden war, naturgemäß eine starke Anziehungskraft auf die von Frost und Hunger ermatteten Soldaten ausgeübt hätte" 1). Bei der Schwierigkeit des Schleiüberganges faßte die Denkschrift Moltkes vom Dezember 1862 ein Umgehen beider Flügel der Danewerkstellung ins Auge, um mit Sicherheit der dänischen Armee ein Zurückgehen in die Düppelstellung verwehren zu können 2).

Ein auf beiden Flügeln umfassend angesetzter Angriff muß nach dem Siege die größten Ergebnisse liefern, ein geordneter Rückzug des Geschlagenen wird kaum noch möglich sein, große Mengen von Gefangenen fallen dem Sieger in die Hände. Während bei Gravelotte-St. Privat die Franzosen bei einer Gefechtsstärke von etwa 114 000 Mann 3000 Gefangene verlieren, fallen bei Wörth von 33 000 Kämpfenden 2000, dazu noch 1 Adler, 4 Turkofahnen, 28 Geschütze, 5 Mitrailleusen, 91 Protzen, 181 Fahrzeuge und 1193 Beutepferde dem Sieger in die Hände. Aber der umfassende Angriff führt für den Sieger ganz naturgemäß eine Vermischung aller Verbände herbei, die das Einleiten einer sofortigen Verfolgung schwierig macht, wenn nicht frische Truppen verfügbar bleiben, die vom umfassenden Flügel aus schneller als die zurückweichenden Abteilungen des Feindes die Rückzugsstraße erreichen können. Die natürliche Folge des konzentrischen Angriffs ist, daß der Erfolg vom Sieger schon auf dem Schlachtfelde eingeheimst wird.

In diesem Sinne war bei Wörth auf beiden Flügeln die Verfolgung geplant, kam aber aus hier nicht näher zu erörternden Gründen nicht zur Ausführung. Noch ehe St. Privat gefallen war, ordnete Prinz Friedrich Karl die Entsendung einer sächsischen Brigade in das Moseltal an, um auch einzelnen französischen Abteilungen die Benutzung der Straße Metz–Diedenhofen zu verlegen. Auf dem Schlachtfelde von Königgrätz lag der Vereinigungspunkt der preußischen Armeen eine Meile hinter der ursprünglichen Front der österreichischen Stellung. Mit dem weiteren Nachdrängen mußten die einzelnen Truppenteile durcheinanderkommen. Vor der Front der I. Armee kreuzten sich die Elb- und II. Armee. Es bedurfte eines vollen Marsches, um die

---

1) v. d. Goltz, Kriegführung, S. 102.
2) Moltke, Mil. Korrespondenz 1864, Nr. 2, S. 7.

Armeen wieder nebeneinander zu formieren. Durch diese Umstände ist es auch erklärlich, daß man im Großen Hauptquartier nicht wußte, daß von der II. Armee das V. Armeekorps überhaupt noch nicht eingesetzt war, und übertrug daher die Verfolgung des Feindes der auf dem rechten Flügel noch kämpfenden Elb-Armee [1]).

Das Vermischen der Verbände verlangt nach der Schlacht zunächst Neuordnung bis zu den kleinsten Abteilungen herab, Regelung der rückwärtigen Verbindungen der einzelnen Heeresteile. Während Napoleon z. B. beim Einschwenken nach der Vereinigung bei Gera (11. Oktober 1806) gegen die Saale, dann nach der Schlacht von Jena die fechtenden Truppen ohne Rücksicht auf die kleinen Trains nach dem augenblicklichen Bedürfnisse herumwarf, so daß erhebliche Marschkreuzungen der Trains das Ergebnis sein mußten; steht der Feldmarschall Moltke auf dem entgegengesetzten Standpunkt, ihm scheinen Kreuzungen von fechtenden Truppen von geringerem Nachteil als Kreuzungen der Trains. So mußte nach der Waffenstreckung der französischen Armee bei Sedan mit Rücksicht auf die bisherigen Etappenlinien für den Vormarsch auf Paris die III. Armee zunächst in südlicher Richtung zwei starke Märsche vorwärts machen, damit die Maas-Armee, hinter ihr fortmarschierend, wieder den rechten Flügel gewinnen konnte [2]). Nach großen Umfassungsschlachten, wie Königgrätz, Wörth und Sedan, wird sich der durch das Neuordnen der Marschstraßen entstehende Zeitverlust nur vermeiden lassen, wenn die Trains am Tage angehalten werden und sich durch Nachtmärsche auf die ihnen zufallende Marschstraße setzen.

Will der Angreifer seine Überlegenheit zur Geltung bringen, so muß er umfassen. Hiermit richten sich alle Vorwürfe, die gegen die „Umfassungssucht" gemacht werden, der vorgeworfen wird, die Kräfte zu zersplittern, den Angriff unter hinhaltendem Gefecht in der Front grundsätzlich gegen die Flanke zu führen. Vorbedingung in der Umfassung ist völliges Fesseln des Feindes in der Front. Ob aber der endgültige Stoß gegen die Front oder gegen die Flanke gerichtet wird, werden erst die Verhältnisse an Ort und Stelle entscheiden; für die Truppe ist dieses gleichgültig. Im großen Verbande wird auch die Division und das Armeekorps immer frontal angreifen. Trotz völlig ausgeführter strategischer Umgehung der Österreicher im Feldzuge von

---

1) Gen.-St.-W. 1866, S. 428 u. f. v. Lettow-Vorbeck, Feldzug von 1866, II, S. 531, Skizze

2) Gen.-St.-W. III, S. 1. v. Moltke, Deutsch-französischer Krieg, S. 118.

1800 kam es dennoch zu dem Frontalkampfe bei Marengo. Wir umfassen nicht, weil wir den Flankenangriff an sich für leichter halten, sondern nur, weil die Umfassung uns gestattet, eine stärkere und intensivere Waffenwirkung zu entfalten, das letzte Gewehr und Geschütz auch tatsächlich einzusetzen. Der entscheidende Angriff kann sowohl gegen die Front wie auch gegen die Flanke des Feindes angesetzt werden [1]). Die zum Flankenangriff angesetzte Truppe darf nun aber ihrerseits nicht wieder zu umfassen versuchen, wenn sie auf eine neugebildete Front stößt, sie muß zur Entlastung der in der Front angesetzten Truppen auf dem kürzesten Wege angreifen. Wollte auch sie noch umfassen, so würde dieses nur die Entscheidung hinausschieben und eine Zersplitterung der Kräfte zur Folge haben.

Die Umfassung wird um so wirksamer, je mehr die Richtung ihres Stoßes und ihres Feuers die Flanke des Feindes trifft, wenn es gelingt, mit ihrem Feuer die feindliche Linie der Länge nach zu fassen, so daß in Verbindung mit dem von der Front ausgehenden Feuer Kreuzfeuer entsteht. Diese Wirkung wird sich am empfindlichsten bei Abteilungen von geringer Frontbreite äußern, bei denen dann die ganze Front im Kreuzfeuer liegt. 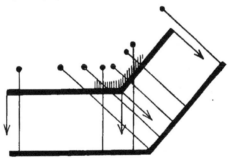 Hier empfindet jeder Schütze sofort deutlich die Wirkung der Umfassung, das lähmende Gefühl, wir sind umgangen, macht sich geltend. Bei größeren Verbänden kann die Einwirkung einer Umfassung immer nur auf einem verhältnismäßig geringen Teil der Linie fühlbar werden, der dann allerdings am schnellsten dem feindlichen Angriffe erliegt. Aber mit dem Anwachsen der Stärke eines Verbandes nimmt die Empfindlichkeit seiner Verbindungen zu, die bei ungünstiger Lage der Rückzugslinie unmittelbar bedroht werden können. Dieser Druck auf die Verbindungen führt an und für sich noch nicht zum Siege, beide Teile sind häufig in der gleichen Lage, der Schwächere wird zuerst dieser Bedrohung unterliegen. Von noch größerer Bedeutung

---

1) Angriff auf Flanville am 1. September 1870. Gen.-St.-W. II, S. 1467. Kunz, Noisseville, S. 78.

Räumliche Trennung zwischen Haupt- und Flankenangriff. 159

als die Bedrohung der Verbindungen ist die Schwierigkeit, schnell in der Umfassungsrichtung eine neue Front in genügender Breite herzustellen. Diese Schwierigkeit wächst mit der Ausdehnung der Front und mit dem Fortschreiten der Schlacht. Unter kleineren Verhältnissen tritt die gleiche Erscheinung ein, wenn die Umfassung überraschend erfolgt [1]).

Will der Angreifer wirksam seinen Stoß in die Flanke des Feindes führen, so ist beim Ansetzen der Umfassung eine erhebliche räumliche Trennung zwischen dem in der Front festhaltenden Teile und der zum Flankenstoß bestimmten Gruppe erforderlich (J. E. R. 393). Die Größe dieser Lücke wird durch die

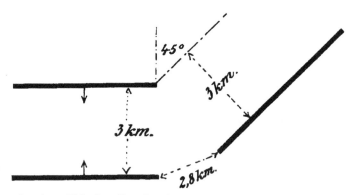

Tragweite der Schußwaffen in einer dem Auge bedenklich erscheinenden Weise gesteigert.

Der Marschall Ney bei Bautzen hatte als Marschrichtung den im Rücken der Stellung der Verbündeten liegenden Kirchturm von Hochkirch angewiesen erhalten, zog sich aber näher an den rechten Flügel des Kaisers heran, da die Kreckwitzer Höhen noch vom Feinde besetzt waren und der Marschall Ney die Lücke zwischen beiden Heeresteilen, welche am Morgen noch 8 Kilometer betragen hatte, für zu groß hielt. Wäre am Tage von Weißenburg das XI. Armeekorps im Marsch auf Riedselz geblieben, anstatt auf das Gefechtsfeld abzubiegen, so hätte die Division Douai kaum entkommen können. Die französische Division Cremer, auf die Straße Lure-Belfort angesetzt, wo ihr nur das schwache Detachement Willisen gegenüberstand, ver-

---

1) Angriff der Garde auf Chlum, v. Lettow-Vorbeck, Feldzug 1866, II, S. 474. Erstürmung des Forbacher Berges bei Spichern durch 6 Bataillone des III. Armeekorps. Gen.-St.-W. I, S. 356. Erstürmung des Mont de Brune (Beaumont) durch 6⅔ preußische Kompagnien, denen 4⅔ folgen. Der Berg wird verteidigt durch 6 Bataillone und 3 Batterien, 6 Geschütze werden genommen. Hopfgarten-Heidler, S. 132. 227.

ließ die Marschrichtung und kam dem XVIII. Armeekorps zur Hilfe, anstatt durch Fortsetzen des Vormarsches die Lisaine-Stellung unhaltbar zu machen.

Vor Beginn der Schlacht bei Magenta war die Armee Mac Mahons durch eine Entfernung von 10 Kilometern von der Hauptkraft, bei Beginn der Schlacht an der Hallue die beiden Divisionen des VIII. Armeekorps durch einen Raum von 7 Kilometern getrennt.

Am Morgen der Schlacht von St. Quentin hatte die deutsche I. Armee eine Frontausdehnung von 40 Kilometern, während der Schlacht bestand zwischen den beiden Flügelgruppen eine Lücke von 16 Kilometern, so daß das Gefecht sich auf zwei getrennten Kampffeldern abspielte. Der linke deutsche Flügel stieß nach einem Vormarsch von 10, der rechte bereits nach 7 Kilometern auf den Feind. Allerdings hatte man einen Gegner gegenüber, gegen den man sich manches erlauben konnte.

In der ersten Schlacht von Plewna gingen zwei russische Kolonnen, die rechte 6 Bataillone, 6 Sotnien und 4 Batterien, die linke 3 Bataillone, 11 Eskadrons und 2 Batterien, von zwei, 18 Kilometer voneinander entfernten, Punkten gegen Plewna vor. Der Angriff erfolgte ohne Zusammenhang, während des Kampfes blieb eine Lücke von 8 Kilometern.

Am Vorabend der zweiten Schlacht von Plewna standen 20 Kilometer von der türkischen Stellung entfernt, in einer Frontbreite von 40 Kilometern zwischen Bresleniza, Porabim und Bogot 36 Bataillone, 32 Eskadrons, 170 Geschütze. Wiederum mißglückte der einheitliche Angriff; zwischen Radischewo und Griviza blieb eine Lücke von 4 Kilometern.

Die Gefahr, daß der Verteidiger diese Trennung ausnutzen könne, ist aber mehr scheinbar als wirklich vorhanden, da ein Vorstoß in den Raum zwischen Front- und Flankenangriff den vorbrechenden Verteidiger dem aussetzen würde, umfassend in beiden Flanken angefallen zu werden[1]). Die Gefahr, daß der Verteidiger gegen die Frontgruppe offensiv wird (Napoleons Vorstoß bei Austerlitz gegen die Pratzener Höhen, Wellington bei Salamanca 1812), somit sein vorbereitetes Kampffeld verläßt, ist bei einem konzentrischen Vormarsch nicht allzu hoch anzuschlagen. Bleibt die umfassende Gruppe im günstigen Vorschreiten, so muß das dem Vorstoß des Gegners bald Schranken setzen. Die dem Auge so bedenklich erscheinende Lücke beim Ansetzen des Angriffs, die sich aber mit dem Näherkommen an den Gegner mehr und mehr schließt, kann für eine zu vorsichtige Führung Veranlassung werden, die umfassenden Teile näher an die Frontgruppe heranzuholen, damit die Wirkung der Umfassung zu beeinträchtigen. Die Flügelabteilungen ernten die schönsten Erfolge, aber niemals dürfen sie, indem sie operativen Zielen nachgehen, die Vernichtung des Feindes aus dem Auge lassen.

---

1) Vorstoß von Teilen des französischen IV. Armeekorps gegen den inneren Flügel des Gardekorps in der Schlacht von St. Privat.

Bedenklicher als ein feindlicher Vorstoß gegen die Frontgruppe ist die Schwierigkeit, die Handlung der beiden getrennten Teile in Übereinstimmung zu bringen und eine Zersplitterung der Kräfte zu verhüten. Mit dem Fehler, daß die in der Front festhaltende Gruppe sich verleiten läßt, vorzeitig zum entscheidenden Angriff vorzubrechen, ehe noch die Wirkung der Umfassung sich geltend machen kann, muß die Führung rechnen. Meist wird das Eingreifen der Umfassungstruppe das Zeichen zum allgemeinen Vorgehen auf der ganzen Linie geben. Je energischer diese ihren äußeren Flügel vornimmt, um so mehr ist dieser feindlichen Angriffen ausgesetzt. „Wer umgeht, ist selbst umgangen." Bei ausgesprochener eigener Überlegenheit kann die Führung aber schon recht viel wagen.

Die Vorteile, welche ein Stoß in die Flanke des Gegners bietet, führen dazu, den entscheidenden Angriff dorthin zu richten, ohne daß dieses jedoch zum Schema werden darf. Der Gegner könnte sich sonst mit schwacher Besetzung der Front begnügen, alles zur Abwehr des Flankenangriffes bereit halten.

Die festhaltende Gruppe.

Der umfassende Angriff verlangt, wenn dem Feinde nicht die Freiheit bleiben soll, sich einer Entscheidung zu entziehen, energisches Anfassen in der Front.

Da es meist schon zum Erreichen des Sieges genügt, an einem Punkt in die feindliche Stellung eingedrungen zu sein, so entsteht neben dem Entscheidung suchenden Hauptangriff ein Nebenangriff. Es erscheint bedenklich, die Absicht in dieser Form im Befehl zum Ausdruck zu bringen, da es den Glauben erwecken könnte, daß auf diesem Teile des Gefechtsfeldes nur ein geringeres Maß von Tatkraft geboten sei. Im Gegenteil, der Feind muß, ohne daß der Angreifer in den eigentlichen Nahkampf eintritt, auf das entschiedenste gefesselt werden, um den Verteidiger zu hindern, Verstärkungen nach dem entscheidenden Flügel zu senden.

Die festhaltende Gruppe (J. E. R. 392) muß hinreichende Stärke haben, um einen Vorstoß des Verteidigers zurückweisen zu können; sie muß den Gegner energisch anfassen, um bei ihm den Glauben zu erwecken, daß an dieser Stelle der entscheidende Angriff beabsichtigt sei; sie muß bereit sein, einem zurückgehenden Feind sofort zu folgen und an der Klinge zu bleiben. Anderseits darf sie sich aber nicht einem Mißerfolge aussetzen, ehe die Umfassung wirksam werden kann. Das Drohen mit einem Angriff kann durch das „Anbeißen" mit einzelnen räumlich getrennten Detachements häufig erreicht werden. (J.E.R. 288). Die eine Aufgabe mit dem negativen Zweck, den Gegner am Abmarsch zu hindern, kann schon mit schwachen Kräften erreicht werden die andere Aufgabe, mit dem positiven Zweck, den Feind zu zwingen, bereits in diesem Stadium des Kampfes und an weniger entscheidender Stelle seine Reserven aufzubrauchen, verlangt den Einsatz stärkerer Kräfte. Nachahmenswert ist die Art und Weise, wie dieses dem V. Armeekorps bei Wörth gelang.

Kann die Führung schon bei Einleitung des Kampfes übersehen, gegen welchen Teil der feindlichen Stellung sie den entscheidenden Stoß mit ihren Hauptkräften richten will, so wird sie sich die Frage vorlegen müssen, welche Aufgabe der festhaltenden Gruppe zuzuweisen ist, wie stark sie diese halten muß. Reichen die Kräfte der Frontgruppe zum Angriff nicht aus, so wird sich der Führer darauf beschränken müssen, ein Vorbrechen des Feindes zu verhindern, sich ferner bereit zu halten, nachzufolgen, wenn der Gegner seine Stellung räumen sollte. Eine Täuschung des Gegners über die Absicht der Führung wird sich kaum ermöglichen lassen.

Je größer die Front, je länger der Kampf voraussichtlich dauern wird, um so stärker muß die festhaltende Gruppe bemessen werden. Der Nachteil, daß diese Truppen längere Zeit in großer Nähe des Gegners und selbst unter erheblichen Verlusten ausharren müssen, läßt sich nicht beseitigen. Das IX. Korps trat am 18. August 1870 bereits um 11¾ Uhr, wenig später das VII. und VIII. Korps ins Gefecht. Erst gegen 8 Uhr war der Kampf beendet. Regeln für das Verhalten lassen sich nicht geben, hier endet das Handwerksmäßige der Taktik und die Kunst beginnt. Nachrichten=Offiziere, Benutzung von Fernsprecher und Telegraph müssen den Einklang zwischen beiden Gruppen herbeiführen. Das Verhalten wird sehr verschieden sein, nach der Entfernung von der Stelle, wo die Hauptentscheidung erfolgt, je näher an diesem Punkt, um so energischer muß der Feind angefaßt werden. In diesem Sinne mußte in der Schlacht von Gravelotte= St. Privat eine vom linken nach dem rechten Flügel abnehmende Intensität der deutschen Gefechtsführung sich geltend machen.

Die Befehlserteilung hat dieses zum bestimmten Ausdruck zu bringen. Allgemeine Ausdrücke, wie „führt ein hinhaltendes Gefecht" oder „setzt sich in den Besitz der Punkte A und B", oder die Mitteilung, daß Unterstützungen nicht überwiesen werden können, führen leicht zu halben Maßregeln. Es ist besser, zu befehlen: „entwickelt starke Artillerie und geht nach Maßgabe des Fortschreitens des Angriffes der x. Infanterie-Division zum Angriff vor", oder „unterstützt durch kräftig geführtes Feuergefecht den Angriff des 1. Infanterie-Regiments, geht aber zunächst noch nicht zum entscheidenden Angriff vor".

Die Schwierigkeiten der Befehlserteilung machten sich besonders deutlich in dem Kampfe der 15. Infanterie-Division an der Hallue bemerkbar. Der Division war durch den Korpsbefehl vorgeschrieben, den Feind über die Hallue zurückzudrängen, aber erst anzugreifen, wenn die Umfassung der 16. Division auf ihrem linken Flügel sich fühlbar machen würde. Der Schwerpunkt lag somit unbedingt auf dem linken Flügel der Division, sie durfte sich nicht verleiten lassen, durch Erfolge auf ihrem rechten Flügel sich weiter nach dorthin auszudehnen. Die schnelle Einnahme von Bussy führte nur dazu, alles nach rechts zu entwickeln, so daß die 29. Infanterie-Brigade eine Ausdehnung von 4530 m erhielt. „Vergegenwärtigt man sich die Lage, so tritt der Zweifel an die Division heran, wie es mit den Ortschaften an der in einer breiten Wiesenmulde fließenden Hallue gehalten werden solle. Die Ortschaften lagen im Bereich des beiderseitigen wirksamsten Artilleriefeuers, ein Debouchieren aus ihnen konnte fast allein durch die feindliche Artillerie verhindert werden, solange diese nicht niedergekämpft war. Einzelne der Ortschaften liegen dabei noch auf beiden Ufern, oder sind nur durch den schmalen und überbrückten Wasserlauf getrennt, so Daours-Becquemont und vor allem der für die Division wichtigste Ort Querrieux-Pont-Noyelles. In Pont-Noyelles war man der feindlichen Hauptstellung so nahe, daß schon die Entfernung zur Entscheidung drängte. Wollte man nicht wieder zurück, so mußte man versuchen, sich nach vorwärts aus der bedrängten Lage Luft zu schaffen. So war hier ein völlig klarer und bestimmter Entschluß bei den höheren Führern durchaus geboten, der den Truppen als bindender Befehl mitgeteilt werden mußte. Entweder befahl man der Infanterie, Querrieux zu nehmen, verbot aber das Überschreiten der Hallue, oder aber, was sicherer war und vollkommen genügte, man entwickelte starke Schützenlinien bei den Mühlen oberhalb des Dorfes, machte ihr weiteres Vorgehen aber von einem ausdrücklichen Angriffsbefehl abhängig"[1]).

In der Schlacht von Friedland sollte der französische rechte Flügel, durch Waldungen gedeckt, sich Friedland und den hinter der Stadt liegenden Brücken über die Alle nähern, diese früher erreichen als die durch den eigenen linken Flügel gefesselten Truppen des russischen rechten Flügels. Auf dem linken Flügel „le maréchal Mortier n'avancera jamais, le mouvement devra être fait par notre droite, qui pivotera sur la gauche". Marschall Ney auf dem entgegengesetzten Flügel wird angewiesen, immer mehr den rechten Flügel vorzunehmen. „On doit toujours avancer par la droite et on doit laisser l'initiative du mouvement au maréchal Ney, qui attendra mes ordres pour commencer." Sobald er antritt, sollen die Geschütze auf der ganzen Linie das Feuer zur Unterstützung seines Angriffes ver-

---

[1]) v. Malachowski, Frontalschlacht und Flügelschlacht, S. 17.

doppeln. Bei Wagram erhielt der mit der Umfassung beauftragte Davoust die Weisung, daß auf seinem Flügel die Schlacht entschieden werden wird. Das gleichmäßige Anfassen in der ganzen Front ist charakteristisch für die napoleonische Schlacht. Keiner der kommandierenden Generale weiß von vornherein, wo die Entscheidung fallen wird, jeder wird von dem Kaiser in dem Glauben gelassen, daß ihm die Hauptaufgabe des Tages zufalle. Der Gegner wird durch den energischen Angriff bald hier, bald dort gezwungen, Verstärkungen einzusetzen, durch das energische Drängen aller Korps soll der Erfolg des Massenangriffs der Reserve vorbereitet werden. Mag auch das Korps auf dem nichtentscheidenden Flügel verbluten, es hat voll und ganz seine Aufgabe gelöst, wenn es den Gegner zum Einsetzen seiner Reserven gezwungen hat. Am Abend des ersten Schlachttages von Bautzen läßt der Führer des XII. Korps, Oudinot, dringend um Verstärkung bitten, da der Gegner überlegene Kräfte gegen ihn in Marsch gesetzt habe. Oudinot bleibt ohne Nachricht. Durch den hartnäckigen Kampf seines Korps, welches von 23 797 Mann 11 985 Mann einbüßte, wird aber der Gegner zur Verwendung seiner Reserven in falscher Richtung verleitet. Der Flankenangriff Neys auf dem entgegengesetzten Flügel gibt die Entscheidung in dem zweitägigen Kampfe.

Das feste Anfassen der Österreicher in den Vormittagsstunden des 3. Juli 1866 bei Königgrätz durch die I. und Elb=Armee verleitet die österreichische Führung dazu, ihre Reserven in den Frontalkampf einzusetzen, so daß der Flankenstoß der preußischen II. Armee nur noch geringen Widerstand findet. Das energische Angreifen des V. Armeekorps bei Wörth hat den Marschall Mac Mahon gezwungen, seine Hauptkräfte zur Abwehr dieses Angriffes einzusetzen, so daß der entscheidende Flankenangriff des XI. Armeekorps nur auf geringe Schwierigkeiten stieß. Es spricht sich dieses besonders in der Höhe der Verluste aus. Das V. Armeekorps verlor 5656, das XI. Armeekorps 3139 Mann, die Verluste des hessischen Armeekorps verteilen sich auf die zunächst rein frontal kämpfende 21. Infanterie=Division mit 1716, auf die den Flankenangriff ausführende 22. mit nur 1423 Mann. Siehe auch die verlustreichen Kämpfe der 5. und 8. japanischen Division bei Mukden (5.—10. März), um die Russen an einem Absenden von Verstärkungen nach ihrem rechten Flügel zu hindern, wo die III. Armee angriff.

Anordnungen für den deutschen rechten Flügel in der Schlacht von Gravelotte.
(Karte am Schluß des Buches.)

Nach der Auffassung des Großen Hauptquartiers vom 18. August 1870 10½ Uhr vormittags beabsichtigte die französische Rheinarmee, sich östlich Gravelotte auf die Hochfläche zwischen Point du jour und Montigny la Grange zu schlagen.

„Se. Majestät sind der Ansicht, daß es zweckmäßig sein wird, das XII. und Gardekorps in der Richtung auf Batilly in Marsch zu setzen, um, falls der Feind auf Briey abmarschiert, ihn bei Ste. Marie aux chênes zu erreichen — falls er auf der Höhe stehen bleibt, ihn von Amanvillers her anzugreifen. Der Angriff würde frühzeitig zu erfolgen haben durch die erste Armee vom Bois de Vaux und Gravelotte aus, durch das IX. Armeekorps gegen Bois des Genivaux und Vernéville,

Anordnungen für den deutschen rechten Flügel bei Gravelotte.

durch den linken Flügel der II. Armee von Norden her" ¹). Der Angriff sollte somit vom linken Flügel aus beginnen.

Dieser Befehl wurde mündlich dem Chef des Generalstabes der I. Armee, General v. Sperling, der sich nach der Höhe von Flavigny zur Entgegennahme von Anordnungen begeben hatte und um 11¼ Uhr wieder beim General v. Steinmetz eintraf, durch einen Zusatz erläutert. Dieser lautete: „Mit der I. Armee nicht früher anzugreifen, bis links derselben die II. Armee in das Gefecht getreten sei ²)." Da General v. Steinmetz befürchtete, daß der vor ihm befindliche Feind sich einem Angriffe entziehen könne ³), suchte er den Eintritt des VIII. Armeekorps ins Gefecht zu beschleunigen und befahl, daß dieses „à cheval der Straße nach Gravelotte zum Angriff gegen die östlich dieses Ortes gelegene Position schreiten solle, sobald das auf Bernéville dirigierte IX. Armeekorps ins Gefecht träte" ⁴). General v. Steinmetz ging hierbei auch wohl von der Annahme aus, daß das IX. Armeekorps nicht eher von dem Oberkommando der II. Armee einen Befehl zum Angriff erhalten würde, bevor nicht die übrigen Korps zum Angriff bereit ständen.

Ehe aber noch der Befehl des Großen Hauptquartiers sich bei der II. Armee geltend machen konnte, hatte Prinz Friedrich Karl dem IX. Armeekorps befohlen (um 10 Uhr), „in Richtung auf Bernéville und la Folie vorzurücken". Um 11½ Uhr vormittags erhielt das Generalkommando des IX. Armeekorps folgenden Befehl des Oberkommandos:

„Das Gardekorps erhält jetzt Befehl, über Bernéville nach Amanvillers und von dort aus eventuell gegen den feindlichen rechten Flügel vorzugehen.

Ein ernstliches Engagement des IX. Korps ist, falls vor demselben sich die feindliche Front weiter nach Norden ausdehnt, so lange aufzuschieben, bis das Gardekorps von Amanvillers her angreift."

Das aus der Richtung von Bernéville herüberschallende Artilleriefeuer veranlaßte General v. Goeben, sein Armeekorps einzusetzen. Zu spät kamen die Mitteilungen des Großen Hauptquartiers an die I. Armee:

„Das jetzt hörbare Gefecht ist nur ein partielles Engagement vor Bernéville und bedingt nicht den allgemeinen Angriff der I. Armee. Starke Truppenmassen sollen von derselben nicht gezeigt werden, eventuell nur die Artillerie behufs Erleichterung des späteren Angriffs" ⁵).

Entsendung eines Nachrichten-Offiziers zum Oberkommando der II. Armee würde vermutlich den gleichzeitigen Angriff gewährleistet haben.

Das Ansetzen der Umfassung.

Die Hauptschwierigkeit in der Durchführung eines umfassenden Angriffes liegt in dem richtigen Ansetzen der Marschkolonnen gegen die Angriffsziele.

---

1) Moltke, Mil. Korrespondenz 1870/71, I, Nr. 178, S. 234.
2) v. Schell, Operationen der I. Armee, S. 111.
3) v. Wartensleben, Feldzugsbriefe, S. 161.
4) v. Schell a. a. O., S. 116.
5) Moltke, Mil. Korrespondenz 1870/71, Nr. 179, S. 235. Gen.-St.-W. II, 696.

Umfassungsversuche aus vorderster Gefechtslinie mit Teilen bereits entwickelter, vielfach gar schon fechtender Infanterie sind, wo das Gelände sie nicht besonders begünstigen oder wenn die Nacht nicht zur Verschiebung benutzt wird, aussichtslos und führen zu schädlicher Zersplitterung der Kräfte[1]). Seitliches Hinausschieben von Umfassungsabteilungen[2]) ist meist nur in kleineren Verhältnissen möglich, da mit Ausführung der Bewegung unverhältnismäßig große Wege verbunden sind, das Moment der Überraschung verloren geht, die Befürchtung, sich zu weit von der in der Front festhaltenden Truppe zu entfernen, sich am meisten geltend macht, die Ungeduld der Führung vielfach zum verfrühten Einschwenken verleitet. Der Versuch des großen Königs bei Kolin, die rechte Flanke der Österreicher anzugreifen, wurde vereitelt durch geschicktes Verlängern des gefährdeten Flügels. Zum Teil mißlang dann der Angriff aus dem Grunde, daß General v. Manstein mit fünf Bataillonen der Mitte sich verleiten ließ, um sich der Belästigung des Marsches durch Kroaten zu erwehren, auf eigene Faust zum Angriff vorzubrechen[3]). Besondere Verhältnisse ließen diese Art des Ansetzens der Umfassung für den Angriff der II. Armee in der Schlacht von Gravelotte und bei der Umfassung durch das V. und XI. Armeekorps bei Sedan (Brücke von Donchéry) zur Anwendung gelangen. Sie kann zur Notwendigkeit werden, wenn eine im Vormarsch begriffene Armee sich vorzeitig vereinigt hat, dann aus der Versammlung Teile zur Umfassung entsenden muß (Wagram, Borodino). Die Umgehung einer Stellung mit 100 000 Mann ist unter einem Tagemarsch nicht ausführbar, damit wird auch die Entscheidung um einen Tag hinausgeschoben. Derartige Parallelbegegnungen zur feindlichen Front — welche durch die Geländegestaltung begünstigt sein müssen — erfordern besondere Maßnahmen; zunächst ist durch eine Verkürzung der Marschkolonne Einklang zwischen der Marschtiefe und der Gefechtsausdehnung herzustellen. Dann ist durch die Art des Abmarsches

---

1) Mißglückter Versuch die 30. Infanterie-Brigade in der Schlacht an der Hallue seitwärts herauszuziehen. Das feindliche Feuer zwingt zum Frontmachen. Die Brigade erhält eine Ausdehnung von 3000 Metern. Malachowski, Frontalschlacht und Flügelschlacht, S. 25.

2) Umfassungsversuch der französischen Stellung an der Hallue durch die 16. Infanterie-Division. v. Malachowski a. a. O., S. 26 u. f.

3) Kriege Friedrichs des Großen, Siebenjähriger Krieg, III, S. 77.

Das Ansetzen der Umfassung. 167

bereits die Entwickelung nach der Flanke mit entsprechender Tiefengliederung vorzubereiten. Nach dem Frontmachen müssen die Einheiten flügelweise nebeneinander stehen [1]).

„Ungleich günstiger gestalten sich die Verhältnisse, wenn am Schlachttage die Streitkräfte von getrennten Punkten aus gegen das Schlachtfeld selbst konzentriert werden können; wenn die Operationen also derartig geleitet wurden, daß von verschiedenen Seiten aus ein letzter, kurzer Marsch gleichzeitig gegen Front und Flanke des Gegners führt. Dann hat die Strategie das Beste geleistet, was sie zu erreichen vermag, und große Resultate müssen die Folge sein. — Keine Voraussicht freilich kann es verbürgen, daß die Operation in getrennten Heeren wirklich zu diesem Schlußresultate führe, dasselbe ist vielmehr abhängig nicht bloß von den berechenbaren Größen, Raum und Zeit, sondern vielfach auch von dem Ausgange vorangehender partieller Gefechte, vom Wetter, von falschen Nachrichten, kurz von dem, was im menschlichen Sinne als Zufall und Glück bezeichnet wird. Große Erfolge im Kriege sind aber einmal nicht ohne große Gefahren zu erreichen." (Moltke [2]).) Große Feldherren, wie Napoleon und Moltke, haben sich, wie dies die Schlachtenanlagen von Bautzen, Königgrätz und Sedan zeigen, mit Vorliebe dieser Form bedient. Ein Unterschied in einem Moltkeschen Verfahren, Vereinigung der getrennten Kolonnen auf dem Schlachtfelde, und einer Napoleonischen Vereinigung vor der Schlacht läßt sich nicht aufrechterhalten.

Rein theoretisch, in den Schreiben, die seinen, in taktischer Unselbständigkeit erzogenen Unterführern als Richtschnur dienen sollten, hat sich der Kaiser allerdings für eine Vereinigung vor der Schlacht ausgesprochen [3]). Der geschlossene, einheitliche Vormarsch in „Carré stratégique" [4]) und „das Debouchieren in Masse" [5]) ist eine Gewähr gegen Unheil, kann aber niemals derartige Ergebnisse liefern, wie ein konzentrisches Vorgehen zur Schlacht. Auch der General v. Moltke hat einmal einen

---

1) S. Anmarsch der II. Armee am 18. August 1870. Taktik III. S. 304 u. f.
2) Aus den Verordnungen für die höheren Truppenführer vom 24. Juni 1869.
3) S. v. Freytag-Loringhoven, Die Heerführung Napoleons und Moltkes. Bald, Napoleonische Schlachtenanlage und Schlachtenleitung. Erzherzog Karl spricht sich in dem „Geist des Kriegswesens überhaupt", sowohl im Angriff wie in der Verteidigung für eine Vereinigung vor der Schlacht aus: „Nie soll der Punkt zu solch einer Zusammenkunft in der Stellung des Gegners selbst oder in ihrem Rücken gewählt werden, wie es bei den meisten Umgehungen der Fall ist."
4) Vormarsch 1806 durch den Thüringer Wald, Vormarsch auf Düben 1813.
5) Schreiben des Kaisers an Eugen Beauharnais vom 28. April 1813.

ähnlichen geschlossenen Vormarsch empfohlen. Nach den Aufzeichnungen des Jahres 1867 beabsichtigte General v. Moltke im Falle eines Krieges mit Frankreich mit 8 Korps in zwei bis drei Staffeln zunächst in einer Frontbreite von 4 Meilen und einer Tiefe von 6 Meilen in sieben Märschen gegen die Linie Pont à Mousson—Nancy vorzugehen. Am dritten Tage sollten diese 250 000 Mann auf einem Raume von 2 Meilen Tiefe und 2 Meilen Breite sich befinden und in dieser Frontbreite weitergeführt werden [1]). Eine engere Vereinigung für den Vormarsch einer Armee ist wohl überhaupt nicht denkbar und auch vom Kaiser Napoleon niemals angewandt.

Eine Vereinigung vor der Schlacht [2]) verlangt das Einstellen der Vorwärtsbewegung, das Heranschließen der entfernteren Heeresteile im Flankenmarsch zu derjenigen Stelle, wo man die Entscheidung suchen will. Dieses Einstellen der Vorwärtsbewegung kommt dem Gegner zugute, er kann sich dem Schlage entziehen oder in Entfaltung der höchsten Arbeitskraft seine Stellung verstärken. Unterkunft und Verpflegung sind erschwert. Weicht der Gegner aus, so ist meistens erneute Trennung geboten, da längere Bewegungen in der zusammengehaltenen größeren Masse ausgeschlossen sind.

Die Ereignisse bei der III. Armee am 6. August 1870 (Karte am Schluß des Buches, Wörth) zeigen, daß eine solche Vereinigung vor der Schlacht infolge der Selbsttätigkeit der Unterführer unmöglich gemacht wurde. Das Oberkommando wollte den 6. zur Vereinigung der Korps nach dem rechten Flügel benutzen, um dann erst am 7. mit der versammelten Armee zur Schlacht zu schreiten. Bei enger Berührung mit dem Gegner waren aber Einzelgefechte möglich, deren Umfang das Oberkommando nicht mehr beschränken konnte. Die am 5. abends nach Süden gerichtete Front der Armee von Dieffenbach bis Aschbach mit 14 Kilometer Breite, mit zwei Korps in zweiter Linie, sollte am 6. nach Westen genommen werden, nur eine schwache Defensivflanke die Front nach Süden behalten [3]).

Das Schreiben des Generals v. Moltke vom 4. August [4]) wies darauf hin, „daß es sehr erwünscht wäre, wenn Se. Königliche Hoheit möglichst früh auf das Korps von Mac Mahon oder Failly stießen". Die Absicht, den Frontangriff der I. und II. Armee auf eine vermutete feindliche Stellung hinter der Saar durch einen Flankenangriff der dritten Armee zu unterstützen, verlangte ferner, so schnell als möglich zur Schlacht zu schreiten und die Vogesenpässe zu gewinnen [5]).

---

1) Militärische Korrespondenz 1870/71 I, Nr. 12, S. 84. 16. November 1867.
2) Auch Moltke hat in den Bemerkungen zu den Generalstabsreisen einer Vereinigung vor der Schlacht das Wort geredet. S. auch Taktische Aufgaben S. 97.
3) Gen.-St.-W. I, S. 215.
4) Mil. Korrespondenz 1870/71 I, S. 192, Nr. 101.
5) Nach einer Marschtafel des Generals v. Moltke (Mil. Korrespondenz 1870/71 I, S. 183, Nr. 88) sollte die III. Armee mit ihrem linken Flügel am 5. August Hagenau, Reichshofen erreichen, um an der am 9. erwarteten Schlacht an der Saar mitzuwirken.

Die Vereinigung vor der Schlacht.

Die Vereinigung der preußischen Mainarmee nach dem Gefechte von Dermbach-Zella am 4. Juli 1866, anstatt zum konzentrischen Angriff auf Kalten-Nordheim zu schreiten, gab der bayrischen Armee die Möglichkeit, ungestört ihren Abmarsch anzutreten [1]).

Die Gefahr eines solchen Zusammenziehens vor der Schlacht zeigt der Linksabmarsch des Generals Schachowskoi, welcher am 25. Februar 1831 zum Gefecht von Bialolenka und zum vorzeitigen Angriffe der Russen auf Grochow führte [2]).

Der konzentrische Vormarsch führt die Marschkolonnen ohne Unterbrechung und Zeitverlust an den Feind, aus den Marschrichtungen ergeben sich ohne weiteres die Angriffsrichtungen [3]). Die Aussichten, die rückwärtigen Verbindungen des Gegners zu bedrohen und den Feind im unklaren über die eigenen Absichten zu halten, wachsen. Die Vereinigung am Ziel geschieht mit geringerer Reibung, man sichert sich größere Bewegungsfreiheit, der glückliche Vormarsch der einen Kolonne fördert auch das Vorschreiten der Nachbarkolonnen. Diejenigen Kolonnen, welche keinen Feind unmittelbar vor der Front haben, schwenken naturgemäß gegen die feindliche Flanke ein. Die Führung muß versuchen, auf dem Marsche das gleichmäßige, einheitliche Fortschreiten der Marschkolonnen zu regeln und beim Zusammenstoß mit dem Feinde durch schnelles Bestimmen einer Reserve Einfluß auf den Verlauf der Schlacht zu gewinnen. Trifft die konzentrisch anmarschierende Armee bereits vor dem in Aussicht genommenen Vereinigungspunkt, wie z. B. die Armee Macdonalds am 26. August 1813 anstatt bei Jauer schon an der Katzbach, auf den Feind, so sind die Kolonnen noch so weit getrennt, so daß es zu vereinzelten Kämpfen kommen muß.

Die Stellung der II. Armee am 24. November 1870 in einer sechs Meilen langen Linie mit schlechten Querverbindungen: IX. Armeekorps Janville, III. mit je einer Division bei Bazoches les Gallerands und Pithiviers und dem X. Armeekorps um Beaune la Rolande (s. S. 170), war wohl als Ausgangsstellung für einen anfänglich beabsichtigten konzentrischen Vormarsch auf Orleans geeignet, aber durchaus ungünstig für eine Defensive, wie sie durch das Abwarten der aus westlicher Richtung nach Toury herangezogenen Armeeabteilung des Großherzogs von Mecklenburg auf-

---

1) v. Lettow-Vorbeck, Krieg von 1866, III, S. 88 u. f. Ähnliche Lagen: Vereinigung von 8 Divisionen der I. und Elbarmee zum Angriff auf Münchengrätz 1866, dem der Feind sich durch Abmarsch entzogen hatte. Verfehlte Konzentrierungen bei Jonkendorf vor der Schlacht von Pr. Eylau am 3. Februar 1807, Konzentration der französischen Armee am 11. Juni 1801 bei Heilsberg.

2) Puzyrewski, Der polnisch-russische Krieg 1831.

3) Anmarsch zur Schlacht von St. Quentin s. o. S. 68 u.

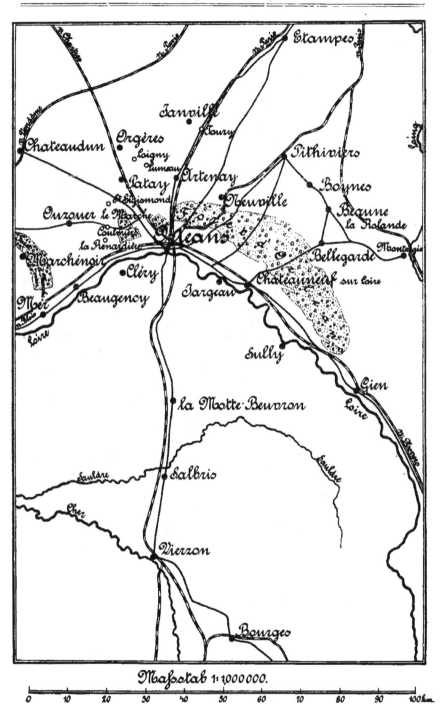

gezwungen wurde. Die einzelnen Korps waren bei den schwierigen Geländeverhältnissen Teilniederlagen ausgesetzt, so blieb nichts anderes übrig, als durch Flankenmärsche die II. Armee mehr nach dem linken Flügel zu vereinigen, als der Gegner Anstalten traf, diesen umfassend anzugreifen. Am 29. war die Front der II. Armee von Pithiviers über Boynes auf Beaune la Rolande bis auf etwa 19 Kilometer verringert.

Der konzentrische Angriff verlangt somit eine gewisse Breite des Ausgangsraumes bei entsprechender Entfernung vom Feinde. Weicht der Gegner einem konzentrischen Vormarsche aus, so muß die ausgeführte Vereinigung erst wieder gelöst werden. Gelingt dieses nicht, so kann eine Umfassung nur durch seitliches Hinausschieben der Umfassungstruppen (II. Armee am 18. August 1870) oder durch Vorgehen mit Staffeln von einem Flügel erreicht werden.

Dem konzentrischen Vormarsch der Deutschen gegen die Saar entzog sich die französische Rheinarmee am 7. August durch den Rückzug auf Metz, während Mac Mahon nach der Schlacht von Wörth, gefolgt von der III. Armee, über Zabern und Saarburg zurückging. Die I. und II. Armee standen mit ihren vorderen Korps in schmaler Front auf dem Schlachtfelde von Spichern. Von der Rheinarmee hatte nur ein Korps gefochten. In Erwartung einer französischen Offensive schien eine räumliche Trennung der Armeekorps bedenklich, beide Armeen folgten daher den Franzosen in schmaler Front; von der II. Armee wurden erhebliche Teile in südwestliche Richtung gewiesen, um sich einem Rückzuge des Marschalls Mac Mahon auf Metz vorzulegen. Am 11. August erkannte man, daß der Gegner in einer Ausdehnung von 12 Kilometern hinter der französischen Nied Halt gemacht habe. — In Erwartung eines feindlichen Angriffs waren am 12. bereits fünf Korps (I. VII. VIII. III. und IX.) in einer 2¼ Meilen breiten Front vereinigt. Aus dieser ließ sich konzentrisch die französische Stellung nicht anfassen, es konnte nur geschehen, daß die II. Armee unter Festhalten von Falkenberg als Drehpunkt ihre Korps staffelweise in eine neue Aufmarschlinie Falkenberg=Berny vorschob und dann am 14. August zur Schlacht einschwenkte. Dieses korpsweise Einschwenken war möglich, da die II. Armee keinen Gegner unmittelbar vor ihrer Front hatte[1]).

Der Vormarsch in getrennten Kolonnen setzt tüchtige, selbsttätige Führer voraus, so daß der Mißerfolg und das Zurückgehen der einen Kolonne (Trautenau) durch das Vorgehen der anderen Kolonnen ausgeglichen wird. Während sonst die Offensive von Erfolg ist, wenn sie nur auf einem Punkt siegt, kann sie beim getrennten Vormarsch scheitern, wenn der Mißerfolg der einen Kolonne lähmend auf das Vorgehen der Nachbarabteilungen einwirkt. Die Niederlage Vandammes bei Kulm (1813) hatte auch das sofortige Zurückgehen der übrigen Kolonnen zur Folge.

---

1) S. Moltke, Militärische Korrespondenz.

v. Clausewitz, Der Feldzug von 1799, (II. Teil. Hinterlassene Werke, VI, S. 165): „So hat sich also der Mißerfolg bei dem österreichischen Korps von der Rechten zur Linken wie die Pest ansteckend verbreitet. Weil Hotze geschlagen war, glaubte Jellachich nicht siegen zu können, und weil Jellachich auf den Sieg verzichtete, getraute sich Linken seinen Auftrag nicht auszuführen. Weil Korsakow hatte hinter den Rhein zurückgehen müssen, wollte Petrasch weder hinter der Thur noch Sitter verweilen und Jellachich nicht am Wallenstädter See, und Linken wurde graulich in den Linttälern. Wir sehen jetzt, daß der Rückzug keines dieser Generale durch die wirklich vorhandenen Umstände geboten, sondern nur die Wirkung übertriebener Besorgnis war. Dieses Lauffeuer des Schreckens ist in solchen Fällen in der Kriegsgeschichte freilich nicht ungewöhnlich; es ist aber immer ein Kennzeichen, daß die Befehlshaber zweiter Ordnung nicht Leute sind, bei denen der Separatanteil, welchen sie an dem kriegerischen Akte für ihre eigene Rechnung, nämlich für ihren Ruhm, nehmen, noch etwas den Anteil überwiegt, der ihnen als bloßem Instrument in gehorsamster, aber notdürftiger Pflichterfüllung obliegt."

Das Mißlingen der Vereinigung getrennter Kolonnen auf dem Schlachtfelde von Pultusk (27. Dezember 1806) ist nicht auf Rechnung des Marschalls Lannes zu schreiben. Der Grund liegt in der ungenügenden Orientierung des Kaisers über Stärke- und Kräfteverteilung des Gegners und Ausdehnung der feindlichen Stellung, verschuldet durch die Untätigkeit von Murats Kavallerie und durch die Saumseligkeit Bernadottes. Geht man von den Nachrichten aus, die der Kaiser hatte, so waren die Truppen musterhaft zum Anmarsch auf das Schlachtfeld angesetzt, sie konnten dasselbe durch kurzen Vormarsch erreichen. Die Vereinigung aller Streitkräfte auf dem Schlachtfelde in günstiger Richtung wäre der Erfolg der Marschbewegung gewesen, wenn die auf Grund der Aufklärung gewonnene Auffassung sich als richtig erwiesen hätte. Die örtlichen Schwierigkeiten hinderten den Kaiser, sein Heer auf engem Raume zur schnellen Verwendung nach rechts wie nach links zusammenzuhalten, wie er es im Feldzuge von Jena getan hatte [1]).

General v. Schlichting sagt [2]): „Die Hauptfront hat den Gegner am Beginn oder doch während der Tagesoperation angetroffen, die Offensivflanke kommt erst am Abschluß der ihrigen zum taktischen Eingriff, da der Seitenabstand der operierenden Heeresteile dieser Entfernung zu entsprechen hat. Unter solchen Umständen muß also die Offensivflanke das Begegnungsverfahren wählen. Sie kann es — da der Gegner in seiner Hauptfront bereits beschäftigt ist, sie muß es, denn sonst verspätet sich ihre Leistung für die Waffenentscheidung. In der Anwendung des Begegnungsverfahrens liegt allein die Möglichkeit des Zeitausgleichs für das Zusammenwirken."

General v. Schlichting verlangt, daß bei Königgrätz die erste

---

1) Vgl. hierzu Graf Yorck v. Wartenburg, Napoleon als Feldherr, I, S. 295.

2) v. Schlichting a. a. O. III, S. 154.

und Elbarmee nach dem Aufmarsch-, die II. Armee jedoch nach dem Begegnungsverfahren hätten eingesetzt werden sollen. Gewiß hier, wie bei dem Vorgehen des XII. Armeekorps gegen St. Privat, war das Begegnungsverfahren berechtigt. Der Tag war schon weit vorgeschritten, der Feind hatte seine Reserven sichtlich verbraucht, es galt, durch überraschenden Angriff diese Vorteile auszunutzen, den Gegner an Ausführung einer Frontveränderung zu hindern, schließlich einem schwer ringenden Nachbar Hilfe zu bringen, ihn zu entlasten. Unter solchen Umständen ist stets die Entwickelung der Truppe nach dem Begegnungsverfahren am Platze. Wenn die II. Armee bei Königgrätz „auch nicht gerade offene, so doch schwach besetzte Tore, durch welche sie mit zunächst unzulänglichen Kräften auf die Grundpfeiler des feindlichen Reserveaufbaues stieß¹)", vorfand, dieses also ein sofortiges Einsetzen der Truppen aus der Marschkolonne gestattet hätte, so wäre es doch keineswegs am Platze gewesen, wenn, wie vom österreichischen Oberkommando angeordnet, sich noch starke aufmarschierte Reserven hinter dem rechten österreichischen Flügel befunden hätten. Das gleiche gilt vom Eingreifen des XI. Armeekorps bei Wörth. Hingegen war auf dem Schlachtfelde von Beaune la Rolande das Einsetzen der Bataillone der zur Unterstützung des X. Armeekorps anmarschierenden 5. Infanterie-Division unmittelbar aus der Marschkolonne dringend geboten. In der Schlacht von Magenta sollte der Angriff in der Front erst beginnen, sobald die Umfassung sich fühlbar machen würde. Der Marschall Mac Mahon war daher durchaus im Recht, wenn er den Aufmarsch seines Armeekorps anordnete, ehe er zum entscheidenden Angriff ansetzte, nur die Art der Ausführung des Aufmarsches war unzweckmäßig.

„Blücher rückt bei Möckern und Waterloo mit dem Begegnungsverfahren in die Schlachtfront ein. Mit dem vorangehenden Aufmarschverfahren hätte er sich in beiden Fällen verspäten müssen." (v. Schlichting a. a. O. III, S. 133.) Das Schlachtfeld von Möckern war von den Gefilden bei Wachau, wo am 16. Oktober 1813 zwischen der Hauptarmee der Verbündeten und dem Kaiser Napoleon die Entscheidung fiel, so weit entfernt, daß sich ein Einfluß des Blücherschen Angriffs, abgesehen von dem Festhalten des Marmontschen Korps, kaum bemerkbar machen konnte. Außerdem begann die Schlacht bei Wachau nur unwesentlich früher als der Kampf um Möckern. Tatsächlich sind auch die Brigaden der schlesischen Armee vor Eintritt in den Kampf mit dem bereits entwickelten Korps Marmont aufmarschiert.

Am 18. Juni 1815 traf die vordere Brigade des zunächst zur Unterstützung der

---

1) v. Caemmerer, Magenta, S. 157 u. f.

Engländer verfügbaren Korps v. Bülow bereits um 10 Uhr früh bei St. Lambert ein, 5 Kilometer vom linken englischen Flügel entfernt. Die Schlacht von Waterloo wurde französischerseits aber erst um 11½ Uhr eröffnet. General v. Bülow ließ seine Brigaden gedeckt im Walde von Paris, Frichermont vor der Front, aufmarschieren, damit der voll entwickelte Stoß die Franzosen treffen würde, wenn sie ihre Hauptkräfte bereits gegen die Engländer eingesetzt hätten. Der Aufmarsch vollzog sich dann auf etwa 2 Kilometer vom rechten französischen Flügel. Erst um 4½ Uhr brach das versammelte Armeekorps aus dem Walde hervor. (v. Ollech, Leben des General v. Reyer, III. Teil, S. 196, nach der Relation des Generals v. Bülow.)

Dem gegen die Flanke des Gegners angesetzten Korps ist bei größerer Entfernung zunächst ein gemeinsamer Marschrichtungspunkt anzugeben, so wurde z. B. der II. Armee bei Königgrätz die Baumgruppe von Horenowes, der Armeeabteilung des Marschalls Ney bei Bautzen der Kirchturm von Hochkirch als gemeinsamer Marschrichtungspunkt bezeichnet. Im Laufe des Vormarsches wird es dann nötig, entsprechend der Gefechtsausdehnung den einzelnen Korps besondere Marschrichtungspunkte zuzuweisen.

Am 3. Juli 1866 wurde dieses versäumt, und so geriet das I. Armeekorps hinter die rechte Flügeldivision des Gardekorps. Der Vormarsch des I., Garde-, V. und VI. Armeekorps erfolgte am 3. Juli früh aus der 17 Kilometer langen Linie: Ober-Prausnitz — Rettendorf — Grablitz. Um 11 Uhr war die Marschfront mit 5 Infanterie-Divisionen in vorderer Linie bis auf 8,5 Kilometer verringert worden [1].

Es ist bedenklich, den anmarschierenden Truppen den Befehl zu geben, umfassend anzugreifen, es führt dieses leicht zu weit ausholenden Bewegungen, die die Entscheidung nur noch weiter hinausschieben; auch der Gedanke, selbst wiederum zu umfassen, ist nicht richtig, da die in der Front eingesetzten Truppen auf das Wirksamwerden der Umfassung warten, um dann erst zum Angriff übergehen zu können. Je schneller und überraschender die Gefechtsentwickelung erfolgt, um so weniger Zeit bleibt dem Feinde für Gegenmaßregeln.

General v. Schlichting mißt der Art der Entwickelung der Truppe besondere Bedeutung zu. Der Marschanfang wird auf denjenigen Punkt gedreht, den der Führer anfassen will, die Angriffsfront soll dann derart gebildet werden, daß die nächsten Teile der Marschkolonne die Linie nach außen weiterbauen. So wird der Angriff gegen denjenigen Punkt der feindlichen Stellung gerichtet, welcher zurzeit als Flügel

---

[1] S. Karte am Schluß des Bandes.

feststeht¹). Mit diesem Weiterausbau begleitet man die Maßnahmen des Gegners, seinen bedrohten Flügel zu verlängern.

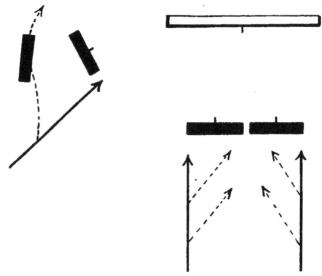

Würde die Entwickelung nach innen stattfinden, so könnte leicht die Umfassung, anstatt die Flanke zu treffen, vor die feindliche Front geraten. Dieses ist der hauptsächlichste Fehler, er entsteht einmal aus der Art des Aufmarsches, dann aus dem Streben, die Fühlung mit den in der Front vorgehenden Truppen nicht zu verlieren.

Marschall Ney bei Bautzen (s. oben S. 164), 1. Garde=Infanterie=Division bei Königgrätz bringt in den Swiepwald ein, anstatt im Marsch in der bisherigen wirksameren Richtung zu bleiben²).

Die noch im Herausziehen aus der Marschkolonne begriffenen Teile gewähren der Gefechtslinie den gewünschten Flankenschutz. Der Flankenschutz wird am besten gewährleistet durch eine Nebenabteilung, als durch eine zurückgehaltene Staffel, welche bei der eigentlichen Entscheidung meist fehlt. Bei weit herausgeschobenen Sicherungen ist die Gefahr der Überraschung so verringert, daß unbedenklich alles in erste Linie angesetzt werden kann³).

---

1) v. Schlichting a. a. O. II, S. 118.
2) v. Schlichting a. a. O. II, S. 120.
3) Skizze 2 u. 3 des Beiheftes 10 zum Militär=Wochenblatt 1906 zeigt die 2. japanischen Kavalleriebrigade in dieser Tätigkeit. S. ihr Gefecht am 3. März 1905 gegen die Brigade Bürger.

Für den Verteidiger kann es nichts Empfindlicheres geben, als wenn die feindliche Umfassung völlig zur Ausführung gekommen ist, wenn der Feuerring des Angreifers sich enger und enger um die Verteidigungsstellung schließt, wenn die Truppen dem Feuer aus der Front, von der Flanke und womöglich gar noch im Rücken ausgesetzt sind, wenn unter diesem vernichtenden Feuer die Feuerlinien des Verteidigers sich noch neu bilden müssen. Dann erstirbt jede freie Verwendung der Truppen, jeder Gedanke einer Offensive. Nichts bleibt der Verteidigung übrig, als auszuharren oder zurückzugehen, ihre Niederlage ist sicher, wenn nicht andere, außerhalb des Ringes befindliche Truppen eingreifen. (5. Infanterie-Division bei Beaune la Rolande.) Eine geschickte Führung muß bestrebt sein, es gar nicht bis zu dieser vernichtenden Wirkung der Umfassung kommen zu lassen. Je weniger die Verteidigung an die Scholle gebunden ist, je weniger für sie der Ortsbesitz von Wert ist, um so freier kann sie handeln, um so leichter ist für sie der Entschluß zum Angriff. Selbst eine kurze Flankenbewegung, die dem Angreifer verborgen bleibt, stört den Zusammenhang seiner Bewegungen und kann den Mißerfolg eines seiner getrennten Teile vorbereiten (Schlacht von Liegnitz 15. August 1760). Schon das einfache Zurückgehen vermag die Wirkung der Umfassung aufzuheben, aber dieses schiebt nur die Entscheidung hinaus, bringt den Angreifer allerdings in die ungünstige Lage, seine Marschkolonnen, die vor die Front des Verteidigers geraten sind, in neue Richtung drehen zu müssen.

Die Schwäche der Umfassung liegt in der Trennung der Kräfte und in der Gefährdung der äußeren Flanke. Dieses muß die Verteidigung ausnutzen, indem sie, wie Napoleon gegen die festhaltende Gruppe auf den Höhen von Pratzen (Austerlitz) oder wie Friedrich der Große gegen die Spitzen der französischen Umgehungskolonnen bei Roßbach, zum Angriff vorgeht.

Den wirksamsten Schutz findet eine der Umfassung ausgesetzte Flanke in ihrer Tiefengliederung, in einer Staffelung der zurückgehaltenen Kräfte. Je weiter diese zurückstehen, je größer ihr Seitenabstand ist, um so wirksamer gestaltet sich ihre Verwendung, indem sie durch einfache Entwickelung nach vorwärts — als Staffel zur Hauptstellung — die feindliche Umfassung selbst in die Flanke nimmt[1]).

---

[1] Abwehr der Umfassung des IV. französischen Armeekorps bei Colombey-

Solange Tiefengliederung vorhanden ist, vermag der Verteidiger bei den kürzeren, ihm zur Verfügung stehenden Wegen fast immer dem Angreifer eine neue Front entgegenzustellen, falls er nicht getäuscht wird oder seine Kräfte überhaupt nicht ausreichen.

Wenig zweckmäßig erweist sich eine Verlängerung des bedrohten Flügels, die Frontausdehnung wächst ins Ungemessene, und es entstehen, da der Gegner mit seinen Umfassungskolonnen weiter ausholen kann, immer wieder die gleich ungünstigen Verhältnisse, die mit der weiteren Verlängerung

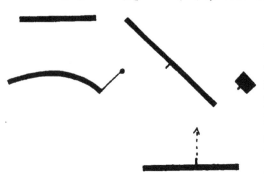

der Front um so nachteiliger werden, als es dann an Reserven zum Schutze des bedrohten Flügels fehlt. Am 18. August 1870 erreichte mit Besetzung von Roncourt der französische rechte Flügel die äußerste Grenze seiner Ausdehnungsfähigkeit, Reserven waren auf diesem Flügel nicht mehr verfügbar. So gelang es den deutschen Truppen, ohne große Schwierigkeiten sich in den Besitz des rechten Flügelstützpunktes zu setzen.

Am ungünstigsten erscheint die Bildung einer Defensivflanke, welche wohl nur gerechtfertigt ist, wenn Zeit und Kräfte zu anderen Maßnahmen nicht mehr ausreichen. Infolge der umfassenden Wirkung des Angriffsfeuers, welches sich an den, an die Bruchpunkte anschließenden Teilen der Linie zum Kreuzfeuer gestaltet, entscheidet sich hier der Kampf am schnellsten. Von einem erfolgreichen Feuerkampfe des Verteidigers kann dann überhaupt nicht mehr die Rede sein.

Die Umfassungen im russisch-japanischen Kriege.

Die Schwierigkeiten des Nachschubes zwangen die Japaner, auf einer einzigen Operationslinie vorzugehen und Umfassungen aus der

---

Nouilly durch Entfaltung starker Artillerie und Bereitstellen der 4. Infanterie-Brigade als Flügelstaffel. Gen.-St.-W. I, S. 482. 485. 503. Abgewiesener Vorstoß der Flankenstaffel der 1. Division, der Brigade Memerty, von Retonfey (Kunz, Schlacht bei Noisseville, S. 24, 31). Der Angriff der Sachsen über Roncourt gegen St. Privat hätte auf diese Weise sehr empfindlich von den Steinbrüchen und vom Waldbrande von Jaumont in der Flanke gefaßt werden können.

Tiefe anzusetzen. Die günstige Vormarschrichtung der I. Armee vom Jalu auf Liaujang führte nur mit schwachen Teilen (2. 12. Division, Garde-Reserve-Brigade) nördlich des Schaho zur Umfassung, die lange Zeit den Gefahren einer Niederlage ausgesetzt waren. Die Umfassung diente vorwiegend dem Zwecke, die Aufmerksamkeit von der eigentlichen Angriffsstelle abzulenken, beherrschende Stellen für Flanken- und Längsfeuer zu gewinnen. Dieses Bestreben zeigte sich bis zu den kleinsten Verbänden herab; das von schwachen Gruppen, von abgesessener Kavallerie, Maschinengewehren oder Gebirgsartillerie abgegebene Flanken- oder Längsfeuer erleichterte ungemein das Vorgehen in der Front. Hier wurde meist die Entscheidung gesucht; die geringen Leistungen der Verfolgungen hängen zum Teil mit der Durchbruchsschlacht zusammen.

Folgendes Verfahren ist typisch: energisches Anfassen in der Front, dann Ansetzen der Umfassung auf einem Flügel, wo die Entscheidung nicht gesucht wird, um die Russen zum Absenden ihrer Reserven nach falscher Richtung zu verleiten, schließlich Umfassen auf dem nun geschwächten Entscheidungsflügel. Das Verfahren hatte stets Erfolg und verdient Nachahmung.

Bei dem Rückmarsch auf Liaujang waren die Russen Tag für Tag durch Bedrohen ihres rechten Flügels zum Aufgeben ihrer Stellungen gezwungen; in der Annahme, daß die Japaner auch ähnliches in der Schlacht versuchen würden, standen zunächst hinter dem rechten russischen Flügel das IV. Armeekorps, die 71. Infanterie-Division und das Regiment Wyborg. Nachdem hier leicht eine Umfassung angedeutet war, fiel die Entscheidung auf dem entgegengesetzten Flügel. Eine energische Offensive der russischen Reserve hätte aber noch zu guterletzt das Konzept der Japaner stören können, da ganz gleichgültig war, ob der rechte oder linke japanische Flügel geschlagen wurde, nur mußte sehr schnell gehandelt werden.

Noch lehrreicher sind die Operationen um Mukden[1]).

Im Begriff, mit den südlich Mukden vereinten Kräften zum Angriff gegen die II. und IV. japanische Armee vorzubrechen, wurde am 25. Februar dieser Gedanke aufgegeben, als die I. japanische Armee den linken russischen Flügel zu überflügeln drohte. Während der Brückenkopf von Mukden weiter durch das XVI. Korps besetzt blieb, erhielten, als auch andere Nachrichten von dem Vormarsch feindlicher Kräfte von Jentai gegen Osten sprachen, die 71. Division und das I. sibirische Korps Befehl, nach dem östlichen Flügel abzumarschieren. Der starken russischen Kavallerie war es nicht gelungen, den Anmarsch der noch am 27. Februar 18 Kilometer vom eigenen Flügel entfernten japanischen Armee zu entdecken, noch viel weniger zu verzögern. Die japanische Armee, welche bis zum 24. in rein defensiver Tendenz mit starken Flügelstaffeln aufmarschiert war, setzte bis zum 28. die Demonstration gegen den Ostflügel mit

---

[1]) 10. Beiheft zum Mil.-Wochenblatt 1905. Die Schlacht bei Mukden. v. Fleck, Hauptmann, Schlacht bei Mukden, Wien 1906. S. Skizzen am Schluß des Buches.

der V., dann I., schließlich auch mit der IV. Armee fort, vom 28. — die III. Armee erreichte mit ihren vorderen Teilen die Linie Tutaity=Anchiljun — nahm jetzt auch die II. Armee den Kampf auf. Am 28. erkennt Kuropatkin die Gefahr, es gelingt, die II. Armee, unterstützt durch die 25. Division (XVI. A.=K.) und durch eine am 1. März heranbeorderte Division des X. Armeekorps, in eine Defensivflanke, parallel der Eisenbahn, zurückzuführen. Mit sehr großem Geschick haben die russischen Arrieregarden hier ihre Aufgabe gelöst. Die II. japanische Armee folgte unter andauernden Gefechten, während die III. Armee unbekümmert um den Kampf der II. Armee weiter in ihrer umfassenden Bewegung ausholte. Dennoch war es den Russen gelungen, schnell eine neue Front zu bilden, die sogar die japanische III. Armee überragte. Nun begannen vom 4. März ab die Japaner ein eigenes Verfahren, ihre bis dahin bei Jentai verbliebene Reserve (30 Bataillone) wurde bei Salinpu eingesetzt, dann wurden einzelne Divisionen während der Nacht aus der Front zurückgenommen, durch Nachtmarsch 15 Kilometer weitergeführt und an anderer Stelle wieder eingesetzt. Von den drei Divisionen der III. Armee gingen in der Nacht zum 6. die beiden linken Divisionen etwa 15 Kilometer nordwärts, während die südliche an Stelle der bisherigen linken Division rückte. Am 3. abends war das I. sibirische Armeekorps wieder bei Mukden eingetroffen, mit diesem waren 75 Bataillone zur Stelle, um offensiv zu werden. Der Gedanke wurde zwar gefaßt, aber nicht durchgeführt, als erneut der rechte japanische Flügel vordrang. Die bei Tawa versammelte Truppe wurde auf dem Westflügel eingesetzt. Am 8. März leitete die russische Armee ihren Rückzug ein. Der Kampf war zum Stehen gekommen, die III. russische Armee hatte sich immer weiter nach Norden ausgedehnt; aber mehr konnte sie nicht leisten. Als dann zur Bildung neuer Reserven weitere Kräfte aus der Front zurückgenommen wurden, gelang hier der Durchbruch. Die wichtigste Lehre der Kämpfe von Mukden bleibt, alles daranzusetzen, sich die Freiheit des Handelns zu wahren, die Maßnahmen Kuropatkins sind nur Paraden gegen Hiebe des Feindes; er findet keine Gelegenheit, selbst Hiebe auszuteilen.

4. Ist ein Durchbruch in der Schlacht noch möglich?

Stellt man die Frage derart, als wenn Umfassung und Durchbruch zwei verschiedene Angriffsformen sind, die sich gegenseitig ausschließen, dann allerdings würde man unzweifelhaft der Umfassung in jedem Falle die größere Wirkung zugestehen müssen. Der reine Frontalkampf, wie er sich z. B. bei Solferino durch den Zusammenstoß der auf annähernd gleichem Raume herangeführten beiderseitigen Marschkolonnen ergab, kann wohl zum Niederringen des Gegners, aber nicht zu einem entscheidenden Siege führen. Gewiß ist „die Schlachtlinie kein Stab mehr, den man brechen kann, wie zur Zeit der Lineartaktik, sondern ein starkes, aber elastisches Band, das sich um unsere Seiten legt, wenn wir es in seiner Mitte zurückdrücken"[1].

Die fast allgemein vertretene Ansicht von der Unmöglichkeit eines

---

[1] v. d. Goltz, Kriegführung, S. 137.

Durchbruches geht von der Voraussetzung aus, daß es sich nur um einen reinen Frontalkampf handelt, bei dem naturgemäß die Feuerüberlegenheit schwerlich erreicht wird, da der Angreifer günstigstenfalls nur die gleiche, meist aber nur eine geringere Anzahl Gewehre auf dem gleichen Raume wie der Verteidiger entfalten kann. Die Hoffnung auf den Sieg könnte somit nur auf größere Willensstärke der Führung gegründet sein, d. h. auf schwer meßbare Kräfte, deren Berücksichtigung bei einer rein wissenschaftlichen Behandlung der Frage nicht möglich ist. Es wäre aber falsch, den reinen Frontalangriff als aussichtslos ansehen zu wollen. Der mannhafte Entschluß eines in einer Festung eingeschlossenen Führers, die Einschließungslinie zu sprengen, müßte dann der Selbstaufopferung gleich kommen. Wenn auch die Durchbruchsversuche der französischen Armee bei Noisseville, Champigny, Mont Valérien und der türkischen Armee von Plewna nicht von Erfolg gekrönt waren, die Kriegsgeschichte nur den erfolgreichen Durchbruch von Menin (29. April 1794) und Jellalabad (7. April 1842) kennt, so ist damit noch nicht gesagt, daß ein solcher Durchbruch unmöglich ist. Die Kriegslehre darf jedenfalls eine solche Ansicht nicht aussprechen.

Beachtenswert sind die Ausführungen des Generalstabswerks (II. Bd., S. 1485) über den Wert der verschiedenen Durchbruchsrichtungen für die in Metz eingeschlossene Rheinarmee: „Weit geringere Schwierigkeiten boten die Verhältnisse im Süden von Metz. Ein nach dieser Seite hin gerichteter Vorstoß fand in dem dortigen Gelände, wie im Nordosten, einen breiten Entwickelungsraum auf beiden Seille-Ufern, an den drei großen Straßen nach Solgne, Nomény und Cheminot. Wenn die Hauptmassen der Rheinarmee möglichst überraschend auf diesen Straßen vorgingen, während eine linke Seitenabteilung sich gegen Courcelles an der Nied wendete und eine andere unter schützender Mitwirkung der Festungsartillerie etwa in der Gegend von Frescaty gegen Ars und Jouy Front machte, um das preußische VII. und VIII. Armeekorps beim Überschreiten der Mosel aufzuhalten, so stand in Anbetracht der damaligen Aufstellung des Einschließungsheeres das Gelingen des Durchbruchs, und zwar ohne allzu schweren Kampf, in ziemlich sicherer Aussicht. Allerdings würden die französischen Heerführer unter allen Umständen auf ein Mitnehmen der Trains haben verzichten müssen und auch in diesem Falle über kurz oder lang von den nachdrängenden Korps des Einschließungsheeres in Flanken und Rücken bedroht worden sein. Immerhin konnte aber Marschall Bazaine hoffen, wenigstens vor sich die Marschlinie frei zu finden, die nur schwach besetzten Verbindungen der Deutschen vorübergehend zu unterbrechen und, wenngleich nicht ohne erhebliche Verpflegungsschwierigkeiten, mit einem großen Teile seines Heeres nach Süden zu entkommen."

Verglichen mit den Verhältnissen des Feldkrieges, sind im Festungskriege die Bedingungen für einen Durchbruch wesentlich ungünstiger.

Dennoch wird eine kräftige Führung für eine eingeschlossene Armee die Möglichkeit eines solchen ernstlich in Frage ziehen müssen. Die Führung ist in der Wahl des Angriffspunktes beschränkt, die Schwierigkeit, große Massen auf engem Raum zu entwickeln, ist nicht zu unterschätzen. Auf eine Feuervorbereitung muß verzichtet werden, wenn der Vorteil der Überraschung nicht aus der Hand gegeben werden soll. Der Unmöglichkeit, einen Druck auf die Flanke des Feindes auszuüben, steht die andauernde Bedrohung zunächst der Flanke und dann des Rückens des durchbrechenden Heeres durch die Einschließungstruppen gegenüber. Im Festungskriege ist der Durchbruch nur der Anfang, im Feldkriege ist der Durchbruch nach gründlicher Feuervorbereitung aber die Beendigung der Angriffsschlacht.

Die besten Anhaltspunkte für die Art der Ausführung eines Durchbruches in der Feldschlacht gibt die Kriegsgeschichte. Zu Anfang des 19. Jahrhunderts sehen wir den Kaiser Napoleon mit besonderem Geschick den Durchbruch in der Schlacht einleiten. Die erste große Anwendung des Durchbruchs finden wir in der Schlacht von Austerlitz. Der Schlachtplan der Verbündeten ging von der irrigen Voraussetzung aus, daß der Kaiser Napoleon, zu schwach zur Offensive, sich auf die Ver-

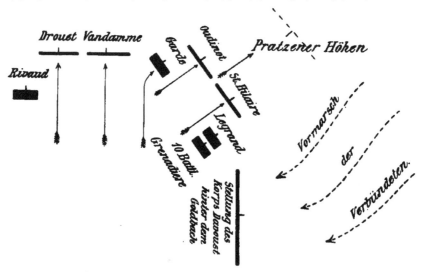

teidigung beschränken würde. Unter dem Schutze der Kavallerie des Fürsten Lichtenstein marschierte die verbündete österreichisch-russische Armee links ab, um den Goldbach zu überschreiten und dann gegen die rechte französische Flanke einzuschwenken. Der Kaiser Napoleon beurteilte richtig die Maßnahmen seiner Gegner und beabsichtigte in Richtung auf die Pratzener Höhen die Stellung der Verbündeten zu durchstoßen, die festhaltenden Truppen des Feindes über den Haufen zu rennen. Die Divisionen Drouet und Vandamme bildeten die Angriffsstaffel. Hinter ihrem linken Flügel, wo der Kaiser den Kampf nur hinhalten wollte, sollte als Flankensicherung die Division Rivaud folgen. Hinter dem rechten Flügel Vandammes wurden stärkere Kräfte angesammelt, mit denen der Kaiser gegen den linken Flügel der Verbündeten einschwenken wollte. Es folgen hier die Garde, die Grenadiere Oudinots und die Division St. Hilaire. Ohne Schwierigkeit gelang es, die Pratzener Höhen in Besitz zu nehmen. Die Höhen lagen weit genug hinter der feindlichen Front, um nach dem Durchbruch einen Stützpunkt abgeben zu können. St. Hilaire und die Grenadiere Oudinots gingen nach dem Einschwenken sofort zum Angriff über, während ihr linker Flügel durch die Garde gedeckt wurde, welche in dem Raume zwischen Vandamme und Oudinot vorging.

Der machtvolle Zentrumsstoß des Kaisers bei Wagram mit 60000 Mann ist nur die Ergänzung zu der Umfassung des feindlichen Flügels bei Neusiedel, der Durchbruch wird mustergültig vorbereitet. Unter dem Schutze eines größeren Reiterangriffes gehen 100 Geschütze bis auf Kartätschschußweite an den Gegner heran. Wenn die Batterien auch ihre Bewegungsfähigkeit einbüßen, so weichen doch unter der Wirkung des Feuers die feindlichen Truppen zwischen Breitenlee und Aderklaa zurück. Hierdurch entsteht ein großer, nach Südosten geöffneter Bogen, in welchen das zum Durchbruch bestimmte Korps des Marschalls Macdonald hineinstößt. Die Stoßtruppen bildeten in einer einzigen Kolonne 8 aufmarschierte Bataillone hintereinander (colonne de division)[1]), welche rechts durch 6, links durch 10 Bataillone in Kolonnen von 2 Kompagnien Front (colonne par division) gestützt werden, die nach Ausführung des Durchbruchs nach der rechten und linken Seite zur Erweiterung der Lücke einschwenken sollten. Den Erfolg dieses Angriffs sollten die Kavallerie-Divisionen von Walther und Nansouty mit 34 Schwadronen ausnutzen. Schließlich bilden die Divisionen Serras und Wrede und 20 Bataillone der Kaisergarde eine weitere Reserve. Soviel sich auch gegen die taktische Form sagen läßt, so zweckmäßig erscheint die Art der Disponierung der Truppen für die Ausführung des Durchbruches. Unter dem Feuer der Österreicher brach die Massenkolonne Macdonalds zusammen. Erst ein Angriff der Divisionen Serras und Wrede gegen Aderklaa und Breitenlee hatte Erfolg, und nun konnte Macdonald die feindliche Stellung durchstoßen. Die Entscheidung gibt aber nicht der Durchbruch, sondern die von Davoust ausgeführte Umfassung.

Mustergültig sind die Vorbereitungen des Kaisers bei Wachau am 16. Oktober 1813. Der Kaiser entschloß sich, nachdem er vergeblich eine Schlacht gegen die schlesische Armee in der Gegend von Düben gesucht hatte, nach Leipzig abzumarschieren, sich dort mit Murat zu vereinen, dann sich auf Schwarzenberg zu werfen, ehe dieser ein Zusammenwirken mit Blücher und mit der von Dresden auf Leipzig anmarschierenden Armee Bennigsens ermöglichen konnte. Gelang es den Verbündeten, alle Kräfte auf dem Schlachtfelde zu vereinen, so standen 311000 Mann mit 1330 Geschützen auf der Walstatt, denen der Kaiser nur 180000 Mann mit 734 Geschützen entgegenstellen konnte, nur 20000 Mann mehr, als die Armee Schwarzenbergs allein zählte. Während Ney nördlich der Parthe, die Division Lefol an der Pleiße, gestützt auf das IV. Korps Bertrand in einer 13 km langen Linie mit 34000 Mann dem Kaiser

---

[1]) Nach anderer Angabe die 8 Bataillone mit geringem Zwischenraume in Doppelkolonne (colonne par division) hintereinander.

Rücken und rechte Flanke gegen Einsendungen Schwarzenbergs, gegen Angriffe Bernadottes und Blüchers frei halten sollte, vereinigt er zum Entscheidungskampfe gegen die feindliche Hauptarmee 140000 Mann. Die Kräfte seines Gegners sollen durch die auf 6 km Ausdehnung mit 33000 Gewehren entwickelten Korps Poniatowski (VIII.), Victor (II.) und Lauriston (V.) gefesselt werden, hinter denen eine Reserve (IX. Korps) von 11000 Mann unter Augereau bereit steht. Die eigentliche Schlachtreserve bildet die Garde mit dem I. und V. Kavallerie-Korps, welches sowohl auf dem Schlachtfelde von Wachau als auf dem Nebenschlachtfelde nördlich von Leipzig Verwendung finden kann. Das im Anmarsch begriffene (XI.) Korps Macdonalds und das II. Kavallerie-Korps wurde von Taucha über Holzhausen-Seifertshayn gegen die rechte Flanke der Verbündeten angesetzt. Obwohl Macdonald zu spät antritt,

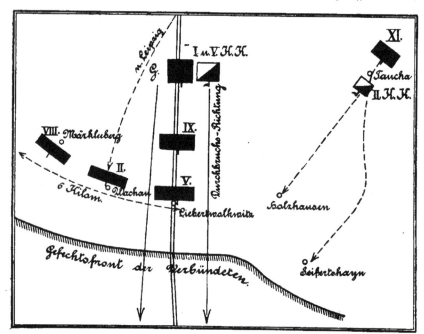

seine Kavallerie keineswegs im Sinne des Kaisers gegen Flanke und Rücken des Gegners vorgeht, hat die Umfassung doch die gewünschte Wirkung. Der Gegner muß hier seine Reserve einsetzen, seine Front wird vorübergehend geschwächt, und das ist für den Kaiser der entscheidende Augenblick, die Front zu durchbrechen. Eine Geschützmasse von 150 Feuerschlünden fährt zwischen Wachau und Liebertwolkwitz auf. Rechts und links dieser Artillerielinie gehen je 2 Divisionen der jungen Garde vor, denen die Kavallerie und die alte Garde folgen. Der Vorstoß der Infanterie hat Erfolg und jetzt werden 12000 Reiter unter Murat eingesetzt. Die gegnerische Kavallerie wirft sich entgegen und rettet ihre Infanterie, die gestützt auf die zahlreiche Artillerie sich neu ordnet. Erst die Dunkelheit macht dem Kampfe ein Ende. War dem Durchbruchsversuche Napoleons auch kein Erfolg beschieden, so enthielt er doch, wenn der entscheidende Stoß früher hätte erfolgen können, die meisten Vorbedingungen des Gelingens. Der Gegner stand in breiter Front im unentschiedenen Frontalkampfe, seine Reserve war durch den Flankenangriff Macdonalds von der entscheidenden Stelle abgelenkt. Der Durchbruch wird durch massenhaftes Artilleriefeuer vorbereitet, starke Reserven folgen hinter den Flügeln, um die einmal gerissene Lücke zu erweitern und die Flanken der Stoßtruppe zu schützen.

In der Schlacht von Ligny fehlte es an Reserven zur Ausbeutung des Erfolges. Die französische Kavallerie kam zu spät, so daß die preußische Führung Gegenmaßregeln treffen konnte. Der Durchbruch bei Aspern und Waterloo, ohne Umfassung angesetzt, mißlingt. Die frontalen Anstürme der französischen Kavallerie vermögen bei Waterloo nicht die englische Schlachtstellung zu durchbrechen, es fehlt an Infanterie, um den Anfangserfolg der Kavallerie auszubeuten.

In späteren Feldzügen kommt die glückliche Ausführung eines Durchbruches verhältnismäßig selten vor.

Mit seinen zusammengehaltenen Kräften durchbricht am 23. Juli 1848 Feldmarschall Radetzky die zersplitterte Aufstellung der Piemontesen bei Custoza. Auf dem Gefechtsfelde von Spichern gelingt es den preußischen Truppen durch Besitznahme des Roten Berges, den Durchbruch der französischen Stellung einzuleiten. Seine Ausführung ist aber unmöglich, da die Entwickelung auf der Hochfläche angesichts der Artilleriestellung auf dem Forbacher Berge mißlingt. Der Durchbruch der französischen Stellung am 4. Dezember 1870 bei Orleans wird vollendet, als der linke französische Armeeflügel den Rückzug auf Beaugency antritt. In der Schlacht von St. Quentin gelingt es den preußischen Truppen, die 15 km langen, aber nur von 37 000 Mann besetzten Stellungen zu durchstoßen und damit den Widerstand des auf dem linken Flügel kämpfenden XXIII. Armeekorps zu brechen. Im russisch-japanischen Kriege gelingt in großartiger Weise der Durchbruch der russischen Stellung vor Mukden. S. Skizze 6, 7, 8, Beiheft 10 Mil.-Wochenblatt 1906.

Aus den vorstehend skizzierten Beispielen ergeben sich folgende Lehren für eine Durchbruchsschlacht, wobei aber zu berücksichtigen ist, daß die Durchführung des Durchbruches sehr viel schwieriger als zur napoleonischen Zeit geworden ist.

1. Durchbruch und Umfassung müssen sich gegenseitig ergänzen; durch die Umfassung müssen die feindlichen Reserven von der entscheidenden Stelle abgezogen werden. Durch den umfassenden Angriff muß der nötige Raum zur Entwickelung einer überlegenen Feuerkraft gewonnen werden.

2. Der erfolgreiche Durchbruch gliedert sich in zwei Perioden: in das Festsetzen in der feindlichen Stellung, dann in die Erweiterung der Lücke zwischen den beiden getrennten Teilen und Führung des Entscheidungsschlages.

Der erste Akt findet seine Bestätigung in zahlreichen kriegsgeschichtlichen Beispielen. Will man die Ausführbarkeit des zweiten Aktes leugnen, so müßte man folgerichtig jede Forcierung einer Stromstrecke oder jede Entwickelung aus einem Gebirge für unmöglich erklären. Ein Durchbruch ist nur ausführbar gegen eine ausgedehnte Stellung und wenn der Angriff durch eine Umfassung, welche die Reserven fesselt, unterstützt wird. Die Stärke der Front — welche eine unmittelbare Unterstützung der Feuerlinie unnötig macht, damit die Reserven hinter die Flügel verweist — nimmt mit dem Anwachsen der Heere ab. Kann die Einwirkung der Reserven von den Flügeln aus sich nicht mehr auf allen Teilen der Front geltend machen, so ist ein Durchbruch möglich. Je ausgedehnter die Stellung des Verteidigers, um so größer die Aussicht, die auf einem Flügel massierten Reserven in ein isoliertes Gefecht zu verwickeln, um so größer die Wahrscheinlichkeit, dann die Verteidigungsstellung durchstoßen zu können[1]). Die ausgedehnte Stellung des Generals von Werder an der Lisaine, die Fesselung seiner Reserven auf dem rechten Flügel bei Frahier und Chenebier forderte geradezu zum Durchbruch bei Héricourt in Richtung auf Belfort auf; die mangelhafte Beschaffenheit der französischen Truppen und die geringe Energie ihrer Führer, welche etwa ein Drittel der Infanterie nicht einsetzten, ließ es zur Ausführung des Gedankens nicht kommen. Wie lang eine Stellung sein muß, um den Durchbruch zu gestatten, läßt sich theoretisch ein für allemal nicht festlegen, die Entscheidung über diese Frage muß von Fall zu Fall getroffen werden. Gegen die Stellung eines Armeekorps ist ein Durchbruch wohl nur ausnahmsweise, unter besonders günstigen Verhältnissen möglich.

Gegen die Ausführbarkeit eines Durchbruches wird geltend gemacht, daß der Angreifer, wenn es ihm auch gelungen sei, sich in der feindlichen Stellung festzusetzen, dem konzentrischen Feuer aller benachbarten Abteilungen des Gegners erliegen müsse, daß mit Verbesserung der Feuerwaffen erheblich größere Teile an diesem Kampfe teilnehmen könnten als früher. Dieser Einwand wäre gerechtfertigt, wenn einmal der Verteidiger auf der ganzen Linie nicht durch den Angreifer gefesselt wäre, seine Hauptkräfte nicht zur Abwehr der Umfassung in Anspruch genommen würden. Schließlich muß man der fast immer überlegenen Artillerie des Gegners die gleichen Aussichten

---

1) Dieser Art war der Angriff der Engländer auf den **Spionskop** (Südafrika) am 25. Januar 1900, es fehlte nur die Energie, den ersten Erfolg auszubeuten.

zubilligen, wie der Artillerie des Verteidigers. Die Angriffsartillerie wird jedenfalls zu beiden Seiten der Durchbruchstruppen die nächstliegenden Teile der Verteidigungsstellung derart mit Feuer überschütten können, daß eine nennenswerte Störung des Angriffs kaum zu befürchten ist. Auch der Einwurf, daß der auseinandergesprengte, unter dem Eindrucke eines Mißerfolges stehende Verteidiger konzentrisch zum Angriff gegen die Durchbruchstruppen vorgehen könne, ist nicht stichhaltig. Der eine Flügel dürfte jedenfalls hinreichend durch Abwehr der Umfassung in Anspruch genommen sein. Gemeinsames Handeln der getrennten Gruppen des Verteidigers ist schwer zu ermöglichen, während die einheitliche Handlung auf seiten des Angreifers vorbereitet ist. Ist es einmal gelungen, eine Lücke in die feindliche Stellung zu reißen, so ist dieses der Weg für die Kavallerie des Angreifers, die Trennung weiter aufrechtzuhalten, Trains und Kolonnen zu zersprengen, die Verbindung der einzelnen Gruppen zu stören. Unzweifelhaft ist aber die Fortsetzung des Durchbruchs eine der schwierigsten Aufgaben für den Angreifer. Die Kriegsgeschichte kennt nur in der Schlacht von Austerlitz ein einziges, aber glänzendes Vorbild. Welche Aussichten ein Durchbruch in einer großen Schlacht haben kann, mag ein Blick auf den Plan der Schlacht von Gravelotte (6 b) im Generalstabswerk zeigen [1]).

Nehmen wir an, daß abends 7 Uhr der Angriff der preußischen Garde und des sächsischen Armeekorps auf die Stellung des VI. französischen Armeekorps bei St. Privat durch rechtzeitiges Eingreifen der französischen Schlachtenreserve, der Kaisergarde, abgewiesen sei, so stand das Oberkommando der II. Armee vor der Frage, ob es durch Einsetzen des III. und X. Armeekorps die Entscheidung noch an diesem Tage herbeiführen oder diese bis auf den nächsten Morgen verschieben solle. Entschied sich das Oberkommando für ersteres, so konnte mit den zurückgehaltenen Armeekorps entweder der umfassende Flügel weiter verstärkt werden, oder beide Armeekorps von Vernéville und Batilly aus zum Durchbruch der französischen Stellung in der allgemeinen Richtung auf Amanvillers angesetzt werden. Eine Verstärkung des Umfassungsflügels bedingte für die beiden Reservekorps einen Flankenmarsch von etwa einer Meile, und dann wäre bei der späten Tagesstunde wohl kaum noch ein Angriff ausführbar gewesen, während anderseits ein Vorgehen auf Amanvillers sofort erfolgen konnte und die französische Armee in zwei Teile zerrissen haben würde. Die Niederlage des französischen linken Flügels wäre jedenfalls vollständig gewesen. Die Möglichkeit eines Durchbruches war in diesem Falle gewährleistet, da die französischen Reserven durch Abwehr der deutschen Umfassung völlig gefesselt waren und der An-

---

1) S. auch Karte am Schluß des Buches.

griff auf Amanvillers durch das vorangegangene Artilleriefeuer in ausreichender Weise vorbereitet war.

Durchbruch und Umfassung stehen sich, wie das Beispiel von Gravelotte zeigt, gleichberechtigt gegenüber. Während aber die Umfassung selbst unter den kleinsten Verhältnissen anwendbar erscheint, ist die Form des Durchbruchs nur in größeren Verhältnissen ausführbar. Ein Durchbruch ist undenkbar ohne gleichzeitige Mitwirkung einer Umfassung, dann aber sind die Ergebnisse auch groß!

IV. Der Angriff.

Aufmarsch oder Entwickelung aus der Marschkolonne.

Der Angreifer sucht in ausgesprochener Weise die Entscheidung. Die Truppe kann nach vorherigem Aufmarsch oder unmittelbar aus der Marschkolonne ins Gefecht treten. Der Entwickelung der Truppe aus der Marschkolonne zum Gefecht haftet fast regelmäßig der Stempel des Improvisierten an. Nur zu leicht überstürzen sich die Maßnahmen, nur zu leicht wird Wichtiges übersehen. So entstehen dann an Stelle eines einheitlichen wuchtigen Angriffsstoßes nach gründlicher Feuervorbereitung vereinzelte Angriffe, die zwar hier und da Erfolge haben können, aber weit eher Aussicht haben, von einem zielbewußten Verteidiger blutig abgewiesen zu werden. Große Erfolge sind nicht der Summe der verschiedenen Einzelangriffe, sondern einzig und allein nur dem einheitlich geleiteten Massenangriffe beschieden. „Begegnungskampf", sagt General v. Schlichting, „ist für uns jedes Gefecht, in welchem Kampftätigkeit mit Aufmarsch gleichzeitig fortschreiten. Der Zeitgewinn, welcher durch Zusammenziehen dieser beiden Akte erlangt wird, muß für die Möglichkeit des Erfolges ins Gewicht fallen, sonst würde die Handlung zum unnützen Wagnis."[1] Der völlige Aufmarsch eines größeren Verbandes, d. h. der Übergang aus der Marschkolonne in breitere Formen (J. E. R. 315) beansprucht viel Zeit — die Infanterie eines in normaler Marschform auf einer einzigen Straße anmarschierenden Armeekorps etwa 5 Stunden —, gewährt aber dann den Vorteil, einheitlich und mit voller Kraft in den Kampf

---

[1] Taktische und strategische Grundsätze der Gegenwart, III, S. 133. „Im allgemeinen ist zu bemerken, daß das Begegnungsverfahren immer nur dann Vorteile schafft, wenn es dazu dient, dem Gegner mit ausreichender Gefechtsfront in der Handlung vorauszubleiben, daß es aber zum Fehler wird, wenn es einem bereits aufgestellten Gegner unausgesetzt unzulängliche Kräfte stückweise entgegenwirft." v. Schlichting, a. a. O. III, S. 64.

zu treten. Nur wenn man befürchten muß, daß der Feind diese Zeit zu seinen Gunsten ausnutzen könnte, um sich auf unsere noch in der Entwickelung begriffenen Marschkolonnen zu stürzen (Begegnungskampf), sich einem Angriff zu entziehen (Ansicht beim III. Armeekorps am Morgen des 16. August 1870), oder wenn infolge des planmäßigen Aufmarsches wichtige Vorteile aus der Hand gegeben werden könnten (z. B. um sich eines noch nicht von den Hauptkräften des Gegners errichteten Engweges zu bemächtigen, bei der Entwickelung aus einer Enge [Nachod], wenn es möglich ist, einen ruhenden Gegner zu überraschen), ist es statthaft, mit den gerade ankommenden Truppen in das Gefecht einzutreten, ohne erst den Aufmarsch des Gros oder doch seines größeren Teiles abzuwarten. Beschleunigt wird die Entwickelung durch rechtzeitiges Zerlegen (strahlenförmiges Abdrehen der einzelnen Einheiten) der Marschkolonne: Entfalten (J. E. R. 315). Dieses bereitet in zweckmäßiger Weise die Tiefengliederung zum Gefecht vor und verringert die Gefahr, daß die schmale Marschkolonne von einem entwickelten Gegner übermannt wird.

Die von der Kavallerie eingehenden Meldungen werden selten in voller Klarheit erkennen lassen, ob der Gegner im Vormarsch bleibt oder ob er seinen Aufmarsch begonnen hat, auch in letzterem Falle ist noch nicht gesagt, daß er sich verteidigungsweise verhalten will. Den Vorteil, eine noch im Aufmarsch begriffene Marschkolonne mit bereits entwickelten Fronten anzufallen, wird sich ein energischer Führer schwerlich entgehen lassen[1]). Deutlich erkannte Geländeverstärkungen geben häufig erst einen Anhalt, daß der Gegner auf den Angriff verzichtet hat.

Der Nachteil, den ein vorzeitiger Aufmarsch angesichts schwacher Vortruppen des Feindes zur Folge hat, ist gering und besteht, neben dem Zeitverlust, wenn er nicht rückgängig gemacht wird, meist nur in erhöhten Anstrengungen für die Truppe. Wird der Aufmarsch hingegen zu spät befohlen, so befindet sich die Führung in einer Zwangslage, aus der sich die Truppe nur mit Verlusten lösen kann.

Die Führung muß, wenn sie den Aufmarsch anordnet, mit zwei Umständen rechnen, welche die vorbedachte Ausführung des Angriffes in Frage stellen. Der Gegner kann seine Absichten geändert haben, die Nachrichten, welche während des Aufmarsches eingehen, können die Lage verschoben haben, als sie war, als man den Aufmarsch anordnete. Die ersten Anordnungen passen dann nicht mehr auf die neue Lage.

---

1) Als General v. François mit 6 Bataillonen und 4 Batterien am 6. August gegen die Stellung auf dem Rothenberg (Spichern) vorging, verfügte General Frossard zum sofortigen Vorgehen über 13 Bataillone und 7 Batterien.

Sie müssen durch andere Befehle ersetzt werden, deren Durchführung sich um so schwieriger gestaltet, je weiter das Gefecht vorgeschritten ist. Ebenso empfindlich für die Führung ist, wenn einzelne Abteilungen selbständig vorgehen und gegen die zielbewußte Absicht des Führers verfrüht in den entscheidenden Angriff eintreten. Nichts ist fehlerhafter, als dann den Beginn des allgemeinen Angriffes anzuordnen; es führt dieses nur zu überstürzten Maßregeln[1]), besser überläßt man eine solche Truppe ihrem Schicksale oder ruft sie zurück[2]). Selbst bei einem sorgfältigst vorbereiteten Angriffsverfahren kommt es bei der Unkenntnis von der Entwickelungszeit eines größeren Verbandes nur zu häufig vor, daß die kleineren Abteilungen an der Spitze einer Kolonne es sich nicht nehmen lassen, sich Niederlagen auf eigene Faust zu holen. — „Der Marsch eines Armeekorps von etwa drei Meilen, die ein Fußgänger in 4—5 Stunden bequem zurücklegt, dauert einen Tag" (Moltke). In diesem Falle sind die vorderen Abteilungen einer Marschkolonne die Fußgänger im Vergleich zur ganzen Marschtiefe eines Armeekorps. Auch das Ergebnis der Vortruppenkämpfe vor der Stellung kann dahin führen, einzelne Teile der zu dem eigentlichen Angriff bestimmten Kräfte verfrüht anzusetzen.

Am 10. Juli 1807 wirft Napoleon die einzelnen aus dem Launauer Forst heraustretenden Divisionen zum Angriff gegen die in verschanzter Stellung bei Heilsberg stehenden Russen vor. Alle Angriffe werden abgewiesen. Dann benutzt er den 11. zum Aufmarsch, am 12. hatte sich Bennigsen aber durch Nachtmarsch einem weiteren Angriffe entzogen. Vorsichtiger Aufmarsch vor der Schlacht von Friedland war die Folge. Andererseits verlor am 28. Juli 1866 das X. österreichische Armeekorps bei Burkersdorf durch den Aufmarsch unnötige Zeit und wurde um 10 Uhr von der entwickelten preußischen Avantgarde angegriffen.

Die Überraschung als Schlachteneinleitung.

Wenn Clausewitz sagt, daß man um so glücklicher sein wird, je mehr der Angriff überfallartig geführt wird, und General Bronsart v. Schellendorf schreibt: „Am übelsten ergeht es der Truppe, welche sich der Ruhe hingeben muß und in derselben unerwartet angegriffen wird", so zeigen die charakteristischen Überfallsgefechte des deutschfranzösischen Krieges — von Weißenburg abgesehen — nicht den erwarteten Erfolg.

Am Morgen des 16. August 1870 wird die Infanterie des II. französischen Armeekorps in ihren Lagern bei Flavigny und östlich Rezonville durch das Feuer der verstärkten Artillerie der 5. Kavallerie-Division überrascht. In voller Auflösung flutete

---

1) Verfrühter Angriff der Regimenter Uglitsch und Jaroslaw am 11. September 1877. v. Trotha, Plewna, S. 179.

2) Abbrechen des Gefechts von der 41. (sächsischen) Brigade nach Einnahme von Ste. Marie aux Chênes. Gen.-St.-W. II, S. 762 u. f. Benedek versäumt, das II. und IV. Korps, welche bei Königgrätz wider seinen Willen in den Kampf getreten waren, zurückzurufen. v. Lettow-Vorbeck, Feldzug 1866, II, S. 428.

die Kavallerie aus ihren Lagern bei Vionville zurück. Die preußische 5. Kavallerie-Division war noch nicht versammelt, die 6. Kavallerie-Division noch im Anmarsch. Nichts deutete darauf hin, daß der Gegner Kenntnis von der Nähe der preußischen Kavallerie hatte; zweifelsohne wurde das Feuer verfrüht eröffnet. „Es war die Alarmierung des Feindes. Was der Gegner nicht durch seine Patrouillen erfahren hatte, erfuhr er durch diese Maßnahmen unserseits [1]." Einen glänzenden Erfolg hätte es haben müssen, wenn die preußische Kavallerie-Division zur Attacke angesetzt und hinter der zurückflutenden Kavallerie in die Lager der französischen Infanterie eingedrungen wäre. Letztere würde wohl kaum zum Feuern gekommen sein, die französische Kavallerie würde die preußischen Reiter wie ein Schild gegen die französische Infanterie gedeckt haben. Die preußische Kavallerie konnte sich aber nur so lange behaupten, wie die französische Infanterie Zeit brauchte, um sich zu entwickeln. Erst nach einer Attacke durfte die Artillerie feuern. Um $9\frac{1}{4}$ Uhr eröffneten die reitenden Batterien ihr Feuer, um $9\frac{3}{4}$ Uhr erstieg die Avantgarde der 5. Infanterie-Division die Hochfläche von Gorze! [2] Ein interessantes Gegenstück ist die Attacke von 11 Eskadrons Landwehr-Kavallerie gegen die im Lager überraschte Kavallerie und Infanterie der Division Girard bei Hagelsberg (27. August 1813) [3].

Der Überfall durch Artilleriefeuer hat stets große Wirkung, wenn starke Infanterie zur Stelle ist, um den Anfangserfolg sofort auszunutzen und einen Angriff feindlicher Infanterie abzuweisen. Ist dieses nicht der Fall, so setzt man die Artillerie nur Gefahren aus, die alarmierende Wirkung der eigenen Feuer kann dann wie bei Vionville sogar schädlich sein [4].

Bei dem Fehlen von Infanterie konnte die überraschende Beschießung der Lager des IV. Armeekorps bei Amanvillers am 18. August 1870 nur einen nachteiligen Einfluß auf die Entwickelung des preußischen IX. Armeekorps haben, da die Franzosen schnell die Lage erkannten, die preußischen Batterien in ihrer linken Flanke und zum Teil auch im Rücken dem französischen Feuer ausgesetzt waren [5].

„Bei Beaumont würden unter keinen Umständen die gerade beim Essen befindlichen Scharen auf einen Befehl hin mit derselben Schnellig-

---

[1] Worte des Generals von Alvensleben. Kriegsgesch. Einzelschr. III, S. 543.
[2] Kunz, Kriegsgesch. Beispiele, Heft 6, S. 17. Beiheft 5 und 6 zum Militär-Wochenblatt 1892, S. 273.
[3] Friederich, Herbstfeldzug 1813, I, S. 428. General v. Scherff, Kriegslehren, II, S. 34 spricht sich gegen eine solche Verwendung der Kavallerie aus.
[4] Beschießen französischer Lager bei Longeville am 15. August 1870 durch Geschütze der 6. Kavallerie-Division. — Die Batterie Wolff der Vorhut der Elbarmee scheuchte am Morgen der Schlacht von Königgrätz bei Alt-Nechanitz lagernde Truppen des Gegners auf.
[5] Kunz, Kriegsgesch. Beispiele, VI, S. 21. — Günstiger lagen die Verhältnisse am 30. August bei Beaumont — ebendort S. 27.

keit aufgebrochen sein, wie sie der Donner der feindlichen Geschütze erzeugt; denn zweifellos ist die Schnelligkeit, mit welcher eine müde und schlecht verpflegte, gerade beim Essen begriffene Truppe den Befehl zum Aufbruch ausführt, himmelweit verschieden von derjenigen, welche der erste feindliche Kanonenschuß hervorruft. Dieser rüttelt die erschlafften Lebensgeister auf, packt alles wie mit eiserner Faust und entfacht in jedem den Mut der Verzweiflung, welcher den Feigsten noch zu einer Tat befähigt." [1])

Am Morgen des 30. September 1745 — Gefecht von Soor — begnügten sich die Österreicher mit dem Aufmarsch auf den das preußische Lager beherrschenden Höhen von Burkersdorf und mit dem Beschießen der ruhenden Truppen, denen sie ausreichend Zeit ließen, sich gefechtsbereit zu machen und zum Angriff gegen den linken österreichischen Flügel zu formieren [2]).

Wie sich aber auch die Verhältnisse gestalten mögen, ein Überfall hat immer einen großen moralischen Wert, indem die überraschte Truppe an Halt, Ordnung und Zusammenhang verliert, die Führung alle Anordnungen in der Überstürzung zu treffen hat, eine planmäßige Führung des Gefechtes erschwert wird. Alles hängt davon ab, ob es der überfallenen Truppe gelingt, sich zur Offensive aufzuraffen. Dieses ist aber um so schwieriger, als die überfallene Truppe ihre Lage meist ernster ansieht als sie tatsächlich ist und dazu neigt, die gegenüberstehenden Streitkräfte zu überschätzen; nur sofortiges Vorgehen läßt eine solche Stimmung nicht aufkommen [3]).

---

1) v. Hopfgarten-Heidler, Beaumont, S. 228.
2) Gr. Generalstab, Gesch. des 2. schles. Krieges, III, S. 69 u. f. Urteil des Königs über seine eigenen Unterlassungen bei Mollwitz. Generalprinzipien, Articul 22 (S. 52).
3) S. Taktik I, S. 239.

V. Begegnungsgefecht.

„Wir Deutsche haben zurzeit ein entschiedenes Recht dazu, das Begegnungsgefecht in ähnlicher Weise als eine uns besonders zusagende Fechtweise, als unsere Spezialität anzusehen, wie Friedrich der Große den Angriff in schräger Schlachtordnung als die Spezialität seines in ungewöhnlichem Grade evolutionsfähigen Heeres und als seine Manier ansah. Denn im Begegnungskampfe kommen unsere besten Eigenschaften voll zur Geltung: die tüchtige taktische Schulung aller Führerkreise und unsere Selbsttätigkeit und Entschlußfreudigkeit, die Angriffslust unserer Truppen bei hoher Geschicklichkeit in der Geländebenutzung, kurz die vortreffliche Verbindung von rücksichtsloser Kühnheit und gewandter Klugheit, die wir in unseren letzten Kriegen auf jedem Schlachtfelde bewährt haben und die seitdem durch eine verständige Pflege noch weiter ausgebildet worden ist. Der Begegnungskampf ist das Gebiet, wo frischer und fröhlicher Wagemut seine schönsten Lorbeeren erringen kann, und darum müssen wir es im ganzen Heere als eine Gunst des Schicksals empfinden, wenn es uns den Feind außerhalb einer Stellung entgegenführt" (v. Caemmerer).

Nur die unter deutschem Einfluß entstandenen Ausbildungsvorschriften entwickeln in scharfer und klarer Form den Unterschied zwischen dem Begegnungsgefecht und dem geplanten Angriff. Die englischen Vorschriften rechnen nur mit dem Angriff und Verteidigung in Stellungen. In der Einleitung liegt der Hauptunterschied zwischen dem Begegnungsverfahren und dem „vorher geplanten Angriff". Während bei diesem die Feuerlinien bereits auf große Entfernung und in voller Ausdehnung gebildet werden, Infanterie und Artillerie nach einheitlichem Plane den Verteidiger niederkämpfen, der Angriff erst nach erfolgter Feuervorbereitung langsam und methodisch von einer Feuerstellung zur anderen vorschreitet, zeigt der Begegnungskampf in seinen ersten Stadien ein ganz anderes, entgegengesetztes

Bild: bruchstückweises Bilden der Feuerlinie, welche unerwartet schnell in den Bereich der gegnerischen Nahvisiere geraten kann und nicht immer ausreichende Unterstützung durch die Artillerie findet. Die annähernde Gleichwertigkeit aller für uns in Betracht kommenden Heere, der überall gepflegte Offensivgeist, die gesteigerte Selbständigkeit aller Heeresteile, die mit Recht geforderte Selbsttätigkeit aller Führer wird es voraussichtlich seltener als früher zum Kampfe um vorher ausgewählte Stellungen kommen lassen. Beide Teile werden vielmehr zunächst versuchen, die Offensive zu ergreifen, sich die Vorteile der Vorhand im Handeln zu wahren. Das Ergebnis wird jedenfalls für den Beginn des Feldzuges die Begegnungsschlacht sein. Sucht aber eine an Zahl oder innerem Gehalt unterlegene Armee durch Auswahl und Befestigung von Stellungen einen Ausgleich in dem Kräfteverhältnis zu schaffen, so wird der im Anmarsch begriffene Gegner, ehe er zum gewaltsamen Angriff schreitet, versuchen müssen, den Verteidiger durch Bedrohen seiner Verbindungen zum Räumen der Stellung und zum Begegnungskampfe im freien Felde zu zwingen, wo Überzahl und bessere Führung zur Geltung kommen können und der Verteidiger unter den Schwierigkeiten der Entwickelung einer größeren Heeresabteilung nach der Flanke zu leiden hat [1]).

Das Begegnungsgefecht entsteht durch das Zusammentreffen zweier gegnerischer Abteilungen auf dem Marsche. Beide Teile marschieren gegeneinander vor, mit jeder Minute kommen sich die beiden Spitzen näher, nur dürftige Nachrichten liegen dem Führer vor, aber auch der Feind wird kaum besser daran sein. Schnelles Zugreifen ist schon halber Erfolg [2]). Nutzen wir den flüchtigen Augenblick nicht aus, so

---

[1]) Aus der friderizianischen Zeit ist nur ein einziges Beispiel eines Begegnungsgefechtes bekannt, die Schlacht von Liegnitz am 15. August 1760. Sie liefert einen glänzenden Beweis, wie es der große König verstand, sich einer aufgezwungenen Zwangslage zu entziehen. Reichere Ausbeute bieten die Napoleonischen Feldzüge. Die Schlachten an der Katzbach und bei Dennewitz sind Begegnungskämpfe, vor allen Dingen ist die mustergültige Gefechtsleitung Davousts bei Auerstädt hervorzuheben. Auch der Kaiser macht eine scharfe Trennung zwischen dem Angriff auf einen aufmarschierten oder einen noch im Anmarsch begriffenen Gegner. S. Briefe an Lannes und Murat 12. Oktober 1806, an Eugen Beauharnais 7. Juni 1809. Aus der späteren Zeit wären zu nennen die Schlachten von Solferino 1859, Custoza 1866; die Einmarschkämpfe der preußischen II. Armee in Böhmen 1866 liefern ungemein lehrreiche Beispiele für die Führung des Begegnungskampfes.

[2]) Über die Bedeutung der Zeit im Kriege äußert sich General

tut es der Feind. Fast immer ist derjenige im Vorteil, der schnell die Lage erkennt, seine Streitkräfte geordnet zur Hand hat und den Gegner in die Verteidigung zu werfen vermag. Wir müssen das Gelände nehmen, wie es sich gerade beim Zusammenstoß darbietet. Der kühne ungestüme Drang, der einem aufmarschierten Gegner gegenüber zum Verderben führen müßte, kann hier die Ursache eines glänzenden Sieges werden. Bedecktes Gelände wird das Moment der Überraschung noch mehr steigern; im offenen Gelände wird die Einleitung bald den Charakter des Unerwarteten verlieren, indem derjenige, dem ein Vorteil des Geländes zufällt, ihn ausnutzen, dem Gegner hingegen sich die Erkenntnis aufdrängen wird, daß mit dem brüsken Angriff allein ein Erfolg nicht zu erzielen ist. Die Richtung, in welcher der Stoß erfolgt, ist von geringerer Wichtigkeit als die Schnelligkeit des Entschlusses, der einheitliche Einsatz starker Kräfte in einer bestimmten Richtung. Je mehr die Führer von dem Gefühl der eigenen Kraft durchdrungen sind, je mehr sie vielleicht fürchten, daß der Gegner sich einem Angriff entziehen könne oder wolle, um so leichter ist der Entschluß.

1. Die Führung.

Der Unterschied zwischen dem „vorher geplanten" Angriff und dem Begegnungsverfahren besteht darin, daß bei ersterem der Aufmarsch sich ohne weiteres nach

v. Alvensleben: „Der Krieg ist aus Handlungen zusammengesetzt. Jede Handlung braucht Zeit zu ihrer Ausführung; hat man diese nicht, muß man jene unterlassen. Zeitverlust schwächt die Energie der Kriegführung, weil er die größeste Zahl der möglichen Handlungen herabsetzt. Zeitgewinn über den Gegner gibt, wenn man davon Gebrauch macht, unfehlbar die Initiative in meine Hand, immer das erste und wichtigste Objekt zu der Kriegführung in der Strategie, wie in der Taktik. Zeit ist im Kriege dasselbe, was im bürgerlichen Leben das Geld ist. Man kann beide weder essen noch trinken, noch darauf reiten, noch sich damit zudecken; man kann mit Hilfe derselben aber alle materiellen Bedürfnisse sich verschaffen. Wer viel Zeit im Kriege gewonnen hat, ist ein reicher Mann; er kann auch mal etwas draufgehen lassen; ein Fehler bestraft sich weniger schwer. Wer seine Zeit verloren hat, ist ein armer Mann, seine Pläne reichen nur von einem Tage zum andern, und jeder Fehler, jedes Ungemach bringt ihn zum Äußersten. Für jede Handlung im Kriege ist daher die Zeit die Vorbedingung, die zuerst in Rechnung gestellt werden muß. Mangel an Voraussicht zwingt zum Abwarten, d. h. zum Zeitverlust. Forcierte Märsche sollen nur einbringen, was dem Feinde geschenkt wurde. Wie töricht, verlorene Zeit ist für immer verloren."

13*

dem Willen des Führers vollziehen kann, während beim Begegnungsverfahren der Gegner zunächst das Gesetz gibt, die Führung also bestrebt sein muß, sich von diesem Gesetz frei zu machen, d. h. die Entwickelung in einer nicht von den Maßnahmen des Feindes beeinflußten Weise durchzuführen. Es wäre also ein Fehler, wenn der Führer die Lage beim Zusammenstoße der beiden Spitzen als etwas unabänderlich Gegebenes ansehen würde, wenn er müßiger Zuschauer bliebe und nicht alles daransetzen wollte, die Führung fest in die Hand zu bekommen, um frei über das Gros verfügen zu können. Im Armeekorpsverbande wird die Führung dadurch ihren Einfluß geltend machen, daß sie den Kolonnen an denjenigen Punkten Teile entzieht, wo sie die Entscheidung nicht suchen will. Der schnelle Verlauf eines Begegnungskampfes mit der ausgesprochenen Absicht, rasch die Artillerie einzusetzen, die anerzogene Selbsttätigkeit aller Führer tritt dem hindernd entgegen. Schwerlich wird man Benedek tadeln können, wenn er nach Einnahme der Höhen von San Martino sich weigerte, Truppen zur Verstärkung des von den Franzosen bedrohten Solferino abzugeben[1]). Mit dem Beginne des Begegnungskampfes wird unvermeidlich verbunden sein eine gewisse Eile, ein Vermischen der Verbände, häufig auch eine gewisse Unklarheit in den Absichten, hervorgerufen durch den schnell aufeinander folgenden Wechsel in der Leitung, je nachdem die höheren Führer auf dem Gefechtsfelde eintreffen und nacheinander die Leitung des Kampfes in die Hand nehmen.

Je weiter vorwärts der Führer, der auf der betreffenden Marschstraße zu verfügen hat, sich in der Marschkolonne befindet, je schneller er durch eigenen Augenschein die Lage überblicken kann, um so rascher wird auch der Entschluß entstehen und Einheitlichkeit in die verschiedenen Kampfeshandlungen kommen. Ohne vorherige Erkundung, auf Grund ungenauer oder wenig klarer Meldungen, muß der Entschluß unter dem Drucke gefaßt werden, daß jeder Zeitverlust verhängnisvoll werden kann, daß, wenn wir nicht rasch zugreifen, der Gegner uns das Gesetz des Handelns vorschreiben wird, daß wir dann im Laufe des Kampfes niemals aus dem Unfertigen herauskommen werden[2]). Der Führer

---

1) Bericht Benedeks vom 5. Juli 1859 in Friedjung, Benedeks Nachgelassene Papiere, S. 248.

2) „Die reine, beiderseitige Zufalls- und Begegnungsschlacht ist eine Probe der Mannhaftigkeit. Hier herrscht das Glück, und dieses ist auf seiten der Kühnheit.

muß sich sagen, daß aller Wahrscheinlichkeit nach sein Gegner auch nicht besser unterrichtet und nicht gefechtsbereiter sein wird. Das für den Führer oft unbequeme Warten ungeduldiger Befehlsempfänger auf eine Entscheidung, im Frieden das vorschnelle Urteil unbeteiligter Zuschauer, darf nicht dazu beitragen, die Befehlsempfänger schnell abzufertigen, die Anordnungen zu überhasten.

Rechtzeitig getroffene vorbereitende Maßnahmen erleichtern den Eintritt der Truppe in den Kampf und tragen dazu bei, dem Feinde einen Vorsprung in der Entwickelung abzugewinnen. Erhält der Führer die ersten Meldungen von dem Anmarsch des Feindes, so bedarf es nur geringer Zirkelarbeit und Kartenstudiums, um festzustellen, wo ein Zusammenstoß mit dem Feinde erfolgen kann, wo die Truppe voraussichtlich das erste Artilleriefeuer erhalten wird. Das Ergebnis dieser Erwägung wird eine Anzahl den schnelleren Eintritt in das Gefecht **vorbereitender Einzelbefehle** sein. Es sei hier zunächst genannt Bereitstellen der Avantgardenartillerie, um das Vorgehen von einer Höhenlinie zu einer anderen durch ein Tal zu unterstützen. Ein Verkürzen der Abstände, Verbreitern der Marschform kommt nicht in Frage, da dieses einen Halt bedingt. Aber schon jetzt kann es von Vorteil sein, Stellungen für die Artillerie unter Heranziehung der Regimentskommandeure zu erkunden (A. E. R. 93), die Artillerie bis an das Ende der Avantgarde vorzuziehen und ihr bereits jetzt die leichten Munitionskolonnen zu unterstellen. Bei den einzelnen Einheiten werden Befehlsempfänger vorbeordert, die Lage wird bestimmen, ob schon jetzt die große Bagage den Befehl zum Halten erhält und ob man zur schnelleren Verbreiterung der Gefechtsfront Teile aus der Marschkolonne abbiegen läßt.

Der Kavallerie wird kein besonderer Befehl geschickt werden können, sie hat zu versuchen, in den Kampf einzugreifen. Das selbständige Voreilen der Artillerie, die große Ausdehnung ihrer

---

Schnell zugreifen ist halber Erfolg. Wohl gilt es auch hier, die Gesetze des Geländes zu erkennen, aber in vielen Fällen ist die Richtung des Handelns von geringerer Bedeutung als die Schnelligkeit. Derselbe ungestüme, tollkühne Drang, der vor dem stehenden, uns erwartenden Gegner leicht zum Verderben wird, kann dort, wo das feindliche Heer marschiert, zum glänzenden Siege führen. Das erste Gesetz für die Begegnungsschlacht ist, den Feind in die Verteidigung zu werfen. Dies gilt um so mehr, je weniger das Gelände vorteilhafte Stellungen bietet. Vor dem wachsenden moralischen Übergewicht schrumpfen hier die materiellen Vorteile der Verteidigung auf ein Mindestmaß zusammen." Meckel, Truppenführung. S. 197.

Feuerlinien, die häufig mit der Entwickelung der Infanterie nicht Schritt hält, gibt der Kavallerie Gelegenheit, in dem ersten Stadium des Kampfes Erfolge zu erringen, größere, als durch Eingreifen in den weiteren Verlauf des Kampfes erwartet werden können. Der weiter rückwärts in der Marschkolonne befindlichen Infanterie braucht noch kein Befehl zugeschickt zu werden, man läßt sie sich erst dem Gefechtsfelde mehr nähern und schickt ihr einen Befehl zu, wenn sich die Lage geklärt hat. Sie bildet bei den noch bestehenden unklaren Verhältnissen eine Reserve. Die Führung muß sich aber klar sein, bis zu welchem spätesten Zeitpunkt die anmarschierenden Truppen ihre Weisungen erhalten müssen. Zur schnelleren Befehlserteilung ist es wünschenswert, daß die Führer dieser Infanterie-Abteilungen mit ihren Adjutanten sich nach vorne zum gemeinsamen Führer begeben. Wenn nur irgend möglich, wird man den vorderen Abteilungen des Gros den weiteren Weg zuweisen, wodurch die Entwickelung ganz erheblich beschleunigt wird[1]). Leichte Munitionskolonnen, Sanitätskompagnien, große Bagage erhalten durch „Laufzettel", auf dem die Führer ihre Kenntnisnahme bescheinigen, die erforderlichen Befehle.

Je größer die Gefechtskraft der Avantgarde ist, je länger sie aus eigenen Mitteln den ersten Bedürfnissen des Einleitungskampfes genügen kann, um so mehr Zeit bleibt dem Führer für seine Erwägungen und für die Befehlserteilung. Nur wenn von vornherein der Entschluß feststeht, unbedingt angreifen zu wollen, ist eine schwache Avantgarde von Vorteil[2]). Der Befehl an die Avantgarde muß in unzweideutiger Weise die Aufgabe angeben. Ein Befehl, der etwa den Wortlaut hat: „Treten Sie dem Feinde entgegen", sagt nichts. Zunächst wird die Avantgarde so weit aus dem Gros, namentlich durch Vorziehen der Artillerie, zu verstärken sein, daß sie einige Zeit sich selbst überlassen bleiben kann.

Die nächste Aufgabe des Führers ist, die Leitung des Gefechtes in feste Hand zu nehmen. Durch die Einzelhandlungen am Feinde

---

1) v. Schlichting a. a. O. I, S. 121. v. d. Goltz, Krieg und Heerführung, S. 163.

2) Die Frage, ob die Avantgarde stark oder schwach zu bemessen sei, ist nur von Wert bei der allein vorgehenden Division oder Armeekorps, welches sich die Freiheit wahren muß, ausweichen zu können. Die mit der ausgesprochenen Absicht, schlagen zu wollen, vorgehende Armee verzichtet am besten auf eine starke Avantgarde. S. Militär-Wochenblatt 1902, Nr 29. S. auch Taktik III, S. 269.

befindlicher Unterführer kann leicht der Gefechtszusammenhang gestört werden. An manchen Stellen wird der Tatendrang der Unterführer in richtiger Erkenntnis, daß nichts schädlicher ist als ein Zaudern oder Unterlassen, über das Ziel hinausschießen, an anderer Stelle hingegen wird die Truppe hinter dem von der Gefechtsleitung Gewollten zurückbleiben. Gelingt es der Führung nicht schnell, die Leitung in die Hand zu bekommen, so entsteht an Stelle eines einzigen wuchtigen Angriffs eine Anzahl kleinerer Vorstöße, mit dem Nachteil, unausgesetzt mit Minderheiten gegen eine Mehrheit kämpfen zu müssen.

So wünschenswert es auch sein muß, den Gegner in die Verteidigung hineinzudrücken, ihn in der Entwickelung zu überrennen, so kann das Verfahren in Begegnungskämpfen niemals das gleiche sein, dieses wird beeinflußt durch den Auftrag, den Grad der Gefechtsbereitschaft der Truppen und durch das Gelände. Die volle Freiheit des Handelns für die Führung kann nur gewonnen werden, indem man dem Gegner in der Entwickelung einen Vorsprung abgewinnt oder indem man unter Ausnutzung günstiger Geländeverhältnisse ihn an starken Stellungen anlaufen läßt. Gehen wir von dem Grundsatze aus, daß nur einheitlicher Einsatz großer Massen den Erfolg verbürgen kann, so darf die Führung kein Mittel unversucht lassen, um das vereinzelte Eingreifen der Truppen in den Kampf, das so gefährliche „Abtröpfeln" der Bataillone aus der Marschkolonne zu verhindern. Das Verhalten in einer Zwangslage darf niemals zur Norm werden.

Beim Zusammenstoß mit dem Gegner auf dem Marsche wird der Führer versuchen müssen, durch schnelleren Einsatz stärkerer Infanterie, Maschinengewehre und Artillerie den Gegner in die Verteidigung zu drücken, ihm in Besitznahme wichtiger Punkte zuvorzukommen oder diese dem Gegner zu entreißen. Ein mit Rücksichtslosigkeit und Entschlossenheit ausgeführter allgemeiner Anfall des Feindes kann die gegnerische Gefechtsleitung in die größte Verwirrung setzen und für ihre Entschließungen zum Bleigewicht werden, sie überhaupt zu einer planmäßigen Führung des Kampfes nicht kommen lassen. Sobald die Vorhand aber gewonnen ist, sobald die Gefechtslage es gestattet, muß mit dem Bereitstellen der Truppen zum eigentlichen Angriff begonnen werden. Ist durch den ersten Angriff ein Abschnitt gewonnen, über den hinaus das weitere Vorgehen durch ungünstige Geländeverhältnisse, namentlich aber durch das Fehlen der Unterstützung der noch im Aufmarsch be=

griffenen rückwärtigen Kolonnenteile sich bestrafen könnte, so hat die Führung einzugreifen. Das Erkämpfte muß dann vorläufig festgehalten werden, bis die eigene Entwickelung beendet ist. Während der Einleitungskämpfe müssen die endgültigen Absichten zur vollen Reife gelangt sein. Der schließliche Erfolg wird demjenigen zufallen, der es versteht, an entscheidender Stelle mit Überlegenheit aufzutreten, das Gefecht mit bestimmter Absicht planmäßig zu führen. Dieser feste Wille muß von Anfang an vorhanden sein und alle unsere Maßnahmen beherrschen. Um an wichtiger Stelle mit Überlegenheit auftreten zu können, muß man an anderen sich abwartend verhalten, hier sogar Mißerfolge in den Kauf nehmen. Der Führer muß taub sein gegen die Bitten um Verstärkungen, welche von Punkten kommen, wo er die Entscheidung nicht suchen will. Die hier kämpfende Truppe muß angewiesen werden, sich an den Boden festzuklammern, das Gewonnene zu behaupten; eine Entlastung wird schnell genug eintreten, wenn erst einmal der entscheidende Angriff beginnt. Dieses der normale, anzustrebende Verlauf eines Begegnungskampfes. Gelingt es nicht, sich aus der vom Gegner uns aufgedrängten Zwangslage zu befreien, dann wird häufig ein Hineinwerfen der Truppen, wie sie das Gefechtsfeld erreichen, nötig. Von einer eigentlichen Gefechtsleitung kann dann kaum noch die Rede sein. Es handelt sich nur darum, einer bald hier, bald dort notwendig werdenden Forderung nach Verstärkung zu genügen. Vermischen aller Verbände wird dann die unausbleibliche Folge sein. Der Kampf wird entschieden durch Faktoren, welche außerhalb jeder Berechnung liegen, durch Gunst des Geländes und durch Zufälligkeiten allerart. Erkennt der Führer, daß die Entwickelung des Gegners weiter vorgeschritten ist, daß dieser somit günstigere Aussichten zum Angriff hat, so wird der Entschluß gerechtfertigt sein, sich zunächst abwartend zu verhalten, den Gegner anlaufen zu lassen, die Entscheidung mit den zurückgehaltenen Reserven herbeizuführen. Rechtzeitige Befehlserteilung muß dies ermöglichen.

2. Verhalten der Avantgarde.

Der Unterschied zwischen dem „vorher geplanten" Angriff und dem Begegnungsverfahren tritt am schärfsten im Verhalten der Avantgarde zutage. Ihre Aufgabe ist, günstige Verhältnisse für den Kampf des Gros zu schaffen; dazu gehört Raumgewinn nach vorwärts, um dem Gros die Möglichkeit zu geben, sich in der Vor=

wärtsbewegung zu entwickeln, dann Besitznahme wichtiger Punkte im Gelände, ohne aber den Absichten der höheren Führung vorzugreifen. Es wird nebenher von Wichtigkeit sein, die gegnerische Entwickelung zu stören. Stößt die Truppe auf den Feind, so ist das Erkennen des Punktes im Gelände, welcher die Ausführung der Gefechtsabsicht begünstigt, von Wichtigkeit. Keineswegs darf man sich damit begnügen, regelmäßig dort den Kampf aufzunehmen, wo die Spitze sich zufällig befindet. Häufig wird ein solcher Punkt erst dem Gegner zu entreißen sein. Unter Umständen wird aber der Aufmarsch auch zurückverlegt werden müssen, um die Gefechtsentwickelung zu beschleunigen. Der Avantgarden-Kommandeur, der sich fortlaufend über die Auffassungen des Führers unterrichtet, wird selten im Zweifel sein, ob der Besitz eines Geländepunktes von Vorteil für die eigene Gefechtsentwickelung ist oder nicht. Schwieriger zu entscheiden ist jedoch die Frage, ob zur Lösung dieser Aufgabe seine Kräfte genügen werden. Die Meldungen der Kavallerie über Stärke, Gliederung und Marschform des Feindes werden kaum ausreichende Grundlagen für die zutreffende Beantwortung dieser Frage geben. Wie weit der feindliche Aufmarsch bereits gediehen ist, wird meist erst im Verlaufe der Handlung erkannt werden. Breite Feuerfronten zwingen zur Vorsicht. **Ein Vorsprung in der Entwickelung kommt aber nicht allein durch die Gefechtsbreite zum Ausdruck.** Stößt eine Infanterie-Division auf eine entwickelte Front von 400 bis 600 Meter Breite, so ist damit noch nicht gesagt, daß nun ein systematischer zeitraubender Aufmarsch der ganzen Division stattfinden müsse. Dieses würde dem Gegner große Vorteile gewähren. **Wichtiger noch als der Stand der beiderseitigen Gefechtsbereitschaft ist für den Entschluß die allgemeine Lage und der Auftrag.**

Am Morgen der Schlacht von Custoza (24. Juni 1866) war auf dem rechten österreichischen Flügel die Reserve-Division in zwei räumlich getrennten Treffen, jedes in drei Parallelkolonnen im Marsch auf Oliosi. Der, über den das Gelände weithin beherrschenden Monte Cricol vorreitende, Divisions-Kommandeur erkannte am jenseitigen Hange dieses Berges starke italienische Infanterie in voller Gefechtsentwickelung im Vormarsch. Der Besitz der Kammlinie des Monte Cricol mußte über den Verlauf der Schlacht auf diesem Flügel entscheiden. Der Entschluß, trotz der größeren Gefechtsbereitschaft des Gegners zum sofortigen Angriff unmittelbar aus der Marschkolonne vorzugehen, kann nur als richtig anerkannt werden [1]).

---

1) Strobl, Custoza, S. 17, Skizze 8. Ebenso Lage der 5. Infanterie-Division

Hat der Führer den entscheidenden Punkt erkannt und sich zu seiner Besitznahme entschlossen, so wird zunächst bei der Bedeutung der Geschützwirkung für die weitere Gefechtsentwickelung die Frage nach Auswahl der Artilleriestellung entschieden werden müssen. Vielfach muß diese Stellung erst erkämpft werden; die Infanterie hat sich in diesem Stadium des Gefechtes den Forderungen der Artillerie unbedingt unterzuordnen, ihre Feuerstellungen mit Rücksicht auf die in Aussicht genommene Artillerielinie zu wählen. Geschieht dies nicht, so kann es vorkommen, daß die Artillerie in der Infanterielinie auffahren muß oder überhaupt keine Stellung findet.

Die vordersten Abteilungen in der Marschkolonne werden suchen müssen, durch schnelle und starke Schützenentwickelung, Vorwerfen von Maschinengewehr-Abteilungen dem Gegner einen Vorsprung in der Entwickelung abzugewinnen, die Artillerie in Front und Flanke zu decken, dann baldmöglichst zum eigenen Angriff zu schreiten. Hierdurch entsteht die ernste Gefahr, daß unsere in der Bildung begriffene Feuerlinie plötzlich auf nahe Entfernung der Feuerkraft überlegener feindlicher Truppen sich gegenüber befindet, während alle im Anmarsch befindlichen Abteilungen noch zu weit entfernt sind, um die Feuerkraft der Schützenlinie zu steigern. Ob beim Zusammenstoß die rasch gebildeten Schützenlinien sofort zum Angriff schreiten dürfen, hängt von dem Eindruck ab, den der Führer empfängt. Seine Anordnungen müssen darauf hinzielen, den Gegner zum schnellen Zeigen aller seiner verfügbaren Kräfte zu zwingen. Jede Gefechtslinie ist so empfindlich gegen gleichzeitiges Feuer gegen Front und Flanke, daß ein Versuch, die feindliche Stellung zu überflügeln, sofort den Gegner zu Gegenmaßregeln zwingen wird. Vermag der Feind in der Entwickelung der Feuerlinie mit uns nicht gleichen Schritt zu halten, kann er seine Schützenlinien nicht in gleicher Feuerkraft wie wir entwickeln, so muß dieses den Führer auffordern, zum Angriff zu schreiten; anderenfalls ist aber erst das Eintreffen weiterer Verstärkungen abzuwarten. Aber um diese Erkenntnis zu erlangen, muß die Truppe an den Feind heran. Auf weite Entfernungen ist ein solcher Einblick in die gegnerischen Maßnahmen nicht zu gewinnen. Mit den besten Gläsern kann man auf weite Entfernungen wohl die

---

am 16. August 1870 nach dem Heraustreten aus Gorze. Entwickelung des V. Armeekorps aus der Enge von Nachod. Kühne, Kritische Wanderungen, I, S. 204.

Ausdehnung einer Stellung feststellen, niemals aber Stärke und Widerstandsfähigkeit des Feindes beurteilen. Wenn man aber mit Durchführung des Angriffs droht, so wird auch der Feind gezwungen, Farbe zu bekennen. Einem Gegner von unbekannter Stärke gegenüber wird man unbedingt bis an die obere Grenze der Nahentfernungen herangehen müssen. Diese Entfernung erlaubt deutliches Erkennen der Maßnahmen des Gegners, anderseits wird auf 800 Meter eine im Gelände eingenistete Schützenlinie noch nicht sofort vernichtenden Verlusten ausgesetzt sein. Täuschungen lassen sich in einer solchen Lage kaum vermeiden. Man muß seinem Glück vertrauen und einmal etwas wagen. Bei einer Kolonne aller Waffen wird diese Gefahr wesentlich eingeschränkt, indem die Aufgabe, Zeit und Raum für die Entwickelung zu schaffen, den Gegner in die Verteidigung hineinzudrücken, der schnell vorzuziehenden Artillerie zufällt. Je mehr es ihr gelingt, den Kampf zunächst ohne Inanspruchnahme erheblicher Infanteriekräfte zu führen, desto mehr gewährt sie der Truppenführung die Freiheit des Handelns und schützt die eigene Infanterie vor Mißerfolgen. Zur Durchführung des Angriffs ist es von Wichtigkeit, daß die feindliche Artillerie von Anfang an niedergehalten, womöglich schon während ihres Aufmarsches beschossen wird. Schnelligkeit in der Bewegung und im Einschießen können ein Übergewicht schaffen, das der Gegner nur schwer wieder ausgleichen kann. Rechtzeitig und selbst vielleicht aus einer wenig guten Stellung zu wirken ist von größerer Bedeutung, als Zeit mit dem Aufsuchen und Einnehmen einer technisch vortrefflichen Stellung zu verlieren, dadurch zu spät zum Schuß zu kommen. Die Artillerie wird, falls Schutzschilde ihr gestatten die feindliche Artillerie außer acht zu lassen, ihre volle Kraft gegen die feindliche Infanterie einsetzen.

Hat der Gegner seinen Aufmarsch nahezu vollendet oder ist er durch die Richtung seines Vormarsches in der Lage, unseren sich erst entwickelnden Spitzen eine breitere Front entgegenzustellen, so muß das Verfahren ein vorsichtigeres, mehr dem „vorher geplanten Angriffe" ähnliches werden, wenn nicht andere Gründe zum sofortigen Angriff drängen. Erst wenn es gelungen ist, eine größere Feuerfront zu bilden, wenn man dem Gegner eine gleichwertige Artillerie entgegenzustellen vermag, kann an die Durchführung des Angriffs gedacht werden. Die Artillerie wird bis zu diesem Zeitpunkt in Bereitschaft zurückgehalten und erst auf den Befehl des Führers eingesetzt; frühzeitige Feuereröffnung ist nur statthaft, wenn hierdurch der Aufmarsch erleichtert wird. Wenn in der Truppeneinteilung der Avantgarde Artillerie zugeteilt ist, so ist damit noch nicht gesagt, daß sie auch in jedem Falle gebraucht werden muß. Vielfach wird man sie nur bereitstellen, das Feuer aber erst eröffnen lassen, wenn die eigene Infanterie zum Angriff vorgeht (J. E. R. 361). Das in breiter Front geführte Gefecht der Avantgarde gibt die ersten Anhaltspunkte für

3. die Verwendung des Gros.

Selbständige Anordnungen bei den einzelnen Unterabteilungen (Vorschicken von Radfahrern, Meldereitern) müssen verhindern, daß durch die Lücken, welche beim Vorziehen der Artillerie in der Marschkolonne entstanden sind, die Verbindung abreißt und Teile von der Marschstraße abkommen. Der Fehler, daß die einzelnen Bataillone aus der Marschkolonne abtröpfeln, kann entstehen, wenn die Avantgarde sich zu weit vorgewagt hat, in kritische Lagen gerät und dann „herausgehauen" werden muß. Es ist jedoch in den meisten Fällen besser, die Avantgarde ihrem Schicksal zu überlassen, einen Angriffsstoß erst mit allen verfügbaren Kräften zu führen. Man hat dann wenigstens die Aussicht auf einen Erfolg, bei bruchstückweisem Einsatz der Bataillone aber alle Anwartschaft auf eine Niederlage. Auch wenn der Führer die Verhältnisse beim Gegner nicht richtig beurteilt hat, dieser nämlich in der Entwickelung schon wesentlich weiter vorgeschritten ist, als angenommen, kann es zum tropfenweisen Einsatz der Kräfte kommen. In diesem Falle ist es besser, den Aufmarsch des Gros zurückzuverlegen. Endlich kann mangelhafte Führung die Ursache zum Verzetteln der Streitkräfte werden. Wird der Führer mit seinem Entschluß nicht fertig, hält er sich nicht am richtigen Flecke auf, leitet er an Stelle des Avantgardenkommandeurs das Gefecht der Avantgarde, statt sich um die Entwickelung des Gros zu bekümmern, so kann es allerdings kommen, daß die näher und näher an das Gefechtsfeld rückenden Abteilungen — in Ermangelung eines Befehls — selbständig von der Straße abbiegen und auf eigene Faust, die eine hier, die andere dort, in das Gefecht eingreifen.

Im Begegnungsgefecht entsteht nach einiger Zeit ein Moment des Stillstandes, in dem die beiderseitigen Kräfte sich die Wage halten oder ein nennenswertes Übergewicht auf der einen Seite sich geltend macht, indem es der einen Partei gelungen ist, einen Vorsprung in der Entwickelung auszunutzen oder einen günstigen Abschnitt im Gelände zu gewinnen. Das ist der Zeitpunkt, wo mit dem Vorbereiten eines einheitlichen Angriffs durch den Aufmarsch zu beginnen ist.

Der Aufmarsch ist durch „Entfalten", d. h. durch das Abbiegen der Unterabteilungen (in der Infanterie=Division der Regimenter) aus der Marschkolonne nach den durch die Gefechtsabsicht gebotenen Marschzielen einzuleiten[1]).

4. Das Begegnungsgefecht im Armeeverbande[2]).

Rücksicht auf den Nachbar fordert fast immer energisches Anfassen, jeder Zeitverlust kann vom Feinde benutzt werden, um an anderer Stelle seine Kräfte zur Entscheidung zu massieren.

Bei einem frontalen Vorgehen bleibt es dem Zufall oder den Fehlern des Gegners überlassen, ob hier oder dort ein Erfolg errungen wird. Selten tritt dann eine Entscheidung ein, meist wird die eine oder die andere Kolonne des Gegners zurückgedrückt. Eine zielbewußte Führung muß aber versuchen, bei ausgesprochener Überlegenheit stärkerer Kräfte des Feindes diese durch eigenen schwächeren Einsatz von der entscheidenden Stelle fernzuhalten, überlegene Kräfte gegen die Schwäche des Gegners einzusetzen. Im Armeekorps=Verbande wird der kommandierende General versuchen, durch Verstärkung einer Kolonne durch Truppen der anderen sich ein Übergewicht an der Stelle zu verschaffen, wo er den Erfolg will. Unter großen Verhältnissen läßt sich am sichersten durch einen operativen Ansatz gegen die Flanke (Custoza) eine Überlegenheit erzielen. Der taktische Erfolg wird vorbereitet: durch Vormarsch in breiter Front, welcher die Umfassung auf dem Schlachtfelde ermöglicht, Teilniederlagen aus=

---

[1]) General v. Schlichting vertritt in seinen taktischen Grundsätzen einen anderen Standpunkt (I, S. 106): „Im Begegnungsverfahren kann stets der Stein im Brettspiel des Kampffeldes eingesetzt werden, wenn der nächste aus der Marschkolonne frei und gefechtsbereit wird. Dann kann nicht nur, dann muß weiter gehandelt werden."

[2]) Das lehrreichste Beispiel bleibt die Schlacht von Solferino 1859, bei der die Gunst des Geländes in ausgesprochener Weise auf seiten der Österreicher war. Den österreichischen Korpsführern fehlte der sachverständige Überblick über die Gesamtlage und der Mut der Verantwortung zu selbständiger Tat.

schließt, Beschleunigung der Entwickelung durch Verkürzung der Marschtiefen (breite Marschformen, mehrere Kolonnen) und Verkleinerung aller Abstände (Vormarsch mit schwachen Avantgarden).

5. Kriegsgeschichtliche Beispiele.

Einleitung des Gefechts von Trautenau.

Bei dem Vormarsch der II. preußischen Armee nach Böhmen sollte das I. Armeekorps am 27. Juni über Trautenau nach Pilnikau als rechte Flügelkolonne der Armee marschieren. General v. Bonin, der kommandierende General des I. Armeekorps, befahl, daß das Korps auf den aus seiner Aufstellung bei Liebau und Schömberg durch das Gebirge führenden beiden Straßen den Marsch am 27. Juni 4 Uhr früh in 2 Kolonnen antreten sollte. Bei Parschnitz sollten sich beide Kolonnen vereinigen, dann nach zweistündiger Rast den Marsch über Trautenau nach Pilnikau in einer einzigen Kolonne weiter fortsetzen. Die für diesen Teil des Marsches bei Liebau von der 1. Infanterie-Division bereits gebildete Avantgarde sollte den Rastplatz bei Parschnitz durch Besetzen von Trautenau sichern. Es wurde angenommen, daß bei annähernd gleichen Entfernungen (21 und 19 Kilometer) auf ein gleichzeitiges Eintreffen beider Marschkolonnen in Parschnitz gerechnet werden könne. Der Marsch der 1. Infanterie-Division wurde aber aus Gründen, die hier nicht weiter erörtert werden sollen, über Gebühr verzögert, die 2. Infanterie-Division, welche zuerst bei Parschnitz anlangte, begnügte sich festzustellen, daß die Aupabrücke und die Stadt Trautenau von feindlicher Kavallerie besetzt seien.

Das Eintreffen einer feindlichen Brigade (Oberst Mondel: 7 Bataillone, 1 Eskadron, 8 Geschütze stark) gegen 8 Uhr bei Hohenbruck war den Patrouillen der preußischen Division völlig entgangen. Erst um 10 Uhr, also 2 Stunden später als vom Generalkommando beabsichtigt, traf die 1. Division bei Parschnitz ein und blieb im Marsch auf Trautenau. Etwa um 10¼ Uhr war der Vortrupp der Avantgarde, I. und II. Bataillon Grenadier-Regiments Nr. 1 mit der Batterie Magnus im Heraustreten aus Trautenau in Richtung auf Pilnikau begriffen, der Haupttrupp der Avantgarde — 3 Jäger-Kompagnien, die Füsilier-Bataillone Grenadier-Regiments Nr. 1 und Infanterie-Regiments Nr. 41, 2 Dragoner-, 3 Ulanen-Eskadrons und 2 Batterien — war mit dem Anfang der Marschkolonne noch 400 Meter von der Aupabrücke von Trautenau entfernt (Tiefe des Haupttrupps etwa 2000 m). Eine rechte Seitendeckung befand sich im Marsch auf Nieder-Altstadt.

Auf gegnerischer Seite sollte das X. Armeekorps unter Feldmarschall-Leutnant Gablenz am 27. Trautenau erreichen und eine Avantgarde noch über Trautenau hinaus vorschieben. Die in der Gegend von Trautenau befindlichen Teile des Windischgrätz-Dragoner-Regiments stellten am 26. feindliche Truppen nahe vor ihrer Front fest. Feldmarschall-Leutnant Gablenz befahl, daß die vorderste Brigade seines Korps unter Oberst Mondel bereits um 8 Uhr Trautenau besetzen solle, während die übrigen Truppen erst so spät in Marsch gesetzt wurden, daß ihre Unterstützung in einem etwaigen Kampfe bei Trautenau sich nicht vor 2 Uhr nachmittags geltend machen konnte. Ein Grund für diese schwer zu verstehende Anordnung ist nicht ersichtlich.

Kriegsgeschichtliche Beispiele.

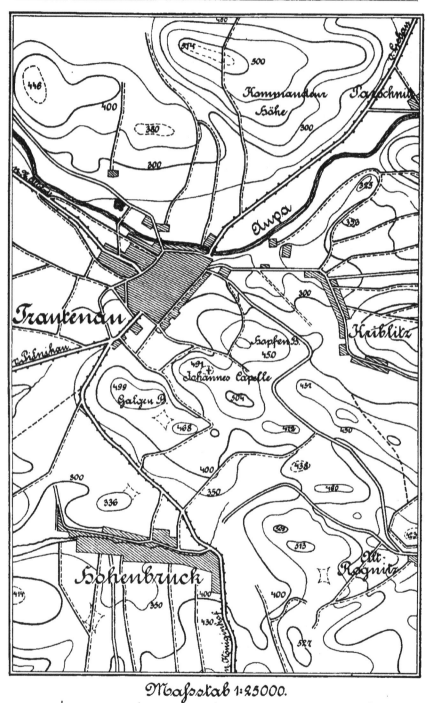

Maßstab 1:25000.

Die Höhen sind in preussischen Decimal Fußen   25 dec' = 9,4 m.

Benennung des Truppenteils	Ort des Abmarsches	Zeit des Abmarsches	Entfernung von Trautenau	Eintreffen auf dem Gefechtsfelde
Brigade Grivicic	Jaromer	8½ Uhr früh	3½ Meile	2½ Uhr nachm. bei Neu-Rognitz
Brigade Wimpfen	Schurz¹)	10 (12¼ Uhr)	2½ Meile	4 Uhr nachm. bei Neu-Rognitz
Eine Kavallerie- u. eine 8pfd. Batterie der Korps-Geschützreserve	Ertina¹)	8½ Uhr früh	3½ Meile	1 Uhr nachm. bei Neu-Rognitz
Die übrigen 3 Batterien der Korps-Geschützreserve	Welchow¹)	11½ Uhr früh	3½ Meile	Kamen nicht zur Tätigkeit
Sanit.-Komp. und Korps-Munitionspark	Hololaw¹)	11 Uhr früh	4¼ Meile	Sollten bei Grablitz halten

Um 7¾ Uhr erreichte die Spitze der Brigade Mondel die Höhe südlich Hohenbruck — 2,5 Kilometer von den Trautenau im Süden beherrschenden Höhen entfernt.

Marschordnung. Avantgarde: Jäger-Bataillon Nr. 10 und ein Zug Ulanen; Gros: Infanterie-Regiment Nr. 24, 1 Batterie, Infanterie-Regiment Nr. 10.

Der Brigade-Kommandeur erfuhr, daß eine feindliche Kolonne Parschnitz, 3,5 Kilometer von den erwähnten Höhen entfernt, erreicht habe, daß das nach Parschnitz vorgeschobene Dragoner-Regiment zurückgewichen sei. Es mußte somit zu einem Begegnungskampfe kommen, bei dem die preußischen Truppen in ausgesprochener Offensiv-Absicht sich den Austritt aus der Enge erkämpfen, die österreichischen Truppen mit mehr defensiver Tendenz die gegnerische Entwickelung aus diesem Defilee verhindern mußten. Da man nicht erwarten durfte, daß der Gegner angesichts eines so wichtigen Punktes, wie es Trautenau war, seinen Vormarsch einstellen würde, so konnte man annehmen, daß die Spitze der preußischen Kolonne zu dem Zeitpunkt des Empfanges der Meldung sich bereits auf eine geringe Entfernung der Aupabrücke genähert haben müßte. Oberst Mondel war vor die Frage gestellt, ob er den Marsch fortsetzen, Trautenau besetzen oder bereits jetzt schon aufmarschieren sollte. Von entscheidender Bedeutung waren die Trautenau im Süden beherrschenden Höhen, von denen die Stadt völlig einzusehen und der Anmarsch des Feindes im Aupatale unter Feuer zu nehmen war. Die Stadt gewährte zwar nach Parschnitz hin eine vorzügliche Verteidigungsstellung, aber da der bei Parschnitz eingetroffene Gegner der Brigade wohl kaum die Zeit lassen würde, die Stadt zu besetzen und die nötigen Verteidigungs-

---

¹) Zwischen Königinhof und Josefstadt. S. auch Karte am Schluß des Buches.

Anordnungen zu treffen, Oberst Mondel seine schwachen Kräfte nicht in ein Ortsgefecht verwickeln wollte, wobei zu befürchten war, daß der Gegner die Bataillone im Ortsgefecht festhalten, gleichzeitig aber von Parschnitz und Altstadt vorgehen und die Brigade oder wenigstens Teile derselben abschneiden würde, so glaubte der Brigadeführer, auf eine Besetzung der Stadt verzichten zu sollen. Eine Verteidigung von Trautenau erschien auch um so weniger zweckmäßig, als die ersten Verstärkungen erst nach Ablauf von fünf bis sechs Stunden eintreffen konnten. Günstiger lagen die Verhältnisse bei einer Besetzung der Höhen im Süden der Stadt.

Wollte man dem Gegner die Entwickelung aus der Enge verwehren, dann mußte man aber so schnell als möglich sich in Besitz dieser Höhen setzen. Bei der Nähe des Gegners war ein Vorsenden der Artillerie bedenklich, da diese bei einem isolierten Auffahren auf den Höhen südlich Trautenau die Beute irgend einer unternehmenden feindlichen Schwadron werden konnte.

Ihr Platz war zunächst auf der Höhe südlich Hohenbruck, um schußbereit das Erscheinen des Gegners auf den nur 2000 Meter entfernten Höhen abzuwarten. Nach Durchschreiten von Hohenbruck mußten die Bataillonstêten aus der Marschkolonne gegen die sich deutlich abzeichnenden Höhen abgedreht werden, z. B. Infanterie-Regiment Nr. 24 Hopfenberg, Jäger-Bataillon Nr. 10 Johanniskapelle, Infanterie-Regiment Nr. 10 Galgenberg. Von letzterem Regiment würde der Brigadeführer zweckmäßig zwei Bataillone zu seiner Verfügung zurückgehalten haben. Erst wenn es der österreichischen Brigade gelungen war, sich auf den Höhen festzusetzen, durfte die Artillerie nachgezogen werden. Ob Meldungen nach rückwärts geschickt wurden, ist nicht bekannt.

Oberst Mondel entschloß sich abweichend von diesen Ausführungen, südlich Hohenbruck aufzumarschieren, dann unter Zurücklassen der Batterie und eines Bataillons südlich Hohenbruck gegen Trautenau vorzugehen. Der Entschluß zum zeitraubenden Aufmarsch kann nicht gebilligt werden, da er — wenn die Preußen im Marsch blieben — die wichtigen Höhen südlich Trautenau ohne weiteres dem Feinde überließ. Der Zeitverlust rächte sich aber nicht, da der Gegner bei Parschnitz rastete. Mit einem derartigen Fehler des Gegners konnte aber nicht gerechnet werden. Um 8¼ Uhr war die Brigade aufmarschiert, um 9¼ Uhr, eine Stunde vor dem Eintreffen der preußischen Truppen in Trautenau, besetzte das erste Treffen die Höhen südlich der Stadt. Um 10¼ Uhr eröffnete die österreichische Infanterie auf die im Heraustreten aus Trautenau begriffenen preußischen Truppen ihr Feuer. Der völlig überraschten Avantgarde der 1. Infanterie-Division gelang es, sich nach der linken Flanke zu entwickeln, der Haupttrupp der Avantgarde versuchte östlich Trautenau die Aupa zu überschreiten und sich gegen die rechte Flanke der kaiserlichen Brigade zu wenden, die preußische rechte Seitendeckung eilte von Nieder-Altstadt ebenfalls dem Gefechtsfelde zu.

Der Angriff der preußischen Infanterie in der Front machte nur geringe Fortschritte, und so glaubte sich Oberst Mondel zu dem taktisch nicht zu billigenden Entschluß berechtigt, noch vor dem Eintreffen seiner Verstärkungen zum Angriff gegen Trautenau vorzugehen. In diesem Augenblick traf bei seiner vorgeschobenen Brigade um 11 Uhr der Feldmarschall-Leutnant Gablenz ein; er erkannte, daß ein Angriff auf Trautenau für die Brigade gefahrdrohend sei, und da er angeblich die Meldung erhielt, daß eine feindliche Abteilung im Vorgehen gegen seine rechte Flanke sei [1]), so ordnete er an, daß die Brigade des Obersten Mondel nach den Höhen von Neu-Rognitz zurückgehen sollte, um sich auf diese Weise den anmarschierenden Verstärkungen zu nähern.

Wir brechen hier die Darstellung ab. Wenn auch nicht unmittelbar hierher gehörig, so muß auch auf das Fehlerhafte des weiten Vorschiebens der Brigade Mondel ohne starke Artillerie hingewiesen werden, während es doch möglich gewesen wäre, mit dem ganzen Korps, in zwei Kolonnen marschierend, um 8 Uhr früh bei Trautenau zu erscheinen.

Die 5. Infanterie-Division am Morgen des 16. August 1870.

Am Morgen des 16. August 1870 ging das III. Armeekorps in 2 Kolonnen aus dem Moseltale gegen die Straße Metz—Verdun vor. Die rechte Kolonne des Armeekorps, die 5. Infanterie-Division, schlug die Straße Gorze — Vionville ein, die 6. Infanterie-Division mit der Korps-Artillerie marschierte über Les Baraques auf Mars la Tour. Dicht vor der 5. Infanterie-Division befand sich die in derselben Richtung vorgehende 6. Kavallerie-Division. Um 8 Uhr 35 Minuten vormittags gab erstere eine von der Kavallerie übernommene Meldung an das Generalkommando weiter: „Feindliche Kolonnen sind im Marsch von Rezonville auf Verdun, etwa ein Kilometer südöstlich von Tronville scheint eine aus allen Waffen bestehende Abteilung eine Aufstellung genommen zu haben, vielleicht zur Deckung des Rückzuges; die 5. Infanterie-Division bleibt im Vormarsch und wird den Feind angreifen."

Truppeneinteilung und Marschordnung der 5. Infanterie-Division.

Drag.-Reg. 12, St. 1. 2. I. II./48	Vortrupp Ob. v. Garrelts (J. R. 48)	Avantgarde
F./48 I. leichte Batterie Jäg.-Bat. 3 F./8 (Leibreg.)	Haupttrupp Obstl. v. l'Estocq (Leibreg. 8)	Gen. v. Döring (9. Inf.-Brig.)
I./52 3 Batterien II. F./52 II. F./12	Gros (10. Inf.-Brig.)	II./8. (Leibr.) stand seit 1 Uhr morgens in Gorze auf Vorposten, I./12 war bei Dornot verblieben.

Infolge eines Aufenthaltes beim Überschreiten der Mosel und dicht vor Gorze konnte die Division erst um 9 Uhr 15 Minuten vormittags von St. Cathérine über Gorze weiter vorgehen; als dann Artilleriefeuer aus der Gegend von Vionville hörbar wurde, wurde zur Sicherung der rechten Flanke das II. und F.-Bataillon des Leib-Regiments von Gorze auf Rezonville in Marsch gesetzt.

Als die Avantgarden-Eskadrons der 5. Infanterie-Division sich auf Höhe

---

[1]) Es kann dies nicht die 2. Infanterie-Division gewesen sein, welche erst erheblich später eintraf, die Meldung kann sich nur auf Bewegungen des Haupttrupps der Avantgarde bezogen haben.

326 nordwestlich Gorze zeigten, erhielten sie Feuer von den feindlichen Vorposten=
kompagnien und wichen nach Auconville Ferme aus; Zufallstreffer erreichten die Vor=
trupp=Infanterie.

General v. Döring hatte die Kavallerie begleitet und bemerkte den jetzt deutlich
erkennbaren Vormarsch entwickelter Truppen von Bois des Ognons bis Vionville.
Er setzte sofort seinen Vortrupp ein und meldete (mündlich durch einen Offizier):
„Sagen Sie dem General, die Franzosen sind im Vorgehen; sie sind stärker als wir,
aber sie haben keine Echelons hinter ihrem rechten Flügel. Wenn die 10. Brigade
hinter meinem linken Flügel herumgeht und auf dem Haken einschwenkt, so weisen
wir sie. Lasse mir der General sofort Artillerie schicken." Die Möglichkeit weiterer
Entwickelung hing von dem Besitze dieser Höhe ab.

Die beiden vorderen Kompagnien des II./48 entwickelten je zwei Schützenzüge,
die hinteren Kompagnien folgten mit kurzem Abstande (als Halbbataillon). In gleicher
Weise ging, links daneben, längs des Weges Gorze—Flavigny I./48 vor.

Als die Schützen die Höhe 326 erstiegen, sahen die vorausgeeilten Führer nach
rechts, soweit das Auge reichte, Linien mit vorgenommenen Schützen sich im Eil=
schritt der Höhe 311 nähern und geradeaus mit dem äußeren Flügel nur wenig
westlich des Weges Gorze—Flavigny, französische Abteilungen im Vorrücken be=
griffen. Von einer zweiten Linie oder einer Reserve sah man vorläufig auf diesem
Flügel nichts.

Es gelang dem am linken Flügel in energischer Offensive mit schlagenden Tam=
bours vorgehenden I./48, die französischen Abteilungen in wenigen Minuten zu werfen
und noch vor Eintreffen von Verstärkungen gegen 10 Uhr die strittige Höhe zu be=
setzen. Allerdings waren schon jetzt die Unterstützungstrupps und zum Teil selbst
die Kompagnien der zweiten Linie in der Schützenlinie aufgegangen. Dieses war
der entscheidende Augenblick, in der der Angriff eingestellt werden mußte, da es nur
darauf ankam, die Höhe zu halten. Hinter den Musketier=Bataillonen folgte das
Jäger=Bataillon Nr. 3, während das Füsilier=Bataillon Regiments Nr. 48 hinter dem
linken Flügel folgte. Sobald der Infanterieangriff hinreichend vorgeschritten war, fuhr
auf der Höhe 326 im wirksamen Infanteriefeuer die Avantgardenbatterie (Stöphasius)
auf. Die 10. Infanterie=Brigade sollte hinter dem linken Flügel der Avantgarde die
rechte Flanke der Franzosen gewinnen.

Auf dem rechten Flügel der Division kommt das Gefecht zum Stehen, weniger
günstig gestalten sich die Verhältnisse auf dem linken Flügel, nachdem die drei Bat=
terien des Gros aufgefahren sind, indem 6 Bataillone der französischen Brigade
Fauvart=Bastoul sich bemühten, den linken Flügel der Artillerie zu umfassen. F./48
suchte durch einen allein unternommenen Vorstoß dem entgegenzutreten, wurde aber,
unter nahezu auflösenden Verlusten (34 Prozent) — nur ein einziger Offizier war
noch gefechtsfähig — in das Bois de Gaumont zurückgeworfen.

Unterdessen kam die 10. Brigade heran, sie legte bei Auconville das Gepäck ab.

Das Gefecht war bis dahin ungewöhnlich schnell verlaufen. Kurz nach 9¾ Uhr
waren die beiden Musketier=Bataillone Regiments Nr. 48 ins Gefecht getreten, be=
reits um 10 Uhr befand sich die Höhe 326 in ihrem Besitz, 10 Minuten später fuhr
dort die erste preußische Batterie auf, nach weiteren 5 Minuten von den drei
Batterien des Gros gefolgt; um 10 Uhr 15 Min. wurde der Angriff von drei Kom=

pagnien des Füsilier-Bataillons Regiments Nr. 48 abgewiesen, um 10 Uhr 30 Min. traf das vorderste Bataillon des Gros hinter den Batterien ein. Nach weiteren 5 Minuten das II. Bataillon Regiments Nr. 52.

Der Divisionskommandeur beabsichtigte, zunächst mit den 5 Bataillonen des Gros um den bisherigen linken Flügel herumzugehen, dann rechts einzuschwenken und einheitlich den rechten französischen Flügel anzufallen. Da er aber der Ansicht war, daß die Artillerie in dem Schnellfeuer der Franzosen nicht würde aushalten können, erteilte er dem I. Bataillon Regiments Nr. 52 nach Ablegen des Gepäcks, noch ehe die anderen Bataillone des Regiments heran waren, den Befehl zum Vorgehen. Unter gewaltigen Verlusten wurde der Angriff dieses Bataillons abgewiesen. Erst als das II. Bataillon und Füsilier-Bataillon Regiments Nr. 52 einheitlich zum Angriff vorgeführt wurden, wirkte der Stoß entscheidend. Die Franzosen wichen auf Flavigny zurück. Der Rest der Division, II. Bataillon und Füsilier-Bataillon Regiments Nr. 12, folgten der siegreichen Infanterie.

Die erste Entwickelung ist mustergültig, dann zeigen aber die weiteren Ereignisse die Gefahr, welche mit dem „Abtröpfeln" der Bataillone aus der Marschkolonne in dem Kampf entsteht. Unzureichende Kräfte werden eingesetzt, die unter gewaltigen Verlusten zusammenbrechen, ohne die Entscheidung geben zu können. Schließlich wird der Widerstand des Feindes überwunden durch den einheitlichen Einsatz zweier Bataillone, nachdem vorher zwei einzelne Bataillone, kurz nacheinander, bis zur Zertrümmerung zerschellt sind. Keineswegs war für das I. Bataillon Regiments Nr. 48 die Lage so zwingend gewesen, daß nur sofortiger Angriff einer hereinbrechenden Krisis begegnen konnte.

VI. Der geplante Angriff.

1. Einleitung des Angriffs. Der Aufmarsch.

„Wer einen anderen umwerfen will, muß selbst feststehen. Der Angriff bedarf der Stütze des Bodens in ähnlicher Weise wie die Verteidigung. Bevor er sich ausreckt zum Stoß, muß er festen Fuß gefaßt haben im Vorgelände der feindlichen Stellung. Je mehr der Gegner sich an vorteilhafte Bodenverhältnisse angestemmt hat, um so mehr gilt dieser Grundsatz [1]."

Der geplante Angriff geht von der Auffassung aus, daß der Gegner in ausgesprochener Absicht, sich zu verteidigen, an bestimmter Stelle unseren Angriff erwartet. Im Kriege ist alles unsicher und gerade über die Absichten des Feindes sehr leicht eine Täuschung möglich. Wie wollen wir erkennen, ob wir es nur mit einer Maske zu tun haben, die uns zu einem zeitraubenden Aufmarsch veranlassen soll, ob der Feind standhalten will, oder ob er beabsichtigt, aus einer Bereitstellung selbst zum Angriff vorzubrechen? Wenn letzteres auch selten genug geschehen ist, so ist damit noch nicht gesagt, daß es unmöglich sei. Zweifelsohne besteht für den Angreifer ein Augenblick der Schwäche, wenn seine schmalen Marschkolonnen sich einer voll entwickelten Stellung nähern. Warum soll der Gegner diesen Schwächemoment nicht ausnutzen? Der Angreifer kann ihn nur überwinden durch rechtzeitiges Entfalten oder Aufmarschieren, dann durch die Aufklärung. Unsere Friedensübungen zeigen, daß gerade in diesem Zeitpunkte, in dem die Kavallerie nach den Flügeln ausweicht, die Aufklärung abreißt. Hier muß die Divisionskavallerie einsetzen; Meldereiter und berittene Offiziere der Infanterie genügen nur für die Nahaufklärung. Offiziere können gelegentlich einen Punkt erreichen, dürfen sich aber nicht zu lange von ihrer Truppe entfernen, gerade

---

[1] Meckel, Truppenführung, S. 209.

dadurch wird die Aufklärung unterbrochen. Für eine im größeren Verbande vorgehende Truppenabteilung ist das Aufmarschgebiet zu beiden Seiten der Marschstraße gegeben, die Vormarschrichtung setzt sich ohne weiteres in die Angriffsrichtung um. Der Führer einer selbständigen Truppenabteilung hat hingegen den Aufmarsch der Angriffsrichtung entsprechend zu bestimmen. Dieses wird um so schwieriger, je weniger zutreffende Nachrichten über Ausdehnung und Art der Besetzung der feindlichen Stellung vorliegen.

Die erste Maßnahme der Truppenführung muß sein, die Avantgarde durch Befehle festzuhalten, sie vor vereinzeltem Vorgehen zu bewahren, dann den Aufmarsch der Kolonne nach der Gefechtsabsicht anzuordnen und Anhaltspunkte für Angriffsraum und Angriffsform zu gewinnen. Hierzu gehört vor allem die Entscheidung der Frage, ob das Herangehen an den Feind erst unter dem Schutze der Dunkelheit erfolgen kann (J. E. R. 364).

Die genaue Kenntnis der feindlichen Stellung, auf welche sich die Angriffsmaßnahmen stützen, ist durch Erkundung der Kavallerie allein, weder zu Fuß noch zu Pferde, nicht mehr zu erlangen. Das rauchschwache Pulver erleichtert dem Verteidiger mehr als früher, seine Anordnungen dem Auge des erkundenden Führers und den Blicken der feindlichen Kavallerie zu entziehen; es bedarf meist erst einer gewaltsamen Erkundung, um die Ausdehnung der Stellung festzustellen, etwaige vorgeschobene Posten des Feindes, denen vielleicht Artillerie beigegeben ist, zum Zurückgehen zu zwingen, somit die Grundlagen für den Entschluß zu gewinnen. Wird für diese Aufgaben Infanterie eingesetzt, so ist die Gefahr nicht ausgeschlossen, daß sie sich verleiten läßt, ihren Auftrag zu überschreiten und eine vorzeitige, noch nicht gewollte Entscheidung herbeizuführen. Aber andererseits wird nur das Einsetzen der Angriffsinfanterie den Verteidiger veranlassen, seine Infanterie zu zeigen. Hierzu den Gegner zu zwingen, die Artillerie zu schützen, das Vorgelände in Besitz zu nehmen, sich selbst aber noch nicht den Gefahren einer Niederlage auszusetzen, ist die schwere Aufgabe der Infanterie in dem Einleitungsgefecht. Günstiger ist in solchen Lagen die Artillerie gestellt. Sie vermag auf weite Entfernungen zu wirken und verbleibt doch sicher in der Hand des Führers. Ihr Feuer wird häufig das feindliche Feuer hervorlocken[1]), Bewegungen ver-

---

[1]) Am Morgen des 6. August 1870 (Wörth) veranlaßt das Feuer einer den

anlassen, welche Schlüsse auf die Art der Besetzung der feindlichen Stellung ermöglichen¹). Aber auch hier ist Vorsicht geboten, um die noch in der Entwickelung Begriffenen nicht schweren Verlusten durch das gegnerische Geschützfeuer auszusetzen²). Aus der Erkundung entwickelt sich von selbst das Einleitungsgefecht, das Beschießen der als vorgeschobene Posten erkannten Stellungen des Feindes, um der Infanterie ihre Wegnahme zu ermöglichen. Hierzu kann noch die Aufgabe treten, das Feuer von den im Anmarsch befindlichen Kolonnen abzulenken oder eigene Infanterie, die sich zu weit vorgewagt hat, zu entlasten; meist bedingt dieses eine weitere Verstärkung der Artillerie. Ist der Entschluß zum Angriff gefaßt, die Angriffsfront und Angriffsrichtung festgestellt, so soll so bald als angängig der Einsatz der gesamten Artillerie zur Aufnahme des Artilleriekampfes erfolgen. Nur wenn die Verhältnisse noch ungeklärt sind, kann sich das Zurückhalten eines Teiles in Reserve empfehlen. Auch die Artillerie einer an zweiter Stelle in der Marschkolonne folgenden Infanterie=Division wird vor dem Eintreffen ihrer Infanterie entwickelt, um möglichst bald die Feuerüberlegenheit erlangen zu können. Besondere Maßnahmen zu ihrem Schutz sind aber geboten, da eine unternehmende feindliche Kavallerie sich wohl nicht die Gelegenheit entgehen lassen wird, einen Angriff gegen diese meist nur schlecht geschützte Artillerie zu versuchen. „Die Artillerie bildet das Gerippe des Kampfes. Von ihrer Stellung wird meistens die Gruppierung der übrigen Streitkräfte abhängen. Daher muß der Führer die Wahl der Artilleriestellung sich vorbehalten und dem Artillerie=Kommandeur nur beratende Mitwirkung einräumen" (J. E. R. 292).

Die Infanterie wird beim Aufmarsch die Wege für das Vor=

---

preußischen Erkundungstruppen zugeteilten Batterie auf 2500—3200 Meter das Gegenfeuer von 1 Mitrailleusen= und 3 Kanonen=Batterien, während sich noch mehrere andere Batterien und auch Infanterie zeigten, ohne jedoch zur Tätigkeit zu kommen. Der Zweck der Erkundung war hiermit erreicht.

1) Starke Artillerieentfaltung am 6. August 1870 auf dem Winter= und Galgenberge (Schlacht von Spichern) würde wahrscheinlich Klarheit geschafft haben, daß man sich nicht einem abziehenden, sondern einem in Stellung befindlichen Gegner gegenüber befand.

2) Um das Feuer von der eigenen Infanterie abzulenken, fuhr die bei Gravelotte in Bereitstellung haltende I. Abteilung Feldartillerie=Regiments Nr. 8 auf. Bei besserer Führung und leistungsfähigerem Material der gegnerischen Artillerie hätten ernste Verluste die Folge sein können.

ziehen der Artillerie freilassen und querfeldein in Marschkolonnen sich den verschiedenen Aufstellungspunkten zuwenden, von denen aus sie zum Angriff vorgehen soll. Die Aufmarschpunkte werden so nahe als angängig bis in die letzte Deckung vor der feindlichen Stellung gelegt; im freien Gelände bezeichnet der Bereich des wirksamen Schrapnellfeuers der Verteidigungsartillerie, d. h. 4—5000 Meter, die Grenze, bis zu der man den Aufmarsch vorlegen darf. Um Einheitlichkeit des Vorgehens zu wahren, kann es zweckmäßig sein, die Infanterie von Abschnitt zu Abschnitt vorzuführen, so wird vermieden, daß einzelne vom Gelände begünstigte Teile in bedrohliche Nähe des Feindes geraten, während andere noch weiter zurück sind (J. E. R. 369). Bei der Ausdehnung der Artillerie eines Armeekorps (2,5—3 Kilometer) kann die Infanterie und Kavallerie der Avantgarde allein diese Aufgabe nicht erfüllen; sie wird vielfach der Verstärkung aus dem Gros bedürfen. Ehe die Truppe zur eigentlichen Gefechtstätigkeit kommt, wird meist längere Zeit vergehen, sie wird ausgenutzt zum Ausgeben von Patronen, Ablegen des Gepäcks, wenn möglich, wird man die Leute noch einmal Wasser trinken und etwas essen lassen.

Den höheren Führern vom Regimentskommandeur an aufwärts ist es zur Verminderung der Anstrengungen gestattet, Gepäck ablegen zu lassen (J. E. R. 301). Bei einem Rückschlage findet man aber nicht immer Gelegenheit, das Gepäck wieder aufzunehmen (Korps Frossard bei Spichern), nach siegreichem Gefecht wird das Holen des Gepäcks häufig als Entschuldigung für eine unterlassene Verfolgung geltend gemacht. Im Gefechtsbericht von Wörth wird von der 2. bayerischen Division erwähnt, daß sie trotz des Befehles zur Verfolgung zurückgeführt sei, um die Tornister zu holen, „weil die Truppe dadurch vielleicht für mehrere Tage von ihrem Gepäck getrennt worden wäre". Wird das Gepäck abgelegt, so muß ein Kommando zurückbleiben, da man sonst erwarten kann, die Tornister ausgeplündert wiederzufinden [1]).

2. Der Artilleriekampf.

Vor Einführung der Schildbatterien verlangte man völlige Niederlage der Verteidigungsartillerie, jetzt kann nur noch gefordert werden, die feindliche Artillerie wenigstens zu binden, ihr Feuer zu dämpfen. General v. Scherff (Kriegslehren I, S. 48) fordert, daß die Artillerie zur Vorbereitung eines Angriffes die Geschütze des Verteidigers niederhalten und an der Abgabe eines gezielten Feuers hindern müsse, die Infanterie müsse schlimmstenfalls den Angriff allein durchführen. Der Schweizer Oberst Wille (Artillerie in künftigen Schlachten. Vortrag in der Züricher Offiziersgesellschaft vom 5. Juni 1898) erklärt es für einen Fehler, wenn die Angriffs-

---

[1]) Geschichte des Infanterie-Regiments Nr. 20. Mars la Tour. Militär-Wochenblatt 1902. Nr. 32.

artillerie in so ausgesprochener Weise die Verteidigungsartillerie bekämpfe, sie müsse äußerstenfalls das feindliche Geschützfeuer ertragen, alle ihre Kraft gegen die Einbruchsstelle einsetzen. Mit Einführung von Schutzschilden ist die Ausführung des Willeschen Gedankens möglich geworden. Das deutsche Feldartillerie-Exerzierreglement nimmt einen vermittelnden Standpunkt zwischen beiden Anschauungen ein. Generalleutnant von Reichenau verlangt Vernichtung des feindlichen Materials durch Granatfeuer, das ist aber nur möglich, wenn die Geschütze ganz ungedeckt auffahren. Die Franzosen rechnen damit, das Artilleriefeuer auf die Infanterie dadurch unwirksam zu machen, daß sie diejenigen Batterien, die die vorgehende Infanterie bekämpfen wollen, durch Schnellfeuer in einen undurchbringlichen dichten Schleier von Rauch einhüllen, daß sie weder zielen noch beobachten, also sich auch nicht einschießen können. Erreichen sie es, dadurch das feindliche Feuer unwirksam zu machen, so ist das für den Endzweck ebenso gut, wie die Zerstörung der feindlichen Geschütze.

Den Vorteil gleichzeitiger und überraschender Entwickelung der Hauptmasse der Artillerie muß sich der Angreifer wahren. Im Befehl wird der Zeitpunkt des Auftretens angegeben oder angeordnet, daß nach einer Truppe (Regiment) die übrigen Teile sich zeitlich zu richten haben. Bei der Größe der Verhältnisse und der Verschiedenheit des Geländes kann natürlich nicht erwartet werden, daß alle Batterien gleichzeitig in Stellung einfahren und das Feuer eröffnen können. Je sorgfältiger die Erkundungen, Raum- und Zeitverteilung waren, desto geringer werden die Zeitunterschiede sein. Im deutsch-französischen Kriege konnten bei der geringen Leistungsfähigkeit der französischen Batterien die Artilleriemassen sich nach und nach, bruchstückweise bilden, schwache Artillerie sich sogar angesichts größerer Überzahl behaupten[1]). Jetzt würde dieses zur artilleristischen Niederlage führen. Häufig wird das Auffahren unter dem Feuerschutz schwerer Geschütze stattfinden müssen.

Für die Artillerie des Angreifers ist die feindliche Artillerie das nächste Ziel. Bei Auswahl der ersten Stellungen, welche auf etwa 3—4000 Meter vom Feinde liegen, darf der Artillerieführer durch keine anderen Rücksichten behindert sein als durch die Bedingungen, welche Ziel und Gelände ihm auferlegen. Die Infanterie kann noch nicht zum entscheidenden Angriff übergehen und hat in ihren Stellungen und Bewegungen sich den Bedürfnissen der Artillerie anzupassen. Je mehr aber das Gefecht vorschreitet, desto größere Berechtigung gewinnen die Forderungen der Infanterie, denen sich dann die Artillerie unterzuordnen hat. Der Artilleriekampf ist unter dem Schutze vorgeschobener Infanterie

---

1) Beispiele s. Taktik II, S. 339.

aufzunehmen, die es der Artillerie ermöglicht, ihre volle Kraft zur Bekämpfung der feindlichen Geschütze einzusetzen und nicht vorübergehend einzelne Batterien zur Beschießung lästig werdender Infanterieabteilungen bestimmen zu müssen. Die kräftige Mitwirkung der Infanterie ist aber auch in den ersten Stadien des Kampfes geboten. Das Vorgehen des Angreifers wird auch die Verteidigungsartillerie, selbst wenn sie auf den Artilleriekampf verzichten wollte, zwingen, sich zu zeigen und ihre verdeckten Stellungen aufzugeben.

Schwerlich wird die Entscheidung in dem Artilleriekampf so gewaltig sein, daß die eine Partei den Kampf ganz aufgibt; einzelne günstig aufgestellte oder geschickt geführte Batterien vermögen sich vielleicht während des ganzen Schlachttages zu behaupten, andere werden, nachdem sie ihre Verluste aus dem fast unerschöpflich zu nennenden Vorrat der Staffeln und Kolonnen ersetzt haben, an anderer Stelle sich von neuem an dem Kampfe zu beteiligen versuchen. Steilfeuerbatterien werden überhaupt kaum niederzukämpfen sein, die Vervollkommnung der indirekten Richtmethoden und das rauchschwache Pulver geben selbst auch einer im Feuerkampf unterlegenen Artillerie die Möglichkeit, den Kampf weiter fortzusetzen. So schnell sich der Kampf zwischen zwei ungedeckt stehenden Batterien entscheiden wird, um so länger dauert das immer sich von neuem erneuernde Ringen größerer Artillerieverbände um die Feuerüberlegenheit. Gleichmäßig wird es sich außerdem nicht auf der ganzen Linie vollziehen, auf einzelnen Punkten wird wohl zeitweise der Gegner das Übergewicht erhalten. Eine weitere Grundlage des Erfolges liegt in der Vereinigung von Steil- und Flachbahnfeuer. Die schweren Feldhaubitzen sind ein integrierender Teil der Feldartillerie und besonders geeignet, dem Angriffe wirksamen Nachdruck zu verleihen. Sobald es aber der einen Partei gelingt, den Gegner mit nur einem Teil der Kräfte derartig niederzuhalten, daß jeder Versuch, in den nun folgenden Infanteriekampf einzugreifen, von vornherein unterdrückt wird, oder die feindlichen Batterien gezwungen werden, von der Infanterie abzulassen, um sich des Artilleriefeuers zu erwehren, dann kann man den Artilleriekampf als entschieden ansehen. Wollte man die unbedingte Feuerüberlegenheit erst abwarten, so käme es häufig nur zu einer bedeutungslosen Kanonade, die Durchführung des Infanterieangriffes darf aber nicht von dem Ausgange des Artilleriekampfes abhängig gemacht werden. Stellt die feindliche Artillerie ihr Feuer ein, so wird das

Vorgehen der eigenen Infanterie bald Klarheit schaffen, ob sie auf den weiteren Kampf verzichten will oder nicht.

Das Drohen mit dem Angriff zwingt dann auch die feindliche Infanterie, ihre Stellungen zu besetzen, um so den Geschützen Schrapnellziele zu bieten (J. E. R. 330, 444). Bei Beginn des Kampfes, wenn die Infanterie-Entwickelung noch nicht hinreichend weit gediehen ist, die beiderseitigen Geschützlinien sich voll und ganz in Anspruch nehmen, hat eine geschickt geführte Attacke der Kavallerie die besten Aussichten auf Gelingen. Nicht in der Verwendung der Waffen nacheinander, Geschützkampf, Infanteriekampf, Verfolgung durch Kavallerie, sondern in dem verständnisvollen Zusammenwirken aller drei Waffen vom Anfang bis zum Schluß des Kampfes liegt der Erfolg begründet. Nur ungern wird die Artillerie während des Geschützkampfes auf die Unterstützung ihrer Infanterie verzichten, ebensowenig wie diese die Mitwirkung der Artillerie beim eigentlichen Angriff entbehren will.

Den einzelnen Infanterieverbänden werden, um erhebliches Abweichen von der Marschrichtung zu verhindern, „Gefechtsstreifen" zugewiesen, innerhalb deren sie sich vorzubewegen haben. Auch kann eine Truppe bezeichnet werden, mit der die anderen ihre Bewegung in Einklang zu bringen haben, ohne dadurch in dem Streben nach vorwärts gefesselt zu sein: Gefechtsanschluß (J. E. R. 371). Während des Artilleriefeuers arbeitet sich die Infanterie näher an die feindlichen Stellungen heran und setzt sich auf den mittleren Gefechtsentfernungen fest, vorgeschobene feindliche Abteilungen sind auf die Hauptstellung zurückzudrücken, durch Offizierpatrouillen die Erkundungsergebnisse der Kavallerie zu vervollständigen. Diese Meldungen und die Nachrichten von dem Fortschreiten der Nachbarkolonnen verbunden mit dem Eindruck, den der Führer von der Wirkung des ersten Artilleriefeuers erhält, werden bestimmend sein, ob der Angriff noch am gleichen Tage durchgeführt werden kann, oder ob unter dem Schutze der Dunkelheit die Infanterie und Artillerie auf wirksame Entfernung an den Feind herangebracht werden müssen.

Die Einleitungstruppen haben jedenfalls zu vermeiden, selbst wenn das Gelände dieses an einzelnen Stellen begünstigen würde, bereits auf die Nahentfernungen an die feindlichen Stellungen heranzugehen. Eine vereinzelte, unter dem Schutz von Deckungen nahe an den Feind herangekommene Abteilung sähe sich sofort den empfindlichsten Verlusten ausgesetzt, wenn ein größerer Teil der feindlichen Linie auf sie ihr Feuer vereinigen könnte. Zweckmäßig wird die Infanterie in diesen Stadien des Kampfes, ehe es der Artillerie gelungen ist, das Feuer der feindlichen Geschütze niederzuhalten, sich auf den mittleren Gefechtsentfernungen einnisten. An ein Vorgehen der Infanterie über ungedecktes Gelände ist nicht eher zu denken, als bis es der Angriffsartillerie gelungen ist, die feindlichen Geschütze derart in Anspruch zu nehmen, daß sie sich etwa auftauchenden Infanterie=Abteilungen nicht zuwenden können.

3. Die Durchführung des Angriffs.

Je mehr es gelingt, einzelne Teile der Artillerie aus dem Geschützkampfe loszulösen, ihr Feuer gegen die feindliche Infanteriestellung zu richten, um so mehr wird auch die immer mehr verdichtete Angriffs=Infanterie nach vorwärts Raum gewinnen können. Ihr Vorgehen muß den Verteidiger zwingen, in Erwartung eines Sturmes seine Stellungen zu besetzen und damit auch dem Schrapnellfeuer günstige Ziele zu bieten. Massenhaftes gegen die Einbruchsfront gerichtetes Feuer muß es der Infanterie ermöglichen, auch ihrerseits die Feuerüberlegenheit zu gewinnen, die feindliche Infanterie sturmreif zu schießen. Der selbst beschossene Gegner wird eine erheblich geringere Feuerleistung aufweisen als bisher der unbeschossene. Auf den mittleren Entfernungen ist die Wirkung auch gegen kleine Ziele schon recht beträchtlich. Sie steigert sich bei der Annäherung derartig, daß auf den nahen Entfernungen die Verhältnisse für Angreifer und Verteidiger völlig gleich liegen. Wiederholt machten die Engländer im südafrikanischen Kriege die Erfahrung, daß die Verluste auf den nahen Entfernungen geringer waren als auf den weiteren. Der Gegner hob den Kopf nicht mehr über die Deckung, er zielte nicht mehr[1]. So dient das Feuer dazu, das feindliche Feuer zu dämpfen, und dieser Augenblick muß jedesmal wiederum dazu benutzt werden, vorwärtszukommen. Das Näherkommen der Infanterie zwingt die Verteidigungsbatterien, ihre Deckungen zu verlassen. Je früher, desto günstiger für den Angreifer, desto eher kann er darauf rechnen, sie zum Schweigen gebracht zu haben, ehe sie wirksam gegen die eigene Infanterie werden können. Unterhält die Verteidigungsartillerie ihr Feuer gegen die Angriffs=

---

1) Kriegsgeschichtliche Einzelschriften Heft 33, S. 70.

Infanterie, so kann sie mit gleicher Ruhe wie auf dem Schießplatz vernichtet werden; feuert sie hingegen auf die Angriffsbatterien, so erfüllen diese am wirksamsten ihre Aufgabe, das Feuer von der eigenen Infanterie abzulenken und ihr das Vorwärtskommen zu ermöglichen.

Der Truppenführer, welcher sich meist in Nähe des den Artilleriekampf leitenden Artillerieführers aufhalten wird, um mit diesem gemeinsam die Wirkung des Artilleriefeuers zu beobachten, gewinnt schließlich den Eindruck, daß die Feuervorbereitung so weit gediehen sei, um die Infanterie zum entscheidenden Angriff einzusetzen. Näheres Heranführen der zurückgehaltenen Infanteriekräfte, Stellungswechsel der Artillerie werden vielfach erkennen lassen, bis zu welchem Maße die Feuervorbereitung gediehen ist. Vermag der Feind diese Bewegungen nicht mehr empfindlich zu stören, so liegt hierin der beste Beweis, daß das eigene Feuer die Überlegenheit erlangt hat.

Nur einem einheitlichen, gleichzeitigen Angriffe, der den Verteidiger auf der ganzen Linie anfaßt, ihn hindert, einzelne Teile des Angreifers unter konzentrisches Feuer zu nehmen, blüht der Erfolg[1]). In keiner der sieben großen Angriffsschlachten gegen die französische kaiserliche Armee im Kriege von 1870/71 fand ein solcher Angriff statt. Besondere Verhältnisse ließen es bei Wörth, Spichern und Colombey nicht zu einem einheitlichen Angriffe kommen. Unzureichende Kenntnis über die Maßnahmen der Nachbarabteilungen, selbsttätiges Handeln höherer Truppenführer, entgegen den Absichten der obersten Heeresleitung, leidenschaftliches Vorstürmen, hervorgerufen durch kriegerischen Wetteifer, Unkenntnis von Zeit und Raum, welche für Aufmarsch und Entwickelung größerer Verbände nötig waren, schließlich nicht hinreichend ausgebildetes Gefühl für die Verhältnisse des Begegnungskampfes und des Angriffes gegen eine bereits eingenommene Stellung waren die Ursachen jener vereinzelten blutigen Angriffe[2]).

Die Einbruchsstelle ist so lange als möglich über die Köpfe der vorgehenden Infanterie hinweg durch einen Teil der Artillerie unter Feuer zu nehmen, während andere Batterien die feindliche Artillerie niederhalten oder gewärtig sind, sich gegen einen Gegenangriff zu wenden.

---

1) Beispiel eines einheitlichen Angriffes eines (III.) Armeekorps auf die Stellung der 1. Division XV. Armeekorps auf den Höhen von Santeau — Orléans — am 3. Dezember 1870. Kunz, Orléans, S. 76 u. f.

2) Angriffe an der Straße Gorze-Rezonville in der Schlacht von Bionville.

Artillerieoffiziere in der Feuerlinie können durch das Signalzeichen g. g. g. (Geschützfeuer vorlegen) ein Beschießen der Einbruchsstelle bis kurz vor dem Einbruch ermöglichen.

Major Callwell äußert sich nach den taktischen Erfahrungen des Feldzuges in Südafrika wie folgt: „Stellt die Artillerie das Feuer zu frühzeitig ein, so wird die Infanterie vom Feuer der Magazingewehre niedergemäht, erleidet Verluste, die in gar keinem Verhältnis sind zu denen, die dadurch entstehen könnten, daß Geschosse infolge falscher Zünderstellung oder Erhöhung einmal in der eigenen Infanterie platzen." Die glücklichen Angriffe der Engländer im Burenkriege zeigen auch, wie vorteilhaft dieses Zurückscheuchen des Verteidigers aus seinen Deckungen sein kann. Beim Sturm auf Pietershill (24. Februar 1900) sagte Oberst Kitchener seinen Artillerieoffizieren, daß er ihnen zwei bis drei zu kurz gehende Schrapnells nicht übelnehmen würde. Bei Bergendal (28. August 1900) fallen die letzten Granaten 45 Meter vor der stürmenden Infanterie; man hatte ihr recht drastisch gesagt, daß sie so lange vorgehen müsse, bis sie den Dampf der Lyddtigeschosse riechen könne.

Die Granate Az ist hierzu, des moralischen Eindrucks und der leichteren Beobachtung wegen, besonders geeignet. Die Japaner führten kleine Nationalflaggen mit, um selbst im Feuer liegende Schützenlinien der eigenen Batterie kenntlich zu machen.

Die richtige Rollenverteilung ist eine der wichtigsten Aufgaben der höheren Artillerieführer, sie fordert Kenntnis der Absichten der Truppenführung und klare Beurteilung der Lage. Jeder Angriff zeigt Krisen, über welche am besten das rücksichtslose Einsetzen der Artillerie hinweghilft. So empfiehlt sich denn auch das Vorgehen einzelner Batterien oder Abteilungen zum Begleiten des Infanterieangriffs[1]) bis auf nächste, wirksamste Entfernung (A. E. R. 347). Ein wesentlicher Unterschied der Wirkung besteht nicht zwischen dem Feuer auf 2000 und 1500 Meter. Bleiben Batterien auf weitere Entfernungen zurück, so liegt die Gefahr vor, daß ihr Feuer frühzeitig maskiert wird, daß sie den taktischen Zusammenhang mit der vorstürmenden Infanterie verlieren, daß sie dadurch mehr gefährdet sind

---

1) Beispiele. Kunz, Kriegsgeschichtliche Beispiele, Heft 7.

Weißenburg, 1. und 2. leichte, 3. schwere Batterie Feld.-Art.-Reg Nr. 5. Kunz a. a. O. S. 4. Wörth, Kunz a. a. O. Heft 7, S. 9 (sehr lehrreich). Colombey, 5. schwere Batterie Feld.-Art.-Reg. Nr. 7. Kunz a. a. O. S. 10. Nachfolgen der Artillerie der 1. Infanterie-Division über den Ballières-Grund bei la Planchette (Colombey). Die Batterien protzen auf 300 Schritt hinter der Infanterie ab und bekämpfen mit Erfolg feindliche Schützen auf 900—1300 Schritt. Hoffbauer III, 31. Kunz a. a. O. S. 11. Wenn die japanischen Batterien ihrer Infanterie nicht folgten, so lag dieses an den wenig leistungsfähigen Bespannungen.

und zur Besitzergreifung einer genommenen Stellung zu spät kommen werden. Eine besondere Gefährdung der voreilenden Batterien durch direktes Feuer ist nicht zu erwarten, da der Gegner bei Abwehr des Sturmes Wichtigeres zu tun hat, als sich um diese Batterien zu kümmern. Die der Infanterie folgenden Batterien bilden für einen Rückschlag Stützpunkte, sie werden bald nach der siegreichen Infanterie in der Stellung eintreffen können, um ihren Besitz zu sichern. Ein nach Einnahme der Stellung einheitlich angesetzter und energisch durchgeführter Gegenangriff wird sich kaum an dem Artilleriefeuer brechen, welches von weit rückwärts her erfolgt und dessen Beobachtung durch die eigenen am Feinde befindlichen Truppen, besonders im unübersichtlichen Gelände erheblich erschwert wird. Die 3000 Meter entfernte, im Moment des Sturmes erst aufprotzende Artillerie überläßt ihrer Infanterie die ganze Schwierigkeit dieser Gefechtslage. Zurückweichende Infanterie findet erst an der eigenen Geschützlinie den Halt, wieder Front zu machen. Nicht zu unterschätzen ist der moralische Eindruck, den das Nachfolgen der Artillerie auf die Infanterie ausübt. „Mag die Batterie auch momentan vernichtet werden, wenn nur ihr Blitzen und Donnern in der Nähe die Infanterie zum Sturm elektrisiert oder zum Festhalten der Stellung vermocht hat. Nach dem Siege wird die Batterie wieder aufleben, denn die Geschütze sind noch übrig geblieben. War aber das Opfer umsonst gebracht, so hat die Artillerie, die bis zuletzt aushielt, den Rückzug der Infanterie gedeckt. Ihre Eroberung nach so tapferem Kampfe ist dann, wenn auch ein herber Verlust, doch ein ruhmvolles Ende."

Die französischen Vorschriften suchen durch Trennung der mit der Feuervorbereitung beauftragten Truppe von der zur Ausführung des Sturmes bestimmten Truppe und Antreten der letzteren nur auf Befehl des höheren Führers die Einheitlichkeit des Angriffs zu gewährleisten. Die deutschen und österreichischen Vorschriften erkennen als gleichberechtigt ein Verfahren an, bei dem auch der Entschluß zum Sturm in den Schützenlinien gefaßt werden kann. Hierbei ist die Gefahr nicht ausgeschlossen, daß an Stelle eines einheitlichen Angriffes ein vereinzeltes Vorstürmen von Bruchteilen der Feuerlinie entsteht, das meist blutige Verluste zur Folge hat. Auch sofort nachfolgende Reserven vermögen einen Mißerfolg nicht einzuschränken [1]).

---

1) Taktik I, S. 227 u. f.

Der Sturmanlauf der angreifenden Infanterie fällt in eine Zeit des Kampfes, in der die Frucht reif ist. Er hat nur Schwierigkeiten, wenn dies noch nicht der Fall sein sollte, er also zu früh angesetzt ist. Nach natürlichen, menschlichen Gesetzen wird bei einem von allen Seiten bedrängten, in seine Stellungen gebannten, durch Verluste erschütterten Verteidiger der Augenblick eintreten, wo es nur eines Anstoßes bedarf, um seinen Mut völlig zu brechen und ihn außerordentlich begierig zu machen, jede Gelegenheit zu ergreifen, um den unerträglich gewordenen Aufenthalt in der Stellung aufzugeben. Eine solche Gelegenheit erkennen am besten die in der Schützenlinie befindlichen Führer, das nach rückwärts gegebene Zeichen „Wir wollen stürmen!" setzt alles in Bewegung. Falsch wäre es, den Führern in der Schützenlinie das Recht, selbständig zum Sturm anzutreten, nicht zugestehen zu wollen. Jedes Zögern gibt dem Feinde Gelegenheit, in Ruhe seine Stellung zu räumen.

Sehr treffend stellt das Generalstabswerk den entscheidenden Augenblick zum Sturm dar (II, S. 890): „Die in längerem Nahkampfe bis aufs höchste gespannte Gefechtslage war nun zur Entscheidung reif, und die deutschen Korpsführer erließen den Befehl zum Sturm. Bevor dieser aber die vordere Gefechtslinie erreichte, hatten die dort anwesenden deutschen Generale etwa um 7¼ Uhr abends beschlossen, den nun hinreichend vorbereiteten Angriff selbständig zu unternehmen. Auf das von ihnen gegebene Zeichen, mehrfach auch im eigenen Drang nach vorwärts, warfen sich bei eben untergehender Sonne die preußischen und sächsischen Bataillone auf das so lange und zähe verteidigte Bollwerk des Feindes" (St. Privat).

„Beim Heraustreten des XI. Armeekorps aus dem Niederwald bei Wörth schlägt der Infanterie ein derartiges heftiges Feuer von Elsaßhausen entgegen, daß für die Truppe nur die Wahl blieb, entweder weiter vorzugehen oder die mit so großen Opfern erkauften Vorteile wieder aufzugeben. Ersterem stand freilich das Bedenken entgegen, daß die Truppen erschöpft waren, daß die Verbände sich in den vorangegangenen Kämpfen aufgelöst hatten, und daß man nur noch über drei geschlossene und frische Bataillone verfügte." — „General v. Bose befahl nun den allgemeinen Angriff. Auf das Signal ‚Das Ganze avancieren!' stürzten sich vom Niederwald aus die Schützenschwärme mit kräftigem Hurra auf den Feind"[1].

Bei dem französischen Verfahren liegt die Hauptschwierigkeit darin, „rechtzeitig" den Befehl zum Antreten der Sturmtruppen zu geben. Besonders in größeren Verhältnissen muß der Oberführer sich so weit zurückhalten, daß er den Verlauf des Angriffs nur in großen Zügen zu verfolgen vermag. Ob die Feuerkraft des Gegners im ganzen gebrochen ist oder nicht, das erkennt er meist erst an dem Vorrücken

---

[1] Gen.-St.-W. I, S. 267.

der eigenen Feuerlinie. Noch seltener wird er rechtzeitig wahrnehmen, wenn der Widerstand des Gegners nur an einem Punkt nachläßt, und gänzlich außerstande sein, rechtzeitig Befehl zu erteilen, um einen solchen Vorteil sofort auszunutzen.

Gelingt es dem Angreifer, in die Stellung einzudringen, so tritt ein Schwächemoment ein; die Truppen sind durcheinander gekommen, die Offiziere fehlen zum großen Teil, die Mannschaft ist erschöpft. Benutzt der Verteidiger diesen Zeitpunkt, unterstützt durch frisch auftretende Reserven, so bietet sich ihm noch einmal Gelegenheit, das Geschick des Tages zu wenden. Hier ist es die Aufgabe der unter Ausnutzung der Deckungen an die entscheidenden Stellen herangeführten Kavallerie, sich einem solchen Versuche selbständig entgegenzuwerfen oder das Zurückgehen des weichenden Feindes zu beschleunigen. Am besten hilft über diesen Schwächemoment das schnelle Voreilen der gesamten Artillerie in die gewonnene Stellung. Je früher sie eintrifft, um so größer die Aussicht, sich noch am Verfolgungsfeuer beteiligen zu können.

Während noch im Inneren von St. Privat der Kampf tobte, war schon auf den Höhen südwestlich und nordöstlich des Dorfes eine gewaltige deutsche Artilleriemasse in der Bildung begriffen. Nicht viel Phantasie gehört dazu, sich auszumalen, wie der Verlauf des Kampfes sich gestaltet haben würde, wenn die französische Grenadier-Division Picard rechtzeitig zur Stelle gewesen wäre und eingegriffen hätte. Bei Elsaßhausen (Wörth) findet ein solcher Vorstoß des Feindes statt, eine Batterie wird zwar in die rückgängige Bewegung verwickelt, aber an dem Feuer der anderen Batterien bricht sich die französische Offensive. In einer solchen kritischen Lage muß etwas gewagt werden!

Der südafrikanische Krieg in den Kämpfen an der oberen Tugela hat uns ebenso wie der Verlauf unserer Infanteriekämpfe auf der Hochfläche des Roten Berges und beim Angriff auf Fröschweiler die Schwierigkeiten gezeigt, welche der Artillerie erwachsen beim Angriff auf eine Höhenstellung. Die Gestaltung des Geländes an der oberen Tugela und bei Wörth zwang der Angriffsartillerie große Entfernungen auf, oder sie mußte, wie bei den Kämpfen um den Spionkop und um die nordwestlich anschließenden Höhen, in der Tiefe auffahren, während die Verteidigungsartillerie meist günstige Stellungen in der Nähe ihrer Infanterie finden konnte. Der Angriff auf Höhenstellungen findet nach gründlicher Artillerievorbereitung und einheitlichem Vorführen starker Infanterie keine besonderen Schwierigkeiten, diese treten erst bei weiterer Fortführung des Kampfes ein. War der Angriff bis dahin von dem eigenen Artilleriefeuer unterstützt worden, so fehlt dieses bei dem Festsetzen am Rande und beim weiteren Vorwärtsgehen. In dieser schwierigen Lage finden wir unsere Infanterie auf der Hochfläche von Spichern, nachdem die vorgeschobenen französischen Abteilungen zurückgedrückt waren, und beim Sturm auf Fröschweiler. Das Verlangen nach Artillerieunterstützung wird sich geltend machen, aber wo sollen die Batterien auffahren? Meist müssen sie in der Schützenlinie abprotzen. Vielfach können sie aber erst vorgezogen werden, wenn die Infanterie den nötigen Raum nach vorwärts gewonnen hat [1]).

Die Neigung, auf der ganzen Linie den Gegner mit dem Bajonett zu verfolgen, anstatt Halt zu machen und die Feuerkraft der Gewehre auszunutzen, zeigt sich in allen Kämpfen. **Die Maßnahmen des Angreifers nach gelungenem Angriff** werden sein müssen: Festhalten der siegreichen Infanterie, sobald sich Schußfeld bietet, Abgabe von Verfolgungsfeuer, unter dessen Schutz auf den Flügeln frische Abteilungen zur Verfolgung vorgehen. Anreitende Kavallerie vermag häufig die geschlagene Infanterie längere Zeit im Bereich der Nahvisiere festzuhalten.

Ist der Gegner dem Bereich der Nahvisiere entrückt, so ist selbständig von allen beteiligten Führern anzuordnen, ohne erst auf höheren Befehl zu warten: Sammeln zu geschlossenen Trupps zunächst ohne Rücksicht auf frühere Rangierung, Besetzen der Stellung, Patronenersatz, Wegführen von Gefangenen und Einleitung der Verfolgung. Erst später, wenn der Gegner Zeit läßt, können auch die Verbände wieder geordnet werden.

Mißlingt der Angriff, so ist es Sache aller Führer, die im feindlichen Feuer zurückflutenden Schützen zum Halten zu bringen. An ein Haltmachen im wirksamsten Feuer wird jedoch nicht zu denken sein. Erst in den nächsten Deckungen, wo aber diese fehlen, erst in größerer Entfernung, wenn die Ermüdung der Truppen dem Zurückeilen ein Ziel setzt oder die Wirksamkeit des feindlichen Feuers

---

[1]) Colombey, Hoffbauer III, 31. Auffahren preußischer Artillerie auf dem Roten Berge (Spichern). Kunz, Kriegsgeschichtliche Beispiele, Heft 7, S. 11, 5.

nachläßt, kann hiervon die Rede sein. Diese Entfernung wird um so mehr hinausgerückt, als der vom eigenen Gewehrfeuer unbelästigte Feind die ballistischen Eigenschaften seiner Waffe voll ausnutzen kann, wenn nicht die Artillerie des Angreifers oder das Eingreifen von Reiterei ihn daran hindert. Es muß Grundsatz sein, von dem einmal in Besitz genommenen Gelände so wenig wie nur möglich aufzugeben. Wo auch die Truppe zum Halten und Wiederfrontmachen kommt, muß sie ausharren und, wenn es die Heftigkeit des feindlichen Feuers gestattet, sich eingraben. Unbedingt muß dann versucht werden, unter dem Schutze der Dunkelheit, das zu erreichen, was am Tage versagt blieb. Ein Abendangriff nach nicht durchgeführten Entscheidungskämpfen hat fast immer Erfolg gehabt.

Das Ausharren der preußischen Garde auf 6—800 Schritt vor St. Privat ist mustergültig. — Nach den Regimentsgeschichten der Garde=Infanterie schwanken die Entfernungen zwischen 300 Schritt (3. Garde=Regiment, S. 276, 279, 280; II. Bataillon 1. Garde=Regiments, S. 165) und 8—900 Schritt (2. Garde=Regiment, S. 232). „Mit den wenigen noch unversehrt gebliebenen Offizieren an ihrer Spitze, hatten sich die gelichteten Reihen an den Hang geklammert; mit eiserner Ausdauer und Hingebung behaupteten sie die teuer erkauften Plätze [1].“

Beim Sturm auf Gorni Dubniak — Oktober 1877 — kommt der Angriff auf den nächsten Entfernungen zum Stehen, die Schützen des Regiments Moskau und Pawlow behaupten sich zum Teil auf 50 Meter, die übrigen russischen Schützen auf Entfernungen bis zu 320 Meter vor der Schanze [2].

4. Der geplante Angriff nach außerdeutschen Vorschriften.

In enger Anlehnung an die deutschen Vorschriften sind die Reglements der österreichischen und japanischen Armee entstanden. Nur diese kennen ein Begegnungsgefecht.

Die russischen Gefechtsvorschriften 1903 haben nur noch geschichtlichen Wert, da eine Änderung zu erwarten ist. Die Fechtweise im Kriege gegen Japan kennzeichnete sich durch schmale Fronten, große Tiefengliederung, Erziehung zur Offensive im Frieden, ohne aber durch entsprechende Feuertaktik die Bedingungen zur Durchführung einer solchen zu geben [3]. Die ballistisch überlegene Artillerie konnte nicht zur Wirkung

---

[1] Gen.=St.=W. II, S. 872.

[2] Puzyrewski, Russische Garde, S. 126.

[3] Auf dem linken Flügel bei Wafanku (15. Juni 1904) ging die 1. Ostsibirische Schützendivision mit je einem Bataillon vom 2. und 3. Regiment im ersten Treffen, mit vier Bataillonen im zweiten Treffen und mit drei Bataillonen des 1. Regiments im dritten Treffen vor. Zu einer vollen Entwickelung der Feuerkraft der Division kam es überhaupt nicht. Die Regimenter 2 und 3 verloren 49 Offiziere, 1464 Mann von etwa 4200 Mann. Die der Division zugeteilten 1½ Batterien wurden in kurzer Zeit zusammengeschossen und fielen den Japanern in die Hände.

kommen, da ein Teil der Batterien in Reserve gehalten wurde. Die Kavallerie verzichtete ganz auf eine Attackentätigkeit. Die wenig günstigen Erfahrungen in den ersten Gefechten brachten einen völligen Umschlag zustande; Verzicht auf jeden Angriff, selbst wo er unbedingt angebracht war. Die Worte der Vorschrift: „Der Entschluß, den Feind anzugreifen, muß unwiderruflich sein, er muß bis zum Ende durchgeführt werden, man muß mit Herz und Kopf sich vornehmen, siegen oder sterben zu wollen", waren tote Buchstaben geblieben. Umfassungen sollten nur bei großer Überlegenheit stattfinden, die Feuerüberlegenheit wurde zwar für den Angriff gefordert, aber es fehlte an praktischer Erfahrung, wie sie zu erkämpfen sei. Übertrieben wurde die Forderung, schnell bis auf Sturmentfernung heranzugehen, der Antrieb zum Sturm sollte durch das Eintreffen der geschlossen nachgeführten Abteilungen gegeben werden. Der Artillerie fiel die Hauptaufgabe zu, den Feind zu erschüttern, sie sollte mit einzelnen Batterien den Angriff begleiten. Die Kavallerie war besonders auf ein Vorgehen gegen Flanke und Rücken des Feindes hingewiesen.

Großbritannien.

Die aus dem Burenkrieg mitgebrachte Überschätzung der Schwierigkeit des Angriffs ist nach und nach gesunderen Anschauungen (Combined Training 1905) gewichen, die übergroßen Frontbreiten werden eingeschränkt, aber noch immer kann sich eine Brigade von 4 Bataillonen bis auf 1400 und 2000 m ausdehnen.

Als Wesen des geplanten Angriffs wird ein systematisches Vorgehen von Feuerstellung zu Feuerstellung bezeichnet, Ausnutzung aller Geländevorteile, um die Feuerkraft der drei Waffen zum Ausbruch zu bringen. Hat der Gegner vorgeschobene Stellungen besetzt, so kann sich der Kampf zunächst in eine Reihe von Einzelgefechten auflösen. Die Schwierigkeit der Erkundung und die Möglichkeit, die der Verteidiger besitzt, mit schwachen Kräften große Raumstrecken zu beherrschen, machen diese Kämpfe besonders zeitraubend und verlustreich. Im allgemeinen wird die Führung versuchen, einen Flügel zu umklammern, Feuerstellungen zu gewinnen, von denen aus die feindliche Linie der Länge nach zu fassen ist. Ob aber der Angriff schließlich gegen die Flanke gerichtet wird, oder ob ein Durchbruch versucht wird, hängt von den örtlichen Verhältnissen ab.

Die Avantgarde geht so nahe an den Feind heran, als es die eigene Sicherheit zuläßt, um die feindliche Stellung zu erkunden und feindliche Postierungen zurückzuwerfen. Wenn die Avantgarde auch vorgeschobene Abteilungen des Feindes zurückdrücken soll, so hat sie doch alles zu vermeiden, was vor der Zeit ein allgemeines Gefecht veranlassen könnte. Vor allem wird Gewicht auf persönliche Erkundung des Führers gelegt, der unterstützt wird durch Offiziere seines Stabes, durch Patrouillen und durch Beobachtung aus dem Ballon. Aussichtspunkte müssen dauernd von Generalstabsoffizieren besetzt bleiben. Der Führer bleibt durch Feldtelegraph und Signalabteilungen in Verbindung mit seinen Unterorganen.

Zunächst hat der Führer zu entscheiden, ob ein Angriff überhaupt aussichtsvoll ist. Erfordert der Angriff auf eine sehr starke Stellung des Feindes einen unverhältnismäßigen Kräfteeinsatz, so ist der Feind herauszumanövrieren oder die Entscheidung bis zum Eintreten günstiger Bedingungen zu verschieben. Nur wenn man im Zweifel ist, ob der Gegner auch tatsächlich eine Stellung in der Absicht besetzt hat, sie ernsthaft zu verteidigen, ist eine gewaltsame Erkundung trotz aller damit verbundenen Nachteile am Platze. Unter den Begriff gewaltsame Erkundung fallen aber nicht Versuche von Halbeskadrons oder Kompagnien, den Gegner durch Abgabe von Magazinfeuer aus günstigen Stellungen zum Zeigen seiner Kräfte zu veranlassen. Unter Umständen können diese Abteilungen aber erst unter dem Schutz der Nacht zurückgehen. Jedem Eintritt in das Gefecht geht der Aufmarsch voran, nach eingehender Erkundung werden die Befehle für den Angriff gegeben.

Die Kavallerie ist in erster Linie zur Verfolgung bestimmt, wenn möglich, nimmt sie an dem Entscheidungskampf teil, indem sie aus flankierenden Stellungen das Vorgehen der Infanterie durch Feuer unterstützt; auch Vorgehen gegen den Rücken des Feindes, gegen seine Reserven und Verbindungen wird empfohlen. Unterstützt von Maschinengewehren und reitender Artillerie soll die berittene Infanterie günstige Stellungen erreichen, aus denen sie den Feind der Länge nach beschießen kann, auch zur Täuschung des Feindes soll sie Verwendung finden.

Die Artillerie wird sofort in ganzer Stärke unter dem Schutze der Avantgarde entwickelt, aber erst eingesetzt, wenn sich geeignete Ziele bieten. Jedesmal ist das augenblicklich wichtigste Ziel zu bekämpfen. Besonderes Augenmerk ist auf diejenigen Stellen im Gelände zu richten, von denen aus der Infanterieangriff flankiert werden könnte. Die Eigenart der Geschütze, namentlich die Beweglichkeit der reitenden Batterien, ist auszunutzen. Feldhaubitzen sind infolge der großen Einfallwinkel ihrer Geschosse geeignet, das Feuer gegen die Einbruchsstelle am längsten fortzusetzen. Schwere Flachbahnbatterien sollen schon auf großen Entfernungen die feindlichen Geschütze zum Schweigen bringen, einzelne Teile unter Schräg- und Kreuzfeuer nehmen, dann ihre große Geschoßwirkung gegen besetzte Örtlichkeiten einsetzen; schließlich wird es möglich sein, aus räumlich getrennten Aufstellungen ihr Feuer gegen einzelne Punkte der feindlichen Stellung zu vereinigen. Ihre Gefechtsentfernungen liegen auf 3600 bis 9000 m. Es wird darauf hingewiesen, daß vielfach erst das Feuer schwerer Geschütze den Feldbatterien das Auffahren ermöglichen wird.

Die ersten Stellungen der Angriffsartillerie werden außerhalb des entscheidenden Bereichs der feindlichen Geschütze (d. h. über 1800 m) gewählt. Beim Sturm wird das Feuer fortgesetzt, bis die stürmende Infanterie dicht an den Feind heran ist, dann wird über die Köpfe der eigenen Infanterie gegen das Gelände hinter der Stellung weiter gefeuert.

Um der Artillerie das Niederkämpfen der feindlichen Infanterie zu ermöglichen, muß die eigene Infanterie bis auf wirksame Entfernung, zwischen 1200 und 540 m, an den Feind herangehen, um ihn zu zwingen, seine Stellung zu besetzen. Nach Möglichkeit sollen die ersten Stellungen zur Abgabe des Feuers schon im Befehl bezeichnet werden, weiteres Vorgehen ist nur nach erfolgter Vorbereitung des Angriffs möglich. Vorkehrungen sind zu treffen, daß jedes Vorgehen der Infanterie unter Feuerschutz stattfindet. Die Infanterie wird in großer Stärke und großer Tiefengliederung denjenigen Punkten gegenüber bereitgehalten, wo eine Entscheidung gesucht wird; dort, wo die Führung den Feind nur festhalten will, werden nur so viel Kräfte eingesetzt, als unbedingt nötig sind, um ein Vorgehen des Feindes zu verhindern. Die Angriffstruppe gliedert sich in das Einleitungstreffen ($^1/_4$ des Ganzen), das 2. Treffen und die Reserve ($^1/_4$). „Die Hauptreserve steht unter den Befehlen des

Führers des Ganzen," heißt es jetzt, „mit ihr kann er den Wechselfällen des Gefechts begegnen; sie wehrt Gegenangriffe ab; gelingt der Angriff, so bringt sie schnell nach, um die Verfolgung zu übernehmen; bei einem Rückschlag kann sie zur Aufnahme dienen, aber ehe sich der Führer entscheidet, selbst nur einen Teil zurückzulassen (hierin liegt eine entscheidende Neuerung), hat er zu erwägen, ob er nicht durch den Einsatz aller verfügbaren Kräfte doch den Widerstand des Verteidigers brechen kann. Nur durch eine Reserve kann der Führer einen unmittelbaren Einfluß auf den Gang des Gefechts ausüben. Mit einer starken Reserve kann der Führer jeden Fehler des Feindes ausnutzen, nach einem Mißerfolg der Einleitungstruppen das Gefecht wiederherstellen, einen Gegenangriff abweisen, wenn nötig, der Truppe so viel Kräfte zuführen, um den Angriff gelingen zu lassen (to drive the attack home)." Hatte man den englischen Truppen in Südafrika nicht ohne Grund den Vorwurf gemacht, daß Flankenangriffe zwar angesetzt, diese indessen infolge des schwächlichen Verhaltens der Frontgruppe nicht wirksam wurden, so gibt das neue Reglement eingehende Gesichtspunkte für Durchführung des „holding attack". Die den Feind in der Front festhaltende Truppe soll zunächst nur drohen. Diesem Zwecke dienen große Ausdehnung, Täuschung des Feindes durch gelegentliches Losbrechen von Feuerstürmen (bursts of fire), Verwendung von Maschinengewehren, weites Zurückhalten von Unterstützungen und noch nicht Herangehen auf entscheidende Entfernungen. Die Truppe muß aber bereit sein, wenn der eigentliche Angriff vorschreitet, sich diesem anzuschließen. Soll das Ganze nicht eine schnell zu durchschauende Maske (feint) sein, so müssen stärkere Kräfte eingesetzt werden, auch muß die Führung mit Kraft handeln. Der Entscheidungskampf soll auf Entfernungen unter 540 m durchgeführt werden. Je mehr der Angriff fortschreitet, um so wichtiger wird enges Zusammenarbeiten mit der Infanterie, ein Stellungswechsel batterie=, selbst zugweise wird erforderlich sein. Die Schwierigkeiten eines solchen Stellungswechsels sind sehr groß, gedecktes Aufprotzen und Vorziehen ist Bedingung, vielfach wird man die Artillerie erst nach Eintritt der Dunkelheit folgen lassen können. Das Zusammenwirken von Infanterie und Artillerie spricht sich dadurch aus, daß letztere versuchen muß, während des heftigen Geschützfeuers Raum zu gewinnen. Es wird empfohlen, durch Winkerzeichen die Artillerie von einer beabsichtigten Vorwärtsbewegung in Kenntnis zu setzen, damit diese durch gesteigertes Feuer den Feind niederhält. Ein Einverständnis zwischen den Kommandeuren ist anzustreben, jedenfalls muß die Artillerie versuchen, durch Schrapnellfeuer der Kanonenbatterien die feindliche Infanterie niederzuhalten, durch Haubitzfeuer (Lyddit und Schrapnell) gegen die Gräben selbst und das rückwärtige Gelände zu wirken. Beim Sturm, der grundsätzlich von rückwärts auf Befehl des Divisionskommandeurs ausgeführt wird, wird das Feuer mit erweiterter Erhöhung fortgesetzt. Ist die Stellung genommen, so eilen alle Batterien nach vorn, um Verfolgungsfeuer zu geben.

Italien [1]).

Während die Norme von 1891 die Möglichkeit des Gelingens eines Frontalangriffs noch ohne alle Einschränkung zugaben, ist unter dem Eindrucke der Erfahrungen des Burenkrieges ein Umschlag erfolgt. Jetzt heißt es: „In der Regel darf man eine

---

[1]) Norme generali per l'impiego tattico delle grandi unità di guerra 1903.

starke Stellung nicht angreifen, wenn man den Feind durch eine manövrierende Bewegung zwingen kann, sie aufzugeben." Hier bleibt darauf hinzuweisen, daß nicht etwa von einem Angriff über offenes Gelände die Rede ist, sondern vom Angriff schlechthin. Dann: „Der Frontalangriff führt selten zu einem entscheidenden Ergebnis, wenn er nicht mit einem Angriff auf eine oder auf beide Flanken des Gegners verbunden ist; daher müssen die Maßnahmen des Truppenführers — als Regel — auf Umfassung hinzielen." „Der Frontalangriff hat im allgemeinen den Zweck, die Aufmerksamkeit des Feindes auf sich zu ziehen und ihn so lange wie möglich in Unsicherheit darüber zu lassen, wie er seine Reserven verwenden soll; es kann jedoch auch vorkommen, daß der Frontalangriff zugleich auch der Hauptangriff ist." Wo es sich um den Haupt-, wo um einen Nebenangriff handelt, soll nur den Leitenden, nicht aber den Unterführern bekannt gegeben werden. „Von großer Wichtigkeit, besonders in gedecktem Gelände, ist das Erkennen der Ausdehnung der feindlichen Front, damit nicht die zum Flankenangriff angesetzten Truppen [1]) statt auf die Flanke, auf einen Teil der Front treffen. Daher entsenden solche Truppen beim Marsch nach vorn wie nach den Flanken Offizierpatrouillen (je nach der Beschaffenheit des Geländes zu Pferde, zu Fuß oder auf dem Rade), die den Flügel der feindlichen Stellung und die Art seiner Besetzung festzustellen haben."

Die im Frontal-(Neben-)angriff festliegenden Truppen sollen ihre Stellung nur verlassen, wenn der Gegner die seinige aufgibt; oder auch kurz vor dem letzten Stoß des Flankenangriffs, um diesem die Arbeit zu erleichtern. Die Infanterie macht Halt, sobald sie in feindliches Feuer gerät.

Die Artillerie soll — bei Unterstützung der Infanterie — ihr Feuer auch gegen vermeintliche Stellungen des Gegners richten, selbst wenn sie als solche nicht mit Sicherheit zu erkennen sind. Hierdurch werde jedenfalls die etwa schweigende feindliche Artillerie gezwungen, hervorzutreten. Dann soll erst der Artilleriekampf beginnen und bis zur Erringung der Feuerüberlegenheit fortgesetzt werden. Die Übermittelung von Meldungen über den Stand des Gefechts an seitlich kämpfende Truppen und übereinstimmendes Handeln aller Führer werden zur ganz besonderen Pflicht gemacht. Die Truppen sollen sich weder hinter noch vor den Artilleriestellungen bewegen, weil sie sonst als Kugelfang dienen, oder das Feuer der eigenen Artillerie behindern würden. Wird das angesichts der Ausdehnung der Artilleriestellungen im modernen Gefecht immer möglich sein? Tritt die Infanterie in den Bereich des wirksamen feindlichen Feuers, so kommt es besonders auf treffsicheres Schießen, gewandte Vorbewegung im Gelände und die Initiative der Subalternoffiziere und Unteroffiziere an. Da die Feuerlinie sich den vom Gelände gebotenen besten Deckungsmitteln anschmiegen muß, wird sie für gewöhnlich unregelmäßig und unzusammenhängend (discontinua) sein; sie besteht aus Gruppen von verschiedener Stärke, die von ihren Offizieren geführt, jeden geringsten Stützpunkt ausnutzen, um gedeckt vorzukommen und ihr Feuer aus immer geringerer Entfernung vom Feinde abzugeben.

„Im allgemeinen wird der Gegner durch die Feuerwirkung zum Rückzug veranlaßt. Wenn aber ein hartnäckiger Gegner, trotzdem er im Feuerkampf unterlegen ist, seine Stellung nicht räumt, so wird ein Teil der Truppen zum Sturm angesetzt,

---

[1]) Es soll ihnen womöglich Artillerie beigegeben werden.

während der andere liegen bleibt, das Schnellfeuer auf den ihm gegenüberliegenden Teil fortsetzt und so verhindert, daß von dort dem zum Einbruch bestimmten Teil der Linie Unterstützung gebracht wird — Die Wegnahme vereinzelter gut gewählter Punkte der Stellung zwingt den Gegner zum Abzug." Die Kavallerie soll sich mit blanker Waffe oder mit dem Karabiner am Kampfe beteiligen. „Während einerseits die Vervollkommnung der Vernichtungsmittel das Auftreten der Kavallerie auf dem Gefechtsfelde stark erschwert hat, sind anderseits auch durch diese Verbesserungen die Eindrucksfähigkeit (l'impressionabilità) der Massen gewachsen. Deshalb ist die Kavallerie auch heute noch imstande, die stärkste moralische Wirkung auszuüben und so die wichtigsten Erfolge einzuheimsen, sofern nur zur richtigen Wahl des geeigneten Augenblicks und zum raschen Entschluß kühnes Wagen und energische Ausführung kommen."

Frankreich.

Gleich nach Beendigung des Burenkrieges hatte sich in Frankreich ein lebhafter Meinungsstreit erhoben über die zweckmäßigste Art der Durchführung des Infanterieangriffs. Zwei Anschauungen standen sich schroff gegenüber.

Die eine, vertreten durch General Brugère, sodann durch die Generale Langlois und Bonnal, die indessen mehr als Brugère auf dem Standpunkt Napoleonischer Anschauungen stehen und die Notwendigkeit des Einsatzes geschickt herangeführter und einheitlich angesetzter Massen betonen. Nur der als Artillerist hervorragende General Langlois glaubte dem vorbereitenden Artilleriefeuer keine besondere Bedeutung beimessen zu müssen, während Brugère und Bonnal für gründliche Artillerievorbereitung eintraten. Mit diesen Auffassungen deckten sich die Vorschriften des provisorischen Exerzierreglements für die Infanterie vom Oktober 1902.

Die andere Richtung, gekennzeichnet durch die Generale Keßler und Negrier, die ganz unter dem Eindruck der Erfahrungen des Burenkrieges stehen, verwerfen die bisherigen schmalen Fronten sowie die Stoßtaktik ihrer Gegner vollkommen, suchen dafür der Feuerwirkung wieder zu ihrem Rechte zu verhelfen, indem sie es als die Hauptsache bezeichnen, eine dem Feinde überlegene Feuerlinie in Stellung zu bringen. Dann aber betont General Keßler: Offenes und ebenes Gelände kann Infanterie im feindlichen Feuer nicht mehr durchschreiten. Es ist Sache der Führer, dasjenige Verfahren zu finden, das sich den Geländeformen am besten anpaßt, ohne Rücksicht auf Umwege und Zeitaufwand. Keine starren zusammenhängenden Gefechtsformen und eng nebeneinandergepreßte Verbände werden geduldet, vielmehr wird größte Bewegungsfreiheit gefordert. Lücken zwischen den größeren Einheiten sind unbedenklich. General Negrier will den Kampf der Massen ersetzen durch den Kampf langer dünner Linien und durch das Zusammenwirken zahlreicher nebeneinander vorgehender Kolonnen. Der Frontalangriff ist außerordentlich schwierig; die Entscheidung muß daher durch Verbindung von frontalem und flankierendem Feuer erstrebt werden. Wenn aber der Gegner der Umfassung neue Kräfte entgegenstellt, so muß der Angreifer die Entscheidung notgedrungen im Frontalkampf suchen. Die Artillerie muß auf eine große Front verteilt werden, aus der sie durch konzentrisches Feuer gegen ein bestimmtes Ziel zu wirken vermag. Das Beschießen von Infanterie, die hinter Schützengräben gut gedeckt ist, durch schwere Artillerie hat keinen Erfolg. Das Artillerieduell ist nicht mehr erster Akt der Schlacht. Der Verteidiger wird sein Feuer häufig so spät wie möglich eröffnen. Die Infanterie feuert nur liegend, geht sprungweise von Deckung zu Deckung und kriecht auf den nahen Entfernungen.

Mit einem solchen Verfahren, das nur droht, schlägt man keinen Feind, nur eine Truppe, die unter besonders ungünstigen Verhältnissen kämpft, läßt sich aus ihren Stellungen herausschießen, ein vollkräftiger Verteidiger muß energisch in der Front angefaßt werden, wenn eine Umfassung wirksam sein soll, nicht tagelanges Schießen gibt die Entscheidung, sondern nur Vorgehen zum Angriff. Das neue Exerzierreglement für die Infanterie 1904 steht auf Keßler=Negrierscher Grundlage, besonders kommt dieses in der Übernahme der von General Negrier empfohlenen Détachements mixtes zur Geltung, welche dem Feind die Aufklärung verwehren, ihn aufhalten oder irreführen, gegen seine Flanken vorgehen und ihn zu vorzeitiger Entwickelung verleiten sollen. Neuerdings hat sich mit besonderer Schärfe der General Bonnal in seinem Buche „L'art nouveau en Tactique" gegen dieses kleinliche, der Entscheidungstaktik fremde Verfahren der „guerre de rideaux" ausgesprochen. Auch die Friedenserfahrungen der großen Herbstübungen 1903 entsprachen den Erwartungen der Vertreter dieser Fechtweise nicht. Die Gefahr, daß der Angriff in eine Menge kleinerer Einzelhandlungen ohne Zusammenhang sich auflöst, ist größer als der Vorteil einer gelegentlichen Bedrohung und Belästigung des Feindes.

Alle Vorschriften sind in einem ausgesprochen offensiven Sinne geschrieben, um dieses zu ermöglichen, wird besonderes Gewicht auf gedeckte Annäherung, Feuerwirkung und moralische Faktoren gelegt. Der Zweck eines jeden Kampfes ist, den Feind zum Räumen des Kampffeldes zu zwingen, dieses kann nur durch Vorwärtsbewegung und Feuer geschehen. „Nur das Vorgehen ist entscheidend und unwiderstehlich, aber nur dann, wenn ein heftiges und wirksames Feuer diesem den Weg geebnet hat." Das Reglement unterscheidet zwischen dem Vorbereitungskampf (préparation), dem entscheidenden Angriff (attaque décisive) und der Vollendung (achèvement).

Das Einleitungsgefecht umfaßt das Aufnehmen der Fühlung durch die Kavallerie, das Gefecht vorgeschobener Detachements und schließlich das Gefecht der Avantgarde. Unterstützt durch die möglichst batterieweise in Bereitstellung gebende Avantgardenartillerie setzt die Infanterie sich in Besitz von Stützpunkten vor der feindlichen Stellung, damit die Führung in aller Ruhe ihre Anordnungen treffen kann, breite Fronten sind unvermeidlich, auch kann die Truppe gezwungen sein, schon jetzt ihre volle Kraft einzusetzen. Solange nur die Avantgarde ins Gefecht getreten ist, hat der Führer die volle Freiheit, ob er das Gefecht annehmen will oder nicht. Nachdem die Führer der Unterabteilungen ihre Aufgaben zugewiesen erhalten haben, entsenden alle Verbände, vom Bataillon an aufwärts, zur nächsthöheren Befehlsinstanz berittene Offiziere als „agents de liaison", die, wenn möglich, von einem Reiter oder Radfahrer begleitet werden. Die Offiziere sollen über die Lage bei ihrem Truppenteil Auskunft geben können, mit dem sie durch Meldereiter oder durch gelegentliches persönliches Herüberreiten im Verkehr bleiben. Obwohl die Führer verpflichtet werden, dauernd die nächsthöhere Befehlsstelle über ihre Lage und Absichten zu unterrichten, wird häufig die Leitung Nachrichtenoffiziere entsenden, denen auch die Rolle der Leitung zufallen kann, „guider les troupes dans l'exécution des mouvements".

Die in der Marschkolonne befindlichen Truppen treffen nach Eingang ihrer Auf=

gabe sofort alle Anordnungen, um ohne Aufenthalt ins Gefecht treten zu können, die hinteren Abteilungen können aus der Marschkolonne herausgezogen werden. Wenn nötig, macht die Infanterie für etwa vorzuziehende Artillerie die Straße frei (sehr wichtig), verläßt die Marschstraße auch, wenn diese der Sicht oder dem Feuer des Feindes ausgesetzt sein sollte.

Die Gestaltung des Geländes und die Notwendigkeit, Verluste zu vermeiden, die Truppe jedoch fest in der Hand zu behalten, bestimmen die Wahl der Formen beim Anmarsch. Patrouillen und geschlossene Abteilungen (des unités qui assurent leur sûreté) gehen in Front und Flanken voraus, um Überraschungen vorzubeugen und den Führern die Erkundung zu ermöglichen. Ebenso werden auch Versammlungen möglichst der Sicht des Feindes entzogen und durch Postierungen gesichert. Im bedeckten Gelände, im Walde, marschieren die Truppen in kleine Kolonnen gruppiert, in der Nacht in aufgeschlossenen Kolonnen; als Richtungstruppe wird diejenige bezeichnet, welche Wege benutzen oder längs deutlich erkennbarer Linien im Gelände vorgehen kann. Die Truppe wird zum Angriff gegliedert in: **Einleitungstruppen** (troupes de manœuvres) und im Rahmen der Infanteriedivision und des Armeekorps in eine **Reserve**, um unvorhergesehenen Ereignissen und Rückschlägen zu begegnen oder den Erfolg zu vollenden. Regiment und Brigade haben schon eine solche Gefechtsstärke, daß sie das Gefecht einleiten und auch noch einen Teil ihrer Kraft zum Manövrieren bestimmen können, Bataillone werden nur eine dieser Aufgaben erfüllen können.

Ungeklärte Verhältnisse bei Berührung mit dem Feinde werden den Führer bestimmen, erst nach und nach die schwachen Einleitungstruppen aus den noch zurückgehaltenen Kräften zu verstärken. Eine auf beiden Seiten angelehnte Truppe wird, wenn die Angriffsziele deutlich erkennbar sind, die Hauptkräfte in vorderer Linie entwickeln und nur ausnahmsweise sich eine Reserve zurückbehalten; ist ein Flügel nicht angelehnt, so wird die Reserve zum Flankenschutz nach dieser Seite herausgeschoben. Die allein fechtende Truppe wird die Einleitungstruppe schwächer bemessen und eine Reserve ausscheiden müssen.

Übertragen wir diese Anordnungen auf einen bestimmten Fall, so wird die Infanteriedivision ihre Avantgarde, gewöhnlich drei Bataillone, als Einleitungstruppe verwenden, den Rest der Infanterie als Manövriertruppe und Reserve zurückhalten, im weiteren Verlauf, sobald weitere Nachrichten über den Feind vorliegen, die Einleitungstruppen z. B. durch ein Regiment verstärken; ein Regiment beispielsweise zur Manövriertruppe und eins zur Reserve bestimmen.

Aus den Anmarschformen wird die Gefechtsgliederung angenommen, sobald feindliches Feuer zu erwarten ist, eine Anzahl (un certain nombre de fractions) erhält Befehl den Kampf einzuleiten, der Rest folgt als „renforts". Der Einsatz der Artillerie geschieht nun derart, daß sie in Masse bereitgestellt wird, aber nur mit so viel Batterien am Kampfe teilnimmt, als zur Erreichung des Zweckes geboten erscheint, in kürzester Zeit, aber nur mit den notwendigsten Kräften die feindliche Artillerie niederzukämpfen, um der eigenen Infanterie das Vorgehen zu ermöglichen.

Ob der eigentliche Angriff als Umfassung oder als Durchbruch geführt wird, ergibt sich aus den besonderen Verhältnissen des Gefechtsfeldes, gut durch Feuer vorbereitete, durch Geländegestaltung begünstigte Frontalangriffe sind keineswegs aus-

Der geplante Angriff nach außerdeutschen Vorschriften.

sichtslos, sie sind die unerläßliche Bedingung einer jeden Umfassung. Die Scheu vor dem offenen und ebenen Gelände hat aber dazu geführt, dieses zu vermeiden, die Angriffstruppen in Geländebedeckungen und Senkungen in einzelnen Gruppen vorzuführen. Hierdurch werden zunächst zwar die Verluste vermieden, die Truppe aber in schwierige Lagen gebracht, wenn es sich darum handelt, aus schmalen Deckungen sich zu entwickeln, schließlich wird der Neigung zum vereinzelten Vorgehen geradezu Vorschub geleistet. Dem Vorteil, daß einzelne, durch das Gelände begünstigte Gruppen durch ihr Feuer das Vorwärtskommen weniger glücklicher Gruppen begünstigen werden, steht der Nachteil gegenüber, daß erstere dem umfassenden Feuer eines bereits vorbereiteten Angreifers ausgesetzt sind. „Wie auch die Eigenart dieser meist sehr langwierigen Kämpfe sein mag, so fordern sie doch an einzelnen Stellen entscheidenden Einsatz: die Infanterie muß versuchen, die numerische Schwäche auszugleichen durch geschickte Ausnutzung des Geländes und der Feldbefestigung, durch große Tätigkeit und vor allem durch eine unüberwindliche Hartnäckigkeit. Der Stützpunkt wird somit zum Brennpunkte des Kampfes einer besonderen Gefechtsgruppe."

Die Führung versucht, den Zusammenhang aufrecht zu erhalten durch die Tätigkeit der Artillerie und durch den Nachschub frischer Kräfte, um ein schwankendes Gefecht wiederherzustellen. Während dieses Gruppengefechts erkennt die Führung, wo sie die zurückgehaltenen Kräfte zum Sturm ansetzen muß. Die Wahl des Angriffspunktes ist die eigentlichste persönliche Aufgabe des Führers, Ergebnis des Charakters und des Blickes für das Gelände, welche durch keine Vorschrift geregelt werden kann. Der andere Teil bleibt zurück. Die Batterien sollen solange als möglich das Vorgehen gegen die feindliche Stellung durch ihr Feuer unterstützen, feindliche Reserven unter Feuer nehmen, die feindliche Artillerie niederhalten und solche Stellungen beobachten, von denen aus ein Gegenangriff erfolgen könnte.

Meist wird der Stoß gegen diejenigen Stellen der feindlichen Linien gerichtet, wo die Widerstandskraft des Verteidigers nachzulassen beginnt. Von Wichtigkeit ist gedeckter Anmarsch und gedecktes Bereitstellen, so daß der Angriff selbst möglichst überraschend erfolgt.

Auch die Artillerie hat während dieses Kampfes eine bedeutende Rolle gespielt. Alle Batterien, auch die etwa vorhandenen schweren des Feldheeres, werden unter einheitliches Kommando gestellt. Dann soll mit Nachdruck und Schnelligkeit gehandelt und ohne Zögern auf jede Deckung verzichtet werden. Die feindliche Infanterie, sobald sie sich in den Deckungen zeigt, soll mit rasendem Schnellfeuer überschüttet und ev. auch feindliche, neu auftretende Artillerie bekämpft werden.

Schreitet der Angriff vorwärts, so soll die französische Artillerie in zwei Teile geteilt werden, der eine begleitet den Infanterieangriff unter geschickter Ausnutzung des Geländes bis auf die nächsten Entfernungen, indem die Batterie vornehmlich in Flankenstellungen Verwendung finden sollen, von denen aus die Artillerie bis zum letzten Augenblick tätig sein und Gegenstöße des Feindes sofort unter Feuer nehmen kann.

In biegsamen Formen, welche nur wenig Verluste durch feindliches Feuer erleiden und nach der Tiefe gegliedert sind, gehen die Sturmtruppen (troupes d'assaut) mit aufgepflanztem Bajonett vor, schließen sich der Gefechtslinie an, die ihr Feuer verdoppelt und sich immer mehr dem Feinde nähert. Ist dann der Augenblick gekommen, so läßt der Führer zum Sturm blasen und schlagen. Die größten Aussichten des Gelingens liegen in der Schnelligkeit der Ausführung. Niemand darf einen anderen Gedanken haben, als vorwärts zu kommen und sich der vor ihm befindlichen Abteilung anzuschließen, bis alle auf den Befehl ihrer Offiziere sich auf den Feind stürzen. Die Infanterie bringt so weit vor, daß sie die zurückgehenden Abteilungen mit Feuer verfolgen kann. Die den Infanterieangriff begleitenden Batterien folgen sofort schnell nach, um die Besitznahme der Stellung zu sichern, die übrigen bleiben grundsätzlich in ihrer Stellung, zur Aufnahme bei Rückschlägen.

Die Verwendung der Kavallerie in der Schlacht entspricht durchweg den deutschen Auffassungen, die Versuche der Negrierschen Richtung, sie zu einer berittenen Infanterie zu machen, haben keinen Boden gewinnen können.

VII. Der Kampf um befestigte Feldstellungen[1]).

Die befestigte Feldstellung besteht aus niedrigen Schützengräben, welche aber so tief eingeschnitten sind, daß sie der Besatzung auch in den Feuerpausen Schutz gegen Artilleriefeuer gewähren und einen Verkehr längs der Brustwehr gestatten. Schulterwehren und Eindeckungen bieten Schutz gegen Granatfeuer der Flachbahngeschütze und gegen Sprengstücke von Geschossen der Steilfeuergeschütze mittleren Kalibers. Zu diesen Anlagen für die Feuerlinie treten Deckungsgräben für Unterstützungen, und Einrichtungen, welche der Truppe auch das längere Verbleiben in der Stellung erleichtern (Latrinen, Kochgräben, Verbandplätze, Verwendung der Zeltbahnen zu Windschirmen und dergleichen mehr). Erwünscht sind Hindernisse, welche dem Angreifer den Sturm erst nach Aufräumungsarbeiten, die von Pionieren auszuführen sind, erlauben. In ähnlicher Weise sind die Vorbereitungen für die Artillerie zu treffen. Unter günstigen Verhältnissen wird sich eine Infanterie-Division in etwa acht Stunden eine Verteidigungsstellung schaffen können, gegen welche das Feuer aus Flachbahngeschützen machtlos ist. Damit ist eine befestigte Feldstellung entstanden, welche zu ihrer Bewältigung das Aufgebot besonderer Hilfsmittel erfordert. Das Charakteristische einer solchen Stellung bleibt die starke Feuerfront, das Verschwinden aller Anlagen im Gelände, die Sicherheit gegen Flachbahnfeuer, anders

---

1) Hoppenstedt, Major. Der Kampf um befestigte Stellungen. Berlin 1905.

Bernatzky, k. u. k. Hauptmann. Kampf um vorbereitete Stellungen. Berlin 1904.

Bleyhöffer, Oberleutnant. Schwere Artillerie des Feldheeres. Berlin 1904.

Meyer, Major. Artilleristische Erkundung (einer befestigten Feldstellung für den Zweck der Fußartillerie). Berlin 1901.

Rohne, Generalleutnant z. D. Die Mitwirkung der Artillerie beim Angriff auf eine befestigte Feldstellung. 6./7. Beiheft zum Militär-Wochenblatt 1901. Theoretische Erörterungen und Planaufgabe.

seits aber die Schwäche der Flanke und bei der geringen Beweglichkeit des Verteidigers die große Empfindlichkeit der rückwärtigen Verbindungen.

„Der Verteidiger will angegriffen sein, wollen wir ihm diesen Gefallen tun, so müssen wir auch wenigstens alle Aussicht des Gelingens auf unsere Seite bringen. Der Angreifer hat alle Zeit den richtigen Entschluß reifen zu lassen. Der Feind ist gestellt, er operiert nicht mehr, sondern liegt gefesselt auf dem Operationstisch des Angreifers" (v. Schlichting). Gerade gegen befestigte Feldstellungen ist der anscheinend langsamste Weg, von einer Feuerstellung zur anderen vorschreitend, der schnellste. Angriffsversuche, mit unzureichenden Mitteln und mit ungenügender Vorbereitung unternommen, verzögern in empfindlichster Weise die Einnahme einer festen Stellung, sie zeigen dem Verteidiger die Schwächen seiner Rüstung. Der beste Beweis ist Plewna. Aber es hieße, einer jeden Schlachtfeldbefestigung zu viel Ehre antun, wollte man sie jedesmal nach Art einer befestigten Feldstellung durch Heranziehung von Steilfeuergeschützen angreifen. Das würde nur zum Zeitverlust führen, Zeitgewinn sucht aber der Verteidiger. Je schneller der Widerstand gebrochen wird, um so weniger Zeit findet der Verteidiger seine Werke zu vervollkommnen, um so geringer ist ihre Einwirkung auf die Gesamtoperation. Die Befestigungen von Sewastopol, Plewna und am Schaho entstanden unter den Augen der Angreifer, Paris und Straßburg besaßen die geringste Widerstandskraft, als die deutschen Truppen vor ihren Werken erschienen. Die Führung wird in jedem einzelnen Falle über die Art der einzusetzenden Kampfmittel zu entscheiden haben.

Nur in seltenen Fällen — wenn wir von dem Kampf um schon im Frieden bekannte Grenzbefestigungen absehen — wird man von Anfang an unterrichtet sein, wo sich eine solche Verteidigungsstellung befindet [1]). Der Verteidiger hat ein besonderes Interesse daran, die Erkundung zu verwehren, durch Scheinanlagen den Angreifer irre zu führen, die eigentliche Verteidigungsstellung der Sicht des Feindes zu entziehen. Das rauchschwache Pulver erschwert die Erkundung, die weittragenden Waffen halten den Gegner fern und man darf sich nicht wundern, wenn die Stellung auch im Ernstfall völlig „tot" liegt. Vor-

---

1) Die Franzosen erfuhren erst das Vorhandensein ausgedehnter, in monatelanger Arbeit hergestellter Befestigungen bei Torres Vedras (1811), als sie vor den Werken erschienen.

kommnisse wie bei Magersfontain am 11. Dezember 1899, wo die englische Artillerie die Lage der feindlichen Schützengräben nicht kannte, ihr Feuer gegen den gut sichtbaren, aber von Truppen nicht besetzten Höhenrand richtete, werden auch in Zukunft vorkommen. Wir müssen auch damit rechnen, daß der Gegner uns mit einem unerwarteten Feuerüberfall auf Nahentfernung überrascht und daß dann Rückschläge unvermeidlich sind. Der Führung wird sich häufig erst während des Angriffs die Erkenntnis aufdrängen, daß man sich einer starken, vorbereiteten Feldstellung gegenüber befindet, deren Bewältigung umfangreiche Vorbereitungen erfordert. Man wird der einmal vorgegangenen Infanterie dann die Aufgabe stellen müssen, das errungene Gelände festzuhalten; sobald es die Feuerwirkung des Gegners gestattet sich einzugraben und damit eine feste Basis vor der Stellung des Gegners zu gewinnen. An diesen ersten Schritt schließen sich dann naturgemäß die weiteren an, die sich aus einer sorgfältigen Erkundung der feindlichen Stellung ergeben. Die Hauptschwierigkeit liegt darin, die Absicht der Oberleitung schnell bis zu den unteren Abteilungen hindurchbringen zu lassen. In vielen Fällen bleibt der oberen Führung nichts anderes übrig, als Zusammenhang in die selbständig getroffenen Maßnahmen der unteren Führung zu bringen, durch ihre Anordnungen einem vorzeitigen Vorbrechen einzelner Teile vorzubeugen.

Es ist naheliegend, durch **nächtlichen Angriff** die feindliche Feuerwirkung nicht zur vollen Entfaltung kommen zu lassen, oder durch **Herausmanövrieren** den Nachteil aller befestigten Stellungen — am Boden gefesselt und empfindlich gegen jede Bedrohung ihrer Verbindungen zu sein — auszunutzen. Der in seinen Deckungen eingenistete Verteidiger kann mit seinen Hilfsmitteln keine Frontveränderungen ausführen, ist diese schon für eine größere entwickelte Gefechtslinie im offenen Gelände schwierig, um wie viel mehr für eine Truppe, welche in Schützengräben einen aus einer bestimmten Anmarschrichtung erwarteten Gegner bekämpfen will.

Dem **Nachtangriff** erliegt Kars (1878) und Tel el Kebir (1882). Nächtliche Angriffe setzen indessen eine genauere Kenntnis des zu überschreitenden Geländes voraus und sind mit größeren Truppenmassen schwer ausführbar. Hindernisse, welche am Tage nur geringen oder gar keinen Aufenthalt bereiten würden, können in der Nacht den Erfolg des ganzen Angriffs in Frage stellen. Nächtliche Angriffe auf kurze Entfernung angesetzt, nach sorgfältiger Erkundung und Aufräumung des Vorgeländes werden sich hingegen häufig empfehlen. Es setzt dieses aber immer schon ein längeres Verweilen vor der gegnerischen Stellung und Bekanntschaft mit dem Gelände voraus. Meist wird die Nacht, nachdem lose Fühlung genommen, zur Annäherung bis auf wirksame Kampfentfernung benutzt, um sich einzugraben und mit Tagesanbruch das Feuer zu eröffnen.

Günstiger stellt sich die operative Bekämpfung. In Kulturländern wird ein in vorbereiteter Stellung befindlicher Verteidiger durch eine in breiter Front fortschreitende Heeresbewegung zunächst operativ, dann auch taktisch umfaßt und schließlich eingekesselt, wenn er es nicht versteht, sich durch schnellen Abmarsch einer Katastrophe zu entziehen. Die Kriegsgeschichte aller Zeiten lehrt, daß, so hoch auch die lokale Stärke der reinen Verteidigung sein mag, welche sich alle Hilfsmittel der Industrie und Waffentechnik zu Diensten machen kann, diese dennoch durch die moralischen und operativen Vorteile des Angriffs überboten wird. Die Art der offensiven Kriegführung, welche sich Zeit und Ort zur Führung des Stoßes wählen kann, „setzt die höchste Feldherrnkunst, die größte moralische Kraft, den stärksten Siegerwillen voraus; die andere Methode, die es nur auf das frontale Niederringen der Kräfte ankommen lassen will, oder die, welche der reinen Defensiv- und Stellungsreiterei huldigt, ist mehr auf die breitere Mittelmäßigkeit zugeschnitten. Sie verzichtet gewissermaßen darauf, das Brennusschwert der geistigen Tat in die Wagschale des Sieges zu werfen." Erschwert wird ein solches Verfahren durch das Anwachsen unserer Massenheere; ferner ist niemand berechtigt, mit wirklichem Feldherrntum wie mit einer feststehenden Größe zu rechnen.

Das hier erwähnte Verfahren setzt ein bewegliches Heer und ein reich entwickeltes Straßennetz voraus, welches das Heranführen des Angriffsheeres in breiter Front gestattet. Erzherzog Karl weist besonders darauf hin, daß der eigentliche Stellungskrieg nur auf einer niederen Kulturstufe in einem wegearmen Lande gedeihen könne. Bei der geringen Zahl der zur Verfügung stehenden Straßenlinien wird dann jeder Straßenknoten zu einem schwer zu entbehrenden Punkt und gewinnt dadurch an strategischer Wichtigkeit. Der Wert des Ortsbesitzes tritt in vordere Linie, wird von entscheidender Wichtigkeit und zwingt den Angreifer, sich in Besitz des Ortes zu setzen. Dieses erklärt die Bedeutung von Plewna im Verein mit Lowtscha,

welches dem russischen Heere die Benutzung der über den Etropol=
balkan führenden Straße unmittelbar verwehrte, die Vorwärts=
bewegung auf den übrigen Straßen in der Flanke bedrohte. An=
lehnung an vorhandene Friedensbefestigungen wird ein Herausmanö=
vrieren häufig unmöglich machen. Kann man sich nicht auf eine reine
Beobachtung beschränken, so wird man sich zur Einschließung oder
zum Angriff entschließen müssen, namentlich wenn es sich, wie z. B.
bei der französischen Festung Toul 1870, um Erschließung einer
wichtigen Verkehrslinie handelt. Auch die Rücksicht auf das Wirksam=
werden der Gesamtoperation des Gegners wird bestimmend sein, ob
der Angreifer angesichts einer befestigten Feldstellung sich zum Heraus=
manövrieren, zur Niederkämpfung oder zum Abwarten entscheidet.
General v. Werder, in der Stellung an der Lisaine, war durch Grenz=
und Geländeverhältnisse gegen ein Herausmanövrieren geschützt. Der
Anmarsch der deutschen Südarmee schloß jedes Abwarten für den
General Bourbaki aus, der Angriff war für die französische Ostarmee
durchaus geboten, wenn sie nicht auf ihre Offensive überhaupt ver=
zichten wollte.

Der russisch=japanische Krieg zeigt den Charakter des
Positionskrieges[1]. Die Ursache lag einmal in Schwierigkeiten
des Nachschubes, in klimatischen Verhältnissen, dann in der Angriffsscheu
der Russen und in dem Streben der Japaner, unbedingt sicher gehen
zu wollen (Zeitverlust beim Jaluübergang und beim Vormarsch auf
Liaujang). Da keiner der beiden Feldherren mit seinen bisherigen
Streitkräften den Feind zu überwinden vermocht hatte, so ist es natür=
lich, daß der eine den von Woche zu Woche erhofften Fall Port
Arthurs, der andere das Eintreffen weiterer Verstärkungen vor der
Entscheidung abwarten wollte. Auch ein Ruhebedürfnis der kämpfenden
Heere soll nicht in Abrede gestellt werden. So standen sich die Heere
mit gebundenen Klingen auf den Nahentfernungen gegenüber. Die
Abgänge auf beiden Seiten waren so groß, daß die eintreffenden
Transporte keine Neuformationen, sondern nur Ersatzmannschaften
brachten, um die Lücken auszufüllen. An keiner Stelle war es mög=
lich, Truppen aus der vorderen Linie herauszunehmen und zur Wir=
kung gegen die Flanke anzusetzen. Solange sich zwei Heere so gegen=

---

[1] Im 18. Jahrhundert ergab er sich aus der Auffassung des Landes als
Operationsobjekts, sowie aus der Art der Heeresergänzung.

überstehen, um so stärker werden die Verschanzungen, um so mehr nähert sich der Stellungskrieg dem Festungskrieg. Einzig und allein Einwirkung aus der Flanke vermag in diesem frontalen Ausringen der Kräfte eine Entscheidung zu geben. Nur der Kampf um Richmond und Petersburg im amerikanischen Sezessionskriege bietet in neuerer Zeit ein ähnliches Bild. Aber es ist keineswegs die gesteigerte Waffenwirkung, welche der Kriegführung diese Eigenart verliehen hat; gerade die überlegene, auf großem Bogen entfaltete Waffenwirkung begünstigt die schnelle Entscheidung, die allerdings bei rein frontalem Einsatze lange hinausgeschoben werden kann. Eine Führung, die unbedingt sicher gehen und nichts wagen will, verzögert über Gebühr die Entscheidung. Zeit will die Verteidigung gewinnen, das darf der Angreifer nicht zugeben.

VIII. Der Angriff auf befestigte Feldstellungen.

1. Eintreffen vor der feindlichen Stellung, erste Erkundungen.

Grundgedanke des Angriffs muß sein eine überwältigende konzentrische Feuerwirkung gegen den zum Einbruch bestimmten Teil der Stellung zu vereinen, die Vorteile des Geländes auszunutzen und die Entfaltung einer überlegenen Feuerkraft derart zur Geltung zu bringen, daß der Kräftezuwachs, welchen die Verteidigung durch Vorbereitung eines ausgesuchten Kampffeldes erfährt, ausgeglichen wird. Je schneller der Angreifer zum Ziel kommt, um so besser. Gegen einen energischen Verteidiger wird aber nichts anderes übrig bleiben, als die Dunkelheit zur Annäherung, den Tag zum Niederkämpfen zu benutzen. Der Angriffsentwurf wird auf Grund umfangreicher Erkundungen festgestellt, welche die Führung und jede Waffe für sich nach ihren eigenen Bedürfnissen anordnet. Erst eine bis in die größten Einzelheiten betriebene planmäßige Erkundung, deren Ergebnisse einheitlich verarbeitet werden, verbürgt den Erfolg. Da feindliche Vortruppen diese Erkundung hindern, die Anlagen des Verteidigers selbst mit den schärfsten Gläsern nur schwer aufzufinden sein werden, so kann ein genaues Bild erst nach und nach entstehen. Bei ausgedehnten Stellungen wird eine Gliederung des vom Feinde besetzten Geländes in Abschnitte zur Erkundung geboten sein.

Zunächst handelt es sich darum, unter dem Schutze der gegen die Stellung vorgetriebenen Kavallerie die Ausdehnung, Flügelpunkte, etwaige Anlehnung an Hindernisse zu erkennen, festzustellen, ob der Gegner noch mit Vortruppen das Gelände hält oder sich nur auf seine vorbereiteten Stellungen beschränkt. Etwaige beobachtete Schanzarbeiten, Truppenansammlungen hinter der Front werden wichtige Anhaltspunkte liefern. Die Kavalleriebeobachtung in der Front findet bald eine Grenze an der feindlichen Feuerwirkung, aber auch auf den

Flügeln wird der Verteidiger bestrebt sein, den Patrouillen des Angreifers das Feststellen der Flügel zu erschweren und durch das Feuer kleiner Infanterietrupps die Reiter zu immer weiterem Ausholen zwingen. Aber Aufklärung muß gewonnen werden, sei es, daß abgesessene Reiter zu Fuß wichtige Aussichtspunkte erreichen, oder sei es, daß sie durch Waffengewalt mit dem Karabiner oder der Lanze die Aufklärung erzwingen. Gelingt es der Reiterei nicht, diese Aufgabe zu lösen, so bleibt nichts anderes übrig, als eine gewaltsame Erkundung mit Infanterie und Artillerie. Mit Eintreffen der Marschkolonnen vor der Stellung findet die Kavallerie ein dankbares Feld auf den Flügeln der Stellung in fortdauernder Beobachtung der Verhältnisse in Rücken und Flanken des Feindes, im Aufsuchen der Standorte seiner Reserven, in Isolierung des Verteidigers, in Unterbrechung des Meldeverkehrs, in Störung der Bewegungen von Munitionskolonnen hinter der Front.

Ob zu diesem Zeitpunkte schon der Fesselballon mit Vorteil zu verwenden ist, hängt von der Entfernung ab. Ist die feindliche Artillerie nicht ausreichend durch die des Angreifers in Anspruch genommen, so muß der Ballon doch immer 5—6 Kilometer von den feindlichen Geschützen entfernt bleiben. Mit Nutzen können Beobachtungen aus dem Ballon über 7000 Meter nicht gemacht werden. Sind Vortruppen weit vorgeschoben, so würde die Verwendung schon jetzt wenig nützen, nach kurzer Zeit ein Stellungswechsel nötig werden, der mit hochgelassenem Ballon nicht einfach ist. Der Überblick aus dem Ballon über die gesamte feindliche Stellung läßt die Maßregeln des Feindes im Zusammenhang erkennen und liefert der Führung brauchbaren Stoff zur Beurteilung der von den Truppenteilen gemeldeten Einzelheiten. Von dem Ballonbeobachter ist daher zunächst ein möglichst umfassendes, sich nicht in Einzelheiten verlierendes Bild der feindlichen Stellung zu fordern. Mit Fortschreiten des Angriffs werden eingehendere Meldungen verlangt werden müssen. Zunächst ist also nur Ausdehnung der feindlichen Stellung, Aufstellung von Reserven, Anlage von Stützpunkten zu melden; dann weitere Einzelheiten, Steilfeuerbatterien, genauere Erkundung der Befestigungsanlagen mit Angabe von Hindernissen, Scheinanlagen, Masken, Schützengräben mit Deckungsgräben, Unterständen; schließlich nach Beginn des Artilleriefeuers noch Angaben über die Geschoßwirkung. Eine Skizze der feindlichen Stellung auf Meldekarte oder auf einem Kartenausschnitt wird in den meisten Fällen wertvoller sein als eine lange ausführliche Meldung. Die Schwierigkeit, welche für die Truppe in der Ermittelung von innerer Einrichtung und Besetzung der Werke besteht, kann auch durch den Fesselballon nicht beseitigt werden. Die Kenntnis der in unseren Nachbarheeren bestehenden Anschauungen über Einrichtung von Verschanzungen vermag das in seinen Umrissen gewonnene Bild zu vervollständigen. Empfehlenswert dürfte es sein, dem Ballonbeobachter eine Skizze der in dem gegnerischen Heere üblichen Formen der Feldbefestigung mitzugeben. Die mit seiner Hilfe erlangte Auskunft ist hauptsächlich geeignet, die Truppenerkundung zu bestätigen, oder sie mit Mißtrauen zu betrachten, oder Anlaß zu verschärfter Aufmerksamkeit nach bestimmter Richtung zu geben.

Es erscheint notwendig, daß die Beobachtungsoffiziere der Kavallerie und der anderen Waffen dauernd auf ihren Posten bleiben, jede Unterbrechung in der Beobachtung muß vermieden werden; schließlich werden sich doch Anhaltspunkte finden, welche Schlüsse auf die Maßnahmen des Gegners gestatten. Einen vollen Tag lang wird eine besetzte Verteidigungsstellung nicht ganz „tot" liegen können. Kurz vor Eintritt der Dunkelheit, am Abend und in frühen Morgenstunden werden sich häufig Bewegungen feststellen lassen.

Im Verein mit den auf Grund des Studiums der Karte angestellten Erwägungen muß das Ergebnis dieser Erkundungen und der vom Führer, unterstützt durch Generalstabs-Offiziere und Kommandeure der Artillerie und Pioniere vorgenommenen Beobachtungen, den Entschluß zur Führung des Angriffs im allgemeinen und zum Aufmarsch entstehen lassen.

2. Einleitungskämpfe.

Da der Gegner augenscheinlich auf jede Angriffsbewegung verzichtet hat, so ist Vorgehen in mehreren Kolonnen selbst bei einer Infanterie-Division statthaft:

    um den Widerstand, den der Feind in etwaigen vorgeschobenen Stellungen leisten könnte, schneller zu brechen,

    um durch breites und gleichzeitiges Anfassen auf ganzer Front den Verteidiger im unklaren zu lassen über die beabsichtigte Angriffsrichtung und Kräfteverteilung,

    um auf diese Weise am einfachsten die Bildung von Abschnitten zu je einer Brigade vorzubereiten.

Eine derartige Gliederung verhindert die bei einem Angriffe besonders nachteilige Vermischung der Verbände, erleichtert Übersicht,

Befehlsgebung, Einheit und Geschlossenheit der weiteren Handlung und insbesondere die Regelung des Dienstes der Infanterie. Sie wird von hervorragender Bedeutung, wenn sich das Angriffsunternehmen auf mehrere Tage hin ausdehnt oder sich gar auf Wochen und Monate wie im Festungskriege erstrecken sollte.

Bei einer Division zu vier Infanterie-Regimentern wird es sich empfehlen, drei Regimenter nebeneinander in die Front zu bringen, eines als Hauptreserve zurückzuhalten. In jedem Regimentsabschnitt, welcher gewöhnlich nicht mehr als ein Kilometer breit sein wird, stellt ein Bataillon die Vorposten, zwei Bataillone bilden die Abschnittsreserve. Gestatten es die Verhältnisse, den Truppen Ruhe zu gönnen, so bleibt nur das II. Bataillon Abschnittsreserve, während das III. Bataillon ruht und innerhalb dieser Ruhezeit einige Stunden zur Arbeit herangezogen werden kann.

Unter dem Schutze der zum Feuer bereitgestellten Artillerie vollzieht sich der Aufmarsch, die Führung wird durch ihre Befehle zu verhindern haben, daß einzelne Teile sich zu weit vorwagen und in den Bereich des ungebrochenen Feuers der Verteidigungsartillerie geraten, ehe noch die Geschütze des Angreifers wirksam eingreifen können. Wie weit die Infanterie mit ihrer vorderen Linie vorzugehen hat, läßt sich nicht ein für allemal feststellen, der Gegner muß durch das Herangehen auf der ganzen Front gefesselt und über die Richtung des Hauptangriffs in Unkenntnis gehalten werden. Der wichtige Gesichtspunkt, den Feind mit der Angriffsinfanterie auf ganzer Front anzufassen, zu beunruhigen, ihn zu zwingen, aus den Deckungen und Geländefalten herauszukommen und die Feuerlinien zu besetzen, kann aber so lange keine Beachtung finden, als nicht die feindliche Artillerie durch die eigene beschäftigt wird. Die eigene Feld-Artillerie aber gegen Geschütze stärkeren Kalibers in den Artilleriekampf eintreten zu lassen, führt selbst bei überlegener Zahl zur Vernichtung.

Der Befehl weist den Divisionen die Räume für ihre Entwickelung an und bestimmt, bis wie weit die Vortruppen an den Feind herangehen. Versucht dieser durch Artilleriefeuer das Vorgehen zu stören, so kann man Anhaltspunkte für die Art der Besetzung der feindlichen Stellung gewinnen. Keinesfalls ist aber damit zu rechnen, daß der Verteidiger den Geschützkampf auch aus den Stellungen durchführt, aus denen er den Anmarsch beschlossen hat. Von den Eindrücken, welche die Führung erhält, von der vorausgegangenen Tagesleistung wird es abhängen, ob, wie dieses am günstigsten ist, feindliche Postierungen schon jetzt auf die Hauptstellung zurückgeworfen werden, oder ob man dieses für den nächsten Tag aufspart. Nur ausnahmsweise

Vortruppenkämpfe.

wird man annehmen können, daß der Verteidiger dem Angreifer das Festsetzen auf den Nahkampf-Entfernungen ohne Feuereinsatz gestatten wird, meist wird dieses erst einen längeren Artilleriekampf zur Voraussetzung haben[1]), das Einsetzen von Infanterie verlangen, um sich in Besitz der vor der feindlichen Stellung gelegenen Stützpunkte zu setzen. Feindliche Schanzarbeiten sind durch Feuer zu stören. Derartige Vortruppenkämpfe vermögen den Gang der Bekämpfung wesentlich zu verlangsamen. Zeitgewinn kommt aber in erster Linie dem Verteidiger zugute. Die gewonnenen Stellungen werden zur Verteidigung eingerichtet, sie bilden dann die Ausgangspunkte für die weitere Führung des Angriffes. Mustergültig bleibt in dieser Beziehung das systematische Vorgehen Skobelews beim dritten Angriff auf Plewna.

Absatzweise ging Skobelew von einer Höhenstellung zur anderen vor, indem er jede genommene Kuppe befestigte und mit Batterien krönte. Hätte er nur eine frische Division hinter sich gehabt, so wäre er zweifellos im Besitz der blutig erworbenen Schanzen geblieben. Das russische Oberkommando wollte die ganze türkische Stellung gleichzeitig stürmen und gelangte damit an keiner Stelle zu dem gewünschten Ziele[2]).

Sehen wir von den Kämpfen um die Vorstellung ab, so werden nach Ausführung des Aufmarsches die besten und gedecktesten Annäherungswege zu erkunden sein, um die Kampfstellungen zu erreichen. Die Anmarschwege müssen so kenntlich gemacht werden, daß sie selbst in der Dunkelheit wieder aufzufinden sind[3]). Verbindung mit den

---

1) v. Schlichting a. a. O. I, S. 146: „Der Angriff ist bei dieser Gelegenheit in der Tat einmal ein Drama in verschiedenen Akten. Das unterscheidet ihn von der Feldschlacht und macht ihn dem Angriff auf Festungen verwandt. So fassen denn die ersten Angriffsstellungen der Artillerie das feindliche Bollwerk in seiner Gesamtheit an, während die Vortruppen der Infanterie sein Vorgelände säubern, sich vorhandener Stützpunkte bemächtigen und die Befestigungstore schließen, d. h. den Feind auf seine Verteidigungsanlagen beschränken. Nun entsteht Raum und wird Muße erlangt zu den näheren Erkundungen der Beschaffenheit des Angriffsgeländes und der Lage der Werke. Damit erst ist das zu erjagende Wild gestellt. Erst nach Ermittelung des Angriffspunktes können die Spezialleistungen der Artillerie zur Wegnahme desselben festgestellt werden, und zur gesicherten Durchführung des Unternehmens gehören abermals vorangehende sorgsame Erkundungen auch bei dieser Waffe, welche Tageslicht beanspruchen, während in der Regel die Erdarbeiten und ihre Besetzung der Nacht anheimfallen."

2) Kuropatkin-Kramer, Kritische Rückblicke, S. 152 u. f. 228 u. f.

3) Was hier versäumt werden kann, zeigt die Entwickelung der russischen Artillerie vor Plewna am 6. September. Kuropatkin-Kramer, Kritische Rückblicke, S. 132 u. f.

Nachbartruppen ist im Auge zu halten, schlechte Wegstellen sind auszubessern. Die Anordnungen sind so zu treffen, daß mit Tagesanbruch das Geschützfeuer auf der ganzen Front eröffnet werden kann. Erwünscht ist, daß sich auch die Infanterie an diesem Kampfe beteiligen kann. In der Dunkelheit wird die vordere Infanterielinie so weit vorgeschoben, daß sie mit Tagesanbruch den Feuerkampf aufnehmen kann. In dem Vorschieben dieser Truppen liegt aber die Gefahr, daß sich einzelne Teile zum vereinzelten Vorprellen verleiten lassen und dem Gegner Gelegenheit bieten, sie mit überlegenem Feuer zu überschütten. Da der Gegner wohl nur in Ausnahmefällen versuchen wird, selbst offensiv zu werden, so dürfte es möglich sein, die geschlossenen Abteilungen weiter zurückzuhalten.

Anzustrebendes Ergebnis des ersten Tages muß jedenfalls sein, daß die Vortruppen des Verteidigers auf die Hauptstellung zurückgedrückt sind, oder, falls dieses nicht erforderlich war, daß die vorderen Infanterielinien sich unter dem Schutze des Artilleriefeuers auf entscheidenden Kampfentfernungen vor der Stellung festgesetzt haben. Die feindliche Stellung muß in ihrer ganzen Breite angefaßt werden, um den Feind möglichst lange im unklaren über die Angriffsrichtung zu halten.

3. Die artilleristische Niederkämpfung des Gegners[1]).

Entwickelung der Anschauungen.

Abgesehen von den Einschließungsstellungen vor Festungen, von den Befestigungsanlagen in dem Zwischenraum zweier Forts zeigen die Schlachtfelder des deutsch=französischen Krieges keine Geländeverstärkungen, welche die Feldarmee selbst mit ihren damaligen Hilfsmitteln nicht hätte bewältigen können. Anders im russisch=türkischen Kriege. Die türkischen Verschanzungen fielen durch ihren sichtbaren hohen Aufzug deutlich ins Auge. So bildete sich die Vorstellung bei dem Angreifer, die Brustwehren durch Artilleriefeuer wegräumen zu können. Da dies mit den russischen Feldgeschützen nicht gelungen war, so hielt man den Zweck mit Geschossen stärkerer Kaliber oder durch hohe Minenwirkung der Granaten für erreichbar. Beide Wege erwiesen sich als gänzlich ungeeignet. Dem Gelände angeschmiegt, der Sicht möglichst entzogen und tunlichst niedrig gehalten, sind Schützengräben schwer aufzufinden und direkten Treffern aus Flachbahngeschützen kaum noch ausgesetzt. Selbst die außerordentlich hohen Ladungen der Brisanzgranaten von Feldhaubitzen sind weder durch die Sprengkraft unmittelbarer Treffer, noch durch den gewaltigen Luftdruck dicht vor den Deckungen einschlagender Geschosse imstande, eine Zerstörung größeren

---

1) Vgl. oben S. 216.

Umfanges zu verursachen. Das regelmäßige Einschießen der doch nur wenig Trefffläche bietenden Brustwehren würde unverhältnismäßigen Munitionsaufwand erfordern.

Mußte der Gedanke an ein Wegräumen der Deckungen aufgegeben werden, so verfiel man darauf, ihre Besatzung entweder während des Vorgehens der Infanterie vom Herantreten an die Feuerlinie abzuhalten oder sie durch Wirkung von oben zum Verlassen der Werke zu zwingen. Ersteres sollte erreicht werden durch Schrapnellfeuer, mit welchem so lange über die Deckungen hinweggefegt wurde, bis sich die stürmende Infanterie auf etwa 300 Meter den Anlagen genähert hatte, letzteres durch die Sprenggranaten der Feldgeschütze, welche in der Luft, dicht vor dem Ziele platzend, noch bis zu Deckungswinkeln von etwa 45 Grad Treffer ihrer Splitter zuließen. — Der Vorschlag des Niederhaltens der Besatzung in ihren Deckungen, für den man in Frankreich besonders unter der Führung des Generals Langlois eintritt, hat viel für sich, wenn die Sicherheit vorhanden ist, daß die Infanterie durch die eigene Artillerie nicht gefährdet wird. Geht nun die Infanterie unter dem Schutze dieses Schrapnellfeuers gegen die feindliche Stellung vor, um sich auf Nahkampf-Entfernung vor ihr festzusetzen, so zwingt sie schließlich den Verteidiger, seine Deckungen zu verlassen, die Brustwehr zu besetzen. Feuernde, bis an den Kopf gedeckte Schützen bieten ein lohnendes Ziel für das Schrapnellfeuer der Flachbahngeschütze [1]).

Aber durch dieses Verfahren wird die Sicherheit des Erfolges noch nicht gewährleistet; man muß auch den Gegner treffen, der in seinen Deckungsgräben völligen Schutz gegen Schrapnellfeuer aus Flachbahnkanonen findet.

Große Erwartungen knüpften sich anfänglich an die mit einem stark wirkenden Sprengstoff gefüllten Hohlgeschosse: „Sprenggranaten 88." Durch die überaus kräftige Sprengladung wird das Geschoß in viele Splitter zerrissen, die sich vom Sprengpunkt aus nach allen Seiten hin ausbreiten. Wird das Geschoß durch einen Brennzünder in der Luft zum Krepieren gebracht, so ist die Ausbreitung der Splitter so groß, daß ein Teil davon fast senkrecht (unter Winkeln von 50 bis 70 Grad) zu Boden fällt. Liegt der Sprengpunkt etwas vor der Deckung, so können bei richtiger Sprenghöhe einige Splitter sehr wohl einen dicht hinter der Deckung sitzenden Gegner von oben treffen,

---

1) Am 8. April 1898, nachdem die englischen Truppen, 15000 Mann, durch einen Nachtmarsch von 12 Kilometern sich der Stellung der Derwische bis auf 1600 Meter genähert haben, eröffnen 24 Geschütze um 6¼ Uhr ihr Feuer gegen die Verschanzungen am Atbara. Unter dem Schutze des Artilleriefeuers geht die Infanterie zunächst bis auf 500 Meter an die feindlichen Schützengräben heran, ohne beschossen zu werden. Um 8 Uhr schreitet die Infanterie zum Sturm. Ihr Angriff wird durch das Feuer der Maximgewehre begleitet. Erst als die Infanterie auf 100 Meter an die Verschanzungen heran ist, stellt die Artillerie das Feuer ein, und nun erst verlassen die Derwische ihre Deckungen und besetzen die Stellung. Nach einem kurzen Schnellfeuer gehen die englisch-ägyptischen Truppen im Laufschritt vor, um 8¼ Uhr, nach einem teilweise blutigen Handgemenge, ist das Lager in englischem Besitz. Eine Verfolgung verbot sich durch das Dickicht längs des Flusses; die Verluste betrugen bei den Engländern 0,5% Tote, 2,75% Verwundete, während von den Derwischen angeblich 20000 Mann fielen, 8,75% tot, 12,5% verwundet und 9% gefangen wurden. S. o. S. 222.

während die übrigen wirkungslos in die Luft fliegen. Es ist aber leicht einzusehen, daß immer nur sehr wenige Schüsse eine solche Lage haben können, daß sie wirksam sind. Bei zu großer Sprengweite schlagen alle Splitter vor der Deckung ein; bei Sprengpunkten, die gerade über der Deckung oder gar dahinter liegen, geht alles über das Ziel hinaus. Das Einschießen, das gegen die niedrigen Ziele, wie Schützengräben und Feldschanzen, wegen ihrer geringen Höhe und Sichtbarkeit sehr schwierig ist, muß sehr genau sein und erfordert daher viel Zeit und Munition. Die in Aussicht stehende Wirkung wird wegen der geringen Abmessungen des Ziels, und weil auch unter den günstigsten Verhältnissen nur ein Teil aller Schüsse wirksam sein kann, niemals sehr groß sein. Hat man Scheinanlagen für die wirkliche Verteidigungsstellung selbst gehalten, so war der ganze Munitionsverbrauch vergeblich. Ein vielleicht 100 Meter vor einem Schützengraben hergestellter Erdaufwurf, welcher im Gegensatz zu jenem sich deutlich von seiner Umgebung abhebt, dürfte in vielen Fällen das Feuer auf sich ziehen und von dem eigentlichen Ziele ablenken. Die daraus entspringenden Folgen liegen klar zutage. Selbst wenn in dem eigentlichen Schützengraben irgendwelche Bewegungen der Besatzung vor sich gehen sollten, wird deren Wahrnehmung doch keineswegs immer die Täuschung aufdecken[1]). Benutzt der Feind noch Eindeckungen, die mit Hilfe von Brettern leicht hergestellt werden können, so wird die Wirkung ganz aufgehoben.

Hervorzuheben ist aber der moralische Eindruck des Granatfeuers, der Vorteil der breiten Ausdehnung der Sprengteile, die große Wirkung gegen widerstandsfähige Ziele. Der moralische Eindruck hält aber erfahrungsgemäß nicht an, wenn die materielle Wirkung ausbleibt. Für Wirkung gegen in Eindeckungen leichtester Art geschützte Ziele reicht die Kanonen-Granate nicht aus, dieses kann nur eine besondere Geschützart, das Steilfeuergeschütz, leisten.

In Deutschland ist eine mit Schrapnell und Granaten ausgerüstete leichte (10,5 cm) und eine nur mit Granaten ausgerüstete, von der Fußartillerie bediente, schwere Feldhaubitze (15 cm) eingeführt. Erstere ist mit 3 Batterien im Armeekorps vertreten[2]). Wohl nur vorübergehend wird man bei diesem Verhältnis von Flach- und Steilfeuer-Geschützen im Armeekorps bleiben, eine naturgemäße Forderung drängt darauf hin, entweder mindestens jeder Division eine Haubitz-Abteilung zuzuweisen oder eine größere Anzahl von Steilfeuer-Batterien nach Art einer Korps-Artillerie zusammenzufassen. Dieses erleichtert gegebenenfalls die Vereinigung der Steilfeuer-Artillerie mehrerer Korps. Die schwere Feldhaubitze der schweren Artillerie des Feldheeres ist aufgeprotzt nicht schwerer (2670 kg) als der Munitionswagen C/73 der Feldartillerie; es kann sich daher auch längere Strecken außerhalb der ge-

---

1) Der von einer Schützenlinie besetzte Chausseegraben vor Point du jour (Gravelotte) erweckte bei der deutschen Artillerie den Glauben, daß das Gehöft selbst besetzt sei. Das Feuer der deutschen Geschütze richtete sich auf die Baulichkeiten und ließ die Schützen ganz unbehelligt. Kunz, Kriegsgeschichtl. Beispiele, Heft 7, S. 51.

2) Angaben über die schwere Artillerie außerdeutscher Staaten werden nicht gemacht, da erhebliche Änderungen bevorstehen. Einzelheiten über das deutsche Material finden sich in v. Wedels Offizier-Taschenbuch S. 22.

bahnten Wege bewegen. Feuerabgabe ist auch ohne Bettungen möglich. Die Haubitze verfeuert Granaten von 39 und 42 kg Gewicht, die mit einer starken Sprengladung gefüllt und mit einem Doppelzünder versehen sind. Das Geschoß hat eine sehr große Zerstörungskraft, weil es große Durchschlagskraft, Minen- und Splitterwirkung miteinander verbindet und sämtliche im Feldkriege vorkommenden Eindeckungen durchschlagen kann. Die Wirkung der schweren Haubitze übertrifft die der leichten sehr bedeutend, und zwar um so mehr, als die Fußartillerie über zahlreiche Hilfsmittel gebietet, die sie befähigen, aus ganz verdeckt liegenden Stellungen mit der gleichen Sicherheit zu feuern, wie beim Richten über Visier und Korn (Richtkreis, Fernsprecher, große Fernrohre). Der Hauptnachteil dieses Geschützes ist das große Gewicht der Munition, das ja allerdings auch die Ursache der großen Wirkung ist. Das Granatgewicht verhält sich wie 2,6:1, die Granatfüllungen wie 5:1. Selbst die beschränkte Ausrüstung mit Munition erfordert eine große Zahl von Fahrzeugen.

Vereinigung des Artilleriefeuers der schweren Feldhaubitze gegen ein Ziel ist die Vorbedingung einer entscheidenden Wirkung. Deshalb ist das Zusammenhalten der Batterien notwendig, die, in Bataillone vereinigt, dem Oberkommando der Armee unterstellt sind. Dieses kann je nach der Lage entweder unmittelbar darüber verfügen oder sie dem mit dem entscheidenden Angriff beauftragten Generalkommando unterstellen.

Der Artilleriekampf.

Die Leitung des artilleristischen Angriffs wird dem ältesten Brigade-Kommandeur der Artillerie eines Armeekorps übertragen werden, der bei Überweisung von einem Bataillon der schweren Artillerie des Feldheeres verfügt über

21 Flachbahn-Feldbatterien mit 126 Geschützen, 281 Schrapnells und 56 Granaten für das Geschütz,

3 leichte Feldhaubitz-Batterien mit 18 Geschützen, 73 Schrapnells und 150 Granaten für das Geschütz,

4 schwere Feldhaubitz-Batterien mit 24 Geschützen, 204 Granaten für jedes Geschütz.

Zusammen 126 Flachbahn- und 42 Steilfeuer-Geschütze.

Auf Grund der Erkundungen wird der „Feuerbefehl" ausgegeben. Erstes Ziel ist die Niederkämpfung der feindlichen Artillerie. Die Verteidigungs-Artillerie darf nicht zugeben, daß die feindliche Infanterie die Zone des Artilleriefeuers — von 3000 bis 1500 Meter — unbelästigt durchschreitet. Duldet sie das, so hat sie einen schweren, gar nicht wieder gut zu machenden Unterlassungsfehler begangen; sie hat dann ihre wichtigste Aufgabe, Niederschmetterung der vorgehenden Infanterie, nicht erfüllt. Das Vorgehen der Infanterie des Angreifers wird somit zur notwendigen Folge haben, daß der Verteidiger wenigstens mit einem Teil seiner

Batterien die verdeckten Stellungen aufgibt und so weit vorgeht, daß er das nähere Vorfeld unter Feuer nehmen kann. Jetzt erst wird es der Angriffs-Artillerie möglich sein, die feindlichen Batterien mit Aussicht auf Erfolg zu bekämpfen. **Erfolgreiche Bekämpfung der Verteidigungs-Artillerie ist nur durch Hand-in-Hand-Arbeiten mit der Infanterie zu ermöglichen.** Eine Trennung zwischen dem Artilleriekampf und einem sich an diesen schließenden Infanterieangriff (Verfahren der Engländer in der ersten Periode des Burenkrieges) ist nur Munitionsverschwendung. Nimmt die Artillerie des Verteidigers sofort den Geschützkampf auf, so muß sie unbedingt erst niedergehalten sein, ehe man der Infanterie das Festsetzen auf den Nahentfernungen ermöglichen kann[1]). An diesem Kampfe beteiligen sich alle Flachbahnbatterien, die Haubitzen nur dann, wenn auf andere Weise namentlich gegen Schildbatterien die Feuerüberlegenheit nicht erlangt werden kann. Ihre Munition ist zu kostbar und zu schwer zu ersetzen, als daß sie gegen Flachbahnziele eingesetzt werden dürfte. Aus diesem Grunde wird man sie auch nicht zur Bekämpfung verdeckt stehender Steilfeuerbatterien, deren Lage unbekannt ist, verwenden, diese Aufgabe fällt besser dem Schrapnellschuß der leichten Feldhaubitzen zu. Die Verwendung der Geschütze wird sich derart gestalten, daß das Schrapnellfeuer der Flachbahngeschütze gegen lebende Ziele, das Steilfeuer gegen Eindeckungen und Schützengrabenbesatzungen verwandt wird. Je schwieriger sich der Artilleriekampf für den Angreifer gestaltet, um so mehr ist dieser auf die Mitwirkung der Infanterie angewiesen. Sollte wider Erwarten die Verteidigungs-Artillerie den Kampf überhaupt nicht aufnehmen — dieses würde das ganze Verfahren abkürzen —, so müssen die Geschütze des Angreifers ihr Feuer gegen die Schützengräben richten, um der eigenen Infanterie das Festsetzen im Vorgelände der Stellung zu ermöglichen und um die feindliche Artillerie zum Feuern zu zwingen. Das Ringen um die artilleristische Feuerüberlegenheit wird voraussichtlich recht lange dauern; den Erfolgen auf dem einen Flügel des Schlachtfeldes werden vielleicht Mißerfolge an anderer Stelle gegenüberstehen.

---

1) In der Schlacht bei Dhomokos (am 17. Mai 1897) brachte in kurzer Zeit eine türkische 12 cm-Haubitzbatterie vier griechische Feldbatterien unter einem Verlust von 25 Prozent ihrer Bedienungsmannschaft zum Schweigen. v. d. Goltz, Der Thessalische Krieg 1898, S. 193, Mil.-Wochenblatt 1903, Nr. 43.

4. Durchführung des Angriffs.

Während des Artilleriekampfes wird nach und nach ein klares Bild von der feindlichen Infanteriestellung, von der Verteilung und Kampffähigkeit der feindlichen Artillerie entstanden sein. Die von allen Stellen der Angriffstruppen gemachten Beobachtungen werden von der Führung zu einem einheitlichen Bilde verarbeitet, das Ergebnis dann den Kommandeuren mitgeteilt. Zweckmäßig wird ein Offizier im Stabe dauernd mit der Aufgabe betraut, die Nachrichten zusammenzustellen. Die von allen Seiten fortgesetzte Erkundung soll die Anhaltspunkte zur wirksamen Bekämpfung der einzelnen Ziele liefern. Für die Infanterie scheint die Frage, wie sie am zweckmäßigsten die Stellung erreicht, von der aus sie zum Sturm ansetzen kann, von besonderer Wichtigkeit. Die Entwickelung der Infanterie muß mit dem durch das Artilleriefeuer gewährten Schutz Hand in Hand gehen. Meist wird das nähere Herangehen bis zu genau bezeichneten Feuerstellungen unter dem Schutze der Dunkelheit stattfinden müssen, mit Tagesanbruch muß die Truppe eingegraben sein. Es genügt zunächst, wenn sich der Mann eine gute Kopfdeckung schafft, dann die Deckungen für Abgabe des Feuers im Stehen erweitert. Ohne Spatenarbeit im Angriff wird die Infanterie mit Tagesanbruch unerträgliche Verluste erleiden und die unerläßliche Vorbereitung des Sturmes durch ein gewaltiges Gewehrfeuer auf nahe Entfernung nicht durchführen können. Je näher die Infanterie herankommt, um so besser wird sie auch erkunden können, sie wird auch zu melden haben, was für die anderen Waffen von Wichtigkeit ist. Hindernisse sind nach Lage, Ausdehnung und Möglichkeit der Zerstörung zu erkunden. Im besonderen werden mit diesen Aufgaben Ingenieuroffiziere beauftragt werden, welche unter dem Schutze eines heftigen, gegen die Werke gerichteten Schrapnellfeuers sich den Hindernissen zu nähern suchen. Erkundungen in den Feuerpausen sind wohl nur in der Nacht möglich. Mit dem Aufräumen der Hindernisse wird in der Nacht vor dem Sturme begonnen werden. Hindert dieses der Feind (Beleuchtung, Maschinengewehre), so bleibt nichts weiter übrig, als mit dichten Schützenlinien an das Hindernis heranzugehen und unter dem Infanteriefeuer die Hindernisse aufzuräumen. Die Japaner haben mehrfach Maschinengewehre durch das Feuer einzelner nahe herangezogener Geschütze demontiert.

Keinesfalls wird man aber auch auf ein vollständiges Nieder=
kämpfen der Verteidigungs=Artillerie rechnen können. Vermag sie aus
verdeckten Stellungen den Kampf gegen die übermächtig gewordene An=
griffs=Artillerie nicht mehr weiterzuführen, so ist damit noch nicht gesagt,
daß sie nicht wieder in Wirksamkeit treten wird, wenn der Angreifer
zum Sturm vorbricht. Wenn es den Angriffs=Batterien gelungen ist,
das Übergewicht zu erlangen, so werden sie sich nun der Vorbereitung
des Infanterieangriffs zuwenden und zu diesem Zwecke wenigstens
mit einzelnen Batterien näher an die Werke herangehen. Aber auch,
wenn eine Überlegenheit nicht erreicht ist, wird der Angriffsartillerie
nichts anderes übrig bleiben, als den aussichtslosen Kampf gegen die
gedeckten feindlichen Batterien einzustellen und sich den lohnenderen
Infanteriezielen zuzuwenden. Schließlich müssen sich die Verteidigungs=
batterien doch einmal zeigen. Der Sturmangriff der Infanterie wird nur
gelingen, wenn es einmal möglich sein wird, die Verteidigungs=Artillerie
dauernd niederzuhalten, dann mit Steilfeuer die in Untertreträumen
und Deckungsgräben befindliche Verteidigungs=Infanterie zu bekämpfen.
„Gegen die meist schwer sichtbaren Infanterielinien ist
von den schweren Haubitz=Batterien nur bei vereinigtem Massen=
feuer mit Sicherheit volle Wirkung zu erwarten. Es empfiehlt sich,
das Feuer zunächst seitlich zusammenzuhalten und den Batterien
eines Bataillons anfangs keine größere Zielbreite als etwa 400 bis
500 Meter zuzuweisen. Erst nachdem hier Wirkung erreicht ist, ist das
Feuer auf die ganze Breite der Einbruchsstelle weiter zu verteilen.
Auch gegen rückwärtige Deckungsgräben wird das Feuer erst auf=
genommen, wenn ausreichende Wirkung gegen die Verteidigungsstellung
selbst erreicht worden ist" (Exerzier=Reglement für die Fußartillerie).
Für jeden Meter einer völlig eingerichteten Front wird man etwa
eine schwere Granate rechnen müssen, um auf ausreichende Wirkung
rechnen zu können. Unterstützt werden hierbei die Haubitzen durch
das Granatfeuer der Flachbahnbatterien. Je mehr es aber dem
Verteidiger möglich ist, durch das Feuer geschickt aufgestellter Haubitz=
batterien das Steilfeuer des Gegners von der Infanteriestellung ab=
zulenken, um so schwieriger wird es der Artillerie, die Verteidigungs=
Infanterie sturmreif zu schießen. Diese wird nur mit schwachen, gut
gedeckten Beobachtungsabteilungen die Gefechtsstellung besetzen, die
eigentlichen Verteidiger in weiter rückwärts gelegenen Deckungsgräben
bereit halten. Solange der Aufenthalt in ihnen der Infanterie nicht

unmöglich gemacht ist, so lange kann die Stellung nicht als sturmreif angesehen werden. Die Aufgabe, den Gegner zu erschüttern, kann am schnellsten gelöst werden, wenn der Verteidiger gezwungen wird, Ziele für das Gewehr- und Schrapnellfeuer zu bieten. Erst die Annäherung der Angriffs-Infanterie zwingt den Gegner in Erwartung eines Angriffs seine Deckungen andauernd besetzt zu halten. Auch die Verteidigungs-Artillerie, wenn sie bis dahin zurückgehalten ist, wird sich dann zeigen müssen. Vielfach wird sich bei diesem Näherherankommen der Infanterie die Verteidigungsstellung erst in ganzer Ausdehnung verraten. Der Feuereinsatz der Infanterie wird um so notwendiger, je mehr die Artillerie des Angreifers durch Niederhalten des gegnerischen Geschützfeuers in Anspruch genommen ist. Schwer wird der Zeitpunkt zu erkennen sein, wann die Infanterie die Feuerüberlegenheit erlangt hat. Sehr zweckmäßig erweist sich, nach vorher genau geregeltem Plane das Artilleriefeuer mehrfach zu unterbrechen und dann plötzlich überraschend wiederaufzunehmen. In Erwartung eines Angriffs wird die Infanterie dann vielfach an die Brustwehr treten, namentlich wenn der Angreifer durch das Zeigen seiner Infanterie den Beginn des Angriffs wahrscheinlich macht. Auch die Angriffs-Infanterie in ihren Schützengräben wird sich diese Gelegenheit nicht entgehen lassen dürfen, ihre volle Feuerkraft zu entfalten. Jede Gelegenheit, durch schnellen Angriff das langsamere planmäßige Verfahren abzukürzen, ist zu benutzen, der Verteidiger wird daher gerade in der Nacht seine Deckungen möglichst stark besetzen müssen und suchen, durch Vorstoß kleiner Abteilungen sich von den Absichten des Angreifers zu unterrichten.

5. Der Sturm.

Selbst ein guter Verteidiger wird eine derartige mit Pausen abwechselnde Beschießung nicht aushalten können. Unter dem Schutze des Artilleriefeuers wird die Infanterie sich der feindlichen Stellung soweit genähert haben, daß die Durchführung des Sturmes in einem Zuge erfolgen kann, daß der Angreifer sich schon in der Stellung des Feindes befindet, ehe der Verteidiger diese hat ausreichend besetzen können. Die Führung hat, um sich den Vorteil der Vorhand zu wahren, noch die Frage zu erwägen, ob ein Vorstoß der Reserve außerhalb des bisher betretenen Angriffsfeldes nicht von Vorteil sein kann. Im

Laufe längeren Angriffsverfahrens wird die Verteidigung die Kräfteverteilung beim Angriff schließlich öfter herausfühlen. Es kann daher für den Angreifer von entscheidender Bedeutung werden, wenn er durch überraschende Verschiebung der Reserve im letzten Augenblick, d. h. am frühen Morgen vor dem Sturm, mit überlegenen Massen da auftritt, wo der Verteidiger kurz zuvor nur schwächere Kräfte vermutete.

Eine eigentliche „Sturmstellung" wird wohl nur in Ausnahmefällen ausgebaut werden müssen, fast immer wird als letzte Ausgangsstellung für den Sturm ein Schützengraben genügen, welcher Deckung gegen das Infanteriefeuer des Verteidigers gewährt. So lange als möglich setzt die Artillerie ihr Feuern fort, erst wenn die stürmende Infanterie gefährdet werden könnte, wird das Feuer gegen das Gelände seitwärts und rückwärts der Einbruchsstelle geleitet, schon um das Eingreifen von Verstärkungen zu verhindern. Frühzeitiges Einstellen des Feuers kann den geringen Erfolg des Angriffes in Frage stellen, je schwieriger dieser ist, um so näher heran muß ihn die artilleristische Unterstützung begleiten[1]). Einzelne Verluste in der eigenen Infanterie, die uns Tausende von feindlicher Seite ersparen, müssen in den Kauf genommen werden. Beim Sturm eilen die Pioniere den Sturmabteilungen voraus, um die Beseitigung der Hindernisse zu vervollständigen oder wieder entstandene Sperren aus dem Wege zu räumen. Ist hier nichts mehr zu tun, dann heißt es für die Pioniere wie für jeden Infanteristen „Vorwärts". Der Sturm darf nur angesetzt werden, wenn alle Vorbedingungen des Erfolges, soweit als möglich, klar gestellt worden sind. Erst wenn der Führer der Pioniere meldet, daß die Hindernisse durchschritten werden können, ist der Zeitpunkt zum Sturm gekommen. Der Sturm beginnt zweckmäßig mit der Morgendämmerung, um die Nacht noch zum Aufräumen der Hindernisse zu benutzen und unbemerkt vom Gegner die Reserven heranzuführen. Dem Einwande, daß die regelmäßige Verlegung des Sturmes auf die Morgendämmerung keine Überraschung mit sich bringe, weil der Verteidiger auf ihn gefaßt sei, läßt sich entgegnen, daß an den Einbruchsstellen eine Überraschung erreicht werden kann, wenn Angriff und Sturm auf der ganzen Front des Verteidigers angesetzt werden, die Entscheidung mit den Reserven aber nur an wenigen Stellen gesucht wird. Ein in zu schmaler Front

---

1) S. o. S. 222.

angesetzter Sturm bietet nicht die gleichen Aussichten, wie ein Vorgehen in größerer Breite.

Die Einzel-Anordnungen werden in einem „Sturmbefehl" niedergelegt. Dieser muß bei unbedingter Klarheit und Einfachheit doch alle Einzelheiten enthalten, vielfach wird er den Umfang einer Instruktion annehmen.

Hat die Angriffs-Artillerie ihr Feuer, um die Aufmerksamkeit des Gegners einzuschläfern, in unregelmäßigen Pausen abgegeben, so kann es sich empfehlen, in einer dieser Pausen den Sturm anzusetzen. Das ist namentlich geboten, wenn der Sturm in der Dunkelheit erfolgen soll. Es kann aber auch vorteilhaft sein, die Sturmtruppen nach genau gestellten Uhren aus ihren Stellungen vorbrechen zu lassen und zu diesem Zeitpunkte das Feuer der Artillerie auf das Gelände hinter der Stellung zu richten; einzelne Batterien werden bestimmt, etwaige wiederauftretende Batterien des Verteidigers niederzuhalten. Um nicht alles auf eine Karte zu setzen und um den Gegner zu täuschen, werden mehrere Einbruchsstellen gewählt. Sobald sich die Reserven der vorderen Linie nähern, springt auch diese auf, alles setzt sich gegen die feindlichen Linien in Bewegung. Nur diejenigen Abteilungen dürfen feuern, welche unbedingt am Vorwärtskommen gehindert sind. Besondere Anordnungen sind gegen etwaige Vorstöße feindlicher Reserven zu richten. Mißlingt der Angriff, so muß der Gegner durch verstärktes Artilleriefeuer wieder in seine Deckungen hineingetrieben werden, damit der Infanterie das Festsetzen auf dem einmal gewonnenen Boden ermöglicht werden kann[1]).

6. Angriff der Japaner auf befestigte Stellungen nach den Erfahrungen der Schlacht bei Liaujang [2]).

Hat der Führer der Angriffstruppe Kenntnis von dem Vorhandensein einer befestigten feindlichen Stellung erhalten, so sucht er durch das Gefecht von aus Infanterie und Artillerie zusammengesetzten Erkundungsabteilungen nähere Anhaltspunkte für die feindliche Kräfteverteilung zu gewinnen und die geeigneten Artilleriestellungen zu ermitteln. Meist werden sie auf 3—4000 m vom Feinde liegen, häufig müssen sie

---

1) Friedensübungen werden nie ein zutreffendes Bild von den psychologischen Eindrücken eines solchen Kampfes geben. Es sei auf folgende, den Krieg in Ostasien betreffende Darstellungen verwiesen: Spaits, Mit Kosaken durch die Mandschurei, S. 101 u. f.; Jahrbücher für Armee und Marine, Juli 1906, Organ des Militärwissenschaftlichen Vereins 1906 (Bd. 72, Heft 1 u. 5).

2) Berichte der Generalstabsoffiziere der 3., 4. und 6. Infanterie-Division.

unter dem Schutze der Dunkelheit bezogen werden. Diese ebenfalls ausnutzend, gräbt sich die Infanterie etwa 1000 m vom Feinde entfernt (andere Berichte sprechen gar von 2000 bis 1500 m) ein.

Am Morgen des zweiten Tages eröffnet die Artillerie das Feuer, um den Feind zum Antworten zu verleiten, die Infanterie schießt nur, wenn sie hierzu gezwungen sein sollte. Infanterie- und Artillerie-Patrouillen setzen die Erkundung weiter fort, namentlich suchen sie günstige Stellen für den eigentlichen Feuerkampf zu ermitteln. Gestattet es das feindliche Feuer, so wird die Infanteriefeuerstellung noch im Lauf des zweiten Tages erreicht, andernfalls wartet man den Anbruch der Dunkelheit ab. Anfänglich hatte man geglaubt, die Stellung auf 7—600 m vom Feinde wählen zu können, bald aber erkannt, daß auf dieser Entfernung kein wirksames Feuer gegen den in Befestigungen stehenden Verteidiger möglich sei, so entschloß man sich, die „Hauptfeuerstellung" auf etwa 500 m zu suchen. Nach der japanischen Darstellung gingen unter Führung des vordersten Zugführers einer Kompagnie 8 Mann in der ganzen Frontbreite der Kompagnie vor, suchten unter Ausnutzung aller Deckungen gegen Sicht und Feuer geschützte Anmarschwege, dann die geeigneten Feuerstellungen. Sind diese erreicht, so führen die Patrouillen den ersten Zug in ihre Aufstellung, in der sich die Schützen sofort eingraben. Reserven folgen bis in die erste Schützengrabenstellung (1000 m vom Feinde) und bauen sie weiter aus. Die Artillerie geht bis auf 2000 m an den Feind heran. Das Vorgehen der Infanterie und das Feuer der Artillerie müssen einheitlich geregelt sein, damit die vorgehende Infanterie den vollen Schutz des Artilleriefeuers genießt. Besondere Aufmerksamkeit ist auf feindliche Maschinengewehre zu richten, da diese das Gelingen des Angriffs in Frage stellen können. Als zweckmäßiges Mittel hatte sich empfohlen, den Maschinengewehren gegenüber auf 1000 m in der Dunkelheit ein oder zwei Feldgeschütze aufzustellen, um mit ihrem Feuer bei Tagesanbruch die Maschinengewehre zu vernichten.

Es beginnt am Morgen des dritten Tages der heiße Feuerkampf der Infanterie und Artillerie. Besonders betont wird, daß man mit dem Einsetzen der Infanterie nicht warten dürfe, bis die Artillerie eine Überlegenheit erzielt habe, daß vielmehr die Schützen an den Feind herangehen müssen, um gemeinsam mit der Artillerie die Feuerüberlegenheit zu erkämpfen. Meist wird die Nacht zu Hilfe genommen werden müssen, um die Sturmstellung (etwa 4—200 m vom Feinde) zu erreichen und sich hier erneut einzugraben, die Japaner teilten jedem Infanterieregiment eine Pionierkompagnie zu, die auch sobald als möglich Verbindungswege nach rückwärts herstellt. Jede Gelegenheit, durch Infanterie-Abteilungen und Pioniere Hindernisse zu zerstören, ist auszunutzen, doch ist dieses nur möglich, wenn die Infanterie hierbei energisch von ihrer Artillerie unterstützt wird. Den einzelnen Bataillonen werden bestimmte Objekte zum Sturm angegeben, Zerstörungsmittel und Schanzzeug ist mitzunehmen, Maschinengewehre können gute Dienste leisten, Reserven rücken sofort in die von den Sturmtruppen geräumten Stellungen nach. Beim Sturm sind auch die Nebenabschnitte anzugreifen. Die Artillerie richtet ihr Feuer auf diese und auf das rückwärtige Gelände, um jedes Bewegen von feindlichen Reserven zu verhindern. Ist die Stellung genommen, so geschieht alles, um sich in ihr festzusetzen und nach und nach auch seitwärts mehr Raum zu gewinnen. Der Sturm soll nun so ausgeführt werden, daß jeder Mann, wenn er noch 300 m vom Feinde entfernt ist, ohne weiteres

Seitengewehr aufpflanzt, die Abteilungen gehen sprungweise bis dicht an den Feind heran und stürmen dann nach kurzem Schnellfeuer vor. Bedingung bleibt, daß die Hindernisse aufgeräumt und daß die Maschinengewehre völlig niedergekämpft sind, die Führer müssen sich umsehen, wo sie zweckmäßig ihre Abteilungen gegen Sicht und Feuer gedeckt sammeln können; in der Freude über den Erfolg wird dieses meist vergessen. Aber auch mit der Möglichkeit, von der eigenen entfernt stehenden Artillerie beschossen zu werden, muß gerechnet werden, als praktisch hatte es sich herausgestellt, der Truppe kleine Fähnchen in den Nationalfarben mitzugeben.

IX. Die Verteidigung.

Das deutsche Exerzierreglement für die Infanterie 1888 hatte zum ersten Male in wissenschaftlich klarer Form den Unterschied zwischen dem geplanten Angriffe und dem Begegnungskampfe ententwickelt. Es ist naheliegend, die gleiche Gliederung auch auf die Verteidigung zu übertragen. Der geplanten, von der Führung von Anbeginn an beabsichtigten und vorbereiteten Verteidigung steht dann ein Verfahren gegenüber, welches sich bei der Entwickelung aus der Marschkolonne gegen einen stärkeren oder in seinem Aufmarsche bereits fortgeschritteneren Feind ergibt und welches dann an die Führung vielleicht höhere Anforderungen stellt, als das offensive Begegnungsgefecht. Der Gegner hat uns den Vorsprung in der Entwickelung abgewonnen, wir sind gewaltsam in die Verteidigung hineingedrückt und müssen versuchen, die Freiheit des Handelns wiederzugewinnen.

Während die geplante Verteidigung in den meisten Fällen das Gelände wählen, dieses planmäßig noch durch Befestigungen verstärken, von Anfang an über aufmarschierte Truppen und bereitgestellte Munition verfügen kann, ergibt sich der Entschluß beim Zusammenstoß mit dem Gegner, sich verteidigungsweise zu verhalten, erst im Laufe der Ereignisse. Das Gelände muß genommen werden, wie es sich gerade bietet. Die Schwierigkeit für die Führung liegt einmal darin, den Zeitpunkt zum Übergang zur Verteidigung richtig zu erkennen, dann schnell geschlossene Truppenverbände, die aber meist schon im Abbiegen aus der Marschkolonne nach ihren Angriffszielen sind, wieder in die Hand zu bekommen. Im nachstehenden wird nur die geplante Verteidigung behandelt.

Im Feldkriege ist die Verteidigung die Kampfform des an innerem Gehalt oder an Zahl Schwächeren, der einmal Zeitgewinn erstreben will, um das Heranschließen von Verstärkungen zu ermöglichen, oder der in vorbereiteter Verteidigungsstellung die Entscheidung sucht. Geländeausnutzung und Spatenarbeit sollen der Führung die Möglichkeit gewähren, an Truppen zu sparen, um diese an anderer Stelle offensiv zu verwenden oder selbst nach Abwehr des feindlichen Angriffs mit allen Kräften zur Offensive überzugehen. Die Notwendigkeit der Verteidigung leugnen zu wollen, hieße die Möglichkeit eines Widerstandes unterlegener Kräfte bestreiten wollen, und das kann niemandem einfallen. Wenn auch, abgesehen von dem Kampf um eine befestigte Grenzsperre, bei dem gleichartigen Charakter der sich gegenüberstehenden Heere die ersten Schlachten voraussichtlich die Erscheinungen des Begegnungskampfes zeigen werden, so wird vermutlich doch der eine oder der andere Gegner nach dem Ausfalle der ersten Waffengänge die Entscheidung stehenden Fußes erwarten, durch Wahl und Befestigung einer Stellung günstigere Bedingungen für einen neuen Kampf sich schaffen. Bei der großen räumlichen Ausdehnung nach Breite und Tiefe, in welcher die Armeen der Neuzeit marschieren, werden selbst bei beiderseits gleichwertiger Führung und Aufklärung mehr oder minder überraschende Zusammenstöße einzelner Heeresteile nicht selten sein. Da in solchen Fällen das wirksame Eingreifen benachbarter Heeresteile mindestens 24 Stunden, häufig noch mehr Zeit beansprucht, so wird es zu einer Teilschlacht kommen. Während der Stärkere die Lage durch energischen Angriff zu einem Teilsiege wird gestalten wollen, muß der Schwächere in zäher Verteidigung, gekräftigt durch alle Hilfsmittel der Bewaffnung, Geländebenutzung und Geländeverstärkung, sich zu behaupten versuchen. Fehlerhafter Aufmarsch auf einer Seite bei Kriegsbeginn, zeitlich mißglücktes und räumlich weit getrenntes Hervortreten mehrerer Kolonnen aus dem Gebirge in das Hügel- oder Flachland, Offenhalten einer Flußstrecke für den Vormarsch eines noch nicht verwendungsbereiten Heereskörpers gegenüber einem schon schlagfertigen Feinde, Deckung des Abzuges einer Armee über eine Flußstrecke, sowie Eintreffen eines durch die allgemeinen Verhältnisse zum Rückzuge gezwungenen Truppenverbandes an starken Geländeabschnitten werden die Führung zur Verteidigungsschlacht bestimmen.

Zweck der Verteidigung kann sein:
1. vorübergehende Besetzung eines Geländeteiles, vielleicht nur für kurze Zeit;

2. **reine Abwehr**: Gefechte um Zeitgewinn, Vorposten- und Arrieregardengefechte, Kämpfe von Einschließungstruppen vor einer Festung, um Durchbruchsversuche abzuweisen;
3. **Herbeiführung einer Waffenentscheidung durch Vereinigung der Abwehr mit angriffsweisem Verfahren**.

Im Festungskriege und auch beim Schutz der rückwärtigen Verbindungen können sich Lagen ergeben, welche eine hartnäckige Behauptung eines Geländes erfordern, ohne daß es möglich wäre, selbst zur Offensive überzugehen.

Die reine Verteidigung kann wohl Zeit gewinnen, den Angreifer durch fortwährendes Ausweichen ermüden, schließlich wird aber ein Punkt eintreten, wo das Ausweichen aufhört und die Entscheidung gesucht werden muß (Rückzug der Engländer auf die Linien von Torresvedras 1810, Rückzug der Türken auf die Linien von Czataldja 1878). „Allerdings erfordert eine solche, bis zum Äußersten durchgeführte Rückzugs-Defensive einen Feldherrn von sehr festem Willen, ein gehorsames Heer, eine entschlossene Regierung und ein ihr vertrauendes Volk, sonst wird der Zusammenbruch der moralischen Kraft die Katastrophe vor Erreichung des in weite Ferne gerückten Zieles herbeiführen und das Schwinden aller Hoffnung auf endlichen Sieg zu einem für den Verteidiger ungünstigen Frieden führen. Politische Gewalten spielen bei dieser Art der Abwehr oft die Hauptrolle. Wird sie durch die natürlichen Umstände in Land und Volk begünstigt, so ist sie die wirksamste von allen; denn die Niederlage muß sich, beim Eintreten des Umschwunges, zufolge der Länge der Operationslinien, die der Angreifer hinter sich hat, für diesen vernichtend gestalten. Wird der Umschwung von dem Erreichen einer Stellung erwartet, so kommt alles darauf an, in derselben mit einem noch nicht ernsthaft erschütterten oder geschlagenen Heere anzukommen[1].“ Kuropatkin hat weder bei Liaujang, noch bei Mukden den Entschluß gefaßt, die andauernde Rückzugsdefensive mit einem Angriff abzuschließen. Das untätige Verharren in einer Stellung gibt dem An-

---

[1] v. d. Goltz, Krieg und Heerführung, S. 127. Die sich stets verstärkende Rückzugsdefensive mit ihrem schließlichen Übergang zur Offensive hatte Clausewitz im Auge, wenn er auf Grund seiner persönlichen Eindrücke im Feldzuge von 1812 die Verteidigung als die stärkere Kriegsweise bezeichnete. Die Vorteile des Angriffs sind aber so groß, daß freiwillig sich die Führung nicht zu einem Ausweichen entschließen wird. S. o. S. 133.

greifer Gelegenheit, alle Hilfsmittel zur Bewältigung bereitzustellen, um dann im günstigsten Augenblick loszubrechen. „On ne périt que par la défensive" (Villars). Eine Truppe hat aber in der Verteidigung noch nicht gesiegt, wenn sie ihren Raum behauptet hat, sondern nur dann, wenn sie den Gegner gezwungen hat, auf einen nochmaligen Angriff zu verzichten. **Nur die mit dem Angriff verbundene Defensive kann wirkliche Erfolge verzeichnen.**

Am 20. Juli 1877 greift eine russische Division die türkischen Streitkräfte unter Osman Pascha bei Plewna an und wird gründlich geschlagen; trotz des Erfolges und trotz fünffacher Übermacht denkt der türkische Führer nicht daran, seinen Erfolg auszunutzen. Am 30. Juli erfolgt ein zweiter Angriff durch 3½ russische Divisionen, dieser mißlingt ebenfalls und eine Panik verbreitet sich vom Schlachtfeld bis nach Sistowa, in völliger Auflösung fliehen die Teile des Heeres bis zur Donau; aber auch diesmal fehlt die Verfolgung. Als dann auch die dritte Schlacht von Plewna mit einem Mißerfolg der Russen endet, ist es infolge der strategischen Lage für offensive Ausnutzung des Erfolges zu spät. Bei Gorni Dubniak scheitert der Angriff der russischen Garde auf naher Entfernung (70—100 Schritt) vor der Schanze der türkischen Etappenbesatzung; da es dieser aber an den nötigen Kräften zur Führung eines Gegenangriffes fehlt, so vermögen die russischen Abteilungen sich zu erholen und später den Sturm zu erneuern, der sie dann in den Besitz des heißumstrittenen Werkes führt.

Bei Beaune la Rolande gibt erst das offensive Eingreifen der 5. Infanterie-Division die Entscheidung; bei St. Privat, als der Angriff der 1. Garde-Infanterie-Brigade vor den Stellungen des Korps Canrobert stockte, ermöglicht das rein passive Verhalten der Franzosen den preußischen Schützenlinien, das erstrittene Gelände zu behaupten.

Bei glücklichem Verteidigungskampfe läßt sich eine geschickte Vereinigung eines Defensiv- und eines Offensivfeldes feststellen. Bei Custoza läßt Erzherzog Albrecht auf seinem linken Flügel bei Somma Campagna fortifikatorisch ein schwach zu besetzendes Defensivfeld vorbereiten, um mit seinen Hauptkräften den Angriff auf seinem rechten Flügel auszuführen. Im gleichen Sinne sind die Anordnungen Wellingtons bei Talavera, Napoleons bei Austerlitz gedacht.

Im großen Stile scheint dieser Gedanke dann im schönsten Sinne verwirklicht in der Ausnutzung Dresdens im Herbstfeldzuge von 1813 durch den Kaiser Napoleon. Die während des Waffenstillstandes geschaffenen Befestigungen sollen, von der 8000 Mann starken Besatzung, dem Korps des Marschalls St. Cyr, verteidigt, acht Tage lang Widerstand leisten können, bis der Kaiser mit den Hauptkräften zum Entsatz herbeigerückt sei. Das Korps St. Cyr geht vor dem Angriff der böhmischen Hauptarmee der Verbündeten mit einer Division nach dem Brückenkopfe von Königstein, mit den Hauptkräften auf Dresden zurück, während der Kaiser aus Schlesien herbeieilt und bis zum 25. August abends eine Masse von 140000 Mann in der Gegend von Stolpen vereinigte, um sie über Pirna und Königstein zum Vernichtungsstoße vorzuführen [1]). So der Plan des Kaisers, den er aber aufgibt, als er die Nachricht erhält, daß Dresden in Gefahr sei, genommen zu werden, daß dort unmittelbare Unterstützung nötig sei. Nur Vandamme soll mit 40000 Mann am Königstein übergehen, während der Kaiser 100000 Mann über Dresden vorführt, die am 26. und 27. die Verbündeten schlagen [2]). (S. o. S. 148.)

1. Die Verteidigungsstellung.

Der Verteidiger findet einen Vorteil darin, sein Gefecht auf einen Platz zu verlegen, wo Gestaltung und Bedeckung des Geländes seinen Kampf begünstigen, dem Gegner dagegen Nachteile bereiten. Rücksicht auf günstige Geländeverhältnisse allein darf die Führung aber niemals zum Schlagen bestimmen, nur operative Gründe entscheiden über den Entschluß, den Kampf aufzunehmen. Nichts war verhängnisvoller, als dem Führer der österreichischen Nordarmee 1866 Landesbeschreibungskarten mit bereits eingezeichneten Stellungen mitzugeben [3]). „Eine Stellung hat nur dann Wert, wenn sie den Feind zum Angriff zwingt, bei Umgehungsversuchen den beabsichtigten Zeitgewinn oder günstige Bedingungen für eigenes angriffsweises Verfahren schafft" (J. E. R. 399).

Eine Stellung, welche allen erwünschten Forderungen entspräche, wird sich kaum finden lassen, vielleicht niemals gerade an derjenigen Stelle, wo die Führung aus operativen Gründen sich zum Schlagen veranlaßt sieht. Das Gelände muß mit allen seinen Schwächen und Nachteilen genommen werden, wie es sich bietet. Die Führung hat schon viel gewonnen, wenn sie im vollen Umfange diese Schwächen erkennt, welche die Unterführung versuchen muß, durch die Art der Besetzung und durch künstliche Verstärkung auszugleichen. Die schwachen Punkte einer Stellung werden am sichersten erkannt, wenn der Führer diese von feindlicher Seite aus betrachtet, was bei der Erkundung niemals versäumt werden sollte; wenn er sich die Frage vorlegt, wie

---

[1]) Corr. XXVI, Nr. 20373. An Maret aus Löwenberg 24. August 1813. Corr. XXXI, Nr. 20449. An Vandamme aus Stolpen 25. August 1813. Corr. XXVI, Nr. 20469. Friederich, Herbstfeldzug 1813, I, S. 210 u. f.

[2]) Das Verdienst, die Vereinigung bei Stolpen nicht als „allgemeines Stelldichein", sondern als großartige Ausgangsstellung, um mit versammelten Streitkräften über die Elbe gegen die Flanke der Hauptarmee vorzubrechen, gewürdigt zu haben, gebührt dem Major Frhr. v. Freytag-Loringhoven. S. seine Studie „Die Heerführung Napoleons und Moltkes", S. 48.

[3]) Friedjung, Kampf um die Vorherrschaft, I, S. 239.

der Angriff am wirksamsten und unter den geringsten Verlusten zu führen wäre. Bodengestaltung und Geländebedeckung haben das Mißliche, daß sie die Truppen an eine vorgezeichnete, nur wenig zu verändernde Front fesseln, die einer bestimmten Angriffsrichtung entspricht. Hierin liegt ein Nachteil, da der Angreifer bei seinen Maßnahmen nicht an eine einzige Richtung gebunden ist, vielmehr versuchen wird, dem Verteidiger den Kampf in einer ungünstigen, unvorbereiteten Front aufzuzwingen. Daß der Gegner die Stellung auch berücksichtigen muß, sei es, daß er sie direkt angreift, oder sie umgeht, ist die Hauptforderung. Die Stellung wird daher entweder die voraussichtliche Vormarschrichtung des Gegners mehr oder weniger senkrecht schneiden, oder in solcher Entfernung seitwärts liegen, daß der Gegner nicht an ihr vorbeimarschieren kann: Flankenstellung.

Die im August 1870 von der französischen Rhein-Armee auf der Hochfläche von Point du jour eingenommene Stellung sperrte die Straße Mars la Tour—Gravelotte—Metz unmittelbar; den gleichen Zweck, allerdings unter anderen Voraussetzungen, erreichte die in Nr. 63 (1880) der taktischen Aufgaben vom Feldmarschall Moltke vorgeschlagene Flankenstellung am Bois des Ognons.

Je nach dem Gefechtszweck wird die Führung den einzelnen Anforderungen an eine Verteidigungsstellung verschiedenen Wert beimessen. Die Kriegführung des 18. Jahrhunderts wählte mit Vorliebe unangreifbare Stellungen, die einem unternehmenden Gegner gegenüber, der ihre Hauptnachteile, die Unbeweglichkeit des Unangreifbaren und die Schwierigkeit der Verpflegung richtig auszunutzen verstand, geradezu verderblich wurden. Solche Stellungen fordern den Angreifer heraus, den Verteidiger durch Umgehung zum Räumen seiner Stellung zu zwingen. Einer entscheidungsuchenden Verteidigung, welche den Gegner zum Angriff reizen, ihn am eigenen Feuer zerschellen lassen will, ist mit einer solchen Stellung nur dann gedient, wenn dem Angreifer hinter ihr ein wertvolles Objekt winkt, welches ihn zum Angriff zwingt. Einer Arrieregarde hingegen, die nur Zeitgewinn sucht, ist natürlich eine solche Stellung in ganz besonderem Maße erwünscht.

In erster Linie wird die Führung die unumgängliche Forderung stellen, die Wirkung des Geschützes und des Gewehrs in vollem Maße zur Geltung kommen zu lassen. In einem freien Gelände mit einem nicht durch Geländebedeckungen oder tote Winkel beeinträchtigten Schußfelde vor der Front liegt die Hauptstärke einer Stellung. Dieser

Eigenschaft gegenüber haben alle anderen Anforderungen wie Hindernisse und Stützpunkte nur eine ganz nebensächliche Bedeutung, die erst bei der Einrichtung der Stellung zum Ausdruck kommt. Die Vorteile des freien Schußfeldes werden noch mehr gesteigert, wenn sich dem Angreifer auf wirksamer Entfernung keine günstigen Artilleriestellungen bieten. Die hinhaltende, einer Entscheidung ausweichende Verteidigung wird vor allem das Schußfeld auf den weiteren Entfernungen suchen, um den Rückzug anzutreten, ehe der Angreifer die Nah-Entfernungen erreicht hat. Der Verteidiger, der die Entscheidung sucht, wird hingegen für seine Infanterie das Schußfeld auf den Nah-Entfernungen wünschen. Je beschränkter das Schußfeld, um so stärker muß die Besetzung sein; je ausgedehnter das Schußfeld, um so weniger Schützen genügen zur nachhaltigen Verteidigung, um so größere Linien können den einzelnen Verbänden zugewiesen werden. Hier vermag die Infanterie auf die unmittelbare Unterstützung zu verzichten, sie kann bis auf einen geringen Bruchteil alles in die vordere Linie nehmen. Was an dieser Stelle an Gewehren gespart wird, muß aber durch reichlicheren Patronenvorrat ersetzt werden. Zum guten Schußfeld gehört eine durch die Erhebung über die Umgebung gewonnene Übersicht. Die idealste Stellung in dieser Beziehung wäre ein flachgewölbter Höhenrücken, der stetig nach dem Feinde zu abfiele. Stark ausgesprochene Erhebungen eignen sich infolge des von ihnen ausgehenden bohrenden Feuers und infolge des an ihrem Fuße entstehenden toten Winkels weniger zu Gefechtsstellungen. Der verlustreiche Angriff der preußischen Garde auf St. Privat zeigt, daß die freie Ebene das wirksamste — aber auch nicht ein unbedingtes — Fronthindernis für den Angreifer ist [1]).

Neben dieser notwendigen Grundanforderung an jede Stellung sind Hindernisse vor der Front, Flügelanlehnung, Übersichtlichkeiten der Stellung, Stützpunkte und günstige Lage der Rückzugslinie erwünscht. Hindernisse vor der Front (Ticino bei Magenta, Sauerbach bei Wörth, Manceschlucht bei Gravelotte) er-

---

[1]) General v Schlichting, Grundsätze, I, 155, II, 56 u. f. „Hier schafft die Ebene dem Verteidiger die stärksten Kampfbedingungen. Ihr gegenüber muß zukünftig zum systematischen Belagerungsverfahren geschritten werden, wenn ihr die Operation nicht die Umfassung abgewinnen kann. Bajonette auf Angriffsbeinen tun es in keiner Formgestalt mehr, die Ortschaften bilden dabei eine reine Kampfstaffage."

schweren vielfach den Angriff derart, daß die Besetzung der Stellung mit geringen Kräften möglich ist, daß sie das Zurückhalten der Hauptkräfte gestatten, um an anderer Stelle offensiv zu werden. Bedingung bleibt, daß die Übergänge über ein Hindernis auch im wirksamen Feuer des Verteidigers liegen. Je mehr der Verteidiger auf die eigene Offensive verzichtet, um so günstiger werden für ihn Hindernisse sein. Wassergräben haben Wert für die Verteidigung, wenn sie nur auf besonderen Übergängen überschritten werden können, andernfalls gewähren sie einem zurückgeschlagenen Angreifer Deckung, um wieder Front zu machen. Erfahrungsgemäß entscheidet sich ein Angriff auf den nahen Entfernungen zwischen 600 und 200 Meter. Hier vermögen Hindernisse, selbst tiefer Boden, welcher das Vorgehen im wirksamsten Feuer verlangsamt, von Bedeutung zu sein. Die Stellung muß der verfügbaren Stärke angemessen sein. Bestimmte Zahlen lassen sich nicht geben. Die Frage, wie schwach muß ich die Feuerlinie halten, wie stark darf ich meine Reserve bemessen, bedarf von Fall zu Fall der Entscheidung. Beschaffenheit des Schußfeldes, Vorhandensein von Deckungen, Kampfverhältnisse der beiderseitigen Artillerie werden von Einfluß sein. Je schwächer die Stellung besetzt wird, um so größer wird die Munitionsausrüstung sein müssen. Auf dem Schlachtfelde von Austerlitz ergab sich eine scharfe Trennung in ein vom Marschall Davoust mit schwachen Kräften behauptetes breites Defensivfeld hinter dem Goldbach zwischen Kobelnitz und Telnitz und in ein kleineres Offensivfeld, auf welchem die Hauptkraft zur Offensive bereitgestellt wurde. In ähnlicher Weise wäre eine Gliederung der französischen Schlachtstellung am 18. August in ein Offensivfeld auf dem rechten Flügel und in ein Defensivfeld auf dem linken Flügel hinter der Manceschlucht möglich gewesen.

In der Stellung ist Deckung gegen Feuer und gegen Sicht erwünscht, um Reserven gedeckt aufstellen und bewegen zu können. Geboten ist ferner eine entsprechende Tiefe, um eine zu große Anhäufung von Truppen in unmittelbarer Nähe hinter der Gefechtslinie zu vermeiden. Diese Tiefe fehlte z. B. dem linken französischen Flügel in der Schlacht von Gravelotte. Trennende Hindernisse in der Stellung erschweren den Meldeverkehr und die Befehlsübermittelung, sie beschränken die Bewegungen von Reserven auf einzelne bestimmte Linien.

Übersichtlichkeit in der Stellung erleichtert die Gefechtsleitung; das Vorhandensein von Stützpunkten, welche auch noch behauptet werden können, wenn das umliegende Gelände verloren gegangen ist, sind, wenn sie nicht frühzeitig das feindliche Artilleriefeuer auf sich lenken, von besonderem Wert. Am günstigsten sind Gruppen niedrig gehaltener Schützengräben. Kleinere, etwa von einem Bataillon zu verteidigende Waldstücke und Gehöfte sind, wenn sie dem feindlichen Geschützfeuer ausgesetzt sind, für den Verteidiger eher schädlich als nützlich. Wenige Granatschüsse machen weithin sichtbare Gehöfte in kurzer Zeit unhaltbar, kleinere Waldstücke werden, wenn sie von der Artillerie gefaßt werden können, derart nach allen Richtungen von den Geschossen durchfurcht, daß ihre Verteidigung aussichtslos ist [1]).

Unter Berücksichtigung der heutigen Waffenwirkung würde sich jetzt kaum noch die Besetzung eines Stützpunktes wie La Haye Sainte (Waterloo) oder St. Hubert (Gravelotte) empfehlen. Die Ränder des Wäldchens von Mey, das Tannenwäldchen von Colombey wären bei heutiger Bewaffnung in kurzer Zeit durch Artilleriefeuer unhaltbar geworden.

Größere Stützpunkte, wie z. B. der **Swiep-Wald** (Königgrätz), der **Niederwald** (Wörth), die **Dörfer St. Privat** und **Bazeilles**, **das Dorf Sandepu**, in der Schlacht gleichen Namens, werden auch in Zukunft eine Rolle spielen und zwar in um so höherem Maße, als es der Verteidigungs-Artillerie gelingt, die gegnerischen Batterien in Anspruch zu nehmen. Das Vorhandensein derartiger Stützpunkte in einer Stellung, in der man sich schlagen will, zwingt, sie auch zu besetzen. Sie können nicht einfach außer acht gelassen werden. Immerhin gewähren sie Deckung gegen Sicht, gestatten eine Verteidigung mit schwachen Kräften, ziehen trotz der Erkenntnis von dem zersetzenden Einflusse der Ortskämpfe erfahrungsgemäß den Gegner an und lenken das Artilleriefeuer von den schwerer zu erkennenden Schützengräben ab.

Eine starke, mit allen Mitteln der Befestigungskunst vorbereitete Front weist den Angreifer darauf hin, seinen Angriff gegen die Flügel oder die Flanke des Feindes zu richten.

Anlehnung der Flügel an ein unbedingtes Hindernis wird nur in seltenen Ausnahmefällen vorhanden sein. Der Begriff „Hindernis" ist sehr verschieden und schwindet sogar zum Teil bei energischer Führung und sachgemäßer Vorbereitung. Der linke Flügel der französischen

---

[1]) S. Taktik VI, S. 36. 50. Im Kriege in Ostasien haben Örtlichkeiten wiederum eine bedeutende Rolle gespielt.

Armee fand am 18. August eine Anlehnung an die Mosel und einen Schutz in den staffelartig hinter dem Flügel liegenden Befestigungen des Mont St. Quentin. Das hinderte aber nicht, daß dennoch dieser Flügel bei Jussy und Rozérieulles in sehr empfindlicher Weise von der 25. Infanterie=Brigade angegriffen wurde. Waldungen haben sich fast immer, wenn sie nicht ganz unwegsam waren, als äußerst unzuverlässige Flügelanlehnungen erwiesen, indem sie die eigene Auf=klärung erschwerten, die Maßnahmen des Gegners verschleierten. Kann man einen auf den Flügeln sich ausbreitenden Wald nicht gehörig besetzen, so tut man besser, die Flügel von diesem Walde in einer solchen Entfernung zu halten, daß keine bedeutende Feuerwirkung aus dem Rande zu besorgen ist, in den Wald selbst nur stärkere Streif=parteien zu entsenden, um über etwaige Bewegungen des Feindes zeitig genug Aufschluß zu erhalten. Jedoch auch unter solchen Verhältnissen bleibt die Nähe eines unbesetzten Waldes, da er die Anordnungen und Bewegungen des Gegners verbirgt, immer noch nachteilig und lähmt gewissermaßen die ganze Verteidigung.

Hinter der Stellung ist gangbares, der feindlichen Feuer=wirkung entzogenes Gelände erwünscht, um der Truppe Seitwärts=bewegungen zu gestatten, bei ungünstigem Ausgange des Kampfes ein Zurückgehen in breiter Front zu ermöglichen; Hindernisse hinter der Stellung erschweren den Abzug. Sie zwingen, entweder das Ab=brechen des Kampfes frühzeitig anzuordnen oder Teile stehen zu lassen, um den Übergang aus der breiten Gefechtsfront in die schmale Marsch=front zu ermöglichen. Drängt der Angreifer energisch nach, so werden diese Teile nur unter schweren Verlusten an Mannschaften und Ma=terial ihre Aufgabe lösen können (österreichische Artillerie in ihrer Stellung bei Königgrätz, Stellung der Franzosen auf dem Mont de Brune bei Beaumont).

Die Truppe geht senkrecht zu ihrer Front zurück. Bildet die einzuschlagende Rückzugsstraße mit der Gefechtsfront einen Winkel, so wird es schwer halten, die Truppe in diese Richtung hineinzulenken, Teile werden abgedrängt, Teile müssen sich mit den Waffen in der Hand einen Weg bahnen. Am günstigsten sind senkrecht zur Front liegende, von allen Teilen leicht zu erreichende Rückzugsstraßen. Der Übergang aus der Gefechtsfront in die Marschkolonnen wird erleichtert, wenn sich innerhalb wirksamen Geschützbereichs von der Stellung ein günstiger Abschnitt zur Aufnahme bietet, an dem es möglich sein wird, dem Gegner Aufenthalt zu bereiten, Marschkolonnen zu bilden und den Abzug einzuleiten.

Deckendes, leicht zu durchschreitendes Gelände hinter der Stellung, wie lichte Waldungen ermöglichen es den Abziehenden, die nachdrängenden Truppen des Gegners abzustreifen und einen geordneten Rückzug einzuleiten. Hierzu kommt noch der Vorteil, daß der Wald dem Sieger die Unordnung verbirgt, welche beim Geschlagenen herrscht. Nach einem unglücklichen Ausgange der Schlacht von Waterloo hätte der lichte Wald von Soigne den Engländern den Rückzug in hohem Maße erleichtert, andererseits bereitete am 25. Juli 1866 der Rinderfelder Forst, der außerhalb der Wege schwer zu durchschreiten war, dem Zurückgehen der hessischen Division besondere Schwierigkeiten, da die Straßen durch Wagenkolonnen gesperrt waren[1]. Liegen Hindernisse hinter der Stellung, so ist für Anlage und Bezeichnung von Übergängen zu sorgen. Hinter der österreichischen Stellung von Königgrätz waren nur elf Brücken über Adler und Elbe angelegt, eine hinreichende Bezeichnung und Zuweisung der Übergänge an die einzelnen Verbände war jedoch versäumt worden[2].

2. Vorgeschobene Stellungen[3].

Dem Angreifer kann durch Verteidigung vorgeschobener Stellungen Zeitaufenthalt verursacht und Unbequemlichkeiten bereitet werden. Diese Vorzüge zeigen sich mehr unter kleineren Verhältnissen, im Detachementskriege und bei unseren Friedensübungen, wenn eine ungünstige Gefechtslage durch das Signal zum Halten beendet wird, eine Täuschung durch die knappe Munitionsausrüstung der Infanterie sich länger als im Ernstfalle aufrecht halten läßt.

Es ist zu unterscheiden, ob die Besetzung vorgeschobener Stellungen in der Absicht erfolgt, die Aufklärung des Feindes zu erschweren, diesen irre zu führen, oder ob die Führung sich von ihrer Verteidigung gefechtstaktische Vorteile verspricht. Im ersteren Falle werden schwächere Truppen (abgesessene

---

[1] Kriegsgeschichtliche Einzelschriften, Heft 22/23, S. 381. v. Lettow-Vorbeck, Krieg von 1866, III, S. 350.

[2] Jähns, Königgrätz, S. 86, 93.

[3] Hoppenstedt, Major, Vortruppenkämpfe. Berlin 1898. Kopp, Major a. D., Die vorgeschobenen Postierungen der Franzosen in der Schlacht von Gravelotte-St. Privat. Beiheft 6 und 7 zum Militär-Wochenblatt 1901.

Kavallerie, Jagdkommandos, Radfahrer- und Maschinengewehr-Abteilungen) über die Stellung hinaus vorgeschoben. Ihre Verwendung ist meist von Vorteil, die geringe Stärke dieser Postierungen bestimmt sie von vornherein zum Zurückgehen, niemals kann der Ausgang dieser Scharmützel von Einfluß auf die Entschlüsse der Führung sein. Anders mit stärkeren Abteilungen, wohl selten wird die Führung gleichgültig zusehen, wie die Gefechte dieser Truppen verlaufen.

Als vorgeschobene Stellungen können nicht einzelne vorspringende Punkte der Gefechtslinie angesehen werden, die in dauernder Verbindung mit der Hauptstellung bleiben und mit dieser einheitlich angegriffen und verteidigt werden (Mougnot Berg bei Héricourt in der Lisaineschlacht). **Vorgeschobene Stellungen sind räumlich von der eigentlichen Stellung getrennt, liegen aber noch in ihrem wirksamen Feuerbereich (d. h. also etwa bis zu 3 Kilometer entfernt)**[1]. Ihre Wegnahme und Verteidigung bilden fast immer selbständige Gefechtshandlungen. Noch weiter vorgeschobenen Truppenabteilungen wird man nach Art der Außenabteilungen einer Festung größere Selbständigkeit lassen müssen. Losgelöst von der Hauptstellung entspricht ihr Verhalten dem Verfahren eines selbständigen Detachements.

Die Absicht, einen wichtigen, vor der Front gelegenen Punkt nicht ohne Kampf dem Feinde zu überlassen, diesen an der Ausnutzung der Vorteile zu hindern, die sich aus seinem Besitz ergeben, kann leicht Veranlassung werden, diesen Stützpunkt selbst zu besetzen und zu verteidigen, und doch wird dieser Entschluß meist nicht richtig genannt werden können. Den Franzosen sind durch Nichtbesetzen von Wörth keine besonderen Nachteile erwachsen. Richtiger wird es sein, dem Feinde die Ausnutzung dieser Stützpunkte durch Anbringen von Hindernissen und durch Vorbereitung zur Abgabe von Massenfeuer aus der Hauptstellung zu verwehren.

Was verspricht sich die Führung von der Verteidigung vorgeschobener Stellungen?

Die in Geländebedeckungen eingenisteten Abteilungen sollen, unterstützt durch die fehlende Raucherscheinung der Schußwaffen, die Er-

---

[1] Derrécagaix 4, höchstens 6—8 Kilometer. Solche vorgeschobenen Stellungen waren: Ste. Marie aux Chênes, Champenois, l'Envie, Chantrenne, Bois des Genivaux, St. Hubert, vor der mit dem Höhenrande zusammenfallenden französischen Gefechtsstellung am 18. August 1870.

kundung erschweren, die Täuschung hervorrufen, daß die vorgeschobene Stellung bereits die Hauptstellung sei. Für kleine Verhältnisse kann dieses wohl zutreffen, nicht aber für die große Schlacht. Eine Armee kann nicht wie z. B. eine Kompagnie oder ein Bataillon spurlos im Gelände verschwinden; es ist undenkbar, daß nicht von diesem oder jenem Punkte des Vorgeländes aus doch ein Einblick in die Maßnahmen des Feindes zu gewinnen wäre. Abgesehen von der durch mangelnde Aufklärungstätigkeit hervorgerufenen Unkenntnis der Engländer über die Stellung der Buren bei Colenso ist kein Beispiel aus der neueren Kriegsgeschichte bekannt, welches sich als Beleg hierfür anführen ließe.

Zweifelsohne kann Besetzen einer vorgeschobenen Stellung den Gegner zu verfrühtem Aufmarsch zwingen, dadurch einen Zeitgewinn schaffen, welcher der Befestigung der Hauptstellung zugute kommt, Änderungen in der Besetzung, Verschiebungen der Reserven ermöglicht[1]). An kurzen Wintertagen vermag man so vielleicht eine Entscheidung hinauszuschieben, wie das Beispiel der Schlacht an der Hallue zeigt. Von gleichem Nutzen für den Verteidiger war der Widerstand der Besatzung von Boncourt (Nuits), der es dem General Cremer ermöglichte, seine entsandten Abteilungen heranzuziehen und der die Deutschen zwang, ohne erst die Artillerievorbereitung abzuwarten, zum Angriff auf den Eisenbahneinschnitt von Nuits anzusetzen. Der Widerstand dieser vorgeschobenen Stellungen wird am zweckmäßigsten gebrochen durch starke Artillerieentfaltung und Vorgehen der Infanterie in breiter Front, jede Überstürzung des Angreifers ist vom Übel, jedes Einsetzen schwacher Kräfte verfehlt. In den Zwischenräumen der Stützpunkte werden die Abteilungen des Angreifers eindringen, den Rückzug der Vortruppen bedrohen, diese dann zum Verlassen ihrer Stellungen zwingen. Nun werden von den Anhängern der vorgeschobenen Stellungen lang auseinandergereckte Stellungen empfohlen,

---

1) Die „Vor=Stellung" des 1. Jäger=Bataillons bei Baccon (Coulmiers) zog beträchtliche Teile der zur Umfassung des bayerischen rechten Flügels bestimmten französischen Truppen auf sich. Der ganze Verlust der dann rechtzeitig zurückgehenden Bayern betrug hierbei nur 18 Mann. General v. d. Tann wurde durch die Kämpfe um Baccon, La Rivière und La Renardière in die Lage gesetzt, Klarheit über die Absichten des Angreifers zu gewinnen. Die französischen Generale erkannten viel zu spät, daß mit der Besetzung von Baccon durch die Bayern (1. Jägerbataillon und zwei reitende Batterien) in erster Linie der Zweck verfolgt wurde, Zeit zur eigenen Orientierung zu gewinnen.

die natürlich mehr Truppen zu Verteidigung verlangen, somit dem Angreifer die Möglichkeit gewähren, einen Teilerfolg zu erringen. Hierdurch entsteht „das Künsteln mit sukzessiven Aufstellungen", vor denen mit Recht zu warnen ist.

Ein treffendes Beispiel ist das Gefecht von Zella am 4. Juli 1866 [1]). Je schwächer der Charakter des Führers, um so mehr wird die Zersplitterung der Truppen begünstigt. In der Schlacht von Kazeljewo am 5. September 1877 verbleiben in der Hauptstellung nur 6 Bataillone, 3 Eskadrons, 5¼ Batterien, während der General Timowiew 4 Bataillone, 4 Eskadrons, 2 Batterien auf das andere Lom=Ufer in eine vorgeschobene Stellung entsendet [2]). S. u. S. 279.

Derartig vorgeschobene Punkte können zuweilen von Wert sein, um einen aus der Stellung nicht zu beherrschenden Hang unter Feuer zu halten [3]), Hougomont und La Haye Sainte vor der englischen Stellung von Waterloo, aber nicht St. Hubert bei Gravelotte, da von Moscou aus der Hohlweg der Chaussee unter Feuer zu halten war), um bei der Verteidigung der rückwärtigen Ränder einer Hochfläche den An=marsch des Feindes zu beschießen (Roter Berg bei Spichern), oder einen beherrschenden Punkt zu besetzen, der für die Durchführung der Verteidigung von Wichtigkeit sein würde. Aus diesen vorgeschobenen Stellungen vermag man jedenfalls mit Erfolg die feindliche Artillerie von der Hauptstellung fernzuhalten. Durch Besetzung vorgeschobener Punkte kann zweifelsohne das Vorgehen des Angreifers verzögert, der dem Verteidiger zur Verfügung stehende Raum vertieft werden, dieses gibt die Möglichkeit, bei getrenntem Vormarsch des Angreifers einen Teil fern zu halten, gegen den anderen offensiv zu werden [4]).

Schließlich hofft die Verteidigung, Teile des Angreifers aus der geplanten Angriffsrichtung abzulenken [5]) und in ein für den Angreifer

---

1) v. Lettow=Vorbeck, Der Krieg von 1866, III, S. 71 u. f.

2) Springer, Russ.=Türk. Krieg, III, S. 164.

3) Der Besitz des Landgrafenberges bei Jena, dessen Besetzung von den Preußen versäumt war, überließ dem Feinde alle nach der linken Flanke und dem Rücken des Lagers führenden Wege, er benahm den Preußen jede Einsicht in das Saaletal, gestattete dem Feinde dagegen einen völligen Überblick über die Bewegungen der verbündeten Armeen. Unerwartet für die preußischen Führer erfolgte aus dieser Richtung dann am 14. Oktober 1806 der Hauptangriff der Franzosen. v. Lettow=Vorbeck, Der Krieg 1806/7, I, S. 322 u. f.

4) Man prüfe mit Rücksicht hierauf die Anordnungen des Verteidigers bei Bautzen (1813) und Königgrätz.

5) Bei Skalitz trifft dieses zum Teil zu. Neun Bataillone des preußischen

ungünstiges Gelände hineinzuführen. Immer ist mit der Möglichkeit zu rechnen, daß Teile des siegreichen Angreifers sich zum verfrühten und vereinzelten Vorgehen gegen die Stellung des Gegners, zum Durchgehen nach vorn verleiten lassen[1]. Tut der Angreifer dem Verteidiger diesen Gefallen, so hat allerdings die Vorstellung sich reichlich bezahlt gemacht. Es ist aber Aufgabe der Taktik, durch Erörterung dieser Verhältnisse solchen Fehlern vorzubeugen. Rechnet man den unbestrittenen Vorteil des Zeitgewinnes ab, so baut sich das ganze System der vorgeschobenen Stellungen auf die schwache Voraussetzung auf, daß der Gegner Fehler macht. Wenn ich aber aus dem Studium der Kriegsgeschichte und aus der Kenntnis der Vorschriften fremder Armeen weiß, daß der Gegner zur Anwendung vorgeschobener Stellungen neigt, so hat es für einen Führer weiter keine großen Schwierigkeiten, geeignete Maßregeln zu treffen, um mit solchen vorgeschobenen Stellungen fertig zu werden, ohne das Gelingen des Hauptangriffes in Frage zu stellen.

Wenn wir die Möglichkeit des Zertrümmerns der vorgeschobenen Abteilungen, die Bedeutung dieser Teilniederlage, ihren Eindruck auf die übrigen Truppen, das Maskieren des Feuers aus der Hauptstellung, die Möglichkeit, daß der Angreifer unter dem Schutze der zurückflutenden Abteilungen sich der eigentlichen Stellung nähert, auch so gering wie möglich bewerten, so ist die Gefahr für den Verteidiger, daß sich der Kampf wider den Willen des Führers in der Vorstellung abspielt, so schwerwiegend, daß der Vorteil des Zeitgewinnes kaum noch ins Gewicht fällt. Wenn auch den vorgeschobenen Truppen Befehl gegeben wird, den Rückzug anzutreten, sobald sie den Gegner zur Entwickelung gezwungen haben, so liegt bei anfänglichen Erfolgen die Versuchung nahe, in ihrer Stellung auszuharren. Große Ver-

---

Armeekorps werden in schwieriges Gelände geführt, der Leitung entzogen und auf die starke Front gelockt, damit die Zusammenhanglosigkeit der Bewegungen angebahnt. Auch Teile des XII. Armeekorps bogen am 18. August 1870 auf Ste. Marie aux Chênes ab. S. S. 277.

1) Für den Angriff auf Lowtscha befahl Skobelew (Kuropatkin-Krahmer I, S. 53): „Wenn sich der Feind nach Besetzung der vorderen Höhen nicht ergibt, so bleiben die Truppen hier halten, graben sich ein und führen die Artillerie zur Beschießung der nächsten Stellung des Feindes nach." — Wie notwendig eine solche Vorschrift ist, zeigt das Verhalten des Regiments Kaluga (nach Einnahme der grünen Höhe bei Plewna), Kuropatkin-Krahmer I, S. 153.

luste sind dann die unausbleiblichen Folgen ¹). Gewiß hat die Verteidigung schon viel durch Zeitgewinn, d. h. Aufschub der Entscheidung erreicht, aber bei einem Kampfe auf Leben und Tod kommt es nicht darauf an, daß das Ende verzögert, sondern vielmehr, daß das Eintreten des Todes überhaupt verhindert wird. Je mehr die Entscheidung suchende Verteidigung den Gedanken der Offensive betont, um so eher wird sie sich verleiten lassen, einen vorübergehenden Erfolg durch Vorbrechen aus der Stellung auszunutzen, somit die Durchführung des Kampfes in das Vorgelände der Stellung zu legen. Gewiß soll nicht bestritten werden, daß dieses zuweilen richtig sein kann, aber im allgemeinen ist der Augenblick des Gegenstoßes erst gekommen, wenn die Krisis eingetreten ist. — Ligny, Skalitz reden eine deutliche Sprache. Vorgeschobene Stellungen werden sich nicht vermeiden lassen, wenn es sich darum handelt, Zeit zu gewinnen (z. B. Einnehmen einer Stellung im Rückzuge, wenn der Feind nachdrängt).

In den Kampf um den von der 7. preußischen Infanterie-Division genommenen Swiep-Wald, der vor der österreichischen Stellung bei Königgrätz lag, wurden nach und nach 53 österreichische Bataillone verwickelt, dadurch die Bildung der Defensivflanke vereitelt, so daß der Stoß der kronprinzlichen Armee, ohne auf Widerstand zu treffen, bei Chlum das Herz der österreichischen Stellung erreichte. Jeder Vorstoß des französischen VI. Armeekorps bei St. Privat wäre deutscherseits mit Freuden begrüßt. Die Besetzung der vorgeschobenen Stellung von Stadt und Bahnhof Weißenburg zwang die Division Douai zum verlustreichen Ausharren auf dem Geisberge, wenn sie ihre Vortruppen nicht preisgeben wollte. Die früh hereinbrechende Dezembernacht schützte die Truppen Faidherbes an der Hallue vor einem gleichen Schicksal, nachdem der Kampf am 23. sich in der Vorstellung abgespielt und die 15. Division schließlich ihre Umfassung ausgeführt hatte ²).

Vorgeschobene Stellungen sind für den Angreifer nur dann von Nachteil, wenn er sie mit unzureichenden Kräften anfaßt, wenn er mit nicht entwickelter Front in den Kampf tritt, somit das tut, was der Verteidiger will. Dieser rechnet mit Möglichkeiten, die der Angreifer aber vermeiden kann. Auf die Gefahr, daß eine solche Stellung mit unzureichenden Kräften angegriffen war, daß der Angreifer sich nach

---

1) Verlustreiches Gefecht der Landwehrbrigade Zimmermann am 15. Januar 1871 vorwärts Montbéliard. Kunz, Entscheidungskämpfe, II, S. 24.

2) In gewissem Sinne paßt auch hier le Bourget, welches zuerst 3 km vorwärts der Stellung der 2. Garde-Infanterie-Division am rechten Ufer des Morée-Baches und 2500 Meter von den Geschützen der französischen Forts entfernt war. Aus moralischen Gründen durfte man den in Paris eingeschlossenen Franzosen nicht den Besitz dieses Punktes lassen.

18*

ihrer Einnahme womöglich in dichten Massen im Bereich des wirksamen Feuers der Hauptstellung befindet, muß besonders hingewiesen werden. Die wenigen Fälle, in denen sie dem Verteidiger Vorteil bieten, sind schon erwähnt: Zeitgewinn, Vergrößerung der Tiefe des zur Verfügung stehenden Raumes, Klarheit schaffen über des Gegners Absichten, wenn dieses der Kavallerie nicht möglich ist. Mit Lösung dieser Aufgaben ist aber auch ihr Zweck erfüllt.

Abgesessene Kavallerie vermag häufig mit Erfolg das Gewünschte zu erreichen. Verwendet man ausschließlich Infanterie dazu, so ist ihre Verteidigungsfähigkeit gegenüber einem über Infanterie und Artillerie verfügenden Angreifer relativ gering. Gibt man Artillerie bei, so kann das nur in beschränktem Maße geschehen. Eine schwache Artillerie wird aber in kurzer Zeit, wenn sie nicht geschützweise wie die Buren-Artillerie in günstigen Stellungen verteilt wird, dem umfassenden und überlegenen Feuer der Angriffsartillerie zum Opfer fallen, ohne daß die Angriffsartillerie großen Schaden erleidet oder zur völligen Entwickelung gezwungen wird.

Diese Verhältnisse werden sich auch nicht viel ändern, wenn die Artillerie der Hauptstellung in den Kampf um „die Vorstellung" eingreifen sollte. Dafür ist u. a. der Artilleriekampf um Ste. Marie aux Chênes ein Beweis. Die Hauptstellung liegt meistens viel zu weit zurück, um die Mitwirkung der Artillerie für den Angreifer der Vorstellung gefährlich zu machen.

Deutschland: J. E. R. 407: „Vorgeschobene Stellungen behindern leicht das Feuer der Hauptstellung und führen häufig zu Teilniederlagen. Handelt es sich um Zeitgewinn, so können sie als Scheinanlagen hergestellt werden. Sie sind nur mit schwachen Kräften zu besetzen, die nach Entwickelung des Feindes möglichst ohne Kampf zurückgehen." Die Feldbefestigungsvorschrift Nr. 13: „Die Einrichtung und Besetzung vorgeschobener Stellungen (von etwaigen Vorpostenaufstellungen abgesehen) empfiehlt sich meist nicht, führt vielmehr leicht zur Niederlage der vorgeschobenen Truppen und zugleich zur Verdeckung des Feuers aus der Hauptstellung. Man verstärkt daher am besten nur eine Linie mit allen Mitteln."

Österreich (1903). „Die Besetzung von vorwärts der gewählten Verteidigungsstellung gelegenen Positionen ist nur in jenen Fällen zulässig, in welchen es sich um Zeitgewinn und Täuschung handelt oder hierdurch dem Feinde bedeutender Verlust zugefügt werden kann. Die Gefechtsleitung darf jedoch durch eine solche Maßnahme in der konsequenten Festhaltung ihrer ursprünglichen Absicht nicht beeinträchtigt werden."

Dann wird an anderer Stelle das Vorschieben von kleineren Abteilungen über die Stellung hinaus empfohlen, um die Erkundung zu erschweren.

Frankreich (1904). „Unter Umständen können gemischte Abteilungen der drei Waffen vorgeschoben werden, um Stützpunkte vor der Front zu besetzen oder um den Feind aufzusuchen, anzugreifen, zur Entwickelung zu zwingen und nach einer Richtung zu ziehen, welche dem Verteidiger günstige Verhältnisse darbietet."

England (1905). Berittene Truppen, günstigstenfalls auch Artillerie, sollen, um den Feind zu täuschen, in vorgeschobenen Stellungen Verwendung finden.

* * *

Der General Langlois fordert in seinem Werke „L'artillerie de Campagne" Außendetachements aller Waffen. Ein Armeekorps soll auf 8—10 km Entfernung drei solche Detachements vorschieben. Da ihre Aufgabe die Täuschung des Gegners ist, da ferner mit der Stärke an Infanterie die Gefahr ernsten Widerstandes und verspäteten Rückzuges wächst, scheint die Artillerie durch ihr weithin reichendes Feuer, vermöge ihrer erkundenden und zur Entwickelung zwingenden Kraft berufen, die erste Rolle zu spielen. Die Zuteilung von Infanterie bestimmt sich in diesem Falle nach dem Sicherheitsbedürfnis der Artillerie. Bei geschickter Führung und bekannter Anmarschrichtung des Feindes werden sie sicherlich in der Lage sein, den Vormarsch des Feindes zu verzögern. Es bleibt aber immerhin abzuwägen, ob Kavallerie mit reitender Artillerie nicht in der Lage ist, die gleichen Aufgaben zu erfüllen, ob die Zersplitterung der Kräfte, ob die Gefahr, daß diese Detachements aufgerieben und vernichtet werden (Division Douai bei Weißenburg), ob der moralische Eindruck ihres Rückzuges die Vorteile aufwiegt, welche durch Verzögerung des feindlichen Anmarsches entstehen könnten. Schließlich setzt das Vorschieben der Außendetachements eine gewisse Kenntnis der Anmarschrichtung voraus; ist man im unklaren über die Angriffsrichtung des Feindes, so kann es sich ereignen, daß einzelne von diesen Außendetachements durch Kavallerie an ihre Stellung gefesselt und von dem Entscheidungskampfe ferngehalten werden.

Kriegsgeschichtliche Beispiele für Verwendung solcher Außendetachements.

General Derrécagaix bezeichnet vorgeschobene Stellungen unter Hinweis auf den Kampf um Ste. Marie aux Chênes geradezu als Vorbedingung einer guten Verteidigung. Die Stellung bei Ste. Marie wurde von 40 Offizieren, 1450 Mann des 94. Linien-Regiments verteidigt, die durch eine vorgeschobene Batterie unterstützt wurden. Der Angreifer setzte hiergegen ein 10 600 Gewehre, welche durch das Feuer von 88 Geschützen unterstützt wurden. Der Angriff mußte einzig und allein den vier Bataillonen der Garde-Infanterie zufallen (3600 Gewehre), das Abbiegen der 47. Brigade ist nicht nachahmenswert, sie wurde aus ihrer Vormarschrichtung abgelenkt und gegen den stärksten Teil der feindlichen Stellung geführt. Als sie sich dann verleiten ließ, über die Umfassung des genommenen Dorfes hinaus vorzugehen, wurde sie zweckmäßig auf Befehl des kommandierenden Generals zurückgeholt. Der Rückzug des französischen Regiments Nr. 94 längs der Chaussee war durch das Feuer der preußischen Artillerie unmöglich gemacht, aber auch in nördlicher Richtung hätte unsere Kavallerie das Entkommen hindern können, wenn sie zur Hand gewesen wäre. Französischerseits wurde der Fehler gemacht, zur Aufnahme der zurückgehenden Verteidiger mit einer ganzen Brigade aus der Stellung vorzugehen. Die Umfassungsbewegung der Sachsen zwang diese Brigade dann zurückzugehen.

Aufklärung, Deckung und Zeitgewinn, demnach Täuschung des Gegners gelingt den vom General v. Werder vor die Lisaine-Stellung vorgeschobenen Detachements in Arcey und Lure trefflich. Die Tätigkeit des ersteren hatte vom 8. bis 12. Januar 1871 das auf Montbéliard und Héricourt angesetzte XXIV. französische Korps völlig zu täuschen gewußt und scheint sogar bei Bourbaki die Befürchtung hervorgerufen zu haben, von Norden und von Belfort her gleichzeitig angegriffen zu werden. Dem Befehl Werders entsprechend, „durch Standhalten den Feind zur Entwickelung zu zwingen, aber keinesfalls sich die Freiheit des Rückzuges rauben zu lassen", gelang es unter schrittweiser Verteidigung am 13., sich westlich der Lisaine zu behaupten. Da die Franzosen den 14. zum Aufschließen in der Linie Arcey-Chavanne benutzten, wurde das Detachement erst am 15. hinter die Lisaine zurückgenommen. Die Anwesenheit des Detachements Lure übte wesentlich einen hemmenden Einfluß auf die Vorwärtsbewegung der Division Cremer aus. Ein Abmarsch Bourbakis gegen Manteuffel konnte von den vorgeschobenen Posten rechtzeitig erkannt werden.

Ein ganz ähnliches Verfahren zeigt der General Chanzy um die Jahreswende 1870/71. Am 19. Dezember erreicht seine Armee die Gegend von Le Mans und wird hier weniger mit Rücksicht auf Verteidigung als auf Erholung untergebracht. Nach den Kämpfen um Orleans war seine Armee völlig desorganisiert, sie brauchte Zeit, um sich zu erholen, die Ordnung wiederherzustellen, jeder Kampf mußte für die Hauptmasse vermieden werden; diese Aufgabe, die Ruhe der Armee zu sichern, fiel den vorgeschobenen Postierungen zu, welche außerdem ermöglichten, die Hilfsmittel eines größeren Raumes auszunutzen. So wurden Detachements östlich bis zu 50 km an den Braye-Abschnitt, nordöstlich in Richtung auf Chartres nach Nogent le Rotrou vorgeschoben (60 km). Das bedeckte Gelände und die kurzen Wintertage gaben den kleinen Detachements die Möglichkeit, sich bei einem Angriff der Vernichtung zu entziehen. Solange für den General Chanzy die Möglichkeit noch vorlag (d. h. bis zum 8. Januar abends), gemeinsam mit den anderen Provinzialarmeen auf Paris vorzugehen, verschleierten diese Abteilungen das Erkennen der Vorwärtsbewegung. War aber eine Offensive nicht mehr möglich, so fiel den Außendetachements die Aufgabe zu, die Vereinigung der Armee bei Le Mans zu sichern. Dann aber mußten sie unbedingt zurück, und das wurde versäumt. Am 9. stehen von den 11 Divisionen der Armee 5 (62 500 Mann) in vorgeschobenen Stellungen, 6 in der eigentlichen Kampfstellung (75 000 Mann). In dem Armeebefehl vom 10. Januar 1871 wies Prinz Friedrich Karl darauf hin, „daß, je schneller und entschiedener die einzelnen Kolonnen in Richtung auf Le Mans Terrain gewinnen, in desto größere Verlegenheit die einzelnen feindlichen Abteilungen, welche sich noch zwischen unseren Marschrichtungen befinden, geraten müssen". Die Kämpfe spielen sich zum großen Teile in dem Raume vor der französischen Stellung ab. Sobald französischerseits bekannt war, daß eine Entscheidung bevorstand, hatte Zeitgewinn keine Bedeutung mehr, einzig und allein handelte es sich dann darum, alles zur Entscheidungsschlacht in einer vorbereiteten Stellung zu vereinen. Zu einer einheitlichen Verwendung seiner Überzahl gelangte Chanzy überhaupt nicht mehr. Die Armee erlitt eine völlige Niederlage.

Derartige Detachements aller Waffen sollen auch nach dem Exerzierreglement für die Infanterie 1904 Verwendung finden. In ganz besonders ausgedehntem Maße fanden die Außendetachements Verwendung vorwärts der für

einen ernsten Kampf in Aussicht genommenen Stellung von Liau=
jang. Der Zeitgewinn war gering, das langsame Vorgehen der Japaner dem Um=
stande zuzuschreiben, daß sie vor Führung des Hauptschlages unbedingt sicher gehen
wollten. Der Widerstand der an der Eisenbahn vorgeschobenen Streitkraft mußte
sein Ende erreichen, sobald die aus 3 Divisionen bestehende I. Armee (35000 Mann)
energisch auf Liaujang vorging. Anfang Juli standen im Raume Liaujang und
östlich Anping etwa 57000 Mann, bei Haitschöng die 35., $^1/_2$ 31. Infanterie=Division,
5. Schützen= und $^1/_2$ 2. sibirische Division, bis nach Taschikiao vorgeschobene 1.,
9. Schützen= und 3. sibirische Infanterie=Division, zusammen 97000 Mann, dicht an
ihrer Front die aus 4 Divisionen bestehende II. japanische Armee. Dieses Künsteln
mit mehreren Stellungen hintereinander setzt sich dann weiter fort. Über die
Stellung von Haitschöng war Ende Juli noch das II. sibirische Korps bei Simut=
schön vorgeschoben, welches sich westlich des Ortes zur Verteidigung vorbereitete,
außerdem aber noch 2 vorgeschobene Stellungen hintereinander einrichtete. Der Kampf
spielte sich am 31. Juli 1904 in der ersten vorgeschobenen Stellung mit 7 Bataillonen
ab. Versuche, sie nach Verlust wiederzunehmen, wurden abgewiesen, dann mußten in=
folge Bedrohens in der Flanke sowohl die Stellung von Simutschön als auch die von
Haitschöng ohne ernsten Kampf aufgegeben werden.

General Langlois fordert dann noch eine Artillerievorlinie. Die in
dieser unter geringem Infanterieschutz entwickelten Batterien sollen den Feind durch
ihr Feuer überraschen, die feindliche Avantgarde zu vorzeitigem Angriff verleiten.
Nach kurzem Feuergefecht sollen die Batterien in schneller Gangart in die Haupt=
stellung zurückgehen[1]).

Die Schwierigkeit wird stets sein, die Batterien ohne große Verluste aus diesem
Kampfe zurückzuziehen, und es bleibt fraglich, ob sie dann noch genügend Kraft be=
sitzen, um ihrerseits noch wirksam den Artilleriekampf durchzuführen. Befinden sich
z. B. drei Batterien in einer solchen Vorstellung, so vermögen sie wohl mit Erfolg
den Geschützkampf gegen die gleiche Zahl feindlicher Batterien aufzunehmen; wie ganz
anders gestaltet sich aber das Bild, wenn der Angreifer, anstatt nur mit seiner
Avantgarden=Artillerie, gleichzeitig mit seiner gesamten Artillerie das Feuer eröffnet;
der Ausgang kann daher nicht lange zweifelhaft sein. Der Gedankengang des Generals
Langlois hat zur Voraussetzung, daß der Angreifer, gemäß den französischen Vor=
schriften, den Kampf nur mit seiner Avantgarden=Artillerie eröffnet, diese dann, wenn
sie den Widerstand des Feindes allein nicht mehr zu brechen vermag, nach einiger
Zeit durch die Artillerie des Gros verstärkt.

---

1) Es ist nicht uninteressant, zur Beurteilung dieses Vorschlages einmal das
Verhalten der Artillerie des österreichischen III. und X. Armeekorps in der Vorstellung
an der Bistritz in der Schlacht von Königgrätz näher zu prüfen. Die 2 Batterien
des III. Armeekorps werden rasch von den vier Batterien der 8. preußischen Division
zum Schweigen gebracht und mit der begleitenden Infanterie zum schnellen Rückzuge
gezwungen. Dank einer weniger vorsichtigen Gefechtsführung der 4. preußischen
Infanterie=Division vermögen die 11 Batterien des X. Armeekorps den 4 Batterien
dieser Division schweren Schaden zuzufügen und dann ungefährdet die Hauptstellung
zu erreichen.

Seitwärts der Stellung gelegene Geländegegenstände (z. B. Roncourt in Beziehung zu St. Privat, Gehöfte nördlich Coulmiers) erschweren den umfassenden Angriff, indem ihre Besatzung das Erkennen der eigentlich besetzten Stellung erschwert und die Umgehungskolonnen zum weiteren Ausholen zwingt. Sie verstärken die frontale Verteidigung, sei es durch das eigene Feuer, sei es, daß sie der Verteidigungs-Artillerie gestatten, sich längere Zeit in Höhe des Stützpunktes zu halten. Sie bilden ferner die Gerippunkte für Verlängerung der Stellung, geben den nötigen Schutz für Ausführung eines Gegenstoßes und bieten, wenn sie als Staffel zurückgezogen liegen, einen wirksameren Schutz gegen die Umfassung als ein zurückgebogener Haken, da dieser leicht der Länge nach gefaßt werden kann, die Feuerüberlegenheit des Angreifers zunächst an den Bruchpunkten der Linie sich aussprechen wird. Die Bedenken, welche vorhin gegen vorgeschobene Stellungen ausgesprochen wurden, treffen nicht in dem gleichen Maße bei diesen seitlichen Stützpunkten zu, da die Besatzung keineswegs gezwungen ist, auf die Hauptstellung zurückzugehen und so deren Feuer nicht maskieren wird. Die Besatzungen dieser Flügelstützpunkte müssen sich so lange wie möglich behaupten; wenn sie zum Räumen ihres Postens gezwungen werden, müssen sie derart zurückgehen, daß sie dauernd den Angriff flankieren, somit dem Verteidiger die Möglichkeit zur Ausführung eines Gegenstoßes geben. Es sei hier an das recht geschickte Zurückgehen der Verteidiger von Roncourt (St. Privat) nach dem Wald von Jaumont erinnert; wäre dieser Wald für Bewegungen geschlossener Abteilungen geeigneter gewesen, so hätte sich hier für die Franzosen Gelegenheit zur Ausführung eines kräftigen Gegenstoßes geboten [1]).

3. Über Flankenstellungen.

In Besprechung der Lösungen der den zum Generalstab kommandierten Offizieren im Jahre 1881 gestellten taktischen Aufgabe (Nr. 63) entwickelt der Feldmarschall Moltke in folgender Weise das Wesen der Flankenstellung:

"Eine Flankenstellung ist eine Stellung, die neben und parallel der Operationsrichtung des Feindes genommen wird — eine Stellung,

---

1) Vgl. das geschickte Auftreten des Detachements des Generals v. Willisen in der Flanke des Korps Werders 10. bis 17. Januar 1871, Gen.-St.-W. V, S. 1008.

an welcher der Feind nicht vorbeirücken kann, ohne seine Verbindungen preiszugeben — eine Stellung, die er nicht angreifen kann, ohne eine Frontveränderung vorzunehmen, wodurch er seine Verbindungen in die Flanke bekommt — eine Stellung, bei welcher das siegreiche Gefecht und die Verfolgung vom Ziele ablenken. Dabei müssen wir freilich bedenken, daß auch wir auf unsere Rückzugslinie verzichten. Eine Flankenstellung läßt sich daher in der Regel nur im Inlande nehmen, wo ein befreundetes Hinterland vorhanden ist, aus dem wir leben können. In Feindesland wird dieses viel schwieriger sein. Zudem kehren wir ferner dem Feinde einen Flügel zu, es ist daher Bedingung, daß dieser Flügel eine starke Stütze im Terrain finde — sonst marschiert der Gegner auf der Diagonale vor und rollt unsere Stellung von dort her auf."

Je nachdem die Marschstraße des Gegners im Gefechtsbereich oder im Operationsbereich liegt, unterscheidet man taktische und strategische Flankenstellungen. Die Stellung Mac Mahons bei Wörth war eine taktische Flankenstellung für den auf einem Raume von drei Meilen zwischen Sauer und Rhein beschränkten Vormarsch der deutschen III. Armee. Eine Stellung hinter dem Main, die Moltke bei einem Verteidigungskrieg gegen Frankreich empfahl, bildete eine strategische Flankenstellung, falls die Franzosen in der Gegend von Straßburg den Rhein überschreiten sollten [2]).

Die Wirksamkeit der Flankenstellung gründet sich auf die Richtigkeit der Behauptungen:

1. daß nicht ein Stück Land oder eine Stadt, sondern das Heer des Gegners Objekt alles Angriffs ist,
2. daß keine Armee es wagen darf, an einer anderen vorüberzugehen, weil sie ihren Rücken und ihre Verbindungen preis-

---

1) "Es muß zunächst unterschieden werden zwischen Kriegsobjekt und Operationsobjekt des Angriffs. Jenes ist nicht das Heer, sondern die Ländermasse, die Hauptstadt des Gegners, in ihnen die Hilfsquellen und die politische Macht seines Staates, es umfaßt, was ich behalten oder wogegen ich das zu Behaltende schließlich austauschen will; Operationsobjekt hingegen ist allerdings das feindliche Heer, insofern es das Kriegsobjekt schützt. Diese Bedingung kann aufhören, wenn das Verteidigungsheer durch Gefechte erschüttert oder überhaupt zu schwach ist, endlich wenn es in wirkungsloser Entfernung oder in einem Terrain steht, welches offensive Aktion verhindert. Dann kann das Stück Land, die Stadt eine größere Bedeutung gewinnen als selbst das Heer, d. h. es fallen für den Angriff Kriegs= und Operationsobjekt in eins zusammen." Feldmarschall v. Moltke über Flankenstellungen.

geben würde, daß daher, wo ich bin, auch der Feind bleiben muß[1]).

Clausewitz bezeichnet jede Stellung als Flankenstellung, welche auch dann behauptet werden kann, wenn der Feind an ihr vorübergeht. Denn wenn er dieses tue, so wirke die Stellung nur noch auf die feindliche Flanke. Demnach seien alle Stellungen Flankenstellungen, denn wenn der Gegner an ihnen vorbeimarschiere, bestehe ihr Wert nur noch in der Wirksamkeit auf die Flanke. Moltke faßt den Begriff der Flankenstellung wesentlich weiter. Er spricht ihr **offensive Bedeutung** zu. Einmal, indem der Feind, welcher sie nicht beachtet, in seiner Flanke, oder noch besser, in seinen Verbindungen angegriffen werden soll; zum andern, indem er überhaupt ihren offensiven Charakter betont und Flankenstellungen als Bereitschaftsaufstellungen für den Angriff bezeichnet. Man kann dies beinahe als einen charakteristischen Unterschied zwischen dem Ausnutzen von Frontalstellungen und Flankenstellungen bezeichnen; während erstere mehr die Merkmale abwehrender Kampfweise zeigen, verfolgen letztere ganz ausgesprochen offensive Ziele, den Stoß gegen die Flanke des Feindes als dessen empfindlichste Stelle. „Eine Flankenstellung, die gar kein Offensivvermögen besitzt, ist gar keine", sagt der Feldmarschall.

Jede Flankenstellung kehrt der Anmarschrichtung des Gegners einen Flügel zu, dieser ist für den Verteidiger der am meisten gefährdete Punkt, wenn der Angreifer, die Flankenstellung rechtzeitig erkennend, von der Marschstraße gegen diesen Flügel abbiegt. Es ist daher notwendig, daß dieser Flügel durch Hindernisse, feste Punkte oder natürliche Stärke des Geländes, z. B. weit ausgedehntes Schußfeld, geschützt ist. Je entfernter eine Flankenstellung von dem zu deckenden Objekt, um so geringer ihre Einwirkung, da der Gegner sich durch verhältnismäßig geringes Ausweichen ihrem Wirkungsbereich entziehen und dennoch seine Bedrohung des zu deckenden Objektes fortsetzen kann. (Flankenstellung der Österreicher bei Cham 1809.)

Auch der Verteidiger einer Flankenstellung hat seine rückwärtigen Verbindungen nicht mehr auf das zu schützende Objekt oder auf seine ursprüngliche Basis, sondern zu dieser im rechten Winkel. Ein wirklicher Vorteil beim Einnehmen einer Flankenstellung ist nur

---

[1] v. Moltke, Strategisch-taktische Aufsätze, S. 261 u. f.

dann für ihn vorhanden, wenn die rückwärtigen Verbindungen des Gegners in höherem Grade gefährdet werden als seine eigenen. Denn da mit der Zeit meist der Verteidiger, wenn er keine Erfolge erzielt hat, zum Verlassen der Stellung gezwungen wird, so muß das Hinterland die Möglichkeit gesicherten Ausweichens und einen gewissen Spielraum für die weiteren Operationen gewähren.

Wir kommen hiermit zur Beantwortung der Frage: **Unter welchen Verhältnissen die taktische Ausnutzung von Flankenstellungen möglich ist?**

Die Entfernung von der Vormarschlinie des Feindes beschränkt ihre taktische Ausnutzung. Ist die Entfernung von der feindlichen Vormarschlinie zu groß, so ist der Gegner in der Lage, an ihr vorbeizumarschieren, wie Clausewitz sagt: „sie nicht zu honorieren". So konnte Napoleon 1812 das befestigte Lager von Drissa an der Düna, welches 24 Meilen seitwärts seiner Vormarschstraße Witebsk—Moskau lag, unbeachtet liegen lassen. Aber auch auf nähere Entfernungen wird die Flankenstellung wirkungslos bleiben, wenn sie von der Operationslinie des Gegners weiter entfernt ist als von dem zu schützenden Operationsziel des Gegners. „Ein österreichisches Heer, welches (im Marsch auf Berlin) bis Baruth vorgedrungen wäre, würde sich durch eine Flankenstellung bei Wittenberg wohl nicht abhalten lassen, das offene Berlin zu besetzen, welches ihm reichlich gewährt, was ihm durch zeitweilige Entziehung des Verkehrs mit Dresden etwa entzogen werden möchte." (Moltke 1859.) Eine Flankenstellung wirkt um so sicherer, je näher sie der Marschstraße des Gegners gelegen ist. Liegt diese in ihrem Feuerbereiche, so zwingt sie den Gegner gebieterisch zum Angriff oder zum Ausweichen.

Für die Flankenstellung selbst ist die Möglichkeit schneller Offensive aus ihr das hauptsächlichste Erfordernis. Wenn daher auch die Front der Stellung stark sein soll, da man in ihr den Angriff eines überlegenen Gegners annehmen will, so ist ein starkes Fronthindernis ungünstig. Es bereitet der Offensive aus der Stellung angesichts des Gegners große Schwierigkeiten, erleichtert dem Gegner, unter taktisch günstigen Verhältnissen den Stoß zu parieren oder, anstatt zum Angriff überzugehen, die Flankenstellung zu maskieren und unter Zurücklassen schwächerer Kräfte den Vormarsch fortzusetzen. Es kann daher sehr wohl ein Geländeabschnitt zur Flankenstellung zu stark sein. Denn wer kämpfen will, muß sich so hinstellen, daß er vom Gegner erreicht werden kann. Auch ein ganz offenes und übersichtliches Gelände nimmt dem Verteidiger die Möglichkeit zu überraschender Offensive. Gerade das Moment der Überraschung ist aber bei Flankenstellungen besonders wertvoll, es ist daher vorteilhaft, wenn die Stellung so gelegen ist, daß sie von dem heranmarschierenden Gegner nicht frühzeitig erkannt werden kann.

Die Überraschung wird meist beeinflußt durch die Art, wie die Stellung angelehnt ist. Bei Anlehnung an eine Festung fällt das Moment der Überraschung überhaupt fort, denn der Gegner kennt ihre Lage und wird ein Urteil darüber haben, wieviel Offensivkräfte die Festung aller Wahrscheinlichkeit nach bergen kann. Allerdings wird dieser Nachteil reichlich aufgewogen durch die großen Defensivkräfte, welche die Anlehnung der Flankenstellung an die Festung durch deren Armierung hat. Ist die Flankenstellung an ein Gebirge oder an einen Fluß angelehnt, so muß der Gegner in nächster Nähe der Flankenstellung eine Enge durchschreiten. Es wird dann der vorgeschobenen Kavallerie des Verteidigers ein leichtes sein, die Aufklärung gegen die Flankenstellung zu erschweren, vor dem Vormarsch stärkerer feindlicher Kräfte auf der Operationslinie des Gegners zurückzuweichen und diesen in den Wirkungsbereich der Flankenstellung hineinzuziehen.

Schließlich muß die Stärke der äußeren Flanke den Gegner verhindern, auf der Diagonale vormarschierend, den auswendigen Flügel anzufassen, sonst steht der Verteidiger nicht in der Flanke des Angreifers, sondern der Angreifer in der des Verteidigers. Für die Stellung ist nicht nur eine gewisse Breitenausdehnung erforderlich, vor allen Dingen muß die nötige Tiefe nach rückwärts vorhanden sein. Denn das Hinterland muß als Basis dienen, aus der der Verteidiger seine Verpflegung heranzieht und, wenn gedrängt, ausweichen kann. Im Feindesland wird sich daher eine Flankenstellung schwerer nehmen lassen als im eigenen Lande, in dem sich auch die Verkehrsmittel besser ausnutzen lassen. Von noch größerem Einfluß aber als die äußeren Verhältnisse der Stellung und ihrer natürlichen Stärke ist die ihr innewohnende lebendige Kraft. Ist der Verteidiger an Zahl oder Güte der Truppen dem Angreifer erheblich unterlegen, so kann dieser zum Schutze seiner Verbindungen einen Teil seiner Truppen vor der Stellung belassen und mit der Hauptmacht seinen Vormarsch auf das Kriegsobjekt fortsetzen.

Im Vormarsch der II. Armee auf Le Mans konnte das Auftreten der isolierten Division Curten in der Flanke des deutschen Vormarsches wohl ungemein störend, aber bei der geringen Gefechtskraft dieser Truppen niemals entscheidend wirken. Auch die österreichische Flankenstellung bei Cham 1809 nach der Niederlage bei Regensburg mußte ihre Wirkung verfehlen, da die Stellung zu weit entfernt lag von der Vormarschrichtung auf Wien, die Stellung infolge dessen leicht maskiert werden konnte, und da die Bedrohung der ungeschützten Hauptstadt die in der Flankenstellung stehenden Truppen sofort heranziehen mußte.

Beschränkt man sich in der Flankenstellung auf die reine Verteidigung, so kommt es günstigstenfalls zu einer Schlacht mit verwandter Front, wobei der Verteidiger sich der Gefahr aussetzt, umfassend in Front und Flanke angegriffen zu werden [1]. Honoriert der Gegner aber die Flankenstellung nicht, maskiert er sie nur, so bleibt, wenn man einen Vorstoß in das Rückengebiet des Gegners nicht wagen kann, nichts anderes übrig, als diesen im Parallelmarsch zu begleiten, um sich an anderer Stelle wieder vorzulegen [2].

Liegt aber die Operationslinie des Gegners nicht im Feuerbereiche der Flankenstellung, oder kann der Gegner genügend weit ausweichen, um sich dieser Einwirkung zu entziehen, so kann der Verteidiger seine Aufgabe nur noch offensiv lösen, falls nicht der Gegner seinerseits zum Angriffe übergeht.

Wenn der Gegner die Flankenstellung entweder nicht bemerkt hat, oder wenn er sie nicht berücksichtigt, so entblößt er seine Verbindungen, aber die bloße Bedrohung seiner Flanke und seiner rückwärtigen Verbindungen wird nicht ausreichen, die Bedrohung muß

---

[1] Dieses wäre das Los gewesen, wenn die preußische Armee am 13. Oktober 1806 abwartend in ihrer Flankenstellung an der Saale geblieben wäre. Durch den Abmarsch der Armee auf Freyburg konnte die Stellung überhaupt nicht mehr ausgenutzt werden. v. Lettow-Vorbeck, Feldzug von 1806/7, I, S. 173. Kriegsgeschichtliche Einzelschriften X. S. 492. — Beispiel einer derartigen Entwickelung gibt der Angriffsbefehl Napoleons für den 14. Oktober 1806 (f. o. S. 65) gegen die stehen gebliebene preußische Heeresabteilung unter Hohenlohe, das Einsetzen der französischen Korps bei Groß-Görschen. v. Osten-Sacken, Befreiungskrieg 1813, II, S. 396.

[2] Abmarsch des Generals v. Werder von Besoul, um sich an der Lisaine der Armee Bourbakis frontal vorzulegen. S. die Schwierigkeit des Verlegens der rückwärtigen Verbindungen in den Studien zur Kriegsgeschichte und Taktik I, Heeresbewegungen, S. 118 u. f.

zur Tat, bis zum Flanken= oder Rückenangriffe, gesteigert werden. Die Flankenstellung bleibt dann immer noch eine Rückzugsstellung. Ihr bisheriger Verteidiger gibt die Vorteile eines vorbereiteten Gefechts= feldes auf, tauscht aber dafür die Kräfte der Initiative und eine ope= rativ günstige Lage ein, wenn es ihm gelingt, unvermutet über den Gegner herzufallen. Hat dieser dagegen Zeit, sich zur Wehr zu setzen, so liefern beide Teile die Schlacht mit verwandter Front. Für beide steigert sich die Gefahr einer Niederlage, ohne daß dadurch dem Verteidiger die Gewähr eines Sieges gegeben würde. Flanken= stellungen üben ihren Zauber auf den Angreifer nur so lange aus, als dieser ihre Macht anerkennt. Er kann sich aber über diese Rück= sicht hinwegsetzen, wenn er in der Überlegenheit seines Heeres die Gewähr für den taktischen Sieg fühlt, denn dieser macht alle strate= gischen Nachteile wieder gut und wandelt sie sogar in Vorteile, wenn der Verteidiger alsdann zu einem Rückzuge in falscher Richtung ge= zwungen wird.

Am 1. Juni 1859 stand die kaiserliche Armee in der Lomellina in einer Flankenstellung zur Vormarschrichtung der Verbündeten von Vercelli über No= vara auf Mailand, allerdings mit preisgegebenen Verbindungen. Die Gelegenheit, aus dieser Stellung gegen Novara und Vercelli offensiv zu werden, wurde nicht aus= genutzt, vielmehr der Rückzug über den Ticino angetreten, um diesen frontal zu ver= teidigen. Die Absicht, nach der Schlacht hinter dem Naviglio grande nochmals eine Flankenstellung zu nehmen, mußte aufgegeben werden, da eine Offensive angesichts der verbündeten Armeen nur auf die vorhandenen Übergänge des Kanals beschränkt war[1]).

Bei Novara stand am 22. März 1849 die piemontesische Armee in einer sehr günstigen Flankenstellung, der Vorteil des bereits ausgeführten Aufmarsches gegenüber der Entwickelung der österreichischen Armee aus verschiedenen, nicht gleichzeitig auf dem Kampffelde eintreffenden Marschkolonnen wurde nicht ausgenutzt. Die piemon= tesische Armee wurde geschlagen und zum Rückzuge in nördlicher Richtung gegen die Schweiz gezwungen, so daß sie ihre Verbindungen mit Turin verlor[2]).

Aber auch wenn der Gegner die Stellung erkannt hat und gegen sie Front macht, bietet sich für den Verteidiger die Aussicht einer erfolgreichen Offensive. Während der Angreifer mit seinen getrennten Kolonnen einschwenken und eine neue Front einnehmen muß, seine Re= serven nach der entgegengesetzten Seite herauszieht und sich gewisser=

---

1) Betrachtungen über die Flankenstellung einer österreichischen Armee auf dem rechten Ticinoufer vor der Schlacht von Magenta. S. v. Caemmerer, Ma= genta, S. 116. S. Skizze auf S. 150.

2) S. Strobl, Mortara und Novara, S. 35 u. f. S. Skizze auf S. 152.

maßen neu basiert, bei ihm also alles im Werden ist und des Abschlusses der Formierung bedarf, um zum Kampfe verwendbar zu sein, steht der Verteidiger aufmarschiert, die Reserven nahe zur Hand, bereit, durch einen Stoß mitten in die Kolonnen des Gegners hinein diese zu zersprengen. In solchen Momenten wird also der Durchbruch der feindlichen Mitte möglich und von höchster Wirkung sein, dieses Unternehmen stellt eine reine Offensiv-Operation dar, da der Gegner überhaupt nicht zum Angriff auf die Stellung des Verteidigers gekommen ist. Je weiter die Operationslinie von der Flankenstellung entfernt ist, um so mehr Raum und Zeit hat der Angreifer, sich nach der neuen Front zu entwickeln. Er wird daher, wenn er in dieser Operation nicht gestört wird, die Flankenstellung frontal angreifen, und diese büßt dadurch einen Teil der Vorteile ein, welche sie dem Verteidiger bringt. Bei dem frontalen Angriff hat der Verteidiger den Vorteil, daß der innere Flügel meist an sich schon durch seine Lage gesichert erscheint, er also seine Reserven auf dem nicht angelehnten Flügel bereitstellen kann.

Die Absicht, die feindliche Flankenstellung zu maskieren, schwächt die Hauptkräfte, es ist dann immer fraglich, ob dem Angreifer noch ein solcher Überschuß an Kraft bleibt, um seine Offensive bis an das Angriffsziel heranzutragen. Jeder Versuch, sich vor der Flankenstellung zu schwächen, muß ernste Bedenken für die rückwärtigen Verbindungen hervorrufen. Die Sicherheit für diese besteht nur, solange der Gegner nicht die nötige Initiative oder nicht die erforderlichen Mittel besitzt, selbst offensiv zu werden. Denn hier bedrohte ihr Vorstoß die Flanke und die rückwärtigen Verbindungen des Angreifers, also seinen verwundbarsten Punkt.

1. Nach der unglücklichen Schlacht von Regensburg 1809 führt der Erzherzog Karl seine Armee (80 000 Mann) in eine **Flankenstellung bei Cham** auf das linke Donauufer zurück, um auf diese Weise den Kaiser Napoleon von seiner Vormarschrichtung auf Wien abzulenken. Dieser ließ aber gegen den Erzherzog nur das Korps des Marschalls Davoust stehen, setzte auf 45 km Entfernung von Cham mit den Hauptkräften den Vormarsch auf das 360 km entfernte Wien fort. Als dieses der Erzherzog erkannte, nahm er eine neue Flankenstellung, rechts an die Donau gelehnt am Bisamberge. Der Vormarsch aus dieser gegen die im Übergang über die Donau begriffene französische Armee führt zur Schlacht von Aspern[1]).

2. Beabsichtigte **Flankenstellung des Generals v. Göben** zur

---

1) Angeli, Erzherzog Karl als Feldherr, IV, S. 223.

288　　　　　　　　B. IX. Die Verteidigung.

Deckung der Einschließung von Peronne[1]). Nach dem unentschiedenen Treffen von Bapaume ging die I. Armee hinter der Somme, die französische Nordarmee auf Arras zurück, ihre Vortruppen wurden in Croisille, Boyelles und Adinfer festgestellt.

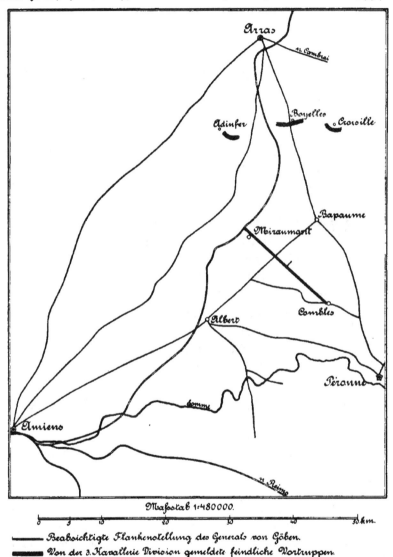

——— Beabsichtigte Flankenstellung des Generals von Göben.
■■■ Von der 3. Kavallerie Division gemeldete feindliche Vortruppen.

Zur Deckung der Belagerung von Peronne beabsichtigte General v. Göben eine Flankenstellung in der Linie Combles=Miraumont zu nehmen, die Anmarschstraße des Feindes Bapaume=Peronne auf 6 km vor der Front, sein linker, gefährdeter Flügel

---

1) Kriegsgeschichtliche Einzelschriften Heft I, S. 103, 108.

durch die 3. Kavallerie-Division geschützt, Amiens, von wo Verstärkungen zu erwarten waren, gerade hinter der Front. General v. Göben wollte die 3. Kavallerie-Division mit zwei Bataillonen nach Bapaume vorschicken, die Division Kummer nach Albert und Miraumont, die Reserve-Division Prinz Albrecht nach Combles rücken lassen. Ging der Feind dann auf Peronne vor, so beabsichtigte General v. Göben mit 18 Bataillonen, 24 Eskadrons und 90 Geschützen gegen Flanke und Rücken der Franzosen offensiv zu werden. Vom Einschließungskorps von Peronne war gegen Cambrai zu beobachten. Die Bewegungen waren eingeleitet, mußten aber eingestellt werden, als die Patrouillen den Vormarsch des Feindes auf Amiens erkannten.

3. Flankenstellung des Generals v. Werder bei Vesoul im Januar 1871 [1]).

4. Die Befestigung der Stellung.

Unzertrennlich von der geplanten, die Entscheidung suchenden Verteidigung ist die intensive Verwendung des Spatens nach dem Willen des Truppenführers. Wenn nicht Geländebeschaffenheit oder Ermüdung der Truppen den Gebrauch des Spatens ausschließen, darf dieser bis zum Erscheinen des Gegners nicht aus der Hand gelegt werden. Die auf diese Weise im Feldkriege hergestellten Deckungen sind in gleicher Weise zu verwerten wie natürliche Deckungen im Gelände, wie Gräben und Erdränder, die von der Truppe anstandslos aufgegeben werden, wenn die taktische Lage ihre Benutzung nicht mehr erfordert. Man schlägt sich also nicht in einer Stellung, weil man stundenlang in ihr geschanzt hat, sondern nur dann, wenn diese Stellung auch wirklich vom Gegner mit seinen Hauptkräften angegriffen wird [2]), ihre Behauptung auch noch weiter der operativen Lage entspricht.

Versteht die Führung in diesem Sinne die Befestigungen zu benutzen, so wird sie sich niemals von ihnen beherrschen lassen. Nicht

---

[1]) Studien zur Kriegsgeschichte und Taktik I, Heeresbewegungen, S. 97 u. f., S. 265.

[2]) Diese Anschauung ist nur dann nicht zutreffend, wenn dem Ortsbesitz eine besondere Bedeutung zugemessen werden muß, z. B. Torresvedras 1811, Dresden im August 1813, Düppel 1848 und 1864, Lisainestellung zum Schutze Belforts. Der Besitz von Ladysmith bei Beginn des südafrikanischen Krieges wurde nicht durch die Nachteile aufgewogen, welche durch die Fesselung der Division Withe, durch das Umwerfen des ganzen englischen Operationsplanes, durch die Vermischung aller Verbände entstand. Wollte man die hier angehäuften Vorräte nicht in Feindeshand fallen lassen, so hätte man sie vernichten müssen; der englischen Heeresleitung haben sie jedenfalls nichts genützt. Der Verbleib des Generals Withe wäre gerechtfertigt gewesen, wenn General Sir Redvers Buller sich bereits in Natal befunden hätte. Die Hoffnung, erhebliche Streitkräfte des Gegners zu fesseln, erwies sich als trügerisch.

zu leugnen ist, daß schon das Vorhandensein von Befestigungen den Entschluß der Führung beeinflussen kann. Es erfordert ein hohes Maß von Einsicht und geistiger Beweglichkeit, mit Aufwand von Zeit und Mühe hergestellte Befestigungen als nicht vorhanden anzunehmen. Die Front, welche der Verteidiger angegriffen zu sehen wünscht, darf aber dem Angreifer keine zu großen Schwierigkeiten bieten, scheinbar muß man hier dem Gegner den Angriff leicht machen. Die Arbeit hat sich aber schon in vollem Maße bezahlt gemacht, wenn der Angreifer zu zeitraubender Umgehung, zum Betreten eines für ihn ungünstigen Geländes gezwungen wird. Die Befestigung der Tugela-Stellung durch die Buren veranlaßte den einem Angriff abgeneigten General Sir Redvers Buller zu weiterem Ausholen, welches ihn von seinem Operationsziele entfernte und seine rückwärtigen Verbindungen preisgab.

„Rechtzeitig am richtigen Platze hingestellt, leisten dieselben wichtige, zuweilen unentbehrliche Dienste. Indem sie die Gefechtskraft der Truppe erhöhen und erhalten, geben sie die Möglichkeit, auch mit minder starken Kräften zähen Widerstand zu leisten oder an Truppen zu sparen, um an entscheidender Stelle stark genug zum wirksamen Gegenstoße zu werden" (F. V. 1). Die an denjenigen Punkten des Geländes, wo die Feuerlinie sich einnistet, hergestellten Verstärkungsarbeiten können bei ihrer großen frontalen Feuerkraft nicht ohne weiteres überrannt werden und gewähren ausreichenden Schutz gegen das Flachbahnfeuer aus Feldgeschützen und Gewehren. Gegen die Wirkung aus Steilfeuergeschützen sind sie durch niedrigen Aufzug und Scheinanlagen zu schützen. Punkte, welche dem erkundenden Angreifer in die Augen fallen, wo er glaubt, Befestigungen vermuten zu dürfen, müssen, wenn angängig, vermieden werden. Feldbefestigungen verlieren aber ihren Wert, wenn sie dem Feinde das Erkennen der Stellung erleichtern. Die Schützengräben der Buren in ihrer Stellung bei Magersfontain lagen am Fuße der Höhen, während die Engländer sie auf der Kuppe vermuteten und gegen diese ihr Feuer richteten. Sie wurden noch mehr in dieser Annahme bestärkt, da einzelne Schützen mit rauchstarkem Pulver von dem Rücken der Höhen feuerten, während die mit rauchschwachem Pulver feuernden Buren in der eigentlichen Gefechtsstellung standen. Hat der Verteidiger noch Anwendung von Eindeckungen einfachster Art machen können, so bedarf es besonderer Maßnahmen des Angreifers, um die

Feuerüberlegenheit zu erringen. **Nicht gesehen werden, heißt vielfach auch nicht getroffen werden**[1]). Ungeschickt angelegte Befestigungen, die sich deutlich von ihrer Umgebung abheben, geben hingegen oft den einzigen Anhalt für das Erkennen der Stellung, ziehen das Feuer um so mehr auf sich, je schwieriger die übrigen Deckungen aufzufinden sind. Dieses muß darauf hinweisen, neben der eigentlichen schwer zu erkennenden Verteidigungsstellung deutlich sichtbare **Scheinanlagen**, vielleicht mit der Pflugschar, herzustellen, die aber zweckmäßig so weit von der eigentlichen Stellung entfernt liegen müssen — d. h. etwa 150 Meter —, daß diese nicht durch Weitschüsse erreicht werden kann. Mit großem Erfolge, ob beabsichtigt oder unbeabsichtigt, muß dahingestellt bleiben, haben die Türken derartige Anlagen bei Plewna angelegt.

Von hohem Wert sind **Masken**. Ist auch das Einschießen gegen eine Maske meist nicht schwer, so entstehen die Hauptschwierigkeiten, wenn es sich darum handelt, ein hinter der Maske gelegenes Ziel zu beschießen, da alle Anhaltspunkte für Beurteilung von Kurz- und Weitschüssen verloren gehen[2]). Ein weiteres Erfordernis ist, daß die Reihe, oder besser die Reihen der Masken nicht gleichlaufend mit der Fluchtlinie der Stellung sind, sie werden am besten schräg, unregelmäßig, schachbrettförmig angelegt. Baumreihen vor der Front bringen Geschosse mit Aufschlagzünder zum frühzeitigen Krepieren, heben somit die Wirkung auf[3]). Man lasse daher alle Bäume vor der Front stehen, hindert eine solche Baumreihe die eigene Feuerwirkung, so kann man sie lichten, unter Umständen das Unterholz

---

1) Schützengräben ohne Brustwehren verschwinden nicht so, wie man dieses annimmt, im Gelände.

2) S. Kampf von preußischen Batterien gegen eine durch Chausseebäume gedeckte französische Batterie bei **Weißenburg**. Hoffbauer, Deutsche Artillerie, I, S. 16 und 49.

3) Anhaltende Beschießung von Schloß **Ladonchamps** (Moselniederung nördlich Metz) mit 12 cm-Kanonen am 9. und 10. Oktober 1870 mit je 200, vom 11.—16. Oktober mit je 100 Schuß am Tage hatte keinen Erfolg, da die Wirkung der mit Aufschlagzünder verfeuerten Granaten gegen das Schloß nicht zur Geltung kam. Nach Dick de Lonlay hat die Besatzung des Parkes und des Schlosses in dieser Zeit täglich 5—10 Mann verloren. Die Verteidigungsfähigkeit des Schlosses war nicht gebrochen, wenn auch bei der anhaltenden Beschießung schließlich Geschosse das Schloß erreichten. Nach demselben Schriftsteller (VI, S. 556) sollen 1022 Granaten am 7. Oktober in Park und Schloß Ladonchamps eingeschlagen sein, aber nur 10 Mann außer Gefecht gesetzt haben.

wegschlagen. Die Entfernung der Masken läßt sich theoretisch nicht bestimmen, eine Erkundung von feindlicher Seite aus gibt den besten Anhalt. Häuser vor der Front, wenn sie nicht das Schußfeld beeinträchtigen, dienen dem gleichen Zwecke, lenken jedenfalls einen Teil des Artilleriefeuers ab. Es ist dieses von größerem Vorteile, als sie zu sprengen, da die Trümmer immer noch den Schützen des Angreifers Deckung gewähren, auch ein Niederbrennen ist nicht immer vorteilhaft, da ein Wechsel in der Windrichtung den Rauch den Verteidigern entgegentreiben kann.

Wann ist mit den Befestigungen zu beginnen?
Anschauungen außerdeutscher Dienstvorschriften.

Rußland (Felddienstordnung 1903). „Wenn man eine Verteidigungsstellung einnimmt, soll man die Herstellung künstlicher Deckungen auf das allernotwendigste Maß beschränken. Man darf mit denselben keinen Mißbrauch treiben, um nicht die Freiheit des Handelns in der Verteidigung zu beengen und die Truppen unnütz mit Herstellung künstlicher Verstärkungen zu ermüden."

Österreich (1903: Infanterie-Exerzierreglement): „Ist über die feindliche Angriffsrichtung kein Zweifel, so liegen die Verhältnisse für den Verteidiger sehr günstig, er kann dann die Stellung unverweilt technisch verstärken und besetzen, eine größere Munitionsmenge in ihr bereitlegen." Ist die Angriffsrichtung noch nicht ausgesprochen, so empfiehlt es sich, „an und zunächst der möglichen feindlichen Annäherung einen Raum zu sichern und innerhalb desselben einige Punkte technisch zu verstärken, welche für den Kampf in diesem Raume von besonderem Wert sind." Erst wenn die Situation geklärt ist, ist jene Linie zu besetzen, in der man dem Angriff entgegenzutreten beabsichtigt.

Frankreich: Nach den französischen Vorschriften wird mit der Befestigung von Stützpunkten, welche zu Brennpunkten des Kampfes werden sollen, begonnen; weniger Gewicht wird auf die Befestigung der Zwischenräume gelegt.

Mit Anlage von Befestigungen ist der Nachteil verbunden, daß sie nur einer einzigen Angriffsrichtung entsprechen, daß sie somit vergeblich ausgeführt wurden, wenn die Arbeit begonnen wurde, ehe die Angriffsrichtung des Feindes feststand. „Verschanzungen passen in der Regel nicht, weil der Feind anders kommt, als man erwartet hat" (General v. Moltke an General v. Blumenthal 11. Juni 1866, Milit. Korrespondenz 1866, Nr. 91). Bei den geringen Aufklärungsmitteln einer kleineren Abteilung ist dieser Zeitpunkt meist zu spät, um noch etwas Widerstandsfähigeres als Deckungen der flüchtigsten Art zu schaffen, die dann oft mehr schaden als nützen. Ein Schützengraben für kniende Schützen bedarf je nach dem Erdboden einer Arbeitsleistung von ½ bis 1½ Stunden. Eine kleinere Abteilung ist ferner dem Angriffe aus verschiedenen Richtungen in höherem Maße als eine stärkere Abteilung ausgesetzt. Da eine Hauptbedingung der Befestigungen in ihrem vollständigen Verschwinden im Gelände besteht, so wird diese um so schwerer zu erreichen sein, je später der Verteidiger mit seinen Arbeiten beginnt. Am günstigsten für den Angreifer, wenn seine Patrouillen das Ausheben der Deckungen unmittelbar melden können. Die englische Artillerie erreichte nichts gegen die Burenstellungen, weil diese sich völlig dem Gelände anschmiegten, völlig tot dalagen, weil kein lebendes Wesen sich zeigte. Die Artillerie traf nichts, weil die Schützengräben an anderer Stelle lagen (Magersfontain), als vermutet wurde. Dagegen würde ein einziger Arbeiter, der noch einen Spaten voll Erde auf die Deckung geworfen hätte, ein richtiges Bild von der Lage der Verteidigungslinie gegeben haben. Die Stellung muß daher völlig vollendet sein, am Tage völlig tot liegen, wenn die feindlichen Patrouillen vor ihr eintreffen. Dieses bedingt frühen Beginn der Arbeit. Ist die Stellung aber nicht fertig, so kann die ganze Arbeit vergeblich gewesen sein. Soll diesen Forderungen entsprochen werden, so bleibt nichts anderes übrig, als frühzeitig Stellungen anzulegen, welche verschiedenen Angriffsrichtungen Rechnung tragen.

Unter großen Verhältnissen, wenn sich ganze Armeen gegenüberstehen, werden die Absichten des Feindes, seine Marschrichtungen früh genug bekannt sein, und da die Marschkolonnen nur schwierig ihre Richtungen ändern können, so wird die Führung schon frühzeitig über die Hauptangriffsrichtung des Feindes unterrichtet sein und die Arbeit beginnen können.

In der Stellung von Wörth konnte schon am Abend des 4. August mit der Befestigung der nach Mattstall gerichteten linken Flanke und der Sauerfront begonnen werden; am 6. früh durfte wohl kein Zweifel mehr sein, daß auch ein Angriff gegen den rechten Flügel zu erwarten sei.

Am 18. August 1870 erhielt der Marschall Canrobert 10 Uhr vormittags die Weisung, St. Privat zur Verteidigung einrichten zu lassen, gegen 11 Uhr empfing er die ersten Nachrichten über den Anmarsch der preußischen Garde, um 4 Uhr wurde Ste. Marie aux Chênes von den Deutschen genommen. Dem VI. Korps standen somit volle fünf Stunden zur Verteidigungseinrichtung zur Verfügung. Die übrigen Armeekorps der Rheinarmee, welche in erster Linie nur einem Frontalangriff ausgesetzt waren, hätten gleich nach dem Einrücken in die Stellung am 17. mit dem Ausheben von Schützengräben und Geschützeinschnitten beginnen können. Es geschah aber nur beim II. und bei einzelnen Teilen des III. französischen Armeekorps auf dem linken Flügel.

Ist die Truppe in Erwartung eines Angriffes in einer Bereitstellung vereinigt, die Angriffsrichtung des Feindes noch nicht klar ausgesprochen, so wird, wenn man nicht überhaupt auf stärkere Deckungen Verzicht leisten will, den verschiedensten Angriffsrichtungen Rechnung getragen werden müssen. Vollständige Stellungen für stärkere Verbände in zwei oder drei Fronten auszuführen, ist wegen der Arbeitsleistung, wenigstens für die Infanterie, ausgeschlossen. Die Artillerie wird suchen, zur Bekämpfung verschiedener möglicher Stellungen des Feindes Geschützdeckungen herzustellen. Mittel und Zeit reichen nicht aus, die ganze Linie gleichmäßig einzurichten.

Die Infanterie muß sich damit begnügen, als „Gerippunkte" für die später weiter auszubauende Stellung den einzelnen Angriffsrichtungen entsprechend, einzelne Bataillonsgruppen (F. V. 19) anzulegen. Diese Bataillonsgruppen werden entsprechend der taktischen Verwendung der Truppen angelegt, mit Eindeckungen und mit ausreichenden Deckungsgräben für Unterstützungen versehen, so daß, wenn irgend möglich, sämtliche Mannschaften Schutz gegen Artilleriefeuer finden können. Diese Unterstände dürfen aber von außen nicht zu erkennen sein und müssen den Entwickelungsraum an der Feuerlinie nicht beeinträchtigen. Mit feldmäßigen Mitteln läßt sich gegen Volltreffer und gegen Granaten mit Verzögerungsvorrichtung der Steilfeuergeschütze kein Schutz schaffen (F. V. 46).

Spätestens mit der Nachricht vom Anmarsch des Feindes werden im Anschluß an die Bataillonsgruppen die Schützengräben ausgehoben, das Vorgelände aufgeräumt und Entfernungen festgelegt[1]). Die Arbeiten beginnen zunächst mit dem Aufräumen des Vorgeländes; meistens wird man hierzu die nicht zum Ausheben der Schützengräben angestellten Mannschaften verwenden können. Für Ausführung großer Arbeiten: Abstechen von Erdrändern, Beseitigung toter Winkel, fehlt es im Feldkriege an Zeit. Man wird sich daher darauf beschränken müssen, Getreidefelder niederzutreten oder abzubrennen, Punkte, welche der Gegner als Schußmarken verwerten könnte, zu entfernen, Sichtlinien durch Wälder zu hauen. Sprengen von Mauern und Häusern ist nicht empfehlenswert, da schwer zu beseitigende Trümmer übrig bleiben, die dem Angreifer Deckung gewähren.

---

1) Der Angreifer hat unzweifelhaft ein Interesse daran, durch Täuschung den Verteidiger zu veranlassen, seine Arbeitskraft an falscher Stelle einzusetzen.

Wo Zeit und Umstände es gestatten, ist der Bau von Schützengräben für stehende Schützen zu erstreben (F. V. 34). Da diese je nach der Bodenbeschaffenheit eine Arbeitsleistung von ¾—3 Stunden fordern, so wird man an weniger wichtigen Punkten, gegen welche nur schwaches Artilleriefeuer zu erwarten ist und gegen welche keine gedeckte Annäherung bis auf die Nah=Entfernungen möglich ist, sich mit schwächeren Gräben begnügen können. Anderseits müssen aber an denjenigen Stellen, die einem feindlichen Angriff und anhaltendem Artilleriefeuer ausgesetzt sind, die Einrichtungen auf das Höchstmaß der Vollkommenheit gebracht werden. Hierzu rechnen leichte Einbauten, Beobachtungsschlitze (F. V. 63), Latrinen, Verbandplätze, Munitionsnischen, Einrichtungen für den gedeckten Verkehr längs der Linie und nach rückwärts. Reicht das Schanzzeug aus, so müssen auch für Unterstützungen Deckungen hergestellt werden; bei planmäßig in längerer Zeit vorbereiteten Stellungen wird ihre Anlage die Regel sein. Solange sich in ihnen der Verteidiger noch halten kann, so lange ist eine Stellung noch nicht sturmreif.

Befestigung der Stellung für ein Bataillon.

< 150 m. >

━━━━ Schützengräben.

━━━━ Deckungsgräben.

······· Verbindungen.

Hindernisse kommen nur bei längerem Gegenüberstehen in Frage. Ihr Zweck ist, den Feind im heftigsten Feuer aufzuhalten, sein Vordringen zu verzögern, dem Angreifer bestimmte Wege vorzuschreiben (besonders bei Nachtgefechten von Wert), tote Winkel vor der Front zu beseitigen. Vorhandensein ausgedehnter Hindernisse zwingt den Angreifer zu systematischem Vorgehen. Ihre Beseitigung ist meist nur durch Pioniere möglich. Das gut flankierte Hindernis bildet einen wesentlichen Bestandteil der beständigen Befestigung, die beschränkte Tragweite des glatten Gewehrs zwang ehemals auch in der Feldbefestigung, das Durchschreiten des vom Feuer beherrschten Raumes nach Möglichkeit zu verzögern. Besteht nun diese Vorbedingung auch heute nicht mehr in vollem Umfange zu Recht, so wird doch die Verteidigung durch Anbringen von Hindernissen im Vorfelde wesentlich erleichtert. Nur muß man sich in gleicher Weise vor einer Überschätzung wie vor einer Unterschätzung der Hindernisse hüten. Die Hindernisse dürfen nicht zu nahe vor der eigentlichen Stellung angebracht werden, da dann eine Beschädigung durch Geschützfeuer bei Beschießung der Stellung möglich ist, der Verteidiger in der ruhigen Abgabe seines Feuers gestört wird; liegen sie zu weit entfernt, so ist der Verteidiger nicht in der Lage, sie zu überwachen und ihre Zerstörung verhindern zu können. Im allgemeinen erscheint 200 Meter als die äußerste Grenze (F. V. 103: etwa 50 Meter, Delambre 20—120 Meter). Es ist wünschenswert, an Stelle eines einzigen großen Hindernisses mehrere Reihen kleinerer Hindernisse hintereinander anzulegen. Zu berücksichtigen bleibt, daß die Anlage von Hindernissen erheblich mehr Zeit als der Bau von Schützengräben beansprucht: sind 10 laufende Meter Schützengräben in 40 Arbeitsstunden herzustellen, so fordert die gleiche Strecke Drahtnetz 50, Verhaue 150, Verpfählung gar 500 Arbeitsstunden. Am meisten dürften den Anforderungen: das eigene Feuer nicht zu beeinträchtigen, dem Gegner keine gedeckte Annäherung zu ermöglichen, unbeschädigt zu bleiben durch feindliches Feuer, Ansumpfung, Überschwemmung [1]) und Drahthindernisse entsprechen. Soll aber eine vorzeitige Zerstörung durch Artilleriefeuer nicht stattfinden, so ist zum mindesten für eine leichte Maskierung Sorge zu tragen. Drahthindernisse, wenn sie nicht niedrig gehalten werden, sind schon aus der Entfernung leicht zu erkennen, die Beschädigung durch Artilleriefeuer ist zwar gering, jedoch kann der Angreifer Vorkehrungen zum Niederlegen der Hindernisse treffen, wenn er von ihrem Vorhandensein rechtzeitig in Kenntnis gesetzt ist [2]).

Ohne Hindernisse kann ein Schützengraben nicht als sturmfrei bezeichnet werden. Wenn man nach den Erfahrungen von Plewna und im Burenkriege von der **Sturmfreiheit** der Schützengräben gesprochen hat, so ist dieses nichts als eine rhetorische Ausschmückung. Das Bild der **Sturmfreiheit** ist von der Festung entnommen,

---

1) Da der Ourcq-Kanal bei Paris 160 Meter höher als das Morée-Tal lag, so war eine Ansumpfung vor der Front der 2. Garde-Infanterie-Division nur schwer zu erreichen. — Heibe und Fröse, Belagerung von Paris, II, S. 315 und S. 333.

2) Die Russen verwandten bei Mukden an kurzen Pfählen befestigte Drahtschlingen, die vorgehende Mannschaften zu Fall brachten.

aber der Feldbefestigung fehlt das wesentliche Merkmal der Sturmfreiheit: das gut verteidigte Hindernis. Auch wenn wir die Aufgaben der Sturmfreiheit prüfen, kommen wir auf wesentliche Unterschiede. Die Sturmfreiheit der Festung soll einem schwachen minderwertigen Verteidiger, bei überraschendem Angriffe selbst in der Nacht, die Zeit verschaffen, die Verteidigungsstellung zu besetzen. Im Felde ist dieses nicht der Fall, der Verteidiger steht meist in ausreichender Stärke in seiner Stellung, nicht wochenlang, sondern höchstens einige Tage, so daß das Schonungsbedürfnis sich nicht in gleichem Maße geltend macht wie dort: im Felde verfügt der Verteidiger auch meist über dem Angreifer gleichwertige Elemente, während die Verteidigung der Festung meist nur Truppen geringerer Güte übertragen wird. Diese Sturmfreiheit ist aber nur unter Einschränkung vorhanden:

1. wenn der Verteidiger die Verluste durch Fernfeuer nicht achtet, also hinreichend stark ist, um die Verluste zu ersetzen, oder ausreichend gut gedeckt ist;
2. wenn er dem Ansturm ein kaltblütiges Feuer entgegenzusetzen vermag und
3. wenn die Flanken geschützt sind.

Die „moralische" (bei der Festung die „materielle") Sturmfreiheit ist also nur unter ganz besonders günstigen Verhältnissen vorhanden. Treffen diese Verhältnisse nicht zu, vermag der Angreifer mit Entschiedenheit und ausreichender Kraft seinen Angriff an den Feind heranzutragen, vermag der Verteidiger einem Flankenangriff nicht wirksam zu begegnen, so zeigt sich eben, daß die Schützengrabenstellung alles andere wie sturmfrei ist. Die Sturmfreiheit der Festung tritt aber erst unter solchen ungünstigen Verhältnissen in Kraft.

Stützpunkte.

Es empfiehlt sich, lange Stellungen mit Rücksicht auf Arbeitszeit nicht überall gleich stark zu machen. Lange Linien haben zwar große Feuerkraft, jedoch nur große taktische Stärke, solange der Gegner noch weit entfernt ist. Ist der Gegner aber nahe herangekommen, so verliert die Linie die taktische Sicherheit, der Verteidiger wird entweder zurückweichen oder er ist zum Gegenstoß gezwungen. Taktische Sicherheit läßt sich nur erreichen durch feste Stützpunkte in der Linie. Sie verhindern das Aufrollen, geben der Linie den nötigen Halt. Während man ehemals das Hauptgewicht auf die Schanze legte, suchen wir jetzt den Schwerpunkt in den langen, sich wenig von der Umgebung abhebenden Schützengräben; hierin liegt der wesentliche Unterschied zwischen früherer und gegenwärtiger Befestigung.

Stützpunkte müssen noch weiter verteidigt werden können, auch wenn das umliegende Gelände in Feindes Hand gefallen ist. Feuerwirkung nach allen Seiten ist erforderlich, Hindernisse sind, wenn möglich, anzulegen, um der Mannschaft den nötigen moralischen Halt zu geben. Erhöhte Lage ist erwünscht, um die Mannschaften einigermaßen gegen die Wirkung des Flanken- und Rückenfeuers zu schützen.

Da aber anderseits die Werke so angelegt werden müssen, daß sie das Artilleriefeuer nicht auf sich ziehen, so entsteht ein schwer zu lösender Widerspruch, der in den meisten Fällen dazu führen wird, von der Anlage von Stützpunkten überhaupt Abstand zu nehmen. Die Besatzung wird im allgemeinen, da sonst die Arbeitsleistung unverhältnismäßig groß werden wird, die Stärke einer Kompagnie nicht übersteigen. Ihre Lage läßt sich nicht ein für allemal feststellen. In der Gefechtslinie gelegen, ermöglichen sie das Beherrschen eines ausgedehnten Raumes mit verhältnismäßig geringen Kräften. Springen sie bastionsartig aus der Linie vor, so sind sie gegen Umfassung geschützt; ihre Verteidigung kann durch das Feuer der Hauptlinie erleichtert werden. Werden sie rückwärts der eigentlichen Linie angelegt, so wirkt ihre Besatzung an dem eigentlichen Entscheidungskampfe nicht mit. Ihre Besetzung schwächt die Defensivkraft der vorderen Linie, sie kommt erst im letzten Augenblicke, wenn der Gegner bereits in die Stellung eingedrungen ist, zur Geltung. Wie Schloß Geisberg bei Weißenburg zeigt, fesseln aber erfahrungsgemäß derartige Stützpunkte den Angreifer und erleichtern den Abzug.

Zum letzten Male haben wohl auf dem russisch-türkischen Kriegsschauplatz große, sogar mit Artillerie armierte Erdwerke[1]) (Plewna, Lowtscha, Gorni-Dubniak und Scheinowo) eine wichtige Rolle gespielt, da sie von den Russen mit unzureichenden Mitteln, ohne Steilfeuergeschütze angegriffen wurden. Gegen die Griwiza-Redoute sahen sie sich sogar veranlaßt, zum Minenangriff zu schreiten. Im Etappen- und Kolonialkriege kann sich die Verwendung derartiger Werke zur Sicherung wichtigen Materials empfehlen, wenn der Gegner nicht über Artillerie verfügt. Unter diesen Verhältnissen ermöglichen sie den Ortsbesitz mit geringen Kräften. Im Feldkriege verbietet sich ihre Anwendung, da die Arbeitsleistung (Erdschüttung, Traversen, Unterstände) zu groß sein würde und die Verteidiger doch nicht ausreichend gegen schweres Artilleriefeuer geschützt wären; der hohe Aufzug aber dem Gegner die Stellung verraten würde.

Zum Entscheidungskampf wird zunächst nur eine einzige Stellung, aber diese auch mit allen Mitteln zur Verteidigung eingerichtet

---

[1]) v. Liegnitz, Die türkische Schanzenverteidigung 1877/78. Mil. Wochenbl. 1904, Nr. 15. 16.

und besetzt. Das Vorhandensein einer zweiten Linie führt leicht zu halben Maßregeln; unter kleineren Verhältnissen zeigen die Kämpfe von Servigny und Noisseville, unter größeren der schnelle Verlust der zweiten Linie von Düppel[1]), daß solche Abschnitte nur von Wert sind, wenn sie auch rechtzeitig besetzt werden können, damit entziehen sie aber Truppen der vorderen Linie, in der unbedingt die Entscheidung liegt. Auch dann ist die Gefahr nicht ausgeschlossen, daß der Sieger mit den geworfenen Truppen gleichzeitig in einen zweiten Abschnitt eindringt, oder daß beide Linien durch einen umfassenden Angriff gleichzeitig fallen.

Grundsätzlich richtet jeder Truppenkörper den ihm zufallenden Abschnitt zur Verteidigung ein, nach Bedarf können von anderen Verbänden Arbeiterkolonnen unter eigenen Offizieren und Unteroffizieren überwiesen werden. Schwere Haubitz= und Mörser=Bataillone erhalten Infanteriemannschaften zugewiesen, während Feldartillerie meist ihre Arbeiten allein ausführen kann. Nur wenn die zur Verteidigung berufene Truppe auch selbst die Arbeiten ausführt, kann man die Gewißheit haben, daß die Arbeit gut und sorgfältig geleistet wird.

Herstellen der Schützengräben mit allen zugehörigen Einrichtungen muß Domäne der Infanterie sein, keineswegs darf sie auf nennenswerte Unterstützung durch die Pionierkompagnien rechnen[2]). Diese ist durch die verschiedensten Aufgaben zum Teil recht schwieriger Art derart in Anspruch genommen, daß ihre Kräfte nicht ausreichen, noch Handlangerdienste für die Infanterie zu tun. Nur ausnahmsweise können der Infanterie Vorarbeiter gestellt werden, z. B. beim Einrichten von Wäldern und Örtlichkeiten. Der Infanterie=Offizier, welcher meistens diese Deckung zu verteidigen haben wird, hat über Art der Ausführung ein entscheidendes Wort mitzusprechen. Der Infanterist ist dann der Auftraggeber, der Pionier=Offizier der ausführende Meister, um einen Vergleich aus dem gewerblichen Leben heranzuziehen. Die Pioniere finden Verwendung zur Ausführung von Schützengräben und Geschützdeckungen, wenn Infanterie und Artillerie durch eine anderweitige Gefechtstätigkeit in Anspruch genommen sind. Ein solcher Auftrag wird dem Pionier=Offizier von der Führung erteilt, nach Be-

---

1) Gen.=St.=W. 1864, S. 539.
2) S. o. S. 30 u. f.

darf werden ihm Mannschaften der Infanterie in geschlossenen Zügen zugewiesen. Da in den meisten Fällen diese Truppen die Stellung nicht zu besetzen haben und die Führer auch nicht in dem Maße über die Absichten der Führung unterrichtet sein können, so hat in diesem Falle naturgemäß der Pionier-Offizier Leitung und Verantwortung. (F. V. 27.)

Da mit dem Erscheinen des Feindes im Bereich der Stellung die Arbeiten in vorderer Linie einzustellen sind, so können verfügbare Truppen dann nur noch zum Ausheben einer Aufnahmestellung gebraucht werden.

Zivilarbeiter werden nur dort Verwendung finden, wo eine Störung durch den Feind ausgeschlossen ist. Die Arbeitsleistung ist geringer als durch Soldaten. Das Zusammenbringen von Zivilarbeitern ist schon mit heimischen willigen Behörden langwierig, in Feindesland kostet es viel Zeit. Grundsätzlich sind die Zivilarbeiter zu löhnen (in Feindesland wird das Geld durch Zwangslieferungen beschafft), erfahrungsgemäß wird es dadurch möglich, gestellte Arbeiter, darunter namentlich bei vorwiegend städtischer Bevölkerung recht ungeeignete Kräfte, durch freiwillige zu ersetzen. Da alle Heere ihre ganze wehrhafte Bevölkerung zum Kriegsdienst heranziehen, so bleiben nur noch Schwache und Kranke zurück, die wenig für die Arbeiten geeignet sind[1]).

Schanzzeug. (F. V. 28—29.)

Zur Ausführung von Befestigungen benutzt die Infanterie das kleine, vom Mann zu tragende, Schanzzeug und das große Schanzzeug, welches sich auf den Truppenfahrzeugen und auf den drei Schanzzeugwagen des Divisions-Brückentrains befindet. Rechtzeitig muß für das Heranführen der Schanzzeugwagen Sorge getragen werden. Sie sind zweckmäßig den Pionier-Kompagnien zu überweisen, wenn der Divisions-Brückentrain z. B. der großen Bagage angeschlossen wird. Die Artillerie führt das zur Herstellung von Deckungen nötige Schanzzeug auf Protzen und Munitionswagen. Ist Zeit vorhanden, so wird das Schanzzeug durch Beitreibungen ergänzt. Diese Beitreibungen haben sich, außer auf Beschaffung von Arbeitszeug, auf Heranführen von Material zu erstrecken, welches zu Hindernissen und Eindeckungen Verwendung finden kann.

---

1) Wagner, über provisorische Befestigung, S. 12 u. f. S. 120.

Eine Infanterie-Division hat Schanzzeug etwa für ihre halbe Kopfstärke:

	Spaten		Kreuzhacken	Beilpicken	Äxte	Beile	Sägen
12 Bataillone	4800 kleine	— große	—	—	480	240	—
1 Pion.-Komp.	—	„ 170	85	—	78	22	—
1 Divis.-Brückentr.	—	„ 600	150	—	93	1	33
12 Batterien und 2 leichte Munitionskolonnen	—	„ 384	312	—	72	312	—
	4800 kleine	1154 große	547	480	243	575	33

Zusammen für Erdarbeit 6901, für Holzarbeit 863 Werkzeuge.

Einfluß der Befestigung auf die Stärke der Truppenbesetzung einer Stellung.

In welchem Maße die Art der Befestigung auf die Stärke der Verteidigung einen entscheidenden Einfluß haben kann, läßt sich am zweckmäßigsten an der Dichtigkeit der Besetzung der deutschen Einschließungslinie von Metz im Herbst 1870 nachweisen [1]).

Die französische Rheinarmee, 97500 Gewehre, 11860 Säbel, 540 Geschütze, sicherte mit ihren Vorposten einen Umfang von 34 Kilometer, so daß auf je 1000 Meter der Vorpostenlinie entfallen konnten: 2867 Gewehre, 348 Säbel und 15,8 Geschütze [2]).

Die preußische Einschließungsarmee war bei Beginn der Einschließung wie folgt verteilt:

Vordere Linie:				Länge	Auf 1 km		
Linkes Ufer:	Gewehre	Säbel	Geschütze	in km	Gewehre	Säbel	Geschütze
Baux—Saulny	42400	2450	174	10	4240	245	70
Saulny—Mosel	17700	1050	84	6,5	2816	175	10
Reserven	33000	6100	178				
	82100	9600	436	16,5	5190	600	28
Rechtes Ufer (hier Durchbruch am unwahrscheinlichsten):							
Malroy—Montoy	25600	2350	96	10	2560	235	9,6
Montoy—Mosel	28000	3500	104	11	2545	318	9,9

Die gefährlichsten Durchbruchsrichtungen auf den beiden Ufern in Richtung auf Verdun und Diedenhofen waren am stärksten besetzt, wie dieses auch dem Armeebefehl vom 19. August, einen Durchbruch in westlicher Richtung zu hindern, am besten entsprach. Auf dem rechten Ufer konnten weite Strecken nur durch Kavallerie abgeschlossen werden. Das I. Armeekorps war angewiesen, im Falle eines Durchbruchversuches auszuweichen.

Die gleich am ersten Tage der Einschließung begonnene gründliche Befestigung ermöglichte bereits am 27. August zur Abwehr eines Entsatzversuches durch die Armee von Chalons zwei Armeekorps aus der Einschließungslinie herauszuziehen. Nach Waffenstreckung der Mac Mahonschen Armee bei Sedan hatte Bazaine eine größere

---

1) Paulus, Cernierung von Metz, S. 125 u. f.

2) Türkische Armee in Plewna 50000 Mann mit 100 Geschützen 40 km. Auf je 1000 Meter etwa 1250 Mann und 2,5 Geschütze.

Freiheit in der Wahl seiner Durchbruchsrichtung, die ganze Einschließungslinie bedurfte daher einer gleichmäßigeren Besetzung.

	Gewehre	Säbel	Geschütze	Länge in km	Auf 1 km Gewehre	Säbel	Geschütze
Linkes Ufer:							
Baux—Saulny	35 546	2449	172	11,2	3173	223	15
Saulny—Mosel	9 700	1034	36	6,5	1732	185	6,5
	45 426	3483	208	17,7	2720	205	12,3
Rechtes Ufer:							
Malroy—Montoy	37 289	3730	168	10	3728	373	16,8
Montoy—Mosel	33 668	4062	180	11	3061	370	16,3

Die Entfernungen sind längs der Vorpostenlinie gemessen. Von den 15 Infanterie-Divisionen der Armee standen 13 in vorderer Linie, so daß im Durchschnitt auf eine Infanterie-Division ein Verteidigungsabschnitt von annähernd 4 Kilometer traf. Die in günstiger Stellung befindliche 16. Infanterie-Division sollte einen Raum von 5200, die vordere Division des VII. Armeekorps einen Abschnitt von 4800 Meter sichern. Da vor der Stellung der 2. Infanterie-Division das Gelände die Annäherung außerordentlich begünstigte, so hatte diese nur einen Raum von 1200 Meter, die 5. Infanterie-Division, welche die Hauptreserve ihres Korps zu stellen hatte und für welche außerdem noch Verwendung nach der Seite vorgesehen war, hatte einen Raum von 2800 Meter zur Verteidigung zugewiesen erhalten.

Ansichten des Generals v. Schlichting über Befestigungen.

„Der Spaten", sagt General v. Schlichting, „ist ein nützliches Hilfsmittel in der Hand offensiven Geistes, den ohnehin defensiven führt er leicht in eine schädliche Übertreibung."

„Wo man im Angriff oder Verteidigung sich einen Platz sichern will, um an anderer Stelle gleichzeitig mit Überlegenheit obzusiegen, da schafft die Feldbefestigungskunst die Mittel zum Zweck" (III, S. 128). Also Kräfteersparnis!

Bei dem vollen Verständnis der Vorteile, welche die Befestigungskunst zu bieten imstande ist, und bei der warmen Empfehlung ihrer Anwendung sogar bei dem Angriff auf eine befestigte Stellung, glaubt der General v. Schlichting doch diese nie auf das Ganze ausdehnen zu dürfen, sondern den Gebrauch des Spatens nur einzelnen Teilen der operierenden Armee empfehlen zu müssen, falls ihr durch die Lage die defensive Gefechtsart aufgezwungen wird. Er verwirft die „geplante Defensive, welche naturgemäß zur Geländeverstärkung greift", und will ihr bloß eine teilweise Berechtigung im Fall eines gewissen Zwanges, einer Notlage zuerkennen.

„Die Operation allein", sagt er (III, S. 127), „kann entscheiden, wohin Spatenarbeit gehört. Die letztere ist ein Knecht in ihrem Dienst, und das strategische Grundgesetz muß den Anhalt schaffen, um auch taktisch der Lösung dieser Fragen näher zu kommen. Damit scheidet zunächst der Stellungsreiter im Wettbewerb der Meinungen völlig aus. Ihn lassen wir sich bis an die Zähne einbauen und behandeln ihn dann wie eine Festung. Damit findet er in unseren Augen seine sicherste Erledigung."

Es ist augenscheinlich, daß der General unter der „Stellungsreiterei", unter der Anwendung des Spatens für das Ganze ein Verfahren versteht, wie es

Osman Pascha bei Plewna, welches als Wegeknoten in dem straßenarmen Bulgarien große Bedeutung hatte, anwandte (III, S. 164).

Die befestigte Stellung ist dem General v. Schlichting dann (III, S. 165) ein vereinzeltes Glied, meist auf dem Flügel eines Schlachtganzen, bestimmt zur Truppenersparnis, um an einer anderen Stelle mit überlegener Kraft aufzutreten oder diesem erhöhtere Manövrierfähigkeit zu geben. Greift der Feind wider Erwarten den verstärkten Flügel an, so verlangt dieser Angriff einen erheblich stärkeren Kräfteverbrauch und erleichtert dann dem Offensivflügel die Arbeit. Bei Aufstellung dieses Grundsatzes hat General v. Schlichting anscheinend die beabsichtigte Schlachtenanlage des Erzherzogs Albrecht bei Custoza und die Schlachtfelder von Gravelotte und Königgrätz im Auge gehabt. Nach seiner Ansicht besteht der Wert des Widerstandes im Zeitgewinn [1]) und wird damit die Aufgabe der Verteidigung sehr eng gefaßt.

Folgende Gelegenheiten bezeichnet General v. Schlichting als zur Anwendung von Feldbefestigungen besonders geeignet:

III, S. 129. Befestigung und Stärkung lang werdender Operationslinien hinter der Front. (Dresden 1866 — Brückenköpfe.) Die Feldbefestigung gestattet auch hier, mit geringeren Kräften auszukommen.

III, S. 129. II, S. 78. Festhalten eines Punktes, um das Heranschließen der noch in der Operation begriffenen Heeresteile abzuwarten. (Erörtert an dem Beispiele von Trautenau 1866, wo sich ein ähnliches Verhalten für das preußische I. Armeekorps empfohlen haben würde.) „..... der Bedarf an Spatenarbeit (entsteht) gelegentlich aus und nach dem Gefecht. Es kann sich aber auch für den einzelnen Heeresteil schon vor Kampfbeginn ergeben, falls man erkennt, daß sich z. Zt. weder weiteres Vordringen noch Rückzug zur Lösung der Aufgabe empfiehlt, aber die Behauptung der eingenommenen oder erreichten Punkte bis zum Eingriff der Gesamtoperation notwendig ist. Je länger ein solcher Widerstand dauern muß, desto sorgfältiger ist der Platz zu wählen und seine fortifikatorische Sicherung herzustellen."

III, S. 131. Gleiches kann sich auch auf dem Schlachtfelde ergeben, einmal um Kräfte für den entscheidenden Angriff zu sparen, oder das Stärkeverhältnis auszugleichen und das Eingreifen entfernt stehender Gruppen abzuwarten.

General v. Moltke hat in seinen Dienstschriften

wiederholt den Verteidigungskampf ganzer Armeen seinen Erwägungen zugrunde gelegt. So z. B. schon in einer Denkschrift vom Juni 1863 [2]), dann spricht er in einem Schreiben vom 16. November 1867 [3]) von einer vorbereiteten Stellung für 125000 Mann an der oberen Blies. Im April 1869 [4]) schreibt General v. Moltke: „Beide Armeen (II. und III. zusammen 130 000 Mann) werden in starker Defensivstellung vorwärts Mainz das Eintreffen von Verstärkungen abwarten." Interessant ist der Briefwechsel zwischen General v. Moltke und General v. Blumenthal in der ersten

---

1) Schlachten von Coulmiers und an der Lisaine.
2) Milit. Korrespondenz 1870/71, S. 62
3) Milit. Korrespondenz 1870/71, S. 380.
4) Milit. Korrespondenz 1870/71, S. 91.

Hälfte des Juni 1866, als dieser vorschlug, um einer österreichischen Offensive aus Mähren zu begegnen, einen Kampf hinter der Neiße aufzunehmen, um das Wirksamwerden der Unterstützung durch die I. Armee abzuwarten [1]).

General v. Moltke schreibt: „Ich glaube, Sie werden die Ansicht teilen, daß nichts nachteiliger sein würde, als gegen eine entschiedene Überlegenheit an der Neiße schlagen zu wollen, wenn man fünf bis sechs Tage später auf der Linie Schweidnitz=Breslau sieben Korps versammeln könnte . . . . . Sie werden an Ort und Stelle besser urteilen, als ich es von hier kann, ich möchte nur warnen, sich nicht fortreißen zu lassen zum Schlagen unter allen Umständen. Es ist freilich weit leichter zum Widerstand um jeden Preis zu raten als zu einem, wenn noch so nötigen Ausweichen."

Befestigungen im russisch=japanischen Kriege.

Die japanischen Befestigungen schlossen sich eng dem deutschen Muster an. Es wurde eine einzige Linie (Vortruppen in Schützengräben bis zu 1000 Meter vorgeschoben) mit Stützpunkten eingerichtet, hinter der auf 50—60 Meter Abstand Deckungsgräben für Unterstützungen ausgehoben wurden. Annäherungswege erlaubten gedeckten Verkehr längs der ganzen Linie. In erster Linie fanden sich einzelne Deckungen für Maschinengewehre und Geschütze. Für die Artillerie wurde eine besondere Stellung hergerichtet, welche 600—800 Meter von den Schützengräben entfernt war, möglichst wurden für mehrere Schußrichtungen Deckungen ausgehoben. An Nebenbauten waren Unterstände, Beobachtungswarten, Hindernisse und Verbindungen angelegt.

Die russischen Anlagen kennzeichnen sich durch Tiefengliederung. Bei Mukden hatte die 35. Infanteriedivision zu beiden Seiten der Eisenbahn vier Linien hintereinander ausgebaut und durch Annäherungswege miteinander verbunden. Die erste Linie bestand aus Schützengräben für stehende Schützen ohne Brustwehr, die zweite Linie aus Schützengräben, welche zum Teil erlaubten, über die vordere hinwegzufeuern. Zwischen und hinter diesen Deckungen befanden sich Geschützdeckungen für einzelne Geschütze. In dritter Linie befanden sich von Hindernissen umgebene, geschlossene Stützpunkte mit heizbaren Wohnräumen, zahlreiche Unterstände, Schutzdecken und Schulterwehren. In vierter Linie war eine Reihe von Ortschaften befestigt, zwischen denen sich wiederum Geschützdeckungen befanden. Die Eigenart der beiden verschiedenen Systeme kommt in nebenstehender Skizze gut zum Ausdruck. Die russischen Arbeiten waren schon im September 1904, als die russische Armee Liaujang räumte, fertiggestellt [2]).

---

1) Milit. Korrespondenz 1866, S. 206; v. Verdy, Im Hauptquartier der II. Armee 1866, S. 46.

2) Entnommen dem Organ der militärwissenschaftlichen Vereine, Bd. 72, S. 294. Juliheft der Jahrbücher für Armee und Marine 1906.

Stellung der Russen und Japaner an der Bahn im Zentrum am Schaho Februar 1905.

Aus: Organ der militärwissenschaftlichen Vereine LXXII. Band 5. Heft 1906.

X. Der Verteidigungskampf.

1. Bereitstellung ¹).

Die Verteidigung befindet sich in der ungünstigen Lage, daß sie auf mehrere Angriffsrichtungen vorbereitet sein muß und ihre eigentlichen Gefechtsmaßnahmen erst treffen kann, nachdem die Absicht des Gegners hervorgetreten ist. In dieser Abhängigkeit vom Angreifer ist es schwer, die Vorhand zu gewinnen, meist wird sich schon die Verteidigung damit begnügen müssen, rechtzeitig die Handlungen des Angreifers mit einem Gegenzug beantworten zu können. Die Befürchtung, mit diesen Maßnahmen zu spät zu kommen, hat leicht den Fehler im Gefolge, unter Voraussetzung eines wahrscheinlichen Verhaltens des Feindes, noch ehe Anhaltspunkte für eine bestimmte Angriffsrichtung vorliegen, die Stellung zu besetzen. Mit diesem „verfrühten Besetzen", dem in seiner Wirkung auch verspäteter Beginn der Befestigung gleichkommt, ist aber nicht zu verwechseln das Vorbereiten des Gefechtsfeldes für verschiedene Angriffsrichtungen. Da das Herausziehen von Truppen aus einer Verteidigungslinie schwierig ist, wenn die Angriffsrichtung des Feindes sich nicht frühzeitig ausspricht, so hat das verfrühte Besetzen vielfach zur Folge, daß die Reserve dann zur Aushilfe an anderen Stellen eingesetzt und dadurch für die eigentliche offensive Verwendung zu schwach wird. Dieses verfrühte Besetzen erklärt so manchen passiven Verlauf eines Verteidigungskampfes. Der Verteidiger muß vor allem verstehen, abzuwarten. Da Bewegungen mit zum Gefecht völlig entwickelten Truppen schwierig, Frontveränderungen und Schiebungen zeitraubend sind, so wird die Truppe zunächst in einer Bereit=

---

1) Wohl zu unterscheiden von „Gefechtsbereitschaft" (F. O. 171), bei der die Truppen in entwickelter Gefechtsstellung lagern, Sicherungs= und Gefechtslinie zusammenfallen.

stellung vereinigt, bis· zutreffende Anhaltspunkte für die Verwendung der einzelnen Verbände gewonnen sind.

Die Führung wird sich schon jetzt klar zu machen haben, an welcher Stelle des Gefechtsfeldes sie kleinere Mißerfolge aus operativen Gründen unbedingt in den Kauf nehmen muß, um an anderen Stellen Massen zum Erringen des Sieges einzusetzen. In unberechtigter Weise wird vielfach in taktischen Lehrbüchern an den Angriff die Verfolgung, an die Verteidigung der Rückzug angeschlossen. Auch bei unseren Übungen befindet sich der Verteidiger vielfach in der ungünstigeren Lage, die dann mit einem Mißerfolg für ihn abschließt. Die Verteidigung muß aber nicht allein den Angriff des Gegners abweisen, sie muß auch siegen wollen.

Eine Bereitstellung wird derart gewählt, daß sie die Verwendung der Truppen nach den verschiedensten Richtungen zuläßt, daß sie das Besetzen der Stellung in kürzester Frist und ohne Kreuzungen gestattet. Mit ihr ist Breitenausdehnung verbunden, da man nur so die mit zentralen Lagen verbundenen Nachteile vermeidet. Mit zentralen Aufstellungen erleichtert man dem Gegner die Umfassung. Die anfänglichen Vorteile einer straff organisierten Zentralstellung verschwinden vor dem späteren Nachteil einer vernichtenden konzentrischen Feuerentwickelung des Angreifers. „Defensive Lagen bleiben nur so lange ebenbürtig, wie sie Breitenraum und damit Handlungsfreiheit gewähren. Übertriebener Frontausdehnung in der taktischen Handlung ist damit noch keineswegs das Wort geredet, aber die Fähigkeit zu konzentrischer Wirkung muß gewahrt bleiben, die nur exzentrische unterliegt bei heutiger Bewaffnung schließlich mit voller Sicherheit. Die Bedingungen für die Möglichkeit des Erfolges sind daher bei den Defensivoperationen genau die nämlichen wie in der Offensive. Bis in die Defensivschlacht hinein wird das Heer in demselben Sinne beweglich bleiben müssen wie sein Gegner. So große Waffenerfolge die Anklammerung an starke und stärkste Geländeobjekte anfänglich verheißt, so große Gefahren birgt sie auch"[1]. Die einer Schlacht vorhergehenden Operationen waren falsch geleitet, wenn sie in zentralen Stellungen endeten, die bei aller natürlichen Stärke schließlich immer der sicheren Umfassung erliegen[2]. So sehr auch die Leistungsfähig-

---

[1] v. Schlichting a. a. O. I, S. 167.
[2] Bautzen, Leipzig, Königgrätz, Sedan, Paardeberg (1900, Südafrika).

keit der Waffen in der Verteidigung zugenommen hat, daß rein frontale Angriffe kaum noch aussichtsvoll erscheinen, so wenig ist die Widerstandskraft der Verteidigung gegen die Umfassung gestiegen. Kann ein in eine zentrale Stellung geratenes Heer sich durch schnellen Angriff nicht aus dieser Lage befreien, so bleibt nichts anderes übrig als der Rückzug. Dieser ist immer noch besser als in enger, an und für sich vielleicht vortrefflicher Stellung den Entscheidungskampf aufzunehmen.

Da die Truppe längere Zeit in einer Bereitstellung verbleibt, so wird man die Untätigkeit benutzen, um in Gruppen — in der Division z. B. in Regimentern — abkochen zu lassen. Von sämtlichen Gruppen werden Befehlsempfänger zu der nächst höheren Kommandostelle entsandt, um das Besetzen der Gefechtsstellung zu beschleunigen. Fernsprechleitungen, rechtzeitig angelegt, ermöglichen den Gedankenaustausch des Führers. Günstige Punkte, welche den verschiedenen möglichen Angriffsrichtungen des Feindes entsprechen, werden als „Gerippunkte" für eine spätere Stellung besetzt und zur Verteidigung eingerichtet. Die Besetzungen sollen die vorgeschobene Kavallerie aufnehmen und der ersten Entwickelung der Artillerie den nötigen Schutz verleihen. Es kann zweckmäßig sein, einzelne Bataillone kompagnieweise aufzulösen, um wenigstens die größere Zahl der Einheiten nicht anzubrechen.

Die Kavallerie wird nur selten in so ausreichender Stärke zur Stelle sein, daß alle Anmarschrichtungen gleichmäßig bedacht werden können, sie sucht die Fühlung mit dem Gegner und bemüht sich, so schnell als möglich die Angriffsrichtung des Feindes festzustellen. Keine wichtige Anmarschstraße darf aber ohne dauernde Beobachtung — wenn irgend möglich von zwei Seiten — bleiben. Die auf diese Straßen angesetzten Aufklärungsabteilungen müssen besonders auf die Wichtigkeit „negativer Meldungen" hingewiesen werden. Vielfach wird sich auch Gelegenheit bieten, die selbständig voreilende Artillerie des Gegners anzufallen. Da aber die feindliche Kavallerie das Streben hat, die eigenen Umfassungsbewegungen zu verschleiern, die Verteidigungskavallerie zurückzudrücken, die Stellung des Gegners aufzuklären, so sind Kavalleriekämpfe auf diesem Gebiet des Kampffeldes unvermeidlich. Je schwächer die Kavallerie des Verteidigers ist, um so mehr bedarf sie der Unterstützung, z. B. durch Jagdkommandos, Radfahrer- und Maschinengewehr-Abteilungen. Nur ungern wird man geschlossene Kompagnien für diese Aufgaben verwenden. Aus günstiger Stellung zwingen sie den Feind zur Entwickelung, brechen dann rechtzeitig das Gefecht ab und suchen unter steter Belästigung des feindlichen Vormarsches diesen zu verzögern; für schnelle Übermittelung der Meldungen (Lichtfernsprecher, Signaltrupps, Radfahrer) wird Sorge zu tragen sein. Vorposten werden am besten zurückgenommen. Sie können wohl die Aufklärung erschweren, aber nicht verhindern. Gehen sie zurück, ehe sie in feindliches Infanterie- und Artilleriefeuer kommen, so haben sie nichts genützt, müssen sie fechtend zurückgehen, so setzen sie sich nur schweren Verlusten aus und zwingen die Artillerie zu frühzeitiger Aufnahme des Feuers. Feldluftschiffer-Abteilungen werden eingesetzt, sobald die ersten Meldungen über den Anmarsch des Feindes vorliegen. Der Beobachter muß sich möglichst frühzeitig durch eingehendes Studium der Karte und durch Orientieren aus dem Korbe ein genaues Bild des in seinen Beobachtungskreis fallenden Geländes mit allen seinen Eigentümlichkeiten einprägen. Das frühzeitige Erkennen des feindlichen Anmarsches und der vom Feinde benutzten Wege, das Beobachten seines Aufmarsches und seiner Kräfteverteilung beim Angriff werden dadurch wesentlich erleichtert.

Das Gerüst jeder Verteidigungsstellung bildet die Linie, in der die Artillerie den Entscheidungskampf durchführen soll. Selten wird die Artillerie aber aus einer einzigen Stellung allen Aufgaben genügen können; die erste Stellung wird zunächst mit Rücksicht auf die Stellungen der gegnerischen Artillerie gewählt. Die wichtigste bleibt aber diejenige, aus der der Infanterieangriff abgewiesen werden soll. Die in Bereitstellung befindliche Artillerie benutzt die Zeit vor der Feuereröffnung zur eingehenden Prüfung der Stellung, Verbesserung der Wegsamkeit, zum Ermitteln der Entfernungen, besonders derjenigen nach den voraussichtlichen Artilleriestellungen des Feindes, sowie in der Richtung des mutmaßlichen Infanterieangriffs[1]). Geschützdeckungen und Masken sind in ausreichender Zahl anzulegen, um den wahrscheinlichsten Angriffsrichtungen Rechnung zu tragen. Vorbereitete Geschützdeckungen dürfen aber den Führer nicht bestimmen, sie unter allen Umständen auch zu

---

1) S. den für die Verteidigung der Lisaine-Stellung am 11. Januar 1871 erlassenen Korpsbefehl. Kunz, Entscheidungskämpfe des Generals v. Werber, I, S. 178.

benutzen, die Batterien würden dann gezwungen sein, wenn ein Angriff aus anderer Richtung käme, in schräger Front und mit zu engen Zwischenräumen aufzufahren. Einzelne Batterien werden zweckmäßig bereit gehalten werden, um die Anmarschrichtung des Feindes unter Feuer zu halten.

Sobald die feindliche Angriffsrichtung erkannt ist, möglichst jedoch, bevor der Feind seine Batterien aufgefahren hat, wird die Feuerstellung eingenommen. Bedecktes Gelände, Unkenntnis der Maßnahmen des Feindes macht es schwer, diesen Zeitpunkt richtig zu erkennen; allzu langes Zögern birgt die Gefahr in sich, unter dem Feuer der feindlichen Artillerie einfahren zu müssen. Verfrühter Einsatz kann Front- und Stellungswechsel im wichtigen, vielleicht kritischen Moment zur Folge haben. Steilfeuerbatterien werden zunächst noch zurückgehalten, um später in den Geschützkampf einzugreifen oder vom Fesselballon aus erkannte Truppenansammlungen unter Feuer zu nehmen. Zum Bekämpfen vorgehender Schützenlinien sind die schweren Haubitzbatterien nicht geeignet. Schwere Flachbahnbatterien finden zum Beschießen von Anmarschstraßen und auf den Flügeln Verwendung, um feindliche Umfassungsbewegungen zu weiterem Ausholen zu zwingen.

In Frankreich sind die Ansichten über Verwendung der Artillerie wenig ausgesprochen: Massenbereitstellung, nach Einsatz und Bedarf. England; die Artillerie kann entweder in Masse verwendet werden oder bei ausgesprochener Überlegenheit der feindlichen Geschütze zerstreut (dispersed, also vielleicht batterie- und zugweise verteilt) auffahren. Gelegenheit, mit flankierendem oder Schrägfeuer zu wirken, aus den verteilten Aufstellungen einzelne Teile unter Kreuzfeuer zu nehmen, soll stets ausgenutzt werden. Anderseits muß sie selbst versuchen, den Feind an der Abgabe von Schräg- und Längsfeuer zu hindern. Hat die Artillerie keine Aussicht, den Geschützkampf erfolgreich durchzuführen, so soll sie nur Verwendung finden zur Abwehr des Angriffs, um die Infanterie zu frühzeitiger Entwickelung zu zwingen und um die feindliche Artillerie im Aufmarsch zu beschießen. Bei Abwehr des Infanterieangriffes wird eine besondere Rollenverteilung eintreten müssen. Einzelne Batterien werden zur Abwehr des Angriffs ihre Deckungen aufgeben müssen, während andere bereit sein müssen, die feindlichen Geschütze zu hindern, ihre ganze Feuerkraft auf diese Batterien zu vereinen. Eine Verteilung der schweren Artillerie auf die verschiedenen Teile der Stellung wird für besonders wichtig erachtet, da man so am besten imstande ist, einen feindlichen Vormarsch, aus welcher Richtung er auch kommen möge, wirksam unter Feuer zu nehmen und den Gegner frühzeitig zur Entwickelung zu zwingen. Im Auftrage des Generalleutnants French hatte Oberstleutnant du Cane folgende Gesichtspunkte für die Verwendung der Verteidigungsartillerie aufgestellt, welche schärfer zu den einzelnen Fragen Stellung nehmen:

1. Einzelne Geschütze in vorgeschobenen Stellungen, welche nach wenigen Schüssen zurückgenommen werden, zwingen den Feind fast immer zum verfrühten Aufmarsch.

2. Nur beim Kampf aus verdeckten Stellungen hat die Artillerie die Freiheit, das Gefecht mit der feindlichen Artillerie aufzunehmen und sich für Verschiebungen die nötige Freiheit zu bewahren.

3. Die Kriegserfahrung in Ostasien lehrt, daß es aus diesen Stellungen aber nicht möglich ist, die Höhenlinien zu erreichen; zur Abwehr des Infanterieangriffes müssen daher an günstigen Punkten der vorderen Linie Geschütze eingegraben werden, die sich dann aber nicht am Artilleriekampf beteiligen dürfen.

4. Es ist eine offene Frage, ob der Führer seine Anordnungen für den Gegenangriff erst trifft, wenn der feindliche Hauptangriff sich entwickelt hat, oder ob er von vornherein das Gelände für einen Gegenangriff ins Auge faßt und ihn ansetzt, gleichviel, ob er die entscheidende oder festhaltende Gruppe des Feindes trifft. Im ersten Falle wird es schwer sein, die Mitwirkung der Artillerie sich zu sichern, es wird sich daher empfehlen, einzelne Batterien bei der Reserve zu halten in der Erwartung, daß sie geeignete Stellungen finden werden. Die zweite Art des vorbedachten Gegenangriffes gestattet dem Führer, seine ganze Artillerie von Anfang an in vorderer Linie zu verwenden und auf eine Artilleriereserve zu verzichten. Einzelne Batterien der in verdeckter Stellung fechtenden Artillerie werden dann bei Beginn des Gefechts für eine Mitwirkung beim Gegenangriff bezeichnet und können in aller Ruhe ihre Stellung erkunden.

Besondere Beachtung ist dem Freimachen des Geländes im Rücken der Stellung zuzuwenden, Straßen müssen unbedingt von Bagagen und Trains frei sein, Feldlazarette und Munitionskolonnen (die Gefechtsstaffel) sind dicht bis an die Truppen heranzuziehen. Auch diese parkieren seitwärts der Straße. Mit unnachsichtlicher Strenge ist auf Ordnung hinter der Stellung zu halten. Brücken über Flüsse im Rücken der Stellung sind in ausreichender Zahl herzustellen, die Zugangswege zu ihnen zu bezeichnen. Hier finden die Pionier-Kompagnien meist eine zweckmäßigere Verwendung als in der Front der Verteidigungsstellung.

Der Führer wird sich zweckmäßig in Nähe der mit Beschießung der Angriffsstraße bereit gestellten Artillerie aufhalten, Befehlsempfänger der einzelnen Truppenteile befinden sich beim Stabe, um sofort die Anordnungen zum Besetzen der Stellungen übermitteln zu können.

2. Befehlserteilung.

Befehl zum Einnehmen einer Bereitstellung.

Ort. Zeit.

Divisionsbefehl.

1. Nachrichten über den Feind (Anmarschrichtungen) und eigene Truppen.

2. **Absicht**, wo Division bereit gestellt wird.
3. **Kavallerie-Abteilungen** auf den verschiedenen Anmarschstraßen vorschicken. Zuweisen von Radfahrer- und Maschinengewehr-Abteilungen, Jagd-Kommandos.
4. **Artillerie**, entweder in Bereitstellung oder Abwarten bei der Masse der Infanterie. Anordnungen zum Beschießen der Marschstraße.
5. **Befehl für die Infanterie** (Besetzung der „Gerippunkte" der Stellung, Sicherung, der Hauptteil in Deckungen regimenterweise versammelt), Abkochen.
6. **Befehl für die Verteidigungseinrichtung.**
7. **Befehl für Pioniere** (Verteidigungseinrichtungen, Brückenschlag im Rücken der Stellung, Aufnahmestellungen).
8. **Bereitstellen von Munitions-Kolonnen und Feldlazaretten. Hauptverbandplatz.**
9. **Befehl für Große Bagage, Trains und Kolonnen** (meist so aufgestellt, daß sie sofort nach rückwärts abmarschieren können).
10. **Aufenthaltsort des Führers.**

Ausgabevermerk.   Unterschrift.

Ausnahmsweise liegen die Verhältnisse von Anbeginn so klar, daß die Führung auf eine vorherige Bereitstellung verzichten und gleich ihre Befehle für die Besetzung der Stellung geben kann.

3. Die Besetzung der Stellung.

Grundsätzlich muß die Artillerie durch vorgeschobene Infanterie geschützt werden, um zu verhindern, daß sich die feindlichen Schützen an der Bekämpfung der Verteidigungs-Artillerie beteiligen, andererseits aber auch, um die Angriffs-Artillerie zu hindern, mit ein und derselben Geschoßgarbe die Infanterie und Artillerie zu bekämpfen. Von der Geländegestaltung abgesehen, wird es zweckmäßig sein, die Infanterielinie etwa 600 Meter über die Stellung der Batterien hinaus vorzuschieben. Bei geringerer Entfernung vermag die Angriffs-Infanterie die Verteidigungs-Artillerie zu belästigen, ohne selbst in einen ernsten

Infanteriekampf verwickelt zu werden. Größere Entfernung hat für die Artillerie den Vorteil vollkommeneren Schutzes gegen Infanteriefeuer. Die Infanterie muß sich, vorwärts der Artillerie, während des Verlaufs des Angriffs behaupten und wird die zur unmittelbaren Verstärkung bestimmten Kräfte dicht heranhalten. Den Bedürfnissen beider Waffen kann nur selten die Führung gerecht werden, bei jedem Kompromiß wird nur zu leicht die eine benachteiligt. Den Vorrang hat die in Wahl der Stellung mehr beschränkte Infanterie. Während aber in den Entwickelungsstadien des Angriffes die Infanterie sich nach der Artillerie richten kann, ist dieses in der Verteidigung unmöglich, da die Infanterie in der Stellung, in der sie den Kampf beginnt, ihn auch durchführen muß.

Die heutigen Feuerwaffen verleihen dem ausreichend mit Munition versehenen Verteidiger in der Front eine derartige Stärke, daß hier eine unmittelbare Unterstützung kaum erforderlich ist, die zur rein örtlichen Verteidigung bestimmten Kräfte können deshalb so knapp als möglich bemessen werden. Die schwachen „Abschnittsreserven", welche die Verluste in der Feuerlinie ersetzen sollen, deren Verwendungsart genau vorgezeichnet ist, werden zur Verkürzung des im Feuer zurückzulegenden Weges so dicht herangehalten, als es die Deckung nur irgendwie gestattet, wenn möglich, in der Schützenlinie selbst eingegraben. Hingegen ist die zur offensiven Verwendung bestimmte **Hauptreserve** weit zurückzuhalten. Vom Standpunkt des Angreifers aus ist die Verteidigungsstellung zu prüfen und die Frage zu entscheiden: „**Wie schwach darf ich die Front besetzen, wie stark kann ich die Hauptreserve machen, um eine Entscheidung herbeizuführen?**"

In der Front werden sich Strecken finden, gegen welche ein Angriff erfolgversprechend erscheint, andere, wo dieser ungünstigere Bedingungen vorfindet, und schließlich Teile, gegen welche ein erfolgreicher Angriff überhaupt ausgeschlossen ist. Während wir für den ersten „Abschnitt" viel Truppen brauchen, sind zur Behauptung derjenigen Geländestrecken, welche für den Angreifer infolge freien Schußfeldes oder von Hindernissen, Fehlen von Artilleriestellungen weniger günstig sind, nur schwächere Kräfte erforderlich. Es ergibt dieses eine Einteilung in Abschnitte, deren jeder eine besondere Kommandoeinheit für sich bildet. Große Ausdehnung der durch diese Prüfung der Stellung geschaffenen Abschnitte, trennende Hindernisse können zu weiterer Untereinteilung nötigen. Hiermit ist nicht gesagt, daß eine ununterbrochene Besetzung der Stellung erforderlich ist; für den Angriff ganz ungünstige Räume bedürfen nur der Beobachtung, Lücken in der Verteidigungslinie sind für den Angreifer meist nur von geringem Wert, da es möglich sein wird, sie von seitwärts unter Feuer zu nehmen.

Die Absicht der Führung bestimmt den Platz der Reserve; soll sie nur dazu dienen den Rückzug zu decken, eine Umfassung abzuwehren, so mag ihr Platz ausnahmsweise hinter der Mitte sein. Der Gedanke, den Feind anlaufen zu lassen und dann über ihn herzufallen, ist leicht im Entwurfe. In der Ausführung stößt dieser Gedanke meist auf so viel Hindernisse, daß die Absicht unterbleibt oder wenigstens die Ausführung zu spät kommt und der Angreifende doch die Oberhand behält. Wer sich einer Stellung anvertraut und den Feind erwartet, wird immer damit zu kämpfen haben, daß der in seinen Bewegungen freiere Angreifer ihm zuvorkommt und die Absichten des Verteidigers zum Angriff überzugehen durchkreuzt. Die Kriegsgeschichte zeigt, daß defensive Lagen zum Unheil für den Verteidiger wurden, weil dieser nicht den Augenblick zur Führung des Offensivstoßes erfassen konnte. (Bautzen, Magenta, Königgrätz.) Glücklich der Verteidiger, dem das Auftreten von seitwärts herbeieilender frischer Truppen den Entschluß erleichtert, den Befehl zum Draufgehen zu geben. (Waterloo, Beaune la Rolande.) Meister in der taktischen Verteidigung war der Herzog von Wellington (Talavera), dann Napoleon, dessen glänzendste Defensivschlachten Austerlitz, Dresden und Wachau noch heute mustergültig sind.

Wer selbst offensiv werden will, betrachte die Stellung als einen Köder, den man dem Angreifer hinwirft, versammle seine Streitkräfte dort, wo man offensiv werden will. Seitliche Verschiebungen, um während des Gefechts einen anderen Flügel zu erreichen, kommen meist zu spät, wo auch immer der taktische Erfolg erreicht wird, er wird nicht verfehlen, seine Einwirkung geltend zu machen. Das Vorgehen der französischen Garde auf dem angelehnten linken Flügel bei Gravelotte wäre immer noch besser gewesen, als der Abmarsch nach dem rechten Flügel, wo die Garde bei St. Privat zu spät kommen mußte. Nur durch eine solche Verwendung der Reserve zum Gegenangriff kann sich der Verteidiger vom Angreifer frei machen. Der Vorstoß kann gegen den feindlichen, nicht durch Reserven geschützten Flügel gerichtet sein, oder außerhalb auf die zur Umfassung bestimmten

Kräfte des Angreifers treffen. Dann kommt es zu einem Begegnungskampf, in dem voraussichtlich der Stärkere siegen wird [1]).

Der seitliche Abstand ergibt sich daraus, daß der Gegenangriff in voller Entwickelung mit seinem inneren Flügel an dem äußeren Flügel der Verteidigungsstellung vorbeigeführt werden kann und auch tatsächlich in die Flanke des Angreifers hineinstößt [2]).

Steht die Reserve zu nahe, so ist die Gefahr vorhanden, von der Umfassung des Angreifers mitgetroffen und in die reine Abwehr (Hakenbildung) verwickelt zu werden; steht die Reserve hingegen zu weit ab, so trifft sie um so wirksamer die feindliche Flanke, ihr Eingreifen ist indessen nicht unbedingt sichergestellt, der Angreifer kann sich gegen sie wenden, sie von der Verteidigungsstellung abdrängen und vereinzelt schlagen.

Eine kleine Hauptreserve wird auf einen einzigen Punkt zum Vorbrechen versammelt, bei einer stärkeren ist eine Trennung in mehrere Gruppen geboten. Ein Beispiel mag eine solche Verwendung der Reserven erläutern:

Am 18 August 1870 hätte vielleicht die französische Rheinarmee die folgende Aufstellung nehmen können: das französische II. und III. Korps in befestigter Stellung von Amanvillers bis südlich der Steinbrüche von Point du jour. Mit den Anfängen der Marschkolonnen bei Marengo das IV., am Waldrande südlich Malancourt das VI., im Ornetal bei Joeuf das Gardekorps. Jedes Armeekorps nach Maßgabe der örtlichen Erkundung in mehreren Kolonnen. Die Kavalleriedivisionen der Armee bei Giraumont und Bernéville; Ste. Marie aux Chênes und Auboué zur Aufnahme der Kavallerie mit kleineren Detachements besetzt.

Am sichersten wäre der Übergang zum Angriff der reinen Theorie nach, wenn der Gegner im machtvollen Feuer des gut eingenisteten Verteidigers zusammengebrochen ist, es vielleicht nur noch des Einsetzens geringerer Kraft bedarf, um die Wage zuungunsten des Angreifers sinken zu lassen. Die Frage ist nur, ob der Angreifer es auch dazu kommen läßt, ob unter der konzentrischen Feuerwirkung des

---

1) Ein treffendes Beispiel ist der Vorstoß der Brigade Memerty in der Schlacht von Noisseville.

2) Dies ist nur möglich, wenn die Truppe genügend weit seitwärts steht. Zahlen lassen sich nicht geben; aber man kann vielleicht sagen, daß der Seitenabstand jedenfalls noch größer sein muß als der Tiefenabstand und daß er in ganz großen Verhältnissen bis auf 15 und 20 Kilometer wachsen kann. Über einen kurzen Tagemarsch darf er nicht hinausgehen, weil die Hauptreserve sonst nicht mehr an demselben Tage zum Schlagen kommen würde.

Angreifers nicht jeder offensive Gedanke erstickt, ob die Hauptreserve nicht nach und nach in die reine Abwehr hineingezogen sein wird und ob der Angriff sich auch noch auf der ganzen Front geltend machen kann. Auf schmaler Front vermag schon das Flankenfeuer einer Gruppe im letzten Augenblick den Angriff zum Scheitern zu bringen, bei länger werdenden Fronten muß dieses Moment früher eintreten, jedenfalls so früh, daß nicht entferntere Teile unbeeinflußt durch unsere Flankierung in unsere Linien eindringen können. Je stärker die Kräfte, desto früher muß der Gegenangriff erfolgen. Im Armeekorps und in der Division ist der günstigste Zeitpunkt, wenn beide Teile um die Feuerüberlegenheit ringen, der Angreifer zum vollen Einsatz seiner Feuerkraft gezwungen ist. Wer abwarten will, bis die Meldungen über Verwendung der feindlichen Reserven eingetroffen sind, kommt sicher zu spät und kann sich nur noch der Vergewaltigung erwehren. Hieraus ergibt sich die Notwendigkeit, Ort der Aufstellung nach Lage und Absicht zu wählen, den Angriff so frühzeitig anzusetzen, ehe noch der Verteidiger in volle Abhängigkeit vom Angreifer geraten ist.

Zusammenstellung der reglementarischen Vorschriften über den Gegenangriff.

Deutschland. (J. E. R. 410.) Die Hauptreserve muß da bereitgestellt werden, von wo aus sie nach der wahrscheinlichen feindlichen Angriffsrichtung und nach dem Gelände am besten zum Angriff vorgeführt werden kann.

Sofern nicht in beiderseitiger Anlehnung gekämpft wird, findet die Hauptreserve der Regel nach als Staffel hinter dem nicht angelehnten Flügel ihren Platz. Sind beide Flügel unangelehnt, so bleibt nur übrig, hinter dem einen genügende Reserven zur Abwehr feindlicher Überflügelung bereitzustellen, um hinter dem andern möglichst starke Kräfte zur Herbeiführung der Entscheidung zu behalten.

Die gestaffelte Hauptreserve muß Raum zur Entwickelung haben, sei es zur Abwehr feindlicher Umfassung, sei es zum Gegenangriff.

(J. E. R. 414.) Zum Angriff aus der Front wird der Verteidiger erst übergehen dürfen, wenn er den Sturm abgeschlagen und die Feuerwaffe ausgenutzt hat, oder wenn es sich darum handelt, den vor der Stellung zu Boden gezwungenen Gegner zu vertreiben. Ein verfrühter Gegenstoß kann zum Verlust der Stellung führen. Ist die Hauptreserve in der Absicht gestaffelt worden, des Gegners Flanke zu treffen, so tritt sie in Tätigkeit, wenn der feindliche Frontangriff in vollem Gange ist.

Österreich-Ungarn. Die Hauptreserve ist dort aufzustellen, wo nach der Gefechtslage ihre Verwendung am wahrscheinlichsten erscheint, das ist in der Regel hinter einem Flügel. Dieser Platz ist nicht nur der günstigste, um Umfassungsversuchen entgegenzutreten, sondern auch für den Gegenangriff mit der Reserve der geeignetste. Ist der Gegenangriff beabsichtigt, so muß der Befehlshaber jeder Versuchung widerstehen, Abteilungen der Hauptreserve zu anderen Zwecken als zur Ausführung dieses Angriffs zu verwenden. Die Hauptreserve ist in diesem Falle derart bereitzustellen, daß sie, während der Gegner innerhalb der entscheidenden Distanz vorrückt, sich rasch entwickeln und den **Angriff durch kräftigstes Feuer in die Flanke des Gegners** mit Entschiedenheit ausführen kann. Zur Durchführung eines Gegenangriffs ist Bewegungsfreiheit auf einem Flügel Grundbedingung. Vereinzelte Offensivstöße aus der Schwarmlinie sind zu vermeiden; **der Gegner soll durch Feuer zertrümmert werden**. Ist ein Gegenangriff mit der Hauptreserve nicht beabsichtigt, so ist dieselbe entweder zur direkten Verstärkung der Truppen in einem oder dem anderen Abschnitte, oder zur Bekämpfung jenes Teiles des Gegners zu verwenden, welcher die Stellung umfassend angreift.

Frankreich. Grundsätzlich wird die passive Verteidigung, welche mit einer sicheren Niederlage enden muß, verworfen, nur eine angriffsweise Verteidigung kann Erfolg haben. Ebenso wie beim Angriff ist auch in der Verteidigung die noch dazu durch Wahl eines vorteilhaften Geländes begünstigte Feuerwirkung das Mittel, um später im Verlaufe des Kampfes selbst angreifen zu können.

Die Vorschriften unterscheiden „Gegenstoß" und „retour offensif". Eine contre attaque der Reserve findet statt, ehe der Feind in die energisch verteidigten Stützpunkte eindringt. Im Gegensatz hierzu wird jeder Versuch, eine verlorene Stellung wiederzunehmen, als „retour offensif" bezeichnet.

Ein Gegenstoß mit Truppen der zweiten Linie soll stattfinden, sobald der Angreifer die Gefechtslinie zu sehr bedrängt. Ein unter Mitwirkung des Feuers aus der ersten Linie kraftvoll und überraschend geführter Gegenangriff wird den Feind mindestens so lange aufhalten, bis die Gefechtslinie Zeit gefunden hat, sich zu erholen.

Es kann auch gelegentlich von Vorteil sein, die Krisis nicht abzuwarten, sondern durch starkes Feuer den Angreifer nur zur Entwickelung zu zwingen, dann das Gefecht abzubrechen, den Feind zum Nachdrängen zu veranlassen, um ihn so in ein vorher ausgesuchtes und erkundetes Gelände zu ziehen, wo er dann von frischen und ausgeruhten Truppen überraschend in der Flanke angegriffen wird. Die Kriegsgeschichte zeigt, daß gerade ein solches Verfahren vielfach Erfolg gehabt hat.

„Überall muß die gleiche Tätigkeit herrschen, der Wille zu manövrieren, die Aufmerksamkeit, jeden Fehler und jede Schwäche des Feindes auszunutzen. Die zum Angriff schreitenden Truppen gehen rücksichtslos ohne Nebengedanken vor. Muß eine solche Vorwärtsbewegung eingestellt werden, so liegt es der Führung ob, die Grenze zu bestimmen. Die Anstrengungen aller sind darauf gerichtet, den Feind durch unaufhörliche Anfälle zu ermüden und zu demoralisieren, bis der Augenblick gekommen sein wird für den Führer, den Übergang zur Offensive zu befehlen."

England. Der Gegenangriff kann sowohl von der Schützengrabenbesatzung als frontaler Gegenstoß oder als entscheidender Gegenangriff von der Hauptreserve unter Begleitung von Artillerie und der berittenen Truppen ausgeführt werden. Als günstigster Zeitpunkt wird allgemein der bezeichnet, wenn der Angreifer seine Reserven verausgabt hat und sich zum Sturm anschickt.

Rußland (1903). Jede Gelegenheit zu kurzen Vorstößen ist auszunutzen. Angriffe der Truppen erster Linie, unterstützt durch die Abschnittsreserve, begleitet von Artillerie- und Infanteriefeuer, bilden die Mittel, um mit allen Kräften offensiv zu werden. Sobald der Angreifer seine Angriffsrichtung zu erkennen gibt, wird die Reserve an denjenigen Punkt geführt, wo sie am zweckmäßigsten nach Gelände und Gefechtsverlauf zum Angriff vorgehen kann. Die Artillerie richtet beim Vorgehen ihr Feuer auf die Reserven des Feindes. Die Kavallerie begleitet das Vorgehen.

Ein bis zum Schluß der Schlachthandlung aufgesparter Offensivstoß wird vielfach die bereits genommene Stellung dem Gegner wieder entreißen müssen. Die Möglichkeit eines solchen Vorstoßes liegt nicht in der Hand der Führung, sondern hängt vom Schicksal ab. Ein Gegenangriff, nachdem der Angreifer in die Stellung des Verteidigers eingedrungen und bemüht ist, die noch aushaltenden Stützpunktsbesatzungen zu bewältigen, rechnet damit, daß der bis dahin siegreiche Angreifer, erschöpft und in Unordnung, einem wohlgeordneten Stoße größerer Massen nicht gewachsen ist. Planmäßig wird aber ein Verteidiger eine derartige Verwendung seiner Hauptreserve wohl nicht anordnen, für ihn kommt es darauf an, den Angriff bereits vor der Stellung und nicht erst in ihr zum Scheitern zu bringen. Wenn ein derartiger „retour offensif" in der Kriegsgeschichte auch verhältnismäßig häufig vorkommt, so erklärt sich das meist aus dem Umstande, daß die zur Führung des Gegenangriffs bestimmten Kräfte zu spät eingesetzt wurden. Der Schwächezustand des Angreifers dauert nur kurze Zeit, und dieses muß durch schnelles Vorgehen auf der kürzesten Linie ausgenutzt werden. Hat der Angreifer aber erst einmal seine Verbände wieder ordnen, seine Batterien nachziehen können, dann ist es in den meisten Fällen zu spät.

Die in der Dunkelheit in Servigny eingedrungene französische Division Aymard, welche keine Anstalten traf, das Dorf ordnungsmäßig zu besetzen, die durcheinander gekommenen Truppen neu zu gliedern, wurde durch den Gegenangriff von nur elf preußischen Kompagnien herausgeworfen[1]). Der gut angesetzte Gegenangriff des 1. Turko-Regiments bei Wörth nach Einnahme von Elsaßhausen scheiterte[2]). Die siegreichen deutschen Truppen hatten Zeit gefunden, Maßregeln zur Behauptung des genommenen Stützpunktes treffen zu können. Der Angriff des Generals de Sonis zur Wiedereroberung von Loigny wurde zu spät und mit unzureichenden Kräften unternommen[3]).

Günstiger, aber auch gefährlicher scheint ein Offensivstoß bei Beginn der Schlacht, sei es gegen die Spitzen der Umgehungs-

---

1) Kunz, Noisseville, S. 52.
2) Kunz, Kriegsgeschichtliche Beispiele.
3) Hönig, Volkskrieg, IV, S. 124.

kolonnen oder gegen die in der Front festhaltende Gruppe (Austerlitz) ¹).

„Das Bild, welches uns den Verteidiger in seiner Stellung gleichsam auf der Lauer liegend zeigt, bis er einen Mißgriff des Feindes erspäht hat, um dann über ihn herzufallen, nimmt sich zwar gut aus, kommt aber selten zur Verwirklichung. Eine Armee vermag eben nicht wie ein Tiger, mit der Schnelligkeit des Gedankens auf die Beute los zu springen. Der Blick braucht Zeit, um die Gelegenheit zu entdecken, der Entschluß, um zu reifen, der Befehl, um zur Truppe zu gelangen, und diese, um sich zum Vorbrechen zu ordnen und in Bewegung zu setzen. Das ergibt eine Zeitsumme, welche es meist dem in fließender Bewegung befindlichen Angreifer ermöglicht, über den kritischen Augenblick hinwegzukommen." ²)

Geringer veranschlagt der General Meckel die Größe der zu überwindenden Schwierigkeiten ³): „In den gedeckten Stellungen des Abwartenden ist Übersicht, Ordnung und volle Bereitschaft; ein Wink, ein Befehl, und die Massen setzen sich zur einheitlichen Schlachthandlung in Bewegung. Auf der anderen Seite ist alles im Werden; die weit zurückreichenden Marschfäden brauchen Stunden zur Herstellung der Schlachtordnung, ein festes Gefüge ist nicht vorhanden, die Beziehungen der nebeneinander marschierenden Heeresteile sind schwankend, augenblickliches Eingreifen der Oberleitung ist ausgeschlossen oder auf eine einzige Stelle beschränkt; die Unterstützung des unbekannten Geländes ist noch nicht gefunden, alle Vorbedingungen einer vorteilhaften Verteidigung fehlen. Werden bisherige Gebräuche festgehalten, so sind außerdem ganze Heeresteile in bogenförmigen Umfassungsbewegungen losgelöst und von den übrigen getrennt. Es ist keine Lage des Krieges denkbar, welche den Stehenden mehr zum Angriff auffordert, als diese. Wenn je ein Angriff die Überlegenheit der Handlung und die Macht des seelischen Eindruckes auf seiner Seite hat, so ist es in diesem Augenblicke der Gegenstoß des Abwartenden auf das wogende Meer des Anrückenden. Hier Einklang der Bewegung, dort Überraschung, Hast, Zufall, hier breite Fronten, dort Kolonnenspitzen; hier bewußter Plan und klare Handlung, dort Zweifel, Befehlsver=

---

1) Ein anderes lehrreiches Beispiel ist Napoleons Verhalten bei Montmirail am 11. Februar 1814. Meckel, Truppenführung, S. 255.
2) v. d. Goltz, Kriegführung, S. 42.
3) Truppenführung S. 258.

wirrung, Handeln auf eigene Faust oder Ratlosigkeit. Diese Vorteile steigen mit der Größe der beteiligten Streitkräfte."

Bietet sich Gelegenheit, in dieser Weise eine schnelle Entscheidung herbeizuführen, so handelt die Truppenführung falsch, darauf zu verzichten. Da die Führung noch nicht unter dem moralischen und materiellen Drucke einer sich immer empfindlicher gestaltenden Umklammerung steht, der Gegner am wenigsten einen solchen Vorstoß erwartet, so ist der Entschluß zwar leicht zu fassen, die Schwierigkeiten liegen aber in der Durchführung, in dem rechtzeitigen Vorbrechen. Alles hängt hier am seidenen Faden. Maßnahmen zum Schutz der Flanken des Offensivstoßes sind geboten, auch wird man die Umgehungstruppen des Feindes ebenfalls in Anspruch nehmen müssen, um sie am Eingreifen zu hindern. Der günstigste Augenblick ist natürlich, wenn die Hauptkräfte sich in Ausführung einer Umfassung zu weit entfernt haben oder wenn Hindernisse eine gegenseitige Unterstützung erschweren. Bewußt verlegt der Verteidiger den Kampf in das Gelände vor seiner vorbereiteten Stellung, das ist aber nur bei einem Gleichgewicht der Kräfte möglich. Der Verteidiger muß damit rechnen, daß im Falle eines Mißerfolges der Sieger mit ihm in die Stellung eindringt, daß, wenn die Frontgruppe ausweicht, in um so empfindlicherer Weise sich die Wirkung der Umfassung geltend machen wird. Die anmarschierenden Kolonnen sind auch nicht mehr so widerstandslos wie früher. Sind deren Führer sich klar, daß mit einem Ausweichen, mit einem Zurückverlegen des Aufmarsches noch nichts verloren ist, so kann, wenn die Umfassungskolonnen im Marsch bleiben, ein solcher Vorstoß wohl Störungen verursachen, aber kaum eine Entscheidung geben (s. o. S. 160).

Ein Vorbrechen in der Front kann Erfolg haben, sicherer scheint es, wenn man bei Beginn der Schlacht schon offensiv werden will, die Entscheidung gegen die Umgehungskolonnen zu suchen. In der Flanke muß die Entscheidung fallen, die Stellung kann in der Front nicht ohne weiteres überrannt werden, sie gewährt daher den nötigen Schutz für die offensiv werdenden Teile, um in aller Ruhe mit den Umfassungskolonnen abzurechnen.

1. Die verbündete Armee in der Stellung bei Bautzen hinter der Spree im Mai 1813 erfuhr rechtzeitig die Absicht des Gegners, auf der Dresden—Bautzener Straße frontal anzurücken, während auf Hoyerswerda eine schwächere Heeresabteilung unter dem Marschall Ney heranmarschierte mit der ausgesprochenen Absicht, die rechte

Flanke der Verbündeten anzugreifen. Noch am 18. Mai war es möglich, die Trennung des feindlichen Heeres auszunutzen, die in der Front herangeführten vier Korps zurückzuwerfen. Der Kaiser war noch am 17. in Dresden, die Marschkolonne Neys mit der Spitze erst bis Hoyerswerda gekommen, noch einen starken Tagesmarsch von Bautzen entfernt. Dieser naheliegende Entschluß wurde nicht gefaßt; man fürchtete dem Kaiser Napoleon entgegenzutreten und überschätzte die Schwierigkeiten der Defileeentwickelung am linken Spreeufer. Da man aber angesichts des Feindes in der Front nicht stärkere Kräfte aus der Stellung gegen Ney abmarschieren lassen wollte, wurde Barclay de Tolly mit nur 18 000 Mann diesem entgegengeschickt, der den Vormarsch Neys auch nicht um einen Tag aufhielt. Noch am Schlachttage wäre es möglich gewesen, unter Festhalten der Spreelinie mit starken Reserven gegen den anmarschierenden Marschall Ney offensiv zu werden.

Feldmarschall v. Moltke vergleicht mit Recht die Schlacht von Bautzen mit der von Königgrätz. In beiden Schlachten unterliegt der Verteidiger, weil er zur rechten Zeit die Gelegenheit zur Offensive nicht zu ergreifen verstand.

2. Der Feldzeugmeister Benedek hatte die Stellung westlich Königgrätz mit der Absicht bezogen, seiner Armee zunächst Ruhe zu gönnen, dann aber, um hier den Kampf aufzunehmen. Als er am 3. früh auf das Schlachtfeld ritt, erkannte er, daß er es nur mit einem Teil der feindlichen Kräfte zu tun habe, daß aber in den Nachmittagsstunden das Eingreifen der kronprinzlichen Armee zu erwarten sei. Er entschloß sich, die gegnerische Armee in der Front anlaufen zu lassen, dann zur Offensive überzugehen. Ob aber der Gegner in der Front diesen entscheidenden Angriff führen würde, war unwahrscheinlich, Anordnungen wurden versäumt, um den Vormarsch des Kronprinzen zu verzögern. Je später die österreichische Offensive begann, um so weniger aussichtsvoll war sie. So kam es, daß der Augenblick für den Übergang zum Angriff versäumt wurde [1]). Sollte ein solcher Angriff ausgeführt werden, dann durfte Benedek keine Sorge für seine rechte Flanke haben, hier waren Anordnungen zu treffen, um die anmarschierende II. Armee an einem Eingreifen zu hindern.

3. Bei Novara stand am Morgen des 23. März 1849 die piemontesische Armee vereinigt, als sie von der vereinzelt vorgehenden Division des Erzherzogs Albrecht angegriffen wurde. Die Gelegenheit wurde nicht benutzt, die piemontesische Armee erlag schließlich dem Angriffe der später konzentrisch herangeführten österreichischen Divisionen [2]).

5. Die Durchführung der Verteidigung.

Sobald die Angriffsrichtung erkannt ist, muß, ehe noch der Gegner in den wirksamen Schußbereich eintritt, die Stellung besetzt werden. Auch hier ist der Zeitpunkt nicht leicht zu erkennen, nichts einem Angreifer erwünschter, als wenn das Besetzen in seinem Feuer geschehen muß. Den Vorteil, den die Vorbereitung einer Stellung gerade in den ersten Stadien des Kampfes gewährt, darf man nicht

---

[1]) Friedjung II, S. 241. 250. 256. v. Lettow-Vorbeck II, S. 471.
[2]) Strobl, Mortara und Novara, S. 45.

unausgenutzt vorübergehen lassen. Der Gegner darf überhaupt nicht dazu gelangen, die Feuerüberlegenheit zu gewinnen, sie muß ihm mit allen Mitteln aufs äußerste von Anfang an streitig gemacht werden. Ist erst einmal die Feuerüberlegenheit verloren gegangen, so ist sie für den Verteidiger sehr schwer wieder zu erringen. Es bedingt dieses den Einsatz hinreichend starker Kräfte in erster Linie. Ein Zurückhalten von Kräften, abgesehen von einer starken, zur offensiven Verwendung bestimmten Hauptreserve und schwachen Unterstützungen zum Ersatz von Verlusten, würde dem Zweck, sich die Feuerüberlegenheit zu wahren, widersprechen. Nichts ist unzweckmäßiger, als Teile in zweiten Stellungen, Aufnahmestellungen zurückzuhalten, ihr Einsatz in vorderer Linie hätte vielleicht den Feuererfolg sichergestellt. Am günstigsten für den Verteidiger liegen die Aussichten für Führung des Kampfes in dem Augenblick, wo die gegnerische Artillerie sich entwickelt, die Infanterie die obere Grenze der mittleren Gefechtsentfernungen erreicht. Zu diesem Zeitpunkte ist beim Angreifer noch alles im Werden, Anhaltspunkte für Feuerleitung müssen erst gewonnen werden, die Entfernungen sind noch nicht ermittelt, die Ziele noch nicht in ihrer Lage und Bedeutung erkannt. Beim Verteidiger ist hingegen alles vorbereitet, der Angreifer zeigt in ganz anderer Weise Ziele als der Verteidiger. Dieser vorübergehend günstige Augenblick muß durch volle Feuerentfaltung ausgenutzt werden, daß einzelne Teile des Angreifers unter vernichtendem Massenfeuer genommen werden. Je überraschender dieses für den Angreifer losbricht, um so schwerer fällt es ihm, zur Gegenwirkung zu kommen, namentlich wenn Teile der Artillerie noch in ihrer Entwickelung zurück sind.

Mit dem ersten Kanonenschuß des Verteidigers schwindet für den Angreifer die Unklarheit. Der Truppenführer behält sich daher das Recht vor, die Feuereröffnung zu befehlen, kann dieses Recht für einzelne Fälle aber auch dem Artillerieführer überlassen. Schnell gehen günstige Momente, wie das Auffahren von Artillerie, Erscheinen von Infanteriekolonnen, vorüber; will man in solchen Lagen selbst durch Fernsprecher erst die Genehmigung des Truppenführers zur Feuereröffnung einholen, so wird man wohl meist zu spät kommen. Es empfiehlt sich für diese Fälle, der Verteidigungs-Artillerie größere Freiheit zu gewähren. Das Fernhalten feindlicher Erkundungs-Abteilungen bleibt zweckmäßig der vorgeschobenen Infanterie allein überlassen.

Man sagt, der Verteidiger habe das Interesse, den Angreifer möglichst früh zur Entwickelung zu zwingen. Dies ist richtig, wenn es sich in erster Linie um Zeitgewinn handelt. Soll aber eine Entscheidung fallen, dann steht die tatsächliche Schädigung des Angreifers im Vordergrund. In Ausnahmefällen kann diese zur Feuereröffnung auf große Entfernungen z. B. gegen eine Enge auffordern. Meist aber empfiehlt es sich, das Herankommen auf wirksame Entfernung abzuwarten, will man nicht dem Feinde einen Gefallen erweisen, da diesem daran liegt, das Artilleriefeuer hervorzulocken. Wenn der Angreifer über die Einnahme der Stellung unterrichtet ist und vorsichtig verfährt, so wird er vielleicht außerhalb wirksamer Schußweite Artillerie entwickeln.

Die wirksame Ausnutzung der bekannten Entfernungen, die Möglichkeit, die anfängliche Überlegenheit der Artillerie dauernd zu gestalten, ist nur gegeben, wenn das Feuer erst innerhalb des wirksamen Schrapnellbereichs eröffnet wird. Der moralische Eindruck des unerwarteten Losbrechens des Feuers einer größeren Artilleriemasse auf wirksame Entfernung gegen einen noch in Marschkolonne befindlichen Gegner ist, wenn ausführbar, auszunutzen. Bei ausgesprochener großer Überlegenheit der feindlichen Artillerie kann es von Vorteil sein, auf den Geschützkampf überhaupt zu verzichten, die ganze Kraft zur Abwehr des Infanterie-Angriffs aufzusparen, schußbereit auszuharren, um unvorsichtig vorgehende Artillerie, vereinzelt auftretende Batterien mit Feuer zu überschütten. Es ist dieses aber ein bitteres Muß für den Verteidiger, der dann der Angriffs-Artillerie die volle Herrschaft auf dem Gefechtsfelde einräumt, so daß die Wirkung ähnlich der auf den Schießplätzen sein kann. Die Kämpfe der Buren in Südafrika gegen die Engländer zeigen vielfach eine solche Taktik.

Bei den besonderen Vorteilen, welche dem Angriff zur Seite stehen, wird auf entscheidenden Sieg über die Angriffs-Artillerie nur selten gerechnet werden können. Halten sich die Kräfte das Gleichgewicht, so hat der Verteidiger schon viel gewonnen; denn der Angreifer hat jene artilleristische Feuerüberlegenheit, die er zur Durchführung des Angriffs mehr oder weniger zu bedürfen glaubt, nicht errungen. Je gleichwertiger die Kräfte, desto eher wird es für den Verteidiger möglich sein, einen Teil der Artillerie aus dem Kampfe zu ziehen, um ihn gegen drohende Umfassungen oder bei beachsichtigtem Angriffsverfahren zur Unterstützung des Vorgehens seiner Reserve zu verwenden. Für diese Zwecke, die sich bei Eröffnung des Kampfes meist noch gar nicht übersehen lassen, eine Artilleriereserve zurückzubehalten, etwa mit der Begründung, daß Aussicht auf entscheidenden Sieg im Artilleriekampf doch nicht vorhanden, gibt dem Angreifer die Möglichkeit, zunächst leichter und mit geringeren Opfern die artilleristische Feuerüberlegenheit zu erringen und diese dann in den weiteren Gefechtsstadien den frischen Kräften gegenüber zum Ausdruck zu bringen. (S. o. S. 217.)

Gewinnt der Angreifer die artilleristische Überlegenheit nicht, so wird das Feuer gegen die feindlichen Geschütze fortgesetzt, bis die Truppenführung die Richtung des eigentlichen Angriffs erkennt, die unter Umständen Verschiebungen in der Stellung der Artillerie nötig macht. Geht die gegnerische Infanterie zum Angriff vor, so wird diese beschossen, ohne das feindliche Geschützfeuer zu beachten, erforderlichenfalls unter Aufgeben der Deckung. Wenn tunlich, sind die gegnerischen Batterien gleichzeitig zu beschäftigen, das Bekämpfen des Infanterieangriffs bleibt aber unbedingt die Hauptsache.

Unter voller Entfaltung ihrer höchsten Feuerkraft hat die Infanterie dem Angreifer das Erreichen der nahen Kampfentfernungen zu verwehren. Die trefflichen Schußleistungen unseres Gewehres, verbunden mit den in aller Ruhe ausgeführten Vorbereitungen für den Feuerkampf, erlauben uns, die Waffe auch auf den weiten Entfernungen auszunutzen. Nimmt die Infanterie den Feuerkampf auf, so muß sie sich zeigen und damit dem Schrapnellfeuer des Feindes günstige Ziele bieten. Die Verteidigungs-Artillerie hat ihre Aufgabe erfüllt, wenn sie die feindlichen Geschütze hindert, diese günstigen Ziele zu beschießen. Gelingt es dem Angreifer, die Feuerüberlegenheit zu gewinnen, so können die Geschütze des Verteidigers nur noch versuchen, die feindliche Artillerie zu stören und ihr Feuer wenigstens zeitweise von der Infanterie abzulenken.

Mit der artilleristischen Feuerüberlegenheit ist dem Angreifer der erste Schritt auf dem Wege zum Erfolg gelungen, die Aussichten für glückliche Weiterführung des Kampfes haben sich für den Verteidiger nicht unwesentlich vermindert. Der Truppenführer hat zu entscheiden, ob die Artillerie, vielleicht unter Ausführung eines Stellungswechsels, aus gedeckten Stellungen die Bekämpfung der feindlichen Geschütze fortsetzt, um diese zu hindern, ihre ganze Kraft auf die Infanterie des

Verteidigers zu vereinen¹), oder ob die Batterien zurückgehen, in Deckungen sich für Abwehr des Infanterie-Angriffs vorbereiten²). Dieses Zurückführen der Artillerie kann auf die eigene Infanterie keinen günstigen Eindruck machen, erschütterte Infanterie, die sich von ihrer Artillerie im Stich gelassen glaubt, kommt ins Wanken.

So folgenschwer dieser Entschluß auch sein wird, so wird der Truppenführer ihn doch wählen, wenn er entschlossen ist, die Entscheidung durch eine offensive Verwendung seiner Reserven herbeizuführen³). Da der Feind den verlassenen Stellungen der Artillerie seine besondere Aufmerksamkeit zuwenden und gegen diese sich bald wieder eingeschossen haben wird, so ist es zweckmäßig, in rechtzeitig erkundete neue Stellungen einzufahren, in diesen die Gelegenheit zur überraschenden Aufnahme des Feuers abzuwarten. Eröffnet die Verteidigungs-Artillerie zu früh das Feuer, so kann sie frühzeitig vom Angreifer zum Schweigen gebracht werden; zweckmäßig greift sie erst ein, wenn die feindliche Infanterie zum Sturm antritt, die eigenen Schützen sich zur Feuerabgabe zeigen müssen. Das Ziel ist die feindliche Infanterie, die Batterien haben ihre Aufgabe erfüllt, wenn sie das feindliche Artilleriefeuer von den eigenen Schützen ablenken.

Will der Führer den Anlauf annehmen, so harren die Batterien in ihrer Stellung aus⁴). Es ist günstig, wenn die Artillerie aus flankierender Stellung wirken oder Schulter an Schulter mit der Infanterie kämpfen kann, da sie dann nicht durch die zurückweichenden Schützen maskiert und in ihrer Tätigkeit gehindert wird.

Auch noch in dieser Lage kann ein Vorbrechen zum Angriff Erfolg haben. Wenn ein derartiger gegen die starke Feuerfront des

---

1) Französische Reserve-Artillerie bei Wörth. Zwar gelingt das Wiederauftreten französischer Batterien am 18. August 1870 zwischen Moscou und Point du jour in einer Gefechtspause unter dem Schutze der Dämmerung, hingegen versuchten am 16. August 1870 vergeblich Batterien des VI. Armeekorps östlich Rezonville aufzufahren.

2) Korpsartillerie des IX. Armeekorps bei Gravelotte. Hoffbauer III, S. 58. 4. I. Batterie Fd.-A.-R. 4 bei Beaumont. Hoffbauer VII, S. 44. 86.

3) Mustergültig geschah dieses auf nordstaatlicher Seite am 2. Juli 1863 bei Gettysburg, der voreilig angesetzte Vorstoß von Piketts Virginischer Brigade gegen Cemetry Hill wurde durch die wieder vorgeführte Artillerie abgewiesen.

4) Mustergültig ist das heldenmütige Aushalten der österreichischen Artillerie bei Königgrätz, die zwar 187 Geschütze in den Händen des Feindes ließ, dafür aber den Rückzug der Armee ermöglichte.

Angreifers gerichteter Vorstoß, bei welchem man selbst auf die Unterstützung durch das eigene Feuer verzichtet, im Ernstfalle Erfolg haben kann, so muß man den Grund in dem moralischen Eindruck suchen, den der Anblick einer überraschend vorbrechenden längeren Infanterielinie auf den durch Verluste geschwächten Angreifer hervorbringt. Fast immer haben sich die Nerven der so unerwartet angegriffenen Truppen, die noch der Mitwirkung ihrer eigenen Artillerie entbehren, nicht stark genug erwiesen. Bewahrt der Angreifer jedoch ruhiges Blut, setzt er dem Vorgehen des Feindes Massenfeuer auf nächste Entfernungen gegenüber, zieht er seine Unterstützungen heran, um den Erfolg des Feuers durch Nachdrängen auszubeuten, so kann der Ausgang nicht zweifelhaft sein.

Ein solcher Vorstoß ist aber nur möglich, wenn der Verteidiger noch über starke intakte Reserven verfügt, welche er bis zur Entscheidung in nächster Nähe der Feuerlinie bereit halten kann. Im großen Verbande bleibt der rechts und links angelehnten Truppe nichts anderes übrig als frontal vorzustoßen, wenn sie nicht auf die Offensive verzichten will [1]).

„Gelingt trotzdem der Angriff, so wird ein Teil der Artillerie das Vorführen feindlicher Batterien in die genommene Stellung zu verhindern, der andere das Feuer gegen die eingebrochene Infanterie des Gegners zu vereinigen haben, um im Zusammenwirken mit den Reserven den Feind aus der gewonnenen Stellung zu vertreiben. Es ist dies eine der Gefechtslagen, in welchen ein unerschütterliches Ausharren bis zum letzten Augenblick geboten und selbst dann im höchsten Maße ehrenvoll ist, wenn es zum Verlust der Geschütze führen sollte." (F. A. R. 360.)

Der Verteidiger hat viel gewonnen, wenn er seinen Gegner zum Angriff zwingt. Weniger blutig ist der Versuch, den Verteidiger herauszumanövrieren. Nach dem glücklichen Ausgange des Kampfes von Busaco räumte der Herzog von Wellington seine in jeder Beziehung starke Stellung, als Massena sich anschickte, diese unter Preisgabe der eigenen Verbindung zu umgehen. Ein mehr offensiv beanlagter Feldherr hätte sich die Gelegenheit nicht entgehen lassen, einen

---

1) Beispiele s. Taktik I. S. 309.

entscheidenden Stoß zu wagen. Da aber der Herzog von Wellington in seinen Gedanken durch die von ihm vorbereitete Stellung von Torresvedras beherrscht war, wählte er den sichereren Weg und trat den Rückzug in diese an.

Bleibt in einem solchen Falle die Verteidigungsarmee stehen, so muß sich unzweifelhaft die Einschließung vollziehen, die nur mit Waffenstreckung enden kann, wenn nicht besonders günstige Umstände eintreten. Diesem Schicksale verfiel das Korps St. Cyr in Dresden 1813, Osman Pascha in Plewna. General Whites Verbleiben in Ladysmith hätte zweifelsohne ähnlich geendet, wenn ein Entsatz nicht noch in zwölfter Stunde stattgefunden hätte. Dieses ist die vom General v. Schlichting[1]) verurteilte „Stellungsreiterei". Ein Rückzug erhält zwar die Stärke der Armee, gibt aber keine Entscheidung.

Die dänische Danewerkstellung wurde 1864 geräumt, als das preußische kombinierte I. Armeekorps Anstalten traf, die Schlei zu überschreiten. Die dänische Führung hatte mit Anlage der Befestigungen erreicht, daß der Gegner durch seinen Aufmarsch, durch das weite Ausholen zur Umfassung Zeit verloren hatte. Dieser Zeitgewinn kann zweifelsohne von Nutzen sein, aber die Befestigungen haben doch nicht das Höchste von dem geleistet, was man von ihnen hätte erwarten müssen. Hätten die Dänen standgehalten, so hätten sie ihre Hauptkraft gegen das preußische Armeekorps vereinigen können, welches durch die Schlei von seinen Verbündeten getrennt war, die rein frontal nicht gegen die starken Schanzen anstürmen konnten.

Die Möglichkeit einer Offensive, in der Flanke durch die Befestigungen geschützt, gegen die in der Umgehung begriffenen Kolonnen ist recht aussichtsvoll, sie verlangt günstige rückwärtige Verbindungen und vor allem starke Nerven des Führers[2]).

Wenn auch die Kriegsgeschichte bisher wohl kein Beispiel einer derartigen offensiven Ausnutzung der Befestigungen zu verzeichnen hat, die Kritik es schon anerkennend hervorhebt, wenn Führer wie Soult in Toulouse 1814, Lee in Richmond sich rechtzeitig von ihren Befestigungen frei machen konnten, so haben doch die Verteidigungsanlagen erst in vollem Umfange ihre Schuldigkeit getan, wenn sie eine derartige Offensive ermöglichten.

---

1) Grundsätze III, S. 127.

2) Ähnlich hätte sich vielleicht die Verteidigung des Balkans im Winter 1877/78 gestalten können, als General Gurko über Tschurial ausholte, um die befestigte Stellung auf dem Etropol zu umgehen.

* * *

Die Verteidigung stark befestigter Feldstellungen wird nach den gleichen Anschauungen geführt. Ausgesprochenermaßen hat der Verteidiger das Interesse, die Entscheidung hinauszuschieben. Schwache Vortruppen in günstigen Stellungen werden vielfach am Platze sein. Der Umstand, daß der Angreifer versuchen wird, die Nacht zur Annäherung zu benutzen, das ganze Angriffsverfahren abzukürzen, zwingt den Verteidiger, seine Stellungen auch in der Nacht stark besetzt zu halten. Nur gut überwachte und unversehrte Hindernisse gestatten, der Infanterie Erleichterungen zu gewähren. Nächtliche Unternehmungen kleinerer Abteilungen mit der ausgesprochenen Absicht, Gefangene zu machen und Schanzarbeiten zu stören, sind am Platze; Beobachtungen aus dem Fesselballon, Unternehmungen gegen Flanke und Rücken des Feindes können weitere Anhaltspunkte für die Kräfteverteilung des Angreifers geben. Jede Gelegenheit, die Verteidigung offensiv zu führen, ist auszunutzen.

XI. Die Krisis der Schlacht.

Jede größere Schlacht zeigt einen Höhepunkt, in welchem Sieg und Niederlage eng aneinander grenzen. "Es gibt einen Augenblick in den Schlachten, wo das kleinste Manöver entscheidet und die Überlegenheit verleiht; es ist das der Tropfen Wasser, der überlaufen macht [1]." Die Kriegsgeschichte zeigt, daß das Gefühl der Krisis gleichzeitig auf beiden Seiten entstehen kann. Im Gefecht von Nuits am 18. Dezember 1870 hatte der deutsche Führer bereits den Befehl zum Abbrechen des Gefechts gegeben, als die Schützenlinie zum Sturm auf die letzte französische Stellung losbrach und diese einnahm [2]. Bei Hastenbeck, Bapaume [3] und Idstedt traten beide Gegner gleichzeitig den Rückzug an; in diesen drei Schlachten durchschaute jedoch der eine Führer rechtzeitig die Lage und gestaltete durch erneutes Vorgehen die schon aufgegebene Sache zum Siege.

Idstedt (1850). "Die Teilgefechte beider Parteien hatten nichts entschieden, Verlust und Auflösung verteilten sich infolge der Teilgefechte am Morgen ungefähr gleich, als der schleswig-holsteinische General Willisen den Rückzug anordnete. Man könnte nun meinen, daß General Willisen zuerst den Rückzug anordnete, habe darin seinen Grund, daß auf ihn die materiellen Verluste moralisch stärker wirkten als auf den dänischen General Krogh, daß jener geistig schwächer war als dieser, daß der Stärkere mit Recht den Sieg erhielt. Der General Krogh war, wie aus allen Berichten seiner nächsten Umgebungen erhellt, ebensowenig erbaut von seinen Erfolgen wie der General Willisen, ebenso niedergeschlagen wie dieser. Es hätte nur eines kleinen Anstoßes bedurft, um ihn zum Antritte des Rückzuges zu bestimmen; dieser Anstoß kam nicht, und nun veranlaßte ihn ein zufälliger Umstand zum Stehenbleiben und zum Abwarten. Krogh hatte nämlich eine Brigade sehr weit in seine rechte Flanke detachiert, um Willisens Linke und Rücken zu bedrohen. Als er am Siege verzweifelte, sendete er ihr den Befehl zum Rückzuge, fürchtete nun aber, wenn

---

1) Napoleon, Korresp. XXXII, Précis des guerres de Jules César.
2) Kunz, Gefecht von Nuits, S. 26.
3) Gen.-St.-W. IV, S. 955. 956.

er mit dem Gros den Rückzug antrete, ohne auf sie zu warten, werde sie, sich selbst überlassen, dem sicheren Verderben preisgegeben sein. Deshalb wartete er, und da sein Gegner abzog, ging er nun als Sieger aus dem Kampfe hervor[1]." Willisen war Vertreter einer einseitigen Theorie, die jede Verteidigung verwarf: „Wo der große Krieg sich schlägt, da greift er an, wo er sich nicht schlagen will, stellt er sich unangreifbar auf oder entzieht sich dem Angriff durch Bewegung[2]."

Am Abend des 16. August 1870 hatten die deutschen Truppen keineswegs das Gefühl, gesiegt zu haben; mit Befürchtung mußte man einen französischen Angriff am Morgen des 17. erwarten. Durch zähes Festhalten des einmal in Besitz genommenen Geländes wurde die Schlacht von Mars la Tour zu einem Siege, als am 17. die französische Rheinarmee auf Metz zurückging. In ähnlicher Weise wird das Gefecht von Colenso am 15. Dezember 1899, obwohl zwei Brigaden überhaupt noch nicht in das Gefecht getreten waren, dadurch zu einer Niederlage, daß der Führer, Sir Redvers Buller, moralisch den Eindrücken des Schlachtfeldes erlag[3].

„Nur diejenige Schlacht", schreibt Prinz Friedrich Karl in seinen Andeutungen für das Gefecht 1864, „ist verloren, die die Offiziere glauben verloren zu haben und deshalb das Ringen um den Sieg nicht länger fortsetzen. Die moralische Kraft trägt im Kriege drei Viertel, die physische zum Erfolge ein Viertel bei. Man muß suchen, dem Feinde durch etwas Außergewöhnliches zu imponieren, und darf sich nicht einschüchtern lassen." Dragomirow: „Truppen, welche ein Gefecht aufgeben, gleichen dem Schwimmer, der, nachdem er die unglaublichsten Anstrengungen gemacht, über einen breiten und tiefen Fluß zu schwimmen, die letzte äußerste Anstrengung scheut und untergeht, wenn er nur noch den Arm auszustrecken braucht, das jenseitige Ufer zu erreichen." Unter diesem Gesichtspunkte ist die in voller Dunkelheit gerittene Kavallerie-Attacke bei Groß-Görschen, der abendliche Vorstoß des Prinzen Friedrich Karl am 16. August gegen Rezonville zu beurteilen[4]. Der mit verhältnismäßig schwachen Kräften unternommene Vorstoß der Bayern bei Nüdlingen gegen den zwischen diesem Orte und Winkels gelegenen Höhenzug, als die Hauptkräfte der Bayern bereits im Rückzuge auf Münnerstadt waren,

---

1) Rüstow, Lehre vom Gefecht. Lütgen, Feldzug 1850, S. 124. 125.

2) Theorie des großen Krieges I, S. 192 und Caemmerer, Entwickelung der strategischen Wissenschaft, S. 110.

3) Kriegsgesch. Einzelschriften Heft 32.

4) In seinen kurzen Darstellungen der Ereignisse (Ges. Werke III, 2, S. 210) schreibt der Feldmarschall Moltke über die Abendkämpfe bei Rezonville: „Der nächtliche Vorstoß hatte nur Opfer gekostet. Er war von der Situation nicht gefordert und blieb — glücklich genug — ohne Folgen."

Gefühl des Mißerfolges auf beiden Seiten.

hatte anfänglich Erfolg (Gefecht von Kiſſingen). Es fehlte nur an weiteren Kräften, um den Anfangserfolg auch weiter auszubeuten. Die beiderseitigen Berichte aus dem Transvaalfeldzug laſſen mit unzweifelhafter Deutlichkeit erkennen, daß ein ſolcher Vorſtoß nach Beendigung des Kampfes auf dem Spionkop den Sieg an die engliſchen Fahnen gefeſſelt haben würde [1]).

Ein Gegner, der seiner Sache nicht sicher ist, wird kaum einem ſolchen Vorſtoße ſtandhalten. Daher wird nach unentſchiedenem Kampfe ein ſolches Vorgehen immer zu empfehlen ſein. In dieſer Zähigkeit, in dieſem nicht vom Schlachtfelde weichen Wollen iſt der Kaiſer Napoleon für uns geradezu vorbildlich. So ſchreibt er am 30. April 1809 ſeinem Stiefſohne die für alle Zeit zu beherzigenden Worte: „A la guerre on ne voit que ses maux et on ne voit pas ceux de l'ennemi. Il faut montrer confiance." Und dann Moltke: „Man wird in der Regel bei jedem Gefecht den Zuſtand des Gegners vorteilhafter, den eigenen ungünſtiger beurteilen, als er wirklich iſt. Vom Feinde ſieht man nur die Paradeſeite, die Front; bei uns ſelbſt überblicken wir in unmittelbarſter Gegenwart die Erſchöpfung, die Unordnung, die Schreckniſſe und die Opfer des Kampfes [2])."

Groß-Görſchen, Preußiſch-Eylau werden durch dieſe Zähigkeit zum Siege, anderſeits aber auch Leipzig, Waterloo zu vernichtenden Niederlagen. Bei Preußiſch-Eylau haben die Ruſſen 26 000 Mann von 82 500 Mann (31 Prozent), die Franzoſen 23 150 Mann von 67 000 Mann (29 Prozent) verloren [3]). Beide Teile fühlten ſich bis aufs äußerſte erſchöpft. Während aber in der Nacht Bennigſen jeden Vorſchlag zur weiteren Fortführung des Angriffes ablehnt und Anordnungen für den Rückzug trifft, denkt zwar der Kaiſer auch wohl an Rückzug, ſpricht in einem Briefe an Talleyrand von Waffenſtillſtand und Frieden und ſucht die Notwendigkeit des Rückzuges ſeinen Unterführern gegenüber mit der Bedrohung der Winterquartiere durch die Kaſaken zu rechtfertigen. Aber er will das Schlachtfeld noch nicht aufgeben, er bleibt ſtehen und ſieht am anderen Morgen die ruſſiſche Armee vor ſeiner Front verſchwunden. Wie aus dem 58. Bulletin hervorgeht, iſt ſeine Stimmung jetzt völlig umgeſchlagen. Er ſpricht jetzt nur noch von 1900 Toten, 5700 Verwundeten. In einer vom 12. Februar datierten Notiz für den „Moniteur" gibt er auch dieſe Zahlen noch als übertrieben an. Um aber auch der Welt den Beweis zu

---

1) Vgl. hierzu, was die Historiques der 62. und 40. de Marche über das unerwartete Erſcheinen der Preußen in St. Jean ſur Erve ſagen (15. Januar 1871). Kriegsgeſch. Einzelſchriften III, S. 173. Ferner Eindringen von Benedek in Mortara 1849. Strobl, Mortara S. 30.

2) v. Moltke, Geſchichte des Krieges gegen Dänemark 1848/49, S. 99.

3) v. Lettow-Vorbeck, Krieg 1806/7, IV, S. 100. 111 u. f.

liefern, daß er bei Preußisch-Eylau nicht besiegt sei, ordnet er sogar eine Verfolgung an, die jedoch an der Zerrüttung der eigenen Armee schnell ihre Grenzen findet.

Je mehr der Führer von der Richtigkeit dieser Tatsachen durchdrungen ist, um so schwerer muß ihm der Entschluß werden, den Kampf aufzugeben, die Schlacht abzubrechen. In der Ausführung eines solchen Entschlusses liegt immer das Geständnis, daß die Armee zur Durchführung ihrer Aufgabe nicht stark genug war. An Stelle eines Sieges zum mindesten eine unentschiedene Schlacht!

Die Frage, ob ein Gefecht abzubrechen oder durchzuführen ist, kann selten das Ergebnis einer Verstandesoperation sein; vielmehr entscheidet die Willenskraft und die Festigkeit der Nerven. Will man nicht vorzeitig den Eindrücken des Gefechtsfeldes erliegen, so suche man sich ihnen zu entziehen. Das Studium der Kriegsgeschichte oder die Kriegserfahrung muß in dem Führer die Überzeugung befestigt haben, daß Meldungen aus vorderer Linie stets die Lage zu schwarz malen, daß die Führer in vorderer Linie leicht geneigt sind, die Leistungsfähigkeit ihrer Truppen zu unterschätzen.

In der Schlacht bei Custoza erliegt General La Rocca bei Villafranca, dann auch der Oberbefehlshaber La Marmora den Eindrücken der Schlacht. „General La Marmora war Augenzeuge sowohl des plötzlichen Anfalls durch die österreichische Kavallerie bei Villafranca, als auch durch die Infanterie-Brigaden auf den Höhen von Custoza gewesen. Die Kaiserlichen, die er sich hinter der Etsch dachte, überfielen plötzlich seine nichtsahnenden Kolonnen! Seine Überraschung war groß. Er wurde zunächst ‚nervös' und konnte es an dem Platze, wo er sich befand, nicht mehr aushalten; er ritt in die Ebene herab, um die Divisionen Cugia und Govone selbst zu suchen, die in Verbindung mit der Division Brignone den Besitz der Höhen von Custoza sichern sollten. Er fand jedoch niemand in der Ebene, fürchtete einen Augenblick, Villafranca könne inzwischen vom Feinde genommen sein und begab sich mit einer kleinen Eskorte in diese Richtung. Auf seinem weiteren Ritte begegnete er der 9. Division, ritt zweimal an ihr vorbei, ohne auf den Kommandeur, General Govone, stoßen zu können, der seinerseits ihm entgegengeeilt war [1]). Auf seinem Wege sieht er dann die Division Cerale des linken Flügels dem Mincio zu flüchten. Jetzt erfährt er die volle Schwere der Lage: die Österreicher, gegen die er nur eine Demonstration beabsichtigt hatte, haben ihn umgangen und rücken mit starkem rechtem Flügel aus nördlicher Richtung gegen seine rückwärtigen Verbindungen vor! Er verliert vollends den Kopf, begibt sich zu den Übergängen an den Mincio und bricht bei Goito in Tränen und laute Wehklagen aus, als er erfährt, daß ein Teil des 2. Korps, auf den er gerechnet hatte, sich auf seinen eigenen früheren Befehl vor Mantua befindet. Von da an wurde er auf dem Schlachtfelde nicht mehr gesehen. Hier aber hatte sich die Infanterie zu neuem Widerstande auf dem Monte

---

[1]) Italienisches Generalstabswerk S. 257.

Croce über Belvedere und auf dem Monte Vento formiert. Die Lage war nicht ungünstig, denn die Kraft der beiden österreichischen Flügel war erschöpft. Es entstand eine Gefechtspause, in der vergeblich La Marmora gesucht wurde. Es fehlte an der Leitung, und die letzte Anstrengung des österreichischen VII. Korps brachte die Entscheidung." [1]

Psychologisch von ganz besonderem Interesse ist die Schilderung des Gefechts von Jaice (7. August 1878) aus der Feder des Herzogs von Württemberg, Führer der hier siegreich kämpfenden 7. Infanterietruppen-Division. Der Angriff sollte in drei Kolonnen ausgeführt werden, von denen die linke nach Ausführung einer Überflügelung die Entscheidung durch den Angriff suchen sollte. „Der Feind bemerkte die Umgehung, zog sich mit Schnelligkeit rechts, und es gelang ihm, mich zu überflügeln. Ich hatte keinen Rückhalt, keine Rückzugslinie, aber den festen Willen, nicht zu weichen. Ich gab den Befehl, daß, wenn wir nicht durchbringen könnten, in den Stellungen abgekocht und gelagert werden würde. Einstweilen aber wurde um die Überflügelung gerungen. Ich hoffte auf einen Angriff des Feindes; aber keiner wollte offensiv vorgehen; beide Stellungen waren zu stark. Maßlose Munitionsverschwendung des Gegners; auch von uns wurde zu viel in Weitfeuer gemacht. Mehrfache Meldungen, der linke Flügel weiche: es waren nur Verwundete, Sanität und aufgelöste Schwärme, die zurückgingen. Aber die Überflügelung des feindlichen rechten Flügels durch Oberst Hostinek machte sich noch nicht fühlbar. Ich stand auf einem hohen Felshorn, von wo ich das ganze Gefecht mit Ausnahme des alleräußersten linken Flügels übersehen konnte. Am rechten Seeufer drängte der Feind die Kompagnie gegen Zavkopolje zurück und beschoß die Batterie auf 1500—1800 Schritte. Links zog sich das Gefecht hinter ein etwa 1000 Fuß über uns emporragendes Felshorn. Offenbar war Jezero bedroht. Dort stand eine Kompagnie. Ich hatte außer den Unterstützungen noch sechs Kompagnien Reserve in meiner Nähe am Kamm. Ein heftiges Gewitter brach los. Schriftliche Meldung vom rechten Flügel: ‚Jägerbataillon erschöpft, keine Munition, im Rücken beschossen, Batterie muß zurück. Bitte um Bestimmung der Rückzugslinie'. Mündliche Meldung: ‚Der linke Flügel muß sich vor Übermacht zurückziehen. Bitte um Bestimmung der Rückzugslinie'. Zweite mündliche Meldung: ‚Der Feind greift den Train bei Jezero an; wohin soll er zurückgehen?' Schriftlich: ‚Die erste Brigade kann heute Barcar Vacuf nicht erreichen'.... Antwort: ‚1) Jäger sind nie müde, haben noch Patronen, Rückzugslinie gibt es keine. Die Batterie soll heraufkommen. 2) Soll wieder vorgehen, Rückzug unmöglich. 3) Tut mir sehr leid. Train soll sich abfangen lassen; wir werden ihn schon wieder kriegen'.... Aber der Train war pfiffig; er fuhr gegen Barcar Vacuf ab, und die Überfaller waren sehr schwach. Die Batterie erklomm mit übermenschlicher Anstrengung die Felshöhe und kam kampfbereit zu mir. Gleich die ersten Schüsse vertrieben einen Kruppschen Neunzentimeter. Bald darauf bemerkte man ein Abnehmen des Feindes und dann ein Rückwärtssammeln. Es war 4 Uhr 30 Min. Das Feuer am linken Flügel wurde heftiger. Da sandte ich zwei Kompagnien unter Major Catinelli des 53. Infanterie-Regiments auf den linken Flügel und bald darauf das ganze Bataillon der

---

[1] Reisner Freiherr v. Lichtenstern, Die Macht der Vorstellung im Kriege, S. 11.

Reserve unter Major v. Kuhn. Auftrag: Überflügelung des feindlichen rechten Flügels, sodann Offensive. Die rückgängige Bewegung des Feindes wurde allgemein [1])."

1. Stärke und Platz der Reserven [2]).

Im Gegensatz zu der napoleonischen Taktik, welche sparsamen Einsatz von Kräften in vorderer Linie, Zurückhalten und möglichst späten Gebrauch starker Reserven forderte [3]), verlangt die heutige Taktik vor allem Masseneinsatz von Gewehren und Patronen in vorderer Linie. Im Vergleich zur napoleonischen Zeit hat sich der Schwerpunkt verschoben. Aber auch die neue Taktik braucht zurückgehaltene Kräfte, schon um die vordere Linie dauernd in gleicher Feuerkraft zu erhalten und eintretenden Wechselfällen des Kampfes zu begegnen, die um so häufiger sein werden, als die Dauer der Schlachten bei dem Anwachsen der Heere zugenommen hat. Dieses ist die Aufgabe der innerhalb der zum Gefecht eingesetzten Truppenverbände zurückgehaltenen Abteilungen. (Tiefengliederung eines Verbandes.) Den Ausschlag in dem langen Ringen um die Feuerüberlegenheit durch Hineinwerfen frischer Kräfte an entscheidender Stelle zu geben, ist der Zweck der Schlachtenreserve. Während über die einzelnen Teile der Tiefengliederung der Führer des betreffenden Verbandes verfügt, ist die Schlachtenreserve der Führung unterstellt. Jede noch nicht verausgabte Kraft ist eine Reserve an Menschen und Munition in den Händen der Führung. Stößt die Avantgarde auf den Feind, so bildet die ganze noch im Marsch befindliche Kolonne eine Reserve des Führers. Es wäre zwecklos, wie dieses noch auf preußischer Seite im Feldzuge von 1866 geschah, eine räumlich getrennte Reserve auf dem Marsch auszusondern. Es würde nur zur Folge haben, daß der Eintritt dieser Truppen in das Gefecht verzögert werden würde. Erst mit dem Betreten des Gefechtsfeldes wird Ausscheiden einer Reserve erforderlich. Nur durch seine Reserve bleibt der Führer Herr der Ereignisse, ohne eine Reserve waltet auf dem Schlachtfelde nur der blinde Zufall, das Glück.

---

1) Vgl. hierzu Mayerhofer v. Bebropolje, Das Gefecht bei Jaice. Wien, Seidel, 1904.

2) C. v. B.-K., Moderne Reserven. Berlin 1895. Liebert, Die Verwendung der Reserven in der Schlacht. Beiheft 1 zum Militär-Wochenblatt 1895.

3) S. das von Clausewitz gezeichnete Bild der napoleonischen Schlacht. Vom Kriege, IV. Buch, 2. Kapitel, S. 166.

In Würdigung der Bedeutung der Reserven machen sich zwei Anschauungen geltend. Die eine Richtung will sie zur Entscheidung gebrauchen, gleichviel ob diese bei Beginn oder gegen Ende der Kampfeshandlung gesucht wird. Die andere will die Reserve zum Begegnen von Wechselfällen des Kampfes verwenden und erst gegen Ende der Schlacht einsetzen, wenn unvorhergesehene Ereignisse überhaupt nicht mehr eintreten können.

Ein Vertreter der letzteren Anschauung, ein österreichischer Taktiker, F. C. v. H., schreibt: „Der Gefechtsplan muß daher einen Teil der verfügbaren Kraft bereit halten, um solche Zufälle so lange ausgleichen zu können, bis ohnehin das Eingreifen der entscheidenden Gruppe den Ausgang des Gefechts entscheidet. Dieser zurückgehaltene Teil der verfügbaren Kraft ist nur ‚die Reserve für den unvorhergesehenen Fall'. Der Zweck der Reserve ist beendet, sowie die entscheidende Gruppe in die Entscheidung eintritt, und es ist klar, daß von diesem Zeitpunkt an auch die Reserve für die Entscheidung eingesetzt werden muß, sofern nicht eine augenfällige Überlegenheit vorhanden ist. Ein Zurückhalten der Reserve über diesen Moment hinaus würde ebensosehr dem Prinzip, alles für den Erfolg einzusetzen, wie dem oben bezeichneten Zwecke widersprechen." Nach seiner Ansicht soll jeder in das Gefecht tretende Verband sich gliedern: in die festhaltende, in die mit Führung des Angriffs beauftragte Gruppe, dann in die Reserve. Ähnlich ist die Gliederung nach dem französischen Exerzier-Reglement für die Infanterie. Je mehr man sich diesen Gedanken zu eigen macht, um so mehr betrachtet man die Reserve als eine Ausgabestelle, um die nach und nach aufgebrauchten Sonderreserven der Truppen zu ersetzen; schließlich endet man gar mit der Auffassung, daß die Reserve nur noch dazu da sei, den Rückzug zu decken.

Erzherzog Karl: „Die Reserve darf nur dann in das Gefecht gezogen werden, wenn ihre Mitwirkung ohne allen Zweifel entscheidet. Sie darf wohl hier und dort in das Gefecht gezogen werden, wenn es nur eines letzten Druckes zur Vollendung des Sieges bedarf; sonst ist ihr Hauptzweck stets die Versicherung und Deckung des Rückzuges." Diese Anschauung erklärt zur Genüge die Nichtausnutzung seiner Überlegenheit am ersten Schlachttage von Aspern [1]).

Müffling [2]) verurteilt die Reserven, „die in jedem Falle bei einer Unter-

---

1) Ausgewählte Schriften des Erzherzogs Karl I, 138. 143—147. III, 136. V, 11. Vgl. Menge, Die Schlacht von Aspern, S. 38.

2) „Marginalien zu den Grundsätzen der höheren Kriegskunst". 1810, S. 82.

nehmung eine falsche Maßnahme sind .... Je stärker die Reserve, je schwächer wird der Angriff, je weniger Hoffnung ist zum Siege .... Reserven beim Angriff sind ein Trost für Schwache, eine halbe Maßregel."

England (1896). „Die Reserve besetzt eine günstige Verteidigungsstellung, um im Falle eines Rückschlages den Feind aufzuhalten; gelingt der Angriff, so geht die Reserve bis in die Gefechtslinie vor und übernimmt die Verfolgung." Hat vielleicht diese Bestimmung des Reglements die englischen Führer im südafrikanischen Feldzuge gehindert, den letzten Infanteristen einzusetzen, um den Sieg sicherzustellen?

Im russisch=japanischen Kriege ist Kuropatkin ängstlich bemüht, dauernd starke Reserven dicht hinter seiner Stellung zur Begegnung unvorhergesehener Vorfälle zur Verfügung zu haben und sie nach Einsatz in das Gefecht durch Zusammenraffen an den verschiedensten Punkten entbehrlicher Truppen neu zu bilden[1]). Die Folge war ein vollständiges Zerreißen aller Verbände, welches die taktische Leitung ungemein erschwerte, den Rückzug nach der Schlacht von Mukden geradezu verhängnisvoll machte. Die japanische Führung neigte dazu, von vornherein alle Divisionen in erste Linie zu nehmen. Die Schwierigkeiten, welche sich hierdurch bei Liaujang ergeben hatten, führten dazu, bei Mukden eine Reserve von 52 Bataillonen und 42 Batterien auszuschalten, die aber sehr frühzeitig von den Japanern eingesetzt wurde. Wie ganz anders die Verwendung der **Schlachten= reserve in der Hand Napoleons**. Ihm ist sie der letzte Trumpf, den er auszuspielen hat, der über Sieg oder Niederlage entscheidet. Ehe die Kriegsgeschichte nicht den Beweis des Gegenteils erbringt, scheint die napoleonische Anschauung auch **noch heute im Truppen= verbande eines Armeekorps und einer kleineren Armee** die richtigere, ihre Stärke wird etwa, ohne daß die Verbände zerrissen werden, $1/3$—$1/4$ des Ganzen betragen.

Eine Infanterie=Division wird etwa ein Regiment, ein Armeekorps eine Brigade als Reserve zurückhalten. Im Armeeverband wird eine Division oder ein Armeekorps die Reserve bilden. Bei Gravelotte sehen wir fünf Armeekorps in vorderer Linie, drei in Reserve. Das III. Armeekorps sollte zunächst die Reserve der aus zwei Armeekorps

---

[1]) Zur Abwehr der aus Westen drohenden Umfassung hatten bei Mukden am 1. März das XVII. und I. Armeekorps alle verfügbaren Truppen abgegeben, aus denen dann eine kombinierte Division von 16 Bataillonen unter General de Witt gebildet wurde. Am 15. Oktober in der Schlacht am Schaho bestand die Heeres= reserve aus 32 Bataillonen, welche fünf verschiedenen Divisionen und vier verschiedenen Armeekorps angehörten.

bestehenden I. Armee bilden¹). In allen Fällen wird der Führer sich nicht an ein Schema halten dürfen; der kraftvolle Einsatz in erster Linie darf nicht durch das Zurückhalten starker Reserven beeinträchtigt werden. Nichts wäre verfehlter als die bruchstückweise Verwendung der Truppe; zur Lösung einer Aufgabe muß mehr als die volle Kraft, die der Führer für erforderlich hält, eingesetzt werden²).

In der Verteidigung wird die zur Führung des Gegenangriffs bestimmte Truppe rechtzeitig ausgeschieden und an dem Punkte bereitgestellt, wo die Entscheidung gesucht wird. Im Angriff bleibt unter größeren Verhältnissen nichts anderes übrig, als die Reserve frühzeitig einzusetzen. Meist ist dieses die letzte, im Anmarsch heranschließende Heeresabteilung der Reserve des Führers, ob diese dann aber gerade den Entscheidungsflügel trifft, ist eine andere Frage. Verschiebungen hinter der ganzen Gefechtsfront entlang sind bei der Ausdehnung unserer Gefechtsfelder ausgeschlossen. Aber auch der an operativ weniger günstiger Stelle erlangte Erfolg wird, wenn er ausgenutzt wird, sich bald in weitem Umkreise geltend machen.

So wurde das von Pont à Mousson am 18. August 1870 anmarschierende II. Armeekorps auf dem rechten Flügel des deutschen Heeres verwendet, während die Entscheidung auf dem entgegengesetzten lag. Bei Pr.-Eylau (1807) gestattete allerdings die geringe Ausdehnung der Gefechtsfront, das an den rechten Flügel herangezogene L'Estocqsche Korps auf dem linken Flügel einzusetzen³). Bei Dennewitz wird das vom linken nach dem rechten Flügel gezogene XII. französische Armeekorps von dem weichenden rechten Flügelkorps mitgerissen und kommt nicht mehr zur Verwendung⁴). Bei Beaune la Rolande traf in sehr günstiger Weise der Stoß der 5. Infanterie-Division Flanke und Rücken des zum entscheidenden Angriff angesetzten XX. Armeekorps.

2. Die Verwendung der Reserven.

Die Frage, wann die Reserve einzusetzen sei, kann nur als Kunstfrage der höheren Truppenführung von Fall zu Fall gelöst werden. Leichter als in der Verteidigung erscheint die Beantwortung im Angriff. Rücksichten auf andere Heeresteile (Wellington bei

---

1) Gen.-St.-W. II, S. 676. 686.
2) Angriff auf die Grivica-Redoute am 30. Juli 1877 (Plewna). Angriff der 26. Infanterie-Brigade bei Colombey. Scherff, Kriegslehren, I, S. 41. Angriff auf Höhe 308 südlich Rezonville am 16. August 1870. Scherff, Kriegslehren, II, 271. Kunz, Kriegsgeschichtliche Beispiele, Heft 8/9, S. 128.
3) v. Lettow-Vorbeck, Krieg von 1806 und 1807, IV, S. 107.
4) Friederich, Herbstfeldzug 1813, II, S. 158.

Waterloo), die eigene Aufgabe, vor allem die individuelle Auffassung der Lage werden für den Führer entscheidend sein, ob er seine Reserven zum Erringen des Sieges zu einem letzten Stoß einsetzen will, ob er sich entschließt, sie zur Deckung des Rückzuges zu verwenden, oder ob er sie verbrauchen will, um den Kampf bis zum Eintritt der Dunkelheit hinzuhalten. Die kriegsgeschichtliche Erfahrung zeigt, daß nächtliche Rückzüge vom Gefechtsfelde fast immer gelingen (St. Quentin, Orleans), namentlich, da man die späten Nachmittagstunden noch zur Verfügung hat, Kolonnen und Trains in Marsch zu setzen. Die Entscheidung über die Verwendung der Reserven liegt mehr auf psychologischem als auf taktischem Gebiet.

Bei Custoza gewährt das rückhaltlose Einsetzen der Reserven den österreichischen Fahnen einen glänzenden Sieg. Bei Wörth vernichtet die gleiche Maßnahme Mac Mahons jede Hoffnung auf einen geordneten Rückzug und wandelt diesen zur regellosen Flucht. „Die Generale, welche frische Truppen für den Tag nach der Schlacht aufsparen", sagt der Kaiser Napoleon, „werden beinahe immer geschlagen. Man muß, wenn es möglich ist, seinen letzten Mann ins Gefecht führen, weil man den Tag nach einem Siege kein Hindernis mehr zu überwinden hat; die Mitwirkung aller sichert dem Sieger neue Triumphe" [1]. Dem Kaiser Napoleon wird von seinen Kritikern die Nichtverwendung der Reserven bei Borodino, ihr rückhaltloser Gebrauch bei Waterloo als Fehler angerechnet, und dennoch lassen sich für beide Anordnungen stichhaltige Gründe anführen. Auf russischem Boden war es vielleicht die große Entfernung von seiner Basis, die Befürchtung, nicht Truppen genug für eine zweite Schlacht zu haben, welche ihn bestimmte, seine Garde nicht einzusetzen [2]. Hat doch auch der Feldmarschall Moltke die Verwendung des II. Armeekorps am Abende der Schlacht von Gravelotte später nicht gutgeheißen [3]. Bei Pr.-Eylau zögert der Kaiser, seiner Reserve den Befehl zum Angriff zu geben. Schon aus politischen Gründen will der Kaiser, daß die gewaltigen Verluste nicht bekannt werden. „Nach

---

[1] Marmont, Mémoires, IX, S. 143: „Am Tage der eigentlichen Krise der Schlacht muß man alles daransetzen, ohne sich um die Zukunft zu kümmern. Ist der Sieg vollständig und entscheidend, so sind die Reserven morgen unnütz." Prinz Friedrich Karl: „Ein geschlagenes Heer kann tags darauf nicht mehr durch eine starke Reserve zum Siege zurückgeführt werden." Clausewitz I, S. 249.

[2] Comte de Ségur, Histoire de Napoléon et de la grande armée, I, p. 369.

[3] „Lebhaft sprach sich der Wunsch der Pommern aus, an den Feind zu kommen. Es wäre richtiger gewesen, wenn der zur Stelle anwesende Chef des Generalstabes der Armee das Vorgehen in so später Abendstunde nicht gewährt hätte. Eine völlig intakte Kerntruppe konnte am folgenden Tage sehr erwünscht sein, an diesem Abend aber hier kaum noch einen entscheidenden Umschwung herbeiführen." Moltke, Deutsch-französischer Krieg, S. 58.

einer Niederlage war eine offene Parteinahme fast ganz Europas gegen die Übergriffe Frankreichs so gut wie sicher, die Folgen waren unfehlbar für den Emporkömmling, der seinen Thron nicht von seinen Vätern ererbt hatte. Diesen Unterschied gegenüber einem angestammten Fürsten hat Napoleon selbst gefühlt und ausgesprochen [1]. Dieses war vielleicht der Grund, der den Kaiser bestimmte, hier und fünf Jahre später bei Borodino seine letzten Reserven nicht einzusetzen, er sicherte sich vor einer Niederlage und erlangte damit nur einen halben Erfolg" [2].

„Wenn auf der einen Seite der gebieterische Stolz eines siegreichen Eroberers, wenn der unbeugsame Wille eines angeborenen Starrsinns, wenn das krampfhafte Widerstreben einer edlen Begeisterung nicht vom Schlachtfelde weichen wollen, wo sie ihre Ehre zurücklassen sollen, so rät auf der anderen Seite die Einsicht, nicht alles auszugeben, nicht das Letzte aufs Spiel zu setzen, sondern so viel übrig zu behalten, als zu einem geordneten Rückzuge nötig ist. Wie hoch auch der Mut und die Standhaftigkeit im Kriege angeschlagen werden muß und wie wenig Aussicht derjenige auf Sieg hat, der sich nicht entschließen kann, ihn mit der ganzen Kraftanstrengung zu suchen, so gibt es doch einen Punkt, über den hinaus das Verharren eine verzweiflungsvolle Torheit genannt und also von keiner Kritik gebilligt werden kann. In der berühmtesten aller Schlachten, in der von Belle Alliance, setzte Bonaparte seine letzten Kräfte daran, eine Schlacht zu wenden, die nicht mehr zu wenden war, er gab den letzten Heller aus und floh dann wie ein Bettler vom Schlachtfelde und aus dem Reiche [3]."

War es in diesem Fall wirklich „verzweiflungsvolle Tollheit" Napoleons in der Schlacht von Waterloo, jener verzweifelte Wurf eines Spielers, der alles auf eine Karte setzt, um mit ihr alles zu gewinnen, dafür aber alles verliert? Am Abend des 17. Juni war der Kaiser der Ansicht, daß die bei Ligny geschlagenen Korps der preußischen Armee im Rückzuge auf Namur und Lüttich begriffen seien, er glaubte nicht mehr mit einer Offensive der Preußen rechnen zu brauchen. Am Abend des 17. um 10 Uhr [4] meldete Grouchy aus Gembloux, daß die Preußen anscheinend mit einer Kolonne auf Wavre, mit zweien auf Lüttich und Namur marschierten; am 18., 2 Uhr früh, ergänzte er diese Meldung dahin, daß er glaube, daß drei preußische Korps im Marsche auf Brüssel begriffen seien, um sich hier mit der englischen Armee zu vereinigen. Namur sei frei vom Feinde, seine Absicht sei, nach Wavre zu marschieren, um sich zwischen der preußischen und englischen Armee einzuschieben. Am 18., 11 Uhr vormittags, bestätigt Grouchy diese Meldung. Dann befiehlt ihm der Kaiser am 18., um 1 Uhr nachmittags, hinter dem Korps Bülow, dessen Anmarsch infolge einer

---

1) Corresp. XXV, 20175. Aus Metternichs nachgelassenen Papieren I, S. 149.
2) v. Lettow-Vorbeck, Der Krieg von 1806/7, IV, S. 114, 129—131.
3) Clausewitz, Vom Kriege, IV. Buch, 9. Kapitel, S. 194.
4) An um 2 Uhr früh. Charras, S. 276.

aufgefangenen Meldung erkannt wird, herzumarschieren und es im Rücken anzugreifen. Dieses war der Zeitpunkt, wo Napoleon noch ohne Gefahr die Schlacht abbrechen konnte. Mit diesem Entschluß wurde aber der Erfolg von Ligny aufgegeben, als Geschlagener hätte dann der Kaiser über die Grenze zurückgehen müssen, welche er zwei Tage vorher im Vormarsche überschritten hatte. General v. Gneisenau beurteilte den Kaiser richtig, wenn er sagte: „Ich bin überzeugt, Napoleon wird gerade dann, wenn er unseren Vormarsch erfährt, mit der äußersten Anstrengung die englische Schlachtlinie zu sprengen versuchen, gegen uns aber nur das durchaus Notwendige verwenden, um uns so lange aufzuhalten, bis der große Schlag gegen die Engländer geführt ist." In diesem Sinne hat auch der Kaiser gehandelt. Dem Marschall Ney wurde die Aufgabe erteilt, die englische Stellung bei La Haye Sainte zu durchbrechen. Englische Offiziere aus dem Stabe Wellingtons haben auch gerade diese Stelle als besonders geeignet für das Gelingen eines Durchbruchs bezeichnet. An keiner anderen Stelle konnten die Angriffstruppen gedeckt sich dem Einbruchspunkte nähern. Hier war ihre Flanke am meisten gesichert. Als der erste Infanterieangriff gescheitert war, erfolgten unter Führung Neys mehrere Kavallerieangriffe, welche bis in die englische Stellung hineingelangten, aber, da keine Infanterie zur Stelle war, ihre Vorteile nicht behaupten konnten. Jede Bitte um Infanterie=Unterstützung lehnte der Kaiser ab. „De l'infanterie? Où veut-il que j'en prenne? veut-il que j'en fasse faire [1])?" Zwischen 6 und 7 Uhr, als Plancenoit wieder genommen, die preußischen Angriffe nachzulassen schienen, La Haye, Papelotte, La Haye Sainte in französischem Besitz waren, Hougomont in hellen Flammen stand und der Widerstand der englischen Truppen sichtlich erlahmte, glaubte der Kaiser den Zeitpunkt zur Verwendung seiner Reserve gekommen. Noch waren 12 000 Mann der Garde nicht eingesetzt. Von den 24 Bataillonen hält der Kaiser zwei in Reserve, 12 Bataillone werden den Preußen entgegengeworfen, 10 Bataillone werden zum Sturme auf die englische Stellung an= gesetzt. Der Angriff mißlingt. Auch die nach dem rechten Flügel entsandte Ver= stärkung vermag nicht das Vorgehen der preußischen Armee aufzuhalten. Hiermit ist die Schlacht entschieden. Ein geordneter Rückzug war nicht mehr möglich. Die= Armee löste sich auf. Der Fehler des Kaisers lag nicht in dem Einsetzen seiner Re= serve, sondern in ihrer geteilten Verwendung. Auch scheint der Kaiser hier zum ersten Male den Zeitpunkt zum Einsetzen seiner Reserve nicht richtig erkannt zu haben [2]). Wäre die Garde den Reitermassen Neys gefolgt, sie würde vielleicht einen Sieg haben erringen können. Napoleon lehnte aber die Forderung Neys um Unterstützung ab, weil er seinem Urteile mißtraute.

Eine andere Frage ist nur, ob die ganze Reserve nicht zweckmäßiger in Richtung auf Plancenoit angesetzt wäre, die englische Armee war ohne die preußische Unterstützung wohl nicht imstande, offensiv zu werden, die Wegnahme von Plancenoit durch die Preußen mußte andererseits die Möglichkeit eines französischen Rückzuges völlig in Frage stellen. „Ein Wort Napoleons scheint diesmal den Schlüssel zu dem eigentümlichen Rätsel zu geben. Napoleon sagt nämlich in seinen Memoiren, nachdem Bülow Plancenoit wieder verloren hatte, sei dessen Angriff erschöpft gewesen. Nun war allerdings schon

---

1) Thiers XX, S. 225.
2) Thiers XX, S. 225. 234.

um 3 Uhr ein von Grouchy abgesandter Offizier mit der Meldung eingetroffen, daß Blücher nicht über die Maas zurückgegangen sei, daß Bülow nicht mit seinem Heeresteile allein, sondern die gesamte preußische Armee den Tag zuvor vereinigt bei Wavre gestanden habe; aber man hatte seitdem auch auf seiten der Franzosen den Kanonendonner des Gefechtes bei Wavre wahrgenommen, und man konnte, sofern man die günstigsten Voraussetzungen auch für die wahrscheinlichsten hielt, allenfalls annehmen, daß der Überrest des preußischen Heeres, der Teil, der bei Ligny gefochten hatte, durch Grouchys Angriff dort bei Wavre festgehalten werde. War dem so, war Bülows Angriff zurückgeschlagen und erschöpft; hatte Wellington eine weitere Unterstützung durch die Preußen nicht zu erwarten, dann durfte man allerdings den Angriff auf die Stellung der verbündeten englischen Armee noch immer für die Hauptsache und den Sieg für möglich ansehen." [1]

Je früher die Entscheidung fällt, um so besser. Der Gedanke ist naheliegend: muß denn die Reserve erst immer am Ende des Schlachttages eingesetzt werden? Ist es nicht möglich, wie dieses Epaminondas, Alexander und Friedrich der Große getan haben, mit dem Gesamteinsatz der Kräfte die Schlacht zu eröffnen? Wenn es gelingt, eine Armee in ungünstiger Lage zu fassen, beim Überschreiten eines Flusses, beim Heraustreten aus einem Gebirge oder beim Entwickeln nach der Flanke, soll man da dem Gegner die Möglichkeit gewähren, durch zeitraubende methodische Gefechtseinleitung eine starke Front uns entgegenzustellen, ist es da nicht besser, ihn durch wuchtigen Angriff mit allen Kräften gar nicht zur Besinnung kommen zu lassen? Solch eine Lage bot sich dem österreichischen rechten Flügel bei Custoza 1866 [2].

Das „Zuspäteinsetzen" der Reserven entspringt meistens einer gewissen Unsicherheit oder Unentschlossenheit. In der neueren Kriegsgeschichte sind eine ganze Reihe von Schlachten (Auerstedt, Solferino, Königgrätz, St. Privat-Gravelotte) ungünstig ausgefallen, weil man sich nicht zur richtigen Zeit dazu entschließen konnte, die Reserven „aus der Hand zu geben".

Das taktische Einsetzen der Reserve ist eine der schwierigsten Aufgaben [3]. Die Schwierigkeit liegt darin, daß die taktische Wirkung einer Schlachtenreserve möglichst plötzlich, überraschend sein muß und dabei doch eine überlegene Feuerwirkung entfaltet werden soll.

---

1) v. Bernhardi, Geschichte Rußlands usw. 1814—1831, (1863), S. 326.
2) S. o. S. 151.
3) S. den Befehl des Generalleutnant v. Liebert im 1. Beiheft 1895 des Militär-Wochenblatts.

Zu letzterer braucht man aber heutzutage Zeit, weil lange Feuerlinien entwickelt werden müssen, die große Strecken zurückzulegen haben. Früher konnten die Reserven, der geringen Feuerwirkung des Gegners wegen, bedeutend näher an den entscheidenden Punkt herangeführt werden, auch mehr massiert bleiben und schließlich in dieser Form auch den entscheidenden Angriff ausführen, ohne sich der Gefahr, zertrümmert zu werden, auszusetzen. Aber schon zu Napoleons Zeiten war, trotz aller dieser unleugbaren Erleichterungen der Reservenverwendung gegenüber der Jetztzeit, mit dem Stoße dieser Massen noch keinesfalls auch der Erfolg gesichert. Wiederholt (z. B. Macdonalds Kolonne bei Wagram)[1] hat solcher Massenstoß der Reserven versagt, und zwar hauptsächlich, weil ihm nicht genügende Feuerwirkung vorausging!

Darin liegt aber, verglichen mit den ungleich schwierigeren Verhältnissen der Gegenwart, eine ernste Mahnung, dahin gehend, daß ein sogenannter **Massenstoß der Reserven** unbedingt erst durch Feuer und zwar durch recht viel Feuer vorbereitet sein muß. Sonst helfen weder die Massen, noch deren tapferes Drauflosgehen. Hierfür ist die Verwendung des II. Armeekorps am 18. August 1870 ein beachtenswertes Beispiel. Das Einsetzen dieses Armeekorps war als dasjenige einer Schlachtenreserve gedacht, die auf dem rechten Flügel der deutschen Schlachtlinie durch einen Massenstoß die Entscheidung herbeiführen sollte. Dieser Massenstoß mißlang unter einem Verlust von 50 Offizieren, 1189 Mann. Glücklicherweise wurde die Schlachtentscheidung auf einer anderen Stelle des Schlachtfeldes herbeigeführt. Man glaubte durch rein mechanisches Einsetzen von Massen einen taktischen Erfolg erzwingen zu können, ehe der Gegner durch Feuer genügend erschüttert war. Auch nach anderer Richtung ist das Verhalten der Infanterie des II. Armeekorps von taktischem Interesse. Ein frontales Einsetzen einer Schlachtenreserve wird nur selten noch möglich sein. Sie soll den Feind durch den letzten höchsten Feuereinsatz mit daranschließendem Angriffe, nicht aber nur durch die Wucht der sich heranwälzenden Masse werfen. In der Frontlinie eines fechtenden Verbandes fehlt es aber meist an Raum zur Entwickelung neuer Kraft. In der Feuerlinie liegen die Schützen Schulter an Schulter, Geschütze stehen Rad an Rad. Da fehlt es an Raum zum weiteren Einsatz von Feuerkraft. Sollen in einem großen

---

[1] S. o. S. 182

Verbande Reserven wirksam werden, so finden sie zweckmäßig auf den Flügeln Verwendung. Die Heeresleitung wird versuchen, die Schlachtenentscheidung nicht mit den hinter den Truppen vorderer Linie herangeführten Korps, die bei der Tiefe der Marschkolonnen doch kaum am Schlachttage noch eingreifen könnten, zu suchen, sondern die Entscheidung durch die Art des Anmarsches gegen die Flanken herbeizuführen. Ein Überschuß an Kraft kann in der Schlacht nur durch weitere Umfassung zweckmäßig zur Geltung kommen.

„Vornehmlich muß der Führer", sagt Generalleutnant v. Liebert, „im Zukunftskriege gegen falsche Humanität gewappnet sein. Wer nicht Blut in Menge fließen sehen kann, gehört nicht in die Schlacht, und wer bei dem Rufen um Hilfe und Verstärkung nicht standhaft zu bleiben vermag, kann auf eine höhere Führerstelle nicht Anspruch machen." In dieser Beziehung bleibt stets Napoleon als Vorbild unübertroffen. Der Führer des zur Schlacht von Pr.-Eylau anmarschierenden preußischen Korps L'Estocq lehnte jede Bitte um Abgabe von einzelnen Truppenteilen zur Unterstützung ab.

In der Schlacht von Bionville werden von der am Nachmittag eintreffenden 20. Division drei Bataillone mit vier Batterien nach dem rechten Flügel entsandt, um auf dem Gefechtsfelde der 5. Infanterie-Division einzugreifen, da eine Infanterie-Unterstützung auf dem rechten Flügel nötig schien. Als der Anfang der Division Tronville erreichte, wurde die Frage erörtert, ob es wünschenswert sei, die Division erst aufmarschieren zu lassen oder die vorderen Bataillone in die Tronviller Büsche zu werfen, in denen sich Teile der (37.) Brigade Lehmann noch immer behaupteten. Da ein Vorbrechen der Franzosen aus den Waldungen den linken Flügel der preußischen Artillerielinie gefährden würde, wurden drei Bataillone sofort in den Wald geworfen, während die noch übrigen sechs Bataillone zunächst noch zurückgehalten wurden; späterhin wurden von der Reserve noch einmal drei Bataillone zur Verstärkung der im Walde fechtenden Infanterie vorgeschickt. „Welche bedeutsame Entscheidung hätte die 20. Division geben können, wenn sie einheitlich verwandt wäre" (Liebert) [1]!

Der Führer muß mit seiner Reserve in dauernder Verbindung bleiben. Die Irrfahrten der 4. bayerischen Infanterie-Division hinter

---

[1] Gen.-St.-W. I, S. 595. Kriegsgeschichtliche Einzelschriften Heft 18, S. 580. v. Scherff, Kriegslehren, II, S. 146. Generalleutnant v. Liebert im 1. Beiheft zum Militär-Wochenblatt 1895. Aus der Darstellung im 4. Beiheft zum Militär-Wochenblatt 1895, S. 177, geht jedenfalls hervor, daß die durch die 39. Halbbrigade gegebene Unterstützung nicht unbedingt erforderlich war. Auch auf dem ersten Flügel hätte sich eine einheitliche Verwendung zum Angriff der Höhe 308 südlich Rezonville ermöglichen lassen müssen, so verbluteten die Regimenter, ohne dem Ganzen zu nützen, in vereinzelten Vorstößen. Kunz, Kriegsgesch. Beisp. 8/9, S. 128 u. f.

dem Gefechtsfelde von Kissingen erklären sich aus diesem Versäumnis, im Verein mit dem Nachteil, daß der tatendurstige Führer, der sowohl Befehle vom Gefechtsfelde, als auch von einer zweiten Befehlsstelle in Münnerstadt erhielt, den Ausweg aus diesem Dilemma nicht finden konnte [1]).!

Der Führer läßt sich das Eintreffen der Reserve an der befohlenen Stelle melden, hält dauernd in seinem Stabe Befehlsempfänger der Reserve, um diese nach seinem Willen vorführen zu können. So vermeidet man dann auch Vorkommnisse, wie das Verschwinden der Reserve des Thielemannschen Korps, der 9. Infanterie-Brigade auf dem Gefechtsfelde von Wavre [2]).

3. Abbrechen des Gefechts [3]).

Unter dem Abbrechen eines Gefechts versteht man das von der Führung beabsichtigte, geordnete Loslösen fechtender Truppen aus dem Kampfe, das Gewinnen eines derartigen Abstandes vom Gegner, daß die Truppe ihre volle Verwendungsfreiheit wiedererhält, zum mindesten Marschkolonnen bilden kann. In der rechtzeitig zur Ausführung gebrachten Absicht des Führers liegt der Unterschied zwischen dem geplanten Zurückgehen beim Abbrechen eines Gefechtes und in dem vom Gegner aufgezwungenen Zurückfluten nach abgeschlagenem Angriffe. Je mehr die Einwirkung des Gegners sich beim Abbrechen fühlbar machen kann, um so mehr werden sich auch die Unterschiede in der Ausführung verwischen. Das beabsichtigte Zurückgehen kann dann zu einem haltlosen Zurückfluten werden.

Am leichtesten gestaltet sich das Abbrechen bei denjenigen Gefechten, welche nur hinhaltend, nicht bis zur Entscheidung durchgeführt werden sollen, bei denen von vornherein das Loslösen vom Gegner ins Auge gefaßt war (Arrieregardengefechte, Gefechte um Zeitgewinn, gewaltsame Erkundungen), bei denen eine Reserve von Anfang an zu diesem Zwecke zurückgehalten wurde.

Die Schwierigkeit des Abbrechens ergibt sich aus dem Umstande, daß abgesehen von der Artillerie jede in den Kampf eingesetzte Truppe der Einwirkung der Führung entzogen ist und daß diese nur durch

---

1) v. Lettow-Vorbeck, Der Krieg von 1866 in Deutschland, III, S. 176 u. f., S. 457.
2) v. Verdy, Studien über Truppenführung, II, S. 38.
3) Studien zur Kriegsgeschichte und Taktik II. Das Abbrechen von Gefechten.

Einsetzen frischer Kräfte einen Einfluß auf den Verlauf des Kampfes ausüben kann. Nur wenn die Führung noch über Reserven verfügt, kann sie daran denken, ein Gefecht abzubrechen. Erschwerend tritt ferner hinzu, daß die eigenen Maßnahmen beim Abbrechen des Gefechts bedingt werden durch den Willen des Gegners: je mehr dieser Handlungsfreiheit hat, je leichter er nachfolgen kann, um so schwieriger das Abbrechen. Im allgemeinen wird es sich leichter gestalten im Angriff als in der Verteidigung. Im ersteren Falle wird der Gegner den Beginn des Abbrechens nicht sofort erkennen können. Die Frage, ob angesichts eines stärkeren Gegners der Verteidiger die Stellung verlassen darf, läßt sich auch nicht sofort entscheiden. Erteilung und Ausführung der Befehle verlangen Zeit, alles dieses kommt dann dem das Gefecht abbrechenden Angreifer zugute. Die Kriegsgeschichte lehrt, daß fast alle Schlachten nicht mit einer Verfolgung am Schlachttage abschlossen. Der Sieger, ebenso erschöpft wie der Besiegte, begnügt sich mit dem errungenen Erfolge und gibt sich dem hin, was Müffling treffend „die notwendige Verdauung der Freude über den Sieg" nennt [1]).

Schwieriger ist das Abbrechen in der Verteidigung; der Angreifer kommt den Stellungen des Feindes immer näher. Je mehr der Widerstand nachläßt, um so mehr wird sein Vorgehen beschleunigt. Aus den Anordnungen für den Angriff lassen sich ohne weiteres diejenigen für das Nachfolgen entwickeln. Die Schlacht von Beaumont zeigt am deutlichsten diese Erscheinung. Ebenso mißlangen auch die französischen Versuche bei Wörth, nach Verlust von Fröschweiler eine Aufnahmestellung zu bilden, die deutsche Infanterie blieb in unaufhaltsamem Vorgehen. Besetzte Örtlichkeiten haben eine verhängnisvolle Anziehungskraft (Schloß Geisberg bei Weißenburg, Park von Coulmiers), magnetisch ziehen sie alle Kräfte des Feindes auf sich und erlauben den anderen den Rückzug. Nur wenn der Verteidiger durch Abwehr eines Angriffs völlige Freiheit wiedererlangt hat, ist ein Abbrechen möglich, aber der Führer wird dann mit Rücksicht auf die Gesamtlage doch erwägen müssen, ob es nicht besser ist, auszuhalten. Hieraus ergibt sich, daß das Abbrechen einem tatkräftigen, gleichwertigen Gegner gegenüber, der — unsere Absichten richtig erkennend — fest entschlossen ist, seinen Erfolg auszubeuten und nicht durch andere Rücksichten ge-

---

1) Aus meinem Leben, S 76.

hemmt ist, unausführbar erscheint. Der Feind verwandelt den freiwilligen Abzug dann in einen unfreiwilligen mit allen Begleiterscheinungen einer Niederlage.

Der Entschluß zum Abbrechen ist nur gerechtfertigt, wenn eine weitere Fortsetzung des Kampfes die sichere Niederlage zur Folge haben würde. Sobald dem Führer sich diese Überzeugung aufdrängt, muß auch sofort zur Ausführung geschritten werden (Bautzen, Coulmiers). Aber wohl ist zu erwägen, daß bei der Unklarheit aller Dinge im Kriege der Führer die eigene Lage meist ungünstiger ansehen wird als die des Feindes, daß zähes Ausharren und kühnes Wagen auch dort zum Erfolge geführt hat, wo die Verhältnisse recht ungünstig lagen. Dieses macht das „Wann?" zu bestimmen noch schwerer. Sind die Reserven bereits eingesetzt, befindet sich die Truppe schon im Kampf auf den Nah=Entfernungen mit dem Feinde, so ist ein geordnetes Abbrechen nicht mehr ausführbar. Geschieht der Rückzug zu früh, so wird ein noch möglicher Erfolg aus der Hand gegeben. Am einfachsten gestaltet sich das Abbrechen des Gefechts nach einem glücklich abgewiesenen Angriffe, da in diesem Zeitpunkte die Führung die größe Freiheit hat. Das Abbrechen aber durch einen eigens zu diesem Zweck angeordneten Gegenangriff zu erleichtern, hat seine Bedenken, da die ihn ausführenden Abteilungen sich schwer nachher vom Feinde loslösen können. Vielfach kann aber schon das Drohen mit einem Angriff den Abzug erleichtern Anzeichen einer beginnenden ungünstigen Wendung des Kampfes können einer aufmerksamen Führung nicht entgehen. Sie bestehen in dem Ermatten oder gar in dem Erlöschen des eigenen Artilleriefeuers, in dem Zurückgehen des Infanteriegefechts, in dem öfteren Verlangen nach Unterstützungen aus vorderer Linie, in dem Zurückströmen von Unverwundeten.

Wenn nicht günstige Gestaltung oder Bedeckung des Geländes die zurückgehenden Truppen der Waffenwirkung des Feindes entziehen, so ist festzuhalten, daß Infanterie, die einmal ernstlich in den Kampf mit einem vollwertigen Gegner verwickelt ist, nicht ohne schwere Verluste aus dem Gefecht zurückgenommen werden kann. Will der Führer trotzdem zurückgehen, so bleibt ihm nichts anderes übrig, als diese Truppe ihrem Schicksal zu überlassen, um wenigstens den größeren Teil seiner Streitkräfte zu retten. Diese Schwierigkeiten wachsen mit der Stärke des Verbandes. Die in großer Ausdehnung senkrecht zu ihrer Front zurückgehende Gefechtslinie bedarf der Aufnahme, um den nachdrängenden Gegner fern zu halten, den zurückweichenden Abteilungen Gelegenheit zu geben, sich zu sammeln und ihre Marschrichtung zu ändern. Da zum Besetzen der Aufnahmestellung Truppen der vorderen Linie nicht zu verwenden sind, so ergibt sich als weitere Forderung für die Möglichkeit des Abbrechens eines Gefechtes, daß noch Tiefengliederung vorhanden ist. Steht die Truppe bereits im Kampf auf den Nah=Entfernungen, verfügt sie nicht mehr über Reserven, gewährt das Gelände keine Unterstützung, so bleibt nichts anderes übrig, als die Nacht abzuwarten und unter dem Schutze der Dunkelheit den Rückzug anzutreten.

Der Wunsch, aus dieser Aufnahmestellung baldmöglichst das Feuer eröffnen zu können, hat dazu geführt, Stellungen mit einem vorgenommenen Flügel zu empfehlen, welche, vom äußeren Flügel beginnend, eine frühzeitige Feuereröffnung ermöglichen.

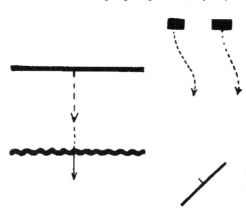

Abgesehen davon, daß dieser Flügel vor allem einem feindlichen Flankenangriff ausgesetzt ist, daß der Zusammenhang mit den zurückgehenden Truppen verloren gehen kann, wird das Gelände nur selten ein Einnehmen derartiger Stellungen begünstigen. Kleinere Abteilungen werden häufiger als stärkere Verbände derartige Stellungen finden können. Als Aufnahmestellung, zweckmäßig eine für jede Marschstraße, wird der erste Abschnitt gewählt, welcher Fortsetzung des Widerstandes ermöglicht.

Die Entfernung der Aufnahmestellung von der eigentlichen Gefechtsstellung wird derart bemessen, daß der Gegner einmal ein neues Gefechtsfeld zu durchschreiten hat und nicht in der Lage ist, Aufnahmestellung und Verteidigungslinie in einem Zuge zu nehmen; anderseits darf sie nicht zu weit entfernt liegen, damit die zurückgehenden Truppen nicht vernichtet werden, ehe sie in den Wirkungsbereich der Aufnahmestellung eintreten. Da aber die hier befindlichen Truppen sich ebenfalls vom Feinde loslösen sollen, so ist es nicht günstig, wenn sie den Kampf mit dem Gegner von vornherein auf zu nahen Entfernungen zu führen haben. Erwünscht ist, daß die Aufnahmestellung so frühzeitig von der zurückgenommenen Artillerie erreicht wird, daß sie von den vorgeeilten Batterien des Siegers nicht mehr im Marsch beschossen werden kann.

Die Stellung muß rechtzeitig eingenommen werden, damit die Anordnungen in Ruhe und ohne Übereilung getroffen werden können. Zur Besetzung werden noch vorhandene Reserven, sowie, falls noch nicht eingesetzt, Maschinengewehr-Abteilungen bestimmt. Es handelt sich um starke Feuerentfaltung auf mittleren und weiteren Entfernungen, um den Gegner gar nicht bis auf die entscheidenden Entfernungen herankommen zu lassen. Demnach starke Feuerfront, schwache Unterstützungen. Eine etwaige Reserve wird gleich in eine zweite Aufnahmestellung zurückgeschickt, um das Loslösen der in der ersten Aufnahmestellung befindlichen Kräfte zu erleichtern. Schußfeld bis auf die nächsten Entfernungen ist nicht erforderlich, bei Höhenstellungen wird man die Feuerlinie so weit zurückziehen, daß sie noch gutes Schußfeld auf den mittleren Entfernungen und etwa noch im oberen Bereich der Nahvisiere hat, daß die Schützen, wenn sie zurückgehen, auch gleich in Deckung sind. Das Feuer wird zur Verzögerung des feindlichen Vorgehens so früh als möglich eröffnet.

Sobald die Stellung besetzt ist, beginnt das Zurücknehmen der Infanterie, und zwar zunächst an denjenigen Stellen, wo der Gegner am wenigsten drängt. Dieses hat den Zweck, einen geordneten Rückzug einzuleiten und schnell wieder verwendungsbereite Abteilungen in die Hand zu bekommen. Neben den Anordnungen für Besetzung der Aufnahmestellung wird die Führung auch daran denken müssen, diejenigen Teile der Gefechtsfront zu kräftigen, welche dem heftigeren Drängen des Feindes noch weiteren Widerstand entgegenstellen sollen. Ihr Loslösen läßt sich vielfach nur unter dem Einsatz von Kavallerie ermöglichen.

Es ist erwünscht, baldmöglichst Artillerie in der Aufnahmestellung verfügbar zu haben. Hat die Artillerie bereits auf Befehl des Truppenführers den Kampf mit den gegnerischen Batterien einstellen müssen, so ergibt sich ihr sofortiges Zurückgehen in die Aufnahmestellung von selbst. Schwieriger ist die Frage, wenn die Artillerie bis zum Augenblick des Abbrechens den Geschützkampf fortgesetzt hat und ein Teil zweifelsohne nicht mehr bewegungsfähig ist. Der Forderung, mit der Artillerie rechtzeitig die Aufnahmestellung zu erreichen, steht die andere Forderung gegenüber, nicht zu früh der Infanterie die Unterstützung zu rauben, am wenigsten an dem Punkte, an welchem der Feind am heftigsten drängt und wo am längsten standgehalten werden muß. Für die etwa noch zurückgebliebenen Teile treten meist sehr ungünstige Verhältnisse ein; Ablösen vom Feinde ist meist nur noch möglich unter Mitwirkung der anderen Waffen. Andernfalls bricht die Artillerie im Verfolgungsfeuer zusammen und der Rückzug verwandelt sich in Flucht. Verluste von Geschützen, die bis zum letzten Augenblick gefeuert haben, sind unvermeidlich. Im allgemeinen wird im Gefecht stehende Artillerie, sobald sie von der Absicht des Führers Kenntnis erhält, leichte Munitionskolonnen und Staffeln in Marsch setzen, durch äußerste Feuerentfaltung das Zurückgehen der Infanterie decken, das Feuer solange als möglich fortsetzen und mit den letzten zurückgehenden Infanterieabteilungen ihre Stellung verlassen. Ein solches Ausharren wird unbedingt geboten sein, um den Rückzug der Infanterie zu ermöglichen; das eigene Zurückgehen muß dann unter Umständen von der verfügbaren Kavallerie gedeckt werden.

Die Dauer des Widerstandes in der Aufnahmestellung bemißt sich durch die Notwendigkeit, der abziehenden Truppe Zeit und Raum zur Wiederherstellung der Ordnung für den geordneten Rückmarsch zu schaffen. Ist dieses geschehen, dann tritt die Aufnahme selbst den Rückzug an, sofern nicht vom rechtzeitigen Eingreifen frischer Truppen eine Wendung zu erhoffen ist. Meistenteils wird eine erneute Aufnahme nötig sein, falsch wäre es aber, in jeder günstig erscheinenden Stellung Halt zu machen. Ist man einmal zum Rückzuge entschlossen, dann kommt es auch meist darauf an, sich schnell dem Gegner zu entziehen.

Von besonderer Wichtigkeit wird die Artillerie. Im Verein mit zurückgebliebener Kavallerie bildet sie den Schirm, unter dessen Schutz sich die Infanterie in die Marschkolonnen eingliedert. Das Entfalten einer zahlreichen Artillerie ist das wirksamste Mittel, um den Gegner aufzuhalten. Ein etwaiger Verlust der Geschütze, um den anderen Waffen den Rückzug zu erleichtern, kann nur ehrenvoll sein.

Das Verhalten des Führers bedarf der Erörterung. Der Führer bestimmt, durch welche Truppen und wo die Aufnahme erfolgen soll, und weist den einzelnen Kolonnen ihre Marschrichtung an. „Erst wenn er diese Anordnungen getroffen und sich eine Gewähr für ihre

Ausführung verschafft hat, verläßt er das Gefechtsfeld, um die Truppe demnächst mit neuen Befehlen zu empfangen" (J. E. R. 432). Dieses gilt aber nur für den obersten Führer, alle anderen Führer bleiben vor der Truppe, um Zusammenhalt und Ordnung aufrecht zu halten (J. E. R. 297). Aus psychologischen Gründen hat das Reglement diese Bestimmung aufgenommen, um den Führer von dem Vorwurf der Feigheit zu reinigen, wenn er als erster das Gefechtsfeld verläßt.

Die Notwendigkeit begründet General v. Schlichting wie folgt[1]): „Des Führers fortgesetztes Beispiel persönlicher Entschlossenheit in vorderster Linie müßte ihm zum Hindernis werden, die Lebensfrage der Truppe in so kritischen Lagen zu erledigen. Hier also gehört er erst recht zu den geschlossenen Abteilungen seines Kommandoverbandes, und diesen ist das Marschziel und der Zeitpunkt zum Abmarsch zu geben, während die Front noch auf dem eingenommenen Gefechtsplatz verbleibt. Damit allein vermag er mit Sicherheit vorzusorgen, daß sie in Ehren zurückkommt. Er verläßt also den Kampfplatz, nachdem er die schon geschilderten Anordnungen getroffen, und eilt auch den geschlossenen Abteilungen voraus.

Sie finden ihn fürsorgend da wieder, wo die Aufnahme hingehört, sonst zerfiele die ganze taktische Handlung, möchte er vorne auch Wunder von Tapferkeit verrichten. Dort würde er zu einem einzelnen Kämpfer, hinten bleibt er der umsichtig und vielseitig fürsorgende Führer für die Gesamtheit. Aber wohl zu beachten ist bei diesem Gesetz, daß es sich nur an den Führer einer in sich selbständigen Truppe wendet, sei dieselbe nun klein oder groß. Mit ihrer Größe wächst allein die Wichtigkeit und Raumausdehnung des Verfahrens."

Der Führer reitet zurück; denn in seiner Fürsorge zum Empfange der vor dem Feinde zurückweichenden Truppe beruht ihr Heil und ihre Waffenehre. Nimmt er dabei Unterführer, z. B. der Regimentskommandeur seine Bataillonsführer oder der Bataillonskommandeur seine Kompagniechefs, mit, um ihnen im einzelnen ihre Plätze vor Ankunft der Truppen zuzuweisen, so übertreibt er, und zwar in Anbetracht der kritischen Sachlage in höchst bedenklicher Weise. Er macht damit seine Truppe zu einer hirtenlosen Schar.

Friedrich erwartet sein überfallenes Heer bei Hochkirch auf den Höhen hinter dem Lager und stellt eine Schlachtfront her, welche sich dem Angriff des Gegners als unbezwinglich erweist, und Gneisenau organisiert den Rückzug auf Wavre hinter der geschlagenen Armee, während sein Feldherr im dunklen Drange und Ungestüm dem Erfolge noch nicht entsagen kann und an der Spitze der Reitergeschwader attackiert und stürzt. Nach dem Übergange über die Beresina verläßt Napoleon sogar das Heer und eilt bis Paris, nur um Heereskörper ungesäumt unter die Waffen zu rufen. Er ist darob dem Vorwurf nicht entgangen, es selbstsüchtig und kleinmütig, ja feig im Stich gelassen zu haben. Aber der große Soldat und Feldherr wird doch von der Nachwelt mit solchem Urteil über sein Verhalten keineswegs richtig gewürdigt. Die Mitwelt, zumal in seinem eigenen Heer, war gerechter; es vertraute ihm nach

---

[1]) Grundsätze I, S. 115 und 116.

wie vor; denn die Maßregel lieferte das einzige Mittel, den Kampf im Jahre 1813 ohne Unterbrechung gegen eine Koalition fortzusetzen. Waterloo liefert den Gegensatz und den Beweis, daß die persönliche Furcht mit Napoleons Entschlüssen nichts zu tun hatte. Er verharrte bis zuletzt auf der Walstatt, auch als sie längst verloren war, und entzog sich schließlich nur der Gefangenschaft. Damit entsagte er aller Führereinwirkung nach der Schlacht, und die Folgen waren drastisch genug. Mit aller Truppenführung war es zu Ende."

Anordnungen der Führung.

Unzweckmäßige Befehlserteilung von falscher Stelle und mangelhafte Befehlsübermittelung haben bei Truppen, die ein Gefecht abbrechen, mindestens Schwierigkeiten zur Folge, die sich für einzelne Truppen bis zur Niederlage steigern. Gerade in solchen kritischen Momenten kommen infolge der Überstürzung fast regelmäßig Mißverständnisse vor.

Bei Trautenau war General v. Clausewitz zur Einholung weiterer Befehle persönlich zum General Bonin in das Städtchen Trautenau zurückgeritten und gab von dort aus den Befehl zum Abbrechen. Seine Anordnungen entsprachen infolgedessen nicht mehr der geänderten Gefechtslage und sind überhaupt gar nicht bis zu den vordersten Truppen gelangt.

Bei Gitschin erreichte der Befehl zum Abbrechen des Gefechts auf dem rechten Flügel bei Diletz die hinteren, intakten Truppen früher als die im Gefecht stehenden. Sie rückten ab, ohne letzteren als Rückhalt zu dienen.

Als Beispiel für den richtig gewählten Platz des Führers und für sachgemäße Anordnungen mag das Verhalten des Generals v. Gneisenau im Gefecht von Saarbrücken gelten. Dieser konnte vom Exerzierplatze aus den Gang des Gefechtes genau übersehen und erteilte jeder einzelnen Kompagnie rechtzeitig den bestimmten Befehl zum Abbrechen. Daß er sich später verleiten ließ, zu weit zurückzugehen, ist nicht auf Rechnung seiner ursprünglichen Anordnungen zu schieben.

„Das Abbrechen eines entscheidenden Kampfes ist eine Aufgabe der Truppenführung, welche aller Regel spottet. Nichts ist wohl mehr Sache des Takts und des Gleichgewichts der Seelenkräfte, als diejenige Eingebung des Augenblicks, welche rechtzeitigen Rückzug herbeiführt. Der Rest an Kraft, den der Zaghafte zur Deckung des Rückzuges benutzte, hätte dem Kühnen zum Siege verholfen; der Verwegene wirft sein Letztes in den Strudel der Vernichtung, während der Ruhige damit die Rettung der Geschlagenen bewerkstelligt haben würde." Mit diesen Worten schildert General Meckel in seiner „Lehre von der Truppenführung" die Schwierigkeit der Aufgabe und die Unmöglichkeit, Regeln zu geben.

Die Anordnungen zum Abbrechen eines Gefechtes dürften etwa folgendes zu berücksichtigen haben:

1. **Zurücksenden von Bagagen, Kolonnen und Trains**, Marschfertigmachen der Sanitätskompagnien und Feldlazarette. Nicht transportfähige Verwundete bleiben mit den nötigen Ärzten zurück. Vorkehrungen treffen, um Engen geordnet zu überschreiten. Unterbrechungen und Zerstörungen vorbereiten.

2. **Zurücksenden der Reserve** in eine rechtzeitig zu erkundende und vorzubereitende Aufnahmestellung.

3. **Ablösen der Infanterie** an den Stellen, wo der Gegner am wenigsten drängt. Die Straßen bleiben unbedingt für das Zurückgehen der Artillerie frei.

4. **Anordnungen für die Artillerie:** Kann die Artillerie den Geschützkampf weiterführen, so unterstützt sie den Rückzug derjenigen Teile, welche am meisten vom Feinde bedrängt sind, verläßt mit der letzten Infanterieabteilung unter dem Schutze der benachrichtigten Kavallerie das Gefechtsfeld. Hat die Artillerie den Feuerkampf hingegen einstellen müssen, so wird sie sofort in die Aufnahmestellung zurückgenommen, zuweilen unter Kavallerieschutz.

5. **Kavallerie:** Aufklärung in den Flanken und Fühlung halten mit dem Feinde. Deckung des Abziehens der Artillerie.

6. **Nicht zu früh Marschkolonnen formieren**, da dann die Arrieregarde zum Frontmachen gezwungen wird. Teilung in mehrere Kolonnen. Erst müssen Trains und Bagagen Marschkolonnen gebildet haben, ehe die fechtenden Truppen daran denken können. Der Führer lasse sich hierüber Meldung erstatten.

Mit dem Abbrechen ist ein Zurückgehen verbunden; fast immer wird dieses von wenig günstigem Eindruck auf die Truppe sein, es sei denn, daß diese nach dem Siege über den einen Gegner zum Angriff auf einen anderen vorgeführt wird. Verwundete, Nachzügler, Material, nicht rechtzeitig marschfertig zu machende Feldlazarette und Sanitätskompagnien fallen dem Feinde in die Hände. Kein Wunder, wenn dieser sich einen Erfolg beimißt, der durch das Zurückgehen der gegenüberstehenden Abteilungen und durch den Raumgewinn unbedingt auch berechtigt ist [1]).

---

[1]) Französischer Bericht über das Erkundungsgefecht von Neuville aux Bois am 24. November 1870. de Pallières, Orleans, S. 120.

B. XI. Die Krisis der Schlacht.

Den Entschluß des Generals v. Kirchbach, nachdem ein Versuch, auf dem jenseitigen Sauerufer festen Fuß zu fassen, nicht geglückt war, trotz des Befehles des Oberkommandos, den Kampf bei Wörth weiterzuführen, wird man nur durchaus billigen können. Nachdem einmal das ganze V. Korps den Gegner angefaßt hatte, konnte man diesen, ohne bei ihm den Glauben zu erwecken, einen Erfolg errungen zu haben, nicht wieder loslassen [1]).

Treffen von Coulmiers [2]).

„Zwischen 3 und 4 Uhr drängte sich dem Kommandierenden die Alternative auf, entweder den letzten Mann [3]) und die letzte Patrone daranzusetzen, um noch bis zum Einbruch der Dunkelheit festzuhalten, oder jetzt, da die günstige Lage des rechten Flügels und die ziemlich intakte 3. Brigade einen geordneten Rückzug noch erlaubten, diesen anzutreten.

Das Erstere hätte jedenfalls eine gänzliche Erschöpfung sämtlicher Truppen und enorme Verluste zur Folge gehabt, und man war dann dennoch gezwungen, zurückzugehen; hatte der Feind, wie zu erwarten stand, noch weitere Reserven, so mußte ein solcher Rückzug notwendig den taktischen Verband auflösen und wurde zur Niederlage. Dies durfte der Kommandierende aber nur wagen, wenn er wußte, daß ganz in der Nähe genügende Unterstützungen standen, welche stark genug waren, anderen Tages sogleich den Kampf allein wieder aufzunehmen. Die nächste Unterstützung der 22. Division befand sich aber heute in Boves, 10 Stunden vom Schlachtfelde entfernt! Hierbei war aber nicht zu übersehen, daß für den 10. November das Eingreifen der von Ost und Süd vordringenden feindlichen Abteilungen in Rechnung gezogen werden mußte. General v. d. Tann beschloß daher, nachdem konstatiert war, daß der Gegner an Zahl weit überlegen sei, und nachdem durch den sechsstündigen Widerstand der Feind zur Entwickelung dieser seiner Übermacht gezwungen worden, den Rückzug gegen St. Péravy und Artenay zu befehlen."

Der Entschluß zum Rückzuge war zu spät gefaßt; noch ehe die Befehle zur Ausführung gelangen konnten, fiel auf dem rechten Flügel Coulmiers in Feindeshand. Es war dieses von um so größerer Bedeutung, da Mitte und rechter bayerischer Flügel einen Flankenmarsch machen mußten, um die nach Nordosten gerichtete Rückzugslinie zu erreichen. Die Frage ist naheliegend, da die Sonne bereits um $4\frac{1}{4}$ Uhr untergeht, ob es nicht richtiger gewesen wäre, den Kampf bis zum Eintritt der Dunkelheit weiterzuführen.

Da der Gegner seinen Erfolg nicht weiter ausbeutete, eine starke Kavallerie auf dem rechten Flügel verfügbar war, konnte das Loslösen vom Gegner ohne Schwierigkeit ausgeführt werden.

---

1) Gen.-St.-W. I, S. 239. 242.
2) Helvig, Das I. bayerische Armeekorps im Kriege 1870/71, S. 201.
3) Es waren noch verfügbar I. und II. 12. bayerischen Infanterie-Regiments und das 1. bayerische Jägerbataillon. Außerdem noch die 2. 3. 4. preußische Kavallerie- und die bayerische Kürassier-Brigade.

Das völlige Verausgaben der Reserve, der verspätete Abbruch des Gefechtes infolge plötzlicher Erkrankung des Generals v. Flies waren die Ursache, daß das preußische Detachement in dem Gefecht von Langensalza, welches überhaupt nicht hätte bis zur Entscheidung durchgefochten werden sollen, eine Niederlage erlitt, neun Prozent an Toten und Verwundeten einbüßte und zwei Geschütze verlor [1]).

Bei Weißenburg faßt General Douay rechtzeitig auf dem Geißberge den Entschluß zum Abbrechen. Ungünstige Verhältnisse traten erst ein, als General Pellé in der vorgeschobenen Stellung an der Lauter zögerte, diesen Befehl auszuführen. Verhängnisvoll wurde, daß gerade in diesem entscheidenden Augenblicke der General Douay getötet wurde [2]).

---

1) v. Lettow-Vorbeck, Krieg von 1866, I, S. 309.

2) La guerre de 1870/71. Herausgegeben von der Section historique de l'État Major de l'armée V, S. 164, Studien zur Kriegsgeschichte und Taktik II, S. 13, 26.

XII. Anordnungen nach der Schlacht.

Die Darstellungen unserer Schlachten und Gefechte schließen für gewöhnlich mit dem „Hurra" und dem Verfolgungsfeuer der siegreichen Truppe; nach diesem Höhepunkte der Schilderung scheint kein Raum mehr vorhanden, um noch über dasjenige zu berichten, was nach der gefallenen Entscheidung geschehen ist. Nur selten lassen unsere Regimentsgeschichten erkennen, was von der Truppe zur Verfolgung des Feindes und zur Behauptung der Stellung angeordnet wurde. Welche Arbeitslast nach den seelischen und körperlichen Anstrengungen des Gefechtstages noch in der Truppe und dann auch in den Stäben zu bewältigen war, ist nur mühsam zwischen den Zeilen herauszulesen. Was beim Sieger sofort angeordnet werden muß, kann beim Geschlagenen erst beginnen, wenn der Druck des nachdrängenden Feindes aufhört.

1. Der Sicherungsdienst.

Im Feldzug 1870/71 machte die Dunkelheit häufig dem Kampfe ein Ende; erst der anbrechende Tag ließ erkennen, ob der Gegner das Gefechtsfeld geräumt hatte (z. B. Gravelotte) oder ob ein erneuter Angriff notwendig sei, den Gegner völlig zu vertreiben (Orleans, le Mans); nur in seltenen Fällen endete der Kampf so frühzeitig, daß das Tageslicht noch zum Ansetzen der Verfolgung ausgereicht haben würde (Weißenburg, Wörth). Die Wirkung unserer heutigen Waffen gewährt dem Verteidiger die Möglichkeit, die Entscheidung bis zum Eintritt der Dunkelheit hinzuhalten. Dadurch und infolge der Ausdehnung unserer Gefechtsfelder ist es dem Sieger schwer, die ganze Größe seines Erfolges überblicken zu können. Auf demjenigen Teile des Kampffeldes, wo die Entscheidung nicht gefallen ist, wird die Truppe in enger Fühlung mit dem Feinde bereit sein müssen, einem Angriffe entgegenzutreten. Patrouillen müssen bis dicht an die feindlichen Stellungen herangehen, sich dort einnisten, um rechtzeitig einen Abmarsch oder einen Angriff des Feindes erkennen zu können. Liegt irgendein wichtiger Punkt vor der Front, dessen Wegnahme am nächsten Tage Opfer kosten könnte, so ist ein Nachtangriff am Platze. Das Gelände ist einigermaßen bekannt, die Entfernung meist nicht sehr groß, die nach dem Kampfe sich bemerkbar machende Abspannung begünstigt den Erfolg. Namentlich französische Truppen pflegen nach dem Kampfe sich sorgloser Ruhe hinzugeben (Division Aymard nach der Einnahme von Servigny) [1]).

Nach der Schlacht von Brienne am 29. Januar 1814 wurde das Blüchersche Hauptquartier aus dem Schlosse von Brienne durch einen Nachtangriff vertrieben. Bei Gitschin 1866 kam es zu einem nicht geplanten nächtlichen Zusammenstoß mit den Sachsen, welcher diese und die Österreicher bestimmte, sofort den Rückzug nach Königgrätz fortzusetzen. Am 11. Januar 1871 bemächtigte sich in der Dunkelheit, nachdem der Kampf völlig erloschen war, ein Bataillon Regiments Nr. 56 der Höhen von la Tuilerie (le Mans), deren Wegnahme am nächsten Tage große Opfer erfordert hätte.

Von regelmäßigen Vorposten kann bei der engen Berührung mit dem Feinde und in steter Erwartung eines plötzlichen Angriffs natürlich nicht die Rede sein; ihre Stärke wird wesentlich größer zu bemessen sein als unter den gewöhnlichen Verhältnissen. Andererseits muß man aber auch alle entbehrlichen Truppen aus erster Linie zurückführen, um ihnen die nötige Ruhe zu verschaffen. In vorderer Linie kann ihnen diese nicht gewährt werden, denn hier heißt es, jederzeit kampfbereit einen feindlichen Angriff erwarten, in der behaupteten oder gewonnenen Stellung mit Gewehr im Arm liegen [2]).

Die gesamte Aufstellung kennzeichnet sich als Gefechtsbereitschaft (F. O. 171). Bei dem Fehlen der Tiefengliederung und bei der nahen Berührung der beiderseitigen Sicherungen ist jede Bewegungsfreiheit ausgeschlossen. Die Kompagnien vorderer Linie halten etwa einen Zug in Bereitschaft, der die Gefechtsstellung (Gewehr im Arm, Seitengewehr aufgepflanzt) besetzt und sich durch Unteroffizierposten, welche auf kurze Entfernungen vorgeschoben sind, sichert; Patrouillen gehen bis dicht an den Feind heran. Mit Tagesanbruch ist Meldung über die Vorkommnisse während der Nacht und über die Stellung des Feindes zu erstatten. Der nicht in Bereitschaft befindliche Teil der

---

1) S. o. S. 317.
2) Über den Vorpostendienst in dieser Lage s. Taktik IV, S. 98 u. f.

Kompagnien ruht in Kompagniekolonne bei den zusammengesetzten Gewehren.

Plan Nr. 3 zu Heft 18 der Kriegsgeschichtlichen Einzelschriften zeigt diese Anordnungen nach der Schlacht von Vionville. Die Entfernung der beiderseitigen Sicherungslinien betrug zwischen 600 und 1300 Meter, Artillerie durchgehends zurückgezogen, Kavalleriesicherungen auf den Flügeln und auf der Straße Vionville—Rezonville. Die Kämpfe der Russen am Schaho und bei Mukden haben uns für diese Tätigkeit weitere Fingerzeige gegeben.

Kavallerie kann für gewöhnlich nur auf den Flügeln Verwendung finden, sie fühlt mit Patrouillen um die feindlichen Flügel gegen die Rückzugslinie des Gegners vor und zieht ihre Hauptkräfte so weit zurück, daß sie nicht bei einem überraschenden Angriff des Gegners sofort in Mitleidenschaft gezogen werden (F. O. 190), falls diese nicht zweckmäßiger gegen die Flanken des Feindes vorgeschoben werden. Gleiches gilt von der Artillerie, ihre Wirkung in der Nacht ist sehr beschränkt, sie findet außerdem bei großer Gefährdung in vorderer Linie nicht die nötige Ruhe und tut gut, ihre Batterien während der Nacht zurückzunehmen [1]).

Am Abend des zweiten Tages der Schlacht von Beaugency—Cravant (9. Dezember 1870) hatte sich das Regiment Nr. 32 [2]) in Besitz des Dorfes Villejouan und des 1000 Meter vorwärts der allgemeinen deutschen Gefechtslinie gelegenen Dorfes Origny gesetzt. Mit Einbruch der Dunkelheit hatte der Kampf aufgehört; Patrouillen stellten fest, daß sich die vordersten feindlichen Abteilungen in Entfernung von etwa 400 Metern befanden. Origny wurde während der Nacht vom II./32. gehalten, welches gegen Morgen zwei Kompagnien zum Schutz der rechten Flanke nach Cernay schickte. In Erwartung eines feindlichen Angriffs sollte alles von 5 Uhr ab in den angewiesenen Verteidigungsabschnitten bereit stehen. Durch Verrammelungen und Einschlagen von Scharten in die Mauern wurde der wenig günstig gestaltete Rand des Dorfes verteidigungsfähig gemacht. Im Inneren war das Zusammenwirken der Abteilungen durch hohe, die einzelnen Gehöfte voneinander trennende Mauern beeinträchtigt. Ein schwacher feindlicher Vorstoß, der anscheinend ein Erkunden bezweckte, wurde abgewiesen. Gleich darauf war auf Grund eines Divisionsbefehls, daß die Brigade ihre Front mit den zur Deckung erforderlichen Detachements besetzt halten, mit allen übrigen Truppen um 7 Uhr bei Cernay konzentriert stehen sollte [3]), von der Brigade angeordnet: „Das Bataillon in Origny besetzt bis 6 Uhr die Linie Origny—Cernay, jeden Ort mit zwei Kompagnien; der Rest der Brigade steht um 7 Uhr östlich Cernay." Dieser Befehl ist nicht ganz klar und verführte

---

[1]) S. Taktik VI, S. 17.
[2]) S. Geschichte des Regiments, S. 140 u. f.
[3]) v. Wittich, Aus meinem Tagebuch, S. 299.

wohl zu einer längeren Behauptung von Origny, als seitens der Division beabsichtigt war.

Um 7 Uhr drangen dichte französische Schützenschwärme von Norden und Westen gegen Origny vor. Es war dieses eine Division des französischen XVII. Armeekorps. Da rückwärts die deutschen Truppen bereits auf ihren Sammelplätzen standen, Origny vor der deutschen Gefechtslinie lag, so hatte das Behaupten des Dorfes keinen Wert und zeigt sich hier so recht die Gefahr, wenn sich Vortruppen in Örtlichkeiten festbeißen. Die beiden Kompagnien verteidigten sich auf das hartnäckigste gegen die Übermacht und waren schließlich gezwungen, mit Verlust von einem Stabsoffizier, einem Arzt und 148 Mann an Gefangenen sich durchzuschlagen. Der Gefechtsverlust an Toten und Verwundeten dieser beiden Kompagnien in diesem Gefechtsabschnitt läßt sich nicht genau feststellen; im Verlauf des ganzen Tages verloren beide Kompagnien zwei Offiziere, 17 Mann. Nach den breitägigen Kämpfen von Beaugency zählte das Regiment nur noch 1350 Mann.

2. Die Infanterie.

Die Kämpfe des Jahres 1870/71 zeigen, namentlich in den Reihen der Infanterie, große Verluste an Offizieren.

Das Garde=Schützen=Bataillon ging z. B. mit 20 Offizieren und 810 Büchsen in die Schlacht von Gravelotte=St. Privat, in der es 20 Offiziere und 441 Mann (46 Prozent) an Toten und Verwundeten verlor. Am Abend 12¼ Uhr hatte der Portepeefähnrich v. Haugwitz 250 Schützen beisammen und ließ aus den Trümmern jeder Kompagnie zunächst einen Zug bilden, Patronen verteilen, so daß jeder Mann 20 Patronen hatte, und dann Verwundete aufsuchen. Es war lange nach Mitternacht, ehe man zur Ruhe kommen konnte. Ähnlich war es auch in den anderen Regimentern der Garde [1]).

Mit ähnlichen Verlustziffern müssen auch wir uns schon im Frieden vertraut machen [2]). Junge, unerfahrene Offiziere des Beurlaubten=

---

[1]) Weiteres s. o. S. 81.

[2]) Ob unsere Ersatztruppen allen Ansprüchen gewachsen sind? Das Regiment Nr. 44 verlor nach seiner Regimentsgeschichte an Toten und Verwundeten im deutsch=französischen Kriege 61 Offiziere, 224 Unteroffiziere und 2743 Mann, nachgesandt wurden 14 Offiziere und 900 Mann. Am 14. August verlor das Regiment 23 Offiziere, 462 Mann; ehe aber der erste Ersatztransport von 4 Offizieren, 311 Mann eintraf (4. September), hatte das Regiment bei Noisseville wiederum 9 Offiziere, 540 Mann verloren. Am Tage von St. Quentin wurde das Regiment von einem Major geführt, zwei Bataillone von Hauptleuten, eines von einem Premierleutnant; von den zwölf Kompagnieführern waren drei Hauptleute, drei Premierleutnants, drei aktive, drei nichtaktive Leutnants. Nach der Schlacht von St. Quentin führte ein Hauptmann das Regiment, die Bataillone ebenfalls Hauptleute, nur eine einzige Kompagnie kommandierte ein Hauptmann, vier wurden von Premierleutnants, fünf von aktiven, drei von nichtaktiven Leutnants kommandiert, als Zugführer standen nur noch vier Reserveoffiziere, kein einziger aktiver Offizier in der Front.

standes, welche noch vor wenigen Wochen friedlichen Beschäftigungen obgelegen, werden nicht selten an die Stelle älterer, erfahrener Kompagnie-Chefs zu treten haben. Auf ihnen ruht dann die ganze Last der „Retablierung" der Truppe.

Unter dem Schutze der Sicherungen findet das Wiederordnen der einzelnen Verbände statt. Im Gefecht hat man sich darauf zu beschränken, unrangiert für die taktischen Zwecke Züge und Kompagnien zu sammeln. Jetzt kommt es darauf an, die gewohnten Verbände wieder zu bilden. Es hat dieses bei der Vermischung aller Truppenteile seine großen Schwierigkeiten. Vielfach wird die Führung sich damit begnügen, die am weitesten vorn befindliche Abteilung anzuhalten, ihr die Sicherung zu übertragen, dann an der Hauptstraße geschlossene Abteilungen zu sammeln, an die dann die übrigen Verbände heranschließen. Der umfassende Angriff leistet natürlich diesem Durcheinander besonderen Vorschub.

Der letzte Stützpunkt der Franzosen in der Schlacht von Wörth, das Dorf Fröschweiler, wurde von Bayern des I. und II. Korps, von Württembergern, sowie von Preußen des V. und XI. Armeekorps genommen. Auf dem kahlen Bergrücken des Roten Berges und im Gifertwalde kämpften am Abend des Schlachttages von Spichern 32⅔ preußische Kompagnien dreier Armeekorps und von diesen nur F./74 im Bataillonsverbande. Bei St. Hubert in der Schlacht von Gravelotte haben sich gegen 5 Uhr abends 43 Kompagnien fast aller Regimenter des VIII. Armeekorps zusammengefunden. Auf einem Raum von 1500 Meter Breite und 1000 Meter Tiefe standen 10 Uhr abends östlich der Mance-Schlucht, gegenüber der französischen Stellung, 48 Kompagnien des VII., VIII. und II. Korps [1]. In Becquemont (Schlacht an der Hallue) [2] sind 14 Kompagnien von 5 verschiedenen Truppenteilen durcheinander gemischt.

Die sofortige Einsetzung eines Ortskommandanten, welchem starke Kräfte aus möglichst frischen Truppen zur Verfügung zu stellen sind, ist erforderlich, um die Ordnung im Inneren eines genommenen Ortes herzustellen (F. O. 374) und mit aller Strenge Ausschreitungen bei den für die erste Verpflegung notwendigen Beitreibungen entgegenzuwirken (F. O. 451). Gerade wenn ein Ort im Gefecht genommen ist, neigen die sich selbst überlassenen Mannschaften zu Ausschreitungen allerart, welche sie mit dem Strafgesetzbuch in Konflikt bringen können und die Disziplin der Truppen ernstlich gefährden.

Zunächst mußte der Ostrand von St. Privat gegen etwaige feindliche Wieder-

---

[1] Hönig, Vierundzwanzig Stunden 2c., S. 224.
[2] Gen.-St.-W. IV, S. 742.

eroberungsversuche besetzt, dann der Widerstand im Inneren gebrochen, die genommenen Gehöfte nach Versprengten und Verwundeten abgesucht, die Straßen für den Verkehr freigemacht und die Brandstellen lokalisiert werden. Versäumt wurde das Absuchen von den Franzosen nach der Einnahme von Servigny — eine ganze Kompagnie hielt sich in einem Weingarten verborgen —, von preußischen Truppen nach Einnahme von Villersexel (9. Januar 1871). In beiden Fällen hielten sich Versprengte im Dorf versteckt, welche bei der Wiedereroberung durch den Gegner wirksam eingriffen.

Ebenso gelang es einer nach Villemontry (Schlacht von Beaumont)[1]) abgedrängten französischen Abteilung überraschend in Mouzon hineinzustürmen, ein Versuch, den Fluß zu überschreiten, wurde jedoch abgewiesen.

Die Brigade Kettler hatte am 16. Januar 1870 eine Strafexpedition nach Avallon unternommen, den Ort, welcher zum Teil von Freischärlern verteidigt war, im Gefecht genommen. Regiment Nr. 21 (S. 354) biwakierte auf Straßen und Plätzen, es fehlten beim Abmarsch nur zwei Mann, welche sich betrunken hatten und später nachgeschafft wurden. Regiment Nr. 61 (S. 155): Einzelne Kompagnien entließen die Mannschaften in ihre Abschnitte, die ihnen zu Beitreibungen angewiesen waren, und stellten es ihnen frei, sich die Verpflegung bei den Einwohnern zu requirieren. Unordnungen und Ausschreitungen blieben nicht aus: „Es hielt sogar schwer, die Leute, als 2 Uhr nachmittags Alarm geschlagen wurde, aus den Häusern zu bekommen, und als es endlich gelungen, war die Haltung da und dort nicht gerade die beste. Unter Umständen kann dieses einem energischen und tätigen Feinde gegenüber zur Niederlage führen. Am besten läßt man die Truppe biwakieren, dann behält man es in der Hand, die Grenzen des Genusses zu bestimmen und der Unmäßigkeit und ihren Folgen von vornherein Haus und Tür zu verschließen."

Die Notwendigkeit, mit eiserner Strenge gegen Ausschreitungen vorzugehen, zeigt die sogenannte „Fröschweiler Chronik" des Pfarrers Klein.

Mit dem Sammeln hängt das Neueinteilen der Kompagnien sowie das vorläufige Feststellen der Verluste eng zusammen. Am Morgen nach dem Gefechtstage stellen sich erfahrungsgemäß zahlreiche Abgekommene wieder ein, und man kann erst dann endgültig ermitteln, welche Mannschaften als tot, verwundet oder vermißt zu führen sind.

Die drei Kompagnien des Füsilier-Regiments Nr. 39, welche im Stiringer Waldstück (Spichern) ein stundenlanges, wechselndes Gefecht geführt hatten, zählten am Abend nach Beendigung des Kampfes nur noch sechs Offiziere, 150 Mann[2]); nach der Regimentsgeschichte hatten diese Kompagnien neun Offiziere, 183 Mann verloren, so daß annähernd 350 Mann als von der Truppe im Gefecht abgekommen angesehen werden müssen, die sich dann am nächsten Tage wieder heranfanden. Ein Vorwurf kann hieraus für die Truppe nicht gefolgert werden; solche Verluste an Versprengten sind von einem hin- und herwogenden Waldgefechte unzertrennlich.

---

1) Hopfgarten-Heidler, Beaumont, S. 179.
2) Gen.-St.-W. I, S. 366.

Nach der Schlacht von Colombey wird das Füsilier-Bataillon Regiments Nr. 55 gesammelt; die 9. Kompagnie zählt nur 120, die 10. 40, die 12. etwa 60 Mann; die Stärke der 11. Kompagnie ist nicht zu ermitteln. Verloren hatte das etwa 900 Gewehre starke Bataillon 311 Mann [1]). Das Füsilier-Bataillon Regiments Nr. 57 war mit 14 Offizieren, 916 Mann in die Schlacht am 16. August eingetreten, es hatte 12 Offiziere, 387 Mann verloren, in der Nacht zum 17. waren nur 5 Offiziere, 115 Mann gesammelt. Es fehlten somit 412 Mann [2])! Nach der Schlacht von St. Privat zählte die 9. Kompagnie des Franz-Regiments nur 90, die meisten anderen Kompagnien nur 30 Mann, das ganze Regiment nach der Schlacht nur 340 Mann. Mit 2930 Mann war man in das Gefecht gegangen, hatte 1008 Mann verloren, so daß das Regiment hätte 1922 Mann stark sein müssen [3]).

Bei großen Verlusten empfiehlt es sich, für die taktische Verwendung je zwei Kompagnien zu vereinen; nur in bezug auf Geldverpflegung und Eingaben bleiben die Mannschaften in ihrem früheren Verhältnis [4]). Letzteres bewährte sich im Feldzuge 1870/71 sehr und erleichterte außerordentlich die Aufstellung der Verlustlisten und Ordensvorschläge.

An diese Arbeiten schließt sich ein Ausgleichen der Patronen derart, daß unter Leerung der Patronenwagen — falls dieses nicht früher geschehen ist — der Mann wieder im vollen Besitze seiner Kriegschargierung ist; darauf werden die Feldwebel zum Adjutanten befohlen, um hier zunächst summarisch zu melden: Verlust, gegenwärtigen Stand, Zahl und Regimenter etwaiger Gefangenen, Munitionsbedarf, Stand der Verpflegung. Je schneller diese Angaben dann dem Generalstabsoffizier der Division gemacht werden, desto schneller kann Abhilfe eintreten. Diese Meldungen sind den höheren Behörden unaufgefordert zu erstatten. Entsendete oder selbständige Abteilungen haben eine kurze Meldung über die Ergebnisse des Tages einzureichen, namentlich welche Truppen man gegenüber gehabt hat, welche Rückzugsrichtung der Feind eingeschlagen hat (F. O. 67). Der Überbringer, am besten ein Offizier, welcher über die Ergebnisse unter-

---

1) Gesch. des Regiments, S. 347.
2) Gesch. des Regiments (1901), S. 97.
3) Gesch. des Franz-Regiments, S. 113.
4) Anderer Ansicht ist die Geschichte des Franz-Regiments, S. 138. Die Mischung der Kompagnien soll sich in administrativer und taktischer Hinsicht nicht bewährt haben, „man muß sich nach Ansicht des Regiments in so schwierigen Verhältnissen gerade an das Bestehende anklammern". So wurde auch der Posten des Bataillonsadjutanten nicht besetzt, da man die wenigen Offiziere in der Front besser gebrauchen konnte

richtet sein muß, ist anzuweisen, etwaige Befehle für den nächsten Tag mitzubringen.

Die ersten Verlustlisten sind für Offiziere **namentlich**, für Unteroffiziere und Mannschaften summarisch getrennt nach: tot, verwundet, vermißt aufzustellen. Bei Aufführung verwundeter Offiziere ist ersichtlich zu machen, ob diese bei der Truppe verblieben sind oder nicht. Die genauere Verlustliste siehe Muster in der Kriegs=sanitätsordnung S. 277. Bei **Gefangenen** ist neben der Zahl auch der Truppenteil anzugeben, bei dem sie sich befinden, damit von der Führung Maßregeln für Abführung und Verpflegung getroffen werden können. Ähnlich ist über erbeutete Trophäen zu melden. Bei Angabe des **Munitionsbedarfes** ist anzugeben, ob Patronenwagen abhanden gekommen oder unbrauchbar geworden sind. Ersatz an Pferden ist ebenfalls zu beantragen. Die Patronenwagen des Bataillons fahren sobald als möglich zur Neufüllung zur nächsten Infanterie=Munitionskolonne, die wenn möglich bis zu den Biwaksplätzen vorfahren.

Für die erste **Verpflegung** der Truppe auf dem Gefechtsfelde ist die eiserne Portion bestimmt, da die Lebensmittelwagen sich bei der großen Bagage befinden und diese, wenn überhaupt, so doch jedenfalls recht spät erst eintreffen wird. Beitreibungen auf dem Gefechtsfelde liefern erfahrungsgemäß nur geringe Ergebnisse. Die Meldung hat sich dahin auszusprechen, ob die eiserne Portion ausreicht und ob die Truppe in Besitz besonderer Verpflegungsvorräte, namentlich an lebendem Vieh, gekommen ist. Ist man in enger Berührung mit dem Feinde nach unentschiedener Schlacht, so hat man Sorge zu tragen, daß die Stellen, wo abgekocht wird, nicht der Sicht und dem Feuer des Feindes ausgesetzt sind.

Der Kommandeur benutzt am besten die erste freie Zeit zum Aufsetzen des Gefechtsberichts, denn bald treten an die Truppe erneute Anforderungen heran. Aber auch der Mann in Reih und Glied kann sich jetzt noch nicht der Ruhe hingeben. Während ein Teil die Verfolgung des geschlagenen Feindes übernimmt, liegt den zunächst auf dem Gefechtsfelde verbliebenen Truppen die Aufgabe ob, auch ohne besondere höhere Anordnung das Schlachtfeld in der Nähe nach Verwundeten und zu ihrem Schutze gegen plünderndes Gesindel durch Patrouillen absuchen zu lassen (F. O. 471). Ist der Kampf im Walde oder in Kornfeldern geführt, so ist es in der Tat nicht leicht, die Verwundeten aufzusuchen. Zwischen 8 und 9 Uhr war bei St. Privat der Kampf beendet, aber nach den Regimentsgeschichten der Garde=Infanterie war es lange nach Mitternacht, ehe die Truppen Ruhe finden konnten.

Falls nicht am nächsten Morgen Etappentruppen zur Stelle sind, so werden unter Mitwirkung zusammengetriebener Einwohner die Gefallenen zusammengetragen und bestattet. Den Toten, sowohl der eigenen wie der feindlichen Armee, sind die Erkennungsmarken ab=

zunehmen und gesammelt den höheren Behörden abzuliefern. Der die Bestattung leitende Offizier hat aufzunehmen, welche Toten in den einzelnen Gräbern beerdigt sind.

In der österreichischen Armee ist Tag und Ort der Beerdigung auf der Rückseite der Kapseln der Legitimationsblätter durch einen Unteroffizier und einen Zeugen zu bescheinigen.

Mit Rücksicht auf die Nähe des Feindes wird man von dem Abfeuern von Salven über das Grab hinweg Abstand nehmen. Nach der Kriegssanitätsordnung (S. 251) sind die Gräber derart anzulegen, daß durch den Verwesungsprozeß nicht eine Verschlechterung des Trinkwassers stattfindet. Die den Kommandos zugeteilten Ärzte haben hierauf besonders zu achten. Man vermeidet daher, die Gräber in Wohnorten, an Landstraßen, auf Wiesen oder in unmittelbarer Nähe von Quellen und Wasserläufen oder in engen Schluchten anzubringen. Die Gräber müssen zwei Meter tief sein. In einem Grabe sollen nicht mehr als sechs Leichen bestattet werden. Die Anwohner sind zum Bepflanzen oder Besäen der Grabhügel anzuhalten. Tierleichen werden am besten verbrannt.

Gleichzeitig werden Kommandos zur Übernahme und zum Rücktransport von Gefangenen gestellt. Der Feldarmee liegt es meist nur ob, die im Kampfe gemachten Gefangenen bis in den Bereich der Etappentruppen zurückzuführen. Am Abend nach dem Schlachttage kann man mit dem Abtransport nur selten beginnen, da erst Vorbereitungen für Verpflegung und Unterkunft getroffen werden müssen [1]).

Im Jahre 1870 kamen wir in große Verlegenheit, als erst bei Beaumont etwa 3000 Gefangene, dann bei Sedan weitere 104000 Gefangene in unsere Hand fielen. Als die von Sedan kommenden Transporte in den Bereich der Metz einschließenden II. Armee gelangten, hatte Prinz Friedrich Karl angeordnet, daß zur Begleitung von je 100 Gefangenen zehn Infanteristen und ein Kavallerist zu stellen seien [2]). An Spitze und Schluß der Gefangenenkolonne befand sich je eine kleine Infanterieabteilung; Reiter ritten am Zuge auf und ab, um die Ordnung aufrecht zu halten. Als Biwaksplatz diente ein großes, mit hohen Mauern umschlossenes Grundstück in Etain. Im allgemeinen empfiehlt es sich sonst, die Gefangenen in Gebäuden, Kirchen usw. unterzubringen.

Kann man noch nicht auf Etappentruppen [3]) rechnen, so sind Kommandos — zweckmäßig aus Leichtverwundeten und zusammengetriebenen Einwohnern bestehend — zum Aufräumen des Schlachtfeldes zu stellen.

Waffen, Fahrzeuge und Ausrüstungsstücke sind aufzusammeln und

---

1) S. Taktik VI, S. 335.
2) Geschichte des Regiments Nr. 61, S. 96.
3) S. Cardinal v. Widdern, Krieg an den rückwärtigen Verbindungen I, 1, S. 58. 61.

nach ihrer Art geordnet, für die eigene und feindliche Armee an getrennten Sammelstellen niederzulegen. Verloren gegangenes Material (Tornister, Helme, Schanzzeug) ist sofort aus diesen Sammelstellen zu ergänzen.

Die auf dem Schlachtfelde noch frei umherlaufenden Beutepferde sind am besten durch Kavalleristen einzufangen und unter Aufsicht eines Roßarztes in einem provisorischen Pferdedepot zu vereinen. Nach der Schlacht von Sedan wurden gefangene Artilleristen und Kavalleristen der französischen Armee zur Wartung dieser Pferde herangezogen. Verwundete, nicht mehr brauchbare Pferde sind zu töten.

3. Die Kavallerie.

Die Arbeiten bei der Kavallerie lassen sich meist schneller erledigen, da ein Vermischen der Verbände nicht stattgefunden und derartige Verluste, wie sie bei der Infanterie gewöhnlich sind, nur in seltenen Fällen vorkommen. Falls Beutepferde als Ersatz für gefallene oder unbrauchbar gewordene Pferde nicht direkt eingestellt werden können, ist der Ersatz bei den heimischen Ersatztruppenteilen zu beantragen. Ist die Truppe zur Attacke gekommen, so werden zum Teil neue Waffen verausgabt werden müssen.

4. Die Artillerie [1]).

Die Artillerie zieht nach Erlöschen des Kampfes der eigenen Sicherheit wegen die Batterien möglichst aus der ersten Linie zurück. Ergänzungsstücke und Werkzeuge zum Ausbessern finden sich auf dem ersten Vorratswagen der Staffel; bei der großen Bagage ist noch ein zweiter Vorratswagen mit Schmiedeherd. Die Artillerie hat daher besonderes Interesse, nach einem Kampfe recht schnell die große Bagage heranzuziehen. Jede Batterie besitzt in ihrem Munitionszuge und in ihrer Staffel ausreichendes Material, um unter Aufopferung geringwertiger Bestandteile die sechs Geschütze verwendungsfähig zu erhalten. „Kann eine Batterie den notwendigen Ersatz nicht selbst bewirken, so verfügt der Abteilungs- oder Regimentskommandeur die Aushilfe seitens einer anderen Batterie. Auch nicht zum eigenen Verbande gehörenden Batterien ist diese Aushilfe, soweit irgend angängig, zu gewähren" (F.-A.-R. 338).

Sofort ist an eine Ergänzung der Protzenmunition zu denken,

---

1) S. Taktik II, S. 288 u. f., S. 295.

falls dieses nicht schon während des Kampfes hat geschehen können. Leere Munitionswagen der Staffeln und der leichten Munitionskolonnen fahren zur Neufüllung nach den bis auf das Gefechtsfeld herangezogenen Munitionskolonnen zurück. Der Munitionsbedarf der Batterien ist unmittelbar aus vorgezogenen Fahrzeugen der Artillerie-Munitionskolonne zu decken. In einer Kanonen-Batterie sind für sechs Geschütze 780, mithin für jedes Geschütz 130 Schuß vorhanden. Es ist dieses ungefähr der Durchschnitts-Munitionsverbrauch einer Batterie in einer größeren Schlacht. Bei gewöhnlichem Feuer mit vier Schuß in der Minute kann aber eine Batterie in drei bis vier Stunden schon ihre ganze Munition verfeuert haben [1]).

Die nächst wichtige Frage ist die Vervollständigung der Bedienung und Bespannung [2]).

„Tüchtige Geschützführer sind in einer kürzlich mobil gemachten Batterie an und für sich nicht zahlreich vorhanden, weil die Abgaben für Neuformationen gerade das Unteroffizierkorps in einer bei den anderen Waffen gar nicht gekannten hohen Zahl lichten. Wenn dann in der ersten Schlacht die wenigen übriggebliebenen Berufsunteroffiziere ausfallen, wird die Verlegenheit um geeigneten Ersatz wirklich groß [3]).“

Nach Möglichkeit wird stets versucht werden, die Bespannung gegen Feuer zu decken, aber sie überhaupt gegen Verluste zu schützen wird nicht angängig sein. Wollen die Batterien ihre Stellungen wechseln, den Angriff begleiten, so müssen die Bespannungen herangeholt werden. Auch der Weg bis in die neue Stellung wird nicht ohne Verluste zurückzulegen sein.

Ganz besonders empfindlich ist bei der Höhe der Pferdeverluste der Ausfall an Reitpferden: „In dem Bestreben, den eigentlich kämpfenden Teil der Batterie, die Geschütze, so schußfertig und tauglich wie möglich zu machen, hatte ich bei der Mobilmachung fast den ganzen Bestand an Stammpferden, mithin auch alle disponiblen Reitpferde an Geschützbespannung und Geschützführer verteilt, während die Wagen der beiden Staffeln ausschließlich Pferdematerial erhielten, das erst durch die Augmentation zur Batterie kam und fast durchgängig für das Sechsgespann, jedenfalls zum Reiten nicht durchgebildet war. Die Schlachtverluste (bei Mars la Tour) hatten aber alle Offizierpferde und den größten Teil der Reitpferde der Geschützführer, Trompeter und übrigen Unteroffiziere weggerafft (von 126 Pferden 23 verloren). Woher sollte jetzt Ersatz genommen werden? Einige Zugpferde der Geschützbespannung wurden wohl als Reitpferde ermittelt und verwendet, aber die besten waren auch erlegen und guter Rat teuer."

---

1) Munitionsverbrauch im deutsch-französischen Kriege, s. Taktik II, S. 312.
2) Berendt, Erinnerungen aus meiner Dienstzeit, S. 74.
3) Berendt a. a. O. S. 74.

Beim Gardekorps hatten am 18. August die Munitionskolonnen 200 Pferde an die Batterien abzugeben. Am Nachmittag des 19. August setzten sich die Munitionskolonnen in Marsch, marschierten über Herny nach Saarlouis und trafen mit der ersten Kolonne am 29., mit den übrigen am 31. August, also am Vorabend der Schlacht von Sedan, vollständig mit Pferden versehen, wieder beim Gardekorps ein. Die erste Kolonne hatte in zehn Tagen 45, die letzte in zwölf Tagen 50 Meilen zurückgelegt; ein Tag ist noch für Empfang und Verpacken der Munition abzurechnen[1]).

Auch in Zukunft werden wir in reichem Maße von dem Auskunftsmittel Gebrauch machen, die Bespannungen bei den Munitionskolonnen zu ergänzen[2]), denn eine Batterie, welche die Hälfte ihrer Mannschaften und Pferde verloren hat, ist ohne sofortige Hilfe nicht imstande, ihre Geschütze in Stellung zu bringen und zu bedienen. Jeder Munitionswagen der Kolonne kann ohne weiteres zwei Pferde bis zum Eintreffen des Ersatzes entbehren, da immer noch vier Pferde für das Fahrzeug verbleiben, welche zur Bewegung der leeren Wagen ausreichen. Außerdem sind noch Reservepferde vorhanden. Es können demnach abgegeben werden: von jeder Artillerie-Munitionskolonne etwa 50—60 Pferde, somit von den Artillerie-Munitionskolonnen 400—450, von den vier Infanterie-Munitionskolonnen des Armeekorps zur Neubespannung von Infanterie-Patronenwagen etwa 200 Pferde.

5. Pioniere.

Den Pionieren fallen nach der Schlacht größere Aufräumungsarbeiten zu. Etwa erbaute Kriegsbrücken sind, wenn sie stehen bleiben sollen, durch Brücken aus unvorbereitetem Material zu ersetzen, um die Brückentrains wieder marschfertig zu machen. Ganz unzulässig ist es, Pioniere zum Bestatten der Toten und zu Arbeiten zu verwenden, die auch ohne weiteres von Landbewohnern geleistet werden können.

6. Sanitätsformationen.

Auf dem Gefechtsfelde sind ferner Sanitätskompagnien und Feldlazarette zur Tätigkeit gekommen. Hier handelt es sich darum, die Formationen so schnell wie möglich marschbereit zu machen. Ist dieses

---

1) Hohenlohe, Militärische Briefe III, S. 125. S. Berendt a. a. O. S. 54. „Am 3. Juli 1866 etwa 70 km mit neugefüllten Kolonnen marschiert."

2) Das Pferdedepot eines Armeekorps gibt nur Pferde an Kommando- und Feld-Verwaltungsbehörden, Infanterie, Fußartillerie und Pioniere, sowie Feld-Telegraphenformationen ab. Die berittenen Waffen haben die Stellung von ausgerüsteten Pferden beim Ersatztruppenteil zu beantragen.

bei einer Sanitätskompagnie nicht möglich, so wird auf Antrag die dem Generalkommando zugeteilte dritte Sanitätskompagnie einer Infanterie-Division überwiesen. Die Ablösung der Feldlazarette darf nicht übereilt werden, damit die Behandlung von Verwundeten und Kranken nicht leidet; unter Umständen kann erst der eine, dann der andere Zug des Feldlazaretts frei gemacht werden ¹).

7. Die Stäbe.

Auch im Stabe des Führers ist nach Beendigung des Kampfes noch lange nicht an Ruhe zu denken. Die eigenen Wahrnehmungen, die Meldungen der Truppe, sowie die Aussagen von Gefangenen müssen zu einem klaren Bilde der Lage verarbeitet werden, so daß Entschlüsse für den nächsten Tag gefaßt werden können. Den Truppen ist möglichst schnell der Standpunkt der Führer mitzuteilen, und diese sind aufzufordern, sofort Meldung über Stellung und Verluste einzureichen. Aber auch ohne diese Aufforderung haben sämtliche Truppenteile Befehlsempfänger zu dem nächst höheren Stabe zu entsenden.

Wir haben hierfür geradezu mustergültige Beispiele aus dem Feldzuge 1870. Nach der Schlacht von Gravelotte beorderte Prinz Friedrich Karl zum nächsten Morgen die Generalstabs-Chefs seiner Korps 5 Uhr früh nach Caulre-Ferme. Am Tage vor der Schlacht bei Sedan, während der der Einschließung der Franzosen vorangehenden Bewegungen und Gefechte, entsandte der Kronprinz als Oberbefehlshaber der III. Armee noch spät abends Offiziere seines Stabes zur Orientierung, sowohl zu sämtlichen Armeekorps, als auch zum Oberkommando der Maas-Armee.

Wie hier, so ließen auch die Verhältnisse, unter welchen am 27. November 1870 die Schlacht bei Amiens endigte, es im Hauptquartiere der preußischen I. Armee nicht annähernd übersehen, wie weit auf beiden Flügeln des ausgedehnten Gefechtsfeldes der Feind zurückgegangen war. Man sah für den nächsten Tag dem Wiederentbrennen des Kampfes entgegen. Unter solchen Umständen war es im Hauptquartier der I. Armee zu Moreuil sehr erwünscht, noch vor Ablauf der Nacht über die Lage der beiden Flügel genauer unterrichtet zu sein. Der Oberbefehlshaber ließ daher an den kommandierenden General des VIII. Armeekorps, welches am linken Flügel gefochten hatte, die Aufforderung ergehen, sich der Orientierung wie der Aussprache wegen in das Armee-Hauptquartier zu begeben. General v. Goeben traf dort persönlich ein. — Vom anderen Flügel überbrachte noch in später Nachtstunde der Chef des Generalstabes des 1. Armeekorps, ebenfalls persönlich, die Meldung über die dort erfochtenen Erfolge. Infolge dieser Rührigkeit und Pünktlichkeit der nächsten unterstellten Kommando-Behörden wurde das Oberkommando in die Lage

---

¹) S. o. S. 103 und 105.

versetzt, noch rechtzeitig und mit Sicherheit bestimmte Befehle für den nächsten Morgen zu geben.

Ein Anhalt für das Maß körperlicher Anstrengungen, welche den Führer am Schlachttage erwarten, ergibt sich aus folgenden Angaben. Am 17. August war der General v. Moltke von 4 Uhr früh bis 5 Uhr abends in fortdauernder körperlicher und geistiger Tätigkeit. Am 18., früh 3 Uhr wird ein Schreiben des Generals v. Steinmetz beantwortet, Fahrt von Pont à Mousson nach der Höhe von Flavigny, Schlacht von Gravelotte, Rückkehr nach Rezonville 11 Uhr abends. Am 19. ist der erste Befehl um 8 Uhr 45 Minuten vormittags vom Schlachtfelde erlassen. Am Nachmittag des 19. August fuhr Moltke dann nach Pont à Mousson zurück.

Die an die höhere Stelle abzufertigende Tagesmeldung und die Mitteilung an Nachbarabteilungen verlangen äußerst sorgfältige Abfassung, da sie die Grundlagen für die weiteren Entschließungen und den Anhalt für die von den Oberkommandos und selbständig operierenden Truppenführern nach der Heimat zu gebenden Nachrichten bilden[1]). Nichts verschweigen, aber auch nicht zu schwarz sehen nach einem Mißerfolg, andererseits aber auch keine unberechtigten Hoffnungen machen.

Am Abend der Schlacht von Magenta meldete das General-Kommando des I. österreichischen Korps, daß das I. und VII. Armeekorps völlig gefechtsunfähig wären, tatsächlich waren beide Korps aber gesammelt und wieder verwendungsbereit. Am 19. August 1870 meldete Bazaine dem Kaiser: „Ich rechne immer noch darauf, die Richtung nach Norden zu nehmen, um mich nach Chalons durchzuschlagen." Diese Meldung wurde entscheidend für die weitere Verwendung der Mac Mahonschen Armee. Eine frühzeitige Meldung des I. Armeekorps am 27. Juni 1866 mußte den Glauben erwecken, daß das Gefecht von Trautenau in günstigem Vorschreiten begriffen sei.

Eine solche Meldung nach einer Schlacht muß bei einer selbständigen Truppe Auskunft geben, ob der Auftrag erfüllt ist, welche Punkte erreicht sind, welche Truppen man vom Feinde gegenüber gehabt hat, dann Angaben über Verluste und Meldung der Absichten für den nächsten Tag.

Von allen selbständigen Truppenteilen ist im Anschluß an diese Meldung ein Tagesbericht einzureichen, welcher bei einer Division etwa folgendes zu enthalten hat:

1. Angabe, wo sich die Division am Abend befindet.
2. Kurze Darstellung der Tagestätigkeit.
3. Beschaffenheit der Truppen nach dem Gefecht (Verluste).

---

1) Verdy du Vernois, Truppenführung, IV, S. 45.

4. Lage des Feindes — Stärke. Haltung. — Aussagen von Gefangenen.
5. Absichten der Division für den nächsten Tag.
6. Ob zur Durchführung dieser Absichten die eigenen Kräfte genügen, oder Verstärkungen erforderlich erscheinen.
7. Wie die Verbindung mit dem Hauptquartier hergestellt ist.

Beilagen: aufgefangene Briefe, Telegramme; Beförderung geschieht meist durch Offiziere.

Alle übrigen Truppenteile reichen Gefechtsberichte ein. Der Verlauf des Gefechtes wird der besseren Übersichtlichkeit wegen in einzelne Momente — unter größeren Verhältnissen auch in örtliche Gruppen — gegliedert. Ein Kroki, meist im Maßstabe von 1:25000, ist jedem Gefechtsberichte beizufügen. Meldungen und Befehle, welche während des Gefechtes einliefen, werden abschriftlich und mit voller Angabe des Abgangsortes, der Abgangszeit, der Eingangszeit, sowie der Unterschrift des Meldenden oder Befehlserteilers angeführt (oder als Anlage beigefügt). Den Schluß des Berichtes bilden die weiteren Maßnahmen (Verfolgung) und das, was man vom Feinde (Stellung und Stärke) in Erfahrung gebracht hat, sodann noch Angaben über die Haltung der eigenen Truppen und der des Feindes; Verlustlisten und Vorschläge zu Auszeichnungen sind beizufügen.

Am Schluß hat der Berichtende unter Hinzufügung des Dienstgrades und des Truppenteils, sowie seiner Dienststellung während des Gefechts (z. B. Detachements-Kommandeur) den Bericht zu unterschreiben.

Ein Offizier des Stabes ist mit Führung des Kriegstagebuches beauftragt. Die besonderen Bestimmungen für seine Führung finden sich vorgeheftet. Das Kriegstagebuch enthält alles, was auf die tägliche Tätigkeit der Truppe von Einfluß ist: Marsch, Gefecht, Art der Unterkunft, Sicherung, Witterung, Art der Verpflegung, Marschleistung, Abschrift aller eingereichten Gefechts- usw. Berichte, Listen über die nach jedem Gefecht festgestellten Verluste von Offizieren, Mannschaften und Pferden, Eintreffen von Ersatztransporten.

Während die Truppe sich in ihren Biwaks schon lange der Ruhe hingegeben hat, ist in den Stäben noch alles in Tätigkeit (Anordnungen für Heranziehen der Verpflegungs-Kolonnen, Abschub von Gefangenen und Verwundeten, Ersatz an Munition). Meist erst nach Mitternacht können die Befehlsempfänger sich aufmachen, ihre Truppenteile aufzusuchen. Es bedarf in der Tat keines geringen Maßes an Energie seitens der Befehlsempfänger, um diesen Anforderungen, die nach einem Schlachttage an sie gestellt werden, zu genügen.

Die Depesche des Sieges von St. Quentin konnte bereits 6¼ Uhr abends nach Versailles aufgegeben werden. Der Befehl für den nächsten Tag konnte aber erst um 12 Uhr nachts erlassen werden; vor 3 Uhr früh war dann der Befehl nicht in den Händen der Bataillone.

Vergegenwärtigen wir uns noch einmal, was alles zu tun bleibt, um selbst nach siegreicher Schlacht eine Truppe wieder kampffähig zu machen; stellt man sich die Erschlaffung des Geistes und des Körpers vor, welche nach dem stundenlangen blutigen Ringen eintritt, so vermag man zu beurteilen, wie wenig leistungsfähig selbst siegreiche Truppen sind. Dieser Umstand erklärt es vollauf, daß wir in der Kriegsgeschichte das so außerordentlich selten zur Ausführung gelangen sehen, was die Theorie doch gebieterisch verlangt, nämlich eine kräftige, energische Verfolgung des geschlagenen Gegners.

C.
Rückzug und Verfolgung.

I. Der Rückzug [1].

Die Militärliteratur und die taktische Aufgabenstellung haben sich aus leicht begreiflichen Gründen mit besonderer Vorliebe der Erörterung derjenigen Aufgaben zugewandt, welche sich für den Sieger nach errungenem Erfolge für die Verfolgung ergeben. Ist aber Anordnung und Durchführung einer zielbewußten Verfolgung schon schwierig, so ist die Leitung und Ausführung eines geordneten Rückzuges noch um vieles schwieriger. Sind es Rücksichten auf die Ermattung von Roß und Reiter, welche den Sieger abhalten, von der Truppe die äußerste Anstrengung bis zum letzten Atemzuge von Mann und Roß zu fordern, so hat der Geschlagene bei gleicher körperlicher Erschöpfung nicht allein durch anhaltendes Marschieren sich dem feindlichen Angriff am nächsten Morgen zu entziehen, sondern den Führern aller Grade liegt noch die schwere Aufgabe ob, das Selbstvertrauen der geschlagenen Truppe neu zu beleben, nicht zu dulden, daß sich die Bande der Ordnung lockern, damit nicht ganze Bataillone vor wenigen Reitern, vor dem Trommelschlag von Spielleuten, welche man aufs Pferd gesetzt hat, in kopfloser Flucht das Weite suchen. Rechnet man hinzu die Rücksicht auf die nur langsam marschierenden Kolonnen und Trains, die Befürchtung, von der feindlichen Kavallerie in den Flanken überholt zu werden und den Rückzug verlegt zu finden, so kann man die Schwierigkeiten

---

[1] „Wenn Rückzugsgedanken, Aufnahmestellungen bei dem Beginn eines Gefechts mit Recht zu verwerfen sind, weil sie sowohl die moralische als materielle Schlagfähigkeit schwächen, so ist damit der Rückzug selbst noch nicht aus der Welt geschafft, ebensowenig wie die Waldgefechte verschwinden mit Aufstellung der Theorie, daß sie unfruchtbar seien. Die Lage aber, in welcher gerade der Führer und Soldat die höchste moralische Kraft entfalten soll und muß, ist der Betrachtung jetzt wie früher wert." v. Boguslawski, Entwickelung der Taktik, II, 3, S. 154.

eines geordneten Rückzuges nach verlorener Schlacht ermessen. Für das Studium liegt die Schwierigkeit in der richtigen Wertschätzung der moralischen Faktoren.

Wie aber eine geschlagene Truppe aussieht, wie wenig leistungsfähig sie noch ist, wie schnell sich der Ruf „sauve qui peut" verbreitet, das hat uns Fritz Hönig in seinen „Vierundzwanzig Stunden Moltkescher Strategie" ausgemalt. Nicht oft genug kann man jene Darstellung durchdenken, um ein Bild aller jener psychischen Faktoren zu erhalten, welche aus der noch vor kurzem festgefügten Truppe einen unlenksamen Haufen machten. Gleiches sehen wir auf dem französischen Rückzuge aus Rußland, auf der Flucht des Napoleonischen Heeres nach Waterloo, auf dem Rückzuge der Russen nach der zweiten Schlacht von Plewna [1]).

„Die vollständige Entmutigung hatte sich selbst des russischen Oberkommandos bemächtigt: ‚Komme uns zur Hilfe, überschreite die Donau, wo du willst, wie du willst, aber komme uns schnell zur Hilfe, die Türken vernichten uns, die christliche Sache ist verloren', telegraphierte der Großfürst Nikolai an den König Karol von Rumänien. Der Rückzug wurde unter dem ungenügenden Schutze von nur sieben Bataillonen ausgeführt; hierbei lösten sich die Truppenteile, welche auf dem rechten Flügel gefochten hatten, vollständig auf, ohne daß der Feind folgte. Auf dem Schlachtfelde dauerten die Einzelkämpfe bis zum nächsten Morgen. Truppen und Trains, Geschütze und Fahrzeuge, Reiter und Infanteristen ohne alle Ordnung, bunt durcheinander gemischt, gingen in die Stellungen zurück, in denen sie am Abend vor dem Schlachttage gestanden hatten. Bagagen, Krankenwagen mit Verwundeten, Zelte wurden ohne Befehl zurückgelassen; hier und da standen bei den am Morgen in Ordnung abgelegten Tornistern die Kommandos, welche nun ohne Befehl waren und den nachfolgenden irregulären Reitern der Türken zum Opfer fielen. Andere Haufen schlugen auf gut Glück die Richtung nach Norden ein und hatten auf alle Fragen, wohin sie wollten, nur die eine Antwort: ‚Nach Rußland!' An der Brücke von Sistowa, 63 Kilometer vom Schlachtfelde, entstand auf die von einem Kasaken ausgesprengte Nachricht: ‚Die Türken kommen', eine Panik, welche durch immer neue, noch abenteuerlichere und unglaubwürdigere Nachrichten gesteigert wurde und in ihren Folgen sich bis nach Frateschti, an der Eisenbahn Giurjewo—Bukarest, erstreckte. Als der Kommandant von Sistowa die Brücke sperren ließ, suchten Scharen von Flüchtlingen die Donau in Kähnen zu überschreiten, wobei viele Boote umschlugen und die Insassen ertranken; das zufällige Eintreffen türkischer Gefangener erzeugte eine derartige Aufregung in dem auf dem linken Donauufer gelegenen Simnitza, daß

---

1) Springer, Der russisch-türkische Krieg, II, S. 192. Wereschtschagin, In der Heimat und im Kriege, S. 224. Forbes, War Correspondence, Tauchnitz Edition II, p. 183. S. auch die Schilderung des Rückzuges nach der Schlacht von Mukden von Spaits, Mit Kasaken durch die Mandschurei, S. 332.

die Verwundeten und Kranken aus dem Lazarett zu flüchten begannen und nur mit Mühe durch Kasaken-Patrouillen zurückgeführt werden konnten."

Wie will man nun aber in ein solches Chaos Ordnung bringen, wenn der Gegner wirklich nachdrängt? Eine energische Verfolgung des Geschlagenen muß zu seiner völligen Auflösung führen.

Französische Darstellungen lassen keinen Zweifel, daß es auf dem Rückzuge nach den Schlachten von Wörth, Orleans und Le Mans ähnlich gewesen ist. Am 5. Dezember 1870, nach der Schlacht von Orleans, floh das XV. Armeekorps aus seinen Biwaks in voller Auflösung 45 Kilometer bis nach Vierzon. Landleute hatten, um sich von lästigen Marodeuren zu befreien, die Nachricht ausgesprengt, daß die Preußen im Anmarsch seien [1]).

Das „sauve qui peut" hat eine unheimlich ansteckende Wirkung. Die Schwierigkeit, zweckentsprechende Anordnungen zur Ausführung des Rückzuges zu treffen, liegt neben der schnell alle Teile ergreifenden Unordnung in der Seelenstimmung der Führer. Treffend kommt diese in dem erwähnten Telegramm des russischen Großfürsten an den König Karol zum Ausdruck. Jeder Rückzug bedeutet Erfolglosigkeit und offen zugestandene Überlegenheit des Gegners. Eine reiche Stufenfolge liegt aber zwischen dem freiwilligen Ausweichen vor der Entscheidung, um dann an anderer Stelle erneut den Kampf aufzunehmen (Radetzkys Abzug von Mailand in das Festungsviereck 1848, Rückzug Werders von Dijon über Vesoul zur Lisaine) und dem haltlosen Zurückfluten unter dem Verfolgungsfeuer des Feindes. Je größer die Heere werden, um so weniger leicht wird man sich — bei den moralischen und politischen Nachteilen — zu einem freiwilligen Rückzuge entschließen. Trotzdem kann ein solcher geboten sein. Der Entschluß ist schwer, leichter ist es zu einem energischen Aushalten zu raten, als zu einem noch so kurzen Ausweichen [2]); hat man aber erst einmal gekämpft, so stempelt man den noch unentschiedenen Kampf durch den Rückzug zu einem Mißerfolg.

Noch schlimmer liegen die Verhältnisse bei dem aufgezwungenen Rückzuge, bei dem der Gegner uns das Gesetz vorschreibt; die Verhältnisse werden verschieden sein, wenn das Schicksal nach Verbrauch der Reserven sich gegen uns entscheidet (Waterloo, Wörth, Mukden), oder wenn man unter dem Schutze einer Reserve den Entscheidungskampf abbrechen, oder unter dem Schutze des nächtlichen Dunkels den Rückzug antreten kann.

---

1) Lehautcourt, Campagne de la Loire, I, p. 385.
2) v. Moltke, Militärische Korrespondenz 1866, S. 206.

Der Führung erwachsen folgende Aufgaben:
1. Das Loslösen vom Feinde.
2. Das Bilden der Marschkolonnen, und
3. Das Wiedergewinnen der Operationsfreiheit.

1. Das Loslösen vom Feinde.

Das Abbrechen des Gefechts ist bereits erörtert. Es ist fast immer günstiger, den Kampf bis zum Eintritt der Dunkelheit hinzuhalten, Trains und Kolonnen unter energischer Führung noch am Tage sofort in Marsch zu setzen, rechtzeitig eine Arrieregarden=Stellung besetzen zu lassen und dann mit dem Eintritt der Dämmerung den Abmarsch zu beginnen. Nächtliche Abmärsche nach Entscheidungskämpfen, die noch nicht völlig durchgefochten sind, gelingen im Kriege fast immer, und zwar um so eher, je mehr der den Abzug Planende beim Gegner den Glauben zu erwecken vermag, daß er am nächsten Tage den Kampf weiterführen will. Die Nacht ist ein mächtiger Bundesgenosse, wenn es gelungen ist, beim Gegner die Voraussetzung vom Gegenteil dessen, was man tun will, zu erwecken. Der kritische Augenblick ist der Zeit= punkt, in welchem sich die in breiter Front zurückgegangene Truppe in die Marschkolonne einfügt. Durch ein Zurückgehen in mehreren Kolonnen wird die Gefahr verringert, während des Abmarsches noch angegriffen zu werden.

Unerwartet war für die deutschen Truppen die Räumung der französischen Stellungen auf der Hochfläche von Point du jour in der Nacht zum 19. Au= gust 1870, jedenfalls rechnete man am 19. auf eine Erneuerung des Kampfes[1]. Ähnlich nach den Kämpfen an der Hallue (23.—24. Dezember 1870): „Inzwischen hatten die Franzosen den Rückzug bereits am Nachmittage begonnen und während der Nacht in so beschleunigter Weise fortgesetzt, daß sie beim Morgengrauen des 25. Dezember vollständig aus dem Gesichtskreis der deutschen Vorposten entschwunden waren[2]." Auch nach der Schlacht von Taschkessen (1877) konnte Baker Pascha, trotzdem die russischen Sicherungen dicht vor der Front lagen, vollständig unbemerkt den Rückzug antreten, so daß die Fühlung verloren ging und zwei russische getrennte Heeres= abteilungen sich sogar gegeneinander zum Gefecht entwickelten[3]. Ebenso glücklich wie die Räumung der Stellung von Taschkessen hatte Schakir Pascha gleichzeitig den Rückzug aus der Etropol=Stellung ausgeführt, nur die kampfunfähigen Geschütze waren zurückgelassen.

Nicht nachahmenswert erscheinen die Anordnungen des dänischen Oberkom=

---

1) Gen.=St.=W. II, S. 909.
2) Gen.=St.=W. IV, S. 751.
3) Baker Pascha, War in Bulgaria, II, p. 160.

manbos zur Räumung der Danewerk=Stellung, welche im Kriegsrat am 4. Februar 1864 für die nächste Nacht beschlossen wurden. Der größere Teil der dänischen Streitkräfte sollte sich unmittelbar hinter der Stellung in die Marschkolonnen einfügen [1]).

Zur Deckung des Abzuges läßt man vorläufig die vorderen Truppen am Feinde stehen und nimmt zuerst die Kräfte zurück, welche man bei einem nächtlichen Angriff am leichtesten entbehren kann — Kavallerie und Artillerie. Da Infanterie allein ein Nachtgefecht führt, berittene Waffen eher einer Panik ausgesetzt und am leichtesten durch Geländeschwierigkeiten aufgehalten werden, so sind sie für den Marsch nur ein Hindernis. Es empfiehlt sich daher, zunächst waffenweise abzumarschieren. Die Truppeneinteilung für den Nachtmarsch, bei dem man sich dem Feinde entziehen will, muß eine andere sein als am Tage. Vorausgesandte Offiziere mit Begleitung sorgen dafür, daß die Straßen frei sind, und treffen Anordnungen für das richtige Innehalten der Marschstraßen. Ist alles im Marsch, so folgt möglichst auf einmal die bislang am Feinde verbliebene Truppe in breiter Front. Kavallerie=Patrouillen bleiben am Feinde. Nur für große Truppenmassen, welche viel Zeit zur Bildung der Marschkolonne bedürfen, ist Gefahr vorhanden, im Abmarsch angegriffen zu werden. Kleine Abteilungen sind ganz ungefährdet, sie verschwinden im nächtlichen Dunkel.

Im Gegensatz zu diesem geplanten Zurückgehen steht das Zurückfluten in voller Auflösung. Reserven werden kaum noch vorhanden sein. In solcher Lage haben Strategie und Taktik die Führung der Truppe verloren. Hineinlenken des Stromes der Flüchtigen in die allgemeine Rückzugsrichtung, marschieren, solange die Kräfte ausreichen, um sich dem Feinde zu entziehen, ist das einzige, was geschehen kann; alle anderen Anordnungen sind wertlos. Man gibt zunächst der allgemeinen Strömung nach und verzichtet darauf, der Auflösung zu steuern. Jedes Sammeln bedingt Zeit; während dieser kommt der Feind heran und sprengt die mühsam zusammengerafften Abteilungen durch wenige Schüsse auseinander. Das frühzeitige Sammeln durch die Führung würde dadurch zum Nachteil werden. Offiziere und Unteroffiziere müssen aber versuchen, was sie im Zurückgehen

---

1) Gen.=St.=W. 1864, S. 179, 182—186 ff. Über den Abmarsch des französischen V. Armeekorps in der Nacht des 29./30 August 1870 s. Taktik III, S. 357.

zusammenraffen können, in Trupps zu vereinigen, um so das spätere größere Sammeln vorzubereiten. Dieses ist nur möglich, wenn sich die taktische Verfolgung nicht mehr geltend machen kann.

Vernichten oder Wegnehmen der auf den Telegraphenämtern befindlichen Depeschenbücher ist nicht zu versäumen. Auf dem Telegraphenbureau Le Mans konnte am 12. Januar 1871 festgestellt werden, daß die Trains und Kolonnen des XVI. und XVII. Korps auf Laval und Sillé-le-Guillaume, die des XXI. Korps auf Alençon in Marsch gesetzt seien [1]). Hieraus ergaben sich die Verfolgungsrichtungen.

Welche Marschleistung kann eine Truppe nach verlorener Schlacht leisten?

Die großen Marschleistungen geschlagener Truppen sind sprichwörtlich geworden. Die Größe der zurückgelegten Entfernung nach der Schlacht gibt den besten Maßstab für die Höhe der erlittenen Niederlage. Eine volle Tagesleistung in der Nacht nach einer verlorenen Schlacht zurückzulegen, ist nichts Außergewöhnliches. Die Marschleistung am nächsten Tage fällt dann aber entsprechend geringer aus.

Nach der Schlacht von Dennewitz ging das IV. Korps (Bertrand), nachdem es am Vormittage des 6. November 20 Kilometer zurückgelegt hatte, in der Nacht nach Dahme 30 Kilometer zurück, wurde hier am Morgen des 7. von der von Luckau anmarschierenden Division von Wobeser angegriffen, brach sofort auf und erreichte nach einem Marsche von 26 Kilometern um 4 Uhr nachmittags Herzberg, ruhte bis 10 Uhr abends, marschierte dann in vier Stunden die zehn Kilometer bis Lohsten, ruhte fünf Stunden bis um 7 Uhr früh, setzte dann den Marsch nach Torgau fort (13 Kilometer), wo das Korps um 10 Uhr früh eintraf. In voller Auflösung hatte das Korps in 48 Stunden 100 Kilometer zurückgelegt. Die übrigen Korps der Armee des Marschalls Ney, welche auf geradem Wege zurückgingen, trafen bis zum Mittag des 7. unverfolgt in Torgau ein (in den ersten 18 Stunden nach der Schlacht 48 Kilometer, in 30 Stunden 68 Kilometer [2])).

Nach den Schlachten von Jena und Auerstädt gelangten die Trümmer der Hohenloheschen Armee am 15. Oktober nach Erfurt 30, Sömmerda 34, Cölleda 30 und Frankenhausen 50 Kilometer vom Schlachtfelde von Jena; die Hauptarmee nach Erfurt 40, nach Sömmerda 30 Kilometer vom Schlachtfelde von Auerstädt entfernt.

Nach der Schlacht von Waterloo gingen die geschlagenen Truppen Napoleons zum Teil über Genappes zurück und erreichten bis zum nächsten Morgen mit den letzten Abteilungen Gosselies, etwa 25 Kilometer vom Schlachtfelde, einzelne Flüchtlinge gelangten bis Philippeville, 55 Kilometer, die Hauptmasse der Armee bis Charleroi, 30 Kilometer.

---

1) Gen.-St.-W. IV, S. 906.
2) v. Quistorp, Nord-Armee, I, S. 538.

Nach der Schlacht von Königgrätz gelangten das II. und IV. Korps nach Hohenbruck, 24 und 15 Kilometer, das III, VI. und X. Korps nach Holitz, 22 Kilometer, das I und VIII. Korps nach Hohenmauth, gar 50 Kilometer vom Schlachtfelde entfernt [1]).

Nach dem Gefecht bei Coulmiers am 9. November 1870 zog sich die 1. bayerische Division bis Artenay, also etwa 25 Kilometer weit zurück; die 2. Division blieb schon in St. Péravy halten, also etwa neun Kilometer vom Schlachtfelde entfernt. Nur das Detachement Täuffenbach ging von St. Ay über Ormes, Cercottes bis Artenay, über 32 Kilometer zurück.

Nach der Schlacht von St. Quentin am 19. Januar 1871 gingen die geschlagenen französischen Truppen nach le Cateau, etwa 30 Kilometer, und nach Cambray, etwa 38 Kilometer vom Schlachtfeld von St. Quentin zurück. Der Rückzug hatte etwa um 5 Uhr nachmittags begonnen. Die ersten Abteilungen trafen bereits am nächsten Morgen um 4 Uhr in Cambray ein.

Nach der Schlacht von Orleans ging der größte Teil des XX. französischen Korps in südlicher Richtung über die Loire zurück, marschierte mit einem kurzen Halt bei St. Aubin bis La Motte Beuvron, also von ihrer Gefechtsstellung nördlich Orleans über 40 Kilometer. Die in derselben Schlacht geschlagenen Teile des XVI. französischen Korps erreichten von ihren Gefechtsstellungen aus Beaugency nach einem Marsche von 35 Kilometern, einzelne Abteilungen kamen sogar bis Mer nach einem Marsche von über 45 Kilometern.

Nach der Schlacht von Wörth traf die Hauptmasse der Franzosen — andere Teile waren nach Lichtenberg (20 Kilometer), nach Bitsch (28 Kilometer) und Straßburg (46 Kilometer) ausgewichen — in Zabern am 7. August früh, der Marschall Mac Mahon um 2 Uhr, die Kavallerie zwischen 2 und 4 Uhr, die Infanterie zwischen 7 und 11 Uhr in voller Auflösung ein (45 Kilometer), ruhte dort am Tage, um am Abend durch das Erscheinen der deutschen Kavallerie zu einem neuen Nachtmarsch aufgescheucht zu werden. Um 1¼ Uhr nachts erreichte die eine Kolonne nach fünfstündigem Marsch das 10 Kilometer entfernte Pfalzburg, marschierte um 9 Uhr früh nach Saarburg weiter (25 Kilometer). Ununterbrochen wurde der Marsch mit unzureichender Verpflegung und in voller Unordnung bis zum 14. über Blâmont, Lunéville, Bichéry nach Neufchateau fortgesetzt, wo die Truppen auf der Eisenbahn verladen wurden. Die Marschleistungen vom 9.—14. betrugen in 6 Tagen 138 Kilometer (20, 33, 20, 12, 26, 27 Kilometer). Ein Ruhetag würde der Wiederherstellung der Ordnung besonders dienlich gewesen sein [2]).

Die Führung hat sich bei Beginn des Rückzuges zunächst klar zu werden, in welcher Richtung und wie weit sie zurückgehen will, wenn der Gegner ihr Freiheit läßt.

Die erste Richtung des Zurückflutens ist vom Feinde gegeben:

---

1) Österreichs Kämpfe VII, S. 371 u. f. S. Karte am Schluß des Buches.
2) Bonnal, Fröschweiler, und Schulz, Rückzug der Armee Mac Mahons. 5./6. Beiheft zum Militär-Wochenblatt 1897.

die Truppe geht senkrecht zur Hauptangriffsfront zurück; dann muß aber der Führer suchen, die geschlagenen Truppen in die beabsichtigte Richtung hineinzulenken. Diese führt meist auf einen Abschnitt, hinter welchem der Geschlagene wieder Front machen kann. Was sich in dieser Beziehung der Geschlagene erlauben kann, spottet nach kriegsgeschichtlicher Erfahrung jeder Regel. Nach der Niederlage bei Zorndorf marschierten die Russen angesichts des Siegers um seinen Flügel herum und gewannen ihre Rückzugsstraße wieder. Nach der Niederlage von St. Quentin marschierte die Armee Faidherbes nur 2 Kilometer von den deutschen Vorposten entfernt nach der Flanke ab.

Vielfach wird empfohlen, auf andere Heereskörper zurückzugehen. Dieses trifft wohl für kleinere Verbände oder überraschte Heeresteile zu, welche sich durch eine „Rückwärtskonzentration" erst einmal vereinigen müssen. Lange fortgesetzte Rückzüge führen zur Auflösung, schon die Nähe frischer Truppen gibt die Möglichkeit, Halt zu machen, diese bestimmt die Entfernung, in der man von Verstärkungen zurückgeht. Das unmittelbare Zurückgehen auf andere Truppen ist für größere verwendungsfähige Heereskörper jedoch fast immer von Nachteil. Konzentrisch folgen dann die bis dahin getrennten Teile des Gegners. Das Ergebnis dieser Bewegungen ist dann meist die Umklammerung auf dem Schlachtfelde durch den von allen Seiten anrückenden Gegner. So schwächt jeder Rückzug eines Heeresteils auf einen anderen die positive Kraftäußerung ab, während, wenn eine zurückgehende Abteilung es versteht, sich einer anderen zur Seite zu setzen, die Widerstandskraft gesteigert, der Feind in der Flanke bedroht, die Rückkehr zur eigenen Offensive ermöglicht wird[1]. „Zentrale Lagen haben den Keim des Todes in sich" (v. Schlichting). Nichts hätte der deutschen Führung erwünschter sein können, als wenn Mac Mahon nach Wörth seinen Rückzug auf die Rheinarmee genommen hätte, vermutlich wäre es dann schon auf dem rechten Moselufer zur Umklammerung gekommen[2].

---

1) S. hierzu v. Schlichting, Grundsätze I, S. 113 u. f., 168; II, S. 20, 207; III, 840 und 895. Im Gegensatz hierzu empfiehlt General v. Horsetzky, Strategie, S. 239, den Rückzug getrennter Abteilungen auf die Haupttruppe. S. o. S. 306.

2) S. Maßnahmen der II. Armee, um die anmarschierenden französischen Kolonnen der Armee Mac Mahons zu empfangen. v. d. Goltz, Operationen der II. Armee, S. 29.

In Koalitionsheeren machen sich nach ungünstiger Schlacht sofort die widerstreitenden Interessen der Verbündeten fühlbar.

Nach Einstellen der Vorwärtsbewegung des VII. und VIII. Bundeskorps zur Vereinigung auf Hersfeld im Jahre 1866 ging das VIII. Bundeskorps zur Deckung der Sonderinteressen der kleineren süddeutschen Staaten auf Frankfurt zurück, während die Bayern nach der mittleren Saale nach Hammelburg und Kissingen marschierten. Diese Trennung ermöglichte der preußischen Armee eine erfolgreiche Operation auf der inneren Linie [1]).

Wie weit die Truppe zurückgehen soll, hängt von dem Maß des Widerstandes ab, den die Truppe noch leisten kann. Zumeist muß sie so weit zurück, daß sie sich der Einwirkung eines verfolgenden Feindes entzieht. Energische Aufklärung um die Flügel des verfolgenden Feindes muß Anhaltspunkte geben, ob der Feind nur mit Kavallerie oder auch mit Kolonnen aller Waffen nachdrängt, oder ob er überhaupt die Verfolgung noch nicht aufgenommen hat. (S. u. S. 389.) Je länger und unaufhaltsamer der Rückzug, um so größer die Verluste an Nachzüglern und Marschkranken, die meist eine größere Höhe erreichen, als die Einbuße im Arrieregardegefecht mit leidlich formierten Truppen. Junge, schlecht disziplinierte Truppen verfallen der völligen Auflösung, wie der Rückzug der Armee Macdonalds zeigt, obwohl die Einwirkung der Verfolgung sehr gering war.

Von dem V. französischen Korps hatte die Spannkraft der Division Puthod bei Löwenberg, obwohl sie an der Katzbachschlacht teilgenommen hatte, versagt, sie streckte die Waffen; von 11 885 Mann ihrer Stärke am 15. August waren am 30. nur noch 254 Mann übrig. Das V. Korps hatte in dieser Zeit 17 000 Mann und 546 Pferde verloren (d. h. 60 v. H. seiner Stärke). Blücher hatte bis zum 1. September erbeutet 103 Geschütze (von 388 der Bober=Armee) und 250 Munitionswagen.

Nach dem Mißerfolge bei Trautenau konnte das I. Armeekorps bereits auf dem linken Aupa=Ufer wieder Front machen; die Fortsetzung des Rückzuges bis in die Aufstellung vom Abend zuvor war keineswegs geboten, da der Feind nicht folgte [2]).

Nach der Niederlage von Leipzig konnte Napoleon erst daran denken, hinter dem Rhein wieder Front zu machen. — Die Einwirkung von Verstärkungen wird selbst nach verlustreichen Niederlagen die Truppe zum frühzeitigen Frontmachen befähigen.

So wurden nach der Niederlage von Orleans das XVI. und XVII. französische

---

1) v. Lettow=Vorbeck, Krieg 1866, III, S. 103 u. f. Moltke, Militär=Korresp. 1870/71 Nr. 15, S. 95. Ähnlich Piemontesen und Österreicher — im Feldzuge von 1796. S. Kuhl, Bonapartes erster Feldzug, S. 301.

2) Kühne, Kritische Wanderungen, Heft 3.

Korps durch das neuformierte XXI. Korps am Walde von Marchénoir und durch die Division Camô vor Beaugency aufgenommen, den geschlagenen Korps damit die Möglichkeit gegeben, wieder Front zu machen¹). Ein weiterer Rückzug würde die Armee völlig aufgelöst haben.

Die Ansicht des Generals v. Clausewitz: „Rückzüge großer Feldherren und kriegsgeübter Heere gleichen stets dem Abgehen eines verwundeten Löwen", ist nur für geplante Rückzüge nach nicht völlig ausgefochtenen Entscheidungskämpfen zutreffend (Lützen, Bautzen)²).

2. Exzentrische Rückzüge.

Unter einem exzentrischen Rückzuge versteht man das Zurückführen des auf dem Schlachtfelde vereinigten Heeres auf auseinanderführenden Marschlinien, so daß es dem Sieger schwer fällt, die Hauptrückzugsrichtung des Feindes festzustellen. Wenigstens ein Teil des Heeres hat dann Aussicht unverfolgt zu entkommen.

Der geistreiche Militärschriftsteller Heinrich v. Bülow³) baut hierauf ein eigenes Kriegssystem auf mit der Absicht, sich leichter der Verfolgung zu entziehen, dann durch Bedrohen der Flanken und der Verbindungen des Siegers diesen zum Einstellen der Verfolgung zu zwingen, schließlich soll von der Peripherie des Kreises konzentrisch zum Angriff geschritten werden. Die Gefahr der Zersplitterung und die Schwierigkeit, die getrennten Kolonnen zum einheitlichen Angriff wieder vorzuführen, wird dabei aber übersehen. Was kann einem unentwegt auf sein Ziel losgehenden Heere erwünschter sein, als solch eine freiwillige Trennung?

Die französische Loire-Armee, welche nach der Schlacht von Orleans exzentrisch in vier Richtungen — auf dem rechten Flußufer nach Beaugency, auf dem linken Ufer stromabwärts, sowie auf Vierzon und auf Gien — zurückging, vermochte die Führung der preußischen II. Armee wohl über die Rückzugsrichtung eine Zeitlang irrezuführen; zu einer einheitlichen Verwendung gelangte die französische Armee aber nie wieder. Nach dem Bericht des Grafen Waldersee an das Große Hauptquartier sah man bei dem Oberkommando der II. Armee „in dem exzentrischen Rückzuge des Feindes einen durchdachten Plan und wollte vor weiteren Dispositionen erst das Ergebnis der heutigen Meldungen abwarten". Eine Verfolgung unterblieb⁴).

Nach der Schlacht von Königgrätz ging die österreichische Nordarmee

---

1) Studien zur Kriegsgeschichte und Taktik, Heeresbewegungen, I, S. 63.
2) Clausewitz, Vom Kriege, IV. Buch, 13. Kapitel, S. 214.
3) Geist des neueren Kriegssystems 1799. S. Rüstow, Feldherrnkunst des XIX. Jahrhunderts I, S. 214.
4) Hönig, Volkskrieg VI, S. 197 u. f.

exzentrisch auf Olmütz und Wien zurück; es kam nicht zu einem konzentrischen Vorgehen, der Feldzeugmeister Benedek wurde vielmehr angewiesen, durch Marsch auf der Peripherie des Kreises über Preßburg sich mit den Streitkräften an der Donau wieder zu vereinigen. Näheres f. u. S. 396.)

Für applikatorische Behandlung besonders geeignet ist die Lage der preußischen I. und Elbarmee am Abend des 28. Juni nach Einnahme von Münchengrätz. Teile der Sachsen waren angeblich auf Jung=Bunzlau zurückgegangen, Prinz Friedrich Karl ordnete für den 29. eine Rechtsschwenkung an. General v. Moltke verlangte energisches Vorgehen in Richtung auf Gitschin zur Entlastung der II. Armee[1]).

Clausewitz verwirft exzentrische Rückzüge, er will sie nur zulassen zur Deckung entfernterer Landesteile, Jomini steht im wesentlichen

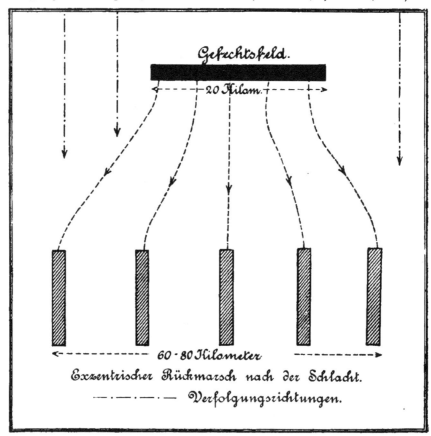

auf dem gleichen Standpunkte, erkennt aber die Notwendigkeit eines Zurückgehens in mehreren Kolonnen an. Nur wenn ein völlig ge-

---

[1] v. Lettow=Vorbeck, Krieg von 1866, II, S. 263, 265 u. f., 347; Moltke, Militärische Korrespondenz 1866, S. 239.

schlagenes Heer Zuflucht in verschiedenen Festungen suchen oder auf den großen Krieg verzichten muß und nur noch den Krieg als Volkskrieg weiterführen kann, hält er den exzentrischen Rückzug für berechtigt. Wesentlich anders als das System des exzentrischen Rückzuges gestaltet sich das Zurückgehen einer größeren Armee nach einer verlorenen Schlacht.

Da Bewegungen, Verpflegung und Unterkunft eng versammelter Streitkräfte schwierig sind, diese nicht mehr manövrieren, sondern nur noch schlagen können, so hat die Führung, wie sie die Streitkräfte konzentrisch auf das Schlachtfeld leitet, diese auch exzentrisch auseinanderzuführen, wenn die enge Vereinigung nicht mehr geboten ist. Dem konzentrischen Vormarsch zur Schlacht steht somit auch ein exzentrischer Rückmarsch nach der Schlacht gegenüber[1]). Im Gegensatz zu den Theorien Heinrich v. Bülows bleiben die exzentrisch zurückgeführten Kolonnen jedoch im engen Zusammenhang. Das Lösen der Versammlung, das Bilden von Marschkolonnen zu sichern, ist die Aufgabe der Arrieregarden.

3. Das Bilden der Marschkolonnen.

In der Gefechtsausdehnung kann der Rückzug nur auf verhältnismäßig kurze Entfernung ausgeführt werden. Der Marsch querfeldein ist ermüdend und geht langsamer vonstatten als auf gebahnten Wegen, früher oder später sind die Truppen durch Hindernisse und Geländebedeckungen doch gezwungen, Marschkolonnen zu bilden. Je größer die Unordnung, je mehr die aufgelösten Truppen nach einem Punkt zusammendrängen, um so mehr Zeit ist erforderlich.

„Die Ungeduld des Wartens steigert hier die Verwirrung, und selbst in dem günstigen Falle, daß der Feind nicht mit neuem Angriff droht, wird die so gebildete Marschkolonne in einem bunten Durcheinander von kleineren Abteilungen oder gar einzelnen Mannschaften der verschiedensten Truppenteile bestehen. Selbst von gehaltvollen Truppen kann man, wenn sie nach heißem Kampfe in die Lage kommen, geschlagen vor dem Feinde zurückweichen zu müssen, nicht mehr erwarten, als daß sie beim ersten größeren Halt, den sie fern vom

---

1) Ein Blick auf die am Schluß des Buches beigefügte Karte der Bewegungen des österreichischen und preußischen Heeres am 3. und 4. Juli 1866 bringt in deutlichster Weise den konzentrischen Vormarsch zur Schlacht und den exzentrischen Rückmarsch nach der Schlacht von Königgrätz zum Ausdruck.

Feinde machen, bemüht sind, die taktische Ordnung wiederherzustellen. Wie schwierig aber wird die Lage des besiegt Zurückweichenden, wenn der Gegner ihm auf den Fersen folgt, die Reserven, welche noch Widerstand zu leisten versuchen, mit der überlegenen Zahl seiner siegbewußten Truppen überwältigt, so daß sie nun gleichfalls in Unordnung zurückweichen und die allgemeine Bestürzung und Verwirrung erhöhen! Es sind dies Momente, wo die Geschichte schon öfters die Kavallerie des Besiegten besinnungslos die eigene Infanterie überreiten, diese Gepäck und Waffen wegwerfen, die Fahrer der Artillerie die Stränge durchhauen sah, um das liebe Leben zu retten. Wohl den unglücklichen Besiegten, wenn das Dunkel der Nacht die Verfolger hindert, in Gefechtsfront bis dahin vorzudringen, wo das Gelände den Übergang in die Marschformation für beide Teile gebieterisch fordert! Bei Tageshelle findet eine energische taktische Verfolgung erst an dieser Stelle ihr Ende. Sie feiert hier zugleich ihre höchsten Triumphe: Kugel, Bajonett und Säbel des Siegers halten, je näher an diesem Punkte, um so reichere Ernte und zeitigen die Früchte, welche der an die taktische Verfolgung sich anschließenden strategischen reif in den Schoß fallen" [1]).

Nach zwei Richtungen hat die Führung vorzusorgen, sie muß einmal den Feind so lange fern halten, daß die einzelnen Truppenteile sich in die Marschkolonne einfügen können, dann, daß der Marsch ohne Stockungen verläuft. Hierzu ist nötig, auf der Marschstraße alle Hindernisse durch vorausgesandte Pioniere zu beseitigen. Zum Aufrechthalten der Ordnung beim Übergang über Hindernisse empfiehlt es sich, ältere energische Offiziere, unterstützt durch Feldgendarmerie, mit der Leitung des Überganges zu betrauen. Bagagen und Trains sind rechtzeitig mit großem Abstand vorauszusenden [2]). Nach Möglichkeit werden den Trains mehrere Straßen zugewiesen. Eine Bedeckung ist nicht erforderlich, eine Gefahr für die Trains besteht

---

1) Blume, Strategie, S. 172.
2) Der Rückzug der Verbündeten nach der Schlacht von Dresden wird durch die in der Enge von Dippoldiswalde, die der Franzosen nach Waterloo durch die im Defilee von Genappes stecken gebliebenen Trains erschwert. Nach dem Treffen von Gitschin brauchen die Österreicher 12 Stunden, um das nur 2¼ Meile entfernte Smidar zu erreichen, da die Trains nicht den nötigen Vorsprung hatten und die österreichischen Trains auf die Rückzugsstraße der Sachsen verwiesen waren. v. Lettow-Vorbeck a. a. O. 1866, II, S. 375.

meist nur in der Einbildung. Mit den Trains gehen Quartiermacher und Intendanturbeamte voraus, um Unterkunft und Verpflegung vorzubereiten, wenn möglich, auch Generalstabsoffiziere, um den Bahntransport einzuleiten. In Feindesland sind Kunstbauten, durch deren Zerstörung Zeitaufenthalt für den Marsch oder für den Bahntransport entstehen könnten, rechtzeitig zu besetzen.

Die Frage der Verpflegung bedarf der Erörterung. Der Rückzug führt meist durch ein Gebiet, welches schon auf dem Vormarsche ausgenutzt wurde, es fehlt an Zeit, die Landstriche, welche nicht unmittelbar durchzogen werden, zur Leistung heranzuziehen. Beitreibungen haben bei der gelockerten Ordnung ihre Bedenken und unter dem moralischen Eindruck der Niederlage nicht den erwünschten Erfolg. Da die eiserne Portion wahrscheinlich aufgebraucht sein wird, so ist die Truppe in erhöhtem Maße auf die Bestände der Proviantkolonnen angewiesen. Diese dürfen aber einmal den Truppenmarsch nicht verzögern, dann lassen sich die Nachtquartiere der Truppe nicht frühzeitig genug bestimmen, um die Kolonnen rechtzeitig anhalten zu können. Am schwierigsten steht es bei der Arrieregarde, die ja außerdem die größten Anstrengungen hat. Am zweckmäßigsten geschieht die Verpflegung derart, daß eine Tagesverpflegung und eine eiserne Portion an vorherbezeichneten, räumlich getrennten Stellen längs der Marschstraße niedergelegt werden. Die Trains müssen diese Punkte aber verlassen haben, ehe die Truppen eintreffen. Nicht zu vermeiden ist, daß infolge Änderung der Lage diese Vorräte vielleicht nicht benutzt werden; wenn möglich sind sie dann zu vernichten. Bei wohl disziplinierten Trains, willigen Landesbehörden läßt sich recht wohl eine derartige Verpflegung durchführen. Eisenbahnen erleichtern das Bereitstellen und Zurückführen von Verpflegungsmitteln bedeutend. In ähnlicher Weise ist für die Ergänzung der Munition zu sorgen.

Nachdem Trains und Kolonnen einen hinreichenden Vorsprung gewonnen haben, kann auch daran gedacht werden, bei den fechtenden Truppen des Gros Marschkolonnen zu bilden. Geschieht dieses zu früh, so muß die Arrieregarde vielleicht an taktisch ungünstiger Stelle Front machen und ein Gefecht annehmen. Die Truppe geht in breiter Front zurück und sucht nach und nach aus den breiten Gefechtsformen in die schmalen Marschkolonnen unter Neuordnung der Verbände überzugehen. Hat der Arrieregardenführer Meldung erhalten, daß beim

Gros Marschkolonnen gebildet sind, so kann auch er daran denken, aus der Gefechts- in die Marschformation überzugehen.

Bemerkenswert ist die Art und Weise, wie Chanzy die bei Orleans geschlagenen und in ihrem Halt erschütterten Divisionen des XVI. und XVII. Korps zurückführte: Bataillonskolonnen in mehreren Treffen mit Entwickelungsraum; in den Zwischenräumen die Artillerie, auf 1000 Meter gefolgt von Schützenlinien. In dieser Form gelang es sogar, eine Schwenkung auszuführen. So wurde der Zeitaufenthalt beim Bilden der Marschkolonnen vermieden, der Truppe größere Ruhe gewährt, gleichmäßig die ganze Armee vom Feinde entfernt. Bei energischem Nachdrängen wären Arrieregarden nur zu leicht überrannt, den schmalen deutschen Teten wurde beim Zurückgehen in dieser Form gleich eine breite Front entgegengestellt. Allerdings verringerten sich die Marschleistungen infolge zunehmender Anstrengungen [1]). Die Bewegung war aber nur ausführbar bei dem völlig ebenen und hindernisfreien Gelände.

Haben die Trains den erforderlichen Abstand gewonnen, sind Arrieregarde und Gros räumlich getrennt, so ist eine Gefährdung durch direktes Nachdrängen des Feindes nicht mehr zu erwarten; nur mit einem parallelen Vorwärtseilen des Siegers und einem demnächstigen Verlegen der Marschstraße ist noch zu rechnen.

Truppeneinteilung auf dem Rückmarsch, Taktik III, 332.
Befehlserteilung, Taktik III, 370.
Marschverluste, Taktik III, 192. 194.
Vorposten, Taktik III, 335.
Beispiele für Rückmärsche, Taktik III, 408. 410.

4. Arrieregarden.

Die Stärke der Arrieregarden wird bestimmt durch die Zeit, welche erforderlich ist, um die Marschkolonne bilden zu können; ein Armeekorps braucht hierzu etwa 6 bis 7 Stunden, eine Division 3 bis 4 Stunden. Nachdem diese erste Aufgabe erfüllt ist, soll die Arrieregarde versuchen, den Raum zwischen dem Sieger und dem Besiegten zu vergrößern; wenn der Gegner nachdrängt, so bedarf es zur Lösung dieser Aufgabe des Gefechtes, das aber nur auf weiteren Entfernungen geführt werden darf.

Damit die Arrieregarde nicht bei jeder Stockung beim Gros vielleicht im ungünstigen Gelände zum Frontmachen gezwungen wird, damit sie nicht bei jedem Mißerfolg auf die Marschkolonne des Gros

---

[1]) Studien zur Kriegsgeschichte und Taktik I, Heeresbewegungen, S. 63.

geworfen wird, ist der Abstand der Arrieregarde größer als bei einer Avantgarde zu bemessen. Je größer dieser Abstand, um so größer auch der die Hauptkräfte vom Gegner trennende Raum. Hieraus ergibt sich, daß die Arrieregarde nicht ängstlich bedacht sein muß, einen bestimmten Abstand zwischen sich und dem Gros zu halten. Der größere Abstand, die räumliche Trennung der Führer der Arrieregarde vom Führer des Ganzen und der Umstand, daß eine zurückgehende Abteilung in erhöhtem Maße von den Handlungen des nachfolgenden Gegners abhängig ist, bedingen eine große Selbständigkeit des Arrieregarden-Führers.

Nicht jeder ist zur Führung einer Arrieregarde geeignet. Es muß eine Persönlichkeit sein, die ihren Untergebenen das Vertrauen einflößt, sie selbst aus schwieriger Lage herausziehen zu können. Einfluß auf den Menschen ist wichtiger als taktische Begabung. Ein solcher Führer, der außerdem nicht leicht den Kopf verliert, sich nicht verblüffen und irremachen läßt, ist am besten geeignet, den Rückzug zu decken. Solche Persönlichkeiten sind selten, hat man sie gefunden, so beläßt man sie in dieser Verwendung auch, selbst wenn die Truppen wechseln. Katzler, Blücher, Eugen von Württemberg, York, der Marschall Ney waren hervorragend zur Führung einer Arrieregarde geeignet. Auf taktischem Gebiete liegt das Geheimnis der Arrieregardenführung in den Worten Napoleons: „sans se compromettre, de contenir l'ennemi, de le retarder, de l'obliger à mettre trois à quatre heures à faire une lieue"¹). Die Führung wird auf der einen Seite erleichtert durch die gesteigerte Tragweite der Schußwaffen, durch rauchschwaches Pulver, Maschinengewehre, welche gestatten, den Gegner in größerer Entfernung zu halten, ihn längere Zeit zu täuschen, seinen Umgehungsbewegungen größere Wege vorzuschreiben. Ist der Gegner aber erst einmal zur Feuerentfaltung auf den nahen Entfernungen gekommen, so ist ein Ablösen schwierig. Der Gegner wird versuchen, durch energisches Nachdrängen in der Front, durch sein Feuer die Fortsetzung des Marsches zu stören, den Zurückgehenden in ein Gefecht zu verwickeln, bis die Parallelkolonnen zur Wirkung kommen können. Da der Gegner vorwiegend mit Kavallerie und Artillerie verfolgt, so werden diese beiden Waffen vor allem zahlreich in einer Arrieregarde vertreten sein müssen.

---

1) Napoléon, Commentaires VI. p. 30.

Kavallerie wird so stark als möglich der Arrieregarde zugewiesen, um weithin in den Flanken aufzuklären, bei größer werdendem Abstande die Fühlung mit dem Gegner aufrecht zu erhalten, der feindlichen Kavallerie Einblick in die Truppenbewegungen und Belästigung der Marschkolonnen zu verwehren. Mit größer werdendem Abstande vom Gegner kann es zweckmäßig sein, die Kavallerie unter Loslösung aus dem Verbande der Arrieregarde am Feinde zu lassen. Eine Zersplitterung der Kavallerie wird sich nicht immer vermeiden lassen. Nebenstraßen, auf denen feindliche Parallelkolonnen vorgehen könnten, müssen Maschinengewehr- und Radfahrer-Abteilungen mit Kavalleriebedeckung zum Marsch zugewiesen werden. Sie sind imstande, eine derartige Feuerkraft zu entfalten, daß sie selbst stärkere Abteilungen längere Zeit aufhalten können. Besondere Anordnungen sind für die Nachrichtenverbindung zu treffen. Dieses die rein passive Seite der Kavallerieverwendung, aber auch aktiv müssen Eskadrons gegen die Flanke des nachfolgenden Feindes zur Aufklärung vorgeschoben werden. Ihre Aufgabe ist festzustellen, ob und in welcher Weise der Feind folgt, die Fühlung muß nach Möglichkeit mit den feindlichen Massen aufgenommen werden. Bei allen Rückzügen, vielleicht abgesehen von dem Rückzug nach der Schlacht von Bautzen und bei den August-Operationen der schlesischen Armee 1813, ist aus leicht erklärlichen Gründen eine solche Kavallerieverwendung versäumt worden. Wird die Aufklärung nicht in dieser Weise versucht, so kann es sich ereignen, daß der Rückzug tagelang fortgesetzt wird, ohne daß der Gegner folgt. Belege hierfür bieten fast alle Rückzüge nach verlorener Schlacht. Auch von dem preußischen General Thielemann wurde die Aufklärung nach dem Gefecht von Wawre (1815) versäumt, als er die Heeresabteilung Grouchys hinter sich herziehen wollte und erst erkannte, daß diese nur eine kurze Strecke gefolgt war. So konnte Grouchy, als er den Ausgang der Schlacht von Waterloo erfuhr, unter der Maske seiner Kavallerie zurückgehen und einen Vorsprung von vollen drei Meilen gewinnen.

Nach dem unglücklichen Gefecht von Coswig am 12. Oktober 1813 vereinigte sich noch am Abend die Division Dobschütz mit der Brigade von Thümen in Stärke von 18500 Mann und 42 Geschützen bei Roßlau und marschierte noch in der Nacht nach Zerbst (15 Kilometer) zurück, um sich der Einwirkung der französischen Kavallerie zu entziehen, die man im Vormarsch auf Berlin vermutete. Ohne sich aber Gewißheit hierüber zu verschaffen, marschierte die Division Tag und Nacht und erreichte am 15. 9 Uhr früh mit den berittenen Truppen Berlin (18 Meilen in drei Tagen und

Nächten). Früher hätten die Franzosen auf geradem Wege von Wittenberg Berlin auch nicht erreichen können (12 Meilen). Tatsächlich gingen die französischen Truppen über die Elbe zurück. Am 13. marschierte man 4½, am 14. 7, am 15. wieder 4½ Meile auf grundlosen Wegen und bei orkanartigem Regensturm. Die Auflösung der Linien-Brigade v. Thümen war vollständig, nur 500 Mann von ihr erreichten am 14. den Lagerplatz, eine Menge Leute trafen erst in der Nacht ein. Über den Zustand der Landwehr wird nichts berichtet. 2000 Nachzügler mußten am 15. in Potsdam als völlig marschunfähig zurückgelassen werden. Die Linientruppen der Brigade Thümen, welche von 5245 Mann 571 eingebüßt hatten (10,8 $), bedurften drei Tage, um sich zu erholen [1]).

Da der Verfolger versuchen wird, durch Vorwerfen starker Artillerie die Auflösung des zurückgehenden Teiles zu beschleunigen, ein Ordnen und Formieren seiner Marschkolonnen zu hindern, so muß vor allem auch starke Artillerie der Arrieregarde zugeteilt werden.

Artillerie kann durch Feuer auf weite Entfernungen den Gegner zum Halten und zur Entwickelung zwingen, unter dem Schutze von Kavallerie vermag sie lange auszuharren, um dann in schneller Gangart eine neue Stellung zu erreichen oder sich in die Marschkolonne der Infanterie wieder einzugliedern. Der Zeitpunkt zum Rückzuge ist gekommen, wenn die Artillerie fürchten muß, durch feindliches Infanterie- oder Artilleriefeuer ihre Bewegungsfähigkeit einzubüßen. Eine zahlreiche, gut bespannte Artillerie bietet dem Zurückgehenden das wirksamste Mittel, die Verfolgung zu hemmen und den Abstand zwischen Verfolger und den zurückgehenden Truppen zu erweitern. Falls sich geeignete Flankenstellungen ermitteln lassen, so wird von ihnen aus eine wesentliche Erleichterung für den Rückzug zu erzielen sein, da der Feind zu zeitraubenden Frontveränderungen gezwungen wird. Wegen der mit solchen Flankenmärschen verbundenen größeren Marschleistungen eignet sich reitende Artillerie vorzugsweise zu dieser Verwendung. Besonders vorteilhaft sind Stellungen hinter Engen. Von Wichtigkeit ist Sicherstellung ausreichender Munition, gründliche Erkundung von Rückzugsstraßen und Ermittelung mehrerer Parallelwege zum Übergang in eine neue Stellung. Staffeln und leichte Munitionskolonnen werden meist vorausgeschickt, um die Batterien im Rückmarsch nicht aufzuhalten. Erhöhte Aufmerksamkeit ist den Flanken zuzuwenden, da von dorther die gefährlichste Einwirkung auf den Rückzug droht. Nur wenn durch Geländegestaltung oder Auflösung der Truppe die

---

[1]) v. Quistorp, Nordarmee, II, S. 177. Nippold, Hermann von Boyen, III, S. 186.

Artillerie gefährdet ist, wird man notgedrungen auf ihre Tätigkeit bei der Arrieregarde verzichten müssen.

Pioniere werden sich selten (da die Ausführung ihrer Arbeiten Zeit beansprucht), Infanterie nur in so geringer Stärke bei der Arrieregarde befinden, als zum Schutz der Artillerie auf dem Marsche und in der Unterkunft erforderlich erscheint; diese Stärke wird dann auch meist für die Gefechtsführung ausreichen. Nur wenn das Gelände der Verwendung der berittenen Waffen Schwierigkeiten bereitet, oder diese durch einen vorhergegangenen Kampf so stark mitgenommen sind, daß sie keine Aussicht haben, gegen die Kavallerie und Artillerie des Feindes allein aufzukommen, wird Infanterie in größerer Stärke der Arrieregarde zugewiesen. Maschinengewehr-Abteilungen finden gerade bei Arrieregarden Gelegenheit zur vielseitigsten Verwendung.

Der Kampf ist nur Mittel zum Zweck, um Zeitgewinn für das Gros zu schaffen, äußerstenfalls darf die Arrieregarde aber auch den hartnäckigsten Widerstand nicht scheuen, der ihre eigene Vernichtung zur Folge haben kann. Selbst im günstigsten Falle kann ein Erfolg nicht ausgebeutet werden. Ist der Gefechtszweck erreicht, so muß der Kampf unverzüglich abgebrochen werden. Nur durch fortlaufende Nachrichtenverbindung mit dem meist beim Gros befindlichen Führer (Relaislinie) wird man einen Anhalt für die Dauer des zu leistenden Widerstandes gewinnen können. Es ist daher jeder Kampf in Örtlichkeiten zu vermeiden, da er die Infanterie verleiten könnte, sich festzubeißen [1]). Günstig wird es immer sein, in den späten Nachmittagsstunden sich zum Kampfe zu stellen, da dann die eintretende Dunkelheit dem Gegner die Ablösung verschleiert und die Fortsetzung des Rückzuges erleichtert.

Die Arrieregarde darf nicht ängstlich jede Berührung mit dem Gegner vermeiden, sondern muß im Gegenteil suchen, durch glücklich geführte Unternehmungen gegen den vielleicht unvorsichtig nachdrängenden Sieger den gesunkenen Mut der Truppe wieder zu beleben. Ein übereiltes Zurückgehen würde das erschütterte Selbstvertrauen noch mehr niederdrücken und auch einen größeren Verlust an Nachzüglern und Material verursachen, als selbst hartnäckige Gefechte [2]). Die Aufgabe

---

1) Meierei von Schweinschädel. Kühne, Kritische Wanderungen, II, S. 127.
2) Gefecht von Haynau, 26. Mai 1813. Beitzke, Geschichte der deutschen Befreiungskriege, I, S. 496.

wird erleichtert, wenn sich der Arrieregarde geeignete Stellungen quer über die Marschstraße hinweg bieten, mit ausgedehntem Schußfelde, welches Feuereröffnung schon auf den weitesten Entfernungen ermöglicht, Hindernisse mit gesperrten Übergängen vor der Front, so daß der Gegner zu weit ausholenden Umgehungen gezwungen wird, welche der eigenen Kavallerie nicht verborgen werden können. Stellungen mit ausgedehnten Waldungen innerhalb wirksamen Schrapnellbereichs vor der Front können insofern vorteilhaft sein, als sie dem Gegner die Entwickelung der Artillerie erschweren. Macht eine Arrieregarde zum Zwecke eines Gefechtes Front, so ist zu beachten, daß sich nicht zu schwache Abteilungen in vorderster Linie befinden¹). Zu der Forderung des Fronthindernisses, der freien Übersicht nach Front und Flanke tritt noch hinzu deckendes Gelände hinter der Stellung (lichter Wald, wie z. B. der Bois de Soigne hinter der englischen Stellung von Waterloo; der große Wald hinter der französischen Stellung bei Wörth bot diese Vorteile nur in beschränkter Weise), welches den Abzug möglichst lange dem Gegner verbirgt und Täuschung durch abgesessene Kavallerie oder Radfahrer begünstigt.

Nach Abbruch des Gefechts von Gerchsheim am 25. Juli 1866 trat das VIII. Bundeskorps, gedeckt durch das Feuer von 30 gezogenen Geschützen und den Gerchsheimer Wald, den Rückzug auf Würzburg an. Der Wald verbarg den preußischen Truppen vollständig die hier herrschende Unordnung. Eine Verfolgung hätte zu einer vollständigen Katastrophe führen müssen²).

Ist die Arrieregarde gezwungen, ihre Stellung zu räumen, so ist eine zweite zu wählen, welche so weit entfernt sein muß, daß alle Teile, losgelöst vom Feinde, sie erreichen können, ehe der Feind aus der geräumten Stellung wirksam werden kann. Die Verfolgung wird verlangsamt, wenn von Abschnitt zu Abschnitt ein Wechsel des gefährdeten Flügels stattfinden kann.

Es bleibt Grundsatz, daß die Arrieregarde dort am hartnäckigsten Widerstand leistet, wo der Gegner am heftigsten drängt, oft wird das Loslösen nur durch einen überraschenden Offensivstoß möglich sein, doch sind die damit heraufbeschworenen Schwierigkeiten, wie sie der

---

1) Treffliche Beispiele bietet der Rückzug der verbündeten Armee nach der Schlacht bei Bautzen, vor allem das Abbrechen des Gefechtes von Reichenbach am 22. Mai 1813. Beitzke a. a. O. I, S. 459.

2) v. Zimmermann, Teilnahme der Hessischen Division. Kriegsgeschichtliche Einzelschriften, Heft 22/23, S. 379.

Nahkampf bietet, für den Abbruch des Gefechts nicht zu unter=
schätzen.

Ablösung einer Arrieregarde kann erst stattfinden, wenn
die Marschkolonne wieder geordnet ist. Die neue Arrieregarde wird
den am weitesten vorwärts in der Marschkolonne befindlichen Truppen
entnommen, welche in günstiger Stellung Halt machen, abkochen und
sich zur Aufnahme der bisherigen Arrieregarde vorbereiten.

5. Über Heeresarrieregarden.

General v. Schlichting empfiehlt die Aufgabe, das Bilden
der Marschkolonne zu ermöglichen, einer oder mehreren[1]) aus ge=
schlossenen Divisionen oder Korps bestehenden Heeresarrieregarden zu
übertragen, welche innerhalb Tagesmarschentfernung vom
Schlachtfelde in günstiger Stellung sich bereitstellen.

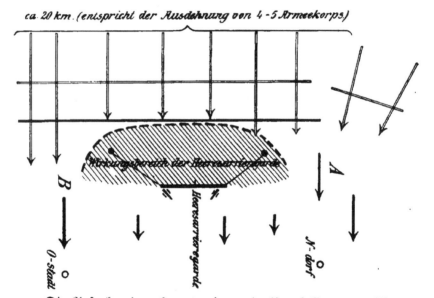

Die Aufgabe einer Heeresarrieregarde ist erfüllt, wenn Marsch=
kolonnen gebildet sind. Die Kriegsgeschichte zeigt, daß dieses auf
allen Rückzügen verhältnismäßig schnell gelungen ist, da ein nur
frontal nachdrängender Gegner schon durch schwächeren Widerstand
aufgehalten wird.

---

1) Grundsätze II, S. 218; nach II, S. 210 für jede Armee eine Heeres=
arrieregarde.

Eine solche Heeresarrieregarde bildete z. B. das Korps Bertrand, welches vom Kaiser Napoleon bereits am 18. Oktober vom Schlachtfelde von Leipzig nach Weißenfels vorausgeschickt wurde. Der Abmarsch einer Heeresarrieregarde in Stärke eines Armeekorps bedingt Zeit; die Heeresarrieregarde muß einmal sehr frühzeitig vorausgeschickt werden, häufig ehe noch die Krisis herangereift ist, oder die kämpfenden Truppen müssen desto länger aushalten. Dann ist es jedenfalls besser, die letzte intakte Truppe in den Kampf zu werfen, als sie zur Erleichterung des Rückzuges vorauszusenden. Bei den großen Ausdehnungen unserer Schlachtfelder wird man die Heeresarrieregarde selten an derjenigen Stelle finden, wo man sie gerade braucht. Wer eine Heeresarrieregarde verwenden will, muß eine besondere Reserve zur Deckung des Rückzuges ausscheiden und damit seine Kraft schwächen.

Die Wirkung der Stellung einer Arrieregarde macht sich nur bis zur Tragweite ihrer Geschütze geltend, d. h. selbst im offenen Gelände nur bis 4 Kilometer über jeden Flügel hinaus. Die Heeresarrieregarde gewährt also nur Schutz den in ihrer unmittelbaren Nähe zurückgehenden Truppen, die außerhalb ihres Bereiches zurückgehenden Kolonnen bedürfen des eigenen Schutzes. Diese Auflösung der Heeresarrieregarde in mehrere Truppenarrieregarden wird aber durch die Bedeckungen des Geländes noch mehr gefördert. Da aber nach Ansicht des Generals v. Schlichting die Heeresarrieregarden erst innerhalb Tagesmarschentfernung zur Geltung kommen sollen, so brauchen alle Teile ihre eigenen Arrieregarden, die das Loslösen vom Gegner erleichtern und dann auch zweckmäßig das Bilden der Marschkolonne sichern. Da die Heeresarrieregarde nur auf einem beschränkten Raum ihre Wirkung ausüben kann, so gestattet sie dem Feinde auf dem nicht beherrschten Teile das ungehinderte Fortschreiten. Dieses zwingt die Heeresarrieregarde zum frühzeitigen Verlassen der Stellungen, noch ehe Marschkolonnen gebildet sind, oder setzt sie der Gefahr aus, umklammert und vernichtet zu werden. Eine Heeresarrieregarde kann bei kleinen Armeen von etwa drei Armeekorps, beim Einfädeln in eine einzige Straße von Vorteil sein, unter großen Verhältnissen niemals.

6. Das Gewinnen der Operationsfreiheit.

Mit dem Bilden der Marschkolonnen hat man sich der unmittelbaren Einwirkung des Gegners entzogen; je mehr es gelingt, den

Raum zwischen dem Verfolger und dem Zurückgehenden zu erweitern, um so eher bietet sich die Aussicht, der Truppe einen Ruhetag zu gewähren, die Bewegungsfreiheit wiederzugewinnen. Dieses das Ziel einer jeden Rückzugsbewegung, um dann durch Zuwachs an Kraft, in vorteilhafteren Stellungen etwa unter Anlehnung an Festungen, noch einmal zum Schlagen zu kommen [1]).

Ein Erfolg kann sich ferner bieten, indem man eine rechtzeitig erkannte Zersplitterung des Feindes durch überraschendes Vorgehen gegen einen Flügel ausnutzt [2]), oder daß man unter dem Schutze einer Heeresarrieregarde — hier ist ihre Verwendung berechtigt — nach der Seite abschwenkt, dann aus einer Flankenstellung zum Angriff vorzugehen sucht. Der Abmarsch nach einer Seite im Rückzuge wird sich derart vollziehen, daß entweder die Kolonnen und Trains zuerst schwenken, dann die fechtenden Truppen nachfolgen oder, daß die Schwenkung gleichzeitig von Truppen und Trains ausgeführt wird. Das letztere ist das schnellere Verfahren, bei der Schwierigkeit der Verpflegung ist es aber wohl nur im eigenen Lande ausführbar, wenn es gelingt, Verpflegung auch aus anderer Richtung heranzuziehen.

Eine derartige Flankenstellung nach unglücklicher Schlacht wurde eingenommen, aber nicht verwertet von den Verbündeten auf dem Rückzuge nach der Schlacht von Bautzen am 29. Mai 1813 in der Linie Järischau, Peterwitz, Striegau, allerdings mit dem Rücken gegen Österreich unter Preisgeben der eigenen Verbindungen.

Die Stellungen der Österreicher 1809 bei Cham nördlich der Donau, während die Franzosen südlich des Flusses nach Wien marschierten, bei Olmütz 1866 kamen bei der großen Entfernung von der Vormarschrichtung des Gegners und da die Stellung beide Male frühzeitig aufgegeben wurde, nicht zur Wirksamkeit.

Mit derartigen Bewegungen sind erhöhte Marschleistungen verbunden, es kann sich daher empfehlen, Fahrzeuge zum Transport der Tornister zusammenzubringen.

So wurde 1866 während des Rückzuges der österreichischen Armee nach der Schlacht von Königgrätz von seiten des Armeekommandos telegraphisch an die Zivilbehörden Auftrag gegeben, 1000 Fuhrwerke bei Tyrnau zusammenzubringen zur schleunigen Beförderung einer Infanterie-Brigade nach Preßburg zur Besetzung des bedrohten Donau-Überganges.

---

1) Eine mustergültige Ausnutzung der Festungen Verona und Mantua zeigen die Operationen Radetzkys im Mai und Juni 1848 in Ober-Italien.

2) Nicht ausgenutzte, aber erkannte Lage am 25. Mai 1813 auf dem Rückzuge nach der Schlacht von Bautzen.

Nach der Schlacht bei Auerstädt 1806 hatte Blüchers Rückzugskolonne, verfolgt vom Feinde, sich nordwärts nach Nordhausen gewendet. Von dort aus legte Blücher den Weg durch den Harz in weitem Bogen zur Elbe bei Sandau, etwa 45 deutsche Meilen, in acht Tagen zurück (vom 17. bis 24. Oktober). Bei seiner Kolonne befand sich der größte Teil — 34 — der noch geretteten, aber unzureichend bespannten Geschütze. Offiziere wurden vorausgeschickt, welche zur beschleunigten Fortschaffung dieses wertvollen Materials alle 2—3 Meilen für frischen Vorspann zu sorgen hatten. Andere Offiziere eilten nach der Elbe voraus, um die Mittel zum Übersetzen über den Fluß zusammenzutreiben. Diese setzten es durch, für diesen Zweck vierzehn Fähren und Prahme zu beschaffen. Nur durch diese Rührigkeit und Marschleistungen gelang es der Kolonne Blüchers, noch vor dem auf kürzerer Linie nachrückenden Verfolgungskorps die Elbe zu überschreiten.

Am schnellsten wird die Operationsfreiheit gewonnen, wenn es gelingt, unter Benutzung von Eisenbahnen die Truppe der Einwirkung des Siegers zu entziehen [1]).

7. Der Rückzug der Nordarmee von Königgrätz bis Olmütz [2]).

Am 4. Juli 1866 hatte die bei Königgrätz geschlagene österreichische Armee aus der Linie Tynischt—Hohenmauth—Holitz den Rückmarsch in drei Kolonnen angetreten. Die Armee zählte immer noch 140000 Mann mit 578 Geschützen.

Es waren zugeteilt:

a) der nördlichen Gruppe: II., IV. Armeekorps, 2. leichte Kav.-Div.: 40200 Mann, 139 Geschütze.

b) der mittleren Gruppe: I., III., VI., X. Armeekorps, Art.-Mun.-Park: 65100 Mann, 272 Geschütze.

c) der südlichen Gruppe: VIII., Sächs. Armeekorps, 1., 2., 3. Res.-Kav.-Div. und 1. leichte Kav-Div.: 50700 Mann, 167 Geschütze.

Feldzeugmeister Benedek war vor die Frage [3]) gestellt, ob er über Brünn nach dem in der Luftlinie 190 Kilometer entfernten Wien, wo zwischen dem 20. und 25. Juli zwei aus Italien herangezogene (V. und IX.) Korps eintreffen konnten, zurückgehen, oder nach der nur 90 Kilometer entfernten Festung Olmütz exzentrisch ausweichen sollte. Hier konnte die Armee am ersten sich neu erholen, es wäre nicht unnötig Raum aufgegeben, einer Gefährdung durch preußische Truppen aus Oberschlesien war nur eine geringe Bedeutung zuzumessen. Bedenklich war nur die Schwierigkeit der Verpflegung aus Galizien und Nord-Ungarn. Der Entschluß des Feldzeug-

---

1) Abtransport der bei Wörth geschlagenen Truppen, s. Taktik IV, S. 15. S. auch H. L. W., Kriegführung unter Benutzung der Eisenbahnen, S. 42. 104. 120. 203. 490.

2) S. Streffleur 1898, III. v. Lettow-Vorbeck a. a. O. 1866, II, S. 531 u. f. Friedjung II, S. 315 u. f. und Cardinal v. Widdern, Heeresbewegungen und Märsche, II, S. 126 u. f.

3) S. Preußisches Gen.-St.-W. 1866, S. 441.

Der Rückzug der Nordarmee von Königgrätz bis Olmütz.

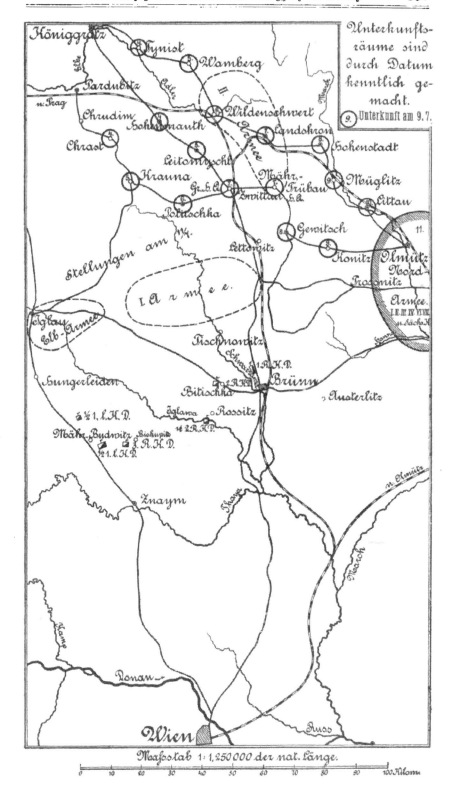

meisters, eine Flankenstellung zur voraussichtlichen preußischen Vormarschrichtung auf Wien bei Olmütz zu nehmen, war in dem Falle durchaus richtig, wenn seine Armee wieder in kurzer Zeit zum Ergreifen der Offensive befähigt gewesen wäre; dieser Entschluß würde auch durch den Erfolg gerechtfertigt gewesen sein, wenn erhebliche preußische Teile auf Olmütz gefolgt wären, die Werke von Florisdorf an der Donau die nötige Widerstandskraft besessen hätten, um einen längeren Zeitaufenthalt an diesem Strome zu schaffen. Benedek mußte auf eine energische Ausbeutung des Sieges gefaßt sein, ein Ausbiegen auf Olmütz unter dem Schutze einer Heeres-Arrieregarde entzog jedenfalls erhebliche Teile der Einwirkung der Verfolgung. Gelang es, diese Truppen rechtzeitig wieder schlagfertig zu machen, folgte der Gegner mit seinen Hauptkräften auf Wien, so bot sich der um Olmütz vereinigten Armee immer die Möglichkeit eines Teilerfolges durch Ergreifen der Offensive, die auch gewiß verzögernd auf den Vormarsch der preußischen Hauptkräfte wirken würde. Verhängnisvoll konnte nur passives Verbleiben bei Olmütz werden, da bei der Entfernung von drei Tagemärschen von der Vormarschrichtung Brünn—Wien sich die bloße Anwesenheit der Armee in ihrer Flankenstellung wohl kaum geltend machen konnte. Bei der Persönlichkeit Benedeks ist man jedenfalls zu der Annahme berechtigt, daß er nur so weit zurückgehen wollte, als unbedingt geboten war, um sobald als möglich wieder offensiv zu werden.

Die Marschanordnungen waren bei allen Kolonnen gut, der rangälteste General hatte bei jeder Kolonne den Oberbefehl (bei der nördlichen Graf Thurn, bei der mittleren Feldmarschalleutnant Ramming, bei der südlichen der Kronprinz von Sachsen). Die schlagfertigsten Truppen bildeten die Arrieregarde, aus naheliegenden Gründen wurde stets biwakiert. Die Zuteilung der Hauptmasse der Kavallerie an die linke, am meisten einer Verfolgung ausgesetzte Kolonne verdient besonders hervorgehoben zu werden.

Das Einschlagen einer neuen Rückzugsrichtung auf Olmütz stellte die Armee-Intendantur vor schwierige Aufgaben. Vor der Schlacht bei Königgrätz waren am 2. und 3. Juli sämtliche Kolonnenmagazine (Proviantkolonnen) bei dem Vorratsmagazin Pardubitz und den Nachschubmagazinen zu Chrast und Nassaberg ergänzt worden, so daß mit Inbegriff des bei den Truppen selbst Vorhandenen für eine siebentägige Verpflegung gesorgt war. Der fernere Bedarf sollte durch die mit einem acht- und zehntägigen Vorrat für die ganze Armee versehenen Nachschubmagazine und Schlachtvieh-Depots erfolgen, welche auf der Straßenstrecke Pardubitz—Iglau—Znaym und in Brünn eingerichtet worden waren.

Als nach der Schlacht bei Königgrätz die Armee die Richtung auf Olmütz nahm und die meisten Proviant-Kolonnen („Kolonnen-Magazine") von ihren Korps und Divisionen getrennt worden waren, mußte die Armee-Intendantur schleunigst für die Verschiebung der Nachschubmagazine auf die Rückzugslinie der Armee sorgen und außerdem andere Maßregeln zur Sicherung der Verpflegung treffen. Um den ersten Bedarf zu decken, erhielten die Proviant-Kolonnen Anweisung, ohne Rücksicht auf den Korpsverband den an sie gestellten Anforderungen der Truppen zu entsprechen. — Die sich durch Pardubitz zurückziehenden Heeresteile entnahmen dem dortigen Magazin einen mehrtägigen Verpflegungsbedarf. Der Verfolger erschien auch so spät, daß es noch möglich wurde, einen Teil der in Pardubitz befindlichen Vorräte auf 70 Landfuhren über Chrudim, und die in Elb-Teinitz aufgespeicherten Verpflegungsgegenstände ebenfalls auf Landfuhren nach Zenitau in das Nachschubmagazin Nr. 1 abzuführen. Zur Versorgung der über Polischka und Zwittau dirigierten Rückzugs-Kolonnen wurden die Nachschubmagazine Nr. 2 und 4 und die Schlachtvieh-Depots Nr. 4 und 5 so vorgeschoben, daß sie bereits am dritten Tage nach der Schlacht in diesen Orten eintrafen. — Den über Wildenschwert—Landskron weichenden Truppenmassen wurden von den in dortiger Gegend an der Eisenbahn lagernden Vorräten Verpflegungszüge nach Hohenstadt und Landfuhren-Transporte nach Mährisch-Trübau entgegengeführt. Gleichzeitig gingen aus dem Magazin in Brünn mehrere Verpflegungszüge nach Zwittau und Müglitz, daß dadurch der Bedarf des Heeres bis zum Eintreffen in Olmütz sichergestellt war. Nachdem allen Anforderungen der durchmarschierenden Truppen entsprochen worden war, rückten die nach Polischka und Zwittau vorgeschobenen Verpflegungsanstalten nach Brünn ab, wohin auch noch die weiter vorwärts an der Eisenbahn lagernden oder auf rollendem Material bereit gehaltenen Vorräte abgeführt wurden. Sobald die Nachschubmagazine Nr. 1, 2 und 4 und die Schlachtvieh-Depots Nr. 1 und 4 ihre Bestände in Brünn wieder ergänzt hatten, rückten sie nach Olmütz ab.

Die Proviant-Kolonnen der nach Wien zurückgehenden Kavallerie-Divisionen waren von dieser gänzlich abgekommen. Die Intendantur fand jedoch noch Zeit, in Brünn aus Landfuhren neue Kolonnen für die Kavalleriedivisionen zusammenzustellen und zu befrachten. Im übrigen wurden der Kavallerie die Vorräte des in Iglau eingerichteten Nachschubmagazins Nr. 5 überwiesen.

Eine unmittelbar nach der Schlacht bei Königgrätz vom Sieger aufgenommene Verfolgung würde die Durchführung aller dieser geordneten und dem geschlagenen Heere außerordentlich zustatten kommenden Verpflegungs-Vorkehrungen über den Haufen geworfen und zur Erbeutung größerer Verpflegungs-Vorräte geführt haben.

Am Abend des 6. Juli waren die nördliche und südliche Kolonne 35 Kilometer voneinander entfernt. Benedek wurde vom Kaiser aufgefordert, mit der ganzen Armee nach Wien zum Schutz der Hauptstadt abzumarschieren. Benedek entschloß sich jedoch, mit der Hauptarmee den Rückzug nach Olmütz fortzusetzen, das X. Armeekorps (21 000 Mann, 860 Pferde und 56 Geschütze) mit der Eisenbahn nach Wien vorauszusenden, die 4 Kavallerie-Divisionen (9400 Mann, 32 Geschütze) der südlichen Kolonne zur Verschleierung des Abmarsches auf Olmütz in Richtung auf Wien zurückweichen zu lassen. Das X. Armeekorps wurde am 9. und 10. Juli nur 90 Kilometer von Pardubitz entfernt in Lettowitz nach Wien verladen.

Mit Marschleistungen von 2½—3 Meilen täglich erreichte die Armee ohne Ruhetage bis zum 11. Olmütz und konnte an diesem Tage einer aufgefangenen preußischen Postsendung entnehmen, daß der Gegner mit seinen Hauptkräften auf Wien vorgehe, nur mit der II. Armee auf Olmütz folge [1]). Diese Trennung war bereits am 6. Juli im preußischen Großen Hauptquartier beschlossen [2]). Wäre sie noch früher

---

[1]) Auch dem Gegner war ein Befehl Benedeks in die Hände gefallen, der erkennen ließ, daß vorwiegend nur Kavallerie und das X. Armeekorps auf Wien zurückgehe.

[2]) Von besonderem Interesse für das Studium der preußischen Verfolgung ist der Widerstreit der Anschauungen zwischen dem General v. Moltke und dem

erkannt, so hätte sich bei einem schlagfertigen Zustande der Armee wohl schon am 9. die Möglichkeit eines Teilerfolges ergeben. Als die preußische II. Armee sich am 13. der Festung Olmütz näherte, war die Gelegenheit zur Offensive gekommen.

Aber auf österreichischer Seite hatten die Verhältnisse sich geändert. Der Benedeksche Plan: Defensive an der Donau, Offensive von Olmütz aus, wurde verworfen. Am 9. und 10. erhielt der Feldzeugmeister Befehl, das III. und sächsische Korps (41 254 Mann, 4100 Pferde und 107 Geschütze) nach Wien in Marsch zu setzen [1]). Am 13. übernahm der Erzherzog Albrecht den Oberbefehl über sämtliche Streitkräfte; er ordnete den Rückzug der Nordarmee über die Donau an, um einen Übergang der preußischen Armee zu verhindern. Ob aber die Nordarmee noch zur Zeit die Donau überschreiten könne, war fraglich, jedenfalls mußten die jetzt nötig werdenden großen Marschleistungen die Schlagfertigkeit der Armee beeinträchtigen. Im Abmarsch zur Donau begriffen, versäumte Benedek am 15. Juli die Gelegenheit, die anmarschierenden preußischen Spitzen zurückzuwerfen, und sah sich gezwungen, weiter nach Osten auszuweichen.

Auf Grund der Änderung des Operationsplanes ist dann der Benedeksche Plan, auf Olmütz zurückzugehen, fast durchweg verurteilt. Sein Grundgedanke war bei offensiver Ausführung durchaus richtig. Die abfällige Beurteilung des exzentrischen Rückzuges auf Olmütz und Wien [2]) dürfte jedenfalls erheblich einzuschränken sein. Das Zurücknehmen der Nordarmee hinter die Donau war berechtigt, wenn die Armee zu einer Offensive in keiner Weise mehr befähigt war.

Ganz unzureichend war die Tätigkeit des österreichischen Kavallerie-Korps im Zurückgehen gewesen; ein Versuch, den Vormarsch des Feindes wirksam zu verzögern, wurde nicht gemacht; auch als die Kavallerie die Donau erreichte, wurde sie über den Fluß zurückgenommen, drei Divisionen blieben bei Wien, die vierte überwachte den Flußlauf von Wien bis Linz und schob, allerdings zu spät, am 19. Juli das Radetzky-Husaren-Regiment bei Linz über den Fluß zur Führung des kleinen Krieges gegen Iglau vor [3]). Ebenso sollte vom rechten Flügel aus zur Führung des kleinen

Chef des Stabes der II. Armee, dem General v. Blumenthal (v. Verdy, Aus dem Hauptquartier der II. Armee, S. 225). Während Moltke unter Basierung auf Glatz am 8. Juli eine Aufstellung auf der Linie Littau—Konitz gegen Olmütz forderte, erwirkte Blumenthal die Erlaubnis, in eine Stellung in der Linie Proßnitz—Urtschitz zu rücken. Erst am 11. und 13. empfahl das Große Hauptquartier, die Verbindung Olmütz—Wien zu unterbrechen, nachdem schon Teile der österreichischen Armeen am 11. abtransportiert worden waren. Am 10. wurde das preußische Detachement v. Knobelsdorf von Troppau nach Hohenstadt herangezogen.

Spannend wird die preußische Lage, als am Abend des 14. die vorgeschobene Kavallerie-Division v. Hartmann den Abmarsch Benedeks auf Wien erkennt. Anstatt sofort aufzubrechen, erbittet sich der Divisionskommandeur hierzu erst die Erlaubnis des Generals v. Steinmetz, dem er unterstellt war.

1) Einzelheiten dieses sehr interessanten Marsches s. Taktik III, S. 408.
2) Z. B. von Rüstow und Willisen, dann von dem Verfasser von Österreichs Kämpfe, IV, S. 6.
3) Streffleur 1906, Juli.

Krieges ein Kavallerie-Regiment gegen die linke Flanke des preußischen Heeres vorgehen. Die erst am 20. Juli von Olmütz aus begonnenen Unternehmungen der Streifschar des Hauptmanns v. Vivenot wurden durch den Waffenstillstand beendet.

Wie im Feldzug 1809 und 1813, so sehen wir auch hier trotz der Kürze des Krieges schon Maßnahmen zur Aufstellung von Streifkorps getroffen. Zur Führung des kleinen Krieges gegen die Flanken und die rückwärtigen Verbindungen des Feindes bestimmt, waren diese Streifkorps fast ausschließlich aus Abteilungen des Heeres gebildet.

Im Gegensatz hierzu hatten wir es 1870/71 in Frankreich immer nur mit Franktireurs zu tun. Sie haben uns mancherlei Schaden angetan, ihrem eigenen Lande aber noch ungleich mehr; sie zwangen uns zu Repressalien gegen die Bevölkerung. Auch im Feldzug 1866 war österreichischerseits bereits die Anregung zur Organisation der Bevölkerung für den kleinen Krieg erfolgt. Darauf zielte namentlich der zur Volkserhebung im nördlichen Böhmen und in Österreichisch-Schlesien auffordernde „Aufruf" des Hauptmanns v. Vivenot ab. Demgegenüber wäre der Sieger natürlich gezwungen gewesen, zu ähnlichen Sicherheits- und Zwangsmaßregeln zu greifen, wie solche seitens des deutschen Heeres 1870/71 auf französischem Boden zur Sicherung seines Etappengebietes gegen die Einwirkung des Franktireurwesens erforderlich geworden sind. Die Unternehmungen von de Wet gegen die Verbindungslinien der von Bloemfontain nach Prätoria vorgehenden englischen Armee zwingen diese zu erheblichen Entsendungen, es war jedenfalls das beste Mittel, den Marsch der Engländer zu verzögern.

Die Vorgänge von 1866 und 1870/71 haben jedoch gezeigt, wie schnell selbst in Ländern, in denen die allgemeine Wehrpflicht damals noch nicht eingeführt war, der kleine Krieg gegen die Flanken und gegen die rückwärtigen Verbindungen eines Invasionsheeres getragen werden kann. Seitdem ist überall auf dem Festlande die allgemeine Wehrpflicht zur Durchführung gelangt, in allen Ländern das gesamte Volk waffenkundig geworden, und der Landsturm hat eine völkerrechtlich anerkannte Organisation gewonnen.

II. Verfolgung.

1. Die Verfolgung in der Kriegsgeschichte.

Der Staat kann von den Führern seiner Heere nicht den Sieg verlangen, wohl aber die Ausnutzung des Schlachtenerfolges durch die Verfolgung fordern. Die Wirkung eines nicht ausgenutzten Sieges verflüchtigt sich in unglaublich kurzer Zeit, wenn die schlimmen Befürchtungen, die Besorgnis, von dem übermächtigen Gegner wieder erreicht zu werden, sich nicht verwirklichen. Alle großen Feldherren haben sich daher in unzweideutigster Weise über die Notwendigkeit einer Verfolgung nach dem Siege ausgesprochen.

Friedrich der Große schreibt in seinen General=Prinzipien [1] vom Kriege: Das Unterlassen der Verfolgung „ist nichts anderes, als eine Sache, die nur allererst dezidieret worden, zur neuen Untersuchung zu bringen", und dann [2] kurz vor Beginn des Siebenjährigen Krieges: „Man muß den Feind mehrere Tage verfolgen, besonders an demjenigen der Schlacht selbst. Wenn er keinen geeigneten Augenblick, sich zu sammeln, finden kann, so wird er immer weiter fliehen; sollte er aber Miene machen, irgendwo zu halten, so muß man ungestüm gegen ihn andrängen ... keinesfalls die Truppen wegen Ermüdung oder zur Vermeidung neuer Attacken schonen wollen, weil es sich hier darum handelt, durch diese Beschwerden ihnen für die Folge eine lange Ruhe zu verschaffen. Jeder Tag der Verfolgung wird die feindliche Armee um einige tausend Menschen vermindern, und bald wird ihm kein gesammeltes Korps mehr bleiben ... Durch diese Art des Handelns erreicht man es, daß man in wenig Feldzügen weiter kommt, als andere Generale in vielen Jahren." Man müsse

---

[1] Militärische Klassiker, S. 82.
[2] Ebendort S. 146.

allerdings als Führer der Verfolgungstruppe die besten Offiziere nehmen, führt der König weiter aus, und nicht, wie nach Malplaquet, einen General, welcher sich hütete, der feindlichen Arrieregarde nahe zu kommen.

In Wirklichkeit entsprachen die Taten nicht den Worten. Der König nennt uns, an das früher Gesagte anknüpfend, die Ursachen: „Indes ist das (Verfolgen) nicht leicht, denn viele Offiziere halten es für genügend, wenn sie zur Not ihre Pflicht getan haben. Die Mehrzahl ist so zufrieden, daß die Schlacht beendet ist, daß man viel Mühe hat, ihnen jenen neuen Eifer für die Verfolgung einzuflößen." An anderer Stelle heißt es: „Zu keiner Zeit ist eine Armee weniger geeignet, weiter zu kämpfen, als unmittelbar nach dem Siege. Alle Welt jubelt, der große Haufe ist entzückt darüber, glücklich den Gefahren entronnen zu sein, welchen man ausgesetzt gewesen, und niemand hat Lust, sich sofort wieder in neue zu stürzen."

Die Kämpfe des 18. Jahrhunderts spielten sich ab auf nahen Entfernungen in starren, geschlossenen Formen, ohne Ausscheiden von Reserven, und unter starker Beteiligung der Kavallerie. Es fehlte nach dem Siege an einer intakten Truppe zum Übernehmen der Verfolgung. Truppenkörper aus der Ordre de bataille loszulösen, die man als ein einheitliches, festgefügtes Ganzes ansah, war eine außergewöhnliche Maßregel. Aber diese taktischen Momente, welche eine Verfolgung erschweren, mußten auch andererseits eine energische Verfolgung für eine geschlagene Truppe geradezu verhängnisvoll machen. Da aber schon die siegreiche Schlacht den Gegner meist für längere Zeit kampfunfähig machte, so lag es für den Feldherrn jener Zeit nahe, zu erwägen, ob es sich unter solchen Umständen überhaupt lohne, die mit einer Verfolgung verbundenen operativen Schwierigkeiten zu überwinden. Als solche sind für die damaligen Heere anzusehen: die Abhängigkeit von der Magazinverpflegung, die Notwendigkeit, das so kostspielige Heer zusammenzuhalten, das Ruhebedürfnis der damaligen Heere nach größeren Leistungen und Anstrengungen, welches im Beziehen von Winterquartieren seinen stärksten Ausdruck fand, das schwierige Ordnen der Truppenverbände nach einer Schlacht, die Unzuverlässigkeit der Werbeheere, welche der Kriegsbeute mehr Aufmerksamkeit schenkten, als einer tatkräftigen Verfolgung. Eine wirksame Verfolgung ist aber nur denkbar, wenn jeder Mann, vom Offizier bis zum Musketier herab, bereit ist, den letzten „Hauch von

Mann und Roß" zur Vernichtung des Gegners einzusetzen, dieses ist aber nur möglich, wenn der Soldat inneren Anteil an dem Kriege nimmt, wenn die Erbitterung zum Ausbruch kommt, wenn der Soldat begierig ist, endlich einmal jahrelange Unbill am Feinde zu rächen, wenn schließlich der Feldherr mit dem Blute seiner Untergebenen nicht geizt, wenn, um es schroff auszudrücken, ihm eine gewisse Gleichgültigkeit gegen Verluste und Leiden seiner Untergebenen eigen ist. Dieses das Geheimnis aller großen Verfolgungen, dieses die Erklärung, daß rücksichtslose Verfolgungen in größerer Zahl[1]) nur die gröber veranlagten Völker zu verzeichnen haben. Eine wirkungsvolle Verfolgung gedeiht nur auf dem Boden des Volkskrieges, wenn Haß und Erbitterung die Triebfedern werden, die in dem starken, mitleidslosen Willen des Führers ihren Ausdruck finden und die Truppen zu immer neuen Anstrengungen fortreißen. In den geworbenen Heeren des 18. Jahrhunderts stand der Soldat den Zielen der Politik seiner Brotherren fremd gegenüber, die Führer hüteten sich auch wohl, gerade diese schwer zu zügelnden Leidenschaften zu entfachen.

Am Abend der Schlacht von Leuthen (5. Dezember 1757) verfolgte der König mit dem Bataillon Jung-Stutterheim und dem Regiment Seydlitz-Kürassiere noch eine halbe Meile über das Schlachtfeld hinaus, bis die Dunkelheit der Verfolgung ein Ziel setzte. Noch vor Tagesanbruch am 6. brach der König auf, überschritt 10 Uhr morgens die Lohe, bezog hier ein Lager, während Zieten mit 11 Bataillonen und 55 Eskadrons die weitere Verfolgung übernahm. Ein Teil der Österreicher warf sich nach Breslau hinein. Zieten gelangte erst am 8. Dezember nach dem 26 Kilometer von Breslau entfernten Bohrau und gab seinen ermüdeten Truppen am 9. einen Ruhetag. Keineswegs Bedenken der Verpflegung oder die Furcht vor Fahnenflucht hinderte ein schnelleres Verfolgen. In dieser Beziehung ist das in dem XVI. Bande der Korrespondenz Friedrichs des Großen enthaltene Schreiben des Königs an Zieten vom 9. Dezember von großem Interesse. Es heißt darin: „.... Ich verlange sehr, daß Ihr den Feind noch immer weiter poussieren und verfolgen und keine Ruhe lassen sollet ... Ihr müßt das Brot vom Lande liefern lassen ... Ich glaube zwar wohl, daß Eure Leute müde und wieder etwas fatiguieret seind, so kann es doch nicht anders gegenwärtig seind, und

---

[1]) Diesen Gedanken hat zuerst General v. Liebert in seiner Studie über die Verfolgung ausgesprochen: „In der gesamten Kriegsgeschichte Österreichs seit den Tagen Prinz Eugens findet sich kein Beispiel für Verfolgung. Die Franzosen haben nur unter dem persönlichen Einfluß des großen Napoleon derartige Taten aufzuweisen. Russen und Preußen dagegen ist zu allen Zeiten der Ruhm dieses höchsten Grades energischer Kriegführung eigen gewesen. Die Taten Suworows 1790 vor Ismail und 1794 vor Praga, sowie die Verfolgung von 1812 und 1878 sind Glanzleistungen der betreffenden Armee."

müsset Ihr bedenken, daß der Feind noch weit müder und fatiguierter sein muß..." Eigenhändig fügte der König hinzu: „**Ein Tag Fatigue in diesen Umständen, mein lieber Zieten, bringet uns in der Folge 100 Ruhetage. Nur immer dem Feind in die Hessen gesessen!**"

Auf der Verfolgung fielen 2800 Gefangene und 2000 Fahrzeuge in preußische Hände. Vor allem: Schlesien war frei! Der Gesamtverlust der österreichischen Armee betrug einschließlich der 11000 Mann, welche sich am Tage nach der Schlacht nach Breslau hineingeworfen hatten und am 19. Dezember kapitulierten, ungefähr 40000 Mann, d. h. die Hälfte der bei Leuthen ins Gefecht geführten Stärke, von den 210 Geschützen fielen 116 in preußische Hände.

Auch die Schlacht von Roßbach (6. November 1757) schloß mit einer energischen Verfolgung mit der ganzen Armee bis Obschütz, 4000 Meter über das Schlachtfeld hinaus; über 5000 Gefangene, 67 Geschütze und 22 Fahnen waren die sichtbaren Zeichen des Sieges. Die am nächsten Tage begonnene Verfolgung erreichte den Gegner nicht mehr, welcher schon am 7. in das 83 Kilometer vom Schlachtfelde entfernte Langensalza einrückte.

Die Volksheere der Revolution streiften die Fesseln ab, welche bis dahin einer energischen Ausbeutung des Sieges hinderlich gewesen waren. Napoleons rastloser Ehrgeiz, seine Tatkraft, Rücksichtslosigkeit und Nichtachtung der Persönlichkeit, wenn dies seinen Zwecken diente, seine hohen Anforderungen an die Leistungsfähigkeit seiner Untergebenen und Nutzbarmachung aller Mittel stempelten ihn zum Meister der Ausnutzung seiner taktischen Erfolge. Ihm gebührt das Verdienst, seiner Kavallerie ein Operationsfeld vorwärts der Armee zugewiesen und sie so selbständig gemacht zu haben, daß sie sich durch ihr bloßes Erscheinen dem Gegner furchtbar machte. Er verwarf die Fesseln der ängstlich gesicherten, kurzen Operationslinien des 18. Jahrhunderts und verfolgte sein Ziel bis ins Innerste des feindlichen Landes, dahin, wo der Gegner ins Mark getroffen wurde. Die Glanzperiode der Napoleonischen Verfolgungsoperationen umfaßt das Jahrzehnt des jugendlichen Feldherrn von 1796 bis 1806. **Napoleons Bedeutung liegt vor allem auf dem Gebiet des Ansetzens der operativen Verfolgung.** Bei aller Energie der Durchführung ist er es aber, der immer wieder zur Vorsicht mahnt. So schreibt er fünf Tage nach Jena an Soult: „Lassen Sie sich durch das Glück nicht blenden, halten Sie Wacht, bedenken Sie, daß 8000 Mann nichts sind, halten Sie Ihr Korps vereint und gönnen Sie demselben Ruhe."

Im Jahre 1797 eilt Bonaparte nach dem Fall von Mantua an den Tagliamento, schlägt hier am 16. März den Erzherzog Karl, leitet eine rastlose Verfolgung durch das Hauptal der Ostalpen bis nach Klagenfurt ein, welches am 29. März erreicht wird, d. h. 20 Meilen in 12 Tagen. Hierauf geht es unter steten Gefechten weiter, bis am 7. April der Waffenstillstand von Judenburg den Feindseligkeiten ein Ende bereitete. Im ganzen waren vom 17. März bis 4. April — in 19 Tagen — 30 Meilen unter beständigen Gefechten im Hochgebirge, welches damals noch keine Kunststraßen besaß, zurückgelegt worden.

Eine hervorragende Verfolgungsleistung ist ferner die Verfolgung des Erzherzogs Ferdinand nach der Waffenstreckung von Ulm vom 15. bis 20. Oktober 1805. — 7 Generale, 200 Offiziere, über 11000 Gefangene, 180 Geschütze, 11 Fahnen, 500 Fahrzeuge wurden die Beute der französischen Kavallerie, welche auf schlechten Wegen täglich 5, am 20. Oktober sogar 7 Meilen zurücklegte.

Nach der Schlacht von Austerlitz schreibt der Kaiser Napoleon: „Im Kriege ist nichts getan, solange noch etwas zu tun übrig bleibt; ein Sieg ist nicht vollständig, wo man noch mehr tun kann." Die Verfolgung nach Austerlitz entsprach jedoch nicht diesem Ideal, welches eine Grenze nur in dem eigenen Können suchen darf S. u. S. 439.

Den Höhepunkt bildet die Verfolgung nach Jena und Auerstädt vom 15. Oktober bis zum 7. November:

Die französische Verfolgung nach Jena.

Die preußisch-sächsische Armee, welche im Abmarsch über die Unstrut in eine günstigere Aufstellung mit der Rückzugsrichtung senkrecht hinter der Front begriffen war, wurde durch den Angriff der Franzosen bei Jena und Auerstädt in der Ausführung dieses Abmarsches gestört. Die Armee ging in der Nacht zum 15. und im Laufe dieses Tages über Sömmerda auf Nordhausen zurück, um bei Magdeburg die Elbe zu überschreiten. Die Verbindung mit dem bei Halle stehenden Reservekorps wurde aufgegeben, damit überließ man den Franzosen die kürzere Richtung auf Berlin.

Der Fürst von Hohenlohe hatte am 15. in Sondershausen vom König den Befehl über die Armee erhalten mit dem Auftrage, nach Magdeburg zu marschieren und hier die Reste des geschlagenen Heeres zu sammeln und zu ordnen.

Er erreichte am 16. Nordhausen, wohin im ganzen ungefähr 25000 Mann gefolgt waren, eine Abteilung war bereits nach dem Harz vorausgegangen.

Die Masse wurde in 3 Kolonnen geteilt:

mit der einen marschierte der Fürst von Hohenlohe über Quedlinburg, Egeln nach Magdeburg, wo er am 20. eintraf,

14000 Mann unter General v. Kalkreuth zogen über Ilfeld, Blankenburg nach Oschersleben und überschritten am 21. bei Jerichow — unterhalb Magdeburg — die Elbe;

der General v. Blücher mit der schweren Artillerie, einem Bataillon und 600 Reitern ging westlich um den Harz über Osterode nach Braunschweig, wandte sich dann nördlich, um am 24. bei Sandau über die Elbe zu gehen.

Dorthin folgte auch am 26. die preußische Abteilung, welche unter dem Herzog von Weimar Anfang Oktober nach Franken geschickt und zu spät zurückgerufen war.

Diese marschierte über Erfurt, Langensalza, Osterode nach Wolfenbüttel und nahm hier Fühlung mit Blücher.

Schon vor der Schlacht von Jena und Auerstädt stand der französischen Armee der Weg nach Berlin offen. Der Kaiser nahm an, daß die Verbündeten, falls sie die bevorstehende Schlacht verlieren, den Rückzug nach Magdeburg antreten würden. Am Abend des 14. Oktober ist der Kaiser der Ansicht, bei Jena die ganze feindliche Armee vor sich gehabt und empfindlich geschlagen zu haben, über die Ereignisse, welche sich Saale abwärts bei dem Korps Davoust abgespielt haben, ist Napoleon im unklaren, er nimmt aber an, daß die Anwesenheit starker französischer Streitkräfte westlich Naumburg der preußischen Armee die Möglichkeit nehmen müßte, auf dem kürzesten Wege Magdeburg zu erreichen, daß sie gezwungen sei, den Umweg über Erfurt zu nehmen. War dieses der Fall, dann mußte die französische Armee die preußischen Kolonnen jederzeit wieder erreichen können. Dieses der Grund, weshalb Napoleon anscheinend von einer unmittelbaren Ausbeutung des Sieges Abstand nahm. Aber auch die Möglichkeit einer erneuten Offensive gegen die Saale wird erwogen, nur nicht damit gerechnet, daß die Preußen in nördlicher Richtung durch den Harz auf Magdeburg zurückgehen würden. Des Kaisers Befehle vom 15. Oktober und die Berichte der Marschälle ergeben deutlich diese Auffassung. Hier ist stets nur von der Richtung auf die Saale und auf Magdeburg die Rede. So reitet denn am 14. abends der Kaiser vom Schlachtfelde fort, ohne seinen Generalen, besonders Murat, Anweisungen über die Ausdehnung und Ausführung der Verfolgung hinterlassen zu haben.

Die unmittelbare taktische Verfolgung führte am Schlachttage mit der Dragoner=Division Klein — er hatte seit dem 13. mittags 62 Kilometer zurückgelegt — noch 5 Kilometer über Weimar hinaus, das Korps Soult kommt nach einer Tagesleistung von 50 Kilometern und Anteilnahme an der Schlacht bis Ulrichshaben, 8 Kilometer über das Schlachtfeld hinaus. Ney, nach einer Marschleistung am 13. und 14. von 75 Kilometern, kam am 1. April bis dicht vor Weimar, Lannes bis Umpferstadt, das I. und II. Kavalleriekorps bis über Weimar hinaus. So bringend wünschenswert es auch gewesen wäre, die Verfolgung noch in die Nacht hinein fortzusetzen, so scheint die Ermüdung der Truppen doch derartig gewesen zu sein, daß weitere Marschleistungen wohl kaum noch zu verlangen waren. Nur das Korps Bernadotte wäre zur nächtlichen Verfolgung zu gebrauchen gewesen, aber über seine Tätigkeit war der Kaiser nicht unterrichtet. Es hatte mit 2 Divisionen und der Kavallerie=Division Lassalle Apolda erreicht.

Auf diese Weise blieb der geschlagene Gegner bis gegen Mittag des 15. vom Sieger fast ungestört und benutzte die ihm gegönnte Zeit, um etwa einen halben Tagemarsch durchschnittlich zwischen sich und diesen zu legen, während der Kaiser sich des Vorteils begeben hatte, vom Verbleib und den Absichten des Feindes frühzeitig Kenntnis zu erhalten. Bereits am 18. erreicht die Hauptmasse der Preußen Quedlinburg und Blankenburg. Das Fehlen einer nachdrücklichen taktischen Verfolgung fällt aus dem Grunde wenig auf, weil es keine bemerkbaren Nachteile im Gefolge hatte; eine andere Frage ist die, welche Vorteile und Erfolge sie bei dem Zustande des preußischen Heeres hätte bringen können.

Der Plan, den Napoleon seiner Verfolgung zugrunde legte, entwickelte sich während des 15. Oktober in zwei deutlich unterscheidbaren Momenten.

Am 15. früh zwischen 5 und 5¼ Uhr ließ Napoleon zunächst Murat (Aufbruch

9 Uhr vorm) und Ney (VI) auf Erfurt marschieren, durch Davoust (III) Naumburg wieder besetzen.

Bernadotte (I) wurde auf der Straße nach Naumburg bis zu einem Punkt vorgeschoben, wo ein Weg von Erfurt einmündet — die anderen Korps (V, VII) und die Garde blieben im wesentlichen, wo sie die Nacht verbracht hatten, zwischen Jena und Weimar.

Die Aufstellung entspricht der ersten Auffassung Napoleons, wonach er die ganze preußische Armee geschlagen sich bei Erfurt gegenüber glaubte und deren Abmarsch in Richtung auf die untere Saale annahm.

Die Nachricht Davousts vom Siege bei Auerstädt, welche um 9 Uhr früh eintraf, veränderte das Bild. Danach hatte Napoleon es mit zwei Armeehälften zu tun gehabt, von denen die nördliche sich entweder noch Davoust gegenüber oder bereits in Fortsetzung ihres Rückmarsches auf Magdeburg befand. Andererseits bestätigten bis jetzt keinerlei Nachrichten ein Abmarschieren des Feindes aus der Gegend von Erfurt in der Richtung auf die untere Saale.

Bernadotte erhielt Befehl, die Verfolgung der bei Auerstädt geschlagenen Hauptarmee zu übernehmen und mit Davoust gegen diese zu operieren. Beide Marschälle erhielten dabei die Weisung, in ihren bezüglichen Operationen unter allen Umständen den näheren Weg nach Leipzig und an die Elbe, damit auf Berlin festzuhalten.

Soult (IV) sollte durch seine Aufstellung in Buttelstädt die Verbindung der beiden feindlichen Armeehälften unterbrechen — zugleich stand er dort bereits günstig für eine Verfolgung auch in westlicher Richtung.

Das V. und VII. Korps sowie einen Teil der Kavallerie-Reserve beordert der Kaiser marschbereit nach Weimar; dorthin verlegte er auch sein Hauptquartier. Die Aufklärungs-Kavallerie ist weiter vorgeschoben.

So steht Napoleon für eine Verfolgung nach Nordwesten — gegen den Harz —, für eine solche gegen Nordosten — Saale und Magdeburg — oder für beide zusammen gleich bereit und hält sich für jeden Fall den näheren Weg nach der Elbe und auf Berlin offen

Murats Patrouillen stellten bis zum 15. 5 Uhr früh fest, daß die preußische Armee, vor der Schlacht 100 000 Mann stark, in der allergrößten Unordnung in zwei Kolonnen auf Weimar und Frankenhausen zurückgehe. Nach Kenntnis dieser Meldungen schrieb der Kaiser an Murat vom 15. nachmittags 1 Uhr, er nehme an, daß die Verbündeten vermutlich sich bei Frankenhausen zu vereinigen beabsichtigten. Damit wäre die Richtung nach Berlin freigegeben. Dieses bestimmt den Kaiser, die Verfolgungsrichtung zu ändern, die Armee wird jetzt mit 4 Korps auf Berlin angesetzt.

Die geschlagene Armee soll in ihrem aufgelösten Zustande gänzlich vernichtet werden, ehe sie die Oder mit ihren Stützpunkten erreicht.

Murat, Soult (IV), Ney (VI) erhalten den Auftrag, den feindlichen Kolonnen auf dem Fuße zu folgen, diese möglichst noch mehr zu teilen, jedes Festsetzen und Sammeln zu verhindern. Während dessen soll Bernadotte den geraden Weg auf Magdeburg marschieren, um die westlich dieser Straße zurückweichenden Truppen von der mittleren Elbe abzuschneiden. Lannes (V) und Augereau (VII) gehen direkt nach

Dessau, Davoust (III) über Leipzig nach Wittenberg und besetzen die Elbübergänge. Die Garden folgen über Halle nach Dessau. Von hier sollen diese vier Korps so schnell wie möglich Berlin erreichen, um den über die Elbe nach der Oder zurückweichenden Feind zu empfangen und zu vernichten.

Nachdem der Kaiser so die weitgehendsten Direktiven gegeben hat, überläßt er die Ausführung seinen Unterführern, doch behält er dabei die allgemeine Übersicht über das Ganze. Dies ermöglicht ihm, die einzelnen Korps je nach Erfordernis zu dirigieren, damit der große, allgemeine Zweck nicht unter dem Bestreben der einzelnen Korps, eigenen Vorteilen nachzugehen, leide.

Als Napoleon, in Gewißheit des sicheren Erfolges, jedes Anerbieten, einen Waffenstillstand abzuschließen, abgelehnt hat, gelingt es ihm, Sachsen von der Verbindung mit Preußen loszulösen. Hierdurch schwächt er die preußische Armee um 20 000 Mann, setzt sich aber vor allem in den Besitz der mittleren und oberen Elbe bis Böhmen, welche er nun zur Basis seiner weiteren Unternehmungen nimmt.

Von besonderem Interesse sind die Bewegungen Murats. Dieser geht am 16. mit der Masse der Kavallerie-Reserve nach Langensalza, von wo er am Abende dieses Tages meldet, daß er über die feindliche Rückzugsrichtung noch vollständig im unklaren sei. Am 17. macht er dann noch einen Marsch in nördlicher Richtung auf Nordhausen zu, aber schon hat sich das Korps Soult vor ihn geschoben, und die Kavallerie-Reserve ist nunmehr gezwungen, diesem folgend, den Harz zu durchziehen. In Immenrode, südlich Nordhausen, erfährt Murat, daß ein intaktes feindliches Korps (es war das des Herzogs von Weimar, mit dem sich Blücher später vereinigte) im Rückzug über Göttingen befindlich sei. Er läßt dieses feindliche Korps ruhig ziehen, da er es bereits als abgeschnitten betrachtet, indem es nicht vor den Franzosen nach Magdeburg gelangen konnte. — So geht die Fühlung mit diesem Korps völlig verloren, und es muß späterhin von der Kavallerie des Marschalls Soult in seinem Marsch über die untere Elbe aufs neue entdeckt und verfolgt werden. Napoleon läßt am 20. hierüber aus Halle durch Berthier schreiben: „Sie melden dem Kaiser, daß eine Kolonne von 6000 Mann in Ihrer linken Flanke aufgetreten ist; der Kaiser nimmt an, daß Sie sich gegen diesen neuen Gegner gewandt haben. Die Absicht Sr. Majestät ist, daß Sie dem Feinde zu Leibe gehen, wo Sie ihn finden, denn in der Lage, in welcher wir uns zurzeit befinden, kann Se. Majestät keine Operationen jenseits der Elbe einleiten, bevor nicht das linke Elbufer durchweg vom Feinde gesäubert ist."

Man sieht, so wenig Murat Napoleon hinsichtlich der Aufklärung genügte, so wenig tut er es hier hinsichtlich der Verfolgung. Wie Murat im Begriffe steht, mit seiner Reiterei hinter Soult sich in die Harz-Defileen einzufädeln, kommt ihm zwar vorübergehend der Gedanke von der Notwendigkeit einer indirekten Verfolgung, er will sich hinter Soult rechts fort ziehen, entschließt sich dann aber doch nicht, die Straße über Eisleben einzuschlagen, um so östlich um den Harz herumgreifend dem preußischen Rückzuge, noch bevor dieser Magdeburg erreichte, zuvorzukommen.

Er vermochte dann am 20. in der Ebene zwischen Harz und Elbe, westlich Magdeburg, vielleicht noch gegen die Flanke des feindlichen Rückzuges auf Magdeburg wirksam zu werden, jedenfalls aber stand er dann hier rechtzeitig bereit, oberhalb Magdeburg, die Elbe überschreitend, den weiteren Rückzug des Gegners von der Elbe bis an die Oder zu begleiten.

So aber mußte ihn Napoleon am 22 erst wieder über Dessau an die Tete der Armee vorziehen, um ihn auf Treuenbrietzen zu dirigieren. Es stellte das nunmehr Anforderungen an die Pferdekräfte, welche diejenigen, die rechtzeitiges Herumgreifen um den Harz bedingt hätte, weit überstiegen. Auch fügt Napoleon dem Befehl, der diese neue Bewegung fordert, die Mahnung hinzu: „Übrigens reiten Sie nicht Ihre Pferde zuschanden."

Die an der Spitze befindliche Brigade Lassalle legte am 22. 60 Kilometer bis Treuenbrietzen zurück, am folgenden Tage 40 Kilometer bis Potsdam. Die Division Hautpoul leistete am 23. 64 Kilometer, dafür aber blieb sie am 24. Oktober 27 Kilometer hinter dem ihr gewiesenen Marschziele zurück.

Trotzdem war der einmal aus der Hand gegebene Vorteil einer indirekten Verfolgung nicht wieder auszugleichen. Unbemerkt gelang es Hohenlohe, am 21. aus Magdeburg abzurücken, und die Richtung seines Marsches blieb längere Zeit unentdeckt. Nur gerüchtweise erfuhr Napoleon von dem Marsche der Kolonnen über Rathenow und Ruppin, und erst am 26. kann Murat von Zehdenick melden, daß er endlich die Fühlung mit dem Feinde wiedergewonnen.

Bei besseren Marschanordnungen und größerem Verständnis für die Verwendung der Artillerie auf preußischer Seite wäre das Korps Hohenlohe der Verfolgung entgangen und über die Oder gelangt, trotz der bewunderungswerten Energie, die Napoleon in die Verfolgung der feindlichen Heerestrümmer zu bringen wußte, er wäre entkommen, weil die Reiterführer des französischen Heeres ihre Aufgabe nicht zu erfassen wußten, wie die großen Absichten der obersten Führung es verlangten.

Soult und Ney folgten den einzelnen Kolonnen unmittelbar und hielten den Feind fortwährend in Bewegung. Gleichzeitig mit Hohenlohe trafen sie vor Magdeburg ein. Währenddessen hatten Lannes, gefolgt von Augereau, Dessau, die Garde, dem Korps Augereau folgend, Halle, Davoust über Leipzig Wittenberg am 20. erreicht. Zwischen diesen Korps und denen des linken Flügels hielt Bernadotte die Verbindung. Im Begriff, von Auerstädt geradeswegs über Eckartsberga, Eisleben nach Magdeburg zu marschieren, erfuhr er in Querfurt die Anwesenheit eines preußischen Korps bei Halle. Er bog dahin ab, griff den Herzog von Württemberg an und schlug ihn. Sodann setzte er seinen Marsch auf Magdeburg fort und kam am 20. in Bernburg an. Das Gefecht hat zur Folge, daß auch die Übergänge von Dessau und Bernburg in französische Hände fielen. Der Kaiser war mit der Garde dem Korps Augereau nach Halle gefolgt.

Einen Maßstab für die Energie, mit welcher die Franzosen die Verfolgung betrieben, erhält man bei Betrachtung der preußischen Verluste in der Zeit vom 14. bis zum 20. Oktober. Die Stärke der Hauptarmee betrug bei Auerstädt 45000 Mann, — 35000 waren nach der Schlacht noch vorhanden, und mit 25000 Mann traf Hohenlohe in Magdeburg ein. Hohenlohe und Rüchel zusammen hatten in der Schlacht 30000 Mann preußischer Truppen, — nach Magdeburg kamen 8000 Mann. Eine weitere Wirkung des energischen Nachdrängens ist die, daß Blücher und der Herzog von Weimar von Braunschweig aus Magdeburg nicht mehr erreichen können; so müssen beide Abteilungen sich nördlich wenden, um erst bei Sandau die Elbe zu überschreiten.

Am 20. Oktober ist somit der erste Teil der Verfolgung ganz im Sinne Napoleons beendet: „Die geschlagene preußische Armee hat in völlig aufgelöstem Zustande die Elbe erreicht, ohne sich hinter ihr sammeln und festsetzen zu können, — der Weg auf Berlin steht den französischen Truppen offen." Es kann somit der zweite Teil beginnen: „Die Vernichtung der einzelnen, zur Oder drängenden feindlichen Kolonnen!"

Während Ney bestimmt ist, vor Magdeburg zu bleiben, um dessen Fall herbeizuführen, geht Bernadotte nach Brandenburg, nachdem er mit Murat bei Dessau die Elbe überschritten hat. Am 24. Oktober trifft der Kaiser mit Murat, Lannes und den Garden in Potsdam ein, Davoust steht vor Berlin. Napoleon, welcher jetzt die Nachricht erhält, daß Hohenlohe sich auf Stettin gewendet habe, entsendet sofort eine Kavallerie-Brigade, um den Feind aufzusuchen. Diese trifft am 26. auf ein Detachement unter General v. Schimmelpfennig und zersprengt dieses, so daß Hohenlohe sich veranlaßt sieht, nach Norden auszubiegen. Am 25. fällt Spandau ohne jeden Widerstand.

Murat und Lannes werden sogleich auf Oranienburg in Marsch gesetzt, um den Feind, ehe er Stettin erreichen kann, anzugreifen. Dies gelingt, und es kommt zur Kapitulation von Prenzlau. Währenddessen hatten Soult und Bernadotte die Fühlung mit den Kolonnen des Herzogs von Weimar und Blüchers aufrecht erhalten. Beide werden von Napoleon beauftragt, im Verein mit Murat diese weiter zu verfolgen. Soult, bei Zechlin östlich Wittstock stehend, geht elbabwärts und schneidet so Blücher von der Elbe ab, während Murat und Bernadotte nachdrängen. So muß jener seinen Weg nach Lübeck nehmen und, rings eingeschlossen, schließlich die Waffen strecken.

Betrachtet man die Marschleistungen der einzelnen französischen Korps, so sieht man, daß die Führer das Äußerste von ihren Truppen gefordert und erlangt haben.

Die Hauptleistung hierin fiel naturgemäß der Kavallerie zu; von dieser verdient wieder die Husaren-Brigade Lassalles hervorgehoben zu werden. Sie ist vom 14. Oktober bis 5. November, also 23 Tage ohne Ruhe ununterbrochen bei der Kavallerie-Reserve in Verwendung gewesen. An der Hand Foucarts, „Die französische Kavallerie 1806", läßt sich die Länge der von ihr von Unterkunft zu Unterkunft zurückgelegten Märsche feststellen; es sind für die 23 Tage 913 Kilometer, also auf den Tag im Durchschnitt 40 Kilometer. Man muß dabei bedenken, daß diese Leistung als „Quartierwechsel" jede besondere Verwendung einzelner Pferde und Detachements außer Rechnung läßt. Der Pferdebestand der Kavallerie wurde bei allen sich darbietenden Gelegenheiten aufgefrischt; sie erhielten die Pferde der demobil werdenden sächsischen Kavallerie und was bei den Kapitulationen an Pferden verfügbar wurde; trotzdem war der Zustand der Kavallerie beim Beginn des Winterfeldzuges noch sehr mangelhaft. Was die Armeekorps angeht, so machte Davoust von Auerstädt bis Berlin 30 Meilen in 10 Tagen, Lannes von Weimar bis Prenzlau in 14 Tagen 40 Meilen.

Als durch die Verhältnisse geforderte Gewaltmärsche [1]) sind die der Korps Berna-

---

1) S. Taktik III, S. 403.

botte (I) und Lannes (V) während der Operationen auf Prenzlau zu erwähnen. Hierbei machte das I. Korps die 74 Kilometer von Börnicke (nördlich Nauen) bis Fürstenberg in 34 Stunden, das Korps Lannes die Strecke von Berlin über Oranienburg auf Prenzlau, 102 Kilometer, in 54 Stunden, seine Avantgarde sogar 105 Kilometer in nur 48 Stunden. Soult hatte am 21. Oktober seinen 15. Marschtag mit einer zurückgelegten Gesamtstrecke von 385 Kilometern (im Durchschnitt täglich 25,5 Kilometer).

Für die Verpflegung des Heeres mußte ein ebenso wirksames als rücksichtsloses Requisitionssystem sorgen, das allerdings den Charakter der Plünderung annahm und ebenso wie die zahlreichen Nachtmärsche die Disziplin des Heeres schwer schädigten.

Nach den Oktobertagen von 1806 haben wir keine ähnliche Verfolgung des Kaisers wie nach Jena zu verzeichnen. Wohl ordnet der Kaiser nach Smolensk, nach Dresden und Ligny eine Verfolgung an, aber er versäumt, die Führer zur Tätigkeit anzuspornen, die Verfolgung einheitlich zu leiten. Der schriftliche Befehl versagt, hier fehlt das individuelle Moment, welches erst die höchsten Leistungen sichert; der Instanzenweg wirkt sichtlich lähmend auf die Übertragung des Willens des Feldherrn. Keineswegs kann der Mangel an Kavallerie als Entschuldigung für die schwächliche Verfolgung nach Bautzen geltend gemacht werden, an 11000 Pferde waren bei der Armee, aber sie wurden nicht ausgenutzt. Am Abend nach dem Siege von Eggmühl (1809) schenkt Napoleon den von den Marschällen vorgebrachten, zweifelsohne vom eigenen Standpunkte der Truppenführer berechtigten Bedenken Gehör und verzichtet auf eine Verfolgung. Bei dieser Beratung fällt es niemand ein, auf die Vorteile eines Verfolgungsstoßes in die Nacht hinein hinzuweisen[1]).

Wer verfolgen will, muß Ohren und Augen schließen gegen die Ermattung der Truppen, eine vorübergehende Auflösung der Verbände als unvermeidlich in den Kauf nehmen.

Die kraftvoll eingeleitete Verfolgung Blüchers nach dem Siege an der Katzbach gelangt nicht zur vollen Entwickelung wegen der geringen Unterstützung seiner Unterführer, die sich zu einer freieren Auffassung der Kriegführung, zu einem rücksichtslosen Einsetzen der Kavallerie nicht aufschwingen konnten. Schlechte Verpflegung, Regenwetter und übergetretene Flüsse werden als Entschuldigungsgrund für geringe Leistungen aufgeführt. Noch am vierten Verfolgungstage war man

---

1) Pelet, Guerre de 1809, II, p. 71. Yort von Wartenburg, Napoleon als Feldherr, II, S. 51.

erst fünf Meilen in der Luftlinie vom Schlachtfelde entfernt, erst am 31., dem fünften Verfolgungstage, erreichte man den Queiß, in der Luftlinie nur 40 Kilometer von der Katzbach entfernt. Die Gefangennahme der Division Puthod bei Löwenberg war nur dem Eintreten eines besonderen günstigen Zufalles zu danken. Eine gründlich gefestigte Armee würde sich nicht wie die französische Bober=Armee völlig aufgelöst haben, die etwa 30000 Mann, 103 Geschütze und 250 Munitionswagen einbüßte.

Mustergültig für alle Zeiten bleiben die Schreiben Blüchers an den General von York. Dieser hatte in erster Linie im Auge, sein Armeekorps schlagfertig zu erhalten, während Blüchers Ziel volle Vernichtung des Gegners ohne Rücksicht auf den Zustand der Truppen war. Bei dem Widerstreit der Interessen verdienen unbedingt die letzteren, die das große Ganze im Auge haben, den Vorrang.

Bereits am 26. August 1813 früh nach fünftägigem Ausweichen schon beim Vorgehen zur Schlacht befiehlt Blücher: „Beim Rückzuge des Feindes erwarte ich, daß die Kavallerie mit Kühnheit verfährt, der Feind muß erfahren, daß er im Rückzuge nicht unbeschadet aus unseren Händen kommen kann." Die Ausführung entsprach dieser Forderung nicht.

Auf dem Marsche nach Goldberg erhielt York am 28. ein Schreiben von Gneisenaus Hand, in dem es heißt: „Ich kann Euer Exzellenz meine Unzufriedenheit über die Kavallerie nicht bergen. Sie weiß ihre Bestimmung, an dem Feinde zu bleiben und ihm zu schaden, wo sie kann. Statt dessen will sie observiren und verlangt immerwährend Ordres. Es ist nicht genug, zu siegen, man muß auch den Sieg zu benutzen wissen. Gehen wir dem Feind nicht auf den Leib, so steht er natürlich wieder und wir müssen durch eine neue Schlacht erreichen, was wir aus dieser erhalten können, wenn wir mit Energie verfahren."

Am Abend des 28. langte alsbann ein zweites Schreiben an, in diesem heißt es: „Bei dem gegenwärtigen Rückzuge des Feindes muß unser ganzes Bestreben sein, ihm so viel Abbruch zu tun, daß er außerstande gesetzt werde, sich noch einmal mit uns zu messen. Dieser wichtige Zweck kann nur durch eine schnelle und sogar verwegene Verfolgung des Feindes erreicht werden. Ich sehe aber mit Bedauern, daß unsere demselben nachgesandte Kavallerie diesem Zwecke keineswegs entspricht, daß sie keine Gefangene macht, und daß sie überhaupt mit einer Behutsamkeit zu Werke geht, als habe sie nicht einen geschlagenen, sondern einen siegreichen Feind vor sich. Ew. Exzellenz wollen daher den Anführern jener Kavallerie es zur strengsten Pflicht machen, mit dem Eifer und der unermüdeten Tätigkeit zu verfahren, welche die Wichtigkeit des ihnen aufgetragenen Geschäfts forbert, und ihnen bemerklich machen, wie sie bei ihrer Entfernung von dem Gros der Armee nach eigener Einsicht handeln und nicht bei jeder Gelegenheit sich Verhaltungsbefehle erbitten müßten, wodurch die kostbare Zeit, die sie unausgesetzt zu benutzen haben, verloren geht."

Macdonald hatte in einem Berichte an den Kaiser vom 29. August auch nur von einer leichten Verfolgung des Feindes gesprochen. — In einem Schreiben Blüchers vom 31. August 1813 an den General v. York heißt es dann:

„Bei der Verfolgung eines fliehenden Feindes, den jede Stunde durch Gefangene und Marodeurs schwächt, kommt es gar nicht darauf an, mit geschlossenen Brigaden oder selbst mit geschlossenen Bataillons oder Eskadrons zu marschieren. Was zurückbleibt, bleibt zurück und muß nachgeführt werden. Sobald die Bataillone sich schwächen, kann man auch Offiziere entbehren und dazu zurücklassen. An die Klagen der Kavallerie muß man sich nicht kehren, denn wenn man so große Zwecke als die Vernichtung einer ganzen feindlichen Armee erreichen kann, so kann der Staat wohl einige hundert Pferde verlieren, die aus Müdigkeit fallen. Eine Vernachlässigung in Benutzung des Sieges hat zur unmittelbaren Folge, daß eine neue Schlacht geliefert werden muß, wo mit einer einzigen die Sache abgetan werden konnte [1]."

Die Verfolgung nach der Schlacht von Waterloo konnte unter den denkbar vorteilhaftesten Verhältnissen eingeleitet werden: Eine frische Truppe mit energischen Führern an ihrer Spitze erreichte in günstigster Richtung das Schlachtfeld; der Gegner hatte alle seine Reserven verbraucht, als das Schicksal sich gegen ihn entschied. Während die englische Armee auf dem Schlachtfelde von Waterloo verblieb, wurde die unmittelbare taktische Verfolgung der Franzosen durch das I. und IV. preußische Korps, durch die 5. Brigade des II. Korps und 3 Regimenter der Reserve-Kavallerie eingeleitet. An der Spitze befand sich Gneisenau mit dem Füsilier-Bataillon 15. Regiments und je einem Schützenzuge zweier Landwehr-Regimenter und 7 Eskadrons. Die Hauptmasse der 5. Infanterie-Brigade folgte nicht weit über das Schlachtfeld hinaus. „Bis Genappes (5 km) gelangten nur die 13. Brigade und 8 Bataillone, welche den verschiedenen anderen Brigaden angehörten. Gneisenau mit seiner kleinen Schar folgte jedoch dem fliehenden Feinde ohne Aufenthalt, aus sieben Biwaks scheuchte er ihn durch den Schall der preußischen Hörner und Trommeln auf. Ohne Rücksicht darauf, was vor Ermüdung liegen blieb, wurde die Verfolgung über Quatrebras, Frasnes bis Mellet fortgesetzt. Hier erst machte der sehr zusammengeschmolzene Haufe, 17 Kilometer vom Schlachtfelde, Halt und schickte Abteilungen bis Gosselies 4 Kilometer weiter vor. Bis zum Morgen kamen von den außerdem zur Verfolgung angesetzten 57 Eskadrons noch 47 im Biwak bei Mellet an. Dieselben waren nicht mehr an den Feind gelangt, sondern nur noch auf regellose Haufen Fliehender gestoßen, welche sie zu Gefangenen gemacht hatten. Die 7 Eskadrons Gneisenaus verloren an Toten und Verwundeten 5 Mann; 18 Pferde" [2]. Dem noch nicht geschlagenen Korps Grouchy wurde eine Brigade in den Rücken gesandt und hätte in Gemeinschaft mit dem Grouchy frontal gegenüberstehenden Korps Thielmann wohl einen entscheidenden Erfolg erringen können. Wegen Übermüdung der Mannschaften blieb indessen die Brigade vorzeitig bei Mellery halten, setzte den Marsch

---

[1] Die Verfolgung nach der Schlacht von Leipzig. S. Kerchnawe, Von Leipzig bis Erfurt. Wien 1906.

[2] v. Lettow-Vorbeck, Krieg von 1806/7, S. 33.

erst am 20. früh fort, so daß Grouchy vom Mittag des 19. ab unbelästigt auf Namur zurückgehen konnte. Ein Sturm auf diese Stadt mißlang. Am 19. gelangte die preußische Armee nach einem Marsche von 4 Meilen bis zur Oise.

Bei der Hauptkolonne war die Fühlung mit dem Gegner abgerissen. Auch bei heftigstem Nachdrängen hätte eine direkte Verfolgung unmittelbar hinter dem Gegner her an der Oise und Aisne Verzögerungen erleiden müssen, die dem Feinde einen ausreichenden Vorsprung gesichert hätten. Große Erfolge waren von einer direkten Verfolgung nicht mehr zu erhoffen.

Der am Morgen des 19. Juni in Gosselies von Gneisenau entworfene Verfolgungsbefehl sah daher davon ab, den in südlicher Richtung zurückgehenden Franzosen mit stärkeren Kräften zu folgen. Blücher setzte, dem Vorschlage seines Stabschefs entsprechend, seine Armee längs der Sambre und demnächst auf dem westlichen Ufer der Oise auf dem nächsten Wege, die Festungen Laon und Soissons links liegen lassend, nach Paris in Marsch.

Verdeckt wurde diese Bewegung durch die in der bisherigen Marschrichtung belassenen Kavallerie-Regimenter. Die Brigade Pirch wurde herangeordert und Grouchy einstweilen seinem Schicksal überlassen.

Während die Franzosen in mehreren Kolonnen über Laon—Soissons und über Rocroi—Rethel—Reims der Hauptstadt zueilten, gelang es der preußischen Armee, in zwei, zeitweise in drei Kolonnen marschierend, ihnen durch einen am fünften Verfolgungstage beginnenden Parallelmarsch auf dem näheren Wege einen Vorsprung abzugewinnen. Als die Franzosen die Gegend von Laon=Soissons=Reims erreichten, waren die preußischen Avantgarden bereits bei Creil, Pont St. Maxence und Compiegne über die Oise gegangen und damit in der Lage, die Franzosen von Paris abzuschneiden.

Unverständlich ist die Erscheinung, daß die Reserve=Kavallerie auch jetzt noch bei allen Korps bei den Gros zurückgehalten wird! Nur die Brigade=Kavallerie wurde bei den Avantgarden verwendet.

Die Verpflegung geschah lediglich durch die während der Märsche aufgebrachten, die Strapazen noch erhöhenden Beitreibungen auf längeren Rasten. Die Truppen wurden stets in Biwaks zusammengehalten, Nachzügler und lahme Pferde in Avesnes und St. Quentin gesammelt. Aus nicht marschfähigen Leuten wurde von jedem Armeekorps am 27. in Compiegne eine Besatzungsabteilung gebildet.

Am 28. Juni (neunter Verfolgungstag) wurde bei Villers=Cotterets ein weit hinten, anscheinend in völliger Sicherheit marschierender französischer Geschützpark von einigen preußischen Schwadronen erobert. Der entstehende Schrecken pflanzte sich blitzschnell in das Biwak einiger Garbetruppen fort, die unter dem Rufe: „Wir sind abgeschnitten" in südlicher Richtung in die Wälder eilten und in kleinen Trupps auf eigene Faust die Flucht fortsetzten. Am nächsten Morgen stand bei Villers Cotterets auf der Rückzugsstraße des Feindes die schwache Brigade des Generals von Pirch (5 Bataillone, 6 Geschütze, 6 Eskadrons) dem Anmarsch von fünf französischen Divisionen unter Vandamme gegenüber, von denen jede einzelne der preußischen Brigade annähernd gewachsen war. Diese Truppen schritten trotz ihrer Überlegenheit nicht zum Angriff, sondern bogen unter Auflösung der Verbände nach Süden aus, indem

416 C. II. Verfolgung.

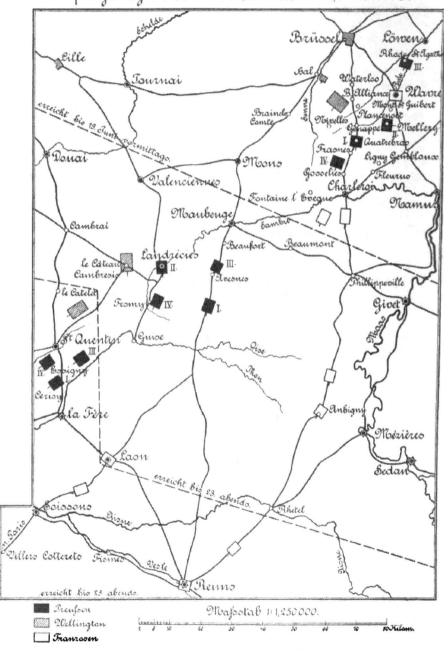

sie die Verbindung mit Paris aufgaben. Aber auch Pirch gab wegen Erschöpfung seiner Leute die Rückzugsstraße frei, um in Ruhe ablochen zu können.

Zu ernsteren Kämpfen kam es nur an einzelnen Stellen vor den Toren von Paris, wo zwölf Tage nach der Schlacht von Waterloo etwa 70000 großenteils waffenlose französische Soldaten zur Kapitulation gezwungen wurden. Die Auflösung der französischen Armee war hauptsächlich dadurch bewirkt, daß preußische Truppenteile überraschend in ihrem Rücken erschienen.

Allerdings hatte es nicht nur einer richtigen strategischen Kombination, sondern auch eines harten, mitleidlosen Willens bedurft, um dieses glänzende Resultat einer indirekten Verfolgung zu erreichen.

Blücher verlangte von seinen Truppen trotz schlechter Wege und unzureichender Verpflegung mehrere Tage hintereinander eine Marschleistung von 30 bis 45 Kilometern. Er blieb, wie er selbst sagte, taub gegen alle Lamentationen der Unterführer, die ihm wiederholt meldeten, die Truppen seien an der äußersten Grenze der Leistungsfähigkeit angelangt und müßten bei weiteren Anstrengungen unfehlbar zugrunde gehen. Auf den bestimmten Befehl hin erreichten sie aber doch die vorgeschriebenen Marschziele. Blücher wußte, daß der Gegner ebenso litt wie seine eigenen Leute, und ersparte durch seine Gewaltmärsche beiden Teilen die ungleich härteren Verluste einer neuen Entscheidungsschlacht.

Ganz unbedenklich war die Lage der preußischen Armee am 28. Juni nicht. Nach Abzug der Marschverluste wird Blücher nicht viel über 50000 Mann zur Stelle gehabt haben. Eine gleiche Anzahl Franzosen konnte bei Soissons gegen ihn vereinigt werden, während von Paris her noch etwa 20000 Mann herangezogen werden konnten.

Das englische Heer folgte nur langsam in einem Abstande von fast zwei Tagemärschen. Die rechtzeitige Unterstützung durch Wellington scheint nicht unbedingt sichergestellt gewesen zu sein.

Mit Befriedigung vermochte Feldmarschall Blücher am 4. Juli 1815 von Meudon aus in einem Privatbriefe von sich zu sagen: „Paris ist mein, die unbeschreibliche Bravoure und beyspiellose außbauer meiner Truppen nebst meinen Eisernen willen verdanke ich alles; an vorstellungen und lamentiren über entkräftung der leute hat es nicht gefehlt, aber ich war taub und wußte auß erfahrung, daß man die Früchte eines sieges nur durch unaußgesetztes vervolgen recht benutzen muß!"

Je mehr wir uns der Neuzeit nähern, um so geringer die Zahl wirksamer Verfolgungen.

Aus der ersten Hälfte des 19. Jahrhunderts sei nur noch genannt: der Zug von Diebitsch auf Adrianopel nach dem Siege von Slivno am 12. August 1829. Treffend sagt Moltke in seiner Geschichte des russisch-türkischen Feldzuges in der europäischen Türkei 1828 und 1829: Diebitsch langte südlich des Balkans bei Adrianopel „mit dem Schatten eines Heeres aber mit dem Rufe der Unwiderstehlichkeit an. Dem zuversichtlichen, kühnen und doch vorsichtigen Verhalten des Generals Diebitsch zu Adrianopel verdankt Rußland den glücklichen Ausgang des Feldzuges".

Auf der breitägigen Verfolgung Rozyckis durch den russischen General Rüdiger am 22., 23. und 24. September 1831 legten die Russen in drei Tagen 130 Kilometer zurück, in drei Gefechten wurde der Gegner zersprengt und mit 1700 Mann und 6 Geschützen zum Übertritt auf preußisches Gebiet gezwungen, 113 Offiziere und mehr als 4000 Mann fielen dem Sieger in die Hände.

Bei Königgrätz[1]) wurde die Verfolgung auf dem Schlachtfelde nach Einnahme von Chlum bis in die Gegend von Stösser und Briza fortgeführt, wo das opfermutige Aushalten der 218 Geschütze zählenden österreichischen Artillerie, die Attacken der österreichischen Kavallerie, dem unmittelbaren Nachdrängen Einhalt geboten. Wie es hinter diesen Truppen aussah, konnte man nur ahnen. Nur so viel wußte man, daß die österreichische Armee auf mehreren Brücken einen Fluß zu überschreiten hatte; hier mußte sich der Rückzug stauen, ein Nachdrängen die größten Erfolge haben.

„Die feindliche Infanterie war fast völlig aus dem Gesichtskreis verschwunden; das feindliche Artilleriefeuer nahm um 7¼ Uhr merklich ab. Wie schon bemerkt, befanden sich die eigenen Truppen auf überaus engem Raum zusammengebrängt und durcheinandergemischt, eine natürliche Folge des konzentrischen Angriffs, **welcher auf dem Schlachtfelde selbst und nicht erst jenseit desselben den Erfolg sucht**. Dieser war erreicht. Einem unmittelbaren Nachdrängen setzte die Elbe ein wesentliches Hindernis entgegen. Nachdem der Feind die über diesen Fluß vorbereiteten Brücken erreicht hatte und ihm außerdem ein völlig gesicherter Übergang in der das Vorterrain weithin beherrschenden Festung Königgrätz zu Gebote stand, war die Verfolgung auf den Umweg über Pardubitz angewiesen.

Die Truppen, welche größtenteils bereits in der Nacht aufgebrochen waren, hatten ihre Kräfte bis aufs äußerste angestrengt. Der anfangs beabsichtigte und ihnen höchst nötige Ruhetag war zum Schlachttag geworden. Sie waren auf Entfernungen bis 3½ Meile herangerückt; viele schon 19 Stunden in Bewegung und 10 Stunden im Gefecht. Niemand hatte abkochen können, die Pferde waren ohne Futter geblieben, und die wenigsten Mannschaften führten Mundverpflegung bei sich[2])."

Die Einbuße des Feindes schätzte man bei der II. Armee auf 20000 Mann und 50 bis 60 Geschütze. Nach und nach erkannte man aber die Bedeutung des Erfolges. Schon um 6¾ Uhr erließ General v. Moltke folgenden Heeresbefehl:

„Morgen wird im allgemeinen geruht und werden nur die zur Bequemlichkeit und Wiedervereinigung der Truppen nötigen Märsche ausgeführt. Die Vorposten gegen Josephstadt sind von der II. Armee, gegen Königgrätz von der I. Armee zu stellen und ist vom Truppenkorps des Generals v. Herwarth[3]), soweit dies möglich, eine Verfolgung des wesentlich in der Richtung auf Pardubitz zurückgegangenen Feindes auszuführen. Die Garde-Landwehr-Division ist direkt auf Chlumetz zu dirigieren."

Der Befehl war in Unkenntnis dessen erlassen, wie die Dinge bei den einzelnen Heeresteilen standen.

---

1) S. Karte am Schluß des Buches.
2) Gen.-St.-W. 1866, S. 429.
3) Elbarmee.

In späterer Zeit hat sich General v. Moltke auch gegen das Untunliche einer Verfolgung noch an diesem Tage ausgesprochen [1], wohl in dem Bewußtsein, daß der Sieg auf dem Schlachtfelde die volle Entscheidung des Feldzuges gegeben habe; im Gegensatz hierzu schrieb Bismarck am 27. Juli 1874: „Ich hielt den Feldzug, mit dem, was geschehen war, am Abend des 3. Juli nicht für entschieden und hätte kein militärisches Mittel versäumen mögen, um den Krieg ohne französische Einwirkung zu Ende zu führen" [2]. Den zutreffenden Grund für das Unterlassen der Verfolgung gibt Graf Waldersee:

„Die Hauptsache bleibt aber immer, daß Moltke samt seiner Umgebung erschöpft und der König durch das Herumreiten bei den Truppen mit seinen Gedanken völlig bei diesen und nicht bei den Österreichern war [3]."

General v. Verdy schreibt hierüber [4]:

„Auf großartige Verfolgungen wird man bei den Massenheeren unserer Zeit überhaupt nicht rechnen können, wenn:

1. ein konzentrischer Angriff die eigenen Armeen durcheinander bringt;
2. der Abzug des Feindes unter dem Schutze einer starken und tapferen Artillerie erfolgt, die ein vortreffliches Schußfeld vor sich hat;
3. die Dunkelheit bereits eintritt, bevor ein neuer geordneter Angriff der Massen angesetzt werden kann, und
4. die weitere Verfolgung sehr bald ein Fluß hemmt, an welchem sich zwei Festungen befinden.

Das aber waren die den vorliegenden Fall kennzeichnenden Eigentümlichkeiten, die nur von einer unmittelbaren Verfolgung größere Ergebnisse versprachen, insoweit Abteilungen des Feindes außerhalb der konzentrischen Umfassung ihren Abzug genommen hatten und noch erreicht werden konnten, bevor sie die Elbe überschritten; gerade an dieser Stelle versagte die angeordnete Verfolgung am 3. Juli."

Vom Oberkommando der II. Armee wurde das V. Armeekorps und die Kavallerie-Division Hartmann zur Verfolgung bestimmt, der Befehl aber zurückgenommen, als der erwähnte Heeresbefehl einging. Das V. Armeekorps ging in Richtung auf Klatzow mit der Avantgarde auf Stößer vor. Die hinter dem V. Armeekorps marschierende Kavallerie-Division fand Schwierigkeiten, an der Marschkolonne vorbeizukommen [5].

„Das V. Armeekorps hatte seine Tagesleistung", schreibt ein Mitkämpfer von damals [6], „hinter sich — aber welch gewaltige Erfolge winkten ihm, wenn es geradeaus den Marsch auf Pardubitz fortsetzte und diese Stadt am 4. Juli vormittags erreichte. Mochten Tausende in den Chausseegräben liegen bleiben — sie hätten sich wieder herangefunden —, aber das Eintreffen eines preußischen Armeekorps in der Frühe

---

[1] Friedjung II, S. 584 und Geschichte des deutsch-französischen Krieges, S. 425.
[2] Gedanken und Erinnerungen II, S. 33.
[3] v. Lettow-Vorbeck, Krieg von 1866, III, S. 488 und II, S. 520.
[4] Im Hauptquartier der II. Armee 1866, S. 195.
[5] Vgl. hierzu Friedjung II, S. 587.
[6] Liebert, Über Verfolgung, 2. Auflage, S. 33.

des 4. Juli in Pardubitz hätte Wunder gewirkt. Die Verhandlungen mit dem Feldmarschall-Leutnant v. Gablenz am 4. Juli hätten sicherlich eine ganz andere Wendung genommen."

General v. Steinmetz ritt an den bei Wsetstar vor der Korpsartillerie V. Armeekorps haltenden Monarchen heran und bat, ob das Korps nicht die Verfolgung übernehmen könne. Dieser lehnte es mit den Worten ab: „Für eine Verfolgung bin ich nicht. Nach den eingegangenen Meldungen ist ja drüben eine völlige déroute eingetreten. Ich bin überhaupt dafür, daß das »Ganze Halt« geblasen wird." Tatsächlich wurde denn auch das Signal geblasen [1]).

Der **Chef des Stabes** des V. Armeekorps äußerte sich über das Zurücknehmen des Befehles in seinem Tagebuche: „Es war auch andererseits gut, daß es (die Verfolgung) nicht geschah. Die Truppen waren, Menschen und Pferde, als wir in der Höhe von Klatzow ankamen, aufs äußerste erschöpft an Körper und Geist, auch war niemand orientiert. Über den Stand der Armee und den Abzug des Feindes wußten wir nichts, als was wir mit eigenen Augen sahen; nun trat die Dunkelheit ein, wohin sollten wir uns wenden? Es bedurfte der energischsten Führung, wenn das schon erschöpfte Korps bei all der Wirrsal bei Freund und Feind nicht selbst desorganisiert werden sollte."

Auch bei der **Elbarmee** wurde die Verfolgung nicht in der von der Führung erwarteten Weise [2]) aufgenommen. Diese hatte sich gegen die Flanke der letzten feindlichen Stellung, nicht aber gegen seine „Rückzugsflanke" gewandt.

Die bereits um 2½ Uhr angesetzte vordere Brigade der Division Etzel erreichte gegen 4 Uhr Stezirek, wo sie durch feindliches Artilleriefeuer aufgehalten wurde; als dann die zweite Brigade um 7 Uhr eintraf, wurde die Division, im Begriff weiter vorzugehen, durch höheren Befehl angehalten. Zur Durchführung der Verfolgung waren verfügbar: drei Brigaden des I., zwei des III., das ganze V. Armeekorps, außerdem die 16. Infanterie-Division, das Gros der 2. Garde-Infanterie- und die Garde-Landwehr-Division.

Am 4. Juli trat die Elbarmee früh 5 Uhr an, erreichte jedoch nur Libschan mit dem Gros, Lhota mit der Avantgarde; dies ist weniger eine Verfolgung, als ein Ordnen der Verbände und des Abmarsches der Truppenteile zu nennen. Von der II. Armee wurde die Kavallerie-Division Hartmann und das V. Armeekorps auf Pardubitz angesetzt. Als die Kavallerie-Division Hartmann, am 4. Juli nachmittags 4 Uhr aufbrechend, gegen Abend nach einem Marsch von 16 Kilometern Pardubitz erreichte, fand sie die Elbbrücke abgebrannt und von der Eisenbahnbrücke den Belag abgedeckt. Die Wiederherstellung dauerte bis zum 5. vormittags.

Das der Kavallerie-Division unmittelbar folgende V. Korps besetzte mit der Avantgarde Pardubitz und ließ seine Kavallerie-Brigade südlich dieser Stadt Biwaks beziehen. So waren denn freilich nun vier Kavallerie-Brigaden an der Spitze der Armee des Kronprinzen über die Elbe geworfen. Es wäre ihnen jedoch nicht zu viel zugemutet gewesen und hätte der Lage sehr viel mehr entsprochen, wenn diese

---

1) Mil.-Wochenblatt 1904, Nr. 16.
2) Graf Wartensleben, Erinnerungen, S. 34 u. 38.

Reitermasse am Abend des 5. vor der Avantgarde einen Vorsprung von einem Tages=
marsch gewonnen hätte, um endlich dem Gegner wieder an die Klinge zu kommen.

Nachdem es gelungen war, die Truppenverbände wiederherzustellen, die Trains
heranzuziehen, wurde die weitere Vorwärtsbewegung gegen die Donau angeordnet,
derart, daß die II. Armee den auf Olmütz zurückgehenden Hauptkräften des Feindes
folgen, die I. und Elbarmee gegen Wien vorgehen sollten. Ein selbständiges Voraus=
treiben der Kavallerie fand nicht statt. Von einer Verfolgung kann keine Rede sein.
So konnte die geschlagene Armee bereits am 9. und 10. Juli nur 12 Meilen von
Pardubitz ein ganzes Armeecorps (X) nach Wien abtransportieren.

Auch der deutsch=französische Krieg ist arm an Ver=
folgungen; eine Verfolgung im größeren Stil ist das Entsenden der
Südarmee gegen die Verbindungen Bourbakis mit dem Ergebnis,
den Gegner zum Übertritt auf Schweizer Gebiet zu zwingen. Nach
Weißenburg geht die Fühlung mit dem zurückgehenden Feinde am
hellen Tage verloren, eine Dragoner=Patrouille meldet nur, daß der
Feind nicht auf der Hagenauer Straße zurückgegangen sei. „Bei den
Truppen aber, die selbst mitgefochten hatten, muß man die psycho=
logischen Momente mit berücksichtigen, ehe man ein hartes Urteil über
Nichtausnutzung des Sieges fällt. Die Korps waren um 4 Uhr aus
ihren Biwaks aufgebrochen, überschritten die Grenze und wurden
unmittelbar darauf in ein völlig unerwartetes Gefecht verwickelt. Sie
lernten zuerst das Feuer des Hinterladers kennen, die Verluste waren
nicht unerheblich und die Lockerung der Infanterieverbände war eine
sehr starke. Wer will sich zum Richter aufwerfen, wenn der Sieger
in der Freude über den sofort beim Eintritt in französisches Gebiet
erfochtenen Sieg alles andere vergaß und den geschlagenen Feind
seinem Schicksale überließ? Man muß diese Stimmung vor und nach
der ersten Schlacht mit durchlebt haben, um eine solche Unterlassungs=
sünde zu begreifen, die einem heute vom grünen Tisch aus unglaublich
erscheint." (Liebert.)

Die Verfolgung nach der Schlacht von Wörth [1]).

Der auf beiden Flügeln umfassende Angriff der III. Armee auf die französische
Stellung bei Fröschweiler erleichterte in hohem Maße das Ansetzen einer indirekten
Verfolgung, während voraussichtlich eine unmittelbare Verfolgung in dem bedeckten
Gelände bald zum Stehen gekommen wäre.

Während die Armee Mac Mahons nur 44 Eskadrons zählte, besaß die
III. Armee 104 Eskadrons, welche am Schlachttage nicht zur Verwendung gekommen
und von Wörth 2—2½ Meilen entfernt waren. Zweifel über die Rückzugsrichtung,

---

1) S. Karte am Schluß des Buches und Skizze auf S. 423.

zunächst über Reichshofen, konnten kaum herrschen, nur in dieser Richtung war auch günstiges Gelände für eine Verwendung der Kavallerie vorhanden. Die Schlacht begann um 8 Uhr früh und war gegen 5 Uhr nachmittags beendet.

Verfügbar waren an geschlossenen Verbänden:
    die 4. Kavallerie-Division in einem Biwak bei Hundspach,
    die im Anmarsch auf das Gefechtsfeld begriffene württembergische Division,
    für den 7. noch die badische Division [1]) und das I. bayerische Armeekorps [2]).

Seit 10½ Uhr war bei der 4. Kavallerie-Division Artilleriefeuer zu hören; auf eine Anfrage erhielt der Führer die Mitteilung, daß die Division zunächst im Biwak verbleiben solle; dann auf erneute Anfrage um 5 Uhr, daß sich kein Gefechtsfeld für die Kavallerie finde. Endlich um 6 Uhr traf der Befehl des Oberkommandos ein:

„Die Kavallerie-Division marschiert heute nach Gunstett und verfolgt am 7. mit Tagesanbruch den Feind." Einem vorreitenden Adjutanten bezeichnete General v. Blumenthal Eberbach als Verfolgungsrichtung.

Von der württembergischen Division war die Kavallerie mit einer Batterie, nachdem das XI. Armeekorps sich auf den Höhen des linken Sauerufers festgesetzt hatte (1 Uhr), von dem kommandierenden General dieses Armeekorps über Eberbach auf Reichshofen angesetzt; in dieser Richtung bewegten sich ferner die Divisions-Kavallerie der 21. Infanterie-Division und eine Eskadron des V. Armeekorps. Gegen 2 Uhr wurde dann die württembergische Division vom Oberkommando, noch ehe Elsaßhausen und Fröschweiler gefallen waren, auf Reichshofen gewiesen und nahm nordöstlich Eberbach 400 Franzosen ohne Widerstand gefangen. Die vordere Brigade bog aber auf das Gefechtsfeld ab, um dort Unterstützung zu bringen. Es wäre richtiger gewesen, den Auftrag des Oberkommandos auszuführen. Von der württembergischen Division marschierten auf Diefenbach die 3. Brigade, zwei Eskadrons und fünf Batterien. Letztere gingen unter Bedeckung ihrer Kavallerie über die Sauer vor, eine Batterie schloß sich der erwähnten preußischen Kavallerie an, welche die Richtung auf Gundershofen nahm, während die vier anderen Batterien auf den schlechten Wegen den beiden württembergischen Schwadronen nicht folgen konnten und am Abend mit der 3. Brigade bei Engelshoff biwakierten.

Wir sehen somit folgende Truppen gegen die Straße Reichshofen—Hagenau vorbrechen:
    auf dem linken Flügel fünf preußische Schwadronen und eine württembergische Batterie gegen Gundershofen;
    weiter nördlich zwei württembergische Schwadronen um die südlichen Ausläufer des großen Waldes herum gegen Reichshofen;
    endlich vier württembergische Schwadronen und eine württembergische Batterie quer durch den großen Wald auf dem Wege von Eberbach gegen Reichshofen und gegen die Straße Reichshofen—Elsaßhausen.

Die fünf preußischen Schwadronen attackierten eine östlich des Falkensteiner Baches bei der Eisengießerei festgefahrene französische Kolonne, nahmen 1 Geschütz,

---

1) Erreichte am Abend des 6. mit ihren vorderen Abteilungen Gunstett.
2) Erreichte mit den vorderen Abteilungen am Abend des 6. Fröschweiler.

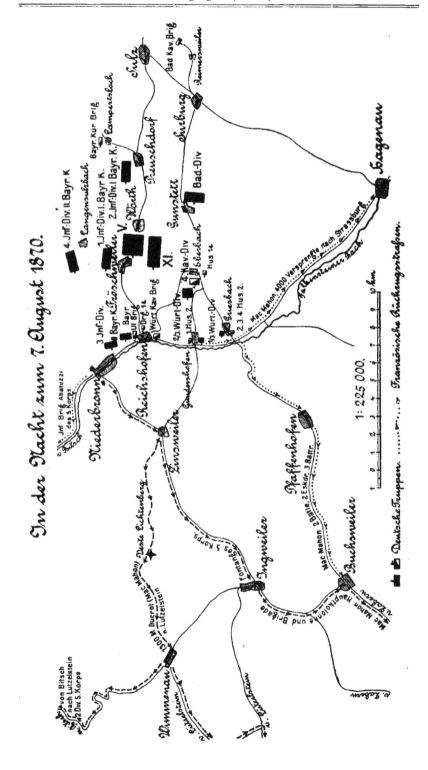

4 Munitionswagen und 16 andere Fahrzeuge. Die Batterie fuhr östlich von Gundershofen auf und wies französische Abteilungen durch ihr Feuer zurück, welche den Versuch machten, die weggenommene Kolonne zu befreien. Zu weiterer Tätigkeit kamen die fünf preußischen Schwadronen nicht.

Die sechs württembergischen Schwadronen trafen vor Reichshofen zusammen. Eine geschlossen gebliebene französische Infanterieabteilung wurde von der 1. Schwadron 3. Reiterregiments attackiert und zersprengt, noch ehe das 4. Reiterregiment sich aus dem großen Walde hatte entwickeln können. Die Batterie fuhr an der Straße Reichshofen—Elsaßhausen auf und richtete ihr Kartätschfeuer gegen die Straße Reichshofen—Fröschweiler, auf welcher Ströme von Flüchtlingen aller Waffengattungen, bunt durcheinander gemischt, sich nach dem Tale des Falkensteiner Baches herabdrängten.

Demnächst drang die württembergische Reiterei, mit dem Säbel in der Faust, in Reichshofen ein, hier ergaben sich die Franzosen ohne Widerstand. Die 3. und 4. Schwadron 1. Reiterregiments und die 2. und 3. Schwadron 4. Reiterregiments wandten sich nunmehr auf Niederbronn, sie erreichten auf halbem Wege zwischen Niederbronn und Reichshofen eine festgefahrene französische Batterie, welche sofort attackiert und genommen wurde. Später näherten sich die württembergischen Reiter dem Orte Niederbronn, trafen auf die französische Division Lespart, erhielten Feuer und wurden um 7 Uhr abends nach Reichshofen zurückgenommen. Richtiger wäre es gewesen, diese Aufnahmestellung südlich zu umgehen.

Die Verluste der deutschen Reiter waren überall gering gewesen. Die 14. Husaren (XI. A.-K.) und 4. Dragoner (V. A.-K.) verloren zusammen während der ganzen Schlacht nur 2 Offiziere, 33 Mann.

Die sechs württembergischen Schwadronen verloren zusammen nur 2 Offiziere, 4 Mann, obschon sie drei Geschütze sowie eine Mitrailleuse erbeuteten.

Diese geringen Verluste sind ein Beweis dafür, daß die fliehenden französischen Truppen der siegreichen, sie scharf verfolgenden deutschen Reiterei nur äußerst wenig Widerstand entgegengesetzt haben.

Aus welchem Grunde die drei Schwadronen der 13. Husaren, welche gegen die Trümmer der Kürassier-Brigade Michel so erfolgreich aufgetreten waren, sich an der Verfolgung nicht beteiligt haben, ist unklar. Allem Anschein nach waren sie auf dem linken Flügel zur Stelle und hätten sich also recht wirksam an dem Kampfe bei Reichshofen beteiligen können.

Von Fröschweiler aus sandte General v. der Tann zwei Bataillone, das 3. Chevaulegers-Regiment und eine Batterie des I. bayerischen Armeekorps gegen Reichshofen vor, um die unmittelbare Verfolgung zu übernehmen[1]). Die Batterie kam nicht mehr zur Tätigkeit, die beiden Bataillone biwakierten abends bei Reichshofen. Die 3. Schwadron des 3. Chevaulegers-Regiments trabte an der Infanterie vorbei, nahm zwei bespannte Geschütze, die 1. Schwadron desselben Regiments fand ein umgeworfenes Geschütz. Das Regiment verlor nur 2 Mann.

Weit wirksamer hätte noch das Eingreifen des II. bayerischen Armeekorps werden können. Das Gros der 4. Division war nach dem Vormittagsgefechte auf Lembach zurückgegangen und nur wenige Bataillone beteiligten sich fernerhin an dem Kampfe.

Es war jedoch die 5. Brigade unter Generalmajor v. Schleich vorgezogen worden, welche um 2¼ Uhr nachmittags mit ihrer Spitze nordöstlich von Langensulzbach eintraf. Hier erhielt sie den Befehl, über Nehweiler gegen Reichshofen vorzugehen. Das Durchschreiten des mit Wagen verfahrenen Dorfes Langensulzbach erforderte viel Zeit, so daß die Brigade erst ziemlich spät vor Nehweiler erschien. Da um diese Zeit noch heftig bei Fröschweiler gekämpft wurde, so schlug das an der Spitze der Brigade marschierende 8. Jäger-Bataillon die Richtung auf dieses Dorf ein. Bald darauf erlosch jedoch das Feuer bei Fröschweiler, und die Brigade teilte sich nunmehr. III./7., die Ulanen-Brigade und die reitende Batterie verblieben einstweilen bei Nehweiler, das 8. Jäger-Bataillon, II. und III./6. rückten auf dem östlichen Ufer des Schwarzbaches in südlicher Richtung vor, trieben die im großen Walde noch verweilenden französischen Versprengten eilig vor sich her und erreichten um 6 Uhr abends den südlich des großen Waldes befindlichen Höhenrücken vor Reichshofen. Die zuerst bei Nehweiler verbliebenen Truppen folgten, III./7. stellte sich an der Südwestecke des großen Waldes auf, nahe bei einer Furt des Schwarzbaches.

I./6. und II./7. überschritten den Schwarzbach teils auf abgehauenen Baumstämmen, teils auf einem Stege; der größere Teil beider Bataillone wandte sich dann auf Niederbronn.

Unterdessen hatte der Brigadekommandeur, General v. Schleich, den Befehl erhalten, kräftig zu verfolgen, mit der Kavallerie den Sieg auszubeuten, jedenfalls aber noch den Bahnhof von Reichshofen zu besetzen. Zu dieser Zeit war jedoch Reichshofen bereits im Besitze der Deutschen, es marschierten daher nur ein Bataillon und zwei Schwadronen Chevaulegers Nr. 1 nach diesem Orte, während alle übrigen Truppen und die beiden Batterien gegen Niederbronn vorrückten.

Von der Ulanenbrigade waren das 1. Ulanenregiment und zwei Schwadronen 5. Chevaulegers-Regiments bei Mattstall zurückgeblieben, es blieb also nur das 2. Ulanenregiment übrig, welches noch um 8 Uhr abends auf Befehl des Generals v. Hartmann, an der Infanterie vorbei, zur Verfolgung vorging und in und bei Niederbronn noch zahlreiche Gefangene machte.

Die beiden bayerischen Batterien hatten durch wenige Schüsse die Franzosen zum Abzuge auf Oberbronn veranlaßt und den zurückweichenden Feind mit wirksamem Geschützfeuer verfolgt. Die bayerische Infanterie besetzte Niederbronn.

An der Verfolgung nahmen teil einschließlich der drei weiteren bayerischen Brigaden: 11 Bataillone, 17 Eskadrons, 48 Geschütze — etwa 10000 Streitbare —, diese Stärke dürfte aber nicht ausgereicht haben, den Widerstand der frischen, bei Niederbronn eingetroffenen Division Lespart (9000 Gewehre, 18 Geschütze) in der kurzen, noch bei Tageslicht verfügbaren Zeit zu überwinden.

Günstigere Ergebnisse konnte eine Verfolgung mit der 4. Kavallerie-Division liefern; diese überschritt um 9½ Uhr nachm. die Sauer bei Gunstett, biwakierte bei Eberbach, mit vorgeschobenen Abteilungen bei Gundershofen. Am Morgen des 7. 3½ Uhr wurde aufgebrochen.

Auf Anordnung des Oberkommandos sollte mit Tagesanbruch die 4. Kavallerie-Division auf Buchsweiler (an der Straße nach Zabern), die württembergische Kavallerie-Brigade in der Mitte über Oberbronn auf Zabern, die bayerische Kürassier-Brigade auf Bitsch vorgehen. Diese Anordnung des Oberkommandos war sehr glücklich und mußte entscheidende Resultate liefern; leider kam sie nicht zur Ausführung. Eine verhängnisvolle Meldung des 2. Husarenregiments, daß in südlicher Richtung (über Hegeney, Mietesheim und Pfaffenhofen) k e i n e französischen Truppen abgezogen seien, veranlaßte die 4. Kavallerie=Division, nicht die direkte Richtung auf Buchsweiler einzuschlagen, sondern den Umweg über Niederbronn zu wählen.

Höchst lehrreich bleibt die Tatsache, daß die 4. Kavallerie=Division noch um 11 Uhr vormittags von Ingweiler aus meldete, daß „der Hauptrückzug der Franzosen über Niederbronn auf Bitsch stattgefunden habe, ein ansehnlicher Teil aber sei über Ingweiler abgezogen". In Wirklichkeit war das ganze Korps Mac Mahon über Ingweiler und Nebenstraßen auf Zabern, nur die Brigade Abbatucci auf Bitsch abmarschiert [1]).

In Buchsweiler wurde wegen starker Ermüdung gerastet; der Marsch war durch französische Versprengte aufgehalten, welche die preußische Reiterei beschossen. Um 5 Uhr brach die Division (30 Eskadrons, 3 Batterien, einschließlich einer bayerischen Brigade) wieder auf, erhielt bei Steinburg stärkeres Feuer, sah einen Eisenbahnzug auf Zabern abfahren. Tatsächlich stand bei Steinburg die französische Arrieregarde, die auf die Nachricht von dem Anmarsch deutscher Kavallerie in völliger Auflösung in der Nacht nach Saarburg zurückging. Mac Mahon blieb in Zabern. Um 8 Uhr bezog die deutsche Kavallerie bei Steinburg Biwaks, ging aber zurück, als Meldungen einliefen, daß man mehrere Bataillone gegenüber habe und daß von Zabern Infanterie gegen Steinburg vorgehe. Um die Kavallerie nicht in ein Nachtgefecht unter ungünstigen Verhältnissen zu verwickeln, wurde die Division nach Buchsweiler zurückgenommen. In 32 Stunden hatte die Division 70 Kilometer zurückgelegt.

Von den übrigen Truppen erreichte am 7. nur die 12. Infanterie=Division Stürzelbronn; sie stellte fest, daß die am 6. bei Bitsch gewesenen französischen Truppen in südlicher Richtung abgezogen seien. Die württembergische Kavallerie stellte den Abzug des Feindes über Buchsweiler fest, die bayerische Ulanen=Brigade blieb in Niederbronn, nachdem sie festgestellt hatte, daß Stürzelbronn, Philippsburg vom Feinde frei waren.

Der Rest der Armee ruhte; anscheinend hätten das I. bayerische Armeekorps, die württembergische und badische Division die Verfolgung übernehmen können. Die 4. Kavallerie=Division wurde am 8. durch Befehl des Oberkommandos bei Steinburg angehalten, nur Erkundungsabteilungen sollten bis an das Gebirge gehen. Am Abend ging ein neuer Befehl ein; die Kavallerie=Division sollte am 9. für den Marsch durch das Gebirge dem XI. Korps folgen.

„Das XI. Korps geht am 9. nach Buchsweiler, am 10. nach Zabern. Demselben hat sich die Kavallerie=Division anzuschließen. Der eigenen Sicherheit wegen sollen die Biwaksplätze gewechselt werden. Letzteres ist jedoch der Division anheimgestellt. Die Division hat so viel als möglich zu fouragieren und zwar zwischen den Ortschaften Hochfelden, Buchsweiler, Steinburg. Wenn irgend möglich, sollen die südlich gelegenen Ortschaften mitgenommen werden. Die Regimenter sollen viel futtern.

Prinz Friedrich Karl bringt heute bis Rohrbach vor, es läßt sich annehmen, daß der Feind hinter die Saar zurückgeht. (S. o. S. 165.)

---

[1]) Außerdem waren schwächere Teile westlich auf Lichtenberg und südöstlich auf Straßburg zurückgegangen.

Die Armee geht in fünf Kolonnen über das Gebirge und soll am 12. d. Mts. möglichst konzentriert an der Saar stehen.

Die Kavallerie-Division folgt bis Saarburg dem XI. Korps; dann geht sie vor, jedoch hängt letzteres noch von Terrainverhältnissen ab 1)."

Die Fühlung mit dem Gegner war endgültig verloren gegangen. Am 12., als die III. Armee die Saar erreichte, hatten die Franzosen bereits 12 Meilen Vorsprung.

Verfolgungen im zweiten Teile des Feldzuges von 1870/71.

Das Entkommen des Korps Vinoys nach Paris, um hier den Kern der Besatzung zu bilden, ist auf Rechnung von Unterlassungen der Kavallerie und auf das Eintreten nicht vorhergesehener Zufälligkeiten zu schreiben.

Besonders interessant ist das Unterlassen der Verfolgung nach den Kämpfen bei Orleans 2). Am Abend des 4. Dezember gelingt es, die Stadtbrücke über die Loire zu gewinnen, die noch auf dem rechten Flußufer befindlichen Kräfte zum Ausweichen nach Beaugency zu zwingen, während die übrigen französischen Truppen auf dem linken Ufer teils auf Gien, teils in südlicher Richtung auf Salbris, teils Loire abwärts zurückgingen. Ein solcher exzentrischer Rückzug ist für das Einleiten einer Verfolgung besonders schwierig, hierzu kam, daß die Truppen der II. Armee dringend der Ruhe bedurften. Aber noch größer mußten die Gefechte und Mühsale der letzten Tage ihren zersetzenden Einfluß auf die jungen, schlecht verpflegten, dürftig bekleideten und zum andauernden Biwakieren verurteilten Truppen der Republik ausgeübt haben. Die Entsendung der 6. Kavallerie-Division auf Vierzon verlief ohne nennenswerte Ergebnisse. Chanzy konnte unbelästigt eine Stellung bei Beaugency und am Walde von Marchénoir einnehmen. Nach dreitägigem Kampfe konnte er unverfolgt aus dieser über den Loir bei Vendôme entkommen und sich zu neuem Widerstand hinter der Huisne bei Le Mans kräftigen. Es hätte nahe gelegen, durch Vorgehen mit dem IX. Armeekorps über Blois, mit dem rechten Flügel um den Wald von Marchénoir herum die wenig marschfähige feindliche Armee zur Vernichtungsschlacht zu stellen.

Die französische Nordarmee wurde am 19. Januar 1871 bei St. Quentin auf beiden Flügeln umfassend angegriffen und schließlich durchbrochen. Trotz der zahlreichen, der feindlichen sehr überlegenen Kavallerie, welche der Sieger an seinen beiden den Feind umfassenden Flügeln hatte, und trotz ihrer glücklichen Stellung zu den Rückzugsstraßen gelang es den Franzosen, noch bei Tage (4 Uhr nachmittags) den Rückzug anzutreten, ohne daß er erkannt wurde, was bei größerer Aufmerksamkeit der deutschen Reiterei nicht hätte vorkommen dürfen. Feindliche Arrieregarden hielten allerdings die Stadt und einen Teil des allernächsten Vorgeländes noch bis zu dem bald erfolgenden Dunkelwerden. Dann drangen von mehreren Seiten preußische Infanteriekolonnen, hier und da noch hartnäckigen Widerstand findend, in mehrere Vorstädte ein. Sie machten zahlreiche Gefangene (in der Schlacht und dann in St.

---

1) Tagebuchblätter des Generalmajors v. Hagen. Militär-Wochenblatt 1896, Nr. 71.

2) S. die Forderung Moltkes, energisch zu verfolgen; Schreiben Nr. 467 vom 7. Dezember 1870.

Quentin wurden im ganzen 9000 Mann gefangen). Eine halbe Stunde später (6 Uhr) rückte der Kommandeur der 16. Infanterie-Division in die nun völlig dunkle Stadt ein, in deren Häusern sich nur noch zahlreiche Zurückgebliebene versteckt hielten, die bis zur Zahl von 1000 auf das deutscherseits gegebene französische Signal: „Das Ganze sammeln!" allmählich zum Vorschein kamen. Die nördlichen Ausgänge wurden besetzt, darüber hinaus glaubte man in der Nacht nicht weiter vorgehen zu können, um so weniger, als die zur Stelle befindlichen Kräfte verhältnismäßig gering waren und die Dunkelheit das Zurechtfinden sehr erschwerte. Ermüdung der Truppen, der Mangel einer Reserve werden als Gründe für die unterlassene Verfolgung angegeben. Der Befehl zur Schlacht hatte bereits eine Verfolgung ins Auge gefaßt:

„Sollte der Feind unseren Angriff nicht abwarten, so ist er mit Aufbietung der letzten Kräfte energisch zu verfolgen, da die Erfahrung lehrt, daß bei so schwach organisierten Streitkräften nicht sowohl der Kampf selbst, als die durchgreifende Ausbeutung desselben die größten Erfolge gibt." Diese Mahnung erreichte ebensowenig, wie Blüchers Forderung vor der Katzbach-Schlacht, ihren Zweck. Hier ist zunächst die Frage, ob nicht noch mehr hätte geschehen können. Auf dem linken Flügel stand die allerdings nur aus Kürassieren und Ulanen — ohne Karabiner — bestehende Kavallerie-Brigade Dohna nur 5 bis 6 Kilometer von der Kanalbrücke der Straße St. Quentin—Cambrai entfernt; Fayet, der vorderste Unterkunftsort des Detachements v. Gröben, war nur 6 Kilometer von derselben Stelle entfernt. Auf dieser Straße ging der Rückzug der Faidherbeschen Armee vor sich. Die Unkenntnis des Geländes hat wohl an einer Ausbeutung dieses Vorteils gehindert. Ein großer Teil der Truppen hat Märsche nach rückwärts ausführen müssen, um ihre Unterkunftsorte zu erreichen, es war also noch Kraft zu weiterer Marschleistung vorhanden. Die 12. Kavallerie-Division wurde z. B. 12,5 Kilometer von St. Quentin nach Vendeuil zurückgenommen. Eine spätere Kritik der Ereignisse, welche nicht alle Nebenumstände gebührend würdigt, ist durchaus unberechtigt, aber der Hinweis auf dasjenige, was hätte geschehen können, ist geboten.

General v. Moltke urteilt über die zu spät angesetzte Verfolgung des Generals v. Göben[1]): „Es gehört ein sehr starker, mitleidloser Wille dazu, einer Truppe, welche 10 oder 12 Stunden marschiert, gefochten und gehungert hat, statt der erhofften Ruhe und Sättigung aufs neue Anstrengung und Gefahren aufzuerlegen. Aber auch diesen Willen vorausgesetzt, hängt die Verfolgung noch ab von der Art, wie der Sieg gewonnen wurde. Sie wird schwer ausführbar, wenn alle Abteilungen auf dem Schlachtfelde, wie bei Königgrätz, so durcheinander geraten sind, daß Stunden erforderlich werden, um sie erst wieder in taktischen Verbänden herzustellen, oder wenn, wie bei St. Quentin, alle, auch die letzten Truppen, in das Gefecht verwickelt waren, so daß über eine intakte geschlossene Infanterie-Abteilung nicht mehr zu verfügen ist."

Gewiß war der General v. Göben eine Persönlichkeit, solche Anforderungen von seinen Truppen zu verlangen. Mit Rücksicht auf den Wintertag

---

[1]) Gesch. des deutsch-französischen Krieges, S. 324.

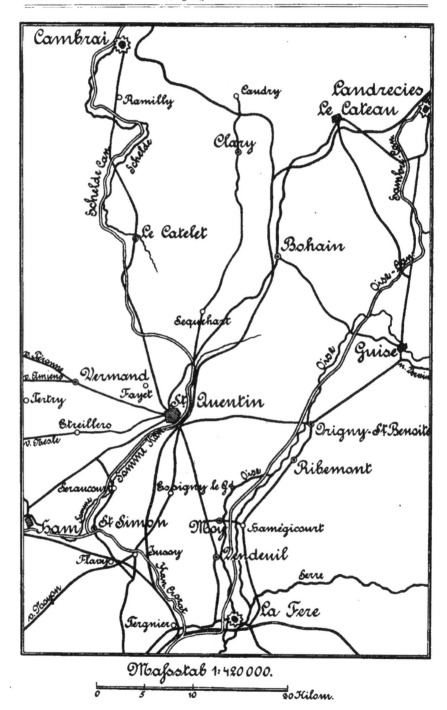

wurde nach der Schlacht von St. Quentin der Aufbruch aller Divisionen um 8 Uhr abends befohlen:

„Die französische Nord-Armee ist vollständig geschlagen, St. Quentin ist von den Divisionen des Generals v. Barnekow und des Prinzen Albrecht K. H. besetzt, zwei Geschütze sind im Feuer genommen, über 4000 Gefangene sind in unseren Händen: ich spreche allen Truppen, welche ich zu befehlen die Ehre habe, meinen Glückwunsch zu dem erfochtenen Siege aus. Jetzt handelt es sich darum, diesen Sieg auszubeuten: heute haben wir gekämpft, morgen müssen wir marschieren, um die Niederlage des Feindes zu vollenden. Derselbe scheint sich einerseits auf Cambrai, andererseits auf Guise zurückgezogen zu haben; wir müssen ihn einholen, bevor er seine Festungslinie erreicht. Zu diesem Zweck stelle ich als Grundsatz hin: alle Truppen marschieren morgen fünf Meilen, die Infanterie, indem sie, wenn irgend möglich, die Tornister auf Wagen mit sich führt."

„General v. Kummer, mit der 15. Infanterie-Division, dem Detachement Graf Gröben, dem Stabe der Korps-Artillerie und der 2. Fuß-Abteilung marschiert auf Cambrai. Die mehrfachen Übergänge über die Schelde geben ihm Gelegenheit, durch Kombinierung mehrerer Marschkolonnen den feindlichen Truppen den Rückmarsch auf Cambrai abzuschneiden."

„General v. Barnekow mit der 16. Infanterie-Division, der Division Prinz Albrecht und dem ihm überwiesenen Detachement Böcking marschiert über Sequehart auf Clary und Caudry."

„Die Division Graf Lippe marschiert auf Bohain und Le Cateau Landrecis, indem sie zugleich in der Richtung auf Guise detachiert, um die dorthin ausgewichenen feindlichen Abteilungen im Auge zu behalten."

„Ich reite vorläufig auf le Catelet, wo ich mittags bin und Meldungen der oben genannten Kommandeure erwarte. Das Detachement des Majors v. Bronitowski[1]), einschließlich der reitenden Abteilung der Korps-Artillerie, folgt mir zu meiner Disposition dorthin."

„Abmarsch aller Divisionen um 8 Uhr morgens."

Nach ausgeführter Bewegung würde die in drei Hauptkolonnen exzentrisch dem Feinde nachgeschobene Armee in ihrem Kern eine Frontausdehnung von etwa 25 Kilometern erlangt haben, was mit Rücksicht auf die eigene, etwa kaum 20000 Mann Infanterie nebst 48 Eskadrons und 161 Geschützen betragende Stärke ziemlich bedeutend ist. Der Zustand des Feindes ließ eine solche Ausdehnung aber durchaus zu. Hätte die Heeresleitung mit dem Vortreiben der Hauptkräfte ihrer Infanterie warten wollen, bis die auf allen drei Straßen zunächst allein vorgeschickte Kavallerie über den Verbleib des Feindes meldete, so konnte sie nicht darauf rechnen, noch irgendwo auf den Feind zu stoßen. Überdies war eine schnelle Entwickelung der ganzen Streitkräfte des Verfolgers auch nur durch dies gleichzeitige Vorgehen auf mehreren Straßen möglich. Fand man auf der einen der Straßen den Feind nicht, so hatte man auf ihr doch immer in gleicher Höhe mit den anderen, wirklich auf den Feind gestoßenen Verfolgungs-Kolonnen eine gewisse Truppenmasse bereit, um damit einen Vorstoß gegen die Flanke des Feindes auszuführen.

---

1) Die während der Schlacht neugebildete Reserve der 15. Infanterie-Division.

Indem General v. Göben seine ganzen Streitkräfte für die Verfolgung einsetzte und sie auch gleich sehr schnell zur Entwickelung brachte, behielt er noch eine Reserve in der Hand, bestimmt, dahin geführt zu werden, wo des Gegners Widerstand am bedeutendsten sein würde, oder wo sich Gelegenheit zu besonderen Unternehmungen gegen die Verbindungslinien des Feindes ergeben möchte. Es entsprach ganz den übrigen Anordnungen des Armeebefehls, nämlich die ganze Verfolgungskraft gleich ins erste Treffen zu legen, daß diese Reserve nur knapp bemessen wurde (vier Bataillone, vier reitende Batterien). Auch ist es zweckmäßig, daß die Reserve nicht etwa vorläufig bei St. Quentin als dem Ausgangspunkt der exzentrischen Verfolgungsstraßen belassen werden sollte, sondern Befehl erhielt, mit dem Armeekommando gleich nach vorwärts vorzurücken. Es konnte nicht schwer sein, sie von dort nötigenfalls seitwärts auf eine der anderen Verfolgungsstraßen zu werfen.

Göben holte den Feind nicht mehr ein. Dieser hatte durch einen Nachtmarsch von 38 Kilometern sich der Verfolgung entzogen und mit den ersten Abteilungen, allerdings in voller Auflösung, bereits 4 Uhr früh Cambrai erreicht. Die deutsche Kavallerie traf vor Cambrai erst um 4 Uhr nachmittags ein.

Die Verfolgung nach der Schlacht von St. Quentin begann zu einem Zeitpunkte, wo ein Teil des Feindes bereits in Sicherheit war, der Rest aber schon einen derartigen Vorsprung gewonnen hatte, daß er wohl nicht mehr erreicht werden konnte. (S. o. S. 379.)

Ein nächtlicher Verfolgungsstoß muß die Schrecken der Niederlage noch erhöhen; es kommt gar nicht darauf an, mit starken Abteilungen nachzudrängen, die Dunkelheit verbirgt Stärke und Zusammensetzung. Zwar sind die Truppen nur auf die gebahnten Straßen gewiesen, kleine Abteilungen können ernsten Widerstand bereiten, aber die moralischen Erfolge wiegen diese Nachteile auf. Nur auf diese Weise läßt sich die Fühlung mit dem zurückgehenden Feinde aufrechterhalten und Anhaltspunkte für das Ansetzen der eigentlichen Verfolgung gewinnen.

Gneisenau folgt nach Waterloo mit 1¼ Bataillonen, 7 Eskadrons noch 12 Kilometer über das Schlachtfeld hinaus. Am Abend von Spichern will General v. Döring um 6¼ Uhr mit einer gesammelten Abteilung verschiedener Regimenter im Abenddunkel einen Vorstoß auf Forbach unternehmen. Auf Befehl des Divisionskommandeurs unterblieb dieser Vorstoß „in Anbetracht der mittlerweile eingetretenen völligen Dunkelheit und des augenscheinlich allgemeinen Rückzuges der Franzosen" [1]).

---

[1]) Gen.-St.-W. 1870/71, I, S. 366:

„Leutnant v. Garnier hatte eine Truppe von 400 Mann mit drei Fahnen und 20 Unteroffizieren gesammelt, mit diesen wollte er auf der Chaussee nach Forbach so

Wie bei Gitschin, wo es in ähnlicher Lage gelang, durch einen abendlichen Vorstoß die in Gitschin versammelten Befehlsempfänger zu zersprengen, hätte auch hier ein solches Vorgehen großen Erfolg haben können. Diese Scheu vor nächtlichen Verfolgungen hat es zuwege gebracht, daß fast immer ein nächtlicher Abzug vom Schlachtfelde gelingt. Tritt aber eine nächtliche Verfolgung ein, so darf sie jedoch niemals zur Entschuldigung dienen, am anderen Morgen mit den Hauptkräften später aufzubrechen.

Nach dem Überfall des Marmontschen Korps bei Laon verfolgt York bis 11 Uhr abends noch 13 Kilometer über den ersten Punkt des Zusammenstoßes hinaus. In einem Bericht heißt es: „Gleich gescheuchten Schwärmen von Vögeln ließen sie (die Franzosen) sich auf ihrem eilfertigen Rückzuge immer von Zeit zu Zeit nieder, bis dann der herannahende Sturmschritt und Hörnerschall sie immer wieder aufscheuchte[1]."

Wie erfolgversprechend nach dem Siege von Custoza eine Verfolgung in der Nacht hätte sein müssen, darüber lassen die italienischen Quellen keinen Zweifel. So schreibt der Sous-Chef des Generalstabs des I. Korps, Major Corsi, offenherzig: „Die Nacht vom 24. auf den 25. Juni verging wie eine Stunde völliger Abspannung für den größten Teil des I. Korps. Wenn in jener feierlichen Stunde, mitten in der Nacht oder bei Anbruch des Tages, eine etwa von Peschiera ausgesendete kühne Reiterpatrouille uns belästigt hätte, die Folgen des Alarms hätten für uns fürchterlich werden können." Die Mitteilungen über den Zustand der Truppe am 25. vormittags lauten nicht viel besser.

Der russisch-türkische Krieg weist zwei sehr tüchtige Verfolgungen auf: die Verfolgung Schakir Paschas nach dem Verlust der Balkanlinie und die Zersprengung der bei Philippopel geschlagenen türkischen Streitkräfte; dann in Kleinasien die Verfolgung nach dem Siege am Aladja Dagh am 15. August 1878. Im Burenkriege gelingt es Lord Kitchener, durch eine energisch geführte Parallelverfolgung die zurückgehenden Buren bei Paarbeberg zu stellen und aufzuhalten, bis die Infanterie heran ist; aber nach dem Erfolge von Pietershill, der zwar zur Befreiung von Ladysmith führte, wurde eine äußerst erfolgversprechende Verfolgung von Buller unterlassen. Die Japaner haben nicht verfolgt. Nach Liaujang hatte sich zwar Kuropatkin durch seinen Rückzug als geschlagen betrachtet, während seine Armee keineswegs geschlagen war, sie verließ gut geordnet und in fester Haltung das Schlachtfeld. Die japanische Armee war erschöpft und bedurfte vor allem des Nachschubes von Munition. In der Absicht, ganz sicher zu gehen, verzichtete die vorsichtige japanische Führung auf eine Verfolgung auch nach anderen Erfolgen. So am Yalu, bei Wafantu, endlich nach der Schlacht von Mukden, die als entscheidend zu den größten Hoffnungen be-

---

lange vorgehen, als es die Kräfte gestatten würden. General v. Döring griff diesen Gedanken auf, den General v. Stülpnagel ablehnte."

Krieg, Leben des Generals v. Döring, S. 218. S. auch Cardinal v. Widdern, Kritische Tage (Spichern), S. 225 u. f., 247, 252 u. f.

1) Kriegsgesch. Einzelschriften II, S. 789 (Heft 12).

rechtigte. Zwar kann hier eingewendet werden, daß eine Verfolgung bis Tjelin stattfand. Im Grunde genommen war dies mehr oder weniger eine Fortsetzung der Schlacht. Von da an hörte aber jede Verfolgung auf, wo man denken sollte, daß der Moment gekommen war, die Redensart vom „letzten Hauch von Roß und Mann" ins Praktische zu übersetzen war.

Was eine Kerntruppe aber unter schwierigen Verhältnissen leisten kann, das lehrt die energische Verfolgung der Hereros nach der Schlacht am Waterberge bis in die wasserlose Omaheke hinein, die die Vernichtung des Feindes besiegelte[1]).

„Das Nichtkönnen der Truppe und Nichtwollen der Führer ist für mich ein und dasselbe, insofern als der Mangel an Energie der Führer eben von der Truppe nicht ein Mehreres verlangt, herrührend von der Schonung im Frieden und von dem wirklichen Nichtwissen, worin wir uns alle befinden, was geleistet werden kann." Mit diesen Worten hat der Prinz Friedrich Karl treffend den Hauptgrund des so häufigen Unterlassens der Verfolgung gekennzeichnet. Dann sagt der General der Infanterie von der Goltz: „Es ist eines der Geheimnisse der Menschennatur, daß der Mut zu außerordentlichen Anforderungen seltener ist, als hohen Ansprüchen Genüge zu leisten."[2]) Im deutsch-französischen Kriege hinderte vielfach die Nähe von Festungen, in denen die geschlagenen Truppen Schutz fanden, ein Ausbeuten des Sieges (Gravelotte, St. Quentin); im zweiten Teile des Feldzuges erschwerte das frühzeitige Eintreten der Dunkelheit das Ansetzen der Verfolgung, die unzureichende Ausrüstung der deutschen Kavallerie mit einer weittragenden Schußwaffe[3]), mehrfach auch die Teilnahme der Bevölkerung am Kriege die Durchführung der Verfolgung.

Die Fechtweise in zerstreuter Ordnung unter Ausnutzung aller Bedeckungen des Gefechtsfeldes, die gesteigerte Wirkung der Feuerwaffen, welche die Gefechtslinien auf größere Entfernungen auseinanderhält, erleichtert es dem unterliegenden Teil, den Kampf bis zur Dunkelheit hinzuhalten, dann in der Nacht den Abzug anzutreten. Die Schwierigkeit der Aufklärung, die großen zurückzulegenden Entfernungen erklären, daß die noch während des Kampfes begonnene Einleitung des Rückzuges nicht erkannt wird.

---

1) Vierteljahrshefte 1906 (III), S. 546 u. f.
2) Deutsche Rundschau 1893, Heft 9, S. 361.
3) Verfolgung nach Wörth. Kunz, Reiterei, S. 61. Rückzug des Korps Vinoy, Kriegsgeschichtliche Einzelschriften, Heft 20/21.

Die Ausdehnung des Schlachtfeldes hat erheblich zugenommen; der Führer vermag von seinem Standpunkt aus nicht das ganze Gelände mit seinen Blicken zu überschauen, keinen Eindruck von dem zu gewinnen, wie sich die Lage beim Feinde gestaltet. Die Kriegsgeschichte lehrt, daß am Ende des Schlachttages der Sieger selten die Größe der Niederlage des Gegners kannte[1]), daß er häufig die Schlacht für unentschieden, gar für verloren hielt, während der Gegner floh. Meldungen aus der Gefechtslinie werden im Kampfe erfahrungsgemäß so gut wie gar nicht erstattet; ehe die Meldungen der Nachrichtenoffiziere den Führer erreichen, vergeht lange Zeit, die dem Geschlagenen zugute kommt. Bei festem Willen kann man jedoch dieser Schwierigkeiten Herr werden.

Eine ganz unmeßbare Größe sind aber die psychologischen Einflüsse, das Überwiegen des Gefühls bei Offizieren und Mannschaften, genug getan zu haben. Am schwersten läßt sich dieses bei einem Volksheere mit nur wenigen Berufsoffizieren überwinden. Das Streben des Geschlagenen hingegen, sich den Waffen des Gegners zu entziehen, läßt alle Müdigkeit vergessen. Wenn auch langsam, aber die Truppe bleibt doch im Marsch.

Nach der Schlacht an der Katzbach marschierten die französischen Kolonnen am 28. August bis zu 40 Kilometer, die Avantgarde von Sacken nur 28, von York 16, von Langeron gar nur 10 Kilometer, die preußische Kavallerie unter Katzler nur 30 Kilometer. S. o. S. 413.

Im Gegensatz hierzu ist der Wille des Siegers, den Geschlagenen ganz zu vernichten, erheblich geringer entwickelt. Nach den Anstrengungen verlangt jetzt auch der Körper sein Recht, Hunger und Müdigkeit machen sich geltend.

Trefflich schildert General v. Blume in seiner „Strategie" diese Stimmung:

„Die feindlichen Truppen sind zurückgewichen, das Feuer verstummt allmählich, der Sieg ist erfochten! Freier atmet die Brust und das Herz schlägt in freudiger Erregung, die sich in lautem Jubel Luft macht. Man sucht seine Freunde auf, freut sich des Wiedersehens, tauscht die Erlebnisse des Tages aus; wie man von Tod und Verderben hart bedroht war und nun doch zu den Glücklichen gehört, die unversehrt die Freude des Sieges erleben — des läuft der Mund über, und auch die Lieben in der Heimat sollen es wissen, sollen wenigstens so bald wie möglich ein Lebenszeichen erhalten. Wie sie sich ängstigen werden in dem allgemeinen Jubel, den die Siegesstunde daheim erweckt! Und welche Bedeutung wird der heutige Erfolg für den siegreichen Ausgang des Krieges haben? Man forscht nach dem Schicksal der

---

1) Auffassung am Tage nach der Schlacht von Beaune la Rolande bei beiden Teilen. Hönig, Volkskrieg II, S. 288. 298. 307.

vermißten Kameraden — da erschallen neue Jubelrufe, der geliebte Feldherr durchreitet die Reihen, um seinen Braven bewegten Herzens zu danken für ihre Hingebung und sich durch den Augenschein zu überzeugen, in welcher Verfassung sich die Truppen nach dem heißen Kampfe befinden. Ihr Geist ist bewundernswert, aber sie sind in Unordnung geraten, ermüdet von den Anstrengungen des Tages und hungrig; in wenigen Stunden bricht die Nacht herein, noch schmachten Tausende von Verwundeten zerstreut auf dem Schlachtfelde; will man sie nicht im Dunkel der Nacht ihrem Schicksal überlassen, soll den Truppen Nahrung zugeführt werden, damit sie sich stärken können, bevor sie ihr hartes Nachtlager unter freiem Himmel, zwischen Toten und Sterbenden aufsuchen, dann muß alle Aufmerksamkeit hierauf verwendet werden. Wenn in dieser Weise die Zeit verstreicht, während durch rücksichtslose Anspannung aller Kräfte zur Verfolgung des Feindes heute mit geringem Verlust erreicht werden könnte, was später mit dem Blute von Tausenden derer erkauft werden muß, deren Kräfte jetzt aus Dankbarkeit und Mitgefühl geschont werden, so ist dies gewiß ein schwerer Fehler, aber es ist menschlich. Vielleicht würde der Fehler seltener begangen werden, wenn sich die beim Besiegten herrschende Auflösung nicht fast immer dem unmittelbaren Einblick der höheren Führer des siegreichen Heeres entzöge. Dadurch gewinnt bei diesen so leicht der unmittelbare Eindruck, welchen die Erschöpfung der eigenen Truppen macht, die Oberhand.

Die im Kampfe überwundenen Truppen des Feindes verschwinden bald dem Auge; was bei ihnen weiter vorgeht, wird durch die Reserven verdeckt, welche in wirklich oder scheinbar fester Haltung im Angesicht des Siegers Stellung nehmen, so daß die mit weiterem Vordringen verbundenen Anstrengungen und Opfer größer, die davon zu erwartenden Erfolge zweifelhafter erscheinen, als sie es tatsächlich sind."

Was nützt in solchen Lagen die durchaus richtige Betrachtung, daß von dem Sieger mindestens das gefordert werden müsse, was der Besiegte leistet. Die Taktik kann den Menschen nicht umgestalten. Aber dennoch muß die Truppe vorwärts, wenn sie sich um ihren Sieg nicht betrogen sehen will. Hier muß die Friedenserziehung einsetzen, der nochmalige Aufschwung nach dem Erfolge muß zur zweiten Natur werden. Mit Freuden ist es daher zu begrüßen, daß die deutsche Felddienstordnung Nr. 593 den Abschluß des Manövertages keineswegs mehr mit dem Ende des Gefechts zusammenfallen läßt, einen Kommandowechsel auch während des Kampfes zuläßt.

Aus Friedensrücksichten wird man das ungestüme Nachdrängen bei den Übungen zügeln müssen, im Ernstfalle wird man dieses selbständige taktische Handeln gern mit all seinen Nachteilen in den Kauf nehmen.

Der Sieger kann den Geschlagenen **unmittelbar, rein taktisch verfolgen**, indem er ihm unausgesetzt auf den Fersen bleibt, oder **mittelbar (indirekt)**[1] verfolgen, indem er auf dem kürzesten Wege

---

[1] Strategische oder Parallel-Verfolgung.

gegen einen vom Gegner zu erreichenden Punkt vorstößt, mit der Absicht, diesen früher als der Feind zu erreichen, sich ihm hier vorzulegen.

Im Feldzug von 1870 zielte die Verteilung der deutschen Kräfte von vornherein auf die wirksamste strategische Verfolgung der Geschlagenen nach dem ersten Siege in einer Hauptschlacht. Dieser Gedanke beherrschte auch die Operationen. Drei große französische Heere sind in ihrem vollen Bestand der strategischen Verfolgung erlegen.

Bazaine wich nach der Teilniederlage bei Spichern auf Metz zurück, wurde bei Colombey-Nouilly aufgehalten, bei Vionville am Abzug verhindert, von Gravelotte—St. Privat nach Metz hineingeworfen, umschlossen, festgehalten und schließlich gezwungen, Heer und Festung zu übergeben.

Mac Mahons Zug von Reims nach Metz kam durch Bedrohung seiner rechten Flanke ins Stocken und durch die Teilniederlage von Beaumont zur Umkehr, auf der ihm der ausgreifende Flügel der III. Armee den Weg verlegte; die Schlacht bei Sedan zwang seine Armee, im freien Felde die Waffen zu strecken.

Bourbakis Angriff im Südosten erlahmte an der Lisaine; auf dem Rückzug sperrte ihm General v. Manteuffel, von der Flanke hereileilend, die letzten Auswege nach Süden und drängte ihn nach der Schweiz, dort auf neutralem Gebiet die Waffen niederzulegen.

2. Die unmittelbare Verfolgung auf dem Schlachtfelde durch die kämpfenden Truppen.

Was die unmittelbare Verfolgung zu leisten hat, ergibt sich aus dem Wunsche des Geschlagenen, unter dem Schutze einer Aufnahmestellung, deren Besetzung später die Arrieregarde übernimmt, ordnungsgemäß Marschkolonnen zu bilden, oder ungestört im nächtlichen Dunkel zu verschwinden. Der Sieger darf hierzu dem Geschlagenen nicht die Zeit lassen. Aufschieben der Verfolgung bis zum nächsten Morgen kommt nur dem Geschlagenen zugute.

„Das Schlagen der Tamboure, das von allen Hornisten unausgesetzt zu blasende Signal: ‚Rasch vorwärts!' setzt alles, auch das Letzte in Bewegung!", dieses gilt für alle Waffengattungen. Sobald die stürmende Infanterie die Stellung erobert hat, muß sie so weit vordringen, daß sie den Gegner mit Feuer verfolgen kann. Planloses Nachstürzen ist zu vermeiden. Nichts darf die Infanterie an vollster Entfaltung ihrer Feuerkraft hindern. Die Attacken der preußischen Kavallerie, als sie sich den österreichischen Reitern am Schluß der Schlacht von Königgrätz entgegenwarf, wären besser unterblieben. Die feindlichen Schwadronen wären schneller und sicherer dem Zünd=

nadelfeuer erlegen. Ein solches Feuer muß vernichtend wirken; bleibt der Sieger jetzt aber stehen, so fällt ihm die schwierige Aufgabe zu, später das freigewordene Feld bis zur Aufnahmestellung im feindlichen Feuer durchschreiten zu müssen. Es entsteht ein Zeitaufenthalt, der nur dem geschlagenen Heere zugute kommt. Während des Verfolgungsfeuers müssen bereits Teile zur direkten Verfolgung eingesetzt werden; zunächst werden dieses frische Abteilungen sein, dann wird man nach dem Eintreffen der Artillerie des Siegers die wieder gesammelte Infanterie aus der Feuerlinie loslösen und dem Gegner nachführen. Sobald der Gegner keine lohnenden Ziele mehr bietet, wird die Infanterie gesammelt, die Munition ergänzt und Gefangene nach rückwärts geführt. Die Stellung ist nicht eher in sicherem Besitz, bis die Artillerie in ihr einfährt. Ein Befehl hierzu darf nicht abgewartet werden. In erster Linie werden die Batterien, welche den Infanterie-Angriff begleitet haben, in die genommene Stellung voreilen, dann alle Batterien, welche nur irgendwie vorwärtskommen können. Da das Maß der Bewegungsfähigkeit in den einzelnen Verbänden sehr verschieden sein wird, so ist es unvermeidlich, daß die Verbände sich lösen. Auch die schwere Artillerie des Feldheeres darf in dieser Lage nicht zurückbleiben, schon einzelne Batterieteile können mit der großen Tragweite ihrer Geschütze erfolgreich gegen Wegeengen und sich sammelnde Truppen wirken. Ihr Feuer wird die Auflösung der Besiegten steigern und schnell den Widerstand an Örtlichkeiten brechen, wenn für das Nachziehen beladene Munitionswagen Sorge getragen wird.

Die eigentliche Verfolgungswaffe ist die Kavallerie; ihre Verwendung ist dadurch beeinträchtigt, daß sie infolge der großen Tragweite der Feuerwaffen gezwungen ist, von den Entscheidungsstellen entfernt zu bleiben. Je frischer die Kavallerie in die Verfolgung tritt, um so wirksamer! Daher Absitzen, Füttern, Tränken während der Schlacht, wo es nur möglich ist. Beginnt erst die eigentliche Verfolgung, so ist rücksichtslosester Kräfteeinsatz geboten. Sobald das Gefecht der Entscheidung sich naht, haben alle Abteilungen der Kavallerie vorzueilen, um für die ihnen demnächst zufallenden Aufgaben zur Hand zu sein. Zunächst ist die feindliche Kavallerie zu werfen, wenn sie das Herankommen an die weichende Artillerie und Infanterie hindert und den Rückzug deckt. Dann heißt es, der Infanterie auf den Fersen bleiben und ihr keine einzige ruhige Minute gönnen. Wir werden indessen bei frontalem Nachdrängen meistens auf Truppen von mehr oder weniger guter Haltung stoßen, welche gerade aus diesem Grunde in die Arrieregarde genommen sind; wir werden diese Arrieregarden oft erst nach dem Herankommen unserer Infanterie und nur mit Zeitverlust vertreiben können. Vor den Arrieregarden aber bewegen sich die erschütterten Teile des feindlichen Heeres, welche der Kavallerie leichter zur Beute fallen als jene. An diese heißt es also heranzukommen, und das kann nur geschehen, wenn die Kavallerie auf Parallelstraßen seitlich sich vorbeischiebt und nun mit ihrem guten Karabiner und ihrer beweglichen Artillerie die zurückflutenden Massen unter Flankenfeuer nimmt, gegebenenfalls auch mit der Lanze anreitend. Die moralische Wirkung des unerwarteten Erscheinens unserer Reiter wird um so größer sein, als die Fliehenden sich durch die Arrieregarde geschützt glaubten. Dieses kann auch unbedenklich geschehen, da nach einer siegreichen Schlacht die Armee auf längere Zeit ihrer Kavallerie entbehren kann.

„Der Führer einer jeden, wenn auch nur zurzeit selbständigen Kavallerie-Abteilung ist persönlich verantwortlich dafür, daß alles nach den Umständen Mögliche von ihm angeordnet wird, um den Verbleib des abziehenden Feindes festzustellen und ihm an der Klinge zu bleiben. Eine rücksichtslos bis auf das äußerste durchgeführte Verfolgung aber erspart der Armee eine neue Schlacht und kann den Feldzug beenden." (K. E. R. 376. 377.)

Österreich-Ungarn: „Die Verfolgung darf nicht eher ruhen, bevor die Auflösung und Verwirrung bis in die entferntesten feindlichen Trains hineingetragen und der geschlagene Feind für den ganzen Feldzug aktionsunfähig gemacht ist."

Einsetzen der Masse der Artillerie ohne Rücksicht auf Zusammenhalten der Verbände und Aufrechthalten der Geschützzwischenräume ist geboten. Unter voller Ausnutzung der Leistungsfähigkeit der Pferde hat sie gleich bis auf wirksamste Entfernung an den Feind heranzugehen. Am günstigsten wird es sein, unter Bedeckung von Kavallerie die Artillerie gegen die Flanken des Gegners vorzuwerfen. Die Artillerieführer haben für reichlichen Munitionsnachschub zu sorgen (A. E. R. 348. 361. 362).

Österreich:

„Ist die feindliche Stellung gewonnen, so folgt die Artillerie möglichst rasch dahin, um bei der Behauptung des Errungenen mitzuwirken und für die Verfolgung zur Hand zu sein. Ein Teil der Batterien kann, wenn es die Gefechtsverhältnisse erfordern, in der zuletzt inne gehabten Aufstellung als Stütze für den Fall belassen werden, daß die eigene Infanterie durch einen gegnerischen Rückschlag aus dem gewonnenen Abschnitte wieder verdrängt werden sollte. Auch diese Batterien sind so bald als tunlich vorzunehmen."

Frankreich:

Verfolgungsfeuer der siegreichen Infanterie und Artillerie; diese begleitet staffelweise die Verfolgungstruppen. Die Divisions-Kavallerie hält die Fühlung mit dem Feinde, bis die mit Verfolgung beauftragte Kavallerie eintrifft, die besonders gegen die Rückzugslinie des Feindes angesetzt werden soll.

Ein Beispiel einer taktischen Verfolgung bietet die Schlacht von Beaumont am 30. August 1870:

Der Kampf wurde durch den Überfall der französischen Lager bei Beaumont am Mittag begonnen und endete zwischen 7 und 7½ Uhr an der Maas. Die Franzosen gingen von Abschnitt zu Abschnitt kämpfend zurück, stets durch frische Truppen aufgenommen; im stetigen, 1½ Meilen betragenden Vorschreiten erschöpfte sich die Infanterie des Angreifers. Das Gelände verbot die Verwendung der Kavallerie. Der Fluß und die Nacht setzten der Verfolgung ein Ziel; die bei Pouilly über die Maas gegangene 12. Kavallerie-Division wurde (zwischen 5 und 6 Uhr) bei Moulins durch feindliches Artilleriefeuer gehemmt und ging abends bis zur Maas zurück. Eine Offizierpatrouille gelangte 7 Uhr abends durch die feindlichen Posten hindurch bis Carignan. Der Gegner verließ Mouzon unbemerkt abends 9 Uhr und war am 31. August früh in Bazeilles.

Eine im Morgengrauen des 31. August nach Mouzon einreitende Schwadron stellte den Abzug des Gegners fest; die 12. und Garde-Kavallerie-Division fanden das Gelände frei vom Feinde. Die erstere gewann um 10 Uhr bei Baux, die letztere um 12 Uhr vor Carignan die Fühlung mit dem Gegner, beide gelangten jedoch nicht mehr zu erfolgreicher Tätigkeit, wurden vielmehr überall durch Infanterie aufgehalten [1]).

Der Kaiser Napoleon hat nach dem Siege von Champaubert (1814) ein treffliches Beispiel einer energischen taktischen Verfolgung gegeben. Die verbündete Armee verließ das Schlachtfeld in voller Ordnung. Die französische Artillerie in Masse ging von Stellung zu Stellung vor und überschüttete die zurückgehenden Truppen mit Feuer, geschlossene Infanterie-Divisionen folgten mit einem Teil der Kavallerie, um sofort einzugreifen, falls die Verbündeten versuchen würden, Widerstand zu leisten. Die Hauptmasse der Kavallerie suchte auf Seitenwegen den zurückgehenden Kolonnen zuvorzukommen. Zuerst fiel sie bei Janvillers die Flanke des Feindes an, dann verlegte sie diesem bei Champaubert die Rückzugsstraße und fiel, begünstigt durch die einbrechende Nacht, die Spitzen der Marschkolonnen an, während der Kaiser im Rücken nachdrängte. Es bedurfte eiserner Nerven und der Energie eines Blücher, um in solcher Lage nicht nachzugeben.

3. Die Einleitung der Verfolgung durch die Führung.

Die erfolgreichste Verfolgung ist die am ersten Tage; was heute umsonst zu haben ist, kostet morgen große Opfer. Am Tage nach der

---

[1]) v. Hopfgarten-Heibler, Die Schlacht von Beaumont.

Schlacht haben sich die Verhältnisse gewöhnlich schon geändert, wenn auch bei großen Armeen mehr Zeit notwendig ist als bei kleineren, um die taktische Ordnung wiederherzustellen. Der Geschlagene steht noch unter dem Eindruck der Niederlage, es bedarf keines besonderen Kräfteeinsatzes, um diesen Eindruck noch weiter zu befestigen.

An die von der Truppe selbsttätig eingeleitete Verfolgung müssen die Maßnahmen der Führung anknüpfen; meist wird aber die Führung erst die Verfolgung zu befehlen, die Truppe zu weiteren Anstrengungen anzuspornen haben.

Der Führer und der Chef seines Stabes sind durch die Leitung des Kampfes zu sehr in Anspruch genommen, als daß ihnen noch die Aufstellung der für die Verfolgung notwendigen Erwägungen aufgebürdet werden dürfte. Zweckmäßig wird dieses einem Offizier des Stabes übertragen, der sich schon während des Kampfes durch Prüfung der Lage ein Urteil zu bilden hat, welche Rückzugsrichtungen der Feind im Falle eines unglücklichen Ausganges voraussichtlich einschlagen wird, welche Truppen zum Aufnehmen der Verfolgung verfügbar sind. Schon während des Kampfes muß jede Rückzugsrichtung des Feindes durch eine besondere Aufklärungsabteilung beobachtet werden.

In jede dieser Richtungen ist eine Abteilung aller Waffen zur Verfolgung anzusetzen. Es ist dieses besser, als zunächst nur Kavallerie vorzusenden, da diese namentlich in der Dunkelheit leicht aufgehalten wird. Erst nach dem Eingehen der Meldungen der Führer dieser Detachements kann eine einheitliche Verfolgung mit stärkeren Abteilungen ins Werk gesetzt werden, falls nicht wie bei Leipzig, Waterloo, St. Quentin und Le Mans die Rückzugsrichtung des Gegners von Anfang an feststeht. Baldiges Eintreffen der Meldungen, welche Truppenteile auf den einzelnen Straßen zurückgegangen sind und welche Straßen vom Feinde nicht benutzt sind, ist von besonderem Wert. Anhaltspunkte für das Aufsuchen des Feindes sind die sichtbaren Spuren seines Rückzuges, weggeworfene Waffen und Gepäckstücke, stehengebliebene und verfahrene Fahrzeuge, die Kadaver erschöpft niedergesunkener Pferde, schließlich versprengte oder marode Soldaten usw. Anhaltspunkte für die Beurteilung der Frage, welche Truppenteile auf den betreffenden Straßen zurückgegangen, sind, abgesehen von den Uniformen der Gefangenen, aus den Aufschriften und Stempeln der gefundenen Waffen und Bekleidungsstücke zu gewinnen. Bessere Auskunft geben die Aussagen von den Gefangenen und der Landeseinwohner. Die

Zusammenstellung der von den verschiedenen Stellen einlaufenden Meldungen zu einem Gesamtbilde wird das Hauptquartier befähigen, allmählich die Lage beim Feinde klarer zu übersehen und danach für die weitere Verfolgung mit wachsender Sicherheit zu befehlen. Das Antreffen von Verwundeten und Gefangenen oder das Auffinden von Ausrüstungsstücken usw. ein und desselben Truppenteiles auf mehreren Straßen zugleich wird als ein Zeichen großer Auflösung zu gelten haben. Die entgegengesetzten Wahrnehmungen lassen darauf schließen, daß der Feind auf den verschiedenen Straßen mit bestimmten, gesonderten Heeresteilen zurückgegangen ist und in seinen Heerestrümmern die organischen Verbände noch erhalten sind. Wenn sich somit den Kundigen auf der Rückzugsstraße deutlich redende Spuren bieten, wo und in welcher Weise der Feind seinen Rückzug genommen hat, so gibt dieses noch keinen Anhalt für die Richtung, welche die feindliche Führung dem Rückzug schließlich geben will. Hinter der dichten Menge der Nachzügler, welche aber die Aufklärung erschweren, sind die Marschkolonnen in der Bildung begriffen. **Wohin deren Rückzug sich wenden will**, das erfährt man nicht so sicher von aufgegriffenen Gefangenen, von Einwohnern durchzogener Orte als durch die gegen die Spitze des Abziehenden vorreitende eigene Kavallerie. Hier bietet sich für Führer von Kavallerie-Patrouillen Gelegenheit, große Dienste zu leisten. Die Schwierigkeit aber, die Meldungen zurückzubefördern, bedarf rechtzeitiger Erwägung; an die mögliche Verwendung von Brieftauben ist zu denken. Nur auf diese Weise läßt sich vermeiden, daß der Sieger über die Richtung des Rückzugs getäuscht wird. Nacheilen in falscher Richtung kann einen Zeitverlust verursachen, der sich nicht wieder einbringen läßt.

Noch am Abend der Schlacht von Austerlitz trieb Murat Detachements auf Raußnitz und Wischau vor; durch die Meldungen seiner rein frontal nachfolgenden leichten Kavallerie irre geleitet, glaubte er den Feind im Zurückgehen auf Olmütz. Auf Befehl von Berthier war jedoch um 2 Uhr nachmittags bereits das 8. Husarenregiment auf der Ungarischen Straße angesetzt. Auf die Meldung, daß größere Teile des Feindes diese Richtung eingeschlagen hätten, bog das IV. Armeekorps von der Richtung nach Olmütz ab und ließ die Ungarische Straße bei Rasieblowitz durch das 11. Husarenregiment sperren. Der Abschluß eines Waffenstillstandes beendete die in dieser Weise eingeleitete Verfolgung[1].

Nach Ligny wird der Raum zwischen der preußischen und englischen Armee, obwohl der Kaiser selbst in einem Schreiben vom 17. Juni, 3 Uhr nachmittags, die

---

[1] Revue de Cavalerie, XXIV, p. 690.

Möglichkeit einer Vereinigung der beiden feindlichen Heere zum Schutze von Brüssel und Lüttich zugesteht, nicht beobachtet, Grouchy erst 15 Stunden nach Beendigung des Kampfes zur Verfolgung auf Gembloux angesetzt, wo man preußische Vorposten angetroffen hatte. Am Abend des 17. meldete Grouchy aus Gembloux, daß die Preußen auf Wavre, daß durch Gembloux zwei Generale (Generale Thielemann und Borstel) mit Artillerie und Infanterie auf Namur zurückgegangen seien. Blücher sei nicht durch Gembloux gekommen.

Die Anordnungen zur Einleitung einer Verfolgung enthalten etwa Folgendes:

1. Mitteilung über den Erfolg. (Im Ernstfalle wird man einen Hinweis auf die Notwendigkeit energischer Verfolgung nicht unterlassen.)
2. Aufgabe für die Kavallerie: Fühlung aufnehmen, Telegraphen- und Eisenbahnunterbrechungen im Rücken des Feindes. Verhindern von feindlichen Zerstörungsarbeiten (F. O. 518. 519). Erbeuten von rollendem Material des Feindes, Verhindern, daß dieses nach rückwärts geführt wird. Vortreiben von Aufklärungsabteilungen in der Richtung des vermuteten Abmarsches, um die Spitze der Marschkolonnen des Feindes zu erreichen.
3. Bilden der Verfolgungskolonnen unter besonders ausgesuchten Führern, Marschrichtung.
4. Vorziehen von Verpflegungskolonnen[1]).
5. Munitionsersatz.
6. Sammelstelle für Gefangene.
7. Wohin zunächst das Hauptquartier? Der Führer und der Chef des Stabes bleiben mit den nötigen Ordonnanzoffizieren zunächst noch auf dem Schlachtfelde, die übrigen Offiziere des Stabes begeben sich voraus nach dem Orte, wo das Hauptquartier unterkommen soll, um die nötigen Befehle und Berichte vorzubereiten. **Einfordern von Meldungen der Verfolgungsdetachements.** Die Überbringer dieser Meldungen müssen die Befehle für den nächsten Tag mitnehmen.

---

1) Die Führung hat Intendanturbeamte vorzuschicken, um die Ausnutzung erbeuteter Verpflegungsbestände zu ermöglichen. — Erbeuten von französischen Verpflegungsmitteln in Forbach nach der Schlacht von Spichern, Wegnahme von Verpflegungszügen im Januar 1871 auf der Strecke Besançon—Lons le Saulnier.

Bestimmte Regeln, wann die Verfolgung einzuleiten ist, lassen sich nicht geben, als Grundsatz ist festzuhalten, daß, je früher die Maßnahmen getroffen werden, um so wirksamer sich die Verfolgung gestalten wird. Da der Beginn des Rückzuges sich unseren Blicken entzieht, die Meldungen Zeit brauchen, bis sie die entscheidende Stelle erreichen, das Heranführen der Verfolgungstruppen einen weiteren Zeitaufenthalt verlangt, der den Zurückgehenden zunutze kommt, so können die Maßnahmen nicht früh genug getroffen werden. Vereinigung der Kavallerie auf dem operativ wichtigeren Flügel, Vorschieben in die Flanke und gegen die Rückzugslinie des Feindes erleichtern die Einleitung der Verfolgung. Sobald das Gefecht sich zu unseren Gunsten zu entscheiden beginnt, müssen bereits die ersten Befehle erlassen werden.

Das Vorwerfen der 1. Kavallerie-Division über den Mance-Abschnitt bei Gravelotte war verfrüht, sonst berichtet die Kriegsgeschichte fast nur von verspäteten Anordnungen. Bei Le Mans begann die 6. Kavallerie-Division am 13. Januar, erst 20 Stunden nach Beendigung der Schlacht, die Verfolgung [1]).

Ohne Rücksicht auf das Dienstalter ist der geeignetste Führer an die Spitze der Verfolgungstruppen zu stellen; nicht jedem ist hoher Wagemut und ein derartiges Maß von nachhaltiger Zähigkeit und Rücksichtslosigkeit gegeben, daß solche Eigenschaften auch nach einem Schlachttage noch vorhalten.

4. Die ersten Verfolgungsmärsche.

Das Verhalten auf den ersten Verfolgungsmärschen wird verschieden sein, je nach dem Zustand des zurückgehenden Feindes. Weicht der Gegner freiwillig oder in noch nicht gestörter Ordnung vom Schlachtfelde (Verbündete nach Lützen und Bautzen 1813, französische Rheinarmee nach dem 6. August 1870), so muß der Sieger versuchen, ihn an ungünstiger Stelle erneut zum Schlagen zu zwingen. Vorgehen in breiter Front, wenn möglich mit einem vorgenommenen Flügel, muß eine günstige Verwendung der Truppen vorbereiten.

Als die französische Armee am 11. August 1870 hinter der französischen Nied angetroffen wurde, während das Gelände in Richtung auf Chateau Salins vom Feinde frei war, sollte die I. Armee am 12. mit Vorposten bis an die deutsche Nied herangehen, während die II. Armee mit Staffeln vom linken Flügel antreten wollte,

---

[1]) S. o. S. 25. Kriegsgeschichtliche Einzelschriften, Heft 14, S. 164.

um dann in die Linie Falkenberg—Verny, unter Sicherung gegen die Mosel, zum Flankenangriff einzuschwenken [1]).

Der Sieger darf sich nicht mit dem begnügen, was der Feind freiwillig zurückläßt, er muß ihn vielmehr von Stellung zu Stellung vertreiben. Das niederschlagende Bewußtsein der Unterlegenheit erweckt dann in dem Gegner das ganz natürliche Bestreben, sich der feindlichen Einwirkung zu entziehen, und dieses Bestreben verführt ihn zur Beschleunigung seiner Marschgeschwindigkeit, welche nicht verfehlen kann, die mit einem jeden Rückzuge verbundene Unordnung zu steigern, den Halt der noch geschlossen gebliebenen Massen zu lösen und den Rückzug von Stunde zu Stunde fluchtähnlicher zu machen. Denn nichts macht einen solchen Eindruck auf den Soldaten, als schnelles Laufen mit müden Beinen und — was immer mit der Eile verbunden ist — mit leerem Magen, sowie Störungen in dem Moment, wo er endlich einmal für einen Augenblick sich geborgen wähnt.

Um dieses Ziel zu erreichen, ist frühzeitiger Aufbruch der ganzen Armee am Morgen nach der Schlacht geboten. Meist wird noch Unklarheit über die Rückzugsrichtung der Hauptkräfte des Feindes herrschen. Erst abwarten zu wollen, bis genauere Nachrichten vorliegen, hieße den Erfolg zur Hälfte aus der Hand geben [2]).

Ein Vormarsch in breiter Front bietet die Aussicht, wenigstens mit einem Teil die Hauptrückzugsrichtung des Feindes zu treffen, die übrigen Kolonnen müssen dann nach und nach in die durch Meldungen festgestellte Richtung hineingelenkt werden.

Leistet der Feind Widerstand, so wird dieser am schnellsten durch das Vorschreiten der Nachbarkolonnen gebrochen, bleiben die feindlichen Truppen stehen, so kommen sie vielfach in ungünstige Lage (Marschall Ney am 19. August 1813) [3]).

Bei dem Vormarsch der II. Armee auf le Mans hatten die Flügelkorps die sich ihnen entgegenstellenden Schwierigkeiten nicht so rasch überwinden können, wie die auf der Straße Vendôme—Calais—

---

1) v. d. Goltz, Operationen der II. Armee, S. 37. v. Moltke, Militärische Korrespondenz, 1870/71, Nr. 141. 143, S. 215. S. o. S. 171.

2) Noch am 7. August wußte man beim Oberkommando der III. Armee nicht, ob die Hauptkräfte des Feindes auf Bitsch oder Zabern zurückgegangen seien, die nur mangelhaft zum Fußgefecht vorgebildete und ausgerüstete Kavallerie stieß überall auf Versprengte, die ihr Aufenthalt bereiteten und das Erkennen der Rückzugsrichtung der Massen verwehrten.

3) Friederich, Herbstfeldzug 1813, I, S. 250 u. f.

Le Mans angesetzte mittlere Kolonne. Am Abend des 9. Januar 1871 befahl Prinz Friedrich Karl das Fortsetzen des konzentrischen Vorgehens seiner auf 6 Meilen Breite entwickelten Armee auf Le Mans mit dem Hinweis, „daß, je schneller und entschiedener die einzelnen Kolonnen gegen Le Mans Terrain gewinnen, in desto größerer Verlegenheit die vereinzelten Abteilungen, welche sich noch zwischen unseren Marsch= kolonnen befinden, geraten müssen". Es kommt somit vor allem darauf an, möglichst unbeirrt in der befohlenen Richtung vorzudringen, sich auch nicht durch den von seitwärts herüberschallenden Kanonen= donner ablenken zu lassen. Ähnliches gilt von einer Flankenbedrohung durch schwächere Kräfte, ihre Aufgabe ist nur die Verfolgung zu ver= langsamen, je mehr der Sieger ihnen Beachtung schenkt, um so besser erfüllen sie ihre Aufgabe [1]).

Alles kommt darauf an, hohe Marschleistungen zu erzielen. Märsche in fernabgelegene Unterkunftsorte sind zu vermeiden, Biwaks längs der Marschstraße werden die Regel sein. Entsenden von Bei= treibungskommandos ist eher schädlich als nützlich, einmal kann das Ergebnis nur gering sein, da der Feind meist schon die gleiche Straße gezogen ist und das Land ausgenutzt haben wird, dann läßt sich auch die Marschleistung, welche diese Beitreibungen erfordert, besser in anderer Weise ausnutzen. Die Führung hat zu versuchen, durch weites Vorschieben der Proviantkolonnen, durch rechtzeitiges Ergänzen der eisernen Portionen und der Bestände der Lebensmittel= und Futter= wagen die Verpflegung der Verfolgungstruppen sicher zu stellen. Kann man die Tornister der Infanterie fahren oder zeitweise ganz zurück= lassen, um so besser. Die Infanterie des X. Armeekorps marschierte vom 8. August bis zum Anfang September 1870 ohne Tornister. Da alle Mannschaften den großen Marschanstrengungen nicht gewachsen sein werden, so empfiehlt sich, aus den zurückbleibenden Mannschaften Marschkompagnien zu bilden, die unter Führung von Offizieren nach= rücken [2]). Zuweisen von Brückentrains wird nötig sein, um zerstörte Übergänge schnell wiederherstellen zu lassen.

---

1) Bedrohung der schlesischen Armee 1813 aus der Gegend von Lähn. v. Freytag=Loringhoven, Aufklärung und Armeeführung, S. 22. Bewegungen der französischen Division Curten in der linken Flanke der auf Le Mans vorgehen= den II. Armee vom 6. bis 14. Januar 1871. S. v. d. Goltz, Die sieben Tage von Le Mans, 8./9. Beiheft zum Militär=Wochenblatt 1873, S. 298. 302 ff.

2) S. Taktik III, S. 196.

Die Anordnungen werden am besten von Tag zu Tag befohlen, selten wird es zweckmäßig sein, eine Marschtafel auszugeben.

In der vorgefaßten Ansicht, daß die französischen Streitkräfte in Schlesien durch das aus Böhmen gegen Dresden vermutete Vorgehen der Hauptarmee zum Räumen des rechten Elbufers gezwungen sein würden, erließ Blücher am Morgen des 18. August 1813, als das Räumen des linken Katzbachufers erkannt wurde, einen Verfolgungsbefehl, der die schlesische Armee über den Bober hinweg in die 26 Kilometer lange Linie Bunzlau—Naumburg—Lauban führen sollte. Vormarsch in mehreren Kolonnen wurde angeordnet und in die Befehlsbefugnisse der Armeekorps eingreifend bestimmt: „Alle Morgen um 5 Uhr wird aufgebrochen, bis 10 oder 11 marschiert, dann gehalten, gefüttert und gekocht. Um 3 Uhr wird weiter marschiert bis 7 oder 8 Uhr abends." Dieses bewährte sich nicht [1].

Ein Abkochen auf dem Marsche und Fortsetzen des Marsches am Nachmittag wird fast immer geboten sein. Die Avantgarde einer Division marschiert beispielsweise von 5 Uhr vormittags bis 12 Uhr mittags und stellt den Marsch dann ein, um abzukochen, das Gros marschiert bis 11 Uhr, rastet bis 2 Uhr und marschiert dann mit neuer Avantgarde noch bis 6 oder 7 Uhr weiter. Voraussichtlich wird der zurückgehende Gegner, sobald das Haltmachen der Avantgarde erkannt wird, ebenfalls Halt machen, er wird dann durch das zweite Vorgehen von neuem aufgescheucht. Da eine solche Störung der Ruhe für den Geschlagenen besonders empfindlich ist, empfiehlt General Dragomirow dem Verfolger ein erneutes Vorgehen am Nachmittage. Bei Sonnenuntergang aus seinen Lagern aufgescheucht, muß er sein Abkochen unterbrechen, die Biwaks nach rückwärts verlegen, vielfach wird sich an diese Alarmierung ein Nachtmarsch anschließen, zum mindesten wird er die Nacht in Unruhe verbringen, während der Sieger völlige Nachtruhe genießt, sicherlich keine Störungen zu gewärtigen hat.

Sehr beachtenswerte Ergebnisse erzielte ein am 7. Juli 1866 von der Kavallerie-Division Hartmann unter dem Oberstleutnant von Barnekow vorgeschicktes Detachement, welches aus 400 Mannschaften zweier Kürassierregimenter, 200 Ulanen und 200 Husaren (nur diese führten Karabiner) zusammengestellt war, und dem zwei Geschütze zugeteilt wurden. Nach einer Gesamtleistung von 40 Kilometern an diesem Tage traf die Truppe $8\frac{1}{2}$ Uhr abends auf den Feind. Rings um Zwittau zeigten sich in weitem Umkreise die Biwaks des Feindes, der ohne Vorposten lagerte, südwestlich der Stadt das VIII. Korps, bei Zwittau das Kolonnenmagazin und der Munitionspark dieses Korps, sowie zwei Bataillone und vier Batterien des sächsischen Armeekorps. In Zwittau selbst befand sich das sächsische Hauptquartier.

---

[1] Friederich, Herbstfeldzug I, S. 242.

Barnekow alarmierte die feindlichen Lager durch einige Granatschüsse. Das sächsische Detachement eilte, die Stadt zu besetzen, seine Batterien gingen auf das bei Mährisch-Hermersdorf südöstlich von Zwittau lagernde Korps zurück. Die preußischen Reiter stießen westlich der Stadt auf eine Wagenkolonne. Eine Eskadron nahm, nachdem nur wenige Schüsse gefallen waren, deren Bedeckung (4 Offiziere, 112 Mann) gefangen. Die inzwischen gegen den Ort selbst vorgesandten Husarenzüge hatten die Ausgänge stark besetzt gefunden. Man nahm daher und in Anbetracht der Nacht von einem weiteren Vorgehen Abstand und ging bis in das nächste Dorf, nach Mohren zurück, wo bei strömendem Regen ohne Feuer biwakiert wurde. Das Unternehmen der preußischen Kavallerie hatte also zu einer Alarmierung geführt. Die beiden davon betroffenen feindlichen Korps brachten die regnerische Nacht unter dem Gewehr zu, wodurch die ohnehin schon erschöpften Truppen von neuem hart mitgenommen wurden.

Das österreichische Generalstabswerk läßt erkennen, welche Gelegenheit die Preußen gehabt hätten, die gelungene Alarmierung des Gegners weiter auszunutzen, wäre es auch nur durch Fortsetzung des Artilleriefeuers und durch ein alarmierendes Karabinerfeuer gewesen. Dasselbe berichtet: „In Zwittau entstand durch die teils mit, teils ohne ihre Fuhrwerke davoneilenden Bespannungen (der Proviant- und Munitionskolonnen des VIII. Korps) eine große Verwirrung. Der Marktplatz und die Straßen der Stadt waren nach wenigen Minuten vollkommen verfahren. Den Train des sächsischen und des VIII. Armeekorps, welcher wegen der Versperrung der Straßen durch andere Trainteile noch nicht nach Trübau hatte abfahren können, und jene der II. Reserve-Kavallerie-Division ergriff eine förmliche Panik. Zahlreiche Fuhrwerke flüchteten gegen Mährisch-Trübau, andere wurden von ihren Bespannungen im Stich gelassen, mit denen die Fahrmannschaft in die nahen Wälder enteilte. Das Kolonnenmagazin, zwei Hospitäler, die Pioniere und Pontoniere des sächsischen Armeekorps schlugen die Richtung nach Brünn ein und kamen dadurch dauernd von ihrem Korps ab. Zahlreiche Munitions- und Proviantwagen mußten bei Zwittau stehen gelassen werden."

Noch am Abend erhielten Trains und Artillerie Befehl, sofort nach Mährisch-Trübau zurückzugehen, die beiden österreichischen Divisionen brachen statt um 5 und um 6 Uhr bereits um 4 Uhr auf, konnten aber wegen Versperrung der Straße erst am Abend ihr Marschziel erreichen [1]).

Eine bekannte kriegsgeschichtliche Erfahrung lehrt, daß der Geschlagene vielfach eine Waffenruhe nachsucht, um ungestört seine rückgängigen Bewegungen einzuleiten. Nach den Gefechten im Burenkriege fand fast regelmäßig eine Waffenruhe statt, um die Toten zu bestatten, die Verwundeten aufzusammeln; die Waffenruhe kam aber auch der Einleitung taktischer Bewegungen zugute. Das Erscheinen eines Unterhändlers darf unter keinen Umständen die einmal begonnenen Bewegungen verzögern, die Angabe des Feindes, daß ein Waffen-

---

1) S. v. Lettow-Vorbeck a. a. O. 1866, II, S. 562.

stillstand abgeschlossen sei, darf keinesfalls, ehe nicht Benachrichtigung durch das eigene Ober=Kommando eintrifft, Veranlassung werden, die Vorwärtsbewegung einzustellen.

Hollabrunn, 15. November 1805. Abschluß eines Waffenstillstandes verschafft der russischen Armee im Zurückgehen einen Vorsprung. Unter Vorgeben, daß ein Waffenstillstand abgeschlossen sei, durchschritten am 14. November 4000 Infanteristen und ein Kürassierregiment die französischen Linien [1]).

Nach dem Siege von Novara 1849 wird den piemontesischen Unterhändlern eröffnet, daß ein Waffenstillstand unter Einstellung der Feindseligkeiten nicht zugestanden werden könne [2]).

Entsendung des Generals v. Gablenz in das Große Hauptquartier nach der Schlacht von Königgrätz [3]).

Vorkommnisse bei der Verfolgung der Bourbakischen Armee, welche infolge ungenauer Benachrichtigung ihrer Regierung in dem irrigen Glauben war, daß ein Waffenstillstand abgeschlossen sei (30. Januar 1871), führten zu unberechtigten Vorwürfen gegen die deutsche Heeresleitung [4]).

5. Die indirekte Verfolgung.

Ein unmittelbares Nachfolgen des Siegers, so anerkennenswert es auch sein mag, kann wohl den Umfang der Niederlage vergrößern, aber keineswegs eine entscheidende Wirkung haben.

Die direkte Verfolgung kann nur dasjenige an Nachzüglern und Siegeszeichen auflesen, was der Gegner zurückläßt; sie wird leicht unwirksam infolge der großen Marschleistungen geschlagener Truppen [5]), infolge des nachhaltigen Widerstandes, den schwache Abteilungen mit reitender Artillerie, abgesessener Kavallerie, Radfahrer= und Maschinengewehr=Abteilungen an starken Abschnitten leisten können (Aufhalten der französischen Verfolgung nach der Schlacht von Bautzen am 23. Mai 1813 an der Neiße). Die Marschleistungen des Siegers werden dadurch beeinträchtigt, daß er hinter dem Gegner herzieht und so seine Verpflegung in dem schon vom Gegner ausgesogenen Lande auf Schwierigkeiten stößt. Die Verfolgung verläuft schließlich wirkungslos im Sande, wenn der Gegner seine Marschrichtung ändert, der Verfolger dieses nicht rechtzeitig erkennt, da er nur in Fühlung mit

---

1) 24. Bulletin de la grande armée, 1805.
2) Strobl, Mortara=Novara, S. 69.
3) v. Lettow=Vorbeck a. a. O. 1866, II, S. 536.
4) v. Wartensleben, Operationen der Südarmee, S. 65 u. f. — Lehautcourt, Campagne de l'Est, II.
5) S. o. Rückmarschentfernungen nach verlorener Schlacht. S. 378.

der diesen Abmarsch verschleiernden Kavallerie bleibt (Grouchys Verfolgung nach Ligny). Eine wirksamere Art der Verfolgung ist der Parallelmarsch des Siegers nach dem nächsten Ziele des Rückzuges: die indirekte oder Parallel-Verfolgung. Der Geschlagene geht zunächst senkrecht zu seiner Front zurück, erst wenn der Druck des Siegers nachläßt, kann an eine Lösung der Versammlung gedacht werden. Die parallel zur Rückzugsrichtung des Feindes angesetzten Verfolgungstruppen stoßen zunächst auf die sich nach der Seite herausziehenden Marschkolonnen. Gelingt es, diese in ihrer Bewegung zu stören, womöglich zum Wiedereinschlagen der alten Richtung zu zwingen, so müssen die Anstrengungen für den Geschlagenen erheblich zunehmen.

Nächstes lohnendes Ziel für die zur indirekten Verfolgung angesetzten Truppen bilden die Kolonnen und Trains. Diese wegzunehmen oder zu zersprengen, ihren Marsch aufzuhalten, wird nicht verfehlen, einen Einfluß auf die Marschkolonnen auszuüben.

Ein größerer Rückzug wird heutzutage unter Ausnutzung der Eisenbahnen ausgeführt; die Einschiffung der Truppen zu stören, durch ausgeführte Sperrungen im Rückengebiet des zurückgehenden Heeres die Wegführung des rollenden Materials zu verhindern, kann eine dankbare Aufgabe für die zur indirekten Verfolgung angesetzte Kavallerie sein. Es gilt in solchen Lagen, mit diesen Zerstörungskommandos gleich möglichst weit, auf 10, 15 und mehr Meilen vorzugreifen. Nach dem Siege von Königgrätz war nichts dieser Art angeordnet worden. So konnte es denn geschehen, daß österreichischerseits am 9. und 10. Juli nur 12 Meilen von Pardubitz entfernt, bei Lettowitz 21000 Mann, 860 Pferde und 56 Geschütze zum Abtransport nach Wien 2c. in aller Ruhe eingeschifft wurden, und so konnte es ferner noch am 11. Juli und den folgenden Tagen sich ereignen, daß von Olmütz 41250 Mann, 4100 Pferde und 106 Geschütze mit der Eisenbahn nach Wien zurückbefördert wurden, bis dann endlich eine preußische Patrouille, welche einige Schienen aufhob, dort weiteren Transporten ein Ende bereitete.

Jedes geschlagene Heer wird hinter sich einen näher oder entfernter gelegenen Punkt haben, dessen Erreichen ihm von Wichtigkeit ist, wo es die Zeit zu finden hofft, sich von den Folgen der Niederlage zu erholen, sich zu neuem Widerstand vorzubereiten. Derartige Punkte können sein: starke Stellungen, Festungen, Geländeabschnitte, wo es sich mit anderen noch im Anmarsch begriffenen Streitkräften zu vereinigen hofft.

Der Schlachtenerfolg wird erst vollendet, wenn es gelingt, hier dem Gegner zuvorzukommen, ihn hier noch einmal zur Schlacht zu zwingen, sich ihm beim Überschreiten von Engen vorzulegen, ihn festzuhalten, bis die in der Front nachdrängenden Truppen herankommen. Dieses die wesentlichsten Ziele der indirekten Verfolgung.

Nach den Kämpfen am 6. August 1870 konnten die getrennten französischen Heere ihre Vereinigung nur noch hinter der Mosel bewirken; über die Rückzugsrichtung der französischen Rheinarmee auf Metz konnte wohl kaum ein Zweifel herrschen. In der Erwartung, daß nach der Schlacht von Wörth der Marschall Mac Mahon versuchen würde, über Bitsch sich mit der Rheinarmee zu vereinen, bog auf Befehl des Oberkommandos der II. Armee am 8. August das IV. Armeekorps mit der zugeteilten Kavallerie-Brigade v. Bredow auf Rohrbach ab. Das Zusammentreffen mit dieser Reiterei bestimmte den Kommandeur der Kavallerie des V. französischen Armeekorps, seinen Auftrag, die vor Bitsch zurückgelassenen Trains der Armeekorps heranzuholen, nicht auszuführen, sondern auf Saarburg zurückzugehen. Das am 9. August angeordnete Vorgehen der II. Armee südlich der Straße St. Avold—Nancy mußte voraussichtlich in die Lücke zwischen beiden Heeren hineinführen.

Das rechtzeitige Eintreffen der Kavallerie der II. Armee an der Mosel verhinderte die französische Armee, diesen Abschnitt zu verteidigen; das Vorgehen der 5. Kavallerie-Division am 15., des III. und X. Armeekorps am 16. August ist ganz im Sinne einer indirekten Verfolgung, um die Vereinigung der beiden getrennten französischen Armeen zu verhindern.

Nach der Schlacht von Lützen mußte der Kaiser Napoleon annehmen, daß die auf Dresden basierte verbündete Armee versuchen würde, nach Überschreiten der Elbe auf Berlin zurückzugehen, ein Ausweichen längs der österreichischen Grenze nach Schlesien konnte nicht vorhergesehen werden. Um der feindlichen Armee bei einem Abmarsche auf Berlin den Weg zu verlegen, entsandte der Kaiser, während er selbst auf Dresden vorging, eine Heeresabteilung unter dem Marschall Ney auf Torgau. So klar wie in diesen Fällen ist aber die Rückzugsrichtung des Feindes nicht immer ausgesprochen. Nicht mit Unrecht konnte der Kaiser annehmen, daß die Preußen nach der Schlacht von Ligny nach dem Rhein zurückgehen würden, ebenso war nach Königgrätz ein Rückzug der Österreicher auf Wien wahrscheinlicher als auf Olmütz.

Ein noch weiter gestecktes Ziel der indirekten Verfolgung des Sieges kann sein, dem Feinde Gebiet zu entreißen, nicht nur um dessen Hilfsquellen dem Feinde zu entziehen und sich selbst nutzbar zu machen, einen tatsächlichen Besitzstand und ein Faustpfand bei den nach einer Hauptschlacht einsetzenden politischen Schritten und Unterhandlungen, des Besiegten und von Vermittlern, zu gewinnen — sondern vorzugsweise um die weiteren Operationen aus noch günstigerer Lage fortführen und durch Besitznahme wichtiger Regierungssitze, z. B. der Landeshauptstadt — oder durch deren Einschließung und Absonderung womöglich die gesamte Staatsverwaltung des Gegners aus dem Gefüge und gewohnten Geleise zu heben.

Dem Gegner an entscheidenden Punkten zuvorzukommen (Berlin 1806, Paris 1815), ihn von seiner Rückzugsrichtung abzudrängen (Abdrängen der Bourbakischen Armee nach der Schweiz im Januar 1871), setzt eine zutreffende Beurteilung der Kriegslage, dann günstige geographische Verhältnisse voraus [1].

Am günstigsten liegen die Umstände, wenn der Sieger nach einer geglückten Umfassung sich der feindlichen Rückzugsstraße mehr hat nähern können, als es dem in der Front noch beschäftigten Gegner möglich war [2]. Eine Bedrohung der feindlichen Rückzugslinie schließt aber häufig eine Preisgabe der eigenen rückwärtigen Verbindungen und damit ein Wagnis in sich, das nur der Stärkere unternehmen wird, der sich seiner Kraft voll bewußt ist.

Die Bedrohung des Rückzuges macht natürlich den größten Eindruck auf solche Streitkräfte, die ihr Heil allein im Zurückgehen erblicken und sich bei der größeren Entfernung vom Feinde am sichersten wähnen. Oft wird schon das Erscheinen schwacher Kavallerie, entfernteres Geschützfeuer in der Flanke Schrecken hervorrufen. Es ist wohl verständlich, daß in derartigen Lagen der Aufforderung, die Waffen zu strecken, häufig ohne weiteres nachgekommen wurde. Je energischer der Unterhändler des Verfolgers auftritt, um so sicherer der Erfolg.

Auf dem Rückzuge nach Jena findet am 16. die Kolonne des Grafen Kaltreuth (10 000 Mann) Weißensee durch 2000 Dragoner der Division Klein besetzt, sein erster Gedanke ist, eine Kapitulation abzuschließen; anstatt anzugreifen, schlägt dann der preußische Führer einen Waffenstillstand vor, den Klein bewilligt, unter der Bedingung, daß die preußischen Truppen Weißensee umgehen [3].

---

1) Verlegen der Marschstraßen der hannoverschen Armee zur Vereinigung mit den Bayern durch mit der Eisenbahn vorgeführte preußische Truppen. v. Lettow-Borbeck, Krieg von 1866, I, S. 213 u. f.

2) Im Gefecht von Blumenau stand die Brigade Bose dem wichtigen Donauübergang bei Preßburg näher als die im Defilee bei Blumenau noch kämpfenden österreichischen Truppen. v. Lettow-Borbeck a. a. O. 1866, II, S. 666. Linker japanischer Flügel in den Kämpfen von Mukden.

3) v. Lettow-Borbeck a. a. O. 1806/7, II, S. 68.

An welche Bedingungen die Durchführung einer indirekten Verfolgung geknüpft ist, ergibt sich am besten aus dem zweckmäßigsten Verhalten des Gegners.

Bei Erwägung der **zur Abwehr** der indirekten Verfolgung geeigneten Maßnahmen ist es notwendig, sich zu erinnern, daß die Überlegenheit des Verfolgers sich hauptsächlich auf moralische Faktoren gründet. Für den geschlagenen Teil kommt es also darauf an, so bald wie irgend möglich das Selbstbewußtsein der Truppe wieder zu beleben. Durch eine eilige Flucht geschieht aber das Gegenteil. Auch eine brave Truppe pflegt durch einen nächtlichen Rückmarsch nach verlorener Schlacht viel von ihrem moralischen Halt zu verlieren. Anstatt vor dem Feinde fortzulaufen, empfiehlt es sich meistens, so bald wie möglich wieder Front zu machen. Es ist viel vorteilhafter, im Gefecht der Arrieregarden einige hundert Mann einzubüßen, die dem Feinde vermutlich den gleichen Einsatz kosten, als auf dem Rückmarsch Tausende vor Erschöpfung liegen zu lassen, die dem Gegner mühelos in die Hände fallen. Gleiches gilt auch von dem Ausbiegen; gelegentlich mag es zum Ziele führen, meist ist es nur ein bald versagendes Auskunftsmittel, da es nach kurzer Zeit doch wieder nötig werden würde. Wie soll es außerdem im Armeeverbande, wo alle Straßen mit Marschkolonnen bedeckt sind, ausgeführt werden, was wird aus den Trains?

Aufschub ist in solcher Lage von größter Gefahr, je länger man wartet, um so eher die Aussicht, daß sich auch die Einwirkung der in der Front nachdrängenden Truppen fühlbar machen wird. Für einen Angriff spricht ferner der Umstand, daß man es voraussichtlich nur mit Kavallerie und schwächeren Infanterie-Abteilungen zu tun haben wird. Ein Ausbiegen hätte z. B. der Rhein-Armee am 16. August oder der Armee Napoleons nichts genützt, als sie am 29. Oktober 1813 beim Heraustreten aus dem Paß von Gelnhausen die Kinzig-Engen bei **Hanau** von den Bayern unter Wrede besetzt fand[1]).

Der kühne Entschluß, die überflügelnde oder umgehende Verfolgungsabteilung anzugreifen, wird indessen fast immer Aussicht auf Erfolg haben.

Mit der großen Masse der Infanterie wird der Verfolger selten so schnell marschieren, daß er den geschlagenen Teil überholen kann. Wahrscheinlich werden die überflügelnden Seitenkolonnen hauptsächlich

---

1) **Friederich**, Herbstfeldzug 1813, III, S. 273 u. f.

aus Kavallerie und Artillerie bestehen, die vielleicht einige Bataillone bei sich haben. Der moralische Eindruck dieser, Flanke und Rücken bedrohenden Verfolgungstruppen pflegt sehr groß zu sein. Die Verfolgung Blüchers nach Waterloo hat bereits gezeigt, daß solche auf der Rückzugsstraße erscheinende Abteilungen einen panischen Schrecken hervorgerufen und unverhältnismäßig starke Kräfte zur Flucht veranlaßt haben. Gelingt es aber dem zurückgehenden Teil, den ersten Schrecken zu überwinden und sich zum Angriff aufzuraffen, dann ist die Gefahr meistens beseitigt. Die mehrmals erwähnte Brigade Pirch bei Villers-Cotterets [1]) ging schließlich ohne Kampf und äußeren Zwang zurück, nachdem mehrere Divisionen vor ihr fortgelaufen waren. Es hätte wohl nur eines energischen Anstoßes der zurückgehenden Truppen bedurft, um die Brigade einige Stunden früher zu diesem Entschluß zu bewegen und so den Franzosen den Weitermarsch auf Paris zu ermöglichen.

Während des Rückzuges nach Jena fand das Korps Hohenlohe das auf der Marschstraße liegende Dorf Boitzenburg besetzt. In ähnlichen Fällen war man bisher immer weiter ausgebogen, um dem erhaltenen Befehl gemäß jeden Kampf zu vermeiden. Hier fand man endlich nach langer Beratung den Entschluß zum Angriff. Einige Bataillone gingen mit klingendem Spiel vor und vertrieben fast ohne Verluste die in dem Dorfe zum Fußgefecht abgesessene französische Reiterei. Blücher hat in diesen traurigen Tagen die Bitte ausgesprochen, sein Korps mehr zu exponieren, weil er lieber einige Gefechtsverluste erleiden, als seine Mannschaft durch Marschanstrengungen zugrunde richten lassen wollte [2]).

Ein solcher Angriff müßte aussichtslos sein, wenn in der Front weitere Kräfte nachdrängen würden, wenn sich eine Übereinstimmung zwischen den getrennten Teilen des Verfolgers erreichen ließe. Am 16. August schützte die Festung Metz den Marschall Bazaine vor einem solchen Rückenangriff. Aus allen Befehlen der französischen Truppenführer auf dem Rückzuge nach der Schlacht von Le Mans spricht die unverkennbare Besorgnis, in dem unübersichtlichen Gelände in der Front festgehalten und in den Flanken überholt zu werden [3]).

Als am 29. Oktober 1813 die Spitze der bei Leipzig geschlagenen französischen Armee beim Hervortreten aus dem Kinzigtale auf die bayerischen Truppen unter Wrede stieß, welche Hanau besetzt hielten, war die Arrieregarde Napoleons unter Mortier noch 65 Kilometer von den nachfolgenden preußischen Avantgarden entfernt.

1) S. o. S. 415.
2) v. Lettow-Vorbeck a. a. O. 1806/7, II, S. 254.
3) Kriegsgesch. Einzelschriften (III), Heft 14, S. 188.

Die französische Arrieregarde folgte auf Tagesmarschentfernung (18 Kilometer) der 40 Kilometer tiefen Marschkolonne des französischen Gros.

Drückt der Sieger in der Front nicht energisch nach, dann ist allerdings eine mit der indirekten Verfolgung betraute Truppe den größten Gefahren ausgesetzt. Mustergültig hatte der Kaiser Napoleon den General Vandamme zur indirekten Verfolgung über das Erzgebirge angesetzt, sein Vorgehen hätte die größten Ergebnisse haben können, wenn nicht Marmont und St. Cyr gezaudert hätten. Da ihr Druck nachließ, war Vandamme bei Culm auf seine eigenen Kräfte angewiesen und unterlag [1]).

Soll somit eine indirekte Verfolgung gelingen, so muß sie im engen Zusammenhange mit dem Nachdrängen in der Front durchgeführt werden, ohne diese Mitwirkung sind die Gefahren größer als die Aussichten des Gelingens.

Nicht verkennen darf man ferner, daß durch eine derartige indirekte Verfolgung — die überhaupt nur unter größeren Verhältnissen möglich scheint — erhebliche Kräfte auf längere Zeit aus der Hand gegeben werden.

Vor solchen Erfolgen, wie sie eine energische indirekte Verfolgung herbeiführen kann, verschwinden die auf dem Schlachtfelde zu erlangenden. Die Geschichte der von großen Feldherren geführten Kriege zeigt, daß alles, was überhaupt im Bereiche der siegreichen Armee liegt, mit in den Strudel hineingerissen werden kann, den der Sieg aufgewirbelt hat. Entsendete oder abgesprengte Heeresteile, unvorbereitete Festungen, große Städte fallen in die Gewalt des Siegers, und je kühner er in solchen Momenten auftritt, um so größer ist die Aus-

---

1) Eine großartige indirekte Verfolgung war das Ansetzen der Südarmee unter dem General v. Manteuffel im Januar 1871. Beachtenswert ist die Äußerung des Kaisers Wilhelm über diese Entsendung (v. Wartensleben, Operationen der Südarmee, S. 25, Anm.): „Die Operation des Generals v. Manteuffel sei eine äußerst kühne, welche aber zu den größten Resultaten führen könne. Falls er einen Echec erleiden sollte, dürfte man ihn nicht tadeln, denn um große Erfolge zu erreichen, müsse etwas gewagt werden."

Die Niederlage Mortiers bei Dürrenstein (11. November 1805), der sich in einer Lage befand ähnlich wie Alvensleben bei Mars la Tour, Davoust bei Auerstädt und Vandamme bei Culm, mag dem Prinzen Friedrich Karl vorgeschwebt haben, wenn er davon Abstand nahm (Armeebefehl vom 11. Dezember 1870), das IX. Armeekorps bei Blois über die Loire gehen zu lassen.

Bedingungen für eine indirekte Verfolgung.

sicht des Erfolges, da das so mächtig wirkende Moment der Überraschung jetzt noch ganz auf seiner Seite ist.

Die erfolgreiche Durchführung einer indirekten Verfolgung dürfte somit an folgende Bedingungen geknüpft sein:

1. Günstige geographische Verhältnisse.
2. Starke, verwendungsfähige Kavallerie.
3. Richtige Auffassung der Kriegslage und vor allem:
4. Anhaltender Druck in der Front.

Es können erreicht werden mit einer indirekten Verfolgung:

1. Völlige Auflösung der geschlagenen Armee.
2. Wegnahme von Trains, Störung von Truppeneinladungen.
3. Abdrängen des Feindes von seinen Rückzugszielen.
4. Festhalten von Truppen, bis die in der Front nachdrängenden Teile heran sind.
5. Besitznahme wichtiger Punkte im Rücken des Feindes.

Für den Geschlagenen gilt als oberstes Gesetz, sich nicht einschüchtern zu lassen, die Stärke des im Rückengebiet auftauchenden Gegners, welche vom Gerücht stark übertrieben wird, eher niedriger als höher zu veranschlagen. Weitreichende Aufklärung in den Flanken muß rechtzeitig über den Verbleib des Gegners Kenntnis geben. Ein Ausweichen kann die Entscheidung nur hinausschieben, das wirksamste Mittel, sich aus solcher Lage zu befreien, ist der Angriff. Bezieht die feindliche Kavallerie in erreichbarer Nähe Unterkunft, so dürfte ein überraschender Angriff in der Dunkelheit auf die Quartiere den größten Erfolg versprechen[1]).

Eins der großartigsten Beispiele einer Parallelverfolgung bieten die Bewegungen der russischen Heere im Oktober und November 1812. Der Kaiser Napoleon stand mit etwa 110000 Mann in Moskau, die russische Hauptarmee unter Kutusow bei Tarutino mit 130000 Mann, Wittgenstein mit 50000 an der Düna nördlich Polozt, Tschitschagow und Tormassow mit 60000 Mann südlich der Marschstraße der Franzosen in Wolhynien. Nach dem russischen Operationsplan sollten Wittgenstein, Tschitschagow und Tormassow im Rücken des Kaisers sich um Borissow an der Beresina vereinen, Kutusow die Franzosen, sobald sie zurückgehen würden, verfolgen. Der Kaiser wollte über Kaluga auf Smolensk zurückgehen; er stieß am 24. Oktober bei Malo Jaroslawetz auf Kutusow. Beide Führer standen von Durchführung eines

---

1) S. Taktik IV, S. 151 u. f.

Entscheidungskampfes ab. Der Kaiser ging auf die schon im Anmarsch benutzte Straße Mojaisk — Gjatzk — Wiasma — Smolensk zurück, während Kutusow diesen Marsch in der Flanke begleitete. Ein Vorstoß von Milorabowitsch auf Wiasma, der zwischen die letzten drei französischen Korps hineingeriet, wurde abgewiesen (3. November). Nur Kasaken erreichten ferner die französische Rückzugslinie. Der Kaiser rückte am 9. in Smolensk ein und setzte am 12. mit 49 000 Mann den Weitermarsch fort. Am 15., 16. und 17. November hatten die französischen Korps bei Krassnoi sich der von Süden vorgehenden russischen Kolonne zu erwehren. Als dann am 17. der Kaiser zu einem Angriffe ansetzte, ging Kutusow zurück und stellte von da ab die Verfolgung ganz ein. Am 20. ist der Kaiser in Orscha und erfährt, daß Brücken über die Beresina nicht vorhanden seien, daß das jenseitige Ufer durch russische Truppen bewacht werde, Tschitschagow bereits auf seiner Rückzugsstraße in Minsk stehe, daß Wittgenstein mit Erfolg gegen St. Cyr bei Polozk kämpfe. Es gelang dem Kaiser, seine Gegner über seinen wahren Übergangspunkt über die Beresina zu täuschen und die Straße nach Wilna zu gewinnen[1]).

---

1) v. Osten-Sacken, Der Feldzug von 1812, 7. und 8. Beiheft zum Militär-Wochenblatt 1894.

D.
Rückblick.

Rückblick.

Die großen Heere der europäischen Festlandsstaaten sind mit annähernd gleicher Bewaffnung, Gliederung und Ergänzungsart in das 20. Jahrhundert eingetreten. Wesentliche Unterschiede werden nur noch liegen in der Heeresleitung und in der Energie der Kriegführung. Diese ist einmal begründet in der Persönlichkeit des Feldherrn, dann in der Unterstützung, die dieser durch den Generalstab und durch die Verwaltung des Heeres erfährt. Da Ausbildung und taktische Anschauungen aller Heere sich immer ähnlicher geworden sind, so gewinnen die psychischen Eigenschaften, die sich in dem Willen zum Siege verkörpern, eine immer größere Bedeutung über die toten taktischen Formen. Mit dieser Erkenntnis bei nur wenigen Persönlichkeiten ist noch nicht geholfen! Die großen Massen aber, entgegen ihrer Neigung und der Zeitströmung, mit kriegerischem Geiste und mit all den Tugenden zu erfüllen, die eben in dem „unbeugsamen Willen" eingeschlossen sind, das ist eine Aufgabe, die einigermaßen brauchbar zu lösen sicherlich das Zusammenwirken aller Kräfte erfordert. Die kurze zweijährige Dienstzeit kann dieses Ziel allein nicht mehr erreichen, sie kann nur die in der Jugenderziehung gelegten Keime weiter entwickeln. „Dem Sieg auf dem Schlachtfelde muß jener in der Seele des Volkes und des Heeres vorausgehen, den rechten Sieg schafft nur der Geist!" Alle Heere zeigen aber gewisse Eigentümlichkeiten, die sich aus der nationalen Sonderart und aus der Verschiedenheit in dem Grade der Ausbildung ergeben.

Ausländische Beobachter heben die Einheitlichkeit der taktischen Anschauungen des deutschen Heeres hervor, betonen die Selbsttätigkeit aller Führer, die Massenverwendung der Kavallerie und Artillerie in der Schlacht. Das Streben, den Feind zu umklammern und mit dem umfassenden Flügel die Entscheidung zu geben, träte besonders deutlich in den Vordergrund. Bewegungen in verkürzter Marschkolonne oder in Anmarschformen kämen bei den Friedensübungen nur wenig zur Verwendung, die Truppe sei gleich geeignet für den Angriff und für die Verteidigung, wenn sie auch die herkömmliche Scheu vor Geländeverstärkungen noch nicht völlig überwunden habe. In ausgesprochener Weise sei die ganze deutsche Taktik auf das Begegnungsverfahren zugeschnitten; dieses habe zur Folge, daß es meist zur Bildung von Schlachtenreserven nicht komme, daß auch oft das Ansetzen eines großen, einheitlichen Angriffes mißlinge. Sie glauben ferner aus den Beobachtungen gelegentlich unserer Herbstübungen als Gegenmittel gegen das deutsche Einsetzen der Truppe aus der Marschkolonne grundsätzlich den Aufmarsch empfehlen zu sollen, so daß, wenn dieser gelingt, die schmalen deutschen Fronten breiten, entwickelten Linien gegenüberstehen würden. Das überaus weite Vorschieben der russischen Avantgarden und das Bilden einer Heeresavantgarde in Frankreich hat nur den Zweck, der Führung zu ermöglichen, den Aufmarsch an günstiger Stelle im Gelände durchführen zu können. Die französischen, englischen und russischen Vorschriften kennen kein Begegnungsverfahren im deutschen Sinne.

Im Wesen der österreichischen Taktik hat stets ein gewisser Methodismus gelegen, der unbedingt sicher gehen will, der nicht alles auf eine Karte setzt. Diesen Anschauungen entsprechen die Aufnahmestellungen des Jahres 1859, die auch an dem glücklichsten Tage des böhmischen Feldzuges bei Trautenau wiederkehren (Zurückhalten der Brigade Knebel, Angriffsform der Brigade Grivicic). Aber gerade in dieser umsichtigen Vorbereitung des Erfolges, die besonders in der von Friedrich dem Großen[1]) gerühmten Art der Besetzung und Verteidigung von Stellungen zur Geltung kommt, liegt die Stärke des Heeres, dessen taktische Anschauungen sich fast völlig mit denen des deutschen Heeres decken.

Die französische Armee ist seit dem Wiedererstarken des nationalen Selbstgefühls in ausgesprochenster Weise für den Angriff unter anscheinender Vernachlässigung des Verteidigungskampfes geschult. Befehlstechnik scheint schwerfällig und die Selbsttätigkeit der Führer nicht übermäßig entwickelt zu sein. Durch Marsch in verkürzten Marschformen, zum Teil in bereits aufmarschierten Divisionen sucht man den plan=

---

1) S. Betrachtung über die Taktik und einige Seiten der Kriegführung 1758.

mäßigen Eintritt in den Kampf zu erleichtern. Die Truppe ist sehr großer Marschleistungen fähig, wenn auch die französischen Anforderungen an die Marschzucht verschieden von den unsrigen sind. Erkämpfen der Feuerüberlegenheit ist vor allem Aufgabe der neuen, durch Schutzschilde geschützten Schnellfeuerartillerie. Es ist wohl kein Zufall, daß das französische Infanterie-Exerzierreglement nichts von dem Kampfe um die Feuerüberlegenheit erwähnt. Die Vorschrift ist von einer Neigung zur Stoßtaktik nicht freizusprechen.

Die Kavallerie, in großen Massen zusammengefaßt, kommt vor allem zur Verwendung vor und nach der Schlacht; fraglich ist, ob sie durchweg den Forderungen der Aufklärung genügen wird. Bei den Übungen hat sie in dieser Beziehung mehrfach versagt. Das Gefühl, daß ihr die deutsche Reiterei überlegen sei, kommt in den Veröffentlichungen unbewußt zwischen den Zeilen zum Ausdruck. Große Massenattacken in der Schlacht, energisches Vorgehen gegen Flanke und Rücken des Feindes sind bei den letzten Herbstübungen nicht zur Darstellung gekommen.

Den Heeresavantgarden während der Vorwärtsbewegung [1]) entspricht in der Schlachtstellung die Ausnutzung vorgeschobener Stellungen zu Gefechtszwecken. Starke, aus geschlossenen Verbänden (Divisionen, Armeekorps) bestehende Reserven werden zur letzten Entscheidung sowohl im Angriff wie in der Verteidigung ausgeschieden. In allen Verteidigungskämpfen der letzten Feldzüge hat sich die französische Infanterie durch Gewandtheit im Einrichten von Örtlichkeiten und Ausnutzen von Deckungen ausgezeichnet.

Seit Menschenaltern hat die französische Armee sich einer gewissen Nachlässigkeit im Sicherungsdienst schuldig gemacht [2]). Aber anerkennenswert ist, wie schnell sich jedesmal die Truppe in die Lage zu finden gewußt hat, wenn sie überrascht wurde, fast immer ist in glänzendster Weise die natürliche militärische Begabung des Mannes hervorgetreten [3]).

---

1) Die bei Weißenburg geschlagene Division Douay war eine solche Heeresavantgarde.

2) Es seien besonders genannt: Großbeeren und Hagelberg 1813, Montebello 1859, aus dem deutsch-französischen Kriege, nur die Kämpfe gegen das Kaiserreich berücksichtigt: Weißenburg, Bionville, Bernéville am 18. August, Beaumont und Bazeilles am 1. September.

3) Glänzend tritt dieses in neuester Zeit hervor in dem Überfall von Hué am 5. Juli 1885. Kunz, Feldzüge der Franzosen in Tonkin, S. 196 u. f.

Der mangelhafte Sicherungsdienst macht die Truppe gegen Nachtangriffe besonders empfindlich.

Nach siegreichem Kampfe tritt vielfach völlige Sorglosigkeit ein, die Kriegsgeschichte hat gerade in solchen Fällen mehrfach glückliche Angriffe auf die bis dahin siegreichen französischen Truppen zu verzeichnen. Der Sieg verwandelte sich in eine Niederlage mit allen Begleiterscheinungen einer Panik[1]). Das hitzige, heißblütige Temperament der Franzosen ist für eine Panik empfänglicher als das der Deutschen. —

Schwerer als bei der französischen Armee hält es, eine Charakteristik der in besonders intensiver, fortdauernder Entwickelung begriffenen russischen Armee zu entwerfen. Die Kriegsgeschichte der letzten zweihundert Jahre lehrt, daß die Russen sich vor allem bei Verwendung in geschlossener Ordnung auszeichneten. Neben einer gewissen taktischen Schwerfälligkeit tritt Zähigkeit im Behaupten von Stellungen, hohe Ausdauer der Truppe und eine bewundernswerte Todesverachtung des gemeinen Mannes auch bei den schwierigsten Angriffen, sowie eine traditionelle Bevorzugung der blanken Waffe hervor. Die letztere Eigenschaft haben auch die blutigen Lehren des letzten Krieges nicht abzuschwächen vermocht.

Noch immer zählen diejenigen höheren Führer zu den Seltenheiten, die in der Gefechtsausbildung der ihnen unterstellten Infanterie-Truppenteile dem Feuerkampf die ihm gebührende Bedeutung einräumen. Noch immer ist das Schützengefecht nur die Vorbereitung des entscheidenden Bajonettangriffs, der auch in der Verteidigung immer den Schlußakt bilden soll. Mit der von Dragomirow und seiner Schule

---

1) Es seien genannt: Blüchers Attacke am Abend von Großgörschen. Marmonts Schilderung hat vielleicht in dem Prinzen Friedrich Karl, der besonders eifrig die Memoiren des Herzogs von Ragusa gelesen hatte, den Entschluß entstehen lassen, den 16. August mit einem ähnlichen Vorgehen zu beschließen. Über den Eindruck des abendlichen Vorstoßes auf Rezonville muß man die „Souvenirs du Général Jarras" nachlesen. Wiedernahme von Servigny (Kunz, Noisseville S. 51. 59). Panik in dem Lager des II. französischen Armeekorps bei Melegnano (Lebrun, Souvenirs des Campagnes des Crimée et d'Italie), Panik der Brigade Partouneaux am Abend der Schlacht am Solferino (Herrison, Campagne d'Italie, cap. XIX).

Nicht vergessen darf man aber auch, daß die Geschichte der deutschen Armee eine Panik von Gersfeld (1866) und an der Manceschlucht (Gravelotte) zu verzeichnen hat.

gepredigten Bajonetterziehung stand im Widerspruch die unzureichende Bewertung des Feuerkampfes, die Neigung, die Kampflinie durch Bildung starker Reserven zu schwächen, die Artillerie nur bruchstückweise einzusetzen. Zu welchem Ergebnis die jetzt ebenfalls in Angriff genommene Reorganisation führen wird, steht noch nicht fest.

Die Kavallerie legt ihren Schwerpunkt auf die operative Tätigkeit: Aufklärung, Verschleierung und Raids. Ihre Leistungen in Ostasien waren dadurch beeinträchtigt, daß die Armee fast nur über Kasaken verfügte, die unzureichend für eine bisherige Attacke geschult waren. Wie weit die Armeekavallerie auf ihre traditionelle Bevorzugung des Fußgefechts im Ernstfalle verzichten wird, kann nur die Zukunft zeigen. Die Kämpfe in Innerasien befördern mehr die Neigung zum Fußgefecht als zum Gebrauch der blanken Waffe. Typisch ist ferner die geringe Bewertung der Zeit und eine geradezu unausrottbare Neigung, die Verbände zu zerreißen zur Detachementsbildung [1]).

Und nun die japanische Armee. Ihre Erfolge liegen begründet auf psychischem Gebiet. Im japanischen Soldaten lebt ein Stück von Fatalismus, der ihn jedoch nicht stumpf und gleichgültig macht, sondern der sich vereint mit glühender Vaterlandsliebe und der völligen Nichtachtung des eigenen Lebens. Die rücksichtslose Todesverachtung und feste Überzeugung, an den Feind herankommen zu können, ihm im Nahkampf gewachsen zu sein, sind die Stützen eines jeden Angriffes, allerdings nur für Truppen in der Hand einer zähen, entschlossenen und intelligenten Führung. Diese tat alles, um sorgfältig jeden Schritt vorzubereiten, sie war umsichtig, wollte nichts dem Zufall überlassen, vielleicht zu vorsichtig, zögerte, z. B. am Jalu, zuzuschlagen, wenn sie ihres Erfolges nicht ganz sicher war. Hierdurch wurden Mißerfolge, aber auch glänzende Siege vermieden. Ist der Unterführer überzeugt, daß die Leitung in dieser Beziehung nichts außer acht gelassen hat, war es leicht für ihn, tollkühn und wagemutig zu sein.

Japanische Heerführung und Taktik sind aber kein eigenes Erzeugnis, sie sind aus Europa eingeführt, „made in Germany", die Japaner sind das Volk der Anpassungsfähigkeit; hatten sie sich zunächst der chinesischen Kultur angepaßt, so wandten sie sich seit der

---

[1]) S. Niessel, Enseignements découlant de la guerre russo-japonaise, S. 166. S. o. S. 335.

Umwälzung im Jahre 1868 europäischen Mustern zu, deren Formen sie sich eilig zu eigen machten. Nur die Reiterei entspricht noch nicht dem europäischen Maßstabe. Der Japaner ist mehr Kunsthandwerker als Künstler, so leistet er mehr in künstlicher, alles berücksichtigender Vorbereitung der Operationen als in genialen Zügen, hierzu kommt die Verschlagenheit des Asiaten, die Bedürfnislosigkeit des Heeres und eine geradezu staunenswerte Todesverachtung und Opferfreudigkeit. Der Erfolg war für den Inselstaat eine Vorbedingung weiteren Daseins. Wollte Japan neben den bewährten Militärstaaten Europas nicht mehr die gleiche Rolle wie in China spielen, sondern als gleichberechtigt angesehen werden, so mußten Heer und Flotte Besonderes leisten. Die japanische Armee mußte siegen, sie mußte angreifen, gleichviel, welches die Opfer waren, gleichviel welche Schwierigkeiten das Gelände bot. Daß dieses Gefühl aber auch den gemeinen Mann beherrschte, ja selbst zu einem entscheidenden Faktor wurde, das war das Ergebnis einer langjährigen Friedenserziehung.

Die taktischen Anschauungen eines Heeres sind aber keineswegs etwas Ursprüngliches, sie werden, wie dieses schon angedeutet, in hohem Maße von den in anderen Heeren herrschenden Anschauungen beherrscht.

Es scheint unverkennbar, daß in ähnlicher Weise, wie dieses Prinz Friedrich Karl im Jahre 1860 in einer Denkschrift getan hatte, auch unsere westlichen und östlichen Nachbarn bei Abfassung ihrer Dienstvorschriften stillschweigend die deutsche Armee als Gegnerin und die Möglichkeit ihrer erfolgreichen Bekämpfung vor Augen gehabt haben. Für ein Heer, welches sich operativ und taktisch überlegen fühlt, ist dieses nicht nötig, wenn es auch gut tun wird, beim Festlegen seiner eigenen Anschauungen die Fechtweise der voraussichtlichen Gegner zu prüfen.

Die Kriegsschriftsteller aus der ersten Hälfte des 18. Jahrhunderts, Moritz von Sachsen, der Chevalier Folard, empfahlen dem Feldherrn, vor dem Kriege die Fechtweise seiner Gegner zu studieren und die seinige darauf zu gründen. Im 18. und 19. Jahrhundert ahmte man die Kampfesmethode der jeweiligen führenden Militärmacht nach, ohne die nationale Eigenart besonders zu berücksichtigen. Zuerst war Preußen, dann Frankreich, schließlich wiederum Preußen das blindlings nachgeahmte Vorbild. Im Feldzuge von 1859 war der französischen Infanterie infolge ihrer mangelhaften Schußwaffe eine durch die gezogene Artillerie unterstützte Stoßtaktik aufgezwungen. Ohne weiteres wird diese nach dem Kriege von der österreichischen Armee übernommen, welche sich in Oberitalien fast immer mit unzureichenden, nach und nach eingesetzten Kräften verteidigungsweise geschlagen hatte.

Während in Österreich die Anschauungen ohne weiteres zur brutalsten Stoßtaktik umsprangen, forderten in Preußen nach reiflicher Prüfung aller Verhältnisse Prinz Friedrich Karl und Moltke, den feindlichen Angriff am eigenen Infanteriefeuer zerschellen zu lassen, dann erst die Entscheidung mit dem Bajonett zu suchen. „Die Schlacht wie Wellington beginnen, wie Blücher vollenden!" (Prinz Friedrich Karl). Die Erfolge in Böhmen 1866 rechtfertigten diese auf einen bestimmten Fall zugeschnittene Taktik, die dann, ganz im Gegensatz zu ihrer nationalen Eigenart, mit Einführung des Chassepotgewehres von den Franzosen übernommen wurde, im Jahre 1870 der besseren operativen und taktischen Führung des deutschen Heeres erlag.

Kenntnis der Eigenart und der Fechtweise der Türken 1877, der Buren in Südafrika würde dem Angreifer die blutigen Erfahrungen von Plewna und der Tugelakämpfe erspart haben. Die Lehren der Vorkämpfe in Serbien 1876 und in Südafrika 1881 waren unbeachtet und unverwertet geblieben.

Im allgemeinen ist die Neigung, fremde Erfahrungen sich zunutze zu machen, recht gering, nur so erklärt sich, daß die Lehren des amerikanischen Sezessionskrieges in keiner merklichen Weise Beachtung in Europa erfuhren. Kriegserfahrungen kommen fast nur dem eigenen Heere zugute. „Ein Segen ist", sagt Sir Jan Hamilton [1]), „daß, je größer und stolzer eine Armee ist, sie um so unbeweglicher in ihrem Konservativismus steht, so daß sie als ein Ganzes schließlich unfähig wird, sich die Erfahrungen anderer Heere anzueignen. Militär-Attachés können die wichtigsten Punkte in der Schulung und Verwendung fremder Armeen entdecken und bringend zur Nachahmung empfehlen, ihre Kameraden werden ihnen aber nicht mehr Beachtung schenken als Napoleon III. den Berichten Stoffels über die preußische Armee vor Ausbruch des deutsch-französischen Krieges."

1) A staff officers Scrap book, S. 313.

E.

Register.

I. Sachregister.

A.

Abbrechen der Schlacht 343.
    Anordnungen der Führung 351.
    Aufnahmestellung 347.
    Durchführung 348.
    Entschluß 346.
    Führung 349.
    Moralischer Eindruck 352.
    Verwendung der Waffengattungen 347.
Abmarsch, nächtlicher, nach einer Schlacht 376.
Abwehr 262.
Abwehr einer Umfassung 176.
Angriff 121.
— befestigter Feldstellungen 243.
    Einseitige Erziehung zur Offensive, Willisen als warnendes Beispiel 130.
    Vorzüge des Angriffs 130.
Angriffskrieg 121.
— Kräfteverbrauch 123.
Angriffsschlacht 125.
    Artillerievorbereitung 216. 239. 241. 248. 251.
— geplanter 213.
    Durchführung 220. 253.
    Einleitung 213.
— Begegnungsverfahren 172. 188.
— Maßnahmen nach gelungenem Angriffe 226.
— Maßnahmen nach mißlungenem Angriffe 226.
— Notwendigkeit des Infanterieeinsatzes während des Artilleriefeuers 218. 220. 255.
    Sturm 256.

Angriffsformen 142.
Angriffspunkt, Wahl 138.
Anmarschrichtung 142.
Anordnungen nach einer Schlacht 355.
    Artillerie 357. 364.
    Aufräumen des Schlachtfeldes 363.
    Bestatten der Toten 363.
    Beutepferde 364.
    Etappentruppen 363.
    Gefangene 362. 363.
    Gefechtsbereitschaft 356.
    Gefechtsberichte 369.
    Infanterie 356. 358.
    Kavallerie 357. 364.
    Kriegstagebuch 362.
    Meldungen 368.
    Munitionsverbrauch und Munitionsersatz 361.
    Neueinteilen der Kompagnien 359.
    Pferdedepot 366.
    Pioniere 366.
    Sanitätsformationen 366.
    Sicherungsdienst nach der Schlacht 355.
    Stäbe 367.
Anschauungen über artilleristische Bekämpfung einer Stellung 216. 248.
Ansetzen der Umfassung 165.
Armeekorps: Gefechtsausdehnung 46.
Arrieregarde 393. S. außerdem unter Rückzüge.
Artillerie, reitende 25.
— feuer zur Erkundung 214. 216.
— kampf 216. 239. 241. 248.
Aufklärung vor dem Gefecht 212.
Attacke auf Artillerie 16.
— auf Infanterie 17.

Aufmarsch 213. 233. 246.
— oder Entwickelung aus der Marsch=
  kolonne 172. 188.
— verschiedene Arten 172. 175. 205. 213.
— verfrühter 169. 189.
Aufmarschverfahren bei der Umfassung 172.
Aufnahmestellung 347.
Aufräumen der Vorfelder 294.
Aufstellung der Kavallerie auf dem Schlacht=
  felde 21.
Außendetachements vor einer Stellung 277.
Avantgarde, beim Begegnungsgefecht 196. 200.
— starke oder schwache 200.

B.

Bataillonsgruppen 294.
Bedeutung der Schlacht 3.
Bedrohen des Rückens 139.
Befehle 60.
  Abbrechen eines Gefechts 337.
  Angriff 197.
  Begegnungsgefecht 193. 197.
  Beispiele 65.
  Hinhaltendes Gefecht während einer
    Umfassung 163.
  Verfolgung 426. 402.
  Verteidigung 297. 298.
Befestigte Feldstellungen, Kampf um 237.
  Angriff auf 242.
  Angriffsentwurf 243.
  Artillerie, Erfahrungen 248.
    Verwendung 251.
  Aufmarsch 246.
  Durchführung des Angriffs 253.
  Einleitungskämpfe 245.
  Erkundung 243.
  Feldluftschifferabteilungen 244. 309.
  Feuerbefehl 251.
  Steilfeuergeschütze 250.
Befestigung der Stellung 289.
  Beginn der Arbeiten 292.
Befestigungen, Einfluß auf Stärke der
  Besetzung 289.

General v. Schlichtings Ansichten 291.
Begegnungsgefecht 193. 260.
— Abtröpfeln aus der Marschkolonne 204.
— des Generals v. Schlichting 205.
  Artillerieentfaltung 203.
  Avantgarde 196. 200.
  Befehlserteilung 193.
  Beschleunigung der Gefechtsentwicke=
    lung 197.
  Führung 195.
  Gros 204.
  Infanterieentwickelung 199. 202.
  Kriegsgeschichtliche Beispiele 194. 206.
  Schwierigkeit des Entschlusses 197.
  Unterschied vom geplanten Angriffe 193.
  Zwangslage 195. 196.
Begegnungsverfahren bei der Umfassung 172. 188.
Begleiten des Infanterieangriffs durch
  Artillerie 222.
Bereitstellung 292.
Berittene Infanterie 26.
Besitznahme der Stellung 225.

C. siehe auch K.

Carré stratégique 167.
Charaktereigenschaften des Führers 55.
— der feindlichen Führer, als Maßstab
  zur Beurteilung 54. 464.
Chef des Stabes 56. 69.

D.

Dauer der Schlacht 87.
Defensiv= und Offensivfeld 42.
Defensivflanke 177.
Demonstration 12.
Detachementstaktik 7. 210.
Detachierungen 57.
Diversionen 11.
Divisionsarzt 90.
Divisions=Kavallerie 14.
Divisions=Kommandeur 74.
Drohen mit einer Attacke 16. 24.
Durchbruch 179.
  Festungskrieg 180.

I. Sachregister.

Grundsätze für Bedingung 184.
Gründe für Ausführbarkeit 185.
Kriegsgeschichtliche Beispiele 180. 181.

E.
Eingraben bei mißlungenem Angriff 226.
Eingreifen des Führers 63.
Einleitungskämpfe 246. 245.
Eisenbahnen 396. 449.
England, Angriff 228.
Englische Anschauungen über Kavallerietätigkeit 26. 229.
Englische Kavallerie in Südafrika 26.
Entsendungen 57. 130.
Entsendungen gegen den Rücken 139.
Entschluß 59.
Entwickeln, Entfalten 189.
Erkennungsmarke 92.
Erkundung einer Stellung 212. 214. 228. 238. 243. 245.
Ersatzformationen 358.
Exzentrische Rückzüge 382.

F.
Feldlazarett 93.
Fesselballon 244. 309.
Festhaltende Gruppe beim Angriff 161.
Feuerbefehl 251.
Flügelangriff 145.
Flankenangriff 145.
Flankenstellungen 280. 381. 394 (f. unter Verteidigung).
Formen des Angriffs 142.
Frankreich, Angriff 232.
  Taktik 460.
Frontalangriff 143. 231. 232.

G.
Gebirgspässe, Öffnen durch Umgehung 155.
Gefangene 80. 362. 363.
Gefecht 9.
Gefechtsausdehnungen 39.
  Angriff 43.
  Armeekorps 43.
  Gefechtswert 40.
  Gefechtsaufgabe 42.
  Hinhaltendes Gefecht 43.

Infanterie-Brigade 44.
Infanterie-Division 46.
Kriegsgeschichtliche Beispiele 49.
Selbständige Heeresteile 47.
Verteidigung 43.
Gefechtsbefehle 60.
  Beispiele 65.
Gefechtsleitung 59.
Gefechtsstaffel 87.
Gefechtsstreifen 219.
Gefecht und Kampf 10.
Gegenangriff 311. 313 u. f.
Gelände, Fleiß auf Entschluß 264.
Generalstabschef 56. 69.
Gepäckablegen 216.
Gerippunkte einer Stellung 294. 307.
Geschützkampf 216.

H.
Heeresarrieregarde 393. 395.
Herausmanövrieren 240.
Hilfskrankenträger 92. 94.
Hindernisse 266. 295.
Hinhaltendes Gefecht 13. 43.
Höhenstellungen, Angriff 225.

J.
Japanische Erfahrungen beim Angriff befestigter Stellungen 257.
  Taktik 463.
Indirekte Verfolgung 432.
Infanterie-Brigade, Gefechtsausdehnung 44.
— Division, Gefechtsausdehnung 46.
Infanterie beim Aufmarsch 216.
  während des Artilleriekampfes 252. 255.
  während einer Attacke 24.
Innere Linie 134.
Italien, Angriff 139.

K.
Kampf und Gefecht 10.
Kanonendonner: Soll stets auf den K. marschiert werden? 57. 445.
Kavallerie auf dem Schlachtfelde 14.
  Aufstellung 20.

Kavallerie-Divisionen 15.
— Duelle 22.
— Führer 75.
— gegen Artillerie 16.
— gegen Infanterie 17.
Geringe Leistungen 1870/71 18.
— in Südafrika 26.
— in Ostasien 28.
Schwierigkeiten der Attacke auf Infanterie 20.
Koalitionsheere 381.
Kolonialkriege 26. 80.
Kommandoflaggen 72.
Konzentrischer Vormarsch 169. 445.
Krisis der Schlacht 329.
Kulminationspunkt des Angriffs 121. 124.

L.

Landwehr 79.
Lazarettzüge 107.

M.

Maschinengewehr-Abteilungen 202. 308. 376. 391.
Masken 291.
Maßnahmen nach gelungenem Angriff 226.
Medizinwagen 92.
Meldungen nach der Schlacht 355.
Milizarmeen 123.
Mißlingen des Angriffs 226.
Moralisches Element 131. 460.
Moralischer Eindruck einer Niederlage 123. 352. 374. 380.
Munitionskolonnen 351. 386.

N.

Nachrichtenoffiziere 70.
Nachrichten vom Feinde als Grundlage für den Entschluß 53.
Nachtangriff 239. 462.

O.

Offensive s. Angriff.
Offiziere des Dienststandes in Deutschland und in Frankreich 79.

Offizierverluste 81. 85. 358.
Ortsbesitz 4.
Österreichische Taktik 460.

P.

Panik 374. 462.
Parallelbewegungen zur feindlichen Front 166.
Parallelverfolgung 449.
Persönliches Eingreifen der Führer 64.
Pferdedepots 366.
Pferdeersatz 365.
Pioniere auf dem Schlachtfelde 30. 299. 366.
Angriff auf Örtlichkeiten 31.
„ „ befestigte Stellungen 32. 253. 256.
Rückzug 391.
Taktische Verwendung 32 u. f.
Verteidigung 32. 299.
Zusammensetzung einer Kompagnie 33.
Positionskrieg 241.
Psychische Eindrücke der Schlacht auf den Führer 332.

R.

Reine Verteidigung 262.
Reitende Artillerie 24. 391.
Reserven 229. 301. 334 u. f.
Art des Einsetzens 341.
Bedeutung 335.
Erzherzog Karl 335. Müffling 336. Napoleon 338.
Stärke 334. 336.
im Armeeverbande 337.
Verwendung 337.
Wo? 328.
Rückwärtskonzentrieren 380.
Rückzug 373.
— Rückzugs-Defensive 262. 380.
„ Richtung 62. 379.
Arrieregarden, Ablösung 393.
Abstand 388.
Artillerie 390.
Aufklärung 389.
Führung 388.

Gefecht 386. 391.
 Infanterie 391.
 Kavallerie 389.
 Maschinengewehre 391.
 Pioniere 391.
 Stärke 387.
 Stellungen 392.
Rückzüge, Arten 375.
 Bilden der Marschkolonnen 384.
 Eisenbahnen 396. 449.
 Exzentrische R. 382.
 Flankenstellungen 394.
 Gewinnen der Operationsfreiheit 398.
 Heeresarrieregarden 393. 395.
 Loslösen vom Feinde 376.
 Marschleistung 378.
 Marschrichtung nach verlorener Schlacht 379.
 Moralische Eindrücke 380.
 Munitionsersatz 386.
 Nächtlicher Rückzug 376.
 Sanitätsdienst 102.
 Trains 385.
 Streifkorps 401.
 Verpflegung 386.
 Wie weit zurückgehen? 381.
Rußland, Angriff 227.
 Russische Taktik 462.

S.

Sammeln 226. 344. 365.
Sanitätsdienst 81.
 auf dem Rückzuge 102.
 Detachements 1870/71 Zahl tätig 90.
 Divisionsarzt 90.
 Erkennungsmarken 92.
 Feldlazarette 93.
 Freiwillige Krankenpflege 106.
 Genfer Flagge, Sichtbarkeit 98.
 Hauptverbandplatz 96. 98.
 Hilfskrankenträger 92. 94.
 Hilfslazarettzüge 109.
 Krankenträger 93. 98.
 Krankenzüge 110.
 Kriegsgeschichtliche Beispiele (Vionville) 107.
 Lazarettzüge 107.
 Sammelstelle für Leichtverwundete 101.
 Sanitätsdienst in Frankreich 113.
 „ „ Österreich 111.
 „ „ Rußland 114.
 Sanitätsformationen nach der Schlacht 365.
 Sanitätskompagnien 92. 103.
 Sanitätspersonal der Truppe 92. 94.
 Sanitätszüge 107.
 Stehendes Kriegslazarett 105.
 Truppenverbandplatz 95.
 Verhältnis zwischen Toten und Verwundeten 89. 93.
 Wagenhalteplatz 98.
 Wundtäfelchen 100.
Schanzen im russisch-türkischen Kriege 298.
Schanzzeug 300.
— einer Division 301.
Scheinanlagen 291.
Schlacht, Bedeutung 3.
 Anschauungen verschiedener Zeiten 5.
 Dauer 87.
— als Abschluß der Operationen 3.
Schlachtentaktik 7.
Schlachtentätigkeit der Kavallerie 15.
Schlachtenverluste 76.
 Beispiele 82.
 Gründe für abnehmende Verluste in der Neuzeit 77.
 Verluste in einer Stunde 82.
Schlüsselpunkte 140.
Schräge Schlachtordnung 146.
Schwere Artillerie des Feldheeres 250.
Selbständigkeit der Unterführer 57.
Spatengebrauch im Angriff 227.
Standort der Führer in der Schlacht 70.
 Trennung der Stäbe 74.
 Wechsel des Standortes 73.
Stärkeverhältnis nicht maßgebend für Angriff oder Verteidigung 128.

Steilfeuergeschütz 237. 250.
Strategische Offensive, taktische Defensive 133.
Streifkorps im Rückzuge 401.
Stützpunkte 297.
Sturm 224. 238. 255.
Sturmbefehl 256.
Sturmfreiheit des Schützengrabens 296.

T.
Tote und Verwundete, Verhältnis 89. 93.
Treffen 10.

U.
Überflügelung 154.
Überraschung als Schlachteneinleitung 190.
Umfassung und Umgehung 154. 420. 433.
Umfassungsucht 157.

Umfassung.
    Abwehr 176.
    Ansetzen 165. 172.
    Aus vorderer Linie 166.
    Befehlserteilung 162.
    Begegnungsverfahren 172. 188.
    Festhaltende Gruppe 161.
    Flankenschutz 177.
    Konzentrischer Vormarsch 169. 445.
    Räumliche Trennung 150.
    Umfassungen im russisch-japanischen Kriege 177.
    Vereinigung vor der Schlacht oder auf dem Schlachtfelde 167.
    Verfolgung 420. 448.
    Vermischen der Verbände 156.
    Verteidiger 176.
    Wirkung der Umfassung 156. 158.
Unterstützung, gegenseitige, der Waffen 215.
    Anbieten 58.

V.
Verantwortlichkeit im Kriege 57 (Erzherzog Albrecht).
Vereinigung vor der Schlacht oder auf dem Schlachtfelde 148. 167.
    zur Schlacht 52.
Verfolgung 402.
    Anbieten einer Waffenruhe 447.
    Anhaltspunkte für das Ansetzen 440.
    Arten 435.
    Befehl 442.
    Blücher und Gneisenau 413.
    Direkte 440.
    Einfluß der Nationalität 404.
    Einleitung durch die Führung 433. 439.
    Energischer Wille des Führers 431. 435.
    Erste, durch Kavallerie 25. 437.
    Erste Märsche 443.
    Friedenserziehung 437.
    Friedrich der Große 402.
    Friedrich Karl 433.
    Führer 431. 435. 427.
    Gründe für unterlassene Verfolgung 433.
    Indirekte 448.
        Abwehr 452.
        Bedingungen 455.
        Ziele 455.
    Kavallerie 25. 437.
    Moltke 428.
    Napoleon 405.
    Nächtliche 447. 459.
    Parallelverfolgung 449.
    Rußland 1812 455.
    Schwierigkeit der Verfolgung im 18. Jahrhundert 413.
    Stimmung des Siegers 434.
    Umfassung 420. 428.
    Unmittelbare durch die Truppe 226. 436.
    Unterhandlungen 447.
    Ursachen der Seltenheit der Verfolgung 433.
    1870/71 433.
Verfrühtes Besetzen 306.
Verpflegung 416.
Versagen der Unterführer 414. 419.
Verluste einzelner Truppenteile 78. 81. 84.
Verteidigung 124. 260.
    Abschnitt 313.
    Abschnittsreserve 313.
    Abwehr 262.

I. Sachregister.

Ansichten Schlichtings und Moltkes 302.
Artillerie 299. 300. 309. 312.
    englische Ansichten 310.
Ausnützen der Stellung 326.
Befehle 310.
Befestigte Feldstellungen 237.
Befestigung 289.
    Aufräumen des Vorgeländes 294.
    Bataillonsgruppen 294.
    Deckungsgräben 254. 295.
    Einfluß auf Besetzungsstärke 301.
    Gerippunkte 295. 307.
    Künstliche Hindernisse 283.
    Masken 278.
    Schanzzeug 300.
    Scheinanlagen 278.
    Stützpunkte 285.
    Sturmfreiheit 284.
    Truppe zur Arbeit 287.
    Wann mit Bef. beginnen? 279.
    Zivilarbeiter 300. 363.
Begegnungsgefecht 306.
Bereitstellung 306.
Besetzung der Stellung 311.
Deckung 267.
Notwendigkeit des Angriffs 263.
Durchführung der Verteidigung 320.
Erschwerung der Erkundung 226.
Flankenstellung 280. 395.
    Clausewitz 282.
    Moltke 280. 282.
Feuereröffnung 322.
Flügelanlehnung 268.
Freimachen des Geländes im Rücken 292.
Frontales Vorbrechen 319. 325.
Gegenangriffe 312. 315 u. f.
Gelände hinter der Stellung 269. 270.
Geplante V. 260.
Gerippunkte 307.
Hindernisse 266.
Infanterie 310.
Kavallerie 308.

Verteidigungs-Krieg 124.
    Maschinengewehre 308.
    Niederkämpfen der Art. 252. 254. 323.
    Notwendigkeit V. mit Offensive zu verbinden 127. 263.
    Offensive 154. 161. 176. 314. 315. 303. 311.
        reine 20. 263.
    Pioniere 299.
    Reserve 314.
    Rückzugsstraße 269.
    Russisch-japanischer Krieg 304.
    Schußfeld 265.
    Stellungen 126. 264.
    Stützpunkte 268.
        „ seitwärts der Stellungen 257.
    Übersicht 266.
Vorgeschobene Stellungen 270.
    Anschauungen der Dienstvorschriften 276.
    Ansichten des Generals Langlois 277. 279.
    Gefahren 274.
    Außendetachements 277.
    Hoffnungen 271.
Vorhand 122.
Vorstoß aus einer Stellung 154. 161. 176. 303. 311.
    nach Beendigung des Kampfes 317.
Vortruppenkämpfe 214. 247.
Zurückziehen der Artillerie 311.
Zweite Linie 298.

W.
Waffenstreckungen 80.
Wälder im Rücken einer Stellung 268. 269. 378.

Z.
Zahl, Bedeutung 128.
Zähigkeit der Gefechtsführung 330.
Zeit, Bedeutung im Kriege 125. 194.
Zentrale Lagen 307.
Zivilarbeiter 300.
Zusammenwirken von Infanterie und Kavallerie 24.

II. Verzeichnis der kriegsgeschichtlichen Beispiele.

A.

Adrianopel (1812). Diebitsch 123. 417.
Aladja Dagh (1878). Verfolgung 432.
Alma (1854). Gefechtsausdehnung 50.
Amiens (27. November 1870). Gefechtsausdehnung einer Brigade 47. Meldungen nach der Schlacht 367.
Artenay (10. Oktober 1870). Kavallerie 24.
Aspern (1809). Verluste 83.
Atbara (1898). Nächtlicher Anmarsch, Sturm 249.
Auerstädt (1806). Begegnungsschlacht 194. Marsch nach der Schlacht 379. Rückzug 396. Verfolgung 406.
Austerlitz (1805). Gefechtsausdehnung 49. Verluste 82. Durchbruch 181. Unterlassene Verfolgung 406. 441.
Avallon (1871). Verpflegung nach der Schlacht 395.

B.

Bapaume (2. und 3. Januar 1871). Aufhalten französischer Reserven durch Fußgefecht 21. 24. Unentschiedene Schlacht 329.
Bautzen (1813). Gefechtsausdehnung 49. Trennung des Front- und Flankenangriffs 159. Festhalten in der Front 164. Möglichkeit der Offensive 319. Rückzug 392. 395. Verfolgung 412.
Bazeilles (1. September 1870). Pioniere 23.
Beaugency-Cravant (10. Dezember 1870). Überfall nach der Schlacht 357.
Beaumont (30. August 1870). Umfassung 159. Überraschung 191. Verfolgung 439.
Beaune la Rolande (28. November 1870). Sanitätsdienst 102. Verstärkung gibt Angriffsrichtung 141. Offensive 263. 337.
Bergendal (1900). Artillerievorbereitung 222.
Beresina (1812) 12. Verfolgung 455.
Bialolenka (1831). Heranschließen zur Schlacht im Flankenmarsch 169.
Blumenau (1866). Pioniere 36. Umgehung 155. 435.
Borodino (1812). Reservenverwendung 338.
Brakenlaagte (1901). Attacke der Buren 28.
Brienne (1814). Überfall nach der Schlacht 356.
Busaco (1870) 325.

C.

Cannä. Verluste 77.
Cham (1809). Flankenstellung 285. 287. 395.
Champaubert (1814). Verfolgung 439.
Chancellorsville (1863). Flankenangriff 145.
Chateaudun (19. Oktober 1870). Pioniere 23.
Colenso (15. Dezember 1899). Verluste 83. 84. Scheu vor der Front 144. Verfrühtes Aufgeben des Kampfes 330.
Colombey (14. August 1870). Pioniere

32. Zurückhaltung Göbens 57. Umfassung 177. Artillerie im Nahgefecht 222. Stützpunkt 268. Reserven 322. Zahl der Abgekommenen 361.

Coswig (1813). Rückzug Tauenziens 389.

Coulmiers (9. November 1870). Brigadeweise Verteilung der Kavallerie 21. Gefechtsausdehnung 51 Marsch nach der Schlacht 379. Vorgeschobene Stellung 272. Abbrechen des Gefechts 354.

Culm (1813). Attacke auf Artillerie 16. Mißlingen der Verfolgung Vandammes 454.

Custoza (1848). Durchbruch 184.

Custoza (1866). Attacke 14. Angriffsrichtung 140. 151. Begegnungsschlacht 201. Psychische Eindrücke 332. Verwendung der Reserven 338. Stimmung der Italiener nach der Schlacht 432.

D.

Danewerkstellung(1864). Demonstration 12. Bedeutung der Verteidigung 327. Nächtlicher Abzug 377.

Danjoutin (7./8. Januar 1871) 32.

Dennewitz (1813). Begegnungsschlacht 194. Herüberziehen der Reserve von einem Flügel zum anderen 337. Marsch nach der Schlacht 378.

Dermbach-Zella (1866) 136. 169.

Dhomokos (1897). Steilfeuergeschütze 252.

Diamond Hill (1901). Ausdehnung 51.

Donchéry (1. September 1870). Entwickelung aus einer Enge 143.

Dresden (1813). Schlachtenanlage 149. 263. Trains 395.

Drissa (1812). Flankenstellung 283.

Düppeler Schanzen (1864) 32. 299.

Dürrenstein (1805) 454.

E.

Eggmühl (1809). Unterlassene Verfolgung 412.

Etropol, Balkan (1877/78). Umgehung 155. 376.

Eylau (1807). Verluste 83. 85. Zähigkeit der Schlachtenleitung 330. Reserven 337. 328.

F.

Flanville (1. September 1870) 158.

Friedland (1807). Gefechtsausdehnung 49. Festhalten in der Front 163. 190.

G.

Gerchsheim (1866). Wald hinter der Stellung 270. 392.

Gettysburg (1863). Artillerieverwendung 325. Kavallerie 28. Verluste 83.

Gitschin (1866). Geschützfeuer nicht hörbar 58. Abbrechen 351. 369. Trains 385. Nachtangriff 356. 432.

Gorni Dubniak (1877). Ausharren des Angreifers auf Nahentfernungen 227. Notwendigkeit der Offensive 245.

Gravelotte (18. August 1870). Vorzeitiges Vorgehen der Kavallerie zur Verfolgung 26. Ausdehnung der Armeekorps 46 Unmöglichkeit, gesamte Artillerie in Stellung zu bringen 46. Gefechtsausdehnung 51. Standort der Führung 73. Verluste 76. 78. 82. 84. 342. Offizierverluste 82. 343. Sanitätsdienst 90. 118. Stellung 127. Brand 99. Umfassung 155. 159. Festhalten in der Front 162. 164. Möglichkeit eines Durchbruches 186. Abbrechen eines Gefechtes (Ste. Marie aux Chênes) 190. Überraschung als Schlachteneinleitung 191. Beschießung von Point du jour, statt des vor dem Gehöft angelegten Schützengrabens 250. Artilleriefeuer zur Entlastung der Infanterie 215. Sturm auf St. Privat 224, auf St. Hubert 358. Entfernungen, auf denen die Garde vor St. Privat aushielt 227. Täuschung über Gefechtsstellung 250. Stützpunkte 268. Flügelanlehnung 268. Vorgeschobene Stellung 270. 275. 277.

Wiederkampffähigmachen von Artillerie 325. Reserven 315. 330. 337. 340. Vermischen der Verbände 359. Zahl der Abgekommenen 361. Beginn der Befestigung 293. Persönliche Meldung der Stabschefs nach der Schlacht 367. Körperliche Leistung des Feldherrn 368. Meldung nach der Schlacht 368. Nächtlicher Abzug der Franzosen 376.

Groß-Görschen (1813). Angriffsbefehl 285. Abendattacke 330. Verfolgung 450.

H.

Hagelberg (1813). Überraschung als Schlachteneinleitung 191.

Hainau (1813) 391.

Hallue (23. Dezember 1870). Gefechtsausdehnung 51, einer Brigade 45. Getrenntes Vorgehen 160. Festhalten in der Front 163. Umfassung 166. Vorgeschobene Stellung 275. Nächtlicher Abzug 376.

Hanau (1813) 453.

Hohe Rhön (1866). Operationen der Bayern 136. 169.

Hollabrunn (1805). Unterhandlungen wegen Waffenruhe 448.

J.

Jaice (1877). Persönlichkeit des Führers 333.

Idstedt (1850). Einfluß von Willisens Kriegslehre 130. Krisis der Schlacht 329.

Jellalabad (1842). Durchbruch 180.

Jena (1806). Entschluß zur Schlacht 54. Befehl Napoleons 65. Verluste 84. Vorgeschobene Stellung 273. Flankenstellung 285. Marschleistung der Preußen nach der Schlacht 379. Verfolgung 406. 453.

Inkerman (1854). Verluste 74.

K.

Katzbach (1813). Begegnungsschlacht 194. Verfolgung 412. 446

Kazeljewo (1877). Vorgeschobene Stellung 273.

Kissingen (1866). Wechsel des Standortes der Führung 72. Bayerischer Abendangriff 330. Reserven 344.

Königgrätz (1866). Attacke der Divisionskavallerie 14. Pioniere 35. Gefechtsausdehnung 50. Preußischer Entschluß zur Schlacht 54. Befehle an das I. Armeekorps 61. Preußische Anordnungen 67. Befehl Benedeks 64. Verluste 83. Eintreffen des Führers auf dem Schlachtfelde 70. Konzentrischer Angriff 156. Festhalten in der Front 164. Angriffsverfahren der II. Armee 173 (Umfassung). Vorgeschobene Stellung 275. 279. Möglichkeit der Offensive 321. Ausharren der Artillerie 325 Marsch der Österreicher nach der Schlacht 379. Rückzug 396. Exzentrischer Rückmarsch 382. Verfolgung 418.

Kolin (1757). Verluste 81. 88. Schräge Schlachtordnung 146.

L.

Ladonchamps (Oktober 1870). Beschießung 291.

Ladysmith (1899). Ungerechtfertigte Behauptung 289.

Löwenberg (1813) 381.

Langensalza (1866) 435. Gefechtszweck 6. Abbrechen 354.

Laon (1814). Nächtliche Verfolgung 432.

Le Bourget (1870). Pioniere im Ortsgefecht 32. Vorgeschobene Stellung 275.

Leipzig (1813). Gefechtsausdehnung 49.

Le Mans (1871). Verfolgung 25. Konzentrischer Vormarsch 155. 446. Vorgeschobene Detachements 278. 285. Depeschenbücher 378. Überfall 356.

Leuthen (1757). Schräge Schlachtordnung 147. Verfolgung 404.

Liaujang (1904) 29. Verluste 83. Umfassung 178. Erfahrungen über den

Angriff 257. Vorgeschobene Stellung 279.

Liegnitz (1760). Begegnungsschlacht 194.

Ligny (1815). Verluste 83. Durchbruch 184. Verfolgung 441.

Lisaine (1871). Gefechtsausdehnung 51. Vorgeschobene Detachements 278. 280.

Loigny (2. Dezember 1870). Kavallerieverwendung 15. 16. 24. Sanitätsdienst 102. 106. Eingreifen von Verstärkungen 140. Gegenangriff 318.

Lomellina (1859). Operationen 136. 150. Flankenstellung 286.

Lowtscha (1877). Vorgeschobene Stellung 275.

St. Lucia (1848). Gefechtsausdehnung 49.

Lützen (1813). S. Groß-Görschen.

M.

Magenta (1859). Gefechtsausdehnung 50. Trennung des Front- und Flankenangriffs 160. Umfassung 173. Flankenstellung 273. Meldung nach der Schlacht 368.

Magersfontain (1899) 78. Ausdehnung 40. Verluste 83. 85. Sanitätsdienst 100. Artillerie 239. Befestigung 290.

Mantua (1797). Verfolgung 405.

Marengo (1800) 147.

Mars la Tour (16. August 1870). Kavallerieverwendung 16. 19. 22. Untätigkeit der Infanterie bei einer Kavallerieattacke 24. Reitende Artillerie 25. Pioniere 32. Anmarsch der 38. Brigade auf das Geschützfeuer 61. Vorreiten des Chefs des Generalstabes 69. Standort des Führers 74. Verluste 78. 83. 85. Sanitätsdienst 90. 114. Überraschung als Schlachteneinleitung 190. Begegnungsgefecht 210. Abendlicher Vorstoß auf Rezonville 317. 330. 445. Reserve 343.

Metz (1870). Durchbruchsrichtung 180. Dichtigkeit der Besatzung der Einschließungslinie 301. Vormarsch auf Metz 443.

Möckern (1813) 167.

Menin (1794). Durchbruch 180.

Mounaie (20. Dezember 1870). Attacke auf Infanterie 19.

Montmesly (30. Dezember 1870). Attacke 15.

Mortara (1849) 151. Nicht auf den Kanonendonner marschieren 57.

Mukden (1905). Kavallerie 22. 29. Gefechtsausdehnung 52. Verluste 83. Schwere Geschütze 126. Umfassung 164. 178. Hindernisse 296. Befestigung 304. Verfolgung 432.

N.

Nachod (1866) Attacke 14. Anbieten von Unterstützung 59.

Noisseville (1870) 144. Nichtverwendung der Pioniere 34. Gegenangriff 315. 318.

Novara (1849) 151. Offensive aus der Stellung 321. Flankenstellung 286. Unterhandlungen wegen Waffenruhe 448.

Nuits (18. Dezember 1870). Vorgeschobene Stellung 272. Befehl zum Abbrechen des Gefechtes 329.

O.

Olmütz (1866). Flankenstellung 395. Rückzug 397.

Orleans (3. und 4. Dezember 1870). Konzentrischer Vormarsch 169. Durchbruch 184. Einheitlicher Angriff 221. Panik 375. Marsch nach der Schlacht 379. Rückmarsch (exzentrisch) 382. 383. Form des Rückmarsches 372. Unterlassene Verfolgung 427.

Ostrolenka (1831).

Ourcq-Kanal (1870). Ansumpfung 296.

P.

Paardeberg (1900). Verfolgung 69. 432.

Peronne (1871). Flankenstellung 288.

Philippopel (1878). Verfolgung 432.

Pietershill (1900). Ausdehnung 40. Artillerievorbereitung 222. Verfolgung 432.

Plewna (1877). Verluste 78. 82. 85. Notwendigkeit der Offensive 127. Offiziersverluste 82. 357. Skobelews Verfahren beim Angriff 234. Getrenntes Vorgehen 160. Schanzen 298. Planmäßiges Vorgehen Skobelews 247. Erfahrungen der russischen Artillerie 248. Notwendigkeit der Offensive 263. Dichtigkeit der Verteidigungslinie 301. Rückzug nach der II. Schlacht von Plewna 374.

Prag (1757). Gefechtsausdehnung 49. Verluste 82. 84.

Pultusk (1807). Mißlingen des konzentrischen Vormarsches 172.

Q.

St. Quentin (19. Januar 1871). Kavallerieverwendung 24. Gefechtsausdehnung 51. Befehl zur Schlacht 68, zur Verfolgung 413. Umfassung, Lücke 160. Nachrichtenoffiziere 70. Getrenntes Vorgehen 160. Durchbruch 184. Befehlsausgabe 370. Marsch nach der Schlacht 379. Verfolgung 427.

R.

Regensburg (1809). Flankenstellung nach der Schlacht 285. 287.

Roival (1902). Attacke der Buren 26.

Roßbach (1757). Verfolgung 405.

Roßdorf (1866, s. a. Dermbach). Hinhaltendes Gefecht 13.

Russischer Krieg (1812). Kräfteverbrauch 123.

Russisch-japanischer Krieg. Entstehen des Stellungskrieges 241. Verluste 52.

S.

Saarbrücken (2. August 1870) 351.

Sandepu (1905). Schlachtenanlage 42. Verluste 83. Dorfverteidigung 268.

Sapignies (2. Januar 1871). Attacke 16. 20.

Schaho (1904). Verluste 83.

Schipkapaß (1877) 155.

Sedan (1. September 1870). Unmöglichkeit gesamte Artillerie in Stellung zu bringen 47. Standort des Führers 74. Verluste 83. Bildung der Offensivflanke 166. Vormarsch nach der Schlacht von Sedan 157. Schlachtanlage 150. Gefangene 363.

Servigny (31. August 1870). Gegenangriff 318. 360.

Skalitz (1866). Pioniere 36. Standort des Führers 72. Vorgeschobene Stellung 273.

Soor (1745). Zwangslage führt zur Offensive 5. Verluste 81. 84. Überraschung als Schlachteneinleitung 192.

Solferino (1859). Gefechtsausdehnung 50. Verluste 83. Begegnungsschlacht 196. 205.

Spichern (6. August 1870). Gefechtsausdehnung 51. Auf das Geschützfeuer losmarschieren 58. Artilleriefeuer nicht hörbar 58. Rückzugsrichtung 62. Umfassung 159. Artilleriefeuer als Erkundungsmittel 215. Gepäck ablegen 216. Artillerie auf Nahentfernungen 226. Vermischen der Verbände 358. Zahl der Abgekommenen 360. Beabsichtigte nächtliche Verfolgung 431.

Spionkop (1900) 144. 185. Vorzeitiges Aufgeben des Kampfes 317. Verluste 85.

Stolpen (1813) 148. 264.

Striegau (1813). Flankenstellung 395.

Swiepwald (1866). Königgrätz vorgeschobene Stellung 275.

T.

Talavera (1809). Offensive = Defensive 136.

Taschkessen (1878) 146. Frontaler Vorstoß 313. Nächtlicher Abzug 376.

II. Verzeichnis der kriegsgeschichtlichen Beispiele.

Tel el Kebir (1882). Nachtangriff 239.
Tobitschau (1866). Attacke auf Artillerie 17.
Torgau (1760). Verluste 82.
Torres Vedras (1811) 124. 238. 314.
Trautenau (1866). Standort des Führers 72. 351. Verluste 78. 79. Sanitätsdienst 95. Begegnungsgefecht 206. Abbrechen des Gefechts 351. Rückmarsch nach der Schlacht 381.
Tugela-Stellung (1899—1900) Operationen der Buren 136. 289. 290.

U.

Ulm (1805). Vormarsch 147. Verfolgung 406.

V.

Vercelli-Pelestro (1859) 149.
Vesoul (Januar 1871). Flankenstellung 289.
Vicenza (1848). Angriffsrichtung 139.
Villers-Cotterets (1815) 414.
Villersexel (9. Januar 1871) 99. 151. Absuchen nach der Schlacht 360.
Vittoria (1813). Trains 297.

W.

Wachau (1813). Durchbruch 182.
Wafanku (1904). Kavallerie 28. Verluste 83. Stoßtaktik 227.
Wagram (1809). Gefechtsausdehnung 49. Verluste 83. Festhalten in der Front 164. Durchbruch 182.
Waterloo (1815). Untätigkeit der Infanterie bei der Attacke 24. Gefechtsausdehnung 49. Leitung der Verfolgung durch Gneisenau 69. Verluste 83. Preußischer Angriff nicht nach dem Begegnungsverfahren 173. Durchbruch 184. Gelände hinter der Stellung 270. Französische Reserve 339. Marsch nach der Schlacht 379. Verfolgung 67. 414. 431.
Wavre (1815). Reserven 72. 344. 389.
Weißenburg (4. August 1871). Umfassung 159. Vorgeschobene Stellung 275. Abbrechen des Gefechts 353. Masken 291. Unterlassene Verfolgung 421.
Weißensee (1806). Verlegen der Marschstraße 451.
Wörth (6. August 1870). Pioniere 36. Gefechtsausdehnung 51. Verluste 76. 344. Zahl der französischen Offiziere 84. Offizierverluste 344. Umfassung durch das XI. Armeekorps 155. 156. Festhalten in der Front 164. Anhalten der Operation am 5. August 168. Artillerie bei der Erkundung 214. Gepäck ablegen 216. Sturm 224. Flankenstellung 226. 281. Französische Reserve-Artillerie 325. 328. Vermischen der Verbände 344. Beginn der Befestigung 293. Gegenangriff 318. Marsch der französischen Armee nach der Schlacht 379. Abbrechen des Gefechtes 354. Verfolgung 25. 421. 450.
Würzburg Artilleriefeuer nicht hörbar 58.

Z.

Zella (1866 f. a. Dermbach). Vorgeschobene Stellung 273.
Zorndorf (1758). Verluste 82.
Zürich (1799). Konzentrischer Vormarsch 172.
Zwittau (1866). Überfall 446.

Militär-Verlag von R. Eisenschmidt in Berlin NW. 7.

Taktik

von

Balck,

Major im Großen Generalstabe.

I. Band: **Einleitung und formale Taktik der Infanterie.** Mit zahlreichen Zeichnungen im Text. 3. umgearbeitete und verbesserte Auflage. Geheftet Mk. 6.50, geb. Mk. 7.50.

II. Band: **Formale Taktik der Kavallerie und Feldartillerie.** Mit zahlreichen Zeichnungen im Text. 3. umgearbeitete und verbesserte Auflage. Geheftet Mk. 6.50, geb. Mk. 7.50.

III. Band: **Angewandte Taktik:** Kriegsgliederung, Nachrichten, Befehle, Marschdienst. Mit zahlreichen Zeichnungen im Text und 1 Anlage. 3. umgearbeitete und verbesserte Auflage. Geheftet Mk. 6.50, geb. Mk. 7.50.

IV. Band: **Angewandte Taktik:** Eisenbahnen, Seetransporte, Vorposten, Unterkunft, Aufklärung, Verpflegung, Sachregister. Mit zahlreichen Zeichnungen im Text. 3. umgearbeitete und verbesserte Auflage. Geheftet Mk. 5,50, geb. Mk. 6.50.

V. Band: **Gefechtslehre:** Allgemeine Gefechtslehre, Die Schlacht, Rückzug und Verfolgung, Rückblick und Nachtrag, Sachregister. Mit 4 Plänen sowie 15 Kartenskizzen und 12 Zeichnungen im Text. 3. umgearbeitete und verbesserte Auflage. Geheftet etwa Mk. 9.—, geb. Mk. 10.—.

VI. Band: **Gefechtslehre:** Nachtgefechte, Wald- und Ortsgefechte, Kämpfe um Engen und Flußlinien, Gebirgskrieg, Kleiner Krieg und Etappendienst, Sachregister. Geheftet Mk. 8.—, geb. Mk. 9.—.

☞ Von maßgebender Stelle wurde über „Balcks Taktik" gesagt: „Wir halten das Buch für das Vollendetste, was auf dem didaktisch-taktischen Gebiete überhaupt geboten werden kann." ☜

Druck von Friedrich Andreas Perthes, Aktiengesellschaft, Gotha.

CPSIA information can be obtained
at www.ICGtesting.com
Printed in the USA
BVHW080951240719
554234BV00021B/1506/P